주역경전 통관

周易經傳 通觀

주역과 함께하는 지혜 학습

주역경전 통관

周易經傳 通觀

청람 **박남순** 지음

● 책의 자기소개(自己紹介)를 위한 머리글

 책에 이름을 붙이며 그 내용에 걸맞은 작명(作名)이라 할 수 있는지 망설였다. 장구(長久)하고도 광대(廣大)한 주역 세계의 내력(來歷)과 풍경을 통관(通觀)하려면 역경전(易經傳) 괘효사(卦爻辭)와 해설에 등장한 모든 단어와 글귀의 뜻, 오랜 세월에 걸쳐서 역학사(易學史)에 나타난 각종 학설과 사용된 용어의 뜻, 수많은 인물의 각종 저술(著述)과 개요(槪要) 등을 통틀어 담아야 할 것이다. 이는 주역백과사전을 낼 수준의 학문적 토대와 세월을 쓰면서 물심(物心)의 투입(投入)이 있어야 가능할 일이다.

 이 책은 주역의 모든 세계를 통관한 것이 아니라 역경(易經)의 괘효사와 역전(易傳)의 해설에 등장한 단어와 글귀의 뜻에 중점을 두어 살펴본 것이다. 말하자면 주역 경전 글귀의 통관인 셈이다.

 책을 쓰고자 마음먹은 이유는 역경과 역전의 글귀(-辭:사-)가 담고 있는 뜻을 파악하여 나름대로 맥락(脈絡)에 맞추어 이해하는 과정이 너무나도 힘들었던 스스로의 경험 때문이다. 역경전의 원문(原文)은 한자문(漢字文)이기에 여러 해에 걸친 한한사전(漢韓辭典)과의 씨름을 피할 수 없었고, 압축과 상징이 많은 괘효사에 대한 해설은 사람마다 입장(立場)과 표현에 차이가 있고, 때로는 난삽(難澁)하여서 갈피를 잡기 어려운 경우가 많았다. 그러다 보니 사십여 년 전에 〈주역(周易)〉 책을 처음 만난 후 가솔(家率)들의 생계를 위한 직장생활 틈틈이 책을 기웃거려 대하며 괘효사에 담긴 뜻을 이해하려고 노력해보았지만 어려웠다.

이십여 년 후에 생계를 위한 사회생활이 홀가분해진 뒤에야 주역을 이해하는 데 제대로 힘쓰기로 하고 이런저런 선인(先人)들과 학자들의 글을 읽었다. 그럼에도 괘·효의 상(象)을 살펴서 글귀(-辭:사)로 설명한 이치의 묘미(妙味)를 어렴풋하나마 느낄 수 있을 때까지 참으로 긴 세월이 필요했다.

이래서야 어찌 한글 전용시대(專用時代)에서 자란 젊은이들과 한자(漢字)에 익숙하지 않은 채로 바쁘게 살아가는 현대 생활인들이 어느 세월에 주역을 비롯한 동양의 여러 소중한 지혜서(智慧書) 들을 가까이할 수 있겠는가? 한한사전이 옆에 없어도 -어려운 한자를 일일이 알지 못하더라도 -압축과 상징이 곳곳에 있는 글귀를 이해하려고 헤매지 않더라도- 좀 더 쉽게 주역 경전을 읽고 그 내용을 파악할 수 있도록 쓴 책이 필요하다고 생각하였다. 우리말의 어원(語源)은 태반(太半)이 한자(漢字)에서 비롯되었으므로 이 책은 일상의 용어를 상황과 품격에 맞게 쓰는 교양 면에서도 도움 되리라 믿는다.

그런 의미에서 이 책을 썼고 〈주역 경전(周易經典) 통관(通觀)〉이라 이름하였다. 다만, 내용의 많은 부분이 스스로의 깨우침이라기보다 여러 선인들과 학자들의 저술을 읽으면서 "나는 이렇게 보고 이런 뜻이라는 견해에 공감한다."라는 것들을 모아놓은 수준에서 크게 벗어나지 못함을 고백(告白)한다.

상수역(象數易)의 번다(繁多)한 이론과 도서(圖書)는 중국 한(漢)나라와 송(宋)나라 때 점서(占筮)의 방편으로 크게 유행하였으나 현대에는 이성적(理性的) 시각으로 주역을 바라보는 의리역(義理易)이 대세이다. 그러나 이 책은 학술논문이 아니고 주역 경전 글귀에 담긴 대강의 뜻풀이를 위한 것이므로 경전의 문맥을 이해함에 도움이 된다고 보이는 경우에는 괘변론(卦變論)에 의거한 지괘(之卦)의 해설이나 어느 상황에 내재하는 잠복 문제를 알아보는 데 필요한 호괘(互卦)를 살피는 등 상수역의 방법도 이용하였다. 그 이상의 상수역에 관한 불필요한 이론과 도서는 이 책에 담지 않았다. 다만 주역에 대한 친근감을 높이고 생활에서 다소의 실용성이 있는 전래(傳來)의 점서법(占筮法)을 상식(常識) 삼아 소개하였다.

요컨대, 〈주역(周易)〉은 변화의 원리를 설파(說破)한 책이다. 만물의 변화는 대립하거나 중첩한 음양(陰陽) 에너지(+플러스와 -마이너스)의 상호작용에 있다는 것이 주역이 말하는 원리이다. 인간사회의 작동원리도 예외가 아니다.

〈주역(周易)〉은 인간이 주변 상황의 변화에 동참하기를 원한다면 적시(適時)에 적절(適切)하게-시의적절(時宜適切)하게-행동하는 것이 중요하다는 것을 강조한 책이다. 원하는 변화를 이루려면 정당하고 알맞은 방법을 찾아서 시기를 놓치지 말고 행동하는 것이 인간으로서의 의리(義理)라는 것이다.

〈주역(周易)〉은 가까이 두고 읽으면 자기 삶의 여정(旅程)에서 마음의 안정(安靜)을 얻을 수 있고, 한 가정의 부모로서, 나아가 자기가 속한 사회조직의 중심인물로서 직분(職分)을 수행함에 있어서 자연스럽게 좋은 열매를 거둘 수 있도록 꾸준히 도움을 받을 수 있는 책이다.

이 책을 만난 기회가 〈주역(周易)〉과 가까이하게 된 계기(契機)가 되기를 빌어본다.

끝으로 이 책이 좋은 모양을 갖추어서 세상 밖으로 나설 수 있도록 출판을 결정해 준 한국학술정보㈜와 이 책의 기획·편집을 이끌어 주신 출판사업부 팀원 여러분에게 마음 깊이 감사드린다.

아울러 졸고(拙稿)의 곳곳을 일일이 다듬어 준 최웅 강원대학교 인문대 교수, 출판사를 찾는데 길잡이를 해준 송갑준 경남대학교 철학과 교수, 수시로 원고의 진척 상황을 궁금해하며 기운을 북돋아 준 여러 오랜 벗들에게도 진정으로 감사드린다.

이 책에 대한 관심과 더불어 우리의 건강한 교분(交分)이 앞으로 삼십 년쯤 더 지속될 수 있기를 빌어본다.

제1부

도입(導入)

제2부

주역경문(周易經文) 상편(上篇) = 상경(上經)

주역경문(周易經文) 하편(下篇) = 하경(下經)

제4부

경문(經文)에 대한 해설서(解說書)인
열 가지 전(傳) = 십익(十翼)

도입(導入)

一. 〈주역 경전 통관〉의 의도(意圖)와 지면(誌面) 구성

1. 의도(意圖)

책(冊)으로서의 〈주역(周易)〉은 유가(儒家)의 여섯 경전(經典) 중 하나이다. 주역은 만상(萬象)을 태극에서 분화된 음양(陰陽) 이원(二元)에서 비롯된 것으로 설명하고 만물의 변화상을 육십사 범주(範疇)로 나누어서 육십사괘(六十四卦)로 그려내었다.

〈주역(周易)〉은 본디 점서(占書)로 쓰였으나 중국 한(漢)나라 때 와서 만물(萬物)의 존재원리(存在原理)와 인간생활(人間生活)의 작동원리(作動原理)를 담고 있는 책(冊)으로 인정(認定)받게 되면서 유가의 중요한 경전으로 지위가 격상되었다.

삶은 시간(時間)과 공간(空間)과 감응관계(感應關係)의 변화(變化)를 타고 펼쳐진다. 그 펼쳐지는 모습을 64개의 범주(範疇)로 나누어서 상황별로 변화 가능성을 설명한 것이 주역의 내용이다. 사람의 삶에서 최대관건(最大關鍵)은 존망(存亡)과 진퇴(進退)와 득실(得失)이다. 주역(周易)은 존망(存亡)과 진퇴(進退)와 득실(得失)이 걸려있는 시점(時點)에서 적절(適切)하게 행동(行動)할 수 있는 지혜를 가르쳐준다.

모든 상황변화(狀況變化)는 먼저 징조(徵兆)를 앞세운다. 주역은 이러한 징조를 미리 읽고 다가올 변화에 대비(對備)할 방법을 제시(提示)해준다. 원하는 사람은 누구나 아무런 제한(制限) 없이 주역을 배우고 익혀서 마음껏 쓸 수 있다. 주역은 송(宋)나라 시인(詩人) 소동파가 〈전적벽부(前赤壁賦)〉에서 읊은 바 있는 강산(江山)의 청풍명월(淸風明月)을 닮았다고도 볼 수 있다. 강산의 청풍명월은 취지무금(取之無禁)이요, 용지불갈(用之不竭)이다. 빈부귀천(貧富貴賤) 구별(區別) 없이 아무나 쓸 수 있고, 아무리 써도 줄어들지 않으며 인간(人間)이 존재(存在)하는 한 영원(永遠)히 누구나 마음껏 즐길 수 있다. 주역이 담고 있는 진리(眞理)와 지혜 또한 강산의 청풍명월과 마찬가지이다. 이 책이 주역(周易)에 대한 독자의 이해(理解)를 거들어서 강산의 청풍명월뿐만이 아니라 생활에서 주역을 읽는 시간도 함께 즐길 수 있는 소위 오여자지소공적(吾與子之所共適)의 기회제공(機會提供)에 작은 도움이 되기를 바란다.

　　　하늘과 땅 사이에는 물건마다 주인이 있어서

　　　내 것이 아니면 터럭 한 올도 가져서는 안 된다.

　　　오직 강물 위의 맑은 바람과 산 사이의 밝은 달은

　　　귀가 그것을 잡으면 소리를 이루고

　　　눈이 그것을 대하면 빛깔을 이루며

　　　가져가도 금지하는 이가 없고

　　　써도 다함이 없다.

　　　이것은 조물주가 다함이 없도록 저장해 둔 것이며

　　　나와 당신이 함께 즐길 수 있다.

　　　　　　　　　　　　　　　　　　-동파 소식 〈전적벽부〉 중에서-

夫天地之間 物各有主	부천지지간 물각유주
苟非吾之所有 雖一毫而莫取	구비오지소유 수일호이막취
惟江山之淸風 與山間之明月	유강산지청풍 여산간지명월
耳得之而爲聲	이득지이위성
目遇之而成色	목우지이성색
取之無禁	취지무금
用之不竭	용지불갈
是造物者之無盡藏也	시조물자지무진장야
而吾與子之所共適	이오여자지소공적

-東坡 蘇軾〈前赤壁賦〉中-

주역의 원리는 36억 년 전보다 더 오랜 원시의 바닷가에서 시작되었어요. 어찌 보면 〈주역(周易)〉은 환상적인 시(詩)야. 내 과거의 물고기 체험부터, 양수라는 바닷물 속 유영(遊泳)체험까지 쓰고 있어요. 그 경험지혜(經驗知慧)의 일부가 내 몸속 세포성분에 배어있고 그 사고지혜(思考知慧)의 큰 부분이 내가 읽는 이 〈주역(周易)〉에 배어있음을 느껴요.… 과거로 가서 미래를 보는 거지요.

- 〈이어령 선생(先生)〉 생전에 한 어느 언론(言論) 인터뷰 기사의 패러디

주역을 읽으면 정신(精神)에 여유(餘裕)와 질서(秩序)를 얻어서 자아세계(自我世界)의 외설(猥褻) 상태를 벗어나는 데 큰 도움을 받을 수 있다.

2. 지면(誌面) 구성

이 책은 좀 더 편하게 〈주역〉 원전을 읽을 수 있도록 운문체(韻文體)로 재구성하였다. 필요한 곳에 간략한 해설을 곁들여서 〈주역〉 내용에 대한 이해를 거들도록 하였다. 우리가 사용하는 단어의 태반(太半)이 한자어(漢字語)에서 비롯된 것임을 고려(考慮)하여 일상생활(日常生活)에서 자주 쓰는 단어(單語)의 뜻을 자연스럽게 익힐 수 있도록 가능한 범위(範圍) 안에서 여러 단어의 한자어(漢字語)를 괄호(括弧)하여 부기(附記)하였다.

주역원문(周易原文)을 이해(理解)하는 데 필요한 주요(主要) 한자(漢字)의 자전(字典) 풀이 중에서 경전원문(經傳原文)에서 쓰인 용례(用例)를 맨 앞에 ①번으로 내세웠다.
그 외의 뜻들은 ②,③,④~로 곁들여 적었다.

3. 정신건강기능 서적-〈주역〉

사람의 수명(壽命)이 많이 늘었다. 미래(未來)는 100세 시대(時代)라 한다. 남녀(男女)와 노소(老少)를 불문(不問)하고 건강(健康)에 관한 관심(關心)이 뜨겁다. TV에 몸 건강에 좋은 운동방법(運動方法)과 건강기능식품(健康機能食品)의 소개(紹介)가 넘친다. 그런데 사람은 몸과 마음이 함께 건강해야 즐겁고 보람찬 삶을 살 수 있다. 건강한 신체 활동을 위하여 〈몸 건강기능식품〉을 열심히 챙겨 먹는 것에 그치지 말고 지혜로운 정신 활동을 위하여 〈정신건강기능 서적-주역〉도 틈틈이 읽어보기를 권(勸)한다.

二. 주역 이해(理解)의 기초사항

1. 〈주역(周易)〉이란 말은 무엇을 뜻하는가?

주역(周易)은 "두루 변화한다"라는 뜻이다. 그저 역(易)이라고도 한다. 책으로서의 〈주역〉은 〈역경(易經)〉이라고도 불린다. 역(易)은 중국의 고대국가인 주(周)나라 때 체계가 잡히고 발달하였기 때문에 주(周)나라의 역(易)이라는 뜻에서 〈주역(周易)〉으로 불리게 된 것이다.

역경(易經)은 일월(日月)의 운행(運行)하는 법칙(法則)을 서술(敍述)한 책으로 알려져 있으며 유가(儒家)에서는 사서오경(四書五經)의 하나인 주역(周易)을 존중하여 부르는 이름이다.

역(易)은 양(陽)과 음(陰)을 상징하는 일(日)과 월(月)을 합친 회의문자(會意文字)이다. 역(易)이라는 글자는 환경(環境)에 따라 몸 색깔을 수시로 바꾸는 카멜레온을 상형(象形)한 것이라는 의견도 있다. 역(易)이 "변화(變化)"라는 의미(意味)가 있는 것은 그 이유 때문이라는 것이다.

역(易)이라는 명칭에는 이간(易簡), 변역(變易), 불역(不易)의 세 가지 뜻이 담겨 있다. 이간(易簡)은 쉽고 간단하기 때문에 알기 쉽고 좇아 행하기 쉽다는 말이다. 변역(變易)은 우주 만물이 끊임없이 변화한다는 운행(運行)과 대사(代謝)의 법칙을 뜻한다. 불역(不易)은 운행(運行)과 대사(代謝)라는 변역(變易)의 법칙만은 불변(不變)한다는 뜻이다.

계사전(繫辭傳)에서 말한 역(易)의 원리(原理), 즉 변화의 이치는 이렇다. 근원(根源) 되는 하나의 진리인 태극(太極)에서 음(陰)과 양(陽)이라는 양의(兩儀)가 나오고 양의(兩儀)에서 사상(四象)이, 사상(四象)에서 팔괘(八卦)가, 팔괘(八卦)를 거듭하여 육십사괘(六十四卦)가 나오는 모양으로 변화가 나타난다는 것이다.

괘(卦)라는 글자에는 ① 걸어 두다(掛/괘-掛佛/괘불, 掛圖/괘도 등)의 뜻과, ② 점치다(-占卦/점괘)의 뜻이 있다. 주역의 괘상(卦象)은 우주 만물의 형상(形象)과 변화상(變化象)을 상징한 기호(記號)이다. 서양의 신화에 나오는 인물이나 동물을 별 몇 개로 상징한 별자리(星象)와 비슷한 것이다.

팔괘(八卦)가 근본이며 이를 겹쳐서 만든 것이 육십사괘(六十四卦)이다. 괘(卦)는 고대 중국의 복희씨(伏羲氏)가 지은 것으로 알려져 있다. 무형(無形)의 태극(太極)에서 나온 음양(陰陽)을 음효(陰爻:--)와 양효(陽爻:—)로 표시하고 음양의 효를 거듭하여 사상(四象:=.==.==.==)을 나타내며 음양의 효를 세 번 거듭하여 팔괘(八卦:☰,☱,☲,☳,☴, ☵,☶,☷)를 만들었다. 이들 팔괘(八卦:☰,☱,☲,☳,☴,☵,☶,☷)를 소성괘(小成卦)라 한다. 소성괘(小成卦)를 중복한 것이 육십사괘(六十四卦)인 대성괘(大成卦)들이다.

대성괘(大成卦)의 모양을 몇 가지 보면,

건(乾)괘　　곤(坤)괘　　기제(旣濟)괘　미제(未濟)괘　몽(蒙)괘　혁(革)괘 … 등이다.

대성괘(大成卦)에서 아래의 소성괘를 내괘(內卦), 위의 소성괘를 외괘(外卦)라 한다. 육십사괘는 천지 만물과 인간 세상의 변화상황을 64개의 범주(範疇)로 나누어 각(各) 범주를 여섯 개의 음효(陰爻:--)와 양효(陽爻:—) 모음으로 간결하게 표시한 것이다. 주(周)나라 이전부터 사람들은 육십사괘를 그들의 길흉(吉凶)을 점치고 판단하는 데 썼다. 육십사괘의 모양, 즉 괘상(卦象)과 순서는 뒤에 도표로 본다. 각 괘상은 음, 양(--, —)의 부호(符號)로 이루어졌기 때문에 그것만 보아서는 거기에 담긴 뜻을 알기 어렵다. 그래서 옛 성현들이 각 괘와 효에 그 뜻을 설명하는 말을 붙였다. 괘상(卦象)마다 가진 의미를 설명하여 붙인 것을 괘사(卦辭) 또는 단사(彖辭)라 하고 괘상을 이루는 여섯 개의 음양부호 각각에 붙인 것을 효사(爻辭)라 한다. 괘사는 64개이고, 효사는 384개에 용구(用九)와 용육(用六)을 합하여 총 386개이다. 괘사는 주(周)나라의 문왕(文王)이, 효사는 그의 아들인 주공(周公)이 지은 것으로 전해온다.

- 팔괘의 형태(形態)를 외우는 방법:

건삼련	태상절	리허중	진하련	손하절	감중련	간상련	곤삼절
乾三連	兌上絶	離虛中	震下連	巽下絶	坎中連	艮上連	坤三絶
☰	☱	☲	☳	☴	☵	☶	☷

- 64괘(-大成卦/대성괘)를 읽는 방법

① 먼저 상하(上下) 팔괘의 괘상을 읽는다.

  ☲ 火 ☷ 地

  ☰ 天 ☶ 山

  화천(火天), 지산(地山)

② 다음에 그 괘상이 모여서 만들어진 괘의 이름을 읽는다.

화천대유(火天大有),   지산겸(地山謙)

1-2. 〈역경(易經)〉과 십익(十翼)

64괘 각각의 괘에 대한 괘사와 386효사를 모아서 엮은 〈주역(周易)〉 책(冊)을 유가(儒家)에서는 〈역경(易經)〉이라고 부른다. 〈역경(易經)〉은 유가(儒家)에서 사서오경(四書五經)의 하나이다. 〈역경(易經)〉은 상경(上經)과 하경(下經)으로 나뉜다. 상경(上經)은 1번 괘~30번 괘, 하경(下經)은 31번 괘~64번 괘의 내용을 담고 있다.

역경에는 그것을 이해하는 데 도움 되는 열 가지(-10종류-)의 해설서가 있다. 경(經)에 관한 해설서라 하여 전(傳)이라고 한다. 단전(彖傳) 상(上)-하(下), 상전(象傳) 상(上)-하(下), 문언전(文言傳), 계사전(繫辭傳) 상(上)-하(下), 설괘전(說卦傳), 서괘전(序卦傳), 잡괘전(雜卦傳)들이다.

이들을 경(經)에 대한 이해를 높여주는 열 가지 날개라 하여 십익(十翼)이라 부른다.

1-3. 주역에 대한 이해(理解)와 오해(誤解)

책(冊)으로서의 〈주역〉은 보통 역점(易占)을 다루는 역술서(易術書)로 일반인에게 인식(認識)되고 있지만 본질은 동아시아 한자문화권의 사상적 기초를 이루는 내용을 담고 있는 철학서이면서 동시에 사회생활에서의 처세 교훈서(處世敎訓書)이다. 삼라만상(森羅萬象-인간을 포함한 우주 만물)의 생성(生成)과 다양(多樣)한 변화(變化)는 음양의 중첩(重疊)된 상호관계로 생기는 것이라고 보는 것이 주역의 입장이다. 〈주역〉은 만물의 존재와 변화하는 모양을 사상(四象), 팔괘(八卦), 육십사괘(六十四卦)의 간략하고 상징적인 괘상(卦象)으로 부호화(符號化)하여 그려낸 후, 그 괘상(卦象)들의 의미와 상징하는 내용에 관하여 설명한 책이다.

주역은 초기에는 점서(占書)로 쓰였으나 오늘날에는 처세를 교훈하는 의리서(義理書)로 읽힌다.

주역은 지혜의 우물에서 물을 길어 올릴 수 있는 그릇과 같으며 사물과 현상을 더 잘 볼 수 있게 하는 안경과도 같은 것이다.

주역은 사물의 관계(關係)를 중시(重視)하는 관계론적 사고(思考)를 기반으로 하고 있다. 귀납지(歸納知)이면서 연역지(演繹知)이다. 경험의 누적(累積)으로부터 법칙(法則)을 끌어내어서 그것을 다시 현상(現狀)과 사안(事案)의 상호관계를 파악하고 판단(判斷)하는 데 쓴다.

공자 이전의 시대에는 주역의 주된 용도(用途)가 점서(占筮)에 있었다. 공자 이후에는 주(周)나라가 춘추전국(春秋戰國)이라는 혼란하고 불확실한 세상이 되어서 삶의 불안감을 덜기 위하여 앞날의 변화에 대한 법칙적 인식이 절실하게 필요했다. 그래서 주역의 괘, 효사(卦, 爻辭=經文)에 대한 해설서인 열 가지 전(傳)이 나타났다. 경문(經文)의 이해를 돕는 열 개의 날개와 같다 하여 전(傳)들을 십익(十翼)이라 부른다.

사주(四柱)나 관상(觀相)은 이미 결정된 것을 엿본 후 알려주는 것이라고 할 수 있다. 그러나 주역점은 현재와 미래에 대한 의심과 불안으로 곤란한 처지에 있는 사람에게 밝은 상황판단과 개선을 위한 적절한 대처방법을 선택할 수 있도록 조언하는 것이다.

주역은 과거의 변화를 읽고 현재 상황을 파악하여 미래에 대응하는 길을 찾도록 도와주며 나아가 관계망을 새롭게 구성하여 변화 자체를 조작(操作)해서 삶을 주도하도록 도와준다. 그러나 주역이 절대적 진리를 담고 있다고 믿거나, 주역의 내용을 소상히 이해(理解)한 후 모든 구절을 논리적으로 완벽하게 설명할 수 있어야 주역을 제대로 이용할 수 있다고 생각할 필요는 없다. 아는 만큼 유용하게 쓰면 되는 것이다.

1-4. 우리 일상생활에 스며든 주역

우리나라의 중요 철학 개념인 태극(太極), 도(道)와 리(理), 성(性)과 명(命), 인(仁)과 의(義), 선(善)과 덕(德) 등은 모두 주역 계사전(繫辭傳)에서 나온 개념들이다. 음양조화(陰陽調和)를 중시하는 정신, 인내천(人乃天)의 천인합일 사상(天人合一思想)도 주역에서 유래한 것이다. 건곤일척(乾坤一擲)이라든가 건달(乾達) 등의 일상용어들도 주역에서 온 것이다. 무엇보다도 중요한 것은 나라를 표방(標榜)하는 국기(國旗)인 태극기(太極旗)이다. 중앙의 원은 태극을, 홍색과 청색의 문양은 일월(日月)과 음양(陰陽)을, 둘레의 괘도들은 건곤감리(乾坤坎離)와 천지수화(天地水火)라는 만물존재의 근본요소들을 상징한다. 건곤감리(☰,☷,☵,☲)는 주역 팔괘 중에서도 특히 비중 있는 네 가지 주요 괘도들이다. 수많은 나라의 국기 중 우리나라 태극기가 가장 심오한 철학을 내포하고 있다고 본다.

1-5. 주역괘의 간략함과 주역사상의 심오함.

(1) 간략함

팔괘(八卦:☰,☱,☲,☳,☴,☵,☶,☷)는 세 겹의 음양부호로 괘를 이룬다. 자연계의 가장 보편적인 현상을 모두 여덟 가지 범주로 나누어 표상하였다.

육십사괘(六十四卦)는 팔괘를 겹쳐서 만든 것이다. 여섯 겹의 음양부호로 괘를 이룬다. 만물의 존재 상황과 변화원리를 모두 64개 범주로 나누어 표상하였다.

건(乾)괘	곤(坤)괘	기제(旣濟)괘	미제(未濟)괘	몽(蒙)괘	혁(革)괘
☰	☷	☲	☵	☶	☱

등의 모습으로 모두 64가지의 괘가 있다.

(2) 심오함

팔괘와 육십사괘는 간략하게 정돈된 부호체계로 만물의 풍부한 현상을 그려내고 있다. 문자 생활 이전인 6500여 년 전에 만들어졌음에도 심오한 사상과 철학까지도 담아낸 부호문자가 바로 주역 괘도라고 볼 수 있다.

1-6. 주역에 담긴 내용

역(易)은 천지자연과 인간의 문제를 내용으로 한다. 주역은 천지(天, 地)의 이치(理致)와 만물(萬物)의 실정(實情)을 담고 있다. 자연의 힘과 작용의 법칙을 미루어 봄으로써 인간 생활의 도리(道理)를 알 수 있게 한다.

천지의 이치는 만물의 실정에 담겨 있으므로 만물의 실정을 살펴서 아는 것이

천지의 이치를 아는 것이다. 사람은 만물의 일부로서 천지자연의 조화(造化-化育作用/화육 작용)에 힘입어 생겨났지만 만물의 실정(實情)을 살펴내어 그에 맞추어 살아가는 것은 만물 중에서 사람밖에 없다. 그러기에 천지의 화육(化育) 작용에 참여할 수 있는 것도 만물 중에서 사람밖에 없다. 천(天), 지(地), 인(人)은 세상에서 일어나는 모든 변화의 세 가지 요인(三才/삼재)이다.

주역에는 여러 가지 천지의 이치가 담겨 있다.

(1) 만물(萬物)은 영허소식(盈虛消息)의 변화를 계속한다. -만물유전(萬物流轉). 끝남이 곧 시작이 되어 끝없이 계속된다. -종즉유시 항구불이(終則有始 恒久不已).
(2) 천지는 감응(感應)에 의하여 생명(生命)을 거리낌 없이 쑥쑥 뻗어나게 한다.
(3) 인간은 자연(自然)의 일부이다. 그러므로 천인상응(天人相應) 한다.
(4) 만물(萬物)은 끊임없이 변화한다는 변역(變易)의 이치(理致)는 영원히 불변(不變)하는 이치이다. 즉 불역(不易)이다. 자연의 변화에는 일정한 방향이나 절대적 제약이나 한계라는 것이 없다.

1-7. 역(易)의 유래- 하도(河圖)와 낙서(洛書)

(1) 복희씨(伏犧氏)는 황하에서 나온 용마(龍馬)의 등에 그려져 있는 하도(河圖)를 보고 팔괘(八卦)를 그렸고, 하(夏)의 우왕(禹王)은 낙수(洛水)에서 나온 거북의 등에 있는 무늬(洛書/낙서)를 보고 역에 담긴 음양(陰陽)과 홍범구주(洪範九疇)의 원리를 알아내었다고 한다.
(2) 고대에는 연산역(連山易), 귀장역(歸藏易) 등도 있었다는데 이들은 실전(失傳)되고 주(周)나라 때 발전한 주역(周易)만 남아서 오늘날까지 전해온다.

1-8. 주역 읽기가 어려운 이유

주역 경전의 글귀는 간략(簡略)하고 난해(難解)하다. 왜 그리 알기 어렵게 썼을까.

(1) 한자(漢字)로 쓰였기 때문이다. 한자는 뜻글자이다. 글자마다 담긴 뜻이 다르다.

(2) 띄어쓰기가 없고, 구두점이나 문장부호가 없기 때문이다.

(3) 글자의 의미가 헷갈린다. 易이 나타나고 체계가 갖추어진 중국의 은주시대(殷周時代)에는 한자(漢字) 글자 수가 그다지 많지 않은 때였다. 그래서 하나의 글자를 여러 의미로 쓰는 전주(轉注)가 많았다. 그래서 사용된 글자의 의미가 헷갈리는 경우가 많은 것이다.

(4) 문장이 지나치게 간략하다. 옛날에는 종이가 없었고 붓이나 연필도 없었다. 동물의 뼈나 대나무 쪼갠 곳에 칼끝으로 한 글자 한 글자 새겨 넣어서 썼다. 그래서 글자 모양이 올챙이 머리를 닮은 과두문자(蝌蚪文字)였다. 책을 쓸 때도 도구나 재료에 장애가 많아서 되도록 간략하게 적는 것이 과제였다.

1-9. 경전으로서 〈주역〉의 위치

〈주역〉은 유가(儒家)의 경전(經典)으로서 사서오경(四書五經)의 하나이다. 사서(四書)는 대학(大學), 논어(論語), 맹자(孟子), 중용(中庸)이고 오경(五經)은 시경(詩經), 서경(書經), 역경(易經=주역(周易)), 예기(禮記), 춘추(春秋)이다. 〈주역〉은 본디 중국 주(周)나라 때(BC11세기~BC8세기)에 성립된 점서(占書)였는데 후에 64卦와 384爻에 철학적, 윤리적 해석을 덧붙임으로써 유가(儒家)의 경전(經典)이 되었다.

1-10. 주역 괘. 효의 구조와 명칭

〈64괘상 전도(全圖)〉 (팔괘의 순서대로 종횡(縱橫) 겹친 배열도)

8괘명→ (상징물)	건(乾) 하늘天 천	태(兌) 연못澤 택	이(離) 불火 화	진(震) 천둥雷 뢰/뇌	손(巽) 바람風 풍	감(坎) 물水 수	간(艮) 뫼山 산	곤(困) 땅地 지
乾	중천건 乾	택천쾌 夬	화천대유 大有	뇌천대장 大壯	풍천소축 小畜	수천수 需	산천대축 大畜	지천태 泰
兌	천택리 履	중택태 兌	화택규 睽	뇌택귀매 歸妹	풍택중부 中孚	수택절 節	산택손 損	지택임 臨
離	천화동인 同人	택화혁 革	중화리 離	뇌화풍 豊	풍화가인 佳人	수화기제 旣濟	산화비 賁	지화명이 明夷
震	천뢰무망 无妄	택뢰수 隨	화뢰서합 噬嗑	중뢰진 震	풍뢰익 益	수뢰준 屯	산뢰이 頤	지뢰복 復
巽	천풍구 姤	택풍대과 大過	화풍정 鼎	뇌풍항 恒	중풍손 巽	수풍정 井	산풍고 蠱	지풍승 升
坎	천수송 訟	택수곤 困	화수미제 未濟	뇌수해 解	풍수환 渙	중수감 坎	산수몽 蒙	지수사 師
艮	천산둔 遯	택산함 咸	화산여 旅	뇌산소과 小過	풍산점 漸	수산건 蹇	중산간 艮	지산겸 謙
坤	천지비 否	택지췌 萃	화지진 晉	뇌지예 豫	풍지관 觀	수지비 比	산지박 剝	중지곤 坤

1-11. 주역사상에 깃든 동양의 자연관(自然觀)과 서양의 자연관 차이

(1) 사람은 자기를 둘러싸고 있는 자연환경(自然環境)에 대한 경이감(驚異感)을 가지며 자기의 존재나 주변 세계의 근본원리에 대하여 궁금증을 가지는-철학(哲學)하는- 유일(唯一)한 동물이다.

경이로운 자연의 세계가 작동하는 근본원리에 대하여 동양과 서양은 견해가 다르다. 동양(東洋)은 생기적(生起的) 자연관을 가져서 음양합덕(陰陽合德)에 의하여 낳고 낳기를 거듭함으로써 대생명(大生命)을 기르는 광대화해(廣大和解)의 장소(場所)로 세계를 이해(理解)하였다. 서양(西洋)은 기계론적(機械論的), 결정론적(決定論的) 또는 종교적 자연관을 가져서 본체(本體)와 현상(現象), 질료(質料)와 형상(形相) 또는 신(神)과 피조물(被造物) 등의 이원적(二元的)이며 분석적, 대립적인 철학으로 세계를 이해하였다.

(2) 〈주역〉 속의 생기적(生起的) 자연관은 세 가지 유산(遺産)을 품고 있다. 첫째는 상고시대(上古時代)부터 내려 온 소박한 주재적(主宰的) 자연관요소로서 자연의 의지가 절대적으로 인간의 삶을 좌지우지한다고 보는 태도이다. 둘째는 노장(老莊-道家)의 출세간적(出世間的), 객관적 자연관요소로서 자연은 그 원리에 따라 저절로 변화가 일어난다고 보는 태도이다. 셋째는 유가(儒家)의 인의(仁義), 중화(中和) 등 인간계(人間界)의 덕성(德性)을 자연계에 투영(投影)하여 바라보는 덕성론적(德性論的) 태도이다. 덕성론적 태도에서는 천도(天道)에 관해서 잘 모르는 부분은 판단을 유보(留保)하며 자연의 이치(理致)와 인간의 덕성(德性)이 교감(交感), 소통(疏通)하여 조물(造物)하고 화물(和物)한다는 감응론(感應論)으로 나아간다.

2. 주역(周易)의 역할

2-1. 점서서(占筮書)로 쓰임.

공자 이전에는 복서(卜筮)의 일환인 점서(占筮)의 책으로 쓰였다. 즉 서죽(筮竹)을 이용한 점 보는 책으로 쓴 것이 주된 용도(用途)였다. 미지(未知)의 세계에 대한 우환의식(憂患意識)을 가진 인간은 자신의 미래를 알고자 복서(卜筮)하였다. 복서(卜筮)하면서 신비로운 자연의 도움을 받고자 제사를 올리고 기도하였다. 본래 복(卜)은 거북의 등껍질을 불에 태워 그 갈라진 모양을 보고 점치는 것을 말하고, 서(筮)는 시초(蓍草)라는 풀줄기나 댓가지(筮竹)를 조작(操作)하여 얻은 괘, 효(卦, 爻)로 점치는 것을 말한다. 그러나 세월이 지나면서 복서(卜筮)는 그저 점(占)의 뜻으로 쓰였다.

복서(卜筮)는 의심해소(疑心解消)를 위한 청명(請命)과 수명(受命)의 수단이다. 그러므로 복서(卜筮)하여 의심사항(疑心事項)을 묻는 점의(占義)는 가(可)하지만, 마음속에 이미 향하는 곳이 정해진 사항을 묻는 점지(占志)는 불가(不可)하다고 한다. 즉 점(占)이란 옳은지 그른지를 물어서 뜻을 정하는 데 도움을 받는 것이다. 이미 뜻을 정한 후에 할까 말까를 다시 점(占)하는 것은 양단간(兩端間)에 모독(冒瀆)이기에 그르다.

2-2. 마음을 닦는 세심경(洗心經)으로 쓰임.

공자 이후에 주역은 유가(儒家)의 수덕(修德)과 거업(居業)을 위한 처세서(處世書)가 되었다.

세상만사에는 적당한 시기(時機)가 있고, 군자가 일을 이루기 위해서는 합당한 지위(地位)가 필요하다. 주역은 사람이 덕을 닦고(修德) 거업(居業) 함에 있어서 항상 마음 써야 할 시(時)와 위(位)에 관한 철학적 내용을 담고 있다.

앞날의 일에 대한 길흉화복(吉凶禍福)을 귀신(鬼神)에 의탁(依託)하던 과거(過去)와 달리 수덕(修德)은 지기(知幾), 지래(知來), 지길흉(知吉凶)을 스스로 할 수 있도록 안목(眼目)과 지혜(知慧)를 닦는 것이다. 충신(忠信)한 심성(心性)과 신명(神明)한 심덕(心德)으로 닦아야 가능하다. 거업(居業)은 변통(變通)을 통하여 크게 이로운 사업을 도모하는 것이다. 사람이 수덕(修德) 하며 거업(居業)에 힘쓰는 이유는 시중(時中)하기 위함이다.

☞ 시중(時中)이란 때에 맞추어 처신(處身)을 올바로 하는 것을 말한다.

2-3. 우환(憂患)의 극복(克服)에 쓰임.

자연(自然)이 지닌 대덕(大德)은 생명의 창달(暢達)이며 그 도(道)는 이(易)와 간(簡)이다. 주역은 천지와 만물, 신(神)과 귀신(鬼神), 군자(君子)와 대인(大人), 시(時)와 위(位)의 개념들을 가지고 자연과 인간의 관계가 형성되고 변화하는 이치를 서술(敍述)하고 있다.

역리(易理=변화의 이치)는 그것을 배우는 자를 도와준다. 주역은 사람이 우환(憂患)에 처했을 때 이를 극복(克服)할 수 있는 길을 제시(提示)해 준다.

역리(易理)의 쓰임은 크게는 성인(聖人)처럼 천지 만물과 일체가 되어 다른 사람의 우환을 해결해 주도록 돕고, 작게는 가족(家族)과 이웃을 사랑하고 평생(平生)을 근심에서 벗어나 자기 처지를 편안히 여기며 살다가 안락(安樂)하게 죽을 수 있도록 돕는다.

3. 주역의 성립(成立)과 사상(思想)의 발전과정(發展過程)

3-1. 주역의 원형(原型)

64괘(卦)와 괘사(卦辭), 384효사(爻辭)를 합한 것이다. 주역에는 64개의 괘(卦)가 있고 각(各) 괘마다 여섯 개의 효(爻)가 있다. 효는 맨 아래부터 위로 초효(初爻), 이효(二爻), 삼효(三爻), 사효(四爻), 오효(五爻), 상효(上爻)라고 부른다. 건(乾)괘에는 용구(用九), 곤(坤)괘에는 용육(用六)이라는 효사가 추가(追加)되어 있다. 따라서 효사는 384개에 용구(用九)와 용육(用六)을 합하여 모두 386개가 있다.

단사(彖辭)라고도 부르는 괘사(卦辭)는 64괘의 각 괘(卦)에 붙인 해설문을 말하고, 효사(爻辭)는 384개의 각 효(爻)와 용구(用九), 용육(用六)에 붙인 해설문을 말한다. 64괘상(卦象)과 각 괘상에 대한 괘사(卦辭)와 각 효의 효사(爻辭)를 모두 합한 것이 주역의 원형(原型)이다.

☞ (괘사(卦辭)는 단사(彖辭)라고도 함.

은(殷)-주(周) 교체기에 풀줄기나 대나무 가지를 이용한 점서(占筮)가 귀족층에서 유행하였는데 그 시대에는 점(占)의 결과물인 서사(筮辭)를 기록해서 모아두었다가 연말(年末)에 검토(檢討)하는 풍습(風習)이 있었다고 한다. 세월이 지나면서 64괘도가 완성되자 그동안 집적(集積)된 서사(筮辭) 중에서 각 괘와 효에 적합한 것을 골라 배당(配當)하여 훗날의 점서(占筮)에 이용하였는데 이것이 주역의 원형이 되었다.

3-2. 주역의 성립 및 사상발전과정

① 복희 시대의 역(伏羲易)-괘도역(卦圖易): 복희(伏羲)가 만든 8괘(八卦)와 육십사괘(六十四卦)를 복희역(伏羲易) 또는 괘도역(卦圖易) 이라고 한다. 복희역(伏羲易)은 천도

(天道) 사상 시대의 역(易)으로서 만물을 생성하고 자연을 지배하는 절대적인 힘은 하늘에 있는 상제(上帝)에게 있다고 믿던 시대의 역(易)을 말한다. 인간은 두려운 마음으로 하늘의 뜻을 물을 뿐 소망을 빌거나 도움을 요청할 줄 몰랐다.

② 문왕(文王)과 주공(周公) 시대의 역(易)-문자역(文字易) 또는 서술역(筮術易): 64괘의 뜻을 문자(文字)로 설명(說明)한 괘사(卦辭)와 효사(爻辭)가 문자역(文字易)이다. 서술역(筮術易)이라고도 한다. 괘사는 문왕이, 효사는 주공이 지은 것으로 전해온다.

문왕(文王)과 주공(周公)의 시대에는 주역(周易)이 인간의 소망을 하늘에 빌고, 긍정적 변화를 위한 길을 하늘에 물어서 응답을 듣는 용도로 쓰였다. 하늘을 향하여 능동적 의사표시를 하는 주체의식이 생긴 것이다.

그 시대의 주역 점은 통지(通志). 단의(斷疑). 정업(定業)과 교민(敎民)을 위한 수단이었다. 백성을 교화(敎化)함에 있어서 점서(占筮)의 의식(儀式)을 통함으로써 권위를 높이고 교화의 효과를 키웠다. 신도(神道)를 빌어 설교(說敎)하는 일에 주역을 활용한 모습이다. 이 시대의 상제(上帝)는 이미 일방적 절대자가 아닌 인간과 소통하고 교감(交感)이 가능한 존재(存在)였다.

위의 ①괘도역(卦圖易)에 ②문왕(文王)과 주공(周公)의 문자역(文字易)을 합한 것이 중국 유가(儒家)에서 존중하는 사서오경(四書五經)에 속하는 이른바 역경(易經)이다.

③ 공자의 역(易)-십익(十翼): 역경(易經)에 대한 열 가지 해설책(十翼/십익)은 공자가 지은 것으로 전해온다. 그래서 십익(十翼)에 담긴 역리(易理)와 사상(思想)을 공자의 역(易)이라 한다.

십익(十翼)은 주역 경전(經典)을 해설(解說)하여 주역의 뜻이 새처럼 높이 날아오를 수 있도록 만든 10권의 책이라는 의미이다. 단전(彖傳) 상(上)/하(下), 상전(象傳) 상/하, 계사전(繫辭傳) 상/하, 문언전(文言傳), 설괘전(說卦傳), 서괘전(序卦傳), 잡괘전(雜卦傳)이다.

공자(孔子)의 역(易)은 인도사상(人道思想) 시대의 역(易)이다. 괘(卦)와 경문(經文-卦辭/괘사. 爻辭/효사-)의 뜻을 인간의 입장에서 해석하였다. 역리(易理)를 터득한 대인(大人)과 군자(君子)는 몸은 사람이지만 신(神)처럼 밝은 덕(德)을 지닐 수 있다는 입장이다. 그러므로 공자 이후의 역(易)에서는 상제(上帝)를 인격체(人格體)로 대하지 않는다. 상제(上帝)란 다름 아닌 자연(自然)의 이치(理致)로서 하늘의 뜻이라는 의미일 뿐이다.

십익(十翼)에 이르러서 주역은 드디어 철학사상서(哲學思想書)–성덕(成德)의 지침서(指針書)로 인정받게 되었고, 전래(傳來)의 점서서(占筮書)로서의 기능은 점차 약화(弱化)되었다. 유가(儒家)에서는 십익(十翼)을 공자(孔子)의 독자적(獨自的) 저술(著述)로 여기고 있지만, 실제(實際)로는 전국시대(戰國時代)의 중기(中期)부터 한(漢)의 초기(初期)에 걸쳐서 여러 사람이 지은 것으로 추정(推定)된다.

☞ 〈주역(周易)〉에 대한 공자일파(孔子一派)의 기여(寄與)〉
인의(仁義)를 강조하고 시위(時位)와 중정(中正)을 중시(重視)하는 입장에서 주역이 도덕주체성(道德主體性)을 가졌음을 강조하였다. 주역을 단순한 복서지서(卜筮之書)가 아니라고 본 것이다. 물질적 길흉화복(吉凶禍福)을 위한 점서(占書)라는 종래의 관념에서 주역을 해방시켜 인의(仁義)라는 세계로 끌어내었다.

④ 역(易)은 건곤(乾坤)의 작용에 의한 변화론(變化論)의 기반이 있다. 그러나 역(易)

의 변화론은 본래 음양사상(陰陽思想)에서 발원(發源)한 것은 아니라는 견해가 있다. 음양용어(陰陽用語)가 역경문(易經文=괘사와 효사)에는 없으니 그것을 지은 문왕(文王)이나 주공(周公)의 시대에는 음양개념이 쓰이지 않았다고 보아야 한다는 것이다. 공자도 천도(天道)나 음양(陰陽)에 관해서 특별히 말한 바 없고, 오히려 정명론(正名論)을 주장하였다. 정명론은 어찌 보면 변화론과 충돌하는 면이 있지만, 역(易)의 변역(變易)이라는 원리만은 영원히 변하지 않는다는 불역(不易)의 원리와 비슷한 관계로 이해하면 될 것이다. 〈맹자(孟子)〉에는 음양(陰陽)뿐 아니라 역(易)에 대한 언급(言及) 자체가 없다. 〈중용(中庸)〉과 〈대학(大學)〉에도 없다.

춘추시대 이후 나타난 계사전 상(上) 제5장에서 비로소 "일음일양지위도(一陰一陽之謂道)"라는 음양용어(陰陽用語)가 등장하지만 그 용어를 일반적으로 쓴 것은 진한(秦漢) 이후였다. 역경(易經)을 해석(解釋)하는 책들인 십익(十翼)을 쓰면서 음양 사상을 이용한 것이다. 십익(十翼)이 진정으로 공자의 저서인가에는 의문을 가질 수 있으나, 공자의 사상이 주역(周易)의 괘, 효사(卦, 爻辭)가 가지는 변화 사상(變化思想)과 같은 뿌리를 가지고 있다는 사실만은 분명하다. 변화의 원인을 건곤(乾坤)의 작용이라 할 수도 있고 음양(陰陽)의 작용이라 할 수도 있으나 이는 변화의 원인을 설명함에 있어서 용어선택 상의 차이일 뿐이다.

⑤ 주역이 사용되던 초기에는 점서(占筮)하여 얻은 괘, 효사(卦, 爻辭)의 길흉회린(吉凶悔吝)을 신(神)의 계시(啓示)라고 생각하였다. 그러나 공자 이후에 십익(十翼)이 나타난 뒤에는 언역(言易)으로서 괘, 효사(卦, 爻辭) 자체의 의미를 숭상(崇尙)하게 되었다. 점서(占筮)하여 괘, 효사(卦, 爻辭)의 길흉회린(吉凶悔吝)을 얻었을 경우에도 그것을 신(神)의 계시(啓示)로 여기지 않고 인간이 노력하기에 따라서 얼마든지 바꿀 수 있는 이지적(理智的)인 것이라고 보기에 이른 것이다.

⑥ 주역은 은, 주(殷, 周) 시대의 선진역학(先秦易學)에서 체계(體系)가 거의 완성되었다. 그러나 그 체계를 어떻게 실생활에 도입하여 해석하고 적용할 것이냐 하는 사상적 문제는 남았다. 진(秦)을 거쳐 한대(漢代)에는 상수역(象數易)이 성행하였다. 괘와 효는 우주운행과 천지자연의 음양승강(陰陽昇降) 원리를 구상화(具象化)한 것이고 인간의 삶도 음양승강이라는 천지자연의 이치(理致)에 따르는 것이므로 천지 이치의 흐름을 상징하는 일련(一連)의 수리(數理)조작으로 괘와 효를 얻으면 그 안에 담긴 뜻으로 삶의 앞날을 예견할 수 있다는 것이 상수역의 입장이다. 그래서 상수역은 수리(數理)조작으로 점괘(占卦)를 얻는 서죽점(筮竹占)을 중요시하였다.

상수역은 갈수록 번다(煩多)해지고 견강부회(牽强附會)하는 해석이 늘어났다. 그래서 점차 사람들을 미혹(迷惑)시키는 일이 많아졌다. 우주의 운행, 일월(日月)의 진퇴, 사계절의 추이 등을 무리하게 괘-효에 결부시킨 탓이다.

세월이 흐를수록 견강부회(牽强附會)하는 해석이 늘고 상수역의 폐단(弊端)이 많아지자 후한말(後漢末)에 이르러 왕필(王弼)이 상수역의 폐해를 날카롭게 비판하면서 괘, 효사가 가지고 있는 원래의 뜻에 충실하여야 한다는 의리역(義理易)을 주장하였다. 왕필은 무심(無心)을 강조하는 노장사상(老莊思想)에 입각하여 주역을 해석하였다.

의리역은 인간의 사회생활과 역사변화의 실상(實相)에 주목하는 입장이다. 괘(卦)들은 하나의 상황을 상징하고 효(爻)들은 그 상황에 적합한 행위방식의 변통을 상징한다고 본 것이다. 괘, 효(卦, 爻)라는 상징의 틀을 통해서 현상에 맞는 응용을 구하는 것이 역리(易理)를 배우는 자세여야 한다고 주장하는 것이 의리역의 입장이다.

오늘날 우리가 보는 역학의 사상체계는 은주(殷周)시대 선진역학(先秦易學)의 뼈대 위에 한대(漢代)의 상수역(象數易) 이론과 위진(魏晋)시대 왕필(王弼) 이후의 의리역(義理易) 이론이 더해진 것이다.

☞ 〈선진역학(先秦易學)은 진(秦)-한(漢) 이전인 은(殷)-주(周) 시대의 역학을 말한다. 선진역학은 실용철학(實用哲學)의 특성(特性)이 있었다. 특성을 살펴보면 아래와 같다.
- 팔괘(八卦)로 자연(自然)의 물상(物象)을 설명하였다.
- 팔괘를 겹쳐서 육십사괘(六十四卦)를 만들고 이를 점서(占筮)에 이용하였다.
- 점서(占筮)라는 이용방법을 통하여 수덕(修德)과 통변(通變)의 지혜를 강조하였다. 수덕(修德)은 "~다움=덕(德)"을 닦아 이루는 것이다. 통변(通變)은 사업(事業)을 성취할 방법을 찾아 수시통변(隨時通變) 하는 것이다. 사업(事業)에서 최선의 "덕(德~다움)"은 무엇인가? 바로 수시통변(隨時通變) 하여서 뜻한 대로 이익을 창출(創出)하는 것이다.
- 질박실용(質朴實用)하였다. 음양론에 따라서 근취저신(近取諸身), 원취저물(遠取諸物)하는 서술(筮術)로 의심(疑心)을 결단(決斷)할 수 있도록 길흉화복(吉凶禍福)을 제시(提示)하였다.
- 생명(生命)을 찬양(讚揚)하였다. 건곤(乾坤)의 위대함은 만물자시(萬物資始)와 자생(資生)에 있음을 단사(彖辭)에서 밝혀 말하고 있다. 생명을 낳고 또 낳게 하는 것이 바로 역(易)이며, 천지의 크나큰 덕(=천지다움)은 다름 아닌 생명을 낳아 기름에 있다는 것이다. (-생생지위역/生生之謂易 -계사전 上 5)(-천지대덕왈생/天地大德曰生-계사전 下 1)
- 인간본성(人間本性)의 선(善)함을 믿고 이것을 고무(鼓舞)시켰다. 선진(先秦)시대의 역학은 생명창달(生命暢達)을 예찬(禮讚)하였을 뿐만 아니라 자기 생명의 기원(起源)인 부모-씨족과 부족-하늘(天)에 대한 존숭(尊崇)을 강조(強調)하였다. 그리고 인간이 천지인(天地人) 삼재(三才)의 일원이라는 인식을 가지게 하여 인간의 삶에 큰 의미를 부여하였다.
- 선진역학(先秦易學)은 하나의 실용철학(實用哲學)이었기 때문에 〈주역〉을 실제 생활에서 점서(占筮)하는 데 많이 썼지만 정작 〈주역책〉에서 "서(筮)"라는 말이 쓰인 곳은 드물다. 경문(經文)에서 "서(筮)"를 언급(言及)한 곳은 산수몽(山水蒙)과 수지비(水地比) 두 곳뿐이다. 그렇지만 경문(經文)에 쓰인 모든 괘, 효사(卦, 爻辭)의 원초적(原初的) 기능이 점서(占筮)를 통하여 앞일을 미리 아는 데 있었다는 것만은 역학사적(易學史的) 사실이다.
선진시대 이래 현재까지 역(易)은 변함없이 "선보과(善補過)"를 중요하게 여긴다. 삶이란 허물을 보완해 나가는 "선보과(善補過)의 과정"임을 강조한 것이다. 그 결과로 경문(經文)의 괘, 효사에서 가장 자주 나오는 것이 "무구(无咎)"라는 글귀이다. 무려 133회나 나온다. "무구(无咎)"란 과오(過誤)를 잘 보완(補完)하여 중정(中正)을 취하면 더 이상 허물이라 할 수 없게 되는 것을 가리키는 말이다. 이처럼 과오(過誤)를 잘 보완(補完)하여 중정(中正)을 취하는 것을 "선보과(善補過)" 한다고 말한다. 사람은 미완(未完)의 존재로 태어나기 때문에 몰라서 저지르는 과오(過誤)가 많다. 모르고 저지르는 과오 자체는 아직 허물이 안 된다. 알고도 고치지 않으면 그것이 허물이 된다. 과오를 알고서 즉시 잘 보완하면 선보과(善補過) 하였으니 무구(无咎)로 된다는 것이다.

4. 계사전에서 말하는 〈주역〉의 생활상 응용(應用)방법

易有聖人之道四焉	역유성인지도사언
以言者 尙其辭	이언자 상기사
以動者 尙其變	이동자 상기변
以制器者 尙其象	이제기자 상기상
以卜筮者 尙其占	이복서자 상기점

역(易)에는 성인의 네 가지 도가 갖추어져 있으니
말(言論)로 지도하려는 사람은 역의 사(辭)를 중시하고
행동으로 실천하려는 사람은 역의 음양 변화를 중시하여 "동역(動易)"하며
문물제도를 갖추고자 하는 사람은 역의 상(象)을 중시하고
복서(卜筮)로 길흉을 예견하고자 하는 사람은 역의 점을 중시한다. (-계사 상 10)

4-1. 네 가지 길

계사전은 괘상(卦象)과 괘효사(卦爻辭)의 해석지침서 역할을 하면서 동시에 생활을 통한 성덕(成德)의 지침서로 주역의 성격을 전환시켰다. 주역의 내용은 생활의 모든 일에 응용할 수 있는데 계사전은 특별히 이를 정리하여 주역이 성인(聖人)의 도(道)를 보여주는 네 가지 기능을 한다고 말하였다.

첫째로, 언론으로 지도하려는 사람은 괘, 효의 상(象)과 사(辭)의 뜻을 숭상하고, 둘째로, 역(易)의 이치를 행동으로 실천하려는 사람은 효(爻)의 음양 변화를 살펴본다. 셋째로, 기물(器物)과 제도(制度)를 만들고자 하는 사람은 역(易)의 상(象)을 숭상하고, 넷째로, 복서(卜筮)로 앞날을 예견하려는 사람은 역(易)의 점(占)을 중시한다.

4-2. 언역(言易)

"언역(言易)" 즉, 괘상(卦象)과 괘효사(卦爻辭)의 뜻을 쉽게 알 수 있도록 풀어서 쓴 글은 나머지 세 기능의 근본이 된다.

4-3. 동역(動易)

"동역(動易)"의 교훈은 시대를 막론하고 누구나 어느 정도 실천하면서 살고 있다. 상황변화를 원한다면 음양(陰陽)의 효변(爻變)을 참작하여 행동을 바꿔야 한다. 자녀교육이나 인간관계에서 갈등상황을 개선하려면 특히 행동방식의 변화를 심사숙고하여야 한다. 덕(德)이란 무엇이고, 수시변(隨時變)이란 무엇일까? 덕(德)은 "~다움"이다. 그리고 참다운 "~다움"이란 수시변(隨時變)으로 최선(最善)의 효과를 창출(創出)하는 것이다. 수시변(隨時變)은 "동역(動易)"하는 것이다. "동역(動易)"은 음양의 효변(爻變)에 따라 변화된 행동을 하는 것이다.

☞ 자녀와 소통하는 데 어려움이 있다면 답답함에 대하여 집안에서 질책(叱責)만 하지 말고 함께 주말 등산이나 일박여행(一泊旅行)이라도 떠나보는 등 "동역(動易)"하여 보자.

4-4. 역(易)을 배우는 자세

계사전(繫辭傳)은 역(易)의 이치에 대하여 빠짐없이 설명하였지만 특히 처음과 끝 부분에서 역(易)을 배우는 자세(-學易)의 요체(要諦)를 강조하여 밝혔다. 처음부터 건이이지(乾以易知) 곤이간능(坤以簡能)을 내세워 진리가 쉽고 간단함 속에 있다는 것을 밝혀서 이간(易簡)의 중요성을 말하고, 끝부분에서 다시 쉽고 간단하게 실천하는 덕행(德行)에 힘쓰라고 이간(易簡)을 강조하였다. (-계사전 상 1장)

계사전은 마지막으로 서로 미워하지 말고 말조심하라고 교훈하였다. 자기의 말에는 진정을 담아서 그 말을 듣는 사람에게 이로움이 있도록 해야 하고, 남의 말을 들을 때는 주의 깊게 들어서 그 참뜻을 잘 파악해야 한다고 하였다. (-계사전 하 12장)

〈계사전 하 12장〉

將叛者 其辭慙	장반자 기사참
中心疑者 其辭枝	중심의자 기사지
吉人之辭 寡	길인지사 과
躁人之辭 多	조인지사 다
誣善之人 其辭游	무선지인 기사류(유)
失其守者 其辭屈	실기수자 기사굴

*叛=반. 배반하다.
*慙=참. (愧/괴와 같은 뜻)
　　　① 창피를 주다. 모욕하다. 책망하다.
　　　② 부끄러워하다. 부끄럽다. 수치(羞恥).
*枝=지. ① 흩어지다.
　　　② 초목의 가지.
　　　③ 버팀목. 지주(支柱).
*躁=조. 조급하다. 불안정하다. 떠들다. 난폭하다. 교활하다.
*誣=무. 속이다. 깔보다. 헐뜯다.
*游= 　① 유. 부유(浮游)하다. 떠돌아다니다. 헤엄치다. 놀다.
　　　② 류. 흐름(流). 깃발(旒/류).
*屈=굴. ① 비굴하다.
　　　② 움츠리다(-척확지굴 이구신야/尺蠖之屈 以求信也). 구부러지다.
　　　③ 뜻을 얻지 못하다. 억눌러 굽히다.

장차 배반하려는 자의 말에서는 책망이나 모욕적인 느낌 등 꺼림칙한 것이 나타나고 속마음이 의심스러운 자의 말은 갈라져서 산만하다. 덕이 있어 길한 사람은 말수가 적고, 덕이 없어 조급한 사람은 말이 많다. 선을 악이라고 헐뜯는 자의 말에는 논리의 일관성이 없어서 이리저리 떠돌고, 지킬 바 신념이 없거나 그것을 잃은 자의 말에는 비굴함이 드러난다.

5. 십익(十翼)의 개요

5-1. 단전(彖傳)

단전(彖傳)은 괘사(卦辭)를 풀이한 책이다. 각(各) 괘사의 밑에 단왈(彖曰)로 시작되는 부분이다. 괘(卦)의 이름과 형태, 괘사의 전반적 내용에 대한 이론적 근거를 제시하며 설명하였다.

5-2. 상전(象傳)

상전(象傳)은 괘의 형상(形象)을 기본으로 하여 괘와 효를 설명하였다. 괘를 해석한 것을 대상(大象), 효를 해석한 것을 소상(小象)이라 한다. 대상(大象)의 전반부는 괘의 형상을 직관적으로 포착하여 괘명의 뜻을 풀이한 것이고, 후반부는 괘의 형상에 근거하여 인간의 윤리적인 행동 규범을 제시한 것이다.

단전(彖傳)과 상전(象傳)은 나중에 역경문(易經文)의 각각 해당(該當)하는 괘, 효사 밑에 단왈(彖曰) 또는 상왈(象曰)로 분할하여 표시하였다.

5-3. 문언전(文言傳)

문언전(文言傳)은 건괘(乾卦)와 곤괘(坤卦)의 두 괘에만 있다. 주역의 기본사상은 대체로 건(乾)과 곤(坤) 두 괘에 나타나 있기 때문에 이 두 괘를 집중하여 설명한 것이 문언전이다. 문언전은 공자(孔子)의 인문적(人文的) 사상체계를 담은 저작(著作)이다. 본래에는 계사전의 일부였는데 후한(後漢) 말(末) 왕필(王弼)에 의하여 건괘(乾卦) 안에 들어오게 되었다. 문언전(文言傳)은 건(乾)과 곤(坤) 두 괘의 괘, 효사(卦, 爻辭)를 유가(儒家)의 입장에서 규범적으로 해석해서 의리역학(義理易學)의 단서(端緖)를 열어놓은 것이다. "문언(文言)"은 "아름답게 장식하는 말"이라는 뜻이다. 주역의 근본이라 할 수 있는 건(乾)과 곤(坤) 두 괘를 특별히 아름답게 본 것이다.

5-4. 계사전(繫辭傳)

계사전(繫辭傳)은 64괘사와 384효사를 총체적으로 해석하여 그 뜻을 밝힌 책이다. 주역의 심오한 사상과 이론을 종합하고 체계화하여 설명하였다. 단순한 주역의 해석을 넘어 주역(易經)을 소재 삼아 독자적인 철학을 담은 책이다. 계사전에 의하여 주역은 단순한 점서서(占筮書)를 넘어서 자연철학과 실천윤리를 제시하는 경전(經典)으로 위치가 격상(格上)되었다. 우리나라를 포함한 한자문화권의 중요 철학 개념들은 대부분 계사전에서 비롯되었다. 태극(太極), 도(道), 성(性), 인(仁), 명(命), 이(理), 선(善), 의(義), 덕(德) 등은 모두 계사전에 들어있는 개념들이다.

단전(彖傳)이나 상전(象傳), 문언전(文言傳) 등이 주역의 괘, 효사를 개별 설명하는 각론서(各論書)라면 계사전(繫辭傳)은 주역의 총론서(總論書)에 해당한다.

5-5. 설괘전(說卦傳)

설괘전(說卦傳)은 팔괘의 형상(形象)과 그들 각각의 강유(剛柔)와 음양(陰陽)이라는 기본성격 및 팔괘가 상징(象徵)하는 사물이나 상징한 의미(意味)를 주로 해석한 책이다.

5-6. 서괘전(序卦傳)

서괘전(序卦傳)은 64괘의 배열근거를 밝히면서 괘의 순서에 철학적 의미를 담고 있다. 괘서(卦序)는 생생정신(生生精神), 역도(易道)의 보편운행(普遍運行), 천인상응(天人相應), 대립통일(對立統一), 상착(相錯)과 반대(反對)를 통한 합일(合一)로 역도(易道)가 통일된 전체(全體)를 이룸을 나타내는 핵심역전(核心易傳)의 하나이다. -고회민(高懷民) 서괘전의 상편(上篇)은 첫 번째인 건(乾)괘로부터 30번째인 리(離)괘까지이고 하편(下篇)은 31번째 함(咸)괘로부터 맨 뒤인 64번째 미제(未濟)괘까지이다. 맨 뒤에 미제(未濟)가 자리하여 변화(變化)의 무궁(無窮)함, 삶의 순환적(循環的) 발전(發展)을 상징적으로 표현하였다. 서괘전의 구체적 배열은 건(乾)과 곤(坤), 감(坎)과 리(離)처럼 음양(陰陽)이 서로 바뀐 착괘(錯卦), 또는 준(屯)과 몽(蒙), 수(需)와 송(訟)처럼 괘의 상하(上下)를 뒤집어 놓은 종괘(綜卦)의 순서대로 된 경우가 대부분이다.

5-7. 잡괘전(雜卦傳)

잡괘전(雜卦傳)은 건(乾)은 강(剛)하고 곤(坤)은 부드러우며(乾剛坤柔), 비(比)는 즐겁고 사(師)는 근심스럽다(比樂師憂) 등으로 서로 반대되는 괘를 두 개씩 모아서 비교하여 놓은 것이다.

6. 주역의 괘상(卦象) - 구조와 명칭

주역 구성의 최소단위는 효(爻)라고 한다. 효(爻)에는 陽爻(—)와 陰爻(--)가 있는데 남녀의 신체부위(身體部位)나 홀수와 짝수의 모양에서 유래(由來)한 것이라고 본다.

효(爻)를 두 개씩 겹친 것이 사상(四象)이고, 효(爻)를 세 개씩 겹친 것이 팔괘(八卦)이다. 팔괘(八卦)를 겹쳐서 만든 것이 육십사괘(六十四卦)이다.

6-1. 괘(卦), 양의(兩儀), 사상(四象), 팔괘(八卦)의 개념

① 괘(卦)

"괘(卦)"라는 글자는 "내세워 걸다"–사물의 형상을 여기에 걸어서 사람들에게 보여준다는 뜻이다.

② 양의(兩儀)

괘(卦)의 기본구성요소는 양효(陽爻) 또는 강효(剛爻)라고 하는 —부호(符號)와 음효(陰爻) 또는 유효(柔爻)라고 하는 --부호이다. 이들 두 부호를 양의(兩儀)라고 한다. 이 부호들의 유래는 분명하지 않지만 고대(古代)의 출산(出産) 숭배사상(崇拜思想)에서 남녀를 상징하는 것으로 추측된다.

— : 양효(陽爻)/강효(剛爻)의 성격

태극이 나뉜 두 기운 중의 하나로서 음효(陰爻)에 비하여 적극적, 능동적인 면을 상징한다. 건(乾). 하늘. 굳셈=강(剛). 밝음. 해. 여름. 임금. 아버지. 수컷. 더움(춥지 않음). 바깥. 고귀함. 홀수=기수(奇數). 큼. 대인(大人) 등을 뜻한다.

-- : 음효(陰爻)/유효(柔爻)의 성격

태극이 나뉜 두 기운 중의 다른 하나로서 양효(陽爻)에 비하여 소극적, 여성적인 면을 상징한다. 곤(坤). 땅. 부드러움=유(柔). 어둠. 달=월(月). 물. 비=우(雨). 신하. 여자. 추위. 그늘. 작음. 소인(小人). 조용함. 짝수=우수(偶數). 습기. 치부(恥部) 등을 뜻한다.

③ 사상(四象)

━양효(陽爻)와 ━━음효(陰爻)를 둘씩 결합하면 ⚌,⚍,⚎,⚏의 네 가지 모양이 나오는데, 이를 태양(太陽), 소음(少陰), 소양(少陽), 태음(太陰)의 사상(四象)이라 한다.

한의(韓醫)의 사상의학(四象醫學)에서 말하는 사상(四象)이란 바로 사람의 체질(體質)을 네 가지로 나누어 보는 것이며 동일(同一)한 질병(疾病)이라도 체질에 따라 약(藥)을 달리해야 한다는 의학이론(醫學理論)이다.

-동무(東武) 이제마(李濟馬)의 〈동의수세보원(東醫壽世保元)〉

④ 팔괘(八卦)

━, ━━부호를 세 개씩 결합하면 ☰,☱,☲,☳,☴,☵,☶,☷의 여덟 가지 상(象)이 된다. 각각을 ☰건(乾), ☱태(兌), ☲이(離), ☳진(震), ☴손(巽), ☵감(坎), ☶간(艮), ☷곤(坤)의 괘(卦)라고 부르며 이들을 통칭(統稱)하여 팔괘(八卦)라 한다.

팔괘상(八卦象)은 역(易)의 기본이다. 원시적(原始的) 점서(占筮)는 팔괘(八卦)에 의하여 행해졌다. 그러나 단순한 팔괘만으로는 세상의 복잡한 사상(事象)을 모두 점치기가 어렵다. 그래서 팔괘를 두 개씩 겹쳐서 육십사괘(六十四卦)를 만들었을 것이다.

팔괘에 모든 사물(事物)과 형상(形狀)을 결부(結付)시키고, 모든 상황(狀況)을 64개의 범주(範疇)로 나누어 육십사괘에 끌어 붙여 연관(聯關)시켰다. 말하자면 주역의 육십사괘는 우주만물(宇宙萬物)과 인간만사(人間萬事)에 대한 64가지의 범주적 상황모형(範疇的狀況模型)이고, 그들 각각에 대한 타개책(打開策) 제시(提示)라고 볼 수 있다.

6-2. 팔괘상(八卦象)과 팔괘의 괘덕(卦德)

① 괘상(卦象)

괘상(卦象)은 괘가 상징하는 물상(物象)을 말한다. 가족관계, 신체부위, 동식물, 방위(方位)표시 등에 쓰이며 후대(後代)로 내려오면서 점차로 내용(內容)이 복잡(複雜)하게 되었다. 팔괘상(八卦象)에서 가장 눈에 띄는 것이 자연현상(自然現象)을 끌어다 붙인 것이다. (☰하늘, ☷땅, ☱연못, ☲불, ☳우레, ☴바람, ☵물, ☶산 등이다.)

② 괘덕(卦德)

괘덕(卦德)은 팔괘(八卦)가 상징하는 각각의 성질(性質)을 말한다. 강유(剛柔), 애오(愛惡) 등이다.

③ 팔괘상(八卦象)과 팔괘덕(八卦德)

보통 쓰이는 팔괘상(八卦象)과 팔괘덕(八卦德)을 도표로 하면 다음과 같다.

팔괘	건	태	이	진	손	감	간	곤
八卦	☰乾	☱兌	☲離	☳震	☴巽	☵坎	☶艮	☷坤

자연물	천(天)	택(澤)	화(火)	뢰(雷)	풍(風)	수(水)	산(山)	지(地)
성질	건실함	기쁨	걸쳐짐	움직임	따름	험난함	멈춤	유순함
가족	아버지	삼녀	중녀	장남	장녀	차남	삼남	어머니
신체	머리	입	눈	발	넓적다리	귀	손	배(-복/腹)
동물	말	양	꿩	용	닭	돼지	개	소(-우/牛)
방위	서북	서	남	동	동남	북	동북	서남

6-3. 육십사괘(六十四卦)-64괘상전도(六十四卦象全圖)

① 팔괘의 순서대로 종횡(縱橫)으로 펼친 배열도

8괘명→ ╳ (상징물)	건(乾) ☰ 하늘天	태(兌) ☱ 연못澤	이(離) ☲ 불火	진(震) ☳ 천둥雷	손(巽) ☴ 바람風	감(坎) ☵ 물水	간(艮) ☶ 산山	곤(坤) ☷ 땅地
☰乾	중천건 乾	택천쾌 夬	화천대유 大有	뇌천대장 大壯	풍천소축 小畜	수천수 需	산천대축 大畜	지천태 泰
☱兌	천택리 履	중택태 兌	화택규 睽	뇌택귀매 歸妹	풍택중부 中孚	수택절 節	산택손 損	지택임 臨
☲離	천화동인 同人	택화혁 革	중화리 離	뇌화풍 豊	풍화가인 佳人	수화기제 旣濟	산화비 賁	지화명이 明夷
☳震	천뢰무망 无妄	택뢰수 隨	화뢰서합 噬嗑	중뢰진 震	풍뢰익 益	수뢰준 屯	산뢰이 頤	지뢰복 復
☴巽	천풍구 姤	택풍대과 大過	화풍정 鼎	뇌풍항 恒	중풍손 巽	수풍정 井	산풍고 蠱	지풍승 升
☵坎	천수송 訟	택수곤 困	화수미제 未濟	뇌수해 解	풍수환 渙	중수감 坎	산수몽 蒙	지수사 師
☶艮	천산둔 遯	택산함 咸	화산여 旅	뇌산소과 小過	풍산점 漸	수산건 蹇	중산간 艮	지산겸 謙
☷坤	천지비 否	택지췌 萃	화지진 晉	뇌지예 豫	풍지관 觀	수지비 比	산지박 剝	중지곤 坤

② 원도주류(圓道周流) 사상을 반영한 주(周) 문왕(文王)의 괘서(卦序) -서괘전(序卦傳)의 순서

　주문왕(周文王)은 64괘의 역도(易道)가 원도주류(圓道周流)의 모습으로 운행(運行)하는 것으로 보고 그에 부합(符合)시켜서 64괘의 순서를 정하였다. 맨 앞에 건(乾)괘와 두 번째 곤(坤)괘를 두어 역도(易道)의 대강(大綱)을 밝힌 후, 준(屯), 몽(蒙) 등으로 계속하다가 63번째에 기제(旣濟)괘를 둠으로써 고난을 이기면서 나아가다 보면 때로는 잠시의 성취에 취해보는 순간도 있다는 삶의 모습을 나열하고, 맨 끝인 64번째에 미제(未濟)괘를 두어서 역도(易道)는 영원히 미완(未完)인 채로 흐름을 계속함을 나타내었다. 이로써 종점(終點)은 바로 시점(始點)이라는 하나의 커다란 원도주류(圓道周流) 원리를 볼 수 있게 하였다. 주문왕(周文王)의 괘서(卦序)는 다음과 같다.

-상경(上經) 30괘

1건(乾)	2곤(坤)	3준(屯)	4몽(蒙)
5수(需)	6송(訟)	7사(師)	8비(比)
9소축(小畜)	10리(履)	11태(泰)	12비(否)
13동인(同人)	14대유(大有)	15겸(謙)	16예(豫)
17수(隨)	18고(蠱)	19임(臨)	20관(觀)
21서합(噬嗑)	22비(賁)	23박(剝)	24복(復)
25무망(无妄)	26대축(大畜)	27이(頤)	28대과(大過)
29감(坎)	30리(離)		

-하경(下經) 34괘

31함(咸)　　　　32항(恒)　　　　33둔(遯)　　　　34대장(大壯)

35진(晋)　　　　36명이(明夷)　　37가인(家人)　　38규(暌)

39건(蹇)　　　　40해(解)　　　　41손(損)　　　　42익(益)

43쾌(夬)　　　　44구(姤)　　　　45췌(萃)　　　　46승(升)

47곤(困)　　　　48정(井)　　　　49혁(革)　　　　50정(鼎)

51진(震)　　　　52간(艮)　　　　53점(漸)　　　　54귀매(歸妹)

55풍(豊)　　　　56여(旅)　　　　57손(巽)　　　　58태(兌)

59환(渙)　　　　60절(節)　　　　61중부(中孚)　　62소과(小過)

63기제(旣濟)　　64미제(未濟)

☞ 괘상(卦象)은 옛 성인(聖人)들이 철학적사고(哲學的思考)의 내용(內容)을 표현(表現)하기 위하여 만든 부호(符號)이다. 철학적사고가 먼저 있었고 그 후에 괘상의 창작이 뒤따른 것이다. 6500여 년 전에 복희(伏羲, 伏犧)가 괘상을 만들어서 인간의 사고(思考)를 부호(符號)로 표현(表現)하였고, 3000여 년 전에 주문왕(周文王)이 괘상에 담긴 사고(思考)를 풀어서 문자(文字)로 적어놓은 것이 괘, 효사(卦, 爻辭)이다.

6-4. 소성괘(小成卦)와 대성괘(大成卦)

소성괘(小成卦)는 음양 부호(陰陽符號)를 세 겹으로 하여서 만든 것이다. 바로 팔괘(八卦)가 소성괘(小成卦)들이다. (☰ ☷ ☲ ☵ ☳ ☴ ☶ ☱) 대성괘(大成卦)는 소성괘(小成卦)를 겹쳐서 만든 것들로서 바로 64괘(卦)이다. 대성괘의 형태를 보면,

건(乾)괘　　곤(坤)괘　　기제(旣濟)괘　　미제(未濟)괘　　몽(蒙)괘　　혁(革)괘

등의 모양이다.

6-5. 대성괘(大成卦)에서 효(爻)의 위치별(位置別) 명칭(名稱)과 효위(爻位)가 지닌 의미

① 예시(例示)

화수미제(火水未濟)↓		효위(爻位)	수화기제(水火旣濟)↓	
上九(양효)	—	← 上爻 →	上六(음효)	--
六五(음효)	--	← 五爻 →	九五(양효)	—
九四(양효)	—	← 四爻 →	六四(음효)	--
六三(음효)	--	← 三爻 →	九三(양효)	—
九二(양효)	—	← 二爻 →	六二(음효)	--
初六(음효)	--	← 初爻 →	初九(양효)	—

② 양효(陽爻)는 구(九), 음효(陰爻)는 육(六)으로 표시하여 구별한다. 따라서,

양효는 구(九)를 붙여서 부른다. (초구/初九, 구이/九二~~구오/九五, 상구/上九)

음효는 육(六)을 붙여서 부른다. (초육/初六, 육이/六二~~육오/六五, 상육/上六)

③ 대성괘(大成卦)에서 효(爻)들의 위치를 보면,

홀수 번째 위치에는 初爻, 三爻, 五爻가 있다. (양효에 잘 어울리는 자리이다.)

짝수 번째 위치에는 二爻, 四爻, 六爻가 있다. (음효에 잘 어울리는 자리이다.)

양효(—)가 홀수 번째 자리에 있으면 정위(正位)에 있다고 한다. 그러나 양효(—)가

짝수 번째 자리에 있으면 부정위(不正位)에 있다고 한다. 음효(--)가 짝수 번째 자리에 있으면 정위(正位)에 있다고 한다. 그러나 음효(--)가 홀수 번째 자리에 있으면 부정위(不正位)에 있다고 한다.

효(爻)의 위치한 곳이 정위(正位), 부정위(不正位), 중위(中位)에 따라 덕목(德目)이 다르다. 중위(中位)나 정위(正位)에 있으면 그렇지 않은 경우보다 덕목이 좋아 길(吉)하게 여긴다. 이효(二爻)는 아래에 있는 소성괘(小成卦-하괘/下卦, 내괘/內卦)의 중위(中位)로서 하괘(下卦)의 중심(中心)된 역할을 한다. 오효(五爻)는 위에 있는 소성괘(小成卦-상괘/上卦, 외괘/外卦)의 중위(中位)로서 대성괘(大成卦) 전체의 주재자(主宰者)로 역할을 한다.

☞ 하괘(下卦)를 정괘(貞卦)라고 부르기도 한다. 삶의 전반기(前半期)에는 무엇보다도 바른(貞) 성장이 중요하다는 뜻일 것이다. 반면에 상괘(上卦)는 회괘(悔卦)라고 한다. 삶의 후반기(後半期)에는 돌아보며 반성하는 것이 중요함을 강조하는 뜻이리라.

④ 첫 번째 효는 일효(一爻)라고 부르지 않고 초효(初爻)라고 한다. 초효(初爻)라고 부르는 이유는 변화의 시작이라는 시간적(時間的) 요소에 뜻을 둔 때문이다. 반면에 여섯 번째 효는 육효(六爻)나 말효(末爻)라고 하지 않고 상효(上爻)라고 부른다. 상효(上爻)라고 하는 이유는 상승(上昇)에는 공간적(空間的) 한계가 있다는 점을 뜻한 것이다.

초효(初爻)라는 시간적 출발의 뜻과 상효(上爻)라는 공간적 위치의 뜻을 나타내는 대성괘 여섯 효의 명칭은 그 속에 자연계에 존재하는 만물의 시공한계성(時空限界性)을 지적(指摘)하는 철학적 설명이 담겨 있음을 읽을 수 있다.

7. 괘사(卦辭)와 효사(爻辭)의 해석

7-1. 용어(用語) 풀이

① 길(吉), 흉(凶)과 이(利), 불리(不利):

모두 외면적사실판단(外面的事實判斷)의 문제로서 길흉(吉凶)은 생명(生命)이나 재물(財物), 직위(職位) 등 외형물에 관한 것이다. 얻으면(得) 길(吉)이고 잃으면(失) 흉(凶)이다. 즉 길흉(吉凶)은 외부적인 물상(物象)의 득실(得失)이다.

이(利)와 불리(不利)는 길흉(吉凶)보다 그 정도(程度)가 낮은 득실(得失)을 말한다. 원본(元本)을 바탕으로 다소간 늘거나 줄어드는 것이 이(利), 또는 불리(不利)이다. 반면에 길흉(吉凶)은 원본의 존재를 전제로 하지 않는다.

② 내면적가치판단(內面的價値判斷) 문제인 회(悔), 무회(無悔)와 구(咎), 무구(無咎):
가치를 내세울 수 없어서 후회할 일이면 회(悔)이고, 그렇지 않으면 무회(無悔)이다. 유관순 열사(烈士)나 안중근 의사(義士) 같은 죽음은 흉(凶)하지만 무회(無悔)요, 을사오적(乙巳五賊)이나 간신(奸臣)들이 매국(賣國)해서 얻은 복록(福祿)은 길(吉)하지만 회(悔)할 일이다. 허물을 뜻하는 구(咎)와 허물없다는 뜻의 무구(無咎)는 회(悔)나 무회(無悔)보다 과오(過誤)의 정도가 낮은 실수(失手)를 뜻한다.

③ 과실(過失)이나 허물에 대한 스스로의 마음가짐 문제로서 회(悔)와 인(吝/린): 회(悔)는 자기의 실수를 인정하며 반성(反省)하고 바로잡으려는 마음가짐이다. 실수를 반성(反省)하고 바로잡는 것을 선보과(善補過)라 한다. 선보과(善補過) 하면 허물이 사라져 무구(無咎)가 된다. 선보과(善補過) 하려는 마음가짐은 외부에서 하는 일도 길(吉)로 나아가게 된다.

반면에 인(吝/린)은 자기의 실수가 드러난 것에 대하여 체면 손상을 부끄러워할 뿐이고 뉘우침이 없다. 뉘우침이 없기에 허물을 고치지 않으니 외부의 일도 흉(凶)으로 나아가게 된다. 부끄러워할 뿐 선보과(善補過) 하려는 노력이 없으면 일이 꼬여 더욱 어렵게 된다.

④ 정(征): 적극적(積極的)으로 행동(行動)하여 나아가는 것을 뜻하기도 하고, 남을 공격(攻擊)하는 것을 뜻하기도 한다.

⑤ 유유왕(有攸往): 어딘가 나아갈 곳이 있다는 뜻이다. 여행(旅行)의 출발(出發)이나 사업(事業)의 시작(始作)을 의미한다.

⑥ 이섭대천(利涉大川), 불리섭대천(不利涉大川): 이섭대천(利涉大川)은 외부에 험난(險難)한 일을 일으키는 것이 이롭다는 것이다. 큰일의 결단(決斷)이나 결행(決行)을 의미한다. 불리섭대천(不利涉大川)은 그 반대(反對)이다.

⑦ 원형이정(元亨利貞)
- 원(元): 원기(元氣). 선(善)하고 큰 기운(氣運). 봄의 기운. 인(仁). 인(仁)은 만사(萬事)의 시초(始初)와 토대(土臺)가 되는 연민(憐憫)과 사랑의 기운을 뜻한다.
- 형(亨): 형통(亨通)함. 성장(成長)이 순조로운 것. 일 처리를 적극적으로 하고 사업을 확장함. 여름의 기운. 예(禮). 예(禮)는 장애(障碍)를 없애서 통(通)하게 하는 예의(禮義)를 뜻한다.
- 이(利): 일을 성사(成事)시킴. 열매를 맺음. 결실(結實)을 수확(收穫)함. 가을의 기운. 의(義). 의(義)는 정리(整理)하고 대비(對備)해서 마땅하게 함을 뜻한다.
- 정(貞): 만물(萬物)의 완성(完成). 바르고 굳음. 참고 견딤. 겨울의 기운. 지(智). 지(智)는 심판(審判)하고 선별(選別)하며 시비(是非)를 판별(判別)하여 조용히 참

으며 대처(對處)함을 뜻한다.

⑧ 여(厲/려)

맹렬함. 분발함. 혹독함을 힘써 견딤.

⑨ 부(孚)

참되다. 미쁘다(진실하여 믿음직하다=reliable). 서로 믿어서 마음이 하나가 되는 것.

⑩ 무회(無悔), 회망(悔亡)

무회(無悔)는 후회할 일이 생기지 않는 것이고, 회망(悔亡)은 생겼던 후회가 사라지는 것이다.

⑪ 이견대인(利見大人)

훌륭한 사람을 만나는 것이 이롭다는 말인데 선배(先輩), 전문가(專門家) 등을 만나서 상담(相談)하고 도움을 받으라는 뜻이다.

⑫ 성(性)과 명(命)

성(性)은 인간이 태어날 때부터 가지고 있는 순수(純粹)한 본성(本性)이다. 명(命)은 인간의 능력을 넘어서 밖으로부터 오는 커다란 운수(運數-하늘의 뜻)이다. "성명(性命)의 일치(一致)"는 인간이 향상(向上)의 극점(極點)에서 "자연(自然)과 합일(合一)"하는 것을 뜻한다. (乾道變化 各正性命/건도변화 각정성명-乾卦 彖)

"성명(性命)의 일치(一致)"가 가능하다고 볼 경우에는 지극한 노력을 통하여 스스로를 향상(向上)시켜서 자기의 운명(運命)을 바꿀 수 있고 하늘의 도움인 복(福)도 자기가 추구(追求)할 수 있다는 믿음을 가질 수 있다. 적극적(積極的)이고 긍정적(肯定的)인 생활태도(生活態度)를 가진 사람들은 성명(性命)의 일치가 가능하다고 믿으면서 "내 운명은 내가 개척하겠다."라는 고도(高度)로 철학적인 신념(信念)을 부지불식간(不知不識間)에 실천하는 사람들이다.

⑬ 이(理/리):

이(理)는 내외(內外)와 성명(性命)을 관통(貫通)하는 객관적 법칙을 말한다.

7-2. 괘사(卦辭)와 효사(爻辭)를 해석함에 있어서는 각(各) 효(爻)의 위치(位置)가 지닌 기본성격(基本性格)에 유의(留意)한다.

☞ 爻=효: ①본받는다(-爻也者 效此者也). ②변한다(-爻者 言乎變者也).

① 초효(初爻)

대성괘(大成卦)의 맨 아랫자리이다. 시간적(時間的)으로 시작점(始作點)임을 드러내려고 그 이름을 초(初)로 부른다. 삶의 초년기. 사회생활의 신입기. 사업의 초창기. 초목의 싹 틀 때에 비유된다. 아직 여물지 못한 시기이기에 외부의 나쁜 기운으로부터 피해를 보기 쉽고, 경거망동하기 쉬우니 조심해야 한다. 사회생활에서는 권한과 책임이 별로 없는 시기이다. 사람의 10대(代)에 비견(比肩)된다.

② 이효(二爻)

하괘(下卦)의 중심(中心) 자리이다. 삶의 전반기에서 왕성한 학습과 능력 성장 시기. 인생 20대에 비견(比肩)된다. 사회생활에서는 중견직(中堅職)에 해당한다. 이효(二爻)는 그 능력에 대하여 상괘(上卦-지도층)의 주목을 받는다. 특히 오효(五爻-지도자)의 지지(支持)를 받는데, 반면에 책임(責任)도 크다.

③ 삼효(三爻)

하괘(下卦)의 가장 위에 자리한다. 삶의 전반기를 마무리하고 어른세계인 상괘(上卦)로 진입하여야 할 문턱에서 맴도는 힘든 시기이다. 직업선택, 취직, 결혼 등등이 뜻대로 되지 않아 애태울 수 있는 때이다. 이 시기를 어떻게 잘 넘기느냐에 따라 후반기 삶의 내용이 달라진다. 매일(每日), 매사(每事)를 돌아보며 쉼 없이 노력해야 할 젊은 30대의 삶과 닮았다.

君子 終日 乾乾 夕惕若 厲 无咎/군자 종일 건건 석척약 려 무구

- 건괘(乾卦) 구삼효(九三爻)

④ 사효(四爻)

상괘(上卦)의 맨 아랫자리이다. 상층부로 진입은 하였지만 아직 절정의 활동을 펼칠 위치에 오른 것은 아니다. 하층부를 관리하면서 동시에 전체의 주재자(主宰者)인 오효(五爻)를 보좌(補佐)한다. 일은 많은데 공(功)을 내세우기에는 마땅치 않은 자리이니 조심해야 한다. 다소의 재량권(裁量權)이 있으므로 그것을 적절히 써가면서 훗날 주재자(主宰者)가 되기 위한 역량을 길러야 한다. 회사에 근무하는 사람이라면 40대 초급임원(初級任員)의 위치와 비슷하다.

或躍在淵 无咎/혹약재연 무구-건괘 구사효(乾卦 九四爻).
불삼불사(不三不四)="사람 꼴이 말이 아니다. 변변치 못하다"라는 비유(比喩).

⑤ 오효(五爻)

상괘(上卦)의 중심(中心)자리에서 그 괘(卦)의 주재자로 일한다. 역할의 황금기이다. 가정(家庭)이라면 가장(家長)이고, 사회라면 분야별 조직의 최고 책임자이다. 50대의 잘나가는 사람이 자기 역량을 마음껏 발휘하여 결실을 거두는 위치에 있음과 비슷하다.

⑥ 상효(上爻)

대성괘 전체의 맨 윗자리이지만 상징적(象徵的)으로만 어른일 뿐 실권(實權)은 없다. 공간적으로 궁극의 위치라는 뜻에서 상(上) 효라 부른다. 가정의 할아버지 할머니나 조직의 명예회장 같은 위치이다. 모범적(模範的) 태도를 잘 지키면 예우(禮遇)를 받지만, 간섭(干涉)이나 일삼는 귀찮은 노인으로 여겨지면 소외(疏外)당하기 쉽다.

☞ 초효와 상효는 지위가 없는 자리이다. 사람도 유아기와 노년기는 지위가 없는 시절이다.

7-3. 각(各) 효(爻)의 음양대대(陰陽待對)에 따른 응(應)과 비(比)의 관계를 살핀다

① 응(應)

음양(陰陽)이 서로 어울리는 정당한 교제 관계를 말한다. 초효(初爻)와 사효(四爻), 이효(二爻)와 오효(五爻), 삼효(三爻)와 상효(上爻)의 위치는 하괘(下卦)와 상괘(上卦)에서 서로 대응(對應)하고 있다. 이들 서로 대응(對應)하는 효(爻)끼리 어울림 여부(與否)를 살필 때 음양이 다른 이성(異性)끼리라면 잘 어울리므로 정응(正應)하는 관계로 본다. 그렇지 않고 음(陰)끼리, 또는 양(陽)끼리 대응하고 있으면 적응(敵應)으로 본다. 정응(正應)하면 원만한 협조 관계이지만 적응(敵應)하면 갈등하는 관계로 되기 쉽다.

② 비(比)

이웃한 효(爻)가 음양(陰陽)의 성질이 달라서 서로 친밀한 것을 비(比)라고 한다. 음양이란 서로가 반대의 성질이지만 한편으로는 서로 끌어당기는 성질이기도 하므로 이웃하여 있으면 정응(正應)한 경우만큼은 못하더라도 친밀한 관계가 된다. 반면에 음(陰)끼리, 또는 양(陽)끼리 이웃하면 마찰하는 관계로 되기 쉽다.

☞ 하나의 대성괘에 응(應)과 비(比)의 관계가 섞여 있으면 그 관계의 농담(濃淡)에 따라 나타나는 효과가 복잡한 모양이 될 수 있다.

③ 괘(卦)에 유일(唯一)한 이성효(異性爻)가 있는 경우 어떤 대성괘에 단 하나의 음효(陰爻)나 양효(陽爻)가 있으면 하나뿐인 그 효(爻)의 움직임에 다른 효들이 모두 합치기를 원하는 경향이 있다. 이럴 경우에는 그들의 위치가 어디냐를 따지지 않고 모두가 "응(應)"한다고 본다.

13번 천화동인(天火同人), 14번 화천대유(火天大有), 15번 지산겸(地山謙), 16번 뇌지예(雷地豫) 등이 모두 하나뿐인 음효 또는 양효에 다른 효들이 응(應)하는 경우이다.

7-4. 팔괘(八卦)의 기본성격(基本性格)인 괘상(卦象)과 괘덕(卦德)을 바탕으로 상괘(上卦)와 하괘(下卦)를 살핀 후 대성괘(大成卦) 전체를 이해한다

팔괘(八卦):

☰건/乾. ☱태/兌. ☲리/離. ☳진/震. ☴손/巽. ☵감/坎. ☶간/艮. ☷곤/坤.

팔괘의 ☰(건/乾)은 굳세고, ☱(태/兌)는 기뻐하는 것이며, ☲(리/離)는 어떤 것에 걸려있는 것이고, ☳(진/震)은 움직이는 것이다. ☴(손/巽)은 들어가는 것이고, ☵(감/坎)은 구덩이에 빠져서 험한 것이며, ☶(간/艮)은 그치는 것이고, ☷(곤/坤)은 유순한 것이다. 대성괘를 해석할 때는 그 괘를 이룬 상, 하(上, 下)의 소성괘, 즉 팔괘의 의미를 살핀다. 예(例)를 들어,

- 11번째 지천태(地天泰)괘는 태평(泰平)과 화합(和合)을 의미하는 괘(卦)인데, 상괘(上卦)는 유순한 ☷(곤/坤)으로 여성(女性) 또는 대지(大地)를 의미하고, 하괘(下卦)는 ☰(건/乾)으로 남성(男性) 또는 강인(强靭)한 힘을 의미한다. 그래서 유순(柔順)한 여성이 위에 있고, 강인(强靭)한 남성이 아래에서 여성을 존중할 때 그 곳에 평화가 깃든다는 것으로 뜻을 해석한다.
- 15번째 지산겸(地山謙)괘는 익을수록 고개를 숙이는 벼 이삭처럼 겸손(謙遜)을 뜻하는데, 상괘(上卦)는 대지(大地)를 의미하는 유순한 ☷(곤/坤)이고, 하괘(下卦)는 높다란 산(山)을 의미하는 ☶(간/艮)이다. 높은 산이 스스로를 낮추어 평평한 대지(大地)의 아래로 내려가 있는 형국이니 유이불거(有而不居)의 겸손함을 상징한다고 본 것이다. 유이불거(有而不居)란 가진 것이 있음에도 있는 체하지 않는다는 말이다.

7-5. 괘(卦)의 범주적(範疇的) 성격을 살펴서 구체적(具體的) 상황에 맞게 이해한다

64가지의 괘(卦)는 시간과 공간의 제약(制約) 아래에서 구성요소들 상호 간에 영향을 주고받는 수많은 상황들을 64그룹으로 나누어 나타내는 대표적 사례들의 상징체이다. 그러므로 특정한 상황에서 괘, 효사(卦, 爻辭)를 해석할 때는 그 특정한 상황을 이해(理解)하고 그에 알맞게 의미를 받아들여야 한다. 주의할 점은, 특정 시점의 디지털 상황만이 아닌 그 일의 유래와 주변 사항을 함께 살피는 아날로그적 상황 인식이 필요하다는 것이다. 상황 인식(狀況認識)을 올바르게 하려면, 공간규모(空間規模)는 우주-세계-국가-사회단체-가정-개인을 아우르고, 시간규모(時間規模)

는 일의 시작에서 끝날 때까지와 개인의 출생에서 사망 때까지의 모든 시기를 아울러서 살펴야 하기 때문이다. 시사(時事)를 다룸에 있어서 구체적 상황 인식이란 이처럼 그 일의 역사적 유래와 앞으로 주변 사회에 끼칠 영향까지 함께 살필 필요가 있다.

7-6. 아래의 효(爻)에서부터 위쪽의 효(爻)로 올라가며 살핀다.

각 대성괘의 여섯 효(爻)를 아래의 초효(初爻)부터 위로 올라가며 살펴 나아간다. 생물이 밑에서 생겨난 후 위쪽으로 성장하여 나아가는 이치를 따르는 것이다.

7-7. 상괘(上卦)와 하괘(下卦)의 조화(調和) 여부를 살핀다.

상괘는 공간적으로 상층부여서 이끄는 층이고, 시간적으로 존재의 후반기를 의미한다. 하괘는 공간적으로 하층부여서 이끌려 나아가고, 시간적으로 존재의 전반기를 의미한다. 상괘와 하괘의 관계가 조화를 이루면 일의 진행이 순조롭고, 조화롭지 못하면 일이 꼬이니 이럴 때는 상, 하의 어느 한 편이 나서서 꼬임을 풀도록 각별히 노력해야 한다.

7-8. 건괘(乾卦)와 곤괘(坤卦)는 음양변화(陰陽變化)의 표준(標準)이다.

그러므로 건, 곤 두 괘의 의미를 깊이 이해하여야 다른 괘들도 제대로 이해할 수 있음을 명심(銘心)한다.

7-9. 괘(卦)의 유일(唯一)한 음효(陰爻) 또는 양효(陽爻)

괘(卦)를 구성하고 있는 여섯 효(爻)들 중에서 유일(唯一)한 음효(陰爻) 또는 양효(陽爻)가 있으면 그 효(爻)의 영향력이 크므로 그 점을 중시(重視)하여 읽어야 함은 이미 응(應)-비(比) 관계에서 말한 바 있다.

7-10. 각각(各各)의 대성괘(大成卦)에서 그 괘(卦)의 주재자(主宰者)는 오효(五爻)이다.

주재자(主宰者)인 오효(五爻)는 이효(二爻)와 사효(四爻)의 보좌(補佐)를 많이 받는다. 이들 두 보좌하는 효(爻)들의 응(應), 비(比) 등 역할관계(役割關係)를 잘 살펴야 한다.

7-11. 착괘(錯卦)와 종괘(縱卦)를 살핀다.

사람이 다르면 직위(職位)가 같아도 일을 바라보는 시각(視角)이 다르고, 직위(職位)가 달라지면 동일인(同一人)이라도 사물을 대하는 생각이 달라진다. 사람이 달라지는 경우에 해당하는 착괘(錯卦)와 직위가 달라지는 경우에 해당하는 종괘(縱卦)는 우리에게 사물과 사태의 관찰(觀察)과 평가(評價)를 다면적(多面的)으로 해야 할 필요가 있다는 것을 교훈(敎訓)한다.

① 착괘(錯卦)

錯(착)은 "등지다. 반대하다." 등의 뜻이다. 음양(陰陽)이 반대로 된 대성괘를 서로의 착괘(錯卦)라고 말한다.

건(乾)괘 곤(坤)괘 기제(旣濟)괘 미제(未濟)괘 몽(蒙)괘 혁(革)괘 등의 관계이다.

착괘(錯卦)가 상징(象徵)하는 것은 처지(處地)가 동일(同一)하고 목표(目標)가 일치(一致)하더라도 사람이 다르면 사물을 바라보는 시각(視角)이 다를 수 있다는 사실이다. 한 가정의 행복을 위한 일임에도 그 일에 관하여 부부(夫婦)의 견해가 다를 수 있듯이 착괘(錯卦)끼리는 대체로 그 시각이 반대(反對)인 경우가 많다. 어떤 괘(卦)의 뜻을 살필 때 착괘(錯卦)의 뜻도 살펴보면 더욱 선명하게 알 수 있다. 64괘 모두에 착괘(錯卦)가 있다.

② 종괘(縱卦)

縱(종)은 "세로줄, 뒤집히게 늘어놓다." 등의 뜻이다. 어떤 대성괘의 상하(上下) 여섯 효의 순서가 뒤집혀서 된 것이 서로의 종괘(縱卦)이다.

익(益)괘 손(損)괘 태(泰)괘 비(賁)괘 기제(旣濟)괘 미제(未濟)괘 등의 관계이다.

☷☳ ☶☶ ☷☰ ☶☲ ☵☲ ☲☵

사람이 동일인(同一人)이더라도 처지(處地)가 달라지면 사물에 대한 생각이 달라진다. 사물에 대한 견해(見解)란 바라보는 시기와 위치에 따라 달라질 수 있다. 견해(見解)란 이처럼 상대성(相對性)이 있으므로 어떠한 일에 관한 의견을 대할 때는 객관적시각(客觀的時角)을 가지도록 주의하라는 것이 종괘(縱卦)가 주는 교훈이다.

56가지의 괘(卦)에는 종괘(縱卦)가 있지만 상, 하(上, 下)를 뒤집어도 같은 형태가 되는 8가지의 괘(卦)에는 종괘(縱卦)가 없다. 건(乾), 곤(坤), 감(坎), 리(離), 대과(大過), 소과(小過), 이(頤), 중부(中孚)괘 들이다.

③ 11번 태(泰)와 12번 비(否)괘, 63번 기제(旣濟)와 64번 미제(未濟)괘는 서로 착괘(錯卦)가 되면서 종괘(縱卦)도 된다.

④ 64괘의 서괘(序卦)는 대체로 종괘(縱卦)끼리 앞뒤로 짝을 맞추어 이루어져 있다.

7-12. 지괘(之卦)로 앞날의 변화추이(變化推移)를 살핀다.

점서법(占筮法)을 써서 점괘(占卦)를 얻었을 때, 얻은 대성괘의 여섯 효(爻) 중에는 노양(老陽)이나 노음(老陰)인 변효(變爻)가 섞여 있을 수 있다. 변효(變爻)는 장래에 노음(老陰)이면 소양(少陽)으로, 노양(老陽)이면 소음(少陰)으로 변하는 성질이 있는 점괘효(占卦爻)를 말한다. 점서(占筮)로 얻은 대성괘의 변효(變爻)가 음(陰)이 양(陽)으로, 또는 양(陽)이 음(陰)으로 변하여 만들어지는 괘(卦)를 본괘(本卦)에 대한 지괘(之卦)라 한다.

지괘(之卦)는 본괘(本卦)로 나타난 현재의 운(運)이 장차 변화되어 나타날 미래의 모습을 암시(暗示)한다. 그러므로 어떤 괘, 효사(卦, 爻辭)의 의미가 잘 이해되지 않거나 변화추이(變化推移)가 궁금하면 지괘(之卦)의 괘, 효사를 함께 살펴봄으로써 선명(鮮明)하게 알 수 있는 경우가 많다.

7-13. 상중지상(象中之象)을 살핀다.

상중지상(象中之象)을 호체(互體), 또는 호괘(互卦)라고도 한다.

① 하나의 대성괘(大成卦) 속에 잠재되어 괘상(卦象)을 상중지상(象中之象)이라 한다. 예를 들면 풍지관괘와 천지비괘에는 모두 간(艮☶)의 상(象)이 보이지 않는데도 자세히 보면 산(山)을 의미하는 간(艮☶)이 들어있음을 알 수 있다.

풍지관(風地觀)괘   천지비(天地否)괘

관(觀)의 3효-4효-5효, 비(否)의 2효-3효-4효가 팔괘(八卦) 중의 간(艮:☶)이기 때문이다.

② 하나의 대성괘에는 여러 가지 상중지상(象中之象)이 들어있을 수 있다. 이를테면 이효(二爻)부터 위로 사효(四爻)까지 세 효(爻)로 내괘(內卦)를 삼고, 오효(五爻)부터 아래로 삼효(三爻)까지 세 효(爻)로 외괘(外卦)를 삼아 이루어진 것이 본괘(本卦)에서 끌어낸 하나의 상중지상(象中之象), 즉 호체(互體)=호괘(互卦)의 괘상(卦象)이다.

"화풍정(火風鼎)" 괘(卦)를 예로 들어 호체(互體)=호괘(互卦)를 살펴보면 일곱 개가 나온다.

화풍정(火風鼎)괘 ䷱

: 초(初)에서 4의 호체는 천풍구 ䷫ (天風姤)

: 초(初)에서 5의 호체는 택풍대과 ䷛ (澤風大過)

: 2에서 4의 호체는 건 ☰ (乾)

: 2에서 5의 호체는 택천쾌 ䷪ (澤天夬)

: 2에서 상(上)의 호체는 화천대유 ䷍ (火天大有)

: 3에서 5의 호체는 태 ☱ (兌)

: 3에서 상의 호체는 화택규 ䷥ (火澤睽)

☞ 호체를 고려하여 말하자면 하나의 대성괘는 본래의 괘상과 내괘, 외괘, 거기에 각 일곱 개의 호체를 포함하여 모두 10개의 상을 가지고 있는 셈이다. 호체는 우주 만물의 현상이 존재 속

에 존재, 상황 속에 상황으로 중첩 연결되어서 변화를 이루어 나가고 있음을 나타낸다. 역(易)을 밝게 알고 호체(互體)를 잘 살필 경지(境地)에 이르면 본괘(本卦)의 상황 속에 깃들어 있는 잠복 문제를 짐작하여 어떠한 상황에서도 그에 잘 대비할 수 있게 된다. 옛날 중국의 춘추전국시대에 이웃 나라와 전쟁 계속 여부를 놓고 얻은 점괘(占卦) 가운데에 호체(互體)로 간(艮:☶)이 들어있으면 앞길을 막는 돌발요소가 있을 것으로 받아들여서 본래 얻은 점괘의 의미뿐만 아니라 호체의 의미도 참작하여 진퇴를 결정하였다고 한다. 역(易)을 배우지 않은 사람은 장상(將相)이 될 수 없다(-不讀易不可爲將相/부독역불가위장상)는 당(唐)나라 우세남(虞世南)의 말은 바로 이런 예를 두고 한 말일 것이다.

③ 호괘(互卦)는 본괘(本卦)에 내포(內包)된 의미가 여러 가지일 가능성을 뜻한다.

달리 보자면 본괘(本卦)의 상황에 있는 잠복문제(潛伏問題)를 나타낸다고 할 수 있다. 모든 상황에는 다양한 변화요인과 잠복문제(潛伏問題)가 있기 마련이다. 그러므로 호괘(互卦)를 살피는 것은 돌다리도 두드려보는 안전사고(安全思考)를 뜻한다.

☞ 단체의 중요행사인 가을 야유회를 준비하는 책임자라면 계절의 날씨가 맑은 것이 보통이라 하더라도 갑자기 비 올 경우를 대비하여 비닐우산이나 천막 등을 예비할 필요가 있음과 같은 것이다. 필자(筆者)가 한동안 근무한 적이 있는 삼성그룹의 임직원 교육내용에는 초급간부 시절부터 잠복문제 분석과 그에 대한 대비책 강구(講究)의 필요성을 강조한 부분이 있었던 것으로 기억하고 있다.

④ 건괘(乾卦)와 곤괘(坤卦)는 실재물(實在物)이 아닌 순양(純陽), 순음(純陰)의 기운을 나타낸다.

이들 두 괘는 지극히 순수하여서 호체(互體)도 모두 건괘(乾卦)와 곤괘(坤卦)가 되므로 달리 잠복된 의미가 없다.

8. 점서법(占筮法)

점서(占筮)의 방법을 설명하기 전에 먼저 몇 가지 사항을 살펴본다.

점(占)이란 여러 가지 방법으로 만들어낸 자료로 앞날의 운수나 길흉을 미리 내다보는 활동을 말한다. 오늘날의 정보 분석이나 여론조사 등도 통계라는 수치 조작 자료로 상황을 파악하여 그에 대응하는 방법을 찾아보고자 하는 일종의 점(占) 활동이라고 볼 수 있다. 전래(傳來)의 동양 점술(占術)에는 보통 상(相), 명(命), 점서(占筮)의 세 분야가 있다.

① 상(相)은 관상(觀相), 수상(手相-손금보기) 등, 그 생긴 모습을 보고 점(占)한다.
② 명(命)은 출생한 년(年)-월(月)-일(日)-시(時)에 해당하는 사주팔자(四柱八字)로 개인의 천운(天運)과 저절로 오고 가는 운수(=氣數/기수)를 점(占)한다.
③ 점서(占筮)는 댓개비(-筮竹/서죽)를 이용하여 몇 가지 절차를 밟아 주역(周易)의 괘(卦)를 얻어서 점(占)하는 것이다.

옛날에는 거북의 등껍질이나 가축의 뼈 등을 불에 구워서 그 갈라진 형태를 보고 점(占) 하였는데 이것을 복(卜)이라 하고 서죽점(筮竹占)보다도 귀하게 여겼다고 한다. 그러나 재료가 귀하고 구하기가 어려워지는 등의 애로 때문에 후대에 와서는 보통 서죽(筮竹)을 이용하여 점괘(占卦)를 구하게 되었다.

*卜=복. ①복사(卜辭). 거북 점괘를 적은 글. 은허(殷墟)의 갑골문자(甲骨文字). 점.
　　　　②사태를 살피다(-卜居/복거).
　　　　(-可卜所學之深淺/가복소학지심천)-〈근사록(近思錄)〉

개별 점술(占術)에 대하여 논리적으로 수긍(首肯)할 수 있는 설명을 제시(提示)하는 경우는 동서양을 막론하고 찾아보기 어렵다. 주역의 괘, 효사(卦, 爻辭)를 구하는 점서법(占筮法) 또한 예외가 아니다. 50개의 서죽(筮竹)으로 여러 차례의 수리조작(數理操作)을 거쳐서 점사(占辭)로 쓸 구체적 괘, 효사(卦, 爻辭)를 얻는 과정을 말하고 있을 뿐, 그 과정의 합리성에 대한 설명은 없다. 점서(占筮)에 대한 전통사회의 오랜 관습과 신뢰에도 불구하고 점서(占筮)의 절차와 방법의 합리성을 논리적으로 명쾌(明快)하게 밝히지는 못하고 그저 점서(占筮)를 행해온 것이다.

19세기에 와서야 주역(周易)을 배우고 그에 심취(心醉)하였던 스위스 출신 정신분석학자 융(Carl Gustav Jung; 1875-1961)이 서죽(筮竹)을 이용한 주역점(周易占)의 효능에 깊은 매력을 느끼고 그 이유를 합리적으로 설명하려고 힘써보았다. 그의 설명에 의하면, 인간의 정신 깊은 곳에는 개인 무의식세계 너머에 집단 무의식세계가 있으며, 역사적 배경을 공유(共有)하는 집단에는 동일한 문화적 정서에 바탕을 둔 집단 무의식이 있다. 집단 무의식세계에서는 동시성원리(同時性原理)가 작동한다. 그러므로 무념무상(無念無想)의 상태에서 점서법(占筮法)을 펼치면 일종의 심리적 공명(共鳴)작용으로 점자(占者)의 정신과 주역의 괘, 효(卦, 爻)에 깃든 성인(聖人)의 정신이 감응(感應)하여 점자(占者)의 상황에 맞는 구체적인 점사(占辭)를 얻게 된다. 동양인과 서양인을 막론하고 그들이 인간(人間)으로 진화해 온 오랜 과정은 역사적 배경이 비슷하기 때문에 그 정신의 근원(根源)인 집단 무의식세계에서는 시간과 공간을 초월하여 서로 통한다. 그러므로 주역(周易)에 깃든 성인(聖人)의 정신이 점서법(占筮法)을 통하여 유용(有用)한 점사(占辭) 구하고자 하는 점자(占者)에게 화답(和答)한다는 것이다.

점서(占筮)는 무슨 효용(效用)이 있을까? 〈서경(書經) 홍범편(洪範編)〉을 보면 아래의 글귀가 있다.

나라에 해결해야 할 중대한 문제점이 있을 경우에는	汝則有大疑/여즉유대의
먼저 지도자 자신이 심사숙고하고	謀及及心/모급급심
좌우 상하의 여러 신하들(-간부들)과 의논하여 지혜를 빌리며	謀及卿士/모급경사
백성들의 여론도 들어본다	謀及庶人/모급서인
모두의 지혜를 다 한 후에도 판단이 서지 않으면 점을 친다	謀及卜筮/모급복서

서경 속의 말은 점서(占筮)의 효용(效用)을 잘 보여주고 있다. 위의 효용을 다시 정리하면 다음과 같다.

① 점서(占筮)는 자기(自己)와의 대화(對話)를 안내(案內)한다. 점(占)으로 얻은 괘, 효사(卦, 爻辭)는 삶의 계곡에 흩어져 있는 상황들에 대한 마음속의 말을 찾아서 적절(適切)하게 대응(對應)하도록 도와준다.

② 점서(占筮)는 마음의 결단(決斷)을 돕는다. 어려운 상황에 빠졌을 때 마음의 갈피를 잡지 못하면 국면변화(局面變化)를 위한 행동에 나아갈 수 없다. 그렇기 때문에 지혜를 다 한 후에도 마음이 헤맬 때 점서(占筮)가 마음의 결단을 돕는다는 것이다. (疑則怠 決故勉/의즉태 결고면 -〈주역본의(周易本義)〉 계사 상 11장 해설에서)

③ 점서(占筮)는 집중력을 증대시키는 교육 효과가 있다. (神道設教/신도설교-20번 풍지관(風地觀) 단사(彖辭)에서)

구체적으로 점사(占辭)인 괘, 효사(卦, 爻辭)를 구하는 방법은 여러 가지가 있다. 전래(傳來)의 방법은 계사전(繫辭傳) 상(上) 9장에 적혀 있는 본서법(本筮法)이다. 본서법

(本筮法)은 정통적(正統的)인 점서(占筮)방법이지만 십팔변법(十八變法)이어서 절차가 매우 번거롭다. 그래서 실제로는 다소 간편한 척전법(擲錢法)이나 중서법(中筮法) 등 육변법(六變法)을 많이 쓴다. 본서법(本筮法)과 척전법(擲錢法), 중서법(中筮法)의 내용을 요약(要約)하면 다음과 같다.

8-1. 본서법(本筮法)

① 출입문이 남향(南向)인 깨끗한 방의 중앙에 서죽(筮竹)을 펼칠 상(床)을 놓는다.

② 점치는 자는 먼저 몸과 복장을 청결히 하고 북향(北向)하여 상 앞에 선다. 타인의 의뢰를 받아 점칠 때는 의뢰자(依賴者)는 북향하여 서고 점치는 자는 남서향(南西向)으로 선 다음 의뢰자가 점을 쳐서 알아보고자 하는 일을 점치는 자에게 의뢰한다. 점치는 자가 그 의뢰를 수락(受諾)하면 의뢰자는 서향하여 서고 점치는 자는 북향하여 선다. 방향을 바꿀 때는 시계 반대 방향으로 돌아선다.

③ 두 손으로 서죽 50개를 합쳐 잡고서 향로(香爐)의 연기(煙氣)를 쐰 후, 다음과 같이 신명(神命)에 고(告)한다.

"언제나 진리(眞理)이고 너그러운 태서(泰筮)에게 비나이다. 언제나 진리이고 너그러운 태서에게 비나이다. 지금부터 아무개가(직업과 이름 밝힘) 무슨 일(구체적으로 말함)에 대하여 어떻게 해야 할지를 몰라서 그 길흉득실(吉凶得失)과 회린우우(悔吝憂虞)를 신령(神靈)께 묻고자 하나이다. 바라건대 신의 능력(能力)으로 분명(分明)하게 알려주시옵소서!"

假爾泰筮有常 假爾泰筮有常 某官姓名今以某事 未知可否爰質所疑于神于靈 吉凶得失 悔吝憂虞 惟爾有神 尙明告之/가이태서유상 가이태서유상 모관성명금이모사 미지가부원질소의우신우령길흉득실 회린우우 유이유신 상명고지

*假=가. 너그럽다. 크다. 아름답다. 거짓. 임시.
　격. 다다르다. 이르다(-王假有廟/왕격유묘)
*爾=이. 너(-상대방을 부르는 말:you).

그렇게 한 다음에 오른손으로 50개의 서죽(筮竹) 중에서 한 개를 빼내어 상머리에 둔 보관용(保管用) 통(桶)에 넣고 그것을 태극(太極)으로 삼는다.

④ 나머지 49개의 서죽을 두 손으로 나누어 쥔다. 왼손 것은 천책(天策)이라 하고 오른손 것은 지책(地策)이라 한다.

⑤ 오른손의 지책 중 한 개를 오른손으로 취하여 인책(人策)으로 삼고, 이것을 왼손 새끼손가락 사이에 끼운다.

⑥ 왼손의 천책을 4개씩 덜어내고 나머지 1~4개를 왼손 무명지 사이에 끼운다.

⑦ 오른손의 지책을 4개씩 덜어내어 나머지 1~4개를 왼손 중지 사이에 끼운다.

⑧ 왼 손가락 사이의 것을 합치면 그 숫자는 5 또는 9가 되는데, 이것이 〈*일변(一變)〉이다.

⑨ 일변(一變) 후 나머지 40 또는 44개의 서죽으로 위 ⑤,⑥,⑦의 걸기를 되풀이한다. 왼 손가락 사이의 것을 합치면 그 숫자는 4 또는 8이 되는데, 이것이 〈*이변(二變)〉이다.

⑩ 이변(二變) 후 나머지 40 또는 36 또는 32개의 서죽으로 위 ⑤,⑥,⑦의 걸기를 되풀이한다. 왼 손가락 사이의 것을 합치면 그 숫자는 4 또는 8이 되는데, 이것이 〈*삼변(三變)〉이다.

⑪ 첫 번째 삼변(三變)을 거쳐서 대성괘 여섯 효 중 초효(初爻)를 얻는다. 〈*일변(一變)〉〈*이변(二變)〉〈*삼변(三變)〉하여 얻은 숫자의 합(合)은 25, 21, 17, 13 중의 하나이다. 이것을 49에서 빼면 나머지 숫자는 24, 28, 32, 36 중의 하나가 된

다. 그것을 4로 나누면 6, 7, 8, 9 중의 하나이다. 6이면 노음(老陰), 7이면 소양(少陽), 8이면 소음(少陰), 9면 노양(老陽)이다. 이것이 얻고자 하는 점괘(占卦)의 초효(初爻)이다.

☞ 괘를 만들 때는 효를 아래(初爻)에서부터 만든다. 만물의 성장은 아래에서 위쪽으로 향하여 이루어지기 때문이다.

⑫ 초효(初爻)를 얻은 삼변(三變)을 되풀이하여 차례로 이(二), 삼(三), 사(四), 오(五), 상(上) 효(爻)를 얻는다. 위에 ④~⑪의 〈*일변(一變)〉〈*이변(二變)〉〈*삼변(三變)〉절차를 여섯 번 되풀이하면 대성괘(大成卦)를 얻게 되는 것이다. 얻어진 대성괘(大成卦)의 효 중에 노음(老陰)이나 노양(老陽)인 효가 있으면 이들을 변효(變爻)라 한다. 본괘(本卦)에 있던 노음이 소양으로, 노양이 소음으로 변해서 나오는 괘를 본괘(本卦)의 지괘(之卦)라 하는데, 지괘(之卦)는 본괘(本卦)에 나타난 현재의 운명이 장차 어떻게 변하는지 알려주는 괘(卦)임은 이미 말한 바 있다.
⑬ 대성괘(大成卦)를 얻은 후에는 서죽을 거두어 간직하고, 본괘(本卦)와 지괘(之卦)의 괘사(卦辭)와 효사(爻辭)를 살펴서 길흉(吉凶)을 판단한다.

8-2. 척전법(擲錢法)

한대(漢代)에 초연수(焦延壽)와 경방(京房)이 경초역(京焦易)이라 불리는 점술용(占術用) 역(易)을 쓰면서부터 동전 세 개로 점치는 방법이 생겼다고 한다.

① 액면이 같은 동전 세 개를 두 손으로 감싸 상(床) 위에 던진다.
② 한글로 쓴 액면(額面)에 따라 초효(初爻)가 된다.

셋 모두 보이면	노양(老陽)
둘이면	소음(少陰)
하나면	소양(少陽)
셋 모두 숫자면	노음(老陰)

숫자로 쓴 액면(額面)을 기준으로 삼아도 상관없다. 다만 점괘(占卦)를 구하기 전에 마음으로 결정해 두어야 한다.

③ 여섯 번 되풀이하여 대성괘(大成卦)를 얻는다. 척전법(擲錢法)은 6변법(六變法)이다.

8-3. 중서법(中筮法)

본서법(本筮法)처럼 인책(人策)을 세운 후 천책(天策)을 8개씩 덜어내고 나머지를 인책(人策) 한 개와 합(合)하여서 효(爻)로 삼는다.

1이면	노양(老陽)
2, 3, 5이면	소음(少陰)
4, 6, 7이면	소양(少陽)
8이면	노음(老陰)

여섯 번 되풀이하여 하나의 대성괘(大成卦)를 얻는다. 중서법(中筮法) 또한 6변법(六變法)이다.

8-4. 점괘(占卦)의 결과(結果)를 판단(判斷)하는 방법

괘사(卦辭)와 효사(爻辭)는 대체로 세 가지 요소(要素)로 구성되어 있음을 유의하여 점괘(占卦)의 괘, 효사(卦, 爻辭)를 판단한다. 첫째 요소는 괘(卦)나 효(爻)가 놓인 상황(狀況)을 설명한 것이고, 둘째 요소는 그 상황에 대처(對處)하는 방법(方法)을 설명한 것이며, 셋째 요소는 대처한 결과(結果)로 나타나는 길흉(吉凶)을 제시(提示)함으로써 실천(實踐)을 유도(誘導)하는 부분이다.

① 여섯 효(爻) 모두 불변효(不變爻)이면 본괘(本卦)의 괘사(卦辭)로 점친다. 다만 건괘(乾卦)는 용구(用九)로, 곤괘(坤卦)는 용육(用六)으로 점친다. 건, 곤(乾, 坤)의 괘사는 건, 곤(乾, 坤)괘의 기본성격(基本性格)을 말한 것이므로 구체적상황(具體的狀況)에 대한 점사(占辭)로서는 적합하지 않다고 보기 때문이다.

② 한 개의 변효(變爻)가 있으면 본괘(本卦)의 변효 효사로 점친다. 그리고 지괘(之卦)의 효사를 참고(參考)한다.

③ 두 개의 변효(變爻)가 있으면 본괘(本卦)의 변효 중에서 음(陰)의 효사로 친다. 양(陽)은 과거를 주로 하고 음(陰)은 미래를 주로 하기 때문이라 한다. (陽主過去/양주과거, 陰主未來/음주미래) 두 효가 모두 양(陽)이거나 모두 음(陰)이면 위의 효사로 점친다. 아래의 효사는 참고한다. (이 경우에도 之卦/지괘의 효사들을 함께 살핀다.)

④ 세 개의 변효(變爻)가 있으면 본괘(本卦)와 지괘(之卦)의 괘사(卦辭)로 점을 친다. 본괘(本卦)를 중심체(中心體)로 삼고 지괘(之卦)를 응용체(應用體)로 삼는다. (세 효의 중간에 있는 효로 점쳐야 한다는 입장도 있다.)

⑤ 네 개의 변효가 있으면 지괘(之卦)의 불변효(不變爻) 중에서 맨 아래의 효사로 점친다. 위의 불변효사(不變爻辭)들은 참고(參考)한다.

⑥ 다섯 개의 변효가 있으면 지괘(之卦)의 불변효사(不變爻辭)로 점친다.

⑦ 여섯 개 모두 변효이면 지괘(之卦)의 괘사(卦辭)로 점친다. 다만 본괘(本卦)가 건(乾)괘면 지괘(之卦)인 곤(坤)괘의 용육(用六)으로 점치고, 본괘(本卦)가 곤(坤)괘면 지괘(之卦)인 건(乾)괘의 용구(用九)로 점친다.

9. 점(占)과 도덕적(道德的) 수양(修養)

주역은 도덕성(道德性)을 강조한다. 역(易)에 보이는 도덕성(道德性)은 자연(自然)에 근거(根據)를 두고 있다. 역(易)은 자연을 본받아 만들어졌고 그렇기 때문에 훌륭하다고 말한다. 역(易)은 인간을 자연의 이치(理致)에 따라 살도록 하는 데 그 목적이 있다.

생활인(生活人)이 역(易)을 실용(實用)한다는 것은 변화(變化)를 통한 삶의 개선(改善)인데 그것은 바로 덕행(德行), 즉 실천(實踐)을 통해서 이루어진다. 역서(易書)의 내용을 잘 인식(認識)한다고 하더라도 덕행(德行), 즉 실천(實踐)이 없으면 아무런 소용이 없는 것이다. 믿음을 얻음에는 말이 필요 없다. 덕행의 실천이면 된다. 역리(易理)에 입각한 덕행(德行)으로 인간은 신명(神明)한 힘의 주체(主體)가 된다.

不言而信 存乎德行 神而明之 存乎其
/불언이신 존호덕행 신이명지 존호사 -〈계사 상(上) 12장〉

공자와 같은 성인(聖人)도 나이 오십(五十)에 이르러 수년(數年) 동안 역(易)을 공부하고 난 후에야 비로소 큰 허물없이 자연의 이치에 따라 살 수 있음을 새삼 자각(自覺)한 듯 보인다.

加我數年 五十以學易 可以無大過矣

/가아수년 오십이학역 가이무대과의 -〈논어 술이(述而)〉

역점(易占)으로 얻은 괘, 효(卦, 爻)의 내용이 아무리 길(吉)하다 하더라도 점(占)치러 온 자의 덕(德)과 의도(意圖)가 자연(自然)의 이치에 어긋나거나, 도덕적(道德的)으로 옳지 못하다면 그 결과가 길(吉)할 수 없다. 예(例)를 들어 나라와 겨레를 배반하려는 자가 점(占)을 쳐서 곤(坤)괘 오효(五爻)의 "黃裳元吉/황상 원길"이라는 점괘(占卦)를 얻었다 하더라도 길(吉)할 수 없다. 점(占)치러 온 자의 도덕적(道德的) 정당성(正當性)이 결여(缺如)되면 길(吉)한 점괘(占卦)가 오히려 흉(凶)할 수 있다. 반면에 건(乾)괘 구삼(九三) 효사나 구사(九四) 효사가 그러하듯이 아무리 어렵고 위태로운 처지를 말하는 괘, 효사(卦, 爻辭)라도 도덕적으로 올바른 태도를 가지고, 자기의 행동에 잘못이 없도록 경계하며 끊임없이 반성하고 노력하면 위기를 잘 극복할 수 있다.

요컨대 주역(周易)에는 절대적으로 길(吉)하거나 절대적으로 흉(凶)한 것은 없다. 자신(自身)의 사욕(私慾)이나 과욕(過慾)을 씻어서 공정(公正)하고 순수(純粹)한 마음을 회복(回復)하면 자연(自然)의 지고(至高)한 이치를 알아보는 지혜가 생긴다는 것이 주역의 가르침이다. 그래서 주역(周易)을 세심경(洗心經)이라고도 부른다.

10. 주역(周易)을 상경(上經)과 하경(下經)으로 나눈 이유는 무엇인가?

주역(周易)은 육십사(六十四)괘를 상경(上經)과 하경(下經)으로 나누어 부른다. 첫 괘(卦)인 중천건(重天乾)으로부터 서른 번째 중화리(重火離)까지를 상경(上經)이라 하고 그다음 택산함(澤山咸)부터 끝의 화수미제(火水未濟)까지를 하경(下經)이라 한다.

정이(程頤)가 지었다는 〈상하편의(上下篇義)〉에 의하면 상경(上經)은 천지음양(天地陰陽)의 근본을 상징하는 건곤(乾坤)을 머리에 두고, 음양의 대표적 성질을 상징하는 감리(坎離)를 끝에 둔 것이며, 하경(下經)은 생육(生育)의 근본인 부부지도(夫婦之道)를 상징하는 함항(咸恒)을 머리에 두고, 감리(坎離)의 교합(交合)에 따른 생물(生物)의 기제(既濟)와 미제(未濟)를 끝에 둔 것이다.

즉, 상경(上經)은 하늘을 뜻하는 건(乾)괘와 땅을 뜻하는 곤(坤)괘를 앞쪽에 두어서 세상의 근본을 말하고, 물을 뜻하는 감(坎)괘와 불을 뜻하는 리(離)괘를 29번째와 30번째에 두어서 세상의 만물을 작동시키는 두 가지의 대표적인 힘을 말한 것이다.

하경(下經)은 사랑의 느낌에 관한 함(咸)괘와 관계의 지속에 관한 항(恒)괘를 31번째와 32번째에 두어서 남녀의 사랑과 후손생육(後孫生育)을 위한 부부의 노력이 우리의 삶을 영속(永續)시킨다는 사실을 밝혀 말하고, 인간은 행복한 삶을 꿈꾸며 꾸준히 노력하여 때때로 그러한 꿈을 이룬 듯 느끼기도 하지만 지상(地上)에 영원한 행복은 있을 수 없다는 엄연한 사실을 63번째 수화기제(水火既濟)괘와 64번째 화수미제(火水未濟)괘를 맨 끝에 두어서 밝혀 말한 것이다.

제2부

주역경문(周易經文)
상편(上篇) = 상경(上經)

重天乾 (중천건)

☰ 乾上 (건상)
☰ 乾下 (건하)

⟨괘(卦)의 성격(性格) 요약(要約)⟩

내괘(內卦)와 외괘(外卦)가 모두 건(乾)이어서 여섯 효(爻)가 모두 양효(陽爻:—)이다. 건(乾)은 기(氣)의 씩씩한 펼침이다. 건(乾)은 굳세고 피로(疲勞)할 줄 모르지만 가득 차면 기울어지는 것이 하늘의 이치이고 끊임없이 흐르는 시간(時間)의 이치(理致)이 다. 그러므로 건(乾)도 넘치지 않도록 원만(圓滿)하고 건실(健實)하게 그 기운(氣運)을 펼쳐야 한다. 중천건(重天乾)괘의 효사(爻辭)는 주로 용(龍)으로 묘사(描寫)되어 있다. 여기에서 용(龍)은 시간(時間)과 시절(時節)을 상징(象徵)한다. 소성괘(小成卦)인 팔괘(八 卦)에서는 건괘(乾卦)가 말(馬)을 상징(象徵)하지만, 대성괘(大成卦)인 중천건(重天乾)괘 에서는 여섯 효(爻)를 용(龍)으로 묘사(描寫)하였다. 그 까닭은 용만이 물속과 땅 위 와 공중(空中)의 어디에서나 활동이 가능하기 때문이다. 괘(卦)에 나타나는 여섯 용 (龍)은 인생(人生)의 여섯 시절(時節)을 상징(象徵)한다. 인생(人生)의 행로(行路)를 여섯 굽이의 시절(時節)로 나타낸 것이다.

건괘(乾卦)의 기본교훈(基本教訓)은 시간을 중시(重視)하고 천시(天時)에 따르라는 것 이다. 인생의 모든 시절(時節)은 경중(輕重)을 비교(比較)할 수 없다. 영혼(靈魂)에는 나이가 없으니 모든 시절이 중요(重要)하다는 것이다. 삶은 여섯 용(龍), 즉 여섯 시절(時節)을 타고 하늘을 날아다녀 보다가 떠나는 것이다. (시승육룡이어천/時乘六龍以御天 --- 건괘(乾卦)의 단사(彖辭)에서)

☞ 시(時)와 위(位)와 역량(力量)의 중요성(重要性)

역(易)은 시간(時間)과 공간(空間)에 따라 변화(變化)하는 만물(萬物)의 상호관계(相互關係)에 관한 철학(哲學)이다. 사람이 무슨 일을 성취(成就)하는 주체(主體)가 되려면
①때라는 시운(時運)과
②사회적 위치(社會的位置)라는 지위(地位)와
③스스로의 수양(修養)을 통한 역량구비(力量具備)라는 세 요소의 충족이 필요하다.
중천건(重天乾)괘는 사람이 삶의 주체(主體)가 되는 데 필요한 교훈(敎訓)을 단계적(段階的)으로 압축(壓縮)하여 제시(提示)하고 있다. 인간(人間)은 시운(時運)이라는 용(龍)을 타고 변화(變化)를 이끌며 살아간다. 시운(時運)은 준비된 자에게 오는 것이다. 시운(時運)을 맞이할 수 있도록 학습(學習)과 수양(修養)을 통하여 역량(力量)을 기르고, 기른 역량을 삶의 단계에 맞추어 힘껏 발휘(發揮)하라는 것이 중천건(重天乾)괘가 우리에게 주는 교훈이다.

건(乾)괘의 본질(本質)은 굳셈이다. 건(乾)의 굳센 움직임을 용(龍)의 활동(活動)에 비유하여 여섯 단계로 표현한 것이 건(乾)괘의 효사이다. 잠룡물용기(潛龍勿用期), 현룡재전기(見龍在田期), 종일건건기(終日乾乾期), 혹약재연기(或躍在淵期), 비룡재천기(飛龍在天期), 항룡유회기(亢龍有悔期)로서, 이는 바로 출현(出現), 잠복(潛伏), 비약(飛躍), 퇴장(退場)하는 만물의 모든 과정을 상징(象徵)한 것이며 또한 인생(人生)의 통로(通路)를 비유(比喩)한 것이다.

건(乾)의 괘, 효사(卦, 爻辭)가 용(龍)을 취한 이유는 용(龍)의 능력 때문이다. 용(龍)은 수중(水中)과 지상(地上)과 공중(空中)에 두루 존재할 수 있는 능력이 있다. 현대의 인간도 용(龍)을 닮았다. 선박과 잠수함, 보행과 차량, 비행기와 인공위성 등으로 수중/지상/공중을 누빈다. 언젠가는 인간이 태양계 너머로까지 활동 범위를 넓혀서 용의 능력에 앞서는 날이 올지도 모르겠다.

건(乾)의 참다운 모습은 자강불식(自彊不息), 즉 굳세어서 쉼이 없음에 있다. 반면에 곤(坤)의 모습은 후덕재물(厚德載物), 즉 두터이 남을 포용(包容)함에 있다. 건덕(乾德)은 하늘이 부여한 시간, 즉 천시(天時)를 중시(重視)한다.

그러기에 자기가 만난 삶의 시간을 소중히 여기고 올바로 씀에 부지런하다. 건(乾)의 성질은 양(陽)이니 크고 밝으며 공공(公共)의 편이고 진취적(進取的)이며 능동적(能動的)이다.

건(乾)은 하늘(天), 하늘의 이치(天道), 임금(君主), 아버지(父) 등을 상징한다. 건(乾)의 성품을 가진 사람의 마음은 밝고 크다. 사람의 성품이 밝고 크면 주변에 있는 사람들을 끌어당기는 힘이 된다.

〈괘사(卦辭)와 단사(彖辭), 대상사(大象辭), 문언(文言)〉

卦辭:

乾- 元, 亨, 利, 貞.　　　　　　건- 원, 형, 이, 정.

건은 원기가 크게 형통한 괘이다. (元, 亨)

마음을 바르게 가져야 이롭다. (利, 貞)

*乾=건. ①순양(純陽)의 기운. 하늘. 천자(天子). 임금. 아버지(父).
　　　②마르다. 생기(生氣)가 없다.
*元=원. 우두머리. 만물의 시초(始初)를 이루는 기운 등.
*亨=형. 기(氣)와 정(情)이 통(通)하여 합치함. 기(氣)와 정(情)이 통하면 성장(成長)한다.
*利=이. 일이 마땅하게 이루어져서 이로운 것, 공(功)의 이로움을 의미한다.
*貞=정. 올바름. "간직하다"라는 의미로도 쓰인다. 그러나 바르고 굳게 완성한 것이 아닌 것을 간직한다면 정(貞)이 아니다. 옛날에는 "정(貞)"이 "점(占)치다"라는 의미로도 쓰였다.

象曰

大哉乾元 萬物資始 乃統天	대재건원 만물자시 내통천
雲行雨施 品物流形	운행우시 품물유형
大明終始 六位時成	대명종시 육위시성
時乘六龍 以御天	시승육룡 이어천
乾道變化 各正性命	건도변화 각정성명
保合大和 乃利貞	보합대화 내이정
首出庶物 萬國咸寧	수출서물 만국함령

만물의 으뜸인 건(乾)은 위대하다.	(大哉乾元)
건(乾)에서 만물이 비롯되고 건(乾)은 우주의 이치를 포괄한다.	(萬物資始 乃統天)
건(乾)의 작용으로 구름이 떠다니며 비가 내려서 온갖 물건이 형태를 이룬다.	(雲行雨施 品物流形)
해 있는 낮 시간처럼 여섯 단계의 밝은 시절에 걸쳐서	(大明終始 六位時成)
(인간은) 순환하는 시간의 흐름을 타고 우주 만물을 지배하며 존재한다.	(時乘六龍 以御天)
건도(乾道)의 변화는 만물이 각각 타고난 성(性)과 명(命)인 정신(精神)과 육신(肉身)의 생명을 바르게 하고	(乾道變化 各正性命)
서로 화합(和合)하도록 모든 것을 조정하여 보존(保存)시키니 크게 옳고 이롭다.	(保合大和 乃利貞)

건원(乾元)은 만물의 으뜸으로서 만　　　　(首出庶物 萬國咸寧)
국(萬國)의 만사(萬事)를 편안하게
한다.

首出庶物 萬國咸寧/수출서물 만국함령”이라는 문구(文句)에는 춘추(春秋)라는 전란(戰亂)의 시대를 잠재우고 만국(萬國)의 평화(平和)를 가져다줄 태양(太陽) 같은 지도자가 나타나기를 바라는 공자의 소망(所望)이 담겨 있다고 본다. -고회민(高懷民)

*乾元=건원. 하늘의 큰 도(道). 천덕(天德)의 시초(始初). 건(乾)은 천(天), 원(元)은 대(大).

象曰 天行健 君子以 自彊不息　　　　천행건 군자이 자강불식

천체(天體)의 운행(運行)은 끊임없이 굳　　　(-天行健)
세다.
군자는 이를 본받아 스스로 쉬지 않고　　　(-君子以 自彊不息)
노력한다.

시간은 잠시도 멈추지 않고 흐른다. 그러므로 쉼 없이 노력하는 사람이 되어야 한다는 의미이다. 하늘의 운행이 강건(剛健)하다는 것은 사심(私心)이 없고 쉼도 없이 굳세다는 뜻이다. 사람으로 말하면 공사(公私)의 일에 사심(邪心)이나 잡념(雜念)이 없이 최선을 다하고 진퇴(進退)의 도리(道理)가 분명(分明)하며 정신력(精神力)이 강한 것이다.

공공(公共)의 일에 당(當)하여 분명한 진퇴(進退)는 강건한 성품의 군자와 유약(柔弱)한 성품의 소인(小人)을 가름할 수 있는 기준이다.

文言曰

元者 善之長也	원자 선지장야
亨者 嘉之會也	형자 가지회야
利者 義之和也	이자 의지화야
貞者 事之幹也	정자 사지간야

원(元)은 만물의 시작으로서 선(善)을 육성하는 으뜸 기운이다. 만사 만물의 으뜸 가치는 선(善)에 있다.

형(亨)은 가물(嘉物), 즉 아름답고 좋은 것이 많이 모인 것이다.

이(利)는 분수(分數)에 맞게 이익을 얻어서 상호(相互) 간 평화를 이룬 것이다.

정(貞)은 일의 완성에 필요한 올바른 근간(根幹)이다. 사물의 중심(中心)인 정(楨)과 같은 의미이다.

상대방이 있는 일에서는 진정한 이(利)의 확률은 4분지 1이다. 간사(幹事)라는 직책은 정간사(楨幹事), 즉 핵심 인물의 줄임말이다.

君子 體仁 足以長人	군자 체인 족이장인
嘉會 足以合禮	가회 족이합례
利物 足以和義	이물 족이화의
貞固 足以幹事	정고 족이간사
君子 行此 四德者	군자 행차 사덕자
故曰 乾 元亨利貞	고왈 건 원형이정

군자는 인(仁)의 뜻을 충분히 이해하고 실천함으로써 다른 사람을 지도(指導)하며 육성(育成)할 수 있고,

사람 사이의 모임을 아름답고 좋게 해서 예(禮)에 일치하도록 하며,

이로운 것을 취함에 있어서 의리에 맞아 상호 조화를 이루게 하고,

의지를 닦아 굳게 지킴으로써 원만한 일 처리의 중심인물이 된다.

군자는 이 네 가지 덕을 실행한다.

그래서 건괘를 원(元), 형(亨), 이(利), 정(貞)이라고 한다.

乾 元者 始而亨者也
利貞者　性情也
乾 始 能以美利 利天下
不言所利 大矣哉

건 원자 시이형자야
이정자 성정야
건 시 능이미리 이천하
불언소리 대의재

건을 원(元)이라고 한 것은 만물을 시작하게 하고 성장시키는 작용을 하기 때문이다.

이정(利貞)은 만물이 잘 결실하여 타고난 건(乾)의 성(性)과 정(情)을 드러내는 것이다.

건(乾)은 만물의 삶을 시작하게 하고
아름답게 하고 이익을 얻게 하여서
천하를 이롭게 하지만
그 이롭게 해 줌을 특정하여 내세우
지 않으니 참으로 위대하다.

성(性)은 본래 타고난 이지적(理智的) 성품이고 정(情)은 후천적(後天的)으로 길러진 감정이다. 또 여기서 말하는 이(利)는 자기의 이익이 아니다. 세상 만물의 이익을 의미한다. 의(義)만 내세우고 이(利)를 주지 않는다면 그 맑음이 참혹해서 화합이 어렵다. (義非利則慘洌而不和/의비리즉참렬이불화-〈소식蘇軾〉)

大哉 乾乎	대재 건호
剛健中正 純粹精也	강건중정 순수정야
六爻發揮 旁通情也	육효발휘 방통정야
時乘六龍 以御天也	시승육룡 이어천야
雲行雨施 天下平也	운행우시 천하평야

건(乾)의 작용은 위대하구나. 굳세고
꿋꿋하며 알맞고 바르며 순수하고 정
밀하다.
여섯 효로 발휘되는 변화작용에 두루
두루 통하게 되니
시간의 흐름을 탄 여섯 마리 용이 하
늘의 이치를 펼쳐 실천함으로써
구름을 움직이고 비를 내려주니 천하
가 화평(和平)하게 된다.

건(乾)의 작용이 바로 구름과 비가 모든 생명체에 미치는 영향처럼 위대하다는 뜻이다.

---

*旁=방. ①두루, 널리. ②곁가지. ③가깝다. ④기대다. ⑤오가다.
*旁通=방통. ①자세하고 분명하게 알다. ②괘정(卦情)을 알다. −괘(卦)의 착종복잡(錯綜複雜)을 알다.

〈乾 初九爻〉

아직 써야 할 때가 아니다. 실력을 기르면서 기회를 보는 중이다. 삶에서 10세~20세 사이의 아주 좋은 때, 잠재력(潛在力)은 있으나 아직 쓸 시점(時點)에 이르지 않았다.

初九 潛龍勿用   잠룡물용

물속에 잠복해 있는 용이니 그 용덕
(龍德)과 재주를 성급히 쓰려 하지 말
것이다.

---

*潛=잠. ①웅크린 채 드러나지 않음.
       ②고기 깃(물고기 모으려고 물속에 넣어둔 나뭇가지나 풀 포기 등).
*龍=용(룡). 운우(雲雨)를 주재(主宰)하는 상상의 동물.
*勿用=물용. "勿用"은 융통성(融通性) 있는 부정(否定)이다. "굳이 쓰려 하면 쓸 수도 있지만 애써가며 쓸
       필요까지는 없다."라는 뜻이다.

象曰 潛龍勿用 陽在下也   잠룡물용 양재하야

물속에 잠복해 있는 용이니, 아직 양
기(陽氣)가 밑에 있으며 기회를 보고
있는 상태란 뜻이다.

마치 태양이 떠오르기 전에 지평선 아래에 있는 것과 같다.

文言曰	문언왈

본인의 처신을 말한 부분과 타인의 처신을 말한 부분으로 구분할 수 있다.

(본인의 처신에 관한 부분)

初九曰 潛龍勿用 何謂也	초구왈 잠룡물용 하위야
子曰 龍德而隱者也	자왈, 용덕이은자야
不易乎世 不成乎名	불역호세 불성호명
遯世无悶 不見是而无悶	둔세무민 불현시이무민
樂則行之	낙즉행지
憂則違之	우즉위지
確乎其不可拔 潛龍也	확호기불가발 잠룡야

초구의 효사에서 잠복해 있는 용이니 쓰지 않는다 함은 무슨 뜻인가?	(-初九曰 潛龍勿用 何謂也)
공자는 이를 용의 덕을 구비하고 있으면서 숨어 지내는 자라고 말하였다.	(-子曰 龍德而隱者也)

그들은 세속에 영합하는 일이 없고, 명성을 구하는 일도 없다.	(-不易乎世 不成乎名)
세상에서 은둔하여 걱정이 없으며 옳지만 나타내지 못하더라도 번민이 없다.	(-遯世无悶 不見是而无悶)
태평한 세상이면 나아가 나랏일을 하며 품은 뜻을 펼치고	(-樂則行之)
세상이 혼란하여 염려되면 물러나서 지낸다.	(-憂則違之)
그 뜻이 확고부동하여 바꿀 수 없으니 이것이 바로 잠룡의 처신이다.	(-確乎其不可拔 潛龍也)

좋으면 함께하고 불편하면 등을 돌릴 뿐이다.

*隱=은. ①숨다. 은거(隱居)하다. -거처(居處)의 관점
②고요히 보존(保存)하여 드러내지 않다. -덕(德)의 관점

(타인의 입장에서 보는 부분)

潛龍勿用 下也	잠룡물용 하야
潛龍勿用 陽氣潛藏	잠룡물용 양기잠장
君子以 成德爲行	군자이 성덕위행
日可見之行也	일가현지행야
潛之爲言也 隱而未見 行而未成	잠지위언야 은이미현 행이미성
是以君子弗用也	시이군자불용야

잠겨 있는 용을 기용(起用)하지 않는 이유는 물아래에 들어있기 때문이다.	(-潛龍勿用 下也)
양기(陽氣)가 잠복되어 드러나지 않았기 때문에 잠룡을 임용(任用)하지 않는 것이다.	(-潛龍勿用 陽氣潛藏)
수양(修養)된 사람은 본래 "~다운" 덕(德)을 갖춤으로써 공적이익(公的利益)을 위한 일을 행동으로 실현하여 보여준다.	(-君子以 成德爲行)
덕(德)을 갖추고 있음을 행동으로 보여주는 것이 진정한 성덕자(成德者)의 모습이다.	
그 모습은 일상의 언행(言行)으로 나타난다.	(-日可見之行也)
그러므로 잠(潛)이란 ①행실로 아예 나타나지 않거나 ②행실이 미미하여 아직 성과가 나타나지 않았다는 말이다.	(-潛之爲言也 隱而未見 行而未成)
요컨대 수양(修養)된 사람인지 검증(檢證)할 수 없으므로 쓰면 안 된다는 것이다.	(-是以君子弗用也)

*弗=불. 不(불)보다 강한 부정(否定)이다.

언행(言行) 즉 말(-言)과 행실(行實)의 두 측면 중 말은 그럴듯하게 해도 다른 쪽인 실제의 행동은 달리하는 사람에게 일을 맡기면 낭패(狼狽)를 당하기 쉽다.

〈乾 九二爻〉

큰 인재를 만나서 재야의 지도자로서 성장하니 이롭다. 이십 세~삼십 세 사이에 순조로운 성장을 위한 천산둔(天山遯)의 시절을 보내거나 뜻을 함께할 동지(同志)나 선배(先輩)를 만나는 상황이다.

九二 見龍在田 利見大人　　　　현룡재전 이견대인

용덕(龍德)을 지닌 자가 땅 위에-세상
(世上)에-나타났으니 대덕(大德)을 지닌
큰 인물을 만나야 이롭다.

용이 갖춰야 할 본래 모습은 하늘을 날며 조화(造化)를 주재(主宰)는 비룡(飛龍)이다. 그런데 용이 땅 위에 있으니 아직 주재자(主宰者)로 군림(君臨)하지는 못함을 뜻한다. 재전룡(在田龍)은 차세대(次世代)의 유망인물 또는 재야(在野)의 지도자이다.

象曰 見龍在田 德施普也　　　　현룡재전 덕시보야

용덕을 지닌 자가 지상(地上)에 나타난
다는 것은 그 덕이 널리 펼쳐진다는
뜻이다.

비룡(飛龍)이 아니어서 아직 풍운조화(風雲造化)를 부리지는 못하지만 용덕(龍德)을 지니고 나타나서 세상의 덕화(德化)에 힘쓴다. 훌륭한 사람의 도덕적(道德的) 행위는 보편적(普遍的) 도덕으로 확산(擴散)되어 공익(公益)에 도움을 줄 수 있다는 뜻이다. 이 말은 군자(君子)가 자신이 위치(位置)한 곳에서 매진(邁進)하는 것을 의미한다.

文言曰   문언왈

개인적 품성에 관한 부분과 사회적 역할 준비에 관한 부분으로 구분된다.

(개인적 품성을 닦는 부분)

九二曰 見龍在田 利見大人 何謂也	구이왈 현룡재전 이견대인 하위야
子曰 龍德而正中者也	자왈 용덕이정중자야
庸言之信 庸行之謹	용언지신 용행지근
閑邪存其誠	한사존기성
善世而不伐 德博而化	선세이불벌 덕박이화
易曰 見龍在田 利見大人 君德也	역왈 현룡재전 이견대인 군덕야

구이(九二)에서 말하기를

"용덕을 지닌 자가 땅에 (-세상에) 나타   (-見龍在田 利見大人 何謂也)
났으니 큰 인물을 만나야 이롭다."라
고 하였는데 이게 무슨 말인가?

공자가 이르기를   (-子曰)

(무릇 지도자의 품격은) 지극히 중정(中正)   (-龍德而正中者也)
한 용의 덕을 지니고 있어야 하고

평소의 말을 미덥게 하고, 평소의 행동   (-庸言之信 庸行之謹)
을 삼가며

사악하거나 바르지 못한 생각을 품지   (-閑邪存其誠)
않고 늘 성실한 마음을 지니며

세상에 크게 기여하고도 자기의 공을 자랑하지 않고 (-善世而不伐)

넓은 덕으로 세상을 교화시킬 수 있어야 한다는 말이라 하였다. (-德博而化)

역(易)에서 이르기를

"용덕을 지닌 자가 세상에 나타났으니 큰 인물을 만나야 이롭다" 하였다. (-見龍在田 利見大人)

이는 군주의 지위에 있지는 않지만 군주다운 덕을 지닌 자에 대한 말이다. (-君德也)

(사회적 역할준비에 관한 부분)

見龍在田 時舍也	현룡재전 시사야
見龍在田 天下文明	현룡재전 천하문명
君子 學以聚之 問以辨之	군자 학이취지 문이변지
寬以居之 仁以行之	관이거지 인이행지
易曰 見龍在田 利見大人 君德也	역왈 현룡재전 이견대인 군덕야

용덕을 지닌 자가 땅 위에 나타났으면 자기가 지닌 용덕을 발휘해야 할 것이지만 때가 이르지 않은 상황이면 멈춰서 쉬어야 한다. (-見龍在田 時舍也)

용덕을 지닌 자가 나타나서 땅 위에 있다는 것은 하늘에 이미 비룡인 군주가 있어서 천하가 문명하게 된 경우이다. (-見龍在田 天下文明)

군자, 즉 된 사람은 배워서 학문을 두터이 모으고, 물어서 분별력을 키우며	(-君子 學以聚之 問以辨之)
뽐내지 않고 너그러움으로 대처하고, 연민을 가지고 일반인의 정서에 순응한다.	(-寬以居之 仁以行之)
역(易)에서 이르기를 "용덕을 지닌 자가 지상(地上)에 나타났으니 큰 인물을 만나야 이롭다"라고 말한 것은	(-見龍在田 利見大人)
군주의 지위에 있지는 않지만 그가 지닌 덕이 군주다운 것이라는 의미이다.	(-君德也=學德, 問德, 寬德, 仁德)

 천하가 이미 문명하므로 용이 땅에 머무는 상황이라면 그 여유를 제대로 선용(善用)하여 자기의 능력개발에 힘쓸 필요가 있다. 구이(九二)는 이미 군덕(君德)을 지닌 성인(聖人)임이 드러났으나 아랫자리(在田)에 있으면서 아직 비룡(飛龍)은 아니므로 구이(九二)로서는 진덕수업(進德修業)할 뿐이다. 나중에 비룡(飛龍)의 위(位)에 나아간 이들은 요(堯)임금, 순(舜)임금, 우(禹)임금이고 단지 성인(聖人)의 도(道)만 행하다 그친 경우는 은(殷) 탕왕(湯王)의 명상(名相)이었던 이윤(伊尹)과 고종(高宗)의 현신(賢臣)이었던 부열(傅說) 등이다. 사람의 바탕이 성인(聖人)다워서 한사존기성(閑邪存其誠)할 만하더라도 그가 처한 세상이 이미 여유롭게 문명(文明)하다면 그러한 세상의 여유로움을 자기의 능력개발에 선용(善用)하여 진덕수업(進德修業)에 힘쓰는 것이 군자(君子)의 모습이다.

〈乾 九三爻〉

밤낮으로 끊임없이 노력하고 반성하며 살아가는 삶. 인간의 삶에서 삼십 세~사십 세의 시절은 눈감고 몸 뉘어 편히 쉴 틈 없이 힘써야 하니 천지비(天地否)의 시절과 같다.

九三 君子終日乾乾 夕惕若 厲 无咎	군자종일건건 석척약 여 무구

군자가 종일 부지런히 노력하고   (-君子終日乾乾)

저녁에 돌이켜 반성하면 어려움에 처   (-夕惕若 厲 无咎)
하더라도 허물은 없다.

象曰 終日乾乾 反復道也	종일건건 반복도야

종일토록 부지런히 노력한다는   (-終日乾乾)
것은

일할 때를 만나면 방심하지 않고 성   (-反復道也)
심으로 할 일(道)을 반복(反復)하는 것
이 도리라는 말이다.

다음은 군자가 부지런히 힘써야 할 사항이 있음을 말한 부분과 부지런히 힘써야 할 시절에 처해 있음을 말한 부분으로 나누어 볼 수 있다.

文言曰 九三曰	문언왈 구삼왈
(부지런히 힘써야 할 내용)	
君子終日乾乾 夕惕若 厲 无咎 何謂也	군자종일건건 석척약 여 무구 하위야
子曰 君子進德修業	자왈 군자진덕수업
忠信所以進德也	충신소이진덕야
修辭立其誠所以居業也	수사입기성소이거업야
知至至之 可與幾也	지지지지 가여기야
知終終之 可與存義也	지종종지 가여존의야
是故 居上位而不驕在 下位而不憂	시고 거상위이불교 재하위이 불우
故 乾乾 因其時而惕	고 건건 인기시이척
雖危 无咎矣	수위무구의

구삼의 효사에서 군자는 온종일 부지런히 노력하고 저녁에 반성하고 삼가면 어려움에 처하더라도 허물은 없다고 한 말은 무슨 뜻인가?	(-九三曰 君子終日乾乾 夕惕若 厲 无咎 何謂也)
공자 이르기를	(-子曰)
군자는 "~다운 성과를 내기 위한" 덕(德)을 기르고 학문(學問)과 기능(機能)을 증진시키려고 항상 노력한다.	(-君子進德修業)

충(忠=閑邪存其誠)과 신(信)으로 덕을 쌓고	(-忠信所以進德也)
말을 조심하고	(-修辭)
행동을 성실하게 함으로써	(-立其誠)
사업(事業)의 터전을 닦는다.	(-修辭立其誠所以居業也)
(군자는) 사업의 기회가 오면 곧 일어선다. 그래서 기미와 함께하는 것이다.	(-知至至之 可與幾也)
(또한 군자는) 일의 끝을 내다보고 끝내야 할 때가 되면 그 일을 끝낸다.	(-知終終之)
그렇게 함으로써 의로움과 함께 하는 것이다.	(-可與存義也)
그러므로 높은 자리에 있어도 교만하지 않고 낮은 자리에 있어도 근심하지 않는다.	(-是故 居上位而不驕 在下位而不憂)
종일 노력을 게을리하지 않고(乾乾), 자주 스스로를 반성하기(因其時而惕) 때문에	(-故 乾乾 因其時而惕)
어려운 상황에서도 비록 위태로울 수는 있지만 허물이 없게 된다.	(-雖危无咎矣)

공자(孔子) 사상의 핵심인생관이 문언(文言)의 이 부분에 잘 나타나 있다고 왕부지(王夫之)는 말한다. 스스로의 삶을 어떻게 안배(按配)할 것인가의 문제가 가장 중요하다는 것이다. 노자(老子)에도 9장(章) 운이(運夷=평온한 삶을 위한 교훈)에 비슷한 내용이 있다. "공을 이루었으면 자신은 물러나는 것이 하늘의 이치이다." (-功遂身退 天之道/공수신퇴 천지도)

(부지런히 힘써야 할 시절)

終日乾乾 行事也	종일건건 행사야
終日乾乾 與時偕行	종일건건 여시해행"
九三 重剛而不中	구삼 중강이부중
上不在天 下不在田	상부재천 하부재전
故 乾乾 因其時而惕 雖危无咎矣	고 건건 인기시이척 수위무구의

온종일 노력한다는 것은 힘써 사업을 행한다는 것이다. (-終日乾乾 行事也)

온종일 힘써 일하되 그때그때의 상황에 맞추어 나아간다. (-終日乾乾 與時偕行)

구삼(九三)은 군센 성질인 양효(陽爻)가 성질에 맞는 3효위(爻位)에 있어서 거듭 군세지만 그가 소속된 내괘(內卦)의 중심에 위치해 있지 못하고 (-九三 重剛而不中)

위로는 높은 하늘에 있는 것도 아니며 아래로는 편안한 밭에 있는 것도 아니다. (-上不在天 下不在田)

그러므로 (-故) 종일 노력을 게을리하지 않고 (-乾乾), 스스로를 자주 반성하여야만 (-因其時而惕) 비록 위태로운 상황에서도 허물이 없게 된다. (-雖危无咎矣)

소성괘(小成卦)인 팔괘(八卦)의 세 효는 위로 하늘(天), 아래로 땅(地), 가운데에 사람(人)을 상징한다. 대성괘(大成卦)의 여섯 효(爻)에서 위의 오효(五爻)와 상효(上爻) 둘은 하늘, 아래의 초효(初爻)와 이효(二爻)는 땅, 가운데의 삼효(三爻)와 사효(四爻)는 사람

(-人/인)의 자리에 해당한다.

천지간에 끼어서 삶을 엮어가는 인간은 천지 만물의 변화무상(變化無常)한 위협에 맞서서 고달픈 노력으로 대응(對應)하고 반성(反省)하며, 때로는 용감하게 모험하며 살아간다. 중천건(重天乾)괘 구삼(九三) 효사와 구사(九四) 효사는 그렇게 살아가는 인간의 모습을 담고 있다. 삶에서 삼십 대는 그 후의 삶을 가름하는 중대한 시기이다. 기미를 잘 알아차림, 의로움의 보존, 한결같음, 적시실행(適時實行), 끊임없이 돌아보고 반성(反省)하는 등의 마음 자세로 나아가야 허물을 면할 수 있는 시기이다. 이 시기를 종일건건 석척약(終日乾乾 夕惕若) 하며 알차게 보내지 않는다면 그 뒤에 이어지는 사십 대 이후의 성취(成就)가 빈약(貧弱)하게 된다.

〈乾 九四爻〉

통상의 역할 범위를 다소 벗어나더라도 스스로의 능력을 발휘해야 하는 시절이다. 심한 변화를 보고 겪게 되는 사십 세~오십 세의 풍지관(風地觀) 연령대다.

九四 或躍在淵 无咎　　　　　**혹약재연 무구**

간혹 뛰어올라 보기도 하고 연못에
있어 보기도 하지만 허물은 없다.

*或=혹. 혹은. -일을 할까 말까의 결정권이 구사(九四)에 있다는 뜻이다.

象曰 或躍在淵 進 无咎也　　　　　**혹약재연 진 무구야**

간혹 뛰어오르기도 하고 연못에 있기   (-或躍在淵)
도 한다는 것은

나아가고자 하는 행동이 허물 될 것   (-進 无咎也)
은 없다는 말이다.

　구사(九四)는 지금 연못 속에 있지만 장차 구름을 탈 용(龍)이다. 사람에 대해서 "或躍在淵/혹약재연"이란 크게 될 인재(人材)를 일컫는 말이다. "或"은 고려할 여지를 남겨둔 의문사(疑問詞)이므로 단정(斷定)은 아니다. 구사(九四)는 행동할까 말까의 주도권(主導權)을 가지고 있는 좋은 입장에 있다.

　용이 마침내 날아오르려 할 때는 한 번 솟았다가 다시 못 속으로 잠기기를 반복(反復)하며 힘을 축적(蓄積)한다.

　　文言曰;

(주관적 내심 평가 부분)

九四曰 或躍在淵 无咎 何謂也　　　　구사왈 혹약재연 무구 하위야

子曰 上下无常 非爲邪也　　　　　　　자왈 상하무상 비위사야

進退无恒 非離群也　　　　　　　　　　진퇴무항 비리군야

君子 進德修業 欲及時也　　　　　　　군자 진덕수업 욕급시야

故 无咎　　　　　　　　　　　　　　　고 무구

구사(九四)의 효사에서 말한　　　　　(-九四曰)

연못에서 간혹 뛰어오르지만 탈 날　　(-或躍在淵 无咎 何謂也)
일은 없다고 말한 것은 무슨 뜻인가?

공자의 말이다.　　　　　　　　　　　(-子曰)

오르거니 내리거니, 나아가거니 물러나거니 하여 그 행동에 일정함이 없지만 악행을 저지르는 것은 아니다.	(-上下无常 非爲邪也)
나아가고 물러나는 것이 상황에 따라 변하지만 무리를 떠나 방자하게 굴지는 않는다.	(-進退无恒 非離群也)
군자(九四)는 이미 길러진 덕으로 사업을 이루려고 노력하는데	(-君子 進德修業)
항상 상황에 맞게 행동하는 사람이 되기를 바랄 뿐 요행을 바라는 것은 아니다. 때와 장소를 잘 헤아려서 처신하는 것일 뿐이다.	(-欲及時也)
그러므로 탈이 없는 것이다.	(-故 无咎)

건(乾)괘 구사효(九四爻)의 경지(境地)에 이르렀을 때를 사람으로서 누릴 수 있는 최고의 편안한 상태라고 보는 견해(見解)가 있다. 마치 문에 서서 한 발은 밖에, 한 발은 안에 걸쳐놓고 때를 보아 나아갈 수도, 들어올 수도 있는 상태에서 공공(公共)의 이익에 공헌(貢獻)할 수 있는 때라고 생각되면 나아가고, 그렇지 않을 때라고 생각되면 들어와서 기다릴 수 있는 여유로운 처신이 가능한 심리적 내공과 환경적 여건이 마련된 상태가 바로 건(乾)괘 구사효(九四爻)의 경지(境地)라고 보는 견해이다.

– 남회근(南懷瑾) 〈역경잡설(易經雜說)〉

초고속(超高速)으로 흐르는 현대생활에서 그런 삶을 기대라도 해보는 것이 가능할까?

(객관적 상황평가 부분)

或躍在淵 自試也	혹약재연 자시야
或躍在淵 乾道乃革	혹약재연 건도내혁
九四 重剛而不中	구사 중강이부중
上不在天 下不在田 中不在人	상부재천 하부재전 중부재인
故 或之	고 혹지
或之者 疑之也	혹지자 의지야
故 无咎	고 무구

연못에서 간혹 뛰어오른다는 것은 스스로를 시험해 보는 것이다.	(-或躍在淵 自試也)
연못에서 간혹 뛰어오르는 까닭은 구사효(九四爻)가 하괘(下卦)를 떠나 상괘(上卦)로 진입하여 변혁해야 할 상황에 처했기 때문이다.	(-或躍在淵 乾道乃革)
구사효(九四爻)는 장차 위로 올라가서 크게 될 인물이지만 득중(得中)한 위치가 아니다.	(-九四 重剛而不中)
(현재는 굳세게 뛰어오르기를 되풀이할 뿐) 위의 구오(九五)가 아니기에 하늘 높이 있지도 않고	(-上不在天)
아래로는 밭에 있지도 못하며	(-下不在田)
이미 상층부에 진입하였기에 일반 대중(大衆)에 속하지도 않는다.	(-中不在人)

그러므로 혹시나 하는 마음으로 소   (-故 或之)
속된 조직체에 공헌하려고 기회를
엿본다.

혹시나 하는 것은 의심하고 헤아리   (-或之者 疑之也)
면서 때를 보아 나아간다는 마음가
짐이다.

그러므로 탈이 없는 것이다.   (-故 无咎)

단체나 기업의 경우라면 초급임원(初級任員)과 같은 위치이다.

〈乾 九五爻〉

유가(儒家)에서는 인생목표(人生目標)가 비룡재천(飛龍在天)에 있다. 실력을 갖춘 사
람이 충분히 실력을 발휘하는 상(象)이다. 서로를 알아보는 대인(大人)을 만나는 것
이 이롭다. 여기서 말하는 대인은 각자가 추구하는 분야에서 잠재적 역량과 품격
등이 구오(九五) 자신과 엇비슷한 인재를 말한다. 오십 세~육십 세의 시절로서 삶
의 절정인 결실기에 해당한다. 그러나 삶에서 풍기는 인간미라는 측면에서는 산지
박(山地剝)의 때이다.

九五 飛龍在天 利見大人   **비룡재천 이견대인**

비룡(구름을 타고 오른 용)이 하늘에 있으니
대인을 만나보는 것이 이롭다.

비룡(飛龍)은 역량을 한껏 발휘하는 위치에 올라 있는 용(龍)이다. 자기를 보좌해 주고 뒤를 이어 갈 만한 인재를 구함에 있어서 겸허한 마음으로 몸소 찾아가서 도움을 구하는 행동을 실천하는 것이 중요하다.

장차 큰일을 하려는 왕(王)에게는 반드시 부르지 않는 신하(臣下)가 있다. 불러서 오게 하지 않고 그와 의논하고 싶으면 왕이 직접 찾아가서 만나보는 것이다(將 大有爲之君 必有所不召之臣 欲有謀焉則就之/장 대유위지군 필유소불소지신 욕유모언즉취지). 그만큼 덕을 존중하고 도를 즐기지 않으면 큰일을 함께 도모하기에는 부족한 것이다(其 尊德樂道不如是 不足與有爲也/기 존덕요도불여시 부족여유위야)

-〈맹자(孟子) 공손추(公孫丑) 하(下)〉

象曰 飛龍在天 大人造也　　　　　비룡재천 대인조야

구름을 타고 오른 용이 하늘에 있다 　(-飛龍在天)
는 것은
대인(大人)이 세상사(世上事)를 장악(掌 　(-大人造也)
握)하여 활동하고 있다는 말이다.

*造=조(操). 상황을 장악(掌握)하여 일하다.

文言曰
飛龍在天 利見大人 何謂也　　　　비룡재천 이견대인 하위야

"나는 용이 하늘에 있다. 대인을 만나
보는 것이 이롭다"라는 말은 무슨 뜻
일까?

뒤이어 나오는 문장은 ①, ②의 두 부분으로 나누어 볼 수 있다.

子曰	자왈
①	
同聲相應 同氣相求	동성상응 동기상구
水流濕火就燥 雲從龍風從虎	수류습화취조 운종룡풍종호
聖人作萬物覩	성인작만물도
本乎天者親上 本乎地者親下	본호천자친상 본호지자친하
則 各從其類也	즉 각종기류야

같은 소리는 서로 응하고 같은 기운은 서로 구하는 법이다.	(-同聲相應 同氣相求)
물은 습한 곳으로 흐르고 불은 마른 곳에서 쉽게 붙는다.	(-水流濕火就燥)
구름은 승천하는 용을 따르고 골바람은 호랑이의 포효를 따른다.	(-雲從龍風從虎)
성인이 출현하면 만백성이 감응하여 우러러 찬양한다.	(-聖人作萬物覩)
하늘에 근본을 둔 것은 하늘을 따르고, 땅에 근본을 둔 것은 땅을 따른다.	(-本乎天者親上 本乎地者親下)

이것이 바로 각종 부류가 동류끼리 (-則 各從其類也)
따르는 모습이다.

②

飛龍在天 上治也 비룡재천 상치야

飛龍在天 乃位乎天德 비룡재천 내위호천덕

夫 大人者 부 대인자

與天地合其德 與日月合其明 여천지합기덕 여일월합기명

與四時合其序 與鬼神合其吉凶 여사시합기서 여귀신합기길흉

先天而天弗違 後天而奉天時 선천이천불위 후천이봉천시

天且弗違而況於人乎 況於鬼神乎 천차불위이황어인호 황어귀
　　　　　　　　　　　　　　　　신호

나는 (날아오른) 용이 하늘에 있다는 것 (-飛龍在天 上治也)
은 위에서 다스린다는 의미이다.

나는 용이 하늘에 있는 것처럼 다스 (-飛龍在天 乃位乎天德)
린다는 것은 만백성에게 감응(感應)을
줄 만한 덕이 있어야 높은 지위(地位)
에 앉아서 아래를 다스릴 수 있다는
뜻이다.

무릇 대인(大人)이라 할 수 있는 사 (-夫 大人者)
람은

천지와 그 덕을 함께하고, 일월과 그 (-與天地合其德 與日月合其明)
밝음을 함께하며

사계절과 그 순서를 함께하고, 귀신 (-與四時合其序 與鬼神合其吉凶)
과 그 길흉을 함께한다.

하늘보다 먼저 존재하여 하늘도 그 (-先天而天弗違),
평범한 덕을 어기지 않으며

하늘이 생긴 후에는 하늘의 시간 운 (-後天而奉天時)
행을 받들어 따른다.

하늘도 그의 하는 바를 어기지 않는 (-天且弗違而況於人乎)
데 하물며 사람이 어길 수 있으며

귀신인들 어길 수 있으랴. (-況於鬼神乎)

*且=①차. 또. 또한(-孔子貧且賤). ~하면서. 잠시(-且以喜樂).
　　②저. 머뭇거리다(-其行次且). 삼가다.

　대인(大人)이라 하면 보통 인도(人道)의 완성자로서 사욕(私慾) 없이 평범하게 일하
는 사람을 뜻하지만 비룡재천(飛龍在天) 이견대인(利見大人)에서 지적하는 대인(大人)
은 역량(力量)과 품격(品格)에서 자기와 엇비슷한 인물을 의미한다.

〈乾 上九爻〉

　너무 높이 오르면 불운(不運)하게 된다. 지나치게 높이 오르면 삶이 적막(寂寞)해
지기 때문이다.

上九 亢龍有悔　　　　　　　　　　　항룡유회

절정(絶頂)까지 올라간 용이니 적막
(寂寞)하여 불운(不運)하게 되리라.

*亢=항. ①높이 오르다(–亢龍有悔).
　　②정도(定度)가 지나치다.

象曰 亢龍有悔 盈不可久也　　　　항룡유회 영불가구야

절정까지 올라가면 불운(不運)해지는
것은
가득 차면 기울게 되는 것이 자연의
이치이기 때문이다
그러니 가득 찬 상태로 영원하기를
바랄 수는 없다.

文言曰 上九曰 亢龍有悔 何謂也　　상구왈 항룡유회 하위야

상구(上九)에서 말한 항룡유회의 뜻은
무엇일까?

뒤이어 나오는 문장은 ①, ②의 두 부분으로 나누어 볼 수 있다.

子曰　　　　　　　　　　　　　자왈
①
貴而无位 高而无民 賢人在下位无輔　귀이무위 고이무민 현인재하
　　　　　　　　　　　　　　　　　위무보

是以動而有悔也	시이동이유회야
亢龍有悔 窮之災也	항룡유회 궁지재야
	(窮極而災至也)
亢龍有悔 與時偕極	항룡유회 여시해극

존귀하지만 지위가 없고 높은 자리에 있으나 다스릴 백성이 없으며	(-貴而无位 高而无民)
아래에 현명한 이가 있어도 그 보좌를 받을 수 없다.	(-賢人在下位无輔)
그러므로 무엇을 하고자 하면 고민(苦悶)과 고통(苦痛)을 겪게 된다.	(-是以動而有悔也)
높이 오른 용이 고민(苦悶)과 고통(苦痛)을 겪게 되는 것은 더 이상 나아갈 길이 없는 곳에서 나타나는 재앙(災殃)이다.	(-亢龍有悔 窮之災也).
항룡(亢龍)의 불운은 그의 절정기(絶頂期)와 함께 온다.	(-亢龍有悔 與時偕極)

②

亢之爲言也	항지위언야
知進而不知退 知存而不知亡	지진이부지퇴 지존이부지망
知得而不知喪	지득이부지상
其唯聖人乎 知進退存亡而不失其正者	기유성인호 지진퇴존망이부실기정자
其唯聖人乎	기유성인호

"높이 오른다"라는 말은	(-亢之爲言也)
나아갈 줄만 알고 물러날 줄은 모르는 것이고	(-知進而不知退)
사는 것만 알고 죽는 것은 모르는 것이며	(-知存而不知亡)
얻는 것만 알고 잃는 것은 모르는 것이다.	(-知得而不知喪)
오로지 성인만이 진퇴와 존망에 대하여 제대로 알아서 그 처신을 바르게 한다.	(-其唯聖人乎 知進退存亡而不失其正者)
오로지 성인만이 그럴 수 있음이로다.	(-其唯聖人乎)

너무 높이 오르면 마음이 편하지 않게 되고 아래에 사람이 없어지며 사는 재미도 점차 사라지게 된다.

역경사상(易經思想)의 발전 계기

춘추전국이라는 혼란한 시대 상황이 되자 끊임없이 벌어지는 대립과 항쟁의 격랑 속에서 살아남기 위한 처세의 노력이 생겼다.

세상 변화의 실상(實相)을 음양의 소장(消長)과 교체(交替) 현상으로 이해함으로써 변화를 예견하여 그에 주체적, 능동적으로 대처해 보고자 힘쓰게 된 것이다. 그 노력의 결과로 나타난 것이 〈주역〉이고, 주역에 담긴 사상이다. 주역에 담긴 사상은 변혁(變革)의 사상이다. 주체적 인간은 자기운명의 개척이 가능하다는 실천윤리를 제공하는 능동적 사상이다.

진시황(秦始皇)은 분서갱유(焚書坑儒)를 강행하며 유가(儒家)를 핍박(逼迫)하였으나 역서(易書)의 변혁 사상(變革思想)을 간과(看過)하고 분서(焚書-불태워 없앨 책) 항목에서 역서(易書)를 제외하였다. 실용적인 점서(占書)로 취급한 것이다.

역서(易書)를 통하여 큰 것을 얻으면 성인(聖人)이 되고, 작은 것을 얻으면 시작과 끝맺음을 조심하여 허물없이 살아갈 지혜를 갖출 수 있다. (懼以終始 其要无咎/구이종시 기요무구)

역서(易書)는 원시요종(原始要終)을 안내한다. 사물의 현상(現象)에 대하여 시초(始初)와 종말(終末)을 관련지어서 포착(捕捉)하는 힘을 길러주는 것이다.

건(乾)괘를 용(龍)으로 비유(比喩)한 이유는 용(龍)이 자주 변화하여 수중, 지상, 공중에서 제한 없이 용맹하게 활동하므로 그 모습이 건(乾)의 양강(陽剛)한 성질을 두루 갖추었기 때문이다.

건(乾)괘는 초구(初九)와 상구(上九)에 삶에 중요한 두 가지 조언(助言)을 담고 있다. 초구(初九)에는 다른 사람을 쓰고자 할 때 반드시 그의 언행(言行)을 보고 행실(行實)로 검증(檢證)하라는 내용이 있고, 상구(上九)에는 자기의 언행(言行)에 과오(過誤)가 있으면 스스로 바로잡아 선보과(善補過) 해야 한다는 처신(處身) 상의 조언(助言)이 있다.

〈乾 用九〉

건원(乾元), 즉 하늘의 큰 도(道)는 그저 베풀 뿐인 겸손(謙遜)한 양강(陽剛)의 성질에서 비롯되므로 천덕(天德)은 불가위수야(不可爲首也)이다. 하늘의 큰 도(道)를 터득한 사람은 삶의 모든 과정을 소중히 여기며 다른 아무것에도 얽매이지 않는 겸손함과 절제의 자세로 시시각각 변화하는 사상(事象)의 본질을 찾아내어 그 명하는 바에 따른다.

用九 見群龍 无首 吉　　　　　　현군룡 무수 길

(용구, 즉 양강(陽剛)한 천지의 이치를 펼쳐
냄에 있어서는) 무리를 지은 용들이 구
름 속에 그 머리를 감추고 있는 것처
럼 해야 길하다.

*見=①현. 나타나다. 드러내다.
　　②견. 눈으로 보다.
*見群龍에서 見의 음(音)은 현(現)이다.

象曰
用九 天德 不可爲首也　　　　　　용구 천덕 불가위수야

용구(用九), 즉 하늘의 큰 도(道)인 양
강(陽剛)인 힘을 쓸 때는 구름 속의
용들이 일하듯이 시의적절(時宜適
切)하게 절제(節制)하며 써야 한다.

양(陽)의 힘이 비록 강건(剛健)하더라도 과시(誇示)함이 없이 사람들에게 미쳐야 길
(吉)하다는 의미이다.

文言曰
乾元用九 天下治也　　　　　　　건원용구 천하치야
乾元用九 乃見天則　　　　　　　건원용구 내현천칙

양강(陽剛)한 건원(乾元)의 기운을 각각 의 시(時)에 알맞게 쓰면 천하가 다스 려진다.	(乾元用九 天下治也)
양강(陽剛)한 건원(乾元)의 기운이 알 맞게 쓰임에서 천하의 도리가 밝혀 진다.	(乾元用九 乃見天則)

건괘 여섯 효가 담고 있는 기운을 의로움에 입각하여 상황에 알맞게 쓰면 천하 를 다스릴 수 있다는 뜻이다.

用九 見群龍 无首 吉	용구 현군룡 무수 길
天德 不可爲首也	천덕 불가위수야

위 글귀에 있는 "무수(无首)"의 의미에 대하여 몇 가지 다른 해석이 있다.

① "不可爲典要/불가위전요"의 뜻이라는 견해

수(首)의 본래 의미는 두(頭)이니 선(先), 시(始), 상(尙:높이 여김)으로 해석할 수 있 다. 건(乾)괘의 여섯 효는 시위(時位)가 다르기 때문에 중시해야 할 덕목도 각기 다 르다. 초구(初九)는 "물용(勿用)"을, 구이(九二)는 "이견대인(利見大人)"을 중시(重視)한 다. "무수(无首)"라는 말은 "으뜸인 것이 특정되어 있지 않다"라는 뜻이다. 여섯 효 의 변화 중에서 특히 중요한 변화라고 처음부터 고정된 것은 없다는 것이다. 그러 므로 여섯 효 가운데에서 어떤 하나의 효만 특별히 중요하게 볼 이유가 없다. 변화 는 정해진 일정한 방식대로 되는 것이 아니다. 오직 변화 그 자체일 뿐이다.

즉 "天爲无首/천위무수" 하늘의 변화행위는 우두머리가 없음을 법칙으로 삼으 며 "時乘六龍以御天/시승육룡이어천"이고, "不可爲典要/불가위전요"이니 때가 여섯 마리의 용을 타고서 하늘을 부리는 것처럼 주체적으로 평생을 살고, 처해 있는 시간과 위치에 맞게 행동을 변화하여 올바른 도리를 실천해 나갈 뿐이다.

주어진 생명이 흐르는 동안에 하늘의 이치, 자연(自然)의 이법(理法)에 따를 뿐이다. 그리고 인생의 모든 시절은 똑같이 중요하니 삶의 전 과정을 소중히 여겨야 한다. 따라서 긍정적, 능동적인 자세로 삶을 다스리며 성실하게 살아가야 한다.

본체론(本體論)이나 절대유일신(絕對唯一神)의 존재에 대하여 견해를 달리한다.

② "不敢爲天下先/불감위천하선"의 뜻이라는 견해

"天爲无首/천위무수"는 "天以无首爲則/천이무수위칙"이다. 하늘은 우두머리가 없음을 행위의 법칙으로 삼으므로 함부로 선두에 나서지 말고 겸손하게 살아야 한다는 것이다.

실력자(實力者)들이 모여든 곳에서 우두머리인 듯 설치면 이로울 까닭이 없다. 그러니 감히 천하의 선두에 서려고 하지 말라는 것이다.

③ 건괘(乾卦)로 상징되는 양강(陽剛)의 기운은 사사로운 욕심이 없이 객관적으로 사용하되 그 후 초래될 상황의 영향으로부터는 초연(超然)한 자세로 써야 길하다는 견해

역사(歷史)의 현장에 나갈 수 있도록 와룡(臥龍)인 제갈량(諸葛亮)을 길러내고도 자기들은 전혀 그 뒤의 역사적 상황으로부터 영향을 받지 않은 제갈량의 장인(丈人) 황승언(黃承彦)이나 제갈량의 스승이었던 방덕(龐德)의 처신이 바로 용구(用九)가 말하는 "見群龍 无首 吉"의 처신이라는 해석이다.

〈건(乾)괘의 실생활(實生活) 응용(應用)〉

① 대인(對人)관계: 올바르고 당당하게(正正堂堂) 살되 강(剛)한 기질(氣質)을 다소 누르면 삶이 원만(圓滿)해진다.

② 절제(節制)와 인내(忍耐): 차면 기우는 시간(時間)의 힘을 믿고 영광(榮光)에 들뜨지도 말고 고난(苦難)에 쓰러지지도 말아야 한다.

③ 청년기(靑年期)에 노력(努力)하여 노후(老後)를 대비(對備)한다. 삶의 통로(通路)에 걸쳐진 모든 시절(時節)은 경중(輕重) 없이 소중(所重)하다. 청년기에 내외(內外)의 계획(計劃)과 노력을 가벼이 하면 노후(老後)에 이르러서 안으로 삶이 공허(空虛)해지거나 밖으로 의식주(衣食住)의 삶에 고통을 겪게 된다.

④ 조력자(助力者)를 구하고 그 관계를 소중히 여겨서 잘 유지(維持)해야 한다. 건성(乾性)의 사람은 기운이 넘치지만, 실속은 약하기 쉬우니 실천력(實踐力)과 이익현실화(利益現實化)에 유능(有能)한 조력자가 있으면 좋다.

⑤ 들뜨는 기질이 있으므로 번화(繁華)한 곳을 좋아하고 유행(流行)에 약하다. 항상 주의할 필요가 있다.

⑥ 견실한 직장인 생활이 안정된 삶에 도움 된다.

二

重地坤 (중지곤)

☷ 坤上 (곤상)
☷ 坤下 (곤하)

〈괘(卦)의 성격(性格) 요약(要約)〉

내괘(內卦)와 외괘(外卦)가 모두 곤(坤)이어서 여섯 효(爻)가 모두 음효(陰爻:--)이다. 곤(坤)괘는 고요하지만, 무한의 포용력을 지닌 대지(大地), 어머니 등을 상징(象徵)한다.

생명의 어머니인 대지(大地)는 고요하고 움직이지 않는다. 그러나 풍부한 힘과 유순(柔順)한 덕(德)으로 만물을 낳고 품에 안아 키운다. 곤(坤)의 주된 성질은 만물을 이롭게 하는 것이다. 생명의 육성(育成)은 모두 대지(大地)의 힘이고 어머니의 공(功)이다. 생생(生生)의 이로움을 영원토록 지켜나가는 것이 음(陰)인 곤(坤)의 바른 도리이다. (이영정(利永貞)---곤괘(坤卦) 용육(用六))

곤(坤)의 본질은 유순함이다. 곤(坤)의 활동을 암말의 움직임에 비유(比喩)하는데, 이는 땅 위를 달리는 암말처럼 유순하게 힘을 다하여 절조(節操)를 지키기 때문이다.

곤(坤)의 곤(坤)다운 모습, 즉 곤덕(坤德)은 후덕재물(厚德載物)에 있다. 곤(坤)은 두터운 덕(德)으로 사물(事物)을 포용(包容)한다.

곤(坤)의 성질은 음(陰)이다. 유순(柔順)하고 부드러우며 조용하다. 소극적(消極的)이고 순종적(順從的)이다. 그러나 그 성질에는 복잡(複雜)하고 미묘(微妙)한 요소가 많다. 곤괘(坤卦)의 설명에 암말(牝馬)과 용(龍)이 등장하는 것은 그런 요소들 때문이다.

곤성(坤性)의 사람은 물질(物質)을 중시한다. 상황을 잘 받아들이다 보니 일이 많아져서 힘들어지는 경우도 많다. 반면에 건성(乾性)의 사람은 성질이 양(陽)이어서 크고 밝은 것을 좋아하며

공공(公共)의 편이고 진취적이며 능동적이고 실리(實利)보다 명분(名分)을 중시한다. 64괘 중에서 건(乾)과 곤(坤)의 두 괘는 순수한 양(陽)과 음(陰)의 덕(德)을 상징한다. 나머지 62괘는 사물(事物)의 이치나 인간사(人間事)를 상징(象徵)하는 괘상(卦象)들이다.

건덕(乾德)은 자강불식(自彊不息)이니 시간을 중시(重視)하고 쉼 없이 굳세다. 반면에 곤덕(坤德)은 입지(立地=사회적 위치)를 중시(重視)하고 실리(實利)를 좋아한다.

건(乾)의 밝은 성품은 주변에 사람을 모으는 힘이 있고, 곤(坤)의 포용력은 품어서 담는 힘이 있으므로 재물을 축적하는 능력이 있다. 곤성(坤性)의 사람은 물질이 있어야 안정(安靜)을 느낀다.

건(乾)의 굳셈과 곤(坤)의 유순함은 서로 우열(優劣)이 없다. 하늘의 힘이 아무리 강해도 땅이 받아들이지 않으면 결실로 나타나지 않는 것처럼 남녀(男女)도 음양(陰陽)으로 대립(對立) 되지만 우열(優劣)을 다투지 않고 합일(合一)되어야만 비로소 새로운 생명이 만들어진다.

〈괘사(卦辭)와 단사(彖辭), 대상사(大象辭), 문언(文言)〉

卦辭:

坤 元, 亨, 利, 牝馬之貞	곤 원, 형, 이, 빈마지정
君子有攸往 先迷後得 主利	군자유유왕 선미후득 주리
西南得朋 東北喪朋 安貞吉	서남득붕 동북상붕 안정길

곤(坤)괘는 원기가 크게 형통함을 나타내는 괘이다.	(-元, 亨)
유순한 암말처럼 하늘의 이치인 건양(乾陽)에 순응하며 굳게 절조(節操)를 지켜서 스스로 마음을 바르게 가지니 이롭다.	(-利, 牝馬之貞)
군자가 쓰일 곳을 구하려고 길을 나서면 처음에는 혼란 속에서 헤매더라도 나중에는 얻음이 있으니 주로 크게 길하고 이로운 것을 얻는다.	(-君子有攸往 先迷後得 主利)
서남쪽으로 가서 벗을 얻음은 서백(=훗날의 周文王/주문왕)과 친해짐과 같고,	(-西南得朋)
동북쪽에 있는 벗을 잃음은 상(商)의 폭군(暴君) 주(紂)에게 등을 돌림과 같다.	(-東北喪朋)
대지(大地)처럼 마음이 편안하고 곧아서 길하다.	(-安貞吉)

西南得"朋/붕" 東北喪"朋/붕"을 西南得"明/명" 東北喪"明/명"이어야 한다고 보는 입장에서는 "서남쪽으로 나아가면 점차 밝음을 얻고 동북쪽으로 나아가면 점차 어둡게 된다."라고 해석한다.

달(月)의 기울고 차오름을 기준으로 만들어진 태음력(太陰曆)과 도가(道家)의 단경(丹經)인 참동계(參同契)에 언급된 〈東北喪其明/동북상기명〉, 즉 서쪽에서 떠오른 초승달이 남쪽의 반달을 거쳐 동쪽에서 보름달이 된 후 점차 줄어 어두워진 후 북쪽을 돌아서 다시 서쪽으로 가서 떠오르는 현상을 볼 때, "朋"은 "明"으로 되어야 한다고 본 것이다.

"利, 牝馬之貞"에 나타난 동양의 생명관은 곤성(坤性)은 순응(順應)하고 추종(追從)하되 존중(尊重)받고 보호(保護)받아야 한다는 것이다. 우마(牛馬)의 세계에서도 그런 모습이 보인다.

象曰

至哉坤元 萬物資生 乃順承天　　지재곤원 만물자생 내순승천

坤厚載物 德含无彊　　　　　　　곤후재물 덕함무강

含弘光大 品物含亨　　　　　　　함홍광대 품물함형

牝馬地類 行地无彊　　　　　　　빈마지류 행지무강

柔順利貞 君子攸行　　　　　　　유순이정 군자유행

대지(大地)의 원기는 지극히 크니 만물 (-至哉坤元 萬物資生 乃順承天)
이 그것에 의지하여 살아가며 순순히
하늘의 이치를 따르는구나(대지는 베
풀어 자라게 할 뿐, 어떠한 보상도 바라지
않는다. 하늘 또한 그러하다).

대지는 두텁고 넓어서 물건을 싣고 (-坤厚載物 德合无疆)
있는 덕이 끝이 없으니

포용하고 넓혀주고 빛내주고 키워주 (-含弘光大 品物咸亨)
니 만물이 모두 자라게 한다.

암말은 대지와 같은 성질이 있어서 (-牝馬地類 行地无疆)
대지 위를 한없이 달리는데

유순하면서도 이롭고 곧으니 군자의 (-柔順利貞 君子攸行)
행함이 이와 같다.

先迷失道 後順得常　　　　　**선미실도 후순득상**

西南得朋 乃與類行　　　　　**서남득붕 내여류행**

東北喪朋 乃終有慶　　　　　**동북상붕 내종유경**

安貞之吉 應地无疆　　　　　**안정지길 응지무강**

처음에는 혼미하여 도를 잃지만 (-先迷失道 後順得常)
나중에는 순순히 떳떳한 도를 얻
으리니

서남방에서 벗을 얻는 것은 바로 동 (-西南得朋 乃與類行)
류와 함께 행하기 때문이요

동북방에서 벗을 잃는 것은 (비록 옛 벗 (-東北喪朋 乃終有慶)
은 잃지만 서남으로 와서 새로운 벗을 얻으
니) 끝에는 경사가 있음이다.

마음이 편안하고 곧아서 길하다는 (-安貞之吉)
것은

대지처럼 한없이 포용하고 순응하기 (-應地无疆)
때문이다.

象曰 地勢坤 君子以 厚德載物 **지세곤 군자이 후덕재물**

땅의 형세가 곤이니 군자가 이 괘의
이치를 본받아 두터운 덕으로 만물을
실어준다.

군자가 덕을 후하게 하여 만백성을 포용해 나간다는 의미이다.

1번 중천건(重天乾)괘 대상(大象)의 자강불식(自强不息)은 나를 단속(團束)함이요 2번
중지곤(重地坤)괘 대상(大象)의 후덕재물(厚德載物)은 남을 포용(包容)함이다.

文言曰

坤 至柔而動也剛 곤 지유이동야강

至靜而德方 지정이덕방

後得主而有常 후득주이유상

含萬物而化光 함만물이화광

坤道其順乎 承天而時行 곤도기순호 승천이시행

| 문언에서 말하였다. | (-文言曰) |

| 곤괘는 부드러움의 극치이고 지극히 유순하지만 그 움직임은 강건하다. | (-坤 至柔而動也剛) |

| 지극히 고요하면서도 그 덕은 혼란이 없고 바르다. | (-至靜而德方) |

| 천도를 따라 행하여 몸을 보존하지만 | (-後得主而) |

| 주견(主見)을 확립하여 떳떳한 정체성을 갖는다. | (-有常) |

| 만물의 힘을 받아들여 포용하고 때에 응하여 그 힘을 발휘한다. | (-含萬物而化光) |

| 곤도(坤道)는 이처럼 순조로우니 하늘의 뜻을 따라 때에 맞추어 행한다. | (-坤道其順乎 承天而時行) |

  곤(坤)도 건(乾)처럼 천시(天時)와 천리(天理)를 따라 행하므로 순조로운 것이다. 건(乾)은 굳세고 적극적, 능동적인데 비하여 곤(坤)은 부드럽고 소극적, 수동적이라지만 이는 외견상 쉽게 눈에 보이는 현상을 말하는 것일 뿐이다.

  곤(坤)도 군자유유왕(君子有攸往) 하고 승천이시행(承天而時行) 하니 나아가 쓰일 곳을 구함에 있어서 건(乾)과 마찬가지로 적극적이며 (-君子有攸往), 천시(天時)를 따라 행(行)함에 있어서 (-承天而時行) 건(乾)의 시승육룡이어천(時乘六龍以御天)과 다를 바 없다.

  이처럼 처세(處世)의 적극성(積極性)과 천시(天時)의 흐름을 중시한다는 점에서는 곤(坤)괘도 건(乾)괘와 하등 다를 바 없다.

〈坤 初六爻〉

작은 변화를 지기(知幾)하여 큰 문제를 예측(豫測)하고 신속대비(迅速對備)한다. 평소에 적선(積善)한다. 공(功)을 이루기 위한 최선의 시도(試圖)가 적선(積善)이다. 대인관계(對人關係)에서 상교불첨(上交不諂) 하교불독(下交不瀆) 한다. 윗사람에 아첨(阿諂)하지 않고 아랫사람에 교만(驕慢)하지 않으면 타인의 마음속에 자기의 됨됨이를 올바르게 새겨두는 좋은 계기(契機)가 된다.

初六 履霜 堅氷至　　　　　　이상 견빙지

서리가 내린다. 머잖아 얼음의 계절
이 오리라.

象曰
履霜堅氷 陰始凝也　　　　　이상견빙 음시응야
馴致其道 至堅氷也　　　　　순치기도 지견빙야

서리를 밟으면 단단한 얼음이 이른다　　(履霜堅氷)
는 것은
서리는 음(陰)의 기운이 처음 응결(凝　　(陰始凝也)
結)한 것이기 때문이다.
차례대로 이루어지는 것이 이치이니　　(馴致其道)
그 이치를 따라 서리 뒤에는 단단한　　(至堅氷也)
얼음 계절이 올 것이다.

강(江)을 사이에 둔 대치상태(對峙狀態)의 전쟁터라면 이상(履霜)의 길흉(吉凶) 판단은 입장(立場)과 상황에 따라 다르다. 그러므로 이상견빙지(履霜堅氷至)에 대한 길흉은 말하지 않고 있다.

文言曰

積善之家 必有餘慶	적선지가 필유여경
積不善之家 必有餘殃	적불선지가 필유여앙
臣弑其君 子弑其父 非一朝一夕之故	신시기군 자시기부 비일조일석지고
其所由來者漸矣 有辨之不早辨也	기소유래자점의 유변지부조변야
易曰 履霜堅氷至 蓋言順也	역왈 이상견빙지 개언순야

문언에서 말하였다.	(-文言曰)
선행을 많이 쌓아둔 집안에는 반드시 자손들에게 경사(慶事)가 있을 것이고	(-積善之家 必有餘慶)
악행을 많이 쌓아둔 집안에는 반드시 자손들에게 재앙(災殃)이 미칠 것이다.	(-積不善之家 必有餘殃)
신하가 임금을 죽이고, 아들이 아비를 시해하는 변고는 그 원인이 하루아침에 생긴 것이 아니다.	(-臣弑其君 子弑其父 非一朝一夕之故)
오랫동안 점차로 쌓인 결과이다. 그 연유를 알아차리고도 이를 일찍 다스리는 데 게을렀기 때문이다.	(-其所由來者漸矣 有辨之不早辨也)

역(易)에서 말하는 이상견빙지(履霜堅　　　(-易曰 履霜堅氷至 蓋言順也)
氷至)는 이처럼 모든 일이 순차로 자라
난다는 뜻이다.

기미(幾微)를 느끼는 것, 전조(前兆)의 감정은 일종의 불안감(不安感)과 비슷한 것이다. 이는 신비적(神祕的) 직관(直觀)에서 오는 것이 아니다. 인간(人間)의 본성(本性)에 대한 깊은 이해(理解)를 바탕으로 환경(環境)을 관찰(觀察)하고 그 추이(推移)를 파악(把握)하는 지혜에서 오는 것이다.

징조(徵兆)는 자란다. 이를 극적(劇的)으로 보여준 표현의 예로 미국 어느 지방신문의 기사를 들 수 있다. 1927년 7월 17일 로버트 고다드(1882~1945)라는 과학자가 세계최초로 액체로켓을 쏘아 올려 18초 남짓 동안 지상(地上)높이 27미터, 거리 52미터의 비행(飛行)에 성공했다. 다음날 지방신문이 이 소식을 아래와 같이 보도하였다.

인간이 어제 액체로켓으로 달(月)의 38만4080km 부근까지 접근하였다.

최초의 로켓은 인간이 달을 향한 여행에도 성공할 것이라는 징조를 보여준 것이다. 독감, 코로나 등 질병(疾病)이 유행하면 치료법이 뒤따라 발달한다. 건강생활 욕구가 증가하니 몸을 위한 건강기능식품과 운동보조기구의 수요가 증가한다. 그런데 건강생활을 하려면 정신건강의 증진도 필요하지 않은가? 역리(易理)의 터득은 정신건강 증진에 큰 도움이 될 것이다. 코로나의 유행이 역리(易理)의 터득에 대한 폭발적 욕구증대의 징조가 되지는 않을까?

〈坤 六二爻〉

배워 익힌 것보다 타고 난 본성(本性)의 영향(影響)이 더 강하다.

六二 直方大 不習无不利　　　　　**직방대 불습무불리**

사특(私慝)함 없이 바르고, 흐트러짐　　　　(直方大)
없이 절도(節度)가 있으며, 훌륭하다.

(타고난 본성이 그러하면) 배워 익히지　　　(-不習无不利)
않아도 이롭지 않음이 없다.

*直=직. 사사(私私)로움이나 사특(邪慝)함이 없음
*方=방. 흐트러짐이 없음. 절도(節度)가 있음. 의(義)에 맞음.
*大=①대. 크다. 훌륭하다. 만물을 포괄하다. *대계(大薊)=엉겅퀴 뿌리(止血劑로 쓰임).
　　②태. 거대하다. 심하다(大風起兮雲飛揚/태풍기혜운비양) ---한고조(漢高祖).
*習=습. 닦다. 후천적인 습관(性相近也 習相遠也/성상근야 습상원야)---논어(論語).
　　　쌓다(習坎入于坎/습감입우감).

象曰
六二之動 直以方也 不習无不利　　　**육이지동 직이방야**
　　　　　　　　　　　　　　　　　　　　　　불습무불리
地道光也　　　　　　　　　　　　　**지도광야**

육이(六二)는 움직임이 바르고 절도(節
度)가 있어서 배우지 않아도 이롭지
않음이 없다.

곤도(坤道)인 대지(大地)다운 지혜가 빛
나기 때문이다.

文言曰

直 其正也 方 其義也 　　　　직 기정야 방 기의야

君子 敬以直內 義以方外 　　　군자 경이직내 의이방외

敬義立而德不孤 　　　　　　　경의입이덕불고

直方大不習无不利 則 不疑其所行也 　직방대불습무불리 즉 불의기
　　　　　　　　　　　　　　　소행야

직(直)은 바른 것이고, 방(方)은 의(義) 　(-直 其正也 方 其義也,)
에 맞아 흐트러짐이 없는 것이다.

군자는 공경함으로써 그 마음을 바르 　(-君子 敬以直內 義以方外)
게 하고 의(義)로써 행동을 방정하게
한다.

공경하는 마음과 의로운 행동이 확립 　(-敬義立而德不孤)
되면 덕은 외롭지 않으니 반드시 이
웃이 있다.

"直方大不習无不利"는 그의 행동에 대 　(-直方大不習无不利 則 不疑其所行也)
하여 아무도 의심을 품지 않는다는
말이다.

　대지(大地)처럼 넓고 바르며 흐트러짐이 없는 덕성(德性)을 지닌 사람은 배우지 않
아도 저절로 만사가 순조롭게 이루어지도록 처신(處身)한다는 뜻이다.

　　直在其內 方在其外 隱然如名師良友之在吾側也 是以不孤
　　직재기내 방재기외 은연여명사양우지재오측야 시이불고
　　夫 有所習而利 則 利止於所習者矣
　　부 유소습이리 즉 이지어소습자의

공경(恭敬)과 의로움이 갖춰지면 이는 은연중에 훌륭한 스승과 좋은 벗들이 내 옆에 있는 것과 같다. 그러므로 외롭지 않은 것이다. 무릇 배운 곳에 이로움이 있다면 그 이로움이 배운 곳에만 미칠 뿐이리라.

- 소식(蘇軾)의 동파역전(東坡易傳)

〈坤 六三爻〉

아름다운 마음을 품고 지혜(知慧)를 공공(公共)의 일에 쓰면 자기 개인(個人)의 일은 못 이룰지라도 공공(公共)의 일은 해 낸다.

六三 含章可貞 或從王事 无成有終	함장가정 혹종왕사 무성유종
내면의 품성이 보름달을 품은 듯 아름다워서 마음이 곧고 바르다.	(-含章可貞)
혹시 나랏일에 종사하면	(-或從王事)
개인적인 일은 이루지 못하더라도 맡은 바 나랏일은 잘 마무리할 것이다.	(-无成有終)

*솜=함. ①입속에 넣어 감추다. 머금다. ②무궁주(無窮珠-염 구슬)
*章=장. 밝다. 성(盛)하다. 아름다운 무늬(-文彩/문채). 글의 한 단락.

뛰어난 재능을 안으로 간직하고 자기의 도리를 지키며 때를 기다리는 아름다운 모습이다. 혹시 실력을 인정받아 나랏일을 하는 지위에 오르거든 성급하게 개인적인 성취(成就)에 연연(戀戀)하지 말고 공적(公的) 사업을 성공시켜서 후일에 좋은 이름을 남기는 것에 힘을 쓰라는 뜻이다.

象曰

含章可貞 以時發也　　　　　　함장가정 이시발야

或從王事 知光大也　　　　　　혹종왕사 지광대야

내면에 아름다움을 품고 있어서 마음　　(-含章可貞)
이 곧고 바르다는 것은

의리상(義理上) 마땅히 자기가 지　　(以時發也)
닌 바를 발휘(發揮)하여야 할 상황
(狀況)에 이르면 그것을 발휘한다는
뜻이다.

혹 나랏일에 종사한다는 것은 그 지　　(-或從王事 知光大也)
혜가 빛나고 크기 때문이다.

　지혜가 밝고 크기 때문에 행여 남이 알아주지 못할까 하는 조바심이나 두려워
함이 없다. 공로를 차지하려는 마음이 없으니 그 마음이 아름다울 수 있다. 마땅히
발휘해야 할 때임에도 감출 뿐 끝내 발휘함이 없다면 군자의 모습이 아니다. 다만
군자는 머금은 바를 성급하게 밖으로 드러내지 않고 조심할 뿐이다. 대지(大地)다
운 곤도(坤道)의 길은 윗사람과 일함에 있어서 도와서 일을 성취시킬 뿐 자기 공적
(功績)을 스스로 내세우려 하지 않는다.

文言曰

陰雖有美 含之　　　　　　음수유미 함지

以從王事 弗敢成也　　　　이종왕사 불감성야

地道也 妻道也 臣道也　　지도야 처도야 신도야

地道 无成而代有終也　　　지도 무성이대유종야

문언에서 말하였다. (-文言曰)

음(陰)은 비록 좋은 재능을 갖추고 있 (-陰雖有美 含之)
더라도 안에 간직한 채

윗사람을 도와서 일할 따름이지 스스 (-以從王事 弗敢成也)
로 나아가서 공적을 세우려 하지 않
는다.

(이것이) 대지(大地)의 이치이고, 아내 (-地道也 妻道也 臣道也)
의 도리이며, 아랫사람의 본분이다.

대지(大地)는 앞장서서 이루려 하지 않 (-地道 无成而代有終也)
고 오직 하늘을 대신하여 유종(有終)의
미(美)를 거둘 뿐이다.

〈坤 六四爻〉

주머니의 주둥이를 여미듯 언행(言行)을 조심한다.

六四 括囊 无咎无譽   괄낭 무구무예

주머니의 주둥이를 여미듯 삼가고
조심하면 허물도 없고 명예도 없으
리라.

*囊=낭. 주머니. 한 쪽에 입구가 있는 자루.
  (양쪽이 트이고 중앙을 막은 자루는 탁(橐), 또는 전대(纏帶), 견대(肩帶)라 함.)

象曰 括囊无咎 愼不害也　　　　　　　괄낭무구 신불해야

주머니를 여미듯 하면 허물이 없다는
것은 삼가면 해롭지 않다는 뜻이다.

文言曰
天地變化 草木蕃　　　　　　　　　천지변화 초목번
天地閉 賢人隱　　　　　　　　　　천지폐 현인은
易曰 括囊无咎无譽　蓋言謹也　　　역왈 괄낭무예무구 개언근야

문언에서 한 말이다.　　　　　　　　(-文言曰),

천지가 화목하게 소통하여 변화하면　(-天地變化 草木蕃)
초목이 번성하고

천지가 서로 소통이 막히면 현인마저　(-天地閉 賢人隱)
은둔한다.

역(易)에서 "주머니의 주둥이를 여미　(-易曰 括囊无咎无譽)
듯 삼가 조심하면 허물도 없고 명예
도 없다."라고 한 것은

현직(現職)에서 물러났거나 서로의 마　(-蓋言謹也)
음이 통하지 않을 때는 모름지기 자
신의 언행(言行)을 신중(愼重)하게 하라
는 말이다.

〈坤 六五爻〉

윗사람이 마음에 들지 않더라도 배반(背反)하지 말고 직분을 다해야 길(吉)하다. 지괘효(之卦爻)인 수지비(水地比)괘 구오(九五)에서 아랫사람이 마음에 들지 않더라도 따름을 강요하거나 떠남을 원망하지 말아야 길(吉)하다고 말하고 있다.

水地比 九五-顯比 王用三驅 失前禽 邑人不誡 吉
수지비 구오-현비 왕용삼구 실전금 읍인불계 길

六五 黃裳 元吉   황상 원길

황색(黃色)의 치마처럼 법도에 맞게
빛나는 처신(處身)을 하면 크게 길하
리라.

*裳=상. 치마. 낮에 입는 아랫도리 옷.

황색은 중앙에 있는 색깔인데, 중용(中庸)의 처신과 고결(高貴)한 삶을 뜻한다. 치마는 하체(下體)에 두르는 것이다. 이는 신분(身分)이 신하(臣下)임을 의미한다. 본래 신하이니 본분(本分)에 맞게 처신을 해야 길(吉)하다는 뜻이다.

象曰 黃裳元吉 文在中也   황상원길 문재중야

황색의 치마처럼 본분에 맞게 처신하   (-黃裳元吉)
면 크게 길하다는 것은

상하(上下)의 조화로운 관계가 보기 좋   (-文在中也)
게 나타난다는 뜻이다.

文言曰

君子 黃中通理 正位居體   군자 황중통리 정위거체

美在其中 而暢於四支   미재기중 이창어사지

發於事業 美之至也   발어사업 미지지야

문언에서 말하였다.   (文言曰)

군자는 고결하게 중용을 지키며 만물   (-君子 黃中通理)
의 이치에 안팎으로 통달하여

신하(臣下)로서 바른 자리를 지킨다.   (-正位居體)

이러한 미덕이 마음에 넘쳐 온 몸에   (-美在其中 而暢於四支)
뻗어 나가고

그가 벌이는 사업을 통하여 나타나니   (-發於事業 美之至也)
이것이야말로 아름다움의 극치이다.

---

*黃中=황중. 중앙(中央). 천지(天地)의 한가운데. 인체(人體)의 내부기관.
*理=리. 살결과 모공(毛孔), 피부(皮膚).

易爲君子謀 不爲小人謀
역위군자모 불위소인모

주역(周易)은 군자의 도모함을 위한 것이지 소인의 도모함을 위한 것이 아
니다.

　　　　　　　　　　　　　　　　　- 장재(張載)의 〈정몽(正蒙)

⟨坤 上六爻⟩

곤덕(坤德)은 순응(順應)함에 있는데 이를 끝까지 지키지 못하여 싸우는 것이다. 유(柔)해야 할 곤음(坤陰)들이 강(剛)한 건양(乾陽)이 없음을 아쉬워하다가 음(陰)의 극(極)인 상육(上六)에 이르러 머잖아 양(陽)이 나타나려 함을 느끼고 갈등과 투쟁에 휘말리게 된다. (여인들만 살던 마을에 한 남성이 들어오려는 상황) 본질적(本質的)인 직분(職分)을 소홀(疏忽)히 하면 갈등(葛藤)이 생기고, 명분(名分)을 잃은 채로 다투면 실세(實勢)도 힘이 빠져서 소멸(消滅)할 수 있다. 본분을 지켜서 명분을 잃지 않도록 경계(警戒)함이 옳다.

上六 龍戰于野 其血玄黃	용전우야 기혈현황
상육(上六)은 음(陰)의 성(盛)함이 극(極)에 다다른 것이기 때문에 머잖아 용(龍=陽)이 다가오는 들판에서 싸워 거뭇거뭇하고 누릇누릇한 피투성이가 된다.	(-龍戰于野 其血玄黃)

음(陰)은 본래 순응하는 마음으로 지낼 때 서로가 조화롭고 평안하게 되는 것인데 음(陰)의 성(盛)함이 극(極)한 상황에서 바깥인 들판(野)으로부터 다가오는 양(陽)을 두고 음(陰)이 서로 다투게 된다면 모두가 상처를 입으니 그 피가 거뭇거뭇하고 누릇누릇하게 되는 것이다.

象曰 龍戰于野 其道窮也	용전우야 기도궁야

음(陰)이 용이 다가오는 들판에서 서   (-龍戰于野 其道窮也)
로 싸우는 것은 도리가 아니다.

다가오는 양(陽)이 탐나더라도 극음(極陰)인 상육(上六)으로서 음(陰)이 양(陽)을 탐
내어 서로 싸우는 것은 도리에 맞지 않는 일이다. 지괘효(之卦爻)인 산지박(山地剝)
상구(上九) 효사는 이를 잘 지적(指摘)하고 있다. 석과불식(碩果不食)이니 내년 농사를
잘 지어 풍성한 추수를 기대하려면 아무리 배가 고프더라도 우량한 종자용 씨앗을
먹으려 해서는 안 된다.

山地剝 上九-碩果不食 君子得輿 小人剝廬
산지박 상구-석과불식 군자득여 소인박려

文言曰

陰疑於陽 必戰   음의어양 필전
爲其嫌於无陽也 故 稱龍焉   위기혐어무양야 고 칭용언
猶未離其類也 故 稱血焉   유미리기류야 고 칭혈언
夫玄黃者 天地之雜也 天玄而地黃   부현황자 천지지잡야 천현이
                                      지황

문언에서 말하였다.   (-文言曰)
음(陰)이 극성하여 양(陽)에 맞서면 반   (-陰疑於陽 必戰)
드시 서로 싸우게 된다.
음(陰)이 극성(極盛)한데도 양(陽)이 없   (-爲其嫌於无陽也)
어서 이를 싫어하다가

양(陽)이 다가옴을 느끼고 서로가 양   (-故 稱龍焉)
(陽=龍)을 부른다.

*疑=①의. 맞서다(擬). 비기다.
　　②응. 정(定)하다(靡所止疑, 靡不有初 鮮克有終-詩經)
　　③의. 의심하다(疑心生暗鬼-列子). 비슷하다. 닮다. 비기다. 견주다.

서로 용(龍)을 부르는 것을 두고 서로 싸운다고 한 것이다.

그러나 음(陰)은 역시 음(陰)일 뿐이고   (-猶未離其類也)
양(陽)으로 갈 수는 없다.

그러므로 피를 흘리게 된다.   (-故 稱血焉)

거뭇거뭇하고 누릇누릇한 것은 하늘   (-夫玄黃者 天地之雜也)
과 땅의 피가 뒤섞인 모양을 말한다.

하늘은 거뭇하고 땅은 누릇하다.   (-天玄而地黃)

〈坤 用六〉

곤(坤)이 음(陰)다움을 끝내 지키면 만사(萬事)에 유종(有終)의 미(美)를 거둘 것이다.

用六 利永貞   **이영정**

길이길이 올바르면 이로울 것이다.

象曰 用六永貞 以大終也   **용육영정 이대종야**

곤음(坤陰)은 길이길이 그 본성(本性)을   (-用六永貞)

올바르게 지켜야 이롭다.

그래야 크게 유종의 미를 거둔다.   (-以大終也)

개체(個體)는 영원(永遠)히 살 수 없다. 그러나 음양합일(陰陽合一)의 이치를 따르면 생생자연(生生自然)으로 인간(人間)이라는 종(種)의 영생(永生)이 가능하게 된다. 동양인(東洋人)은 영생욕구(永生欲求)가 자자손손(子子孫孫)의 영속(永續)으로 이루어진다고 믿었다. 그러므로 후손(後孫)을 생육(生育)을 무엇보다도 중요시하였다.

〈곤(坤)괘의 실생활(實生活) 응용(應用)〉

① 대인관계(對人關係): 남성은 곤성(坤性)의 상대방을 겸손(謙遜)하다고 여기는 경향이 있다. 반대로 여성은 곤성(坤性)의 상대방을 조금 누추하다고 여기는 경우가 많다. 곤성(坤性)인 사람은 믿을 만한 사람을 만나면 의지하고 마음의 평온을 얻는다. 그러나 일은 많아진다.

② 사업상(事業上) 일 처리: 현실을 건실하게 유지하는 데 힘쓴다. 상업에 종사하되 잘 부패하지 않는 품목이나 취급 물품의 재고가 적은 업(業)을 한다. 토지, 건물 등 부동산 분야나 대중음식점 등의 업종과 잘 어울릴 수 있다. 새로운 시도(試圖)를 하려면 먼저 경험자나 선배의 조언을 충분히 듣는 것이 좋다. 서두르지 않으므로 위험에 빠지는 일은 적지만 반면에 주저하다가 기회를 놓치고 마는 경우도 있다. 일을 처리할 때 소요되는 경비(經費)를 지나치게 아끼는 경향이 있음을 유의한다.

③ 건강관리: 곤성(坤性)의 사람은 상황에 순종적이다 보니 일이 많아져서 과로(過勞)하기 쉽고 드러내지 못하고 속에 담아두는 게 많아서 소화기계통이 고장 나는 경우가 많다.

④ 들뜨는 기질이 아니므로 번잡한 것을 좋아하지 않는다. 경쟁이 치열한 직장 생활보다는 오히려 상업에서 차분하게 신용을 쌓아 성공할 수 있다.

자강불식(自彊不息)과 후덕재물(厚德載物)

- 자강불식(自彊不息): 건괘(乾卦) 대상(大象)의 자강불식(自彊不息)은 나를 단속(團束)함이다. 쉽 없고 굳건한 하늘의 운행을 본받아서 주어진 삶의 시간(時間)을 소중히 쓴다.

- 후덕재물(厚德載物): 곤괘(坤卦) 대상(大象)의 후덕재물(厚德載物)은 남을 포용(包容)함이다. 가리지 않고 만물의 힘을 받아들여 그것을 때에 맞게 발휘하여 만물을 키운다.

三

水雷屯 (수뢰준)

☵ 坎上 (감상)
☳ 震下 (진하)

〈괘(卦)의 성격(性格) 요약(要約)〉

내괘(內卦)는 진(震☳), 외괘(外卦)는 감(坎☵)이다. 괘상(卦象)을 보면 험난한 물(-水)의 아래에서 움직임(-震動)이 있는 것이다. 무거운 흙더미를 뚫고 고개를 내민 새싹의 상황(狀況)과도 닮았다. 사물이 갓 태어나서 성장하려는데 장애가 많아서 괴로워하는 모습을 상징(象徵)한다. 준(屯)괘는 내부에 거대한 에너지가 진동하지만 막혀서 나아가기 어려움을 겪는 모습이다. 순건(純乾)인 양강(陽剛: ─)과 순곤(純坤)인 음유(陰柔: --)가 서로 교합하여 생긴 새로운 생명에게는 만나는 것마다 처음이고 위험한 요소이다. 헤쳐 나아가기 어려운 것이다. 아직 자리를 못 잡아서 고민이 많은 청년기, 난관 많은 사업 초창기 등도 이에 해당한다. 준(屯)괘는 삶의 4대 난괘(四大亂卦)인 3준(屯). 29습감(習坎). 39건(蹇). 47곤(困) 중의 하나이지만 난괘(亂卦)라는 사실이 꼭 해롭다는 것을 의미하지는 않는다.

준(屯)괘는 새로운 생명이 힘들고 어렵게 성장통(成長痛)을 겪는 상황이라 할 것이다. 어린 생명이 성장하려면 험난하고 고생스럽지만 새로운 생명체라면 누구나 겪는 일이다.

천둥(☳震)과 비(☵坎)의 에너지가 세상에 가득하고 큰 비가 내려 만물을 적셔주는 때이다. 나아가기에 고난은 있지만 생명의 에너지만큼은 넘치는 시기이다.

시생(始生)의 혼란 중에 먹구름이 세상에 가득하다. 그러나 초조하거나 서두르면 해롭다. 조력자(助力者)를 구하여 필요한 경우에 도움을 받으며 계획(計劃)을 잘 세워서 미래(未來)의 성장을 준비하도록 꾸준히 힘써야 한다.

인생(人生) 4대 난괘(四大亂卦)는 한 인간(人間)의 진가(眞價)가 발현(發現)되는 상황을 나타내는 괘들이다.

- 3번 수뢰준(水雷屯): 시생(始生)의 괴로움. 경험(經驗) 없는 삶의 험난(險難)함.
- 29번 중수감(重水坎): 상호관계(相互關係)의 막힘에서 거듭되는 고난(苦難)과 위험.
- 39번 수산건(水山蹇): 물리적(物理的)인 험난(險難)함-산(山). 강(江). 불구(不具) 등.
- 47번 택수곤(澤水困): 심리적(心理的)인 곤란(困難)함.

택수곤(澤水困)의 극복(克服)은 마음먹기에 달렸다.

행복은 깃털보다 가벼운데도 사람들은 이를 짊어질 줄을 모른다.

-〈장자(莊子)〉

險以說困而不失其所亨/험이열곤이부실기소형

곤이과원(困以寡怨)-곤궁함을 기꺼이 받아들이면 원망하는 마음이 줄어든다.

-계사전 하 7장

〈괘사(卦辭)와 단사(彖辭), 대상사(大象辭)〉

卦辭:

屯, 元, 亨, 利, 貞	준(둔), 원, 형, 이, 정
勿用有攸往	물용유유왕
利建侯	이건후

준괘는 크게 형통하고 정도(正道)를 굳 (-屯 元亨利貞)
게 지켜야 이로운 괘이다.

어떤 특정한 일을 하고자 하는 행역 (-勿用有攸往)
지서(行役之筮)인 경우에는 애써 무리
하지 말고 기회를 보아가며 일해야
한다.

나라를 다스리거나 큰 기업을 경영하 (-利建侯)
는 등의 입군지서(立君之筮)인 경우에
는 인재(人才)를 뽑아 적소(適所)에 배
치하여 앞날에 대비해야 이롭다.

*屯=①준. 풀의 새싹. 어렵다. 고난에 시달리다. 많은 무리를 이루다.
　　②둔. 진(陣) 치다. 언덕.
*勿用=물용. 쓰지 않음. (쓰자면 쓸 수는 있지만 애써 쓸 필요는 없다는 뜻이다.)

彖曰

屯 剛柔始交而難生	준(둔) 강유시교이난생
動乎險中 大亨貞	동호험중 대형정
雷雨之動滿盈	뇌우지동만영
天造草昧 宜建侯而不寧	천조초매 의건후능불녕

屯(준)은 굳셈(剛)과 부드러움(柔)이 처
음으로 사귀어서 어렵게 태어난 새싹
이

(-屯 剛柔始交而難生)

험난함을 뚫으며 움직이는 것이다.

(-動乎險中)

잘 참고 견디며 바른길을 걸으면 크
게 떨쳐 일어날 수 있어서 이롭다.

(-大亨貞)

우레와 비구름이 천지간(天地間)에 가
득하다.

(-雷雨之動滿盈)

시운(時運)에 따른 움직임이라 하더라
도 초창기(草創期)는 어둡고 어지러울
때이니

(-天造草昧)

마땅히 조력자(-諸侯)를 세워서 세상을
평온하게 하도록 도움을 받는다.

(-宜建侯)

잠시 평온한 상태가 되더라도 편안히
여기지 말고 스스로 부단히 노력해야
한다. 삶은 영원히 수고로운 것이기
때문이다.

(-而不寧)

*草=초. ①처음 시작하다(-天造草昧). 거칠다. 혼란하여 질서가 없다(草亂无倫序/초란무륜서).
　　②풀. 초원.
*而=①능. 편안하다. 평온하다.
　　②이. 말 이음(如/若/然, ~와 같다/그러하다. 곧/乃/則. ~써/以).
*而不寧=능불녕. (시국(時局)이 겉으로 평온(平穩)하게 보인다 하더라도 마음까지 평안(平安)하게 여길 상
　황은 아니다.)
*宜建侯而(능)不寧=의건후능불녕. 제후(諸侯-補助者)를 세움이 마땅하며 제후를 세웠다고 하더라도 아직
　편안한 마음으로 지낼 상황은 아니다.

천조초매(天造草昧) 동호험중(動乎險中)의 진정(眞正)한 혁명상황(革命狀況)을 나타낸 괘가 바로 준(屯)괘이다. 천지(天地)에 뇌우(雷雨)가 가득하면 수많은 시생(始生)이 나타나지만 그중 일부만이 준(屯)의 성장통(成長痛)을 이겨낸다.

象曰 雲雷屯 君子以 經綸　　　　　**운뢰준 군자이 경륜**

축축한 물기인 감(坎)이 아직 비를 이　　　(-雲雷屯)
루지는 못하고 구름 상태에 머물고
있다. 구름은 비가 아니기에 만물을
적시기는 어렵다(-屯其膏). 그러기에
어려울 준(屯)이다.

군자는 이 괘상을 보고서 나라의 축　　　(-君子以 經綸)
축하고 침체된 상태를 헤쳐 나가기
위하여 국가경륜의 큰 뜻을 세운다.

국가경륜의 큰 뜻을 세운 사람에게는 그 경륜을 함께 할 조력자가 필요하다.

君子用"屯"道之"不寧"者以撥亂反治/군자용"준"도지"불령"자이발란반치
군자는 "평안하지 않음"이라는 준괘의 이치를 써서 혼란한 세상을 다스려 극복한다.

　　　　　　　　　　　　　　　　　– 왕부지(王夫之)〈주역내전(周易內傳)〉

〈屯 初九爻〉

계획을 잘 세우고 눈앞의 이익에 급급하지 말며 훌륭한 조력자(助力者)를 구한다.

初九 磐桓 利居貞 利建侯　　　　　**반환 이거정 이건후**

너럭바위 옆에서 태어난 풀들이 뒤엉　　　(-磐桓)
켜 자라면서 머뭇거리는 모습이다.

가만히 기다리면서 바른 자세를 유지　　　(-利居貞)
하는 것이 이롭다.

동지(同志-助力者/조력자)를 얻어 함께　　　(-利建侯)
앞길을 열어나가는 것이 좋다.

전래(傳來)의 해석은 위와 같고, 왕부지(王夫之)의 해석은 다음과 같다.

磐은 너럭바위이고 桓은 초목이니 반환(磐桓)은 초목이 그러하듯 올곧은 위
치에서 움직이지 않는 것을 뜻한다. 그러므로 "磐桓利居貞(반환이거정)"은 初
九가 뜻을 확고하게 세워 동요하지 않아야 이롭다는 말이고 (-利居貞) 初九의
이러한 의지는 九五가 初九를 제후로 세움에 이롭다는 것이다. (-利建侯)

*磐=반. ①너럭바위(-鴻漸于磐/홍점우반)
　　　②머무르다. 도사리다(-山中石磐紆/산중석반우)
*桓=환. ①큰키나무. 초목. 이정표(里程標). 푯말.
　　　②머뭇거리다(-磐桓=뒤엉켜 놀다.)
　　　③굳세다. 위엄이 있다. 크다.

象曰

雖磐桓 志行正也　　　　　**수반환 지행정야**

以貴下賤 大得民也　　　　　**이귀하천 대득민야**

몸은 비록 너럭바위 아래 뒤엉켜서　　　　　(-雖磐桓 志行正也)
머뭇거리지만 뜻은 올바른 일을 행함
에 있다. (너럭바위나 큰키나무처럼 몸의
동요가 없이 올곧은 뜻을 지니고 기다린다.
자세는 비뚤지만 뜻은 바르다)

귀한 신분인 자기를 낮추어 겸손한　　　　(-以貴下賤 大得民也)
마음으로 사람을 대하면 크게 민심을
얻을 것이다.

*以貴下賤=낮은 것을 귀하게 여김. 자기를 낮추어 겸손함. 아랫사람에게 예(禮)를 다함.

　혁명적 사업가(革命的 事業家)는 낮고 천한 사람을 귀하게 여긴다고 한다. 초구(初
九)는 위 세 음(陰)들의 마음을 얻어서 함께 행동하고자 엎드려있는 것이다.

〈屯 六二爻〉

　인내(忍耐)하며 기다린다. 어려움이 있을 때는 그 일에 맞추어서 변통(變通)한다.

　　六二
　　屯如邅如 乘馬班如　　　　　준여전여 승마반여
　　匪寇婚媾　　　　　　　　　　비구혼구
　　女子貞不字 十年乃字　　　　여자정부자 십년내자

겹친 어려움 때문에 머뭇머뭇하며 망설이는 것 같고	(-屯如邅如)
말을 타고도 장애물 때문에 나아가지 못하고 서성거리는 모습이다.	(-乘馬班如)
혼인하기를 바라는 그가 해로운 도적이 아니라 (-匪寇), 결혼하고 싶은 이로운 사람일지도 모른다.	(-婚媾)
여자가 배우자 선택에 중정(中正)을 지키면서 후손(後孫)의 잉태(孕胎)가 좀 늦더라도 오래 공(功)을 들여 신중하게 처신하면 자식을 가지는 올바른 길로 나아갈 수 있다.	(-女子貞不字 十年乃字)

*如=여. ①~와 같다. ②만약~라면(-如有王者 必世而後仁/여유왕자 필세이후인).
*邅=전. ①머뭇거리다(-hesitate). ②돌아다니다. ③변천하다.
*乘=승. ①네 마리 말이 끄는 수레. ②타다. 탈 것. ③역사책. 기록물.
*班=반. ①서성거리다(-乘馬班如). ②헤어지다. ③대등하다. ④위계(位階) ⑤줄.
*匪寇=비구. 도적이 아니다.
*媾=구. ①화친하다. ②인척(姻戚).
*字=자. ①아이를 배다(-女子貞不字). ②양육하다(使字敬叔-左氏傳). ③글자.

마주친 어려움이 단련의 기회를 주는 이로운 요소가 될 수도 있으니 서두르지 말고 시간을 두고 깊이 생각하여 판단하고 행동하는 것이 좋다는 뜻이다.

준(屯)괘의 두 양(陽)은 네 음(陰)을 제어하며 움직여서 험난함을 극복해낸다.

象曰

六二之難 乘剛也　　　　　　　　　육이지난 승강야

十年乃字 反常也　　　　　　　　　십년내자 반상야

육이(六二)가 어려움을 겪는 것은 강건(剛健)한 환경의 압박을 받는, 시생(始生)이라는 힘든 시절의 한 가운데에 있기 때문이다.

(-六二之難 乘剛也)

십년(十年)이 지나서야 후손(後孫)을 잉태(孕胎)한다는 것은 정상적(正常的)인 성장(成長)에는 긴 세월이 필요하다는 뜻이다.

(-十年乃字 反常也)

*十年=십년. 수(數)의 극한으로서 긴 세월을 의미한다.
*常=상. 항상. 언제나 행하다. 관례. 법도.

이 육이효사(六二爻辭)는 난해(難解)하여서 차라리 주역책(周易冊)을 불태워버리고 싶은 생각이 들 정도였다고 술회(述懷)한 사람(-南懷瑾/남회근)도 있다.

다산 정약용(茶山 丁若鏞) 선생은 저서인 《주역사전(周易四箋)》에서 독역요지(讀易要旨) 18조목을 열거(列擧)하였는데, 제2목 해사(該事)에서 하나의 괘효사(卦爻辭)에 잡론수사(雜論數事)가 포함되어 있을 때는 괘효상(卦爻象) 본래의 뜻을 살펴서 占(점)하게 된 상황에 알맞도록 해석하라고 하였다. 그 예로 준괘(屯卦) 육이효사(六二爻辭)의 해석에 대하여 다음과 같이 말하였다.

屯如邅如 乘馬班如者(준여전여 승마반여자)는 女難之占(여난지점)이고 匪寇婚媾者(비구혼구자)는 隣國(인국)에 備患之占(비환지점)이며 女子貞不字 十年乃字者

(여자정부자 십년내자자)는 婦人産育之占(부인산육지점)이니 위에 말한 세 가지 경우는 각 효사가 나타내는 일의 이치가 서로 연결되지 않는다(各者成文詞理 不相連續 / 각자성문사리 불상연속). 그러므로 이 효사를 읽을 때 단지 일반적인 책 읽듯 읽어내면(讀之如書史/독지여서사) 그 뜻을 쉽게 파악하기 어렵다(便不可 通/편불가통).

〈屯 六三爻〉

안내자가 없는 길은 함부로 가지 않는다.

六三

| 卽鹿无虞 惟入于林中 | 즉록무우 유입우림중 |
| 君子幾 不如舍 往 吝 | 군자기 불여사 왕 린 |

| 산기슭에 가서(卽鹿) 안내하는 산지기가 없는데도 홀로 숲속으로 들어가는 형국이다. | (-卽鹿无虞 惟入于林中) |
| 군자는 기미를 살펴서 조짐이 좋지 않으면 그만둔다. 가면 곤란한 일을 겪을 것이다. | (-君子幾 不如舍 往 吝) |

"卽鹿"은 "사슴을 뒤쫓다가"로 해석할 수도 있다.

象曰

郎鹿无虞 以從禽也　　　　　　　즉록무우 이종금야

君子舍之 往吝窮也　　　　　　　군자사지 왕인궁야

산기슭에 가서 안내하는 산지기 없으　　　(-郎鹿无虞 以從禽也)
면 사냥감인 짐승을 좇다가 보내주는
것이다.

군자가-사냥을-그만둔다는 것은 가　　　(-君子舍之 往吝窮也)
면 궁지(窮地)에 몰려 곤란해지기 때문
이다.

*從=종. ①놓아주다. 놓치다. 보내다.
　　　　②좇다. 뒤를 따르다.
*從隗始=종외시---연소왕(燕昭王)과 곽외(郭隗)의 고사(故事)
*郎=즉. 가까이하다. 자리에 나아가다. 곧(즉).
*鹿=록. ①산기슭(麓/록-郎鹿无虞). 숲. 산림간수(山林看守).
　　　　②사슴.
　　　　③權座(권좌)-(秦失其鹿 天下共逐之/진실기록 천하공축지-〈史記〉).
*虞=우. ①산택(山澤)의 관리인. 산지기.
　　　　②염려하다(-悔吝者憂虞之象/회린자우우지상). 헤아리다.
　　　　③편안하다. 방비하다.
　　　　④오로지하다(-虞吉).
*幾=기. ①김새(幾微/기미). 순간의 판단.
　　　　②조용하다(-事父母幾諫/사부모기간-논어(論語).
　　　　③시작하다(-幾事不密/기사불밀).
　　　　④어조사(語助辭)---월기망(月幾望)=음력 14일의 달.
　　　　⑤자주. 몇. 어찌 …
*舍=사(捨), 그만두다. 놓아두다.

〈屯 六四爻〉

상황이 무르익었다고 판단되면 서성거리지 말고 나아간다.

六四

乘馬班如 求婚媾　　　　　　　　승마반여 구혼구

往 吉 无不利　　　　　　　　　　왕 길 무불리

말을 타고도 나아가지 않고 서성거　　(-乘馬班如)
린다.

初九가 구혼하러 오는 길이라면　　(-求婚媾)

六四는 나아가서 初九의 청(請)에 따라　　(-往 吉)
야 길하다.

이롭지 않음이 없을 것이다.　　(-无不利)

*媾=화친하다(講/구). 姻戚.

象曰 求而往 明也　　　　　　　　구이왕 명야

청혼(請婚)하러 간다 함은 현명(賢明)하　　(-求而往 明也)
게 문제를 푼다는 말이다.

현명하게 문제를 풀어내면 앞길이 밝다.

〈屯 九五爻〉

좋은 일을 하려 할 경우에도 어려움은 있다. 갑자기 이루려고 서둘면 오히려 역효과가 생긴다.

九五	
屯其膏	준기고
小貞吉 大貞凶	소정길 대정흉

혜택을 베풀려고 하는 경우에도 제대로 받아들여지지 않는 어려움이 있다.	(-屯其膏)
분수에 맞게 조금씩 단계적으로 이루어가야 한다. 갑자기 하려면 부작용이 있다.	(-小貞吉 大貞凶)

*屯=①준. 어렵다. 고난에 시달리다. 64괘의 하나인 屯괘.
　　(屯蒙/준몽-만물의 시초). (屯剝/준박-모든 일의 앞이 막힘).
　②둔. 진(陣)을 치다(-駐屯/주둔).
*膏=고. ①혜택을 주다. 윤택하게 하다(-屯其膏)
　　②기름(脂肪). (-雉膏不食).

象曰	
屯其膏	준기고
施未光也	시미광야

혜택을 베풀려고 하는 경우에도 어려   (-屯其膏)
움이 있다는 것은

고지식하게 갑자기 이루려 하면   (-施未光也)
베풀어도 빛나는 효과가 없다는
뜻이다.

〈屯 上六爻〉

극심(極甚)한 곤경(困境)에 처했으면 생각의 방향을 바꿔서 변화를 시도(試圖)한다.

上六 乘馬班如 泣血漣如   승마반여 읍혈연여

상육은 말을 타고도 나아갈 곳이 없
어 머뭇거리며 피눈물을 흘리는 것과
같다.

象曰 泣血漣如 何可長也   읍혈연여 하가장야

피눈물을 끊임없이 흘리는 것 같은   (-泣血漣如 何可長也)
어려운 지경이 어찌 오래 계속될 수
있으랴.

*漣=련/연. ①잇닿다. 이어지다(連). ②큰 물결.

희망을 잃지 않고 힘쓰며 기다리면 머지않아 나아갈 길이 트이리라는 뜻이다.

始生者(시생자)의 자라남은 막아보려 해도 막을 수 없는 법이다. 上六 효사에는 始生者(시생자)에 대한 격려(激勵)가 담겨 있다. 조금만 더 힘내어 견디면서 변화를 시도하라는 것이다. 대지를 뚫고 올라오는 새싹의 생명력은 굳세다. 모든 가능성을 살리면 곤경을 이겨낼 수 있으니 힘을 내라는 희망의 메시지이다.

〈준(屯)괘의 실생활(實生活) 응용(應用)〉

① 준(屯)괘는 始生(시생)한 후 성장과정에서 지녀야 할 자세를 상징한다.
 - 눈앞의 이익에 급급하지 말고 차분히 계획을 세운다.
 - 참으며 기다린다.
 - 안내자가 없는 길은 함부로 가지 않는다.
 - 때가 이르렀다고 판단되면 주저하지 말고 나아간다.
 - 어려움을 이겨내며 점차로 성장하는 것이 좋다. 웃자라면 부작용이 생긴다.
 - 견뎌내기 어려울 정도로 곤경(困境)이 극심(極甚)하면 사고(思考)를 전환(轉換)하
   여 변화(變化)를 시도(試圖)한다.

② 우리가 영웅(英雄)을 영웅으로 보는 마음에는 두 가지 이유가 있다고 한다. 하나는 온갖 준험(屯險)한 고난을 뚫고 자란 새싹의 위대한 성공을 보는 기쁨 때문이다. 다른 하나는 피눈물 나는 과정(過程)의 슬픔을 보는 엄숙(嚴肅)함 때문이다.

四

山水蒙 (산수몽)

☶ 艮上 (간상)
☵ 坎下 (감하)

〈卦의 성격(性格) 요약(要約)〉

내괘(內卦)는 감(坎☵) 외괘(外卦)는 간(艮☶)이다. 산 아래에 물안개가 자욱한 형국(形局)으로서 초행(初行)길 어린이가 앞길을 몰라서 나이든 어른에게 나아갈 길을 묻는 상황(狀況)에 비유(比喩)된다. 몽(蒙)은 덩굴풀의 이름이다. 우리말로 새삼(菟絲/토사)이다. 잎이 없이 칡이나 콩과식물에 기생한다. 무성하게 덩굴지면 그 밑이 어둡다. 계몽(啓蒙)은 덩굴풀로 가려진 어두운 곳을 열어서 밝게 해준다는 말이다. 예전에는 형사사법(刑事司法)을 규범과 예절에 대한 교육(-啓蒙)의 문제로 인식하였다. 그러므로 잘못을 저지르는 사람을 보면 몽매(蒙昧)한 사람을 미리 깨우쳐 주지 못한 점에 대하여 책임감을 느끼며 번민(煩悶)하였다.

몽괘(蒙卦)는 사물의 모양이나 사람의 능력이 가려져서 희미(稀微)할 때 이것을 올바른 방법으로 계발(啓發)시키는 문제에 대하여 말해주고 있다. 어린 생명은 무한한 가능성을 지녔을 뿐 구체적으로는 희미하다. 무한한 가능성을 실현하려면 좋은 지도자의 올바른 가르침이 필요하고, 배우는 어린 생명은 소박한 마음으로 가르침을 받아들여 배워야 한다.

구이(九二)와 상구(上九)의 두 양효(陽爻)는 치몽자(治蒙者), 즉 몽매한 자를 깨우쳐 주는 사람이요, 나머지 네 음효(陰爻)는 모두 처몽자(處蒙者), 즉 깨우침을 받아야 할 몽매한 사람이다.

동양은 옛날부터 참된 교육은 지식(知識)을 주입(注入)하는 것이 아니라 지혜(知慧)를 계발(啓發)시키는 것으로 생각하였다. 서양은 현대에 와서야 이런 교육법의 가치를 인식하고 있다.

교육대상(敎育對象)에 대한 공자(孔子)와 맹자(孟子)의 견해 차이

① 공자(孔子)는 사회지도층(社會指導層)이 될 귀족자제의 교육에 중점 두었고, 군자(君子)라는 이상형(理想型)에 대한 희망(希望)을 피력(披瀝)하였다.

② 맹자(孟子)는 서민(庶民)의 문맹탈출(文盲脫出)에 중점을 두었고, 어린 선비의 호연지기(浩然之氣)와 높은 뜻(-尙志/상지)의 육성(育成)을 강조하였다.

근래의 우리나라 교육은 한두 가지 국내외(國內外) 언어(言語)를 읽고 말하는 기능으로서의 문맹탈출 교육과 산업사회일꾼으로서의 지식전달(知識傳達) 교육에 중점을 두는 것이 사회 풍조가 되었다. 규범과 도덕의식의 바탕 아래 판단하고 행동하는 실천력중시(實踐力重視)의 인문교육은 그다지 강조되지 않아 왔다. 그 결과로 보이는 것이 우리 사회 각 분야의 도덕의식이 점차로 허약해져 가는 모습이다.

*호연지기(浩然之氣): ①공명정대(公明正大)하기에 당당할 수 있는 도덕적 용기
②얽매임 없이 자유스럽고 유쾌한 마음
③세상에 가득 찬 크고 넓은 원기(元氣)

〈괘사(卦辭)와 단사(彖辭), 대상사(大象辭)〉

卦辭:

蒙 亨 匪我求童蒙 童蒙求我	몽 형 비아구동몽 동몽구아
初筮告 再三瀆 瀆則不告	초서고 재삼독 독즉불고
利 貞	이 정

몽(蒙)은 몽매함이어서 계발하는 것이 이치에 맞으니 점괘(占卦)로 몽(蒙)을 얻었다면 몽매함이 트여 형통하게 될 것이다.   (-蒙 亨)

가르침을 베풀 사람인 내가 몽매한 사람에게 요구하는 것이 아니라   (-匪我求童蒙)

몽매한 사람(六五)이 나(九二)에게 와서 가르침을 구하여야 한다.   (-童蒙求我)

처음 질문에는 해답을 잘 말하여 준다.   (-初筮告)

그러나 여러 번 똑같은 질문(=占)을 하면 어지러워진다.   (-再三瀆)

같은 질문을 되풀이하는 것은 가르침을 의심하는 것이므로 대답(對答)하지 않는다.   (-瀆則不告)

가르침과 배움은 곧고 올바르게 나아가야만 이롭다.   (-利 貞)

처음 점(占)칠 때는 길흉(吉凶)을 자세히 말해준다.

가르침을 의심하는 자에게 가르치려고 하는 것은 가르치는 자기뿐만 아니라 가르침을 받는 상대방까지도 모독하는 결과가 된다.

가르침은 "배우러 오는 자"를 가르치는 것이다. 와서 묻지 않으면 가르치지 않는다.

彖曰

蒙 山下有險 險而止 蒙   몽 산하유험 험이지 몽

蒙亨 以亨行時中也   몽형 이형행시중야

匪我求童蒙 童蒙求我 志應也   비아구동몽 동몽구아 지응야

初筮告以剛中也   초서고이강중야

再三瀆 瀆則不告 瀆蒙也   재삼독 독즉불고 독몽야

蒙以養正 聖功也   몽이양정 성공야

몽괘는 산 아래에 험난함이 있으니   (-蒙 山下有險 險而止 蒙)
위험한 나아감을 멈추고 배운다는 뜻
의 괘상이다.

몽매함이 형통하려면 가르치고 배우는 행동이 때에 맞고 중도(中道)에 알맞아야 한다.　(-蒙亨 以亨行時中也)

가르칠 사람인 내가 아니라 배울 사람이 나에게 가르침을 구해야 한다는 것은　(-匪我求童蒙 童蒙求我)

배울 뜻에 응하여 가르침을 베풀어야 하기 때문이다.　(-志應也)

처음 질문에는 해답을 알려준다. 그 해답은 핵심을 찔러 잘 설명해주어야 한다.　(-初筮告以剛中也)

여러 번 같은 질문(=占)을 하면 어지러워진다.　(-再三瀆)

똑같은 질문을 되풀이하는 것은 가르침을 의심하는 것이기에 답(答)해주지 않는다. (-瀆則不告) 가르침을 의심하는 자에게 가르치려고 하는 것은 가르침과 배움을 모두 모독(冒瀆)하는 것이 되기 때문이다.　(-瀆蒙也)

어리석은 자를 가르쳐서 바르게 기르는 것은 성(聖)스러운 공덕(功德)이다.　(-蒙以養正聖功也)

어릴 때 제대로 배워서 바름을 기르는 것이 성인(聖人)의 길에 들어서는 공부이다.

發而後禁則扞格而難勝 養正於蒙 學之至善也

발이후금즉한격이난승 양정어몽 학지지선야

그릇되게 자란 후 가르쳐서 바로잡고자 하면 완강히 버티기에 성과를 내기 어렵다. 어릴 때 올바르게 자라도록 교육하는 것이 최선의 교육이다.

– 정이(程頤)

象曰
山下出泉 蒙 산하출천 몽
君子以 果行育德 군자이 과행육덕

산 아래에서 샘물이 쉼 없이 나오는 것이 몽괘의 형상이니 (-山下出泉 蒙)

군자는 이를 본받아 쉼 없이 기르고 가르쳐서 좋은 성과를 낳도록 덕을 육성한다. (-君子以 果行育德)

---

*果行=과행. 성과를 가져오는 행동.
*育德=육덕. 결과를 낳는 행동을 하도록 덕을 육성한다.

산 아래에서 나오는 샘물은 처음에는 어디로 흐를지 방향을 잡지 못한다. 그러나 샘물의 특성상 끊임없이 솟아 나오기에 반드시 방향을 잡아 점차 아래로 흐른다. 점차로 흐르지만 아래로 흐르기에 한번 방향을 잡으면 거슬러 올라가서 그 방향을 바꾸기는 어렵다.

가르칠 때는 목표에 도달할 때까지 쉼 없이 가르치는 과단성이 있어야 한다. 진정한 명궁수는 솜씨 없는 궁수를 위한답시고 적중시키는 법칙을 바꾸지 않는다.

어린이의 몸과 마음의 성장도 그러하다. 처음부터 바르고 과단성 있는 행동을 해 봐야 점차로 몸에 배어 어른이 되어서도 그러한 행동이 습관화되는 것이고 처음부터 덕(德:~다움)이 있는 처신(處身)을 해봐야 어떠한 위치(位置)에 있어도 덕(德)을 실천(實踐)하는 사람이 되는 것이다.

선행(善行)이나 효행(孝行)도 해 본 사람이 더 잘하고 더 자주 한다.

〈蒙 初六爻〉

계몽(啓蒙)할 때는 먼저 위엄(威嚴)과 금령(禁令)을 세우고, 다음에 선도(善導)하여 교화(敎化)한다.

初六

發蒙 利用刑人 用說桎梏   발몽 이용형인 용탈질곡

以往 吝   이왕 인

몽매함을 일깨워 줌에는 우선 형벌로 위엄을 세워서 두려워할 줄 알게 한 후에	(-發蒙 利用刑人),
가르치고 인도하여서 몽매함이라는 질곡을 벗겨줌이 이롭다.	(-用說桎梏)
그대로 나아가면 아쉬워하게 될 것이다.	(-以往 吝)

*發=발. ①일으키다. 일어나다(-仁者以財發身/인자이재발신). 시작하다.
      ②싹이 트다. 피다. 떠나다. 비롯하다.
*說=脫=탈. 풀어 벗기다.

따끔하게 징계(懲戒)만 사용하는 데서 그치고 몽매함을 깨우치도록 가르치고 인도(引導)하는 일은 하지 않으면 구차하게 형벌만을 면하려 할 뿐 부끄러움을 모르는 속 빈 계몽(啓蒙)이 된다.

징계(懲戒)의 이유를 깨우쳐 주고 바른길로 선도(善導)해야 한(恨)을 남기지 않게 된다. 훈육(訓育)에는 초기에 금령(禁令)과 따끔한 형벌(刑罰)이 반드시 필요하나, 그보다 더 중요한 것은 형벌 후에 절대로 방임(放任)하지 말아야 한다는 것이다.

잠시 시간을 두고 그 뒤의 행동을 살펴보며 선한 가르침을 베풀어서 몽매한 자가 올바르게 성장하도록 이끌어주어야 한다.

象曰 利用刑人 以正法也	이용형인 이정법야
형벌을 사용하여 다스려야 이롭다는 것은	(-利用刑人)
그로써 법도를 바로잡는다는 것이다.	(-以正法也)

〈蒙 九二爻〉

계몽함에는 감싸고 품는 포용력이 중요하다.

九二 包蒙吉 納婦吉 子克家	포몽길 납부길 자극가
몽매함을 포용해주면 길하고	(-包蒙吉)
아내나 며느리의 말을 잘 받아들이면 길하니	(-納婦吉)

자식도 능히 집안일을 잘 다스려 나   (-子克家)
갈 것이다.

*克=극. ①견뎌내어~할 수 있다. ②이기다.

象曰 子克家 剛柔接也　　　　　　자극가 강유접야

자식이 집안일을 잘 다스려 나간다는   (-子克家)
것은
부모(父母)의 굳셈(剛)과 부드러움(柔)이
서로 교접(交接)하여
자식을 잘 가르치기 때문이다.   (-父剛母柔 教養道合)

　포용해야 할 사람을 포용하지 못하고, 가르쳐야 할 사람을 가르치지 못하며 세월을 보내면 당장 위험하지는 않다고 하더라도 올바르게 만들 수 있는 시기가 모두 사라진 후에는 반드시 흉함이 온다. 그것은 함께 둘러앉은 평상의 받침 다리를 깎아내어 위태롭게 만드는 일에 내 손도 거드는 것과 마찬가지이다. 지괘(之卦)인 산지박(山地剝) 육이(六二) 효사(爻辭)와 상사(象辭)는 그런 의미를 담고 있다(剝牀以辨 未有與也, 蔑貞 凶 / 박상이변 미유여야, 멸정 흉).

〈蒙 六三爻〉

　동반자(同伴者)를 선택할 때 어리석은 결정을 하지 않도록 조심한다.

六三

勿用取女 見金夫不有躬　　　　　물용취녀 견금부불유궁
无攸利　　　　　　　　　　　　무유리

돈 많은 남자를 보면 몸을 지키지　　(-勿用取女 見金夫不有躬)
못하는 여인에게는 장가들지 말라.
나아가는 바에 이로움이 없을 것이다.　(-无攸利)

*躬=궁. 자신(自身). 몸. 몸소 행하다(躬行/궁행).

象曰 勿用取女 行不順也　　　　　물용취녀 행불순야

그런 여인에게 장가들지 말라는 이유
는 행실을 삼가지 않는 여인이기 때
문이다.

*順=순(-愼/신). 삼가다. 조심하다. 순종하다.

〈蒙 六四爻〉

자기를 계몽시켜줄 사람이 없고 스스로 의욕도 없으니 아쉬워할 일이다.

六四 困蒙 吝　　　　　　　　　곤몽 린

몽매함으로 곤란 받으니 아쉬워할 일
이다.

象曰 困蒙之吝 獨遠實也　　　　　**곤몽지인 독원실야**

몽매함으로 곤란을 받으니 아쉽다　　　(-困蒙之吝)
함은
홀로 "실(實)", 즉 양(陽-현명함과 능동성)　　(-獨遠實也)
으로부터 멀리 있다는 뜻이다.

實"謂陽剛也/"실"위양강야

　　　　　　　　　　　　　　　　　　　　-정이〈程頤〉

　여기의 "실(實)"은 현명하고 진취적이며 굳셈(-陽剛/양강-) 속에 내실(內實)이 있다
는 뜻이므로, "독원실야(獨遠實也)"는 현명하고 진취적이며 굳센 사람들로부터 멀리
있다는 말이다. (-獨遠於賢明之人也)

　현명한 조력자의 도움을 받는다 하더라도 곤몽(困蒙)의 상태를 벗어나려면 오랫
동안 꾸준히 힘써야 한다. 지괘효(之卦爻)인 화수미제(火水未濟) 구사(九四)를 보면 성
군(聖君)도 귀방(鬼方)을 이겨내는 데 삼 년의 긴 시간이 걸렸다고 하였다. (-震用伐鬼
方三年有賞于大國/진용벌귀방삼년유상우대국). 여건(與件)이 나빠서 조력자(助力者)의 도움
없이 독학(獨學)으로 곤몽(困蒙) 상태를 벗어나는 일은 도움을 받는 경우보다 더욱
어려움이 많고 시간도 더 오래 걸릴 것이다. 그런데 스스로가 진취성(進就性)마저
없다면 이는 아쉽고 부끄러울 일이다.

〈蒙 六五爻〉

좋은 스승을 만나서 열심히 공부하니 길하다.

六五 童蒙 吉	동몽 길

("君主/군주"라는 높은 지위에 있으면서도)
몽매한 어린아이처럼 부드럽고 공손
한 태도로 가르침을 청하니 길하다.

象曰 童蒙之吉 順以巽也	동몽지길 순이손야

어린아이처럼 가르침을 청함이 길한 것은	(-童蒙之吉)
그 태도가 유순하고 공손하기 때문이다.	(-順以巽也)

  가르침을 받아서 몽(蒙)을 벗은 군주(君主)는 존위(尊位)에 앉아 마땅하다. 그런 군주는 호령(號令)과 거적(居積=財貨/재화) 등을 써서 흩어진 민심을 모으고 분위기를 쇄신하여 밝은 시대를 열 수 있다. 지괘(之卦)인 풍수환(風水渙) 九五 효사에서 그런 뜻을 분명히 밝히고 있다. (渙 汗其大號 渙 王居无咎 / 환 한기대호 환 왕거무구)

〈蒙 上九爻〉

지나치게 엄격하고 강한 교육은 역효과(逆效果)를 낸다.

上九 擊蒙 不利爲寇 利禦寇	격몽 불리위구 이어구
몽매한 어린아이를 가르치고 깨우쳐 줌에 있어서	(-擊蒙)
지나치게 엄격(嚴格)하면 침략(侵掠)하는 원수(怨讐)로 여기게 되니 이롭지 못하다.	(-不利爲寇)
외부의 침략을 막아내는데 이로운 가르침을 받는 것으로 여기게 하는 것이 좋다.	(-利禦寇)

가르친답시고 지나친 욕심을 부려 적개심(敵愾心)을 품게 하면 이로울 것이 없다. 몽매함을 깨우치도록 중도(中道)로 이끌어주고 도리에 맞게 다스려서 인생의 도정(道程)에서 수시로 침략해오는 적들을 막아낼 지혜를 길러주어야 한다.

象曰 利用禦寇 上下順也	이용어구 상하순야
침략해오는 적을 막아내는 데 이로운 가르침을 주어서 이롭다는 것은	(-利用禦寇)
상하(上下)가 서로 도리에 맞게 순응(順應)하기 때문이다.	(-上下順也)

〈몽(蒙)괘의 실생활(實生活) 응용(應用)〉

① 상황이 애매하고 모호하여 잘 알 수 없거나, 그 일에 대하여 잘 모르거든 실력 있는 사람이나 선배에게 묻고 배운다. 묻고 배우는 것은 부끄러워할 일이 아니다. 물을 줄 모르는 것이 부끄러울 일이다.

② 사업상(事業上) 일 처리: 수시(隨時)로 현장(現場)과 장부(帳簿)를 점검(點檢)하여 내부(內部)에 허점(虛點)이 없는지 살핀다.

③ 건강관리: 흐릿한 공기와 몽롱한 세상사에 특히 약해지기 쉬운 것이 호흡기와 맑은 정신력이다. 호흡기질환과 기억력질환(-치매 등)에 유의한다.

④ 기질(氣質)에 우유부단(優柔不斷)한 면이 있으면 주기적(週期的)으로 목표(目標)를 되새기며 마음을 다지는 시간을 가지고, 달성시기(達成時期)를 정하여 행동(行動)하는 습관(習慣)을 기른다.

水天需 (수천수)

☵ 坎上 (감상)
☰ 乾下 (건하)

〈괘(卦)의 성격(性格) 요약(要約)〉

　내괘(內卦)는 건(乾☰)이고 외괘(外卦)는 감(坎☵)이다. 수(需)는 기다림이다. 힘을 기르면서 때를 대망(待望)하는 것이다. 사물(事物)이 실력을 충분히 갖추면서 기다리는 형국이다. 기다림이란 강물 앞에서 함부로 뛰어들지 않는 것과 같은 태도이다. 위험을 만나 곤란한 지경에 빠질 수 있기 때문이다. 참된 용기는 어리석은 모험을 하지 않고 힘을 기르며 때를 기다리는 것이다. 기다림이란 바르고 성실한 마음으로 기다려야 길하다. (需 有孚光亨 貞吉/ 수 유부광형 정길) 힘을 크게 기른 후에는 다소 위험한 일을 벌이더라도 순조롭게 나아갈 수 있다.

　수(需)라는 글자에는 "음식(飮食), 또는 음식을 주어 기르다"라는 뜻도 있다. 때를 기다릴 수 있게 음식을 주어 기르는 것이다. 그러므로 수(需)괘는 음식이 풍족(豊足)한 상태에서 기다리는 형국이다. 풍족한 상태는 영기(英氣)를 키우기에 좋은 환경이다. 그러나 음식이 있는 곳에는 항상 다툼이 생길 수 있으므로 경계(警戒)할 일이다.

*需=수. ①기다리다(-需須也/수수야). 머뭇거리다. 의심하다(-需事之賊也/수사지적야).

②기르다(-物稚不可不養也 故受之以需 需者飮食之道也/물치불가불양야 고수지이수 수자음식지
도야---〈역경(易經)〉.

③바라다. 필요하다. 구(求)하다(-君才適時需 正若當暑扇/군재적시수 정약당서선---〈고계(高
啓)〉).

*需卦 =수괘. 느긋한 마음으로 때를 기다리면 이루어질 상(象).

하괘(下卦)의 세 양(陽)과 구오(九五)가 서로 다가오기를 기다린다.

*孚=부. ①참되다. 믿음직하다(-Reliable). 진실하다. 알을 부화(孵化)하다.

②기르다(-孚育/부육).

③옥(玉)이 빛나다. 빛나다.

*須=수. ①기다리다. 머무르다.

②구하다. 필요로 하다(-軍須期會爲急/군수기회위급 -〈당서(唐書)〉. 쓰다.

③재지(才智)가 있다(-歸妹以須/귀매이수).

〈괘사(卦辭)와 단사(彖辭), 대상사(大象辭)〉

卦辭:

需 有孚光亨 貞 吉	수 유부광형 정 길
利涉大川	이섭대천

기다림에 성실한 믿음이 있으면 빛나고 형통하다.	(-需 有孚光亨)
마음을 바르게 가져야 길하다.	(-貞 吉)

기다리면서 힘을 크게 기른 후 일에 대처하면) 큰 강을 건너가는 것과 같은 위험한 일을 하더라도 순조로워서 이로울 것이다. (-利涉大川=이롭되 강을 건너야 이로움이 현실화된다.

彖曰

需 須也 險在前也	수 수야 험재전야
剛健而不陷 其義不困窮矣	강건이불함 기의불곤궁의
需 有孚光亨貞吉	수 유부광형정길
位乎天位以正中也	위호천위이정중야
利涉大川 往有功也	이섭대천 왕유공야

수(需)는 기다리는 것이다. 위험이 앞에 있기 때문이다. (-需 須也 險在前也)

굳세고 건실한 사람은 그 위험에 함락되지 않는다. 그 뜻이 곤궁하지 않기 때문이다. (-剛健而不陷 其義不困窮矣)

기다림은 성실함이 있어야 크게 빛나며, 바르고 곧아야 길하다고 한 것은 (-需 有孚光亨貞吉)

때를 기다리며 인내하고 자중함의 중요성이 하늘같이 높을뿐더러 그런 자세가 인간의 삶에서 중심자리를 차지해야 옳기 때문이다. (-位乎天位以正中也)

큰 냇물을 건너면 이로움이 있다는 것은 나아가면 공을 이룬다는 말이다. (-利涉大川 往有功也)

*須=기다리다. 잠시.

그 뜻이 장차 큰 강을 건너고자 하는 의로운 것에 있기 때문에 무모(無謀)한 폭주(暴走)를 삼가고 기다리는 것이다.

象曰

雲上於天 需	운상어천 수
君子以飮食宴樂	군자이음식연락

구름이 하늘로 올라가서 비가 되어 대지를 적실 때를 기다리고 있는 괘상이 수(需)이다.

(-雲上於天 需)

군자는 이 괘상을 보고서 (-君子以) 성숙하기를 기다리며 연회를 즐기듯이 편안한 마음으로 음식을 섭취하며 심신을 기른다.

(-飮食宴樂)

〈需 初九爻〉

경거망동(輕擧妄動)하지 않고 멀리 초야(草野)에서 기틀을 다지며 기다린다.

初九 需于郊 利用恒 无咎	수우교 이용항 무구

멀리 떨어진 교외(郊外)에서 기다린다.

(-需于郊)

텅 비고 황량한 광원지지(曠遠之地), 즉 초야(草野)에서 기다리는 것이다. 초야(草野)는 험한 일로부터 멀어서 느긋하게 굳건한 기틀을 다지기에 좋은 곳이다. 그 이로움을 내내 지키며 기다리는 것이다.

(-利用恒)

편안한 마음으로 지조(志操)를 지켜나　　　(-无咎)
가니 허물 되는 일이 생기지 않는다.

象曰

需于郊 不犯難行也　　　　　　　　수우교 불범난행야

利用恒无咎 未失常也　　　　　　　이용항무구 미실상야

교외에서 기다린다는 것은　　　　　　(-需于郊)

어려운 일에 무리하게 손대지 않는다　　(-不犯難行也)
는 뜻이다.

이로움을 내내 지켜서 허물이 없다는　　(-利用恒无咎)
것은

평소의 떳떳한 도리를 잃지 않는다는　　(-未失常也)
뜻이다.

*賊=적. 도둑.
"需"라는 글자는 여러 가지 의미로 쓰인다.
　①수-바라다. 구하다(-君才適時需 正若當暑扇/군재적시수 정약당서선)
　　　-기다리다(-需 須也/ 수 수야).
　　　-비가 그치다.
　　　-머뭇거리다(-需 事之賊也/수 사지적야-〈좌씨전(左氏傳)〉). 의심하다.
　　　-음식을 주어 기르다(-需者 飮食之道也/수자 음식지도야).
　②연-부드럽다. 나약하다(需弱/연약=軟弱).

需 事之賊也/수 사지적야

때가 오기를 기다리되 심신을 기르면서 기다리는 것이 아닌 막연한 기다림
은 일의 성사 가능성을 의심하면서 머뭇거릴 뿐이니 일을 망치는 적이다.

(需=遲疑)

사람을 기다리고 기회를 기다린다는 것은 그들과 함께 나아가기 위함이다. 그러므로 그들이 다가오면 기다림을 끝내고 그들을 존중하며 함께 나아가야 한다. 함께 나아가서 어떤 성취를 거두었을 때는 지나친 욕심을 부리면 안 된다. 욕심에 취하여 경거망동하는 사람으로 의심을 받으면 주위로부터 버림받게 된다.

험난(險難)함을 끝내려면 변화(變化)를 위한 행동(行動)이 필요(必要)하다. 행동이 없이 기다리는 것만으로는 험난함을 사라지게 하지 못한다.

〈需 九二爻〉

물을 건너기에 알맞은 물가의 모래밭에서 여유로운 마음으로 기다린다.

九二 需于沙 小有言 終吉　　　수우사 소유언 종길

물가의 모래밭에서 기다린다. 다소
의 구설수는 있으나 마침내는 길하
게 된다.

象曰
需于沙　　　　　　　　수우사
衍 在中也　　　　　　　연 재중야
雖小有言 以吉終也　　　수소유언 이길종야

물가의 모래밭에서 기다리는 것은	(-需于沙)
물 흐르듯 느긋한 마음으로 중심을 지키며 기다리는 것이다.	(-衍 在中也)
구이(九二)와 구오(九五)가 양(陽)끼리 만나기를 바라며 기다리는 것이기에 처음에는 다소의 의심과 구설(口舌)이 있을 수 있지만 (-雖小有言) 마침내는 길하다.	(-以吉終也)

*衍=연. ①느긋한 마음(-寬意/관의). 물이 흘러가다(-衍 在中也/연 재중야).
　　②흘러넘치다. 만연(蔓延, 蔓衍)하다. 많다.
　　③군더더기(-衍文/연문).

　모래밭은 얼마간의 비가 내리더라도 잘 흡수(吸收)하여 수용(受容)하거나 흘려보내게 된다. 물가 모래밭에 다가가서 여유(餘裕) 있게 처신하면 위험함을 모른다거나 주저(躊躇)한다는 등 이러저러한 구설(口舌)이 나타날 수 있으나 관대(寬大)한 마음으로 흘려듣고 중심을 지키며 기다리면 끝내 좋은 결과를 볼 것이다.
　지괘(之卦)인 수화기제(水火旣濟) 六二 효의 효사에도 그런 뜻이 잘 나타나 있다.

婦喪其茀 勿逐　　　　　　　부상기불 물축

七日得　　　　　　　　　　칠일득

七日得以中道也　　　　　　칠일득이중도야

부인이 머리장식물인 비녀 등을 분실하였더라도 찾으려고 소동 벌이지 말라.

며칠(-칠일쯤) 기다리면 나타날 것이다.

며칠 동안 기다리는 것은 너그러운
마음으로 중도(中道)를 잃지 않는다는
뜻이다.

〈需 九三爻〉

불평불만을 나타내며 기다리는 것은 남에게 틈을 보여 적(敵)을 만드는 것이다.
재앙(災殃)을 부를 수 있다.

九三 需于泥 致寇至   수우니 치구지

물가의 진흙 펄처럼 불만스러운 상황
에서 불평하며 기다리는 것은 적(敵)
을 키우고 끌어들이는 것과 같다.

象曰

需于泥 災在外也   수우니 재재외야

自我致寇 敬慎不敗也   자아치구 경신불패야

진흙 펄에서(=불안정한 처지에서) 기다   (-需于泥)
리는 것이니

재앙이 밖에서부터 다가온다.   (-災在外也)

스스로 불만족한 진흙 펄에 빠져서　　　(-自我致寇)
조급히 굴면 적을 부르는 것이니

주변을 공경하고 삼가면서 신중하　　　(-敬愼不敗也)
게 나아가야 낭패하지 않을 것이다.

〈需 六四爻〉

유혈(流血)이 낭자(狼藉)한 싸움터에서는 목숨 지키는 데 힘쓰고 기회(機會)를 봐서
빠져나온다.

　　六四 需于血 出自穴　　　　　　　　　　수우혈 출자혈

피 흘리면서 기다린다. 스스로 험난
한 장소인 동굴 속에서 벗어난다.

저항(抵抗)하다가 다쳐서 피 흘리게 될 상황이면 자기의 힘이 약함을 솔직히 깨
닫고 주위환경(周圍環境)에 따라 순종(順從)하면서 기다린다. 스스로 빠져있는 위험
(危險)한 동굴(洞窟)에서 나온다는 말은 강력(强力)한 힘에 져서 피를 흘릴 지경이면
순종하면서 목숨을 유지하다가 기회를 보아 도망간다는 뜻이다.

　　象曰 需于血 順以聽也　　　　　　　　　수우혈 순이청야

피를 흘리면서 기다리는 것은 죽음에
이르면 안 되므로 주위에 양(陽)들의
말을 잘 들으면서 순종하는 것이다.

〈需 九五爻〉

믿음과 자신감을 가지고 음식을 잘 차려놓고 기다리니 군자의 당당한 모습이다.

九五 需于酒食 貞吉	수우주식 정길

술과 밥으로 연회(宴會)를 준비해 놓고 기다린다.	(-需于酒食)
곧고 바르게 기다리는 것이므로 길하다.	(-貞吉)

술과 밥이란 현자(賢者)나 공신(功臣)에게 내려줄 벼슬과 녹봉(祿俸)을 뜻한다.

象曰 酒食貞吉　以中正也	주식정길 이중정야

술과 밥으로 연회를 준비해 놓고 기다리니 올곧아서 길하다.	(-酒食貞吉)
그 기다림의 자세가 중도(中道)를 지키며 바르기 때문이다.	(-以中正也)

구오(九五)가 하괘(下卦)의 세 양(陽)을, 즉 군주(君主)가 현자(賢者)들을 기다리는 자세를 말한 것이다.

〈需 上六爻〉

　험난(險難)한 기다림의 극(極)에서 뜻밖의 사람들로부터 도움을 받는다. 겸허(謙虛)하게 그들의 도움에 따르면 좋다.

上六

入于穴 有不速之客三人來　　　　입우혈 유불속지객삼인래

敬之終吉　　　　　　　　　　　경지종길

험난한 곳에서 기다림의 극(極)에 처해 있는데	(-入于穴)
더디게 찾아온 손님 셋이 있다.	(-有不速之客三人來)
그들을 맞아들여 공경하면 마침내 길하다.	(-敬之終吉)

*速=속. ①빠르다.
　　②초청하다. 부르다(-不速之客). 초래하다(-速禍/속화).
*不速=불속. 부르지 않다. 행동이 빠르지 않다. 더디다.
*三人來= 세 손님은 초효(初爻), 이효(二爻), 삼효(三爻)를 가리킨다.

象曰

不速之客三人來 敬之終吉　　　불속지객삼인래 경지종길

雖不當位 未大失也　　　　　　수부당위 미대실야

더디게 찾아온 손님 셋이 와서 돕겠 다니 그들을 공경하면 마침내 길하다 고 한 것은	(-不速之客三人來 敬之終吉)
비록 상육(上六)이 기다리기에 적합 하지 않은 곳인 구멍 속에서 기다리 다가	(-雖不當位)
더디게 온 손님 셋을 맞았지만	(-不速之客三人來)
그럼에도 불구하고 공경하는 것으로 보아 아직 크게 잘못한 바가 없기 때 문이다.	(-雖不當位 未大失也)

상육(上六)은 은퇴해야 할 자리에 있음에도 불구하고 아직도 구멍 속에서 사람을 기다리고 있다. 구멍 속은 사람을 기다리기에 적합한 곳이 아니다. 상육(上六)은 음(陰)이 음위(陰位)에 있지만 기다림의 주인으로서는 부당위(不當位)에 있는 셈이다. 험난한 중에 기다림이 극에 이르러 변화하지 않을 수 없을 때 속히 오지 않던 손님 셋이 도우러 온다. 그들을 의심하면서 배척(排斥)할 법도 한데 자기를 도우려는 손님 셋의 성심(誠心)을 알아보고 겸허(謙虛)히 공경(恭敬)하여 대접(待接)하니 비록 부당한 위치에서 기다려 왔지만, 상육(上六)의 오랜 기다림 끝 처신에 크게 잘못된 바가 없으니 길한 것이다.

손님 셋은 하괘(下卦)의 세 양효(陽爻)들이다. 양(陽)의 성질은 진취적(進取的)이어서 높이 오르기를 원하기 때문에 세 양효(陽爻)에는 상육(上六)의 자리를 빼앗으려고 다툴 뜻이 없다. 그러므로 상육(上六)은 그들을 공경하면 도움만 받고 자리는 지킬 수 있으니 길한 것이다.

〈수(需)괘의 실생활(實生活) 응용(應用)〉

① 환경이 좋은 편이니 뛰어난 기상(-英氣)을 기르기에 좋을 때이다.

② 사업상(事業上) 일 처리에서는 그 일이 장래성이 있어 보이더라도 기반(基盤)이 튼튼한지 좀 더 관망할 필요가 있다.

③ 건강관리: 소화기계통, 혈관계통, 성병 등 치료에 긴 시간의 노력이 필요한 질병을 주의한다.

六

天水訟 (천수송)

☰ 乾上 (건상)
☵ 坎下 (감하)

〈卦의 성격(性格) 요약(要約)〉

내괘(內卦)는 감(坎☵)이고 외괘(外卦)는 건(乾☰)이다. 송(訟)은 다툼에서 자기입장(自己立場)을 호소(呼訴)하는 것이다. 송(訟)괘는 민사상(民事上)의 시비(是非)를 가리기 위한 소송과 재판(裁判)을 뜻한다. 형사상(刑事上)의 문제(問題)는 21번 화뢰서합(火雷噬嗑)괘에서 다룬다.

사람의 삶에는 다툼이 있기 마련이다. 사람은 먹어야 살기 때문에 특히 기름진 땅이나 밥그릇을 두고 자주 다툰다. 민사상 다툼에 대하여 제삼자인 사법(司法)기관의 판단을 구하는 것이 송(訟)이다. 송(訟)은 남인 판사(判事)가 판단한다. 남의 판단은 두려운 것이다. 자기로서는 비록 성실(誠實)할지라도 남의 생각은 다를 수 있기 때문이다. 그러기에 쟁송(爭訟)을 공정(公正)하게 분별(分別)해 줄 훌륭한 판사를 만나야 이롭다.

송사(訟事)는 즐겨 일삼을 것이 못 된다. 송사는 적당한 선에서 그만두는 것이 좋다. 끝을 볼 생각으로 길게 끄는 것은 해롭다.

나중에 송사가 생기지 않게 하려면 일의 시작인 첫 부분을 잘 살펴야 한다. 전문가(專門家)의 도움을 받아가며 문서(文書)를 분명히 작성(作成)해두는 것이 좋다. 일의 첫 도모(圖謀)를 신중(愼重)하게 준비(準備)하여 다툼을 예방(豫防)하는 것이다.

다툼에서 승소(勝訴)하여 얻는 바는 명예(名譽)로 삼을 만한 것이 못 되는 것이 보통이다.

송(訟)을 다루는 일이 바로 정치(政治)라고 보는 견해(見解)가 있다. 그러나 정치는 각종 자원(資源)을 시간적 공간적으로 배분(配分)하는 총체적 일이기에 그 범위(範圍)가 송사(訟事)를 다루는 일보다는 더 넓다. 내외(內外)의 위험(危險)으로부터 국민(國民)의 안전(安全)을 확보(確保)하고, 각종 변통(變通)으로 막힌 곳을 뚫어 삶을 편리(便利)하게 하며, 시비곡직(是非曲直)에 관한 쟁송(爭訟)의 공적해결(公的解決) 등, 여러 가지 일을 위하여 인적(人的) 물적(物的) 자원을 배분(配分)하고 관리(管理)하는 모든 제도적 장치 마련과 실제 작동행위가 정치라면 시비곡직에 관한 쟁송관리는 이런 정치 현상 중의 일부분일 뿐이다.

〈괘사(卦辭)와 단사(彖辭), 대상사(大象辭)〉

卦辭:

訟 有孚 窒惕 中吉 終凶　　　　송 유부 질척 중길 종흉
利見大人 不利涉大川　　　　　이견대인 불리섭대천

소송은 내 입장에 대한 믿음이 있어　　(-訟 有孚)
서 하는 것이지만
남의 판단이 내 생각을 막을 수 있으　　(-窒惕)
니 두려워할 일이다.

도중에 화해(和解) 등으로 중도(中道)를 얻으면 길하고 끝까지 가면 흉하다. (-中吉 終凶) 대인을 만나면 이롭고 큰 강을 건너는 것은 해롭다.

(-利見大人 不利涉大川)

내 입장을 잘 헤아려 줄 훌륭한 판사를 만나면 다행이겠지만 본래 남과 쟁송하는 것은 험난함을 무릅쓰는 것이므로 함부로 할 일이 못 된다.

象曰
訟 上剛下險 險而健 訟
訟有孚窒惕中吉 剛來而得中也
終凶 訟不可成也
利見大人 尙中正也
不利涉大川 入于淵也

송 상강하험 험이건 송
송유부질척중길 강래이득중야
종흉 송불가성야
이견대인 상중정야
불리섭대천 입우연야

송사(訟事)는 위의 굳셈이 아래의 험난함을 격분시킬 때 일어난다.

(-訟 上剛下險)

험난함에 빠져든 아래가 격분하여서 위의 굳셈(-剛)과 다투는 것이 송(訟)이다.

(-險而健 訟)

송(訟)은 나의 입장이 옳다고 믿어도 가로막힐 수 있어서 두려우니 중도가 길하다.

(-訟有孚窒惕中吉)

| (중도가 길하다는 말은) 상대의 굳센 주장에 대하여 혹시 내가 받아들일 여지는 없는지를 가슴속으로 생각해보라는 뜻이다. | (-剛來而得中也) |

| 끝까지 가면 흉하다는 것은 송사로 끝을 보려는 일은 하지 말아야 한다는 뜻이다. | (-終凶 訟不可成也) |

| 훌륭하게 쟁송을 다스리는 판사(-大人)를 만나는 것이 이롭다 함은 (-利見大人) 중정(中正)의 결말(結末)을 숭상(崇尙)하라는 뜻이다. | (-尙中正也) |

| 큰 강을 건너는 것과 같은 일을 하면 해롭다는 것은 | (-不利涉大川) |

| 송사란 깊은 연못(-深淵)으로 들어가는 것처럼 위험하기 때문이다. | (-入于淵也) |

심연(深淵)에 빠질 때까지 쟁송(爭訟)을 끌고 가면 흉하다. 물가까지만 싸울 일이다.

象曰

天與水違行 訟　　　　　　　　　천여수위행 송

君子以 作事謀始　　　　　　　　군자이 작사모시

하늘(天)은 위로 향하고 물(水)은 아래로 향하듯 어긋나게 나아가는 것이 송(訟)이다.

군자는 이 괘상을 보고서 어떤 일을
시작할 때 출발점에서 깊이 생각하여
도모한다.

　예를 들어, 다른 사람과 동업으로 사업을 시작하는 경우라면 계약 내용을 분명
히 작성하여 공증(公證) 등을 해둠으로써 후일에 어긋난 해석으로 생길 분쟁에 대
비한다.

　송(訟)은 공적영역(公的領域)에서의 인정투쟁(認定鬪爭)이다. 공적영역(公的領域)은
사회적 삶의 터전이다. 승자(勝者)의 기뻐하는 그늘 밑에서 패자(敗者)는 삶의 터전
이 심각(深刻)하게 망가질 수 있다. 그러므로 일의 시작지점(始作地點)에서 계약 내용
을 분명히 하여 후일의 쟁송(爭訟)을 예방함이 좋고 그래도 끝내 쟁송(爭訟)이 생기
면 도중에 화해(和解)를 모색(摸索)하는 것이 좋다. 전면승패(全面勝敗)보다 중간의 화
해(和解) 등으로 매듭지으면 그나마 다행이다.

〈訟 初六爻〉

　소송은 오래 끌 일이 아니다.

初六 不永所事 小有言 終吉　　　**불영소사 소유언 종길**

송사(訟事)를 오래 끌지 않는다.　　　(-不永所事)

다소의 이런저런 불만이 있겠으나 마　　(-小有言 終吉)

침내 길하게 된다.

象曰

不永所事 訟不可長也　　불영소사 송불가장야

雖小有言 其辯明也　　수소유언 기변명야

송사를 오래 끌지 않는다는 것은 소
송을 길게 일삼지 않는다는 뜻이다.
비록 다소의 불만이 있더라도 그래야
사리 분별(-處身)에 밝은 것이기 때문
이다.

*辯=변. 처신(處身). 사리분별(事理分別).

〈訟 九二爻〉

　의리(義理)상 맞지 않는 송사를 벌이면 패소(敗訴)하기 쉽다. 그럴 때는 자처비약
(自處卑約)함이 좋다.

*卑約=비약. 낮추고 굽히다.

九二

不克訟 歸而逋　　불극송 귀이포

其邑人三百戶 无眚　　기읍인삼백호 무생

아랫사람이면서 알맞은 자리에 있는 것도 아닌 구이(九二)가 윗사람이면서 중정위(中正位)에 앉은 구오(九五)를 상대로 쟁송(爭訟)하니 소송에서 이기지 못하고 돌아가서 달아난다.

(-不克訟 歸而逋)

인구 삼백 호 정도의 작은 고을로 달아나서 분수에 맞게 몸을 낮추고 지내면 그나마 재앙(災殃)을 면할 것이다.

(-其邑人三百戶 无眚)

---

*逋=달아날 포
*眚=생. 재앙(-자기와 상관없는 이유로 닥친 재난).
*不克(불극)=不勝(불승). 패배(敗北).

구이(九二)는 양(陽)으로서 음위(陰位)에 앉았으니 부정위(不正位)에 있다.

억울하게 여기는 구이(九二)의 심정(心情)에 대한 구오(九五)의 배려(配慮)로 삼백 호 정도의 조그마한 봉읍(封邑)은 지켜낼 수 있다는 뜻이다.

象曰

不克訟歸而逋 竄也

自下訟上 患之掇也

불극송귀이포 찬야

자하송상 환지철야

소송에서 이기지 못하고 돌아가서 달아난다 함은 달아나 숨는다는 뜻이다.

(-不克訟歸而逋 竄也)

아랫사람이 윗사람을 상대로 소송하는 것은 환난을 주워 담는 것과 같은 일이다.

(-自下訟上 患之掇也)

*竄=숨을 찬
*掇=주울 철. 선택.

〈訟 六三爻〉

쟁송으로 더 얻으려 하지 말고 본래의 자기 분수를 지키면 위태롭게 자리를 지키는 어려움은 있더라도 마침내는 길하다.

六三

食舊德 貞厲終吉   식구덕 정려종길

或從王事 无成   혹종왕사 무성

옛 은덕(恩德-福祿/복록)으로 주어지는   (-食舊德)
현재의 대우에 만족하며

바르게 지내면 위태롭지만, 끝에는   (-貞厲終吉)
길하다.

설혹 윗사람이 시켜서 쟁송(爭訟)하는   (-或從王事)
일에 종사하게 되더라도

그 일의 성취로 공(功)을 이루려고 하   (-无成)
면 안 된다.

육삼(六三)은 부드러운 음(陰)이 양위(陽位)에 있기에 위의 양(陽)들을 따르고자 한다. 그러나 육삼(六三)과 함께 하괘(下卦)를 이루고 있는 구이(九二)는 육삼(六三)의 태도에 불만일 수 있다. 그래서 육삼(六三)은 올바른 태도를 지키더라도 위태로운 것이다.

식구덕(食舊德)은 수기소분(守其素分)이다. 분수(分數)에 맞는 복록(福祿)으로 여기며 만족(滿足)하는 것이다.

象曰 食舊德 從上 吉也　　　　　　**식구덕 종상 길야**

옛 덕을 간직하며 현재의 대우에 만족
하고 분수에 맞게 지낸다는 것은
윗사람을 따르면 길하다는 뜻이다.

윗사람의 지시로 쟁송에 관여하게 되더라도 옛 덕을 버리려 하지 말고 중도(中途)에서 송사를 그침이 이롭다. 쟁송(爭訟)은 중도(中途)에서 그치는 것이 선(善)이다. 끝까지 가면 과(過)하다.

〈訟 九四爻〉

소송에서 졌으면 반성의 기회로 삼는다.

九四

不克訟 復卽命　　　　　　**불극송 복즉명**

渝 安貞 吉　　　　　　　　**투 안정 길**

송사에서 졌으면 돌아와서 이치에 맞　　(-不克訟 復卽命),
게 내려진 판결(-命)에 따르고

태도를 바꾸어서 편안하고 바른 마음   (-渝 安貞 吉)
으로 지내면 길하다.

*渝=투. ①변하다. ②(발어사) 그렇다.

象曰 復卽命渝安貞 不失也   복즉명투안정 부실야

이치에 맞게 내려진 판결에 따르고   (-復卽命)
태도를 바꾸어 편안하고 바른 마음으   (-渝安貞)
로 지내면
더 이상의 잘못은 없게 된다는 뜻   (-不失也)
이다.

소송에서 패한 후에 쟁송하던 태도를 바꾸어 깨끗이 승복(承服)하고 마음 편안하게 지낼 수 있다면 그는 보통을 넘는 수양(修養)된 사람이다. 지괘(之卦)인 "풍수환(風水渙) 육사(六四)"의 효사를 보면 그 뜻이 더욱 선명해진다.

渙其群 元吉 渙有丘 匪夷所思/환기군 원길 환유구 비이소사
천하가 풀어지고 흩어져서 모두가 그 거처에 불안함을 느끼는 환산의 시절에 소소(小小)한 자기 붕당(朋黨)의 무리를 흩음으로써 크게 길함을 얻어 (-渙其群 元吉) 흩어져 있는 모든 무리를 모아 언덕을 이루듯 민심을 안정시킬 큰 생각을 하는 사람이라면 (-渙有丘) 그는 보통을 넘어서는 비범(非凡)한 사람이다. (-匪夷所思)

– 풍수환(風水渙) 육사(六四)

* 匪=아닐 비.
*夷=보통사람. 평상인(平常人).

〈訟 九五爻〉

송사(訟事)의 주재자(主宰者)는 사사로운 편 들기가 없이 곡직(曲直)을 가려야 한다.

九五 訟 元吉　　　　　　　　　　**송 원길**

구오(九五)는 송사(訟事)를 당할 수도
있겠지만 괘의 주재자로서 치송자(治
訟者)이다.
중정위(中正位)에 있어서 쟁송에서
크게 선(善)하고 공평(公平)하므로 길
하다.

象曰 訟元吉 以中正也　　　　　　**송원길 이중정야**

쟁송의 판결에서 크게 선해야 길하다
는 것은
편파적이지 않고 이치에 맞게 결단해
야 한다는 뜻이다.

〈訟 上九爻〉

쟁송에서 이긴 결과로 얻은 자리는 존경받기 어렵고 잃기 쉽다. 남과 원수를 맺으며 다툰 결과물이기 때문이다.

上九 或錫之鞶帶 終朝三褫之 혹석지반대 종조삼치지

상구(上九)는 쟁송을 끝까지 해 온 자리에 앉아있는 자이니

혹시 승소한 결과로 관복(官服=官職/관직)을 받더라도 하루아침에 세 번 빼앗길 것이다.

*鞶=반. 큰 띠. 말의 뱃대 끈.
*褫=치. 옷 벗겨 빼앗다.

象曰 以訟受服 亦不足敬也 이송수복 역부족경야

쟁송을 통하여 관직을 얻는 것은 역시 존경받기에는 부족한 일이기 때문이다.

〈송(訟)괘의 실생활(實生活) 응용(應用)〉

① 계약서: 권리와 의무가 걸린 일에는 출발단계에서 계약서 내용에 모든 주의를 기울인다.

② 논리정연한 주장과 증거: 송(訟)은 자기입장을 호소하여 상대와 제삼자를 이해시키고 설득하는 것이다. 그러므로 침착(沈着)하게 증거물(證據物)과 증인(證人)을 제시(提示)하며 논리정연(論理整然)하게 설명(說明)하여야 한다.

③ 중도(中途)에 화해(和解): 상대방의 입장에도 동조(同調)할 요소가 있으면 마땅한 중재자(仲裁者)를 내세워 도중(途中)에 화해를 시도(試圖)한다.

七

地水師 (지수사)

☷ 坤上 (곤상)
☵ 坎下 (감하)

〈卦의 성격(性格) 요약(要約)〉

내괘(內卦)는 감(☵坎)이고 외괘(外卦)는 곤(☷坤)이다. 사(師)괘는 땅속에 있는 물 즉, 지하수(地下水)의 형상이며 군대를 상징하기도 하다. 지하수나 군대는 긴 세월 동안 드러나지 않지만 여러 과정과 절차를 거쳐서 일단 퍼서 올리거나 출동하여 밖으로 드러나면 그 역할을 다하게 된다.

사람은 여럿이 모여 사회를 이루고 사는데 한 곳에 떼를 지어 모인 것이 군중(群衆)이다. 군중(群衆)이 일정한 규율(規律)과 질서(秩序)로 조직(組織)되어 있으면 집단(集團)인데 그 표상(表象)이 바로 규율과 질서 아래 일사불란하게 움직이는 군대(軍隊)이다. 사(師)괘는 집단(集團)의 지도자가 용민휵중(容民畜衆-백성을 품어 기름)을 내걸고 군대(軍隊)를 동원(動員)하여 싸우는 형국이다. 군대를 동원한 싸움은 명운(命運)을 걸고 하는 위험한 것이다. 그러므로 정의(正義)로워야 하고 부득이할 경우에도 신중(愼重)해야 한다. 지혜와 용기와 생명에 대한 연민을 고루 갖춘 지도자와 장수가 이끌지 않으면 민중의 위험은 더욱 커진다.

사(師)괘는 집단, 특히 군대의 지도자가 갖춰야 할 도리에 대한 것이다. 괘(卦)에서 유일한 양효(陽爻)인 구이(九二)가 하괘(下卦)의 중심(中心)에서 다른 여러 음효(陰爻)들을 통솔(統率)하는 모양이기에 장수(將帥)의 상(象)이다.

사(師)괘는 비(比)괘와 대비된다. 비(比)괘는 유일한 양효(陽爻)인 구오(九五)가 괘(卦)의 주재자(主宰者-君主/군주)로서 여러 음효(陰爻)들을 통솔(統率)한다.

*사(師)는 장수(將帥)가 군대(軍隊)를, 비(比)는 군주(君主)가 국민을 통솔하는 형국임.

최고 권력자가 장수에게 군대의 통솔권을 줄 경우에는 전권(全權)을 주어야 한다는 교훈이 사(師)괘에 담겨 있다. 명분이 있고 정의로운 싸움일지라도 통솔권이 애매하거나 잘못 주어지면 흉하다.

사(師)괘에는 국가나 조직의 최고 권력자에게 주는 또 하나의 큰 교훈(教訓)이 있다. 그 교훈(教訓)은 "開國承家 小人勿用/개국승가 소인물용"이다. 나라를 세우고 난 후에 논공행상(論功行賞)할 때 기승자(奇勝者)-정도(正道)를 벗어난 방법으로 운 좋게 공을 세운 자-에 대하여서는 신분상승(身分上昇)이나 직무중용(職務重用) 아닌 금전(金錢)이나 물질(物質)로 포상(襃賞)하는 것이 좋다는 것이다. 승진(昇進) 등의 직무중용(職務重用)은 후환(後患)을 부를 수 있기 때문이다.

〈괘사(卦辭)와 단사(彖辭), 대상사(大象辭)〉

군대를 일으키는 것은 걱정할 만한 분쟁이 있기 때문이다(-動衆則憂/동중즉우). 군대는 일단 출동하면 험(險)한 일을 다루지만, 그 목적은 평화실현에 있다. 강한 군대는 굳건한 평화, 즉 곤(坤)의 유순함을 보장(保障)하는 수단이다.

卦辭: 師 貞 丈人 吉 无咎　　　　　사 정 장인 길 무구

장수(將帥)는 군대를 올바르게 이끌어
야 하므로 장인(丈人)이어야 길하고 허
물이 없게 된다.

*師=사. ①장수(將帥). 군대(-出師表).
　　②남을 깨우쳐 이끄는 사람(스승. 師傅/사부). 모범되는 사람.
　　③많은 사람. 대중(大衆).
　　④기준으로 삼고 따르다(-師心自是). 법으로 삼게 하다.

문 걸어 잠그고 책만 읽으면(-閉門讀書/폐문독서) 사심자시(師心自是)하여 자기
의 생각만을 옳다고 여기게 된다.

- 안씨가훈(顔氏家訓).

師心自用 則不能克己 不能聽言/사심자용 즉불능극기 불능청언
자기의 생각이 다 옳다고 여기면 누구의 말도 듣지 않고 마음대로 한다.

- 육상산어록(陸象山語錄)

장인(丈人)은 장수(將帥)다운 사람을 말한다. 재능(才能)과 지모(智謀), 그리고 단호
(斷乎)함으로 두려움을 주어서 산하 집단(率下集團)의 복종(服從)을 받아낼 수 있는 사
람을 뜻한다. "장인(丈人)"이 고상(高尙)한 인품(人品)이나 높은 지위(地位)를 뜻하는
말은 아니다.

우리말 쓰임에서 "--사" 자(字)가 붙었다 하여 다 같은 "사"는 아니다.

- 師/사: 스승(-醫師/의사). (-教師/교사).

- 士/사: 선비(학문을 닦는 사람. 어질고 순한 사람). (-辯護士/변호사)

- 事/사: 어떤 일의 담당자. (-判事/판사. 檢事/검사).

象曰

師 衆也 貞 正也   사 중야 정 정야

能以衆正 可以王矣   능이중정 가이왕의

剛中而應 行險而順   강중이응 행험이순

以此 毒天下而民從之 吉   이차 독천하이민종지 길

又何咎矣   우하구의

장수(將帥)는 무리를 깨우쳐 이끄는 사람을 뜻하고, 정(貞)은 올바름을 뜻한다. (-師 衆也 貞 正也).

능히 무리를 올바르게 만들 수 있다면 가히 왕 노릇을 할 수 있다. (-能以衆正 可以王矣)

구이(九二)라는 굳센 장수가 중심이 되어 주재자인 육오(六五)와 정응(正應)하여 (-剛中而應) 험한 일도 순조롭게 해 나간다. (-行險而順)

이리하여 군대를 동원해서라도 천하를 보육(保育)하고 백성들이 순종하도록 하니 길할 뿐이지 또 무슨 허물이 있겠는가. (-以此 毒天下而民從之 吉)

*毒=독. ①기르다(育. 畜/휵). 보육(保育)하다.
　　②독. 독을 넣다. 해치다.

象曰 地中有水 師 君子以 容民畜衆　　지중유수 사 군자이 용민휵중

대지(大地)가 물을 품고 있는 것이 사
(師)괘의 상(象)이다.

군자는 이를 본받아서 대지처럼 백
성을 포용하고 보호하여 기른다.

*畜=①휵. 기르다
②축. 가축. 간직하다.

〈師 初六爻〉

군대 통솔에는 규율(規律)이 첫째다.

初六 師出以律 否 臧 凶　　사출이율 부 장 흉

군대의 움직임에는 엄격한 규율이 있
어야 한다.

그렇지 않으면 일시적인 승리 등의
좋은 일이 있어도 결국 흉하게 된다.

*臧=장. 착하다. 잘하다. 곳간.

象曰 師出以律 失律凶也　　　　　사출이율 실율흉야

군대의 움직임에 엄격한 규율이 있어
야 한다는 것은
군대가 규율을 잃어서 문란(紊亂)해
지면 흉한 일이 일어나기 때문이다.

〈師 九二爻〉

군대의 통솔(統率)에는 상하(上下)에 신망(信望)이 있어야 한다.

九二
在師 中 吉 无咎　　　　　재사 중 길 무구
王三錫命　　　　　왕삼석명

군대를 동원(動員)함에 있어서 중정(中　　　(-在師 中 吉 无咎)
正)의 도리를 지키면 길하고 허물이
없다.
왕이 세 차례(-여러 차례)에 걸쳐 명령　　　(-王三錫命)
(命令)을 내린다.

왕이 여러 차례에 걸쳐서 명을 내리는 이유는 지휘체계가 도리에 맞게 확립되어
있고 장수와 병사들이 정직하고 바르며 능력이 있어서 그 충심(忠心)이 믿음직하기
때문이다.
　군주(君主)의 아래에 있으면서 도성(都城) 밖에서 출정군(出征軍)의 일을 전제(專制-

개인이 장악하여 처리)함은 "사(師)"에서만 가능하다. 그러므로 출정군(出征軍)의 장수 (將帥)는 충성심(忠誠心)이 깊으며 직(直). 방(方). 대(大), 즉 바르고 의로움이 대단히 커 야 해로움이 없다. (直方大 不習无不利/ 직방대 불습무불리)

☞ 참조: 지괘효(之卦爻)인 중지곤(重地坤) 육이효(六二爻)

象曰

| 在師中吉 承天寵也 | 재사중길 승천총야 |
| 王三錫命 懷萬邦也 | 왕삼석명 회만방야 |

군대를 동원함에 있어서 중정의 도리 를 지켜야 길한 것은 그렇게 해야 왕 의 은총을 받기 때문이다.

(-在師中吉 承天寵也)

왕이 세 번씩이나-여러 번-명을 내리 는 것은 (-王三錫命) 신망 있는 장수를 내세워서 여러 나라를 회유(懷柔)하 여 복속(服屬)시키려는 것이다.

(-懷萬邦也)

〈師 六三爻〉

출정군(出征軍)의 통솔권(統率權)을 분산(分散)시키면 나쁘다.

| 六三 師或輿尸 凶 | 사혹여시 흉 |

군대를 통솔하는 장수(將帥)가 혹시 수레 위의 시체처럼 된다면 흉하다.

시체는 움직이지 못한다. 장수(將帥)가 있음에도 통솔권을 여러 사람이 주장하는 상황이라면 그 장수(將帥)는 수레 위의 시체와 같다.

象曰 師或輿尸 大无功也	사혹여시 대무공야

(명령 거역 또는 통솔권을 여러 사람이 주장하는 등으로)	
장수(將帥)가 수레 위의 시체처럼 된 상황이라면	(-師或輿尸)
큰 장수라 하더라도 공을 세울 수 없다.	(-大无功也)

*大=대. ①크다.
　　②양(陽-사괘(師卦)의 구이효(九二爻)를 가리킴. -〈왕부지(王夫之)의 견해〉

왕부지(王夫之)는 강중(剛中)하여 유능한 양(陽)인 구이(九二)가 있어도 그 위에 육삼(六三)이 사혹여시(師或輿尸)의 상태로 자리하고 있으면 아래에 있는 구이(九二)가 공(功)을 제대로 세울 수 없게 된다는 뜻으로 본 것이다.

"大"謂陽也 九二剛中足以制勝 而三乘其上 不用命而輕進 三敗則二功亦墮
"대"위양야 구이강중족이제승 이삼승기상 불용명이경진 삼패즉이공역추

〈師 六四爻〉

전황(戰況)이 여의치 않을 때 한발 물러서는 것은 허물이 되지 않는다.

六四 師左次 无咎   사좌차 무구

군대가 사불여의(事不如意)하여 후퇴하
여 머무는 것은 허물이 되지 않는다.

象曰 左次无咎 未失常也   좌차무구 미실상야

후퇴하여 머무는 것은 허물이 되지
않는 것은 그 후퇴가 떳떳함을 잃은
것이 아니기 때문이다.

知難而退 師之常/지난이퇴 사지상
어려움을 알고 후퇴하는 것은 군대 통솔에서 떳떳한 도리이다.

— 주희(朱熹) 〈주역본의(周易本義)〉

〈師 六五爻〉

침략자(侵略者)가 있으면 대의명분(大義名分)을 내세우고 적임자(適任者)를 장수(將
帥)로 세워 군대(軍隊)를 출정시켜서 토벌(討伐)한다.

六五

田有禽 利執言 无咎	전유금 이집언 무구
長子帥師 弟子輿尸 貞 凶	장자수사 제자여시 정 흉

전답(田畓)을 망치는 금수(禽獸)-백성을 해치는 침략자-가 왔다.	(-田有禽)
대의명분(大義名分)을 내세워 토벌해야 이롭고 허물이 없다.	(-利執言 无咎)
맏아들(-최상의 적격자)에게 사령관 직책을 맡겨야 한다.	(-長子帥師)
여러 아들(-부적격자들)에게 통솔권을 분산시키면	(-弟子輿尸)
대의명분 있는 정의로운 싸움일지라도 흉하다.	(-貞 凶)

*執言=집언. 상대방의 죄상(罪狀)을 널리 알려 성토(聲討)하다.

象曰

長子帥師 以中行也	장자수사 이중행야
弟子輿尸 使不當也	제자여시 사부당야

맏아들(-최상의 적격자)에게 사령관 직책을 맡기는 것이 중정(中正)한 행동이다.	(-長子帥師 以中行也)
여러 아들(-부적격자들)에게 통솔권을 분산시키는 것은	(-弟子輿尸)

일을 맡기고 부림(-使)에 있어서 온당   (-使不當也)
하지 못한 짓이다.

　중심인물의 통솔권이 크지 않으면 곤경(-웅덩이)에서 빠져나오기 어렵다. (坎 不盈
中 未大也/ 감 불영 중 미대야)

☞ 참조: 지괘효(之卦爻)인 중수감(重水坎) 구오효(九五爻)

〈師 上六爻〉

　사(師)-군대를 쓴 전쟁-의 끝은 논공행상(論功行賞)이다. 기승자(奇勝者-小人)에게는
관직을 주는 것보다 물질로 포상(褒賞)함이 좋다.

上六 大君有命 開國承家 小人勿用　　　**대군유명 개국승가 소인물용**

집권자가 논공행상의 명령을 한다.　　　(-大君有命)

제후를 봉하고 경대부의 벼슬을 내　　　(-開國承家)
릴 때

사욕(私慾)이 많거나 변칙적인 수단에　　(-小人勿用)
능한 소인(小人)은 쓰지 않는다.

象曰
大君有命 以正功也　　　　　　　**대군유명 이정공야**
小人勿用 必亂邦也　　　　　　　**소인물용 필난방야**

| 집권자가 논공행상을 명령한다는 것은 공을 올바르게 평가한다는 것이다. | (-大君有命 以正功也) |
| 소인을 쓰지 않는 것은 벼슬자리에 있으면서 반드시 나라를 어지럽히기 때문이다. | (-小人勿用 必亂邦也) |

소인(小人)이 세운 공(功)도 공(功)이기 때문에 상(賞)을 내릴 수는 있다. 다만 그 포상(褒賞)은 임용 (任用)이나 신분상승(身分上昇) 등이 아니라 금전(金錢)이나 물질(物質)로 행하는 것이 좋다는 뜻이다.

〈사(師)괘의 실생활(實生活) 응용(應用)〉

① 장기간 싸워야 할 일이면 먼저 강력한 협력자와 조언자를 구하여야 한다.

② 실생활(實生活)에서 계약(契約)은 출정군(出征軍)의 규율(規律)과 같다. 부실한 계약으로 출발하는 사업은 규율 없는 군대로 싸우러 가는 격이다.

③ 협상에 임할 때는 내 마음의 요구사항을 명확히 정리하고 상대방과 타협할 선을 가늠해 두어서 결말에 대비한다.

④ 남에게 일을 시킬 때는 직무 사항과 담당자를 분명하게 정해준 후에 수행과정을 점검한다. 그리고 성취 후에는 대소간(大小間)에 반드시 논공행상(論功行賞)하는 것이 좋다.

⑤ 직무수행은 직무대상과 싸워 이기는 일종의 전쟁 수행이기 때문이다.

水地比 (수지비)

☵ 坎上 (감상)
☷ 坤下 (곤하)

〈卦의 성격(性格) 요약(要約)〉

　내괘(內卦)는 곤(☷坤)이고 외괘(外卦)는 감(☵坎)이다. 외괘(外卦)의 중심에 유일한 양(陽) 효인 구오(九五)가 있고 나머지는 모두 음(陰) 효이다. 천하가 구오(九五) 한 사람을 우러러보며 돕고자(-親比/친비) 하는 괘상이다. 그러기에 군주(君主)의 상(象)이라고 한다. 사람을 섬길 때는 처음부터 친밀하게 섬길 만한 사람인지를 잘 헤아려 본 후 결정한다. 친비(親比) 관계는 음양(陰陽)의 정응(正應) 관계나 피로 통하는 혼교(婚交) 관계보다는 엷다. 친하여서 돕는 친비(親比) 관계는 물과 같이 엷은 것이다. 그러기에 대열(隊列)에 늦게 합류(合流)하거나 대열에서 벗어나면 좋을 게 없다. 친비(親比)의 바른 모습은 현명한 사람과 친하게 지내고 윗사람을 잘 따르는 것이다. 따름을 강요(强要)해서는 안 되고, 떠남을 원망(怨望)해서도 안 된다. 뒤늦은 친화(親和) 표시는 별로 도움이 안 되는 경우가 많다. 다만 갑자기 날아드는 청첩(請牒)처럼 뒤늦은 친화(親和) 표시라도 그에 흔쾌히 응하면 그것이 새로운 친비(親比) 관계의 시작이 될지도 모른다.

*比 =친할 비. 돕다. 견주다. 겨루다.

〈괘사(卦辭)와 단사(彖辭), 대상사(大象辭)〉

위(-上)의 거느림에 아래(-下)가 따르니 올바른 군장(君長)의 도(道)이다. 상하(上下)가 친밀하게 지내면 즐거움이 그 안에 있게 된다.

卦辭:

比 吉	비 길
原筮 元永貞 无咎	원서 원영정 무구
不寧方來 後夫 凶	불령방래 후부 흉

친밀하게 지내는 것은 길하나	(-比 吉)
처음부터 친할 만한 사람인지를 헤아려서 선택(選擇)하여야 한다.	(-原筮)
군장(君將)의 도리를 지닌 사람(元)과 오래도록(永) 올바르게(貞) 친밀한 관계를 맺으면 허물이 없다.	(-元永貞 无咎)
불온(不穩)했던 사람들도 친해지고자 모여들 때 뒤늦게 오는 자는 흉하다.	(-不寧方來 後夫 凶)

*比=비. ①친하다. 편들다. 한 사람이 앞서가고 뒤에 다른 사람이 따라가는 모양.

②선례(先例)를 좇다. 사람과 사람을 세워놓고 견주어 보다.

③이웃. 인근(隣近). 누그러지다. 온화해지다(-比和也/비화야).

④빈번히. 근래(-昨今/작금). 이마적.

⑤나란히 하다. 틈이 없이 딱 들어맞다.

*君子周而不比 小人比而不周/군자주이불비 소인비이부주-〈논어(論語)〉

-군자는 널리 사귀는 점에서 특별히 친한 사람만 사귀는 소인과 다르다.

*原筮=원서. 처음부터 헤아려본다는 뜻이다. (原=본래. 筮=택함)

점(占)친다는 뜻이 아니다.

친애(親愛)의 표시를 너무 늦추면 이롭지 못하다. 늦추다가 대열(隊列)에서 뒤지면 진퇴양난(進退兩難)의 처지가 될 수 있다.

象曰

比吉也 比輔也 下順從也　　　　　비길야 비보야 하순종야

原筮元永貞无咎　以剛中也　　　　원서원영정무구 이강중야

不寧方來 上下應也　　　　　　　　불령방래 상하응야

後夫凶 其道窮也　　　　　　　　　후부흉 기도궁야

비(比)가 길한 까닭은 함께하며 서로 　　(-比吉也 比輔也 下順從也)
돕기 때문이고 아랫사람이 순종하기
때문이다.

"原筮元永貞无咎"라고 한 까닭은 친 　　(-原筮元永貞无咎 以剛中也)
밀한 관계의 주재자(主宰者)인 구오
(九五)가 강(剛)하고 중정(中正)한 위치
에 있기 때문이다.

"不寧方來"는 상하가 서로 편안하게 　　(-不寧方來 上下應也)
해주면서 호응(呼應)하기 때문이다.

後夫凶/후부흉"은 서로 친밀하게 도와야만 살아갈 수 있는 것이 삶의 도리이므로 삶의 도리를 따르지 않고 뒤처지는 사나이는 곤궁하게 된다는 뜻이다.

이곳 단사(彖辭)의 내용은 사람들이 나에게 와서 나를 섬기고 친애(親愛)함에 대하여 말한 것이다. (-人來比我/인래비아)

象曰

地上有水 比　　　　　　　　　　지상유수 비

先王 以 建萬國 親諸侯　　　　　선왕 이 건만국 친제후

대지가 물을 담고 있는 것이 비(比)의
괘상(卦象)이다.

옛날의 성군(聖君)은 이를 보고 만백성　　(-建萬國)
을 담기 위하여 여러 제후국을 세우
고

제후국에 사는 백성을 친애하기 위하　　(-親諸侯)
여 제후들과 친밀하게 지냈다.

이곳 상사(象辭)의 내용은 내가 사람들에게 가서 그들을 아끼고 친애함에 대하여 말한 것이다. (-我往比人/아왕비인)

〈比 初六爻〉

친밀함이란 꾸밈없이 소박(素朴)하고 성실(誠實)하여 믿을 수 있어야 한다.

初六

有孚比之 无咎   유부비지 무구

有孚盈缶 終 來有他吉   유부영부 종 래유타길

믿음성이 있는 친밀함이라면 탓할 것   (有孚比之 无咎)
이 없다.

진흙 물통에 가득 찬 물처럼 소박한   (有孚盈缶)
믿음이 마음에 가득하다면

마침내는 생각지 못한 길함이 있으   (終 來有他吉)
리라.

*缶=부. 질장구. 진흙으로 만든 물통이나 악기(樂器).

象曰 比之初六 有他吉也   비지초육 유타길야

초육은 처음부터 성실한 믿음으로
친밀하니 다른 길함이 있는 것이다.

다른 길함이 있다는 것은 (-有他吉也) 믿을 만한 벗을 통하여 윗사람의 마음을 얻
는 것을 뜻한다.

〈比 六二爻〉

충심(衷心) 어린 친밀(親密)함을 오래 지키면 좋다.

六二 比之自內 貞 吉　　　　　비지자내 정 길

마음속에서 우러나오는 친밀함을 바
르게 보존하니 길하다.

象曰 比之自內 不自失也　　　비지자내 부자실야

마음속에서 우러나오는 친밀함이란
스스로의 지조(志操)를 잃지 않는 것
이다.

*志操=지조. 올바른 원칙과 신념을 끝까지 지키는 꿋꿋한 의지(意志)나 기개(氣槪).

〈比 六三爻〉

　주위에 반듯한 사람이 없어서 외롭더라도 잘못된 사람들과 친밀하게 지내지 말
아야 한다. 해롭기 때문이다.

六三 比之匪人　　　　　　　비지비인

친밀하게 지내는 사람이 제대로 된
사람이 아니다.

象曰 比之匪人 不亦傷乎　　　　비지비인 불역상호

제대로 된 사람이 아닌 자와 가까이
지내니 역시 해롭지 않겠는가?

　나쁜 사람은 아닐지라도 만나는 동안에 마음이 편안하지 않거나 분위기(雰圍氣)
가 불길(不吉)한 사람과의 관계를 지속하면 해로운 경우가 많다.

　중국 한(漢)나라 초기에 회계(會稽)의 훌륭한 군수로 평판이 높던 장조(莊助)라는
사람이 있었는데 한고조(漢高祖) 유방(劉邦)의 손자(孫子)로서 회남왕(淮南王)이었던 유
안(劉安)이 친밀하게 접근하자 그와 가까이 지내다가 유안(劉安)의 역모(逆謀) 혐의(嫌
疑) 때 단지 그와 친밀(親密)하게 지내던 인물이었다는 탓으로 함께 죽임을 당했다.
유안(劉安)은 수많은 방술지사(方術之士)를 식객(食客)으로 두는 등 본래 분위기(雰圍
氣)가 불길(不吉)한 사람이었다.

　불운(不運)에 처하여 지낼 때는 마음을 편히 추슬러서 스스로를 보호해야 한다.
자기보다도 여건(與件)이 더 어려운 사람들을 살펴보고 그들과 밝게 어울리면서 서
로의 기운을 북돋우면 즐거움이 생긴다. (往蹇來反 內喜之也/ 왕건래반 내희지야)

☞ 참조: 지괘(之卦)인 건괘(蹇卦) 구삼효(九三爻)

〈比 六四爻〉

친교(親交)의 올바른 길은 윗사람을 따르고 현명한 사람과 친하게 지내는 것이다. 윗사람이 현명함까지 갖추고 있다면 드러내 놓고 친밀하게 지내는 것이 좋다.

六四 外比之 貞 吉	외비지 정 길
주재자(主宰者)의 우익(羽翼)을 형성하여 대신(大臣)의 위치에 오른 육사(六四)가 강명(剛明)한 주재자인 구오(九五)와 드러내놓고 친밀하니	(-外比之),
올바른 일이기에 길하다.	(-貞 吉)

象曰 外比於賢 以從上也	외비어현 이종상야
현명한 자와 어울려 우익(羽翼)을 형성한 후 드러내놓고 윗사람과 친밀하니	(-外比於賢)
이렇게 윗사람을 따르는 것은 올바른 처신이다.	(-以從上也)

한고조(漢高祖) 때 황제(皇帝)가 태자(太子)를 교체(交替)하고자 할 때 여후(呂后)는 장량(張良)과 상산사호(商山四皓)의 도움을 받아 태자(太子)의 우익(羽翼)을 형성한 후 그들과 함께 태자(太子)가 황제(皇帝)를 뵙도록 함으로써 교체문제를 무마(撫摩)시켰다.

비(比)괘의 육사(六四)는 음유(陰柔)로서 정위(正位)에 있기 때문에 처신(處身)이 길하다. 반면에 비(比)괘의 지괘(之卦)인 췌(萃)괘 구사(九四)는 양강(陽剛)으로서 부정위(不正位)에 있기 때문에 처신이 대길무구(大吉无咎)이다. 즉 크게 길(吉)해 봐야 허물을 면하는 정도가 될 뿐이다.

☞ 참조: 萃 九四-大吉无咎 位不當也 /췌 구사-대길무구 위부당야

〈比 九五爻〉

현명(賢明)한 리더는 따르는 자들을 공명정대(公明正大)하게 대한다. 따름을 강요
(強要)하지 않고 떠남을 원망(怨望)하지도 않는다.

九五

顯比   현비

王用三驅 失前禽   왕용삼구 실전금

邑人不誡 吉   읍인불계 길

따름의 이치를 훤하게 안다.   (-顯比)

마치 왕이 사냥에 임하여 삼면만 에   (-王用三驅 失前禽)
워싸고 한쪽은 열어주어서 오는 짐승
은 잡고 달아나는 짐승은 쫓아가지
않는 것처럼 하는 것이다.

생활권을 공유하는 읍인(邑人)들을 대   (-邑人不誡 吉)
할 때도 따름과 떠남의 경우에 따라
기준(基準)을 달리하지 않고 공평무사
(公平無私)하게 대하니 길하다.

誠意以待物 恕己以及人/성의이대물 서기이급인

그러므로 성의껏 남을 대하고 자기 마음을 미루어서 남의 마음을 살핀다.

따름을 강요하지 않고 떠남을 원망하지 않으니 친비(親比)의 큰 도리를 드러내어 펼치는 것이다.

함께 살아가는 주변 사람들을 얽어매듯 가두고 따름과 보냄을 자기 뜻대로 오로지 하려는 태도는 옳지 못하다. "王用三驅 失前禽 邑人不誡 吉"의 교훈은 붕우교제(朋友交際)뿐만 아니라 어떠한 친교(親交)에서도 마음에 새겨둘 만하다.

象曰
顯比之吉 位中正也   현비지길 위중정야
舍逆取順 失前禽也   사역취순 실전금야
邑人不誡 上使 中也   읍인불계 상사 중야

따름의 이치를 잘 알기에(顯比) 길한 것은 중정(中正)의 자리에서 처신하기 때문이다.	(-顯比之吉 位中正也)
떠나는 자는 내버려 두고 따르는 자는 어루만지니	(-舍逆取順)
그물을 펼쳐두고 그곳을 빠져나간 짐승은 쫓아가지 않는 것과 같다.	(-失前禽也)
친소(親疎)에 불구(不拘)하고 처우(處遇)의 기준을 달리함이 없이 대하므로 읍인들이 경계하지 않으니	(-邑人不誡)
윗사람이 아랫사람을 부리는 것이 중도에 맞는 것이다.	(-上使 中也)

〈比 上六爻〉

뒤늦은 친화노력(親和努力)은 별무소용(別無所用)이다.

上六 比之无首 凶　　　　　　　　**비지무수 흉**

친근(親近)하게 대(對)하려 해도 평소
(平素) 구오(九五)와 왕래(往來)가 없으니
흉(凶)하다.

*首=수. 시(始). 사물(事物)의 시작. 머리. 선두(先頭). 자백(自白)하다.

象曰 比之无首 无所終也　　　　　　**비지무수 무소종야**

평소 친근한 왕래가 없으면 시작이
없는 것이기에 끝마칠 바도 없다.

〈비(比)괘의 실생활(實生活) 응용(應用)〉

① 교분의 기회: 좋은 사람과 사귈 기회를 놓치지 말아야 한다. 비(比)는 친(親)한 것인즉 가까이 사귀어 정이 두터운 것을 말한다. 올바르고 좋은 사람과 친한 것은 충실한 삶을 위하여 중요한 요소이다. 때문에 좋은 사람이라고 생각되면 주저하지 말고 다가가서 잘 사귀어야 한다.

② 조력자 구하기: 믿을 수 있는 사람을 보면 서둘러 먼저 다가가서 협력을 구하여 조력자로 삼아라.

③ 사업상 교섭과 선수(先手)-실력자의 소개활용: 해서 좋은 일이면 먼저 시작하여야 기선(機先)을 제압(制壓)할 수 있다. 새로운 지방이나 새로운 영역에 들어가서 관련 인물을 만날 필요가 있을 때는 먼저 그 분야의 실력자를 통하여 소개받는 것이 도움이 된다.

④ 나쁜 것을 고치는 노력: 바람직하지 않은 인간관계, 나쁜 습관, 만성질환 등을 개선하도록 결심하고 실천하라.

7번 사(師)괘는 군주가 장수를 세워 무리를 다스리는 도(道)이고 8번 비(比)괘는 군주와 그를 따르는 무리가 서로 친밀하게 지내는 도(道)이다. 8번 비(比)괘의 친밀(親密)함은 상하(上下)가 따르고 거느리는 군장(君長)의 도(道)이고, 13번 동인(同人)괘의 연대(連帶)함은 친밀함 때문이 아니고 목적이 같기 때문이다.

동인(同人)은 명백한 지향점(指向點)이 같아서 서로 뜻을 함께하는 것이다.

風天小畜 (풍천소축)

☰ 巽上 (손상)
☰ 乾下 (건하)

〈卦의 성격(性格) 요약(要約)〉

　내괘(內卦)는 건(☰乾)이고 외괘(外卦)는 손(☴巽)이다. 외괘(外卦)의 사효(四爻)가 유일한 음효(陰爻)이고 나머지는 모두 양효(陽爻)이다. 음(陰)은 작고 유순하며 양(陽)은 크고 강건하다. 소축(小畜)괘는 작고 유순한 음(陰)이 크고 강건한 양(陽)들을 저지하여 머물게 하고 모이게 하는 것이다. 군주(君主)나 남편(男便)이 상도(常道)를 벗어난 답답한 상황에서 신하나 아내가 유순(柔順)하게 만류(挽留)하여 저지(沮止)하는 형국(形局)을 상징(象徵)한다. 건실(健實)하고 유순하면서 정위(正位)에 있는 음(陰)인 육사(六四)의 온유(溫柔)한 말에 여러 양(陽)들이 호응(呼應)하는 것이다. 약유(弱柔)가 강양(剛陽)들을 부드럽게 눌러 저지하여 머물게 하는 것이므로 그 머무름이 크게 쌓이기는 좀 어렵다.

　외괘(外卦)인 손(☴巽)은 바람(-風)을 상징하는데 바람이 어느 시점에서 강풍(强風)이 되면 잠시 물건들을 저지하여 모을 수 있다. 그러나 강풍도 본질은 바람이며 유순(柔順)한 기운의 일시적 모습일 뿐이다. 바람은 유순한 기운(氣運)일 뿐 본질에서 실질(實質)이 아니므로 견고한 모음을 만들거나 모은 것을 널리 베풀기에는 바람만으로는 어렵다. 잠시 모으더라도 오래 지속시켜나가기는 매우 어렵다.

風有氣而无質 能畜而不能久/풍유기이무질 능축이불능구

小畜則未能厚積而遠施也/소축즉미능후적이원시야

바람은 기운이지 실질은 없다. 모을 능력은 있어도 오래 지속시킬 능력은
없다. 허공에 부는 바람의 힘으로 모은 것으로는(-풍천소축/風天小畜) 두텁게
쌓아 널리 베풀 정도에는 이르지 못한다.

－〈주희(朱熹) 주역본의(周易本義)〉

풍천소축(風天小畜)괘는 소축(小畜)에 취하여 상호 반목하거나 경거망동하지 말고
강양(剛陽)들이 큰 뜻을 펼치러 나아가도록 만드는 데 노력하라는 교훈을 담고 있
다. 소축은 바람을 타고 이룬 것이므로 안주(安住)하지 말고 나아가야 한다. 만족(滿
足)하거나 안주(安住)하고픈 조급한 마음을 버려야 한다.

〈괘사(卦辭)와 단사(彖辭), 대상사(大象辭)〉

卦辭: 小畜 亨 密雲不雨 自我西郊　　소축 형 밀운불우 자아서교

소축이니 저지하여 모음에 있어서는　　(-小畜 亨)
다소 형통하나

먹구름 상태일 뿐 아직 비는 내리지　　(-密雲不雨)
않는 형국이다.

주문왕(周文王)이 세력(勢力)을 모았지　　　(-自我西郊)
만, 왕이 된 것은 아니어서 선정(善政)
을 베풀지 못하던 시절에 서쪽 먼 지
역에 있던 상황과 같다.

후일(後日)의 주문왕(周文王)이 은(殷)의 주(紂)왕에 의하여 유폐되어 지낼 때 서쪽 땅인 하남성(河南省) 유리(羑里)에 갇힌 처지에서 세력(勢力)을 모았지만 세력만으로 선정을 베풀 수는 없었다.

象曰
小畜 柔得位而上下應之 曰小畜　　　소축 유득위이상하응지
　　　　　　　　　　　　　　　　　　왈소축

健而巽 剛中而志行 乃亨　　　　　　　건이손 강중이지행 내형
密雲不雨 尙往也　　　　　　　　　　　밀운불우 상왕야
自我西郊 施未行也　　　　　　　　　　자아서교 시미행야

소축은 음효(陰爻)가 유위(柔位)에 제대　　　(-小畜 柔得位)
로 정위(正位)하고
상하의 다섯 양효(陽爻)들이 함께 유일　　　(-而上下應之 曰小畜)
한 음효(陰爻)에 호응하므로 소축이라
한다.
안으로(-內卦)는 굳세고 밖으로(-外卦)　　　(-剛中而志行)
는 공손하며 (-健而巽), 구이(九二)와 구
오(九五)의 두 강효(剛爻)가 중도(中道)를
지켜서 뜻을 행하는 가운데에서

음유(陰柔)한 육사(六四)의 저지에 이끌
린 모음이라서 규모는 작지만, 마침
내 형통하다.

(-乃亨)

"密雲不雨", 즉 먹구름에 비가 오지
않는다 함은 아직도 나아가는 중이라
는 뜻이다. 기운은 무르익었으나 잘
풀리지 않은 상태이니 풀리려면 더
나아가야 한다는 말이다.

(-密雲不雨 尙往也)

"自我西郊", 즉 내가 서쪽 먼 교외에
있는 것과 같다 함은, 먹구름이 비(-
우/雨)로 변하여 세상을 적셔주듯이
성과를 베풀어야 하는데 이를 못하고
있으니 답답하다는 말이고, 앞으로
공을 이루어 성과를 베풀 수 있도록
노력하겠다는 뜻이다.

(-自我西郊 施未行也)

象曰

風行天上 小畜

君子以 懿文德

풍행천상 소축

군자이 의문덕

바람이 하늘 위에 부는 것이 소축
이다.

(-風行天上 小畜)

군자는 이 이치를 살펴서 후에 실질
(實質)을 행하기 위하여

(-君子以)

우선 문덕(文德)을 아름답게 닦는다.

(-懿文德)

바람은 초목을 제어(制御)한다. 부드럽게 흔들기도 하고 눕히기도 한다. 그러나 그 제어는 강건(剛健)하지 않고 바람만으로는 초목(草木)을 자라게 하지도 못한다. 바람은 구름을 몰고 온다. 그러나 비를 내리게 하지는 않는다. 비를 만들어 내리지 않으면 만물(萬物)을 자라게 할 수 없다. 그렇지만 바람 없이 구름이 생기지 않고 구름 없이 내리는 비는 없다. 군자(君子)의 교양(教養)과 만인(萬民)에 대한 교화(教化)도 이와 같다. 우선 문장(文章)과 재예(才藝) 등 문덕(文德)을 닦아 교양을 쌓아야 원근(遠近)의 사람들을 모으고 나중에 그 힘을 바탕으로 만인을 교화시킬 수 있다.

〈小畜 初九爻〉

아무런 제지가 없는데도 스스로 차분하게 돌아보아 의로운 길로 돌아온다.

初九 復自道 何其咎 吉	복자도 하기구 길
남의(-六四/육사를 지칭함-) 저지를 받아서 할 수 없이 돌아온 것이 아니라 스스로 돌아와 양기(陽氣)를 길러서 자기의 정도(正道)를 지키니	(-復自道)

어찌 허물할 수 있으랴? 길할 것이다.　　　(−何其咎 吉)

*何=하. ①(疑問/의문, 反語/반어) 어찌. 무슨. 왜냐하면.
　　　②(荷/하) 메다. 짊어지다.

象曰 復自道 其義吉也　　　　　　　　복자도 기의길야

스스로 정도(正道)로 돌아온다 함은 그
뜻이 의롭다는 것을 의미한다.

　소축(小畜)의 지괘(之卦)인 중풍손(重風巽) 초육(初六)에 "進退 志疑也 利武人之貞 志
治也/ 진퇴 지의야 이무인지정 지치야"라는 글귀는 무인(武人)의 복자도(復自道)에
대하여 말한 것이다. 무인(武人)이 혹은 나아가고 혹은 물러서는 행동을 보이는 이
유는 국민의 안위(安危)를 뜻대로 지킬 수 있을 것인지에 대하여 확신을 가질 수 없
기 때문이다. 무인(武人)의 행동은 생명과 연관되므로 진퇴(進退)에 있어서 성급히
동조하지 않고 휘둘리지도 않아야 올바르고 이롭다. 무인(武人)은 국민의 안위(安危)
를 책임진 자에 의하여 다스려지는 데 뜻을 두어야 하기 때문이다.

〈小畜 九二爻〉

　동류(同類)인 초구(初九)와 구이(九二)가 서로 힘을 합하여 저지함으로써 화락(和樂)
한 상태를 만든다.

九二 牽復 吉　　　　　　　　　　견복 길

동류끼리 서로 손잡고 합심하여 돌아
오니 길하다.

象曰 牽復在中 亦不自失也　　　　**견복재중 역부자실야**

동류끼리 이끌어 정도(正道)로 돌아와　　(-牽復在中)
중용을 지키니
나아감을 고집하다가 손해 보는 일이　　(-亦不自失也)
없는 것이다.

〈小畜 九三爻〉

구삼효(九三爻)는 소축(小畜)의 상황에서 양(陽)인 구삼(九三)이 도리에 맞게 처신하지 못하여서 부부가 반목(反目)하는 경우를 내용으로 한다.

첫째는 부부가 합심근검(合心勤儉)하여 조금의 축적(蓄積)을 이뤘을 때, 그 축적물에 미혹(迷惑)되어 집안을 바로잡지 못하고 남편이 함부로 나아가면 마차의 바퀴통이 빠진 것처럼 되어서 더 이상 나아갈 수 없게 되는 경우이다.

둘째는 음(陰)과 양(陽)이 부적절한 상태에서 가까이 만나 서로 좋아함에 미혹되면 음(陰)이 양(陽)의 떠남을 저지하려고 마차의 바퀴 통을 빼내려 하는 경우이다. 그러나 양(陽)은 전진의 뜻이 강하기에 마침내 부부가 다투게 된다.

九三 輿說輻 夫妻反目　　　　**여탈복 부처반목**

마땅하지 않은 길로 가서 수레 몸체   (-輿說輻)
에서 바퀴 통이 빠져나온 격이 되니

내달아가려는 남편(九三)과 말리려는   (-夫妻反目)
아내(六四)가 서로 맞서게 된다.

---

*輿=여. ①수레. 가마 메다. ②대지(大地) (-輿圖/여도).

*說=脫. 탈. 벗다. 풀어 벗김.

*輻 =복. 바큇살.

象曰 夫妻反目 不能正室也   부처반목 불능정실야

"夫妻反目"은 저지하는 부인과 조급
하게 나아가려는 남편이 서로 눈을
돌림이다.

남편이 집안을 바로잡지 못하게 된   (-不能正室也)
결과적 현상이다.

"輿說輻 夫妻反目"으로 나라와 집안이 망한 중국 역사상 사례(事例):

① 중국 오호십육국(五胡十六國) 시대에 전진(前秦)의 선소제(宣昭帝)였던 부견(符堅)
이 장부인(張夫人)의 저지를 거절하고 동진(東晋) 정벌에 나섰다가 쇠망(衰亡)한 사례

② 명(明)나라 주원장(朱元璋)의 칠세손(七世孫) 주신호(朱宸濠)가 부인(夫人) 누비(婁
妃)의 저지를 듣지 않고 반란을 일으켰다가 왕수인에게 진압당한 사례

〈小畜 六四爻〉

윗사람의 일을 할 때는 성의껏 대처(對處)하여야 한다.

六四 有孚 血去 惕出 无咎   **유부 혈거 척출 무구**

일 처리에 대하여 믿음을 받으면 근심이 제
거되고 두려워할 일에서 벗어나니 허물이
없다.

*血=혈. ①근심(=恤/휼).
②흠. 상처(-渙其血去/환기혈거).
③느끼어 울다(-泣血/읍혈). (-坎爲血卦/감위혈괘).
④피. 골육(骨肉)

象曰 有孚惕出 上合志也   **유부척출 상합지야**

믿음을 받도록 삼가며 처신하여 두려   (-有孚惕出)
움에서 벗어나는 것은

윗사람의 뜻에 자기 마음을 합치시킨   (-上合志也)
것이기 때문이다.

〈小畜 九五爻〉

욕심(慾心)을 자제(自制)하고 남과 손을 잡는 자세가 중요하다. 누구의 제재(制裁)
때문이든 스스로 자제(自制)하든 상관없다.

九五 有孚攣如 富以其隣　　　　유부련여 부이기린

성실(誠實)함이 사람들을 이끌어서 이
웃인 육사(六四)도 함께 부유(富裕)함을
이룬다.
제재를 받아들이거나 스스로 욕심을
제어(制御)하여 이웃과 더불어 부유해
진다.

*攣=련. ①걸리다. 이어지다(-有孚攣如)
　　　②오그라지다(-攣踠/연원=손발이 오그라짐.)

象曰 有孚攣如 不獨富也　　　　유부련여 불독부야

성실함으로 사람들을 이끈다는 것은　　(-有孚攣如)
홀로 부유함을 누리지 않는다는 뜻　　(-不獨富也)
이다.

〈小畜 上九爻〉

때를 놓친 제재(制裁)나 과도(過度)한 제재는 해롭다.

上九
旣雨旣處 尙德 載 婦貞 厲　　　　기우기처 상덕 재 부정 려
月幾望 君子征 凶　　　　월기망 군자정 흉

낮게 드리웠던 구름이 마침내 비가   (-旣雨旣處)
되어 내려서 대지를 적셨다.

이미 비가 되어 내린다는 것은 상괘   (-尙德 載)
(上卦)인 손(巽)의 도(道)가 행해진 것이
다. 양(陽)들을 기르는 육사(六四)의 노
력이 쌓여 마침내 목적을 달성한 것
이다.

유순한 덕으로 집안 남편과 아들들을   (-婦貞 厲)
제재하던 부인이 드디어 목적을 이
루었는데도 부인이 여전히 힘이 있어
제재를 계속하면 그 뜻이 옳더라도
위험하다.

마찬가지로 보름에 가까워서 달의 밝   (-月幾望)
기가 해와 대등할 정도에 이른 것처
럼 보이는데도,

군자가 더 나아가고자 욕심을 부려   (-君子征 凶)
원정(遠征)에 나서는 것은 흉하다.

*旣雨=기우. 조화(調和)되다.
*旣處=기처. 지(止). 축(畜). 마침내 목표가 달성됨 (-구름이 비가 되어 내렸다.)
*旣張之舞=기장지무. 이미 벌인 춤. (-중간에 그만둘 수 없다는 뜻임.)

유일한 음(陰)인 실권왕비(實權王妃) 측이 윗사람(-陽)인 왕(王) 측에 대하여 저지하
기를 거듭하면 서로 반목하여 흉한 일이 일어날 수 있다.

象曰

旣雨旣處 德積載也   기우기처 덕적재야

君子征凶 有所疑也　　　　군자정흉 유소의야

"旣雨旣處"는 양(陽)들을 기른(畜) 음
(陰)의 덕이 가득히 쌓여 행해졌다는
말이다.
"君子征凶"은 군자가 나아가고자 하
는 곳에 가로막힘이 있다는 말이다.

山天大畜 畜之大 故 極而散/산천대축 축지대 고 극이산
26번 산천대축괘는 그 쌓음이 크기 때문에 궁극에는 흩어 베풀려고 하는 것
이다.

風天小畜 畜之小 故 極而成 / 풍천소축 축지소 고 극이성
9번 풍천소축괘는 그 쌓음이 작으므로 끝까지 조금 더 쌓으려고 하는 것이다.

크게 쌓은 자는 그것을 가지고 세상에 흩으려는 일에 나아가면 형통하지만, 작
게 쌓은 자는 작은 쌓음을 이룬 것에 만족하고 더 나아가는 것을 조심해야 한다.
소축자(小畜者)가 과도한 욕심을 부리면 해를 입기 쉽다.
소축괘는 부인(夫人)이 세(勢)를 가지고 존중(尊重)받는 삶이라면 대축괘는 부인(夫
人)의 희생(犧牲)이 따르는 삶이다. 주역에서 구름이나 바람은 교양(教養)을 쌓음을
의미하고, 비(雨)가 내림은 민중(民衆)을 교화(教化)시켜 안생(安生)을 이루는 것을 의
미한다.

월급과 좋은 음식 속의 안온(安穩)함에 젖어 지냄은 일종의 뇌옥(牢獄)이고 정신이
쓸쓸함이며 희생(犧牲)이고 담장에 둘러싸인 상태가 견고(堅固)하게 굳은 모습이다.

-* 牢=뢰(로). ①우리. 감옥. 둘러싸다.
　　　　　②녹미(祿米). 품삯. 좋은 음식. 안온함.
　　　　　③견고하다.

〈소축(小畜)괘의 실생활(實生活) 응용(應用)〉

① 조금 가지게 되었지만, 남들이 알아줄 정도에는 이르지 못한 상태여서 마음은 아직 우울하고 개운치 않다. 그렇다고 남들이 알아주기를 바라는 과시(誇示) 행동을 하거나 더 쌓으려고 경거망동하면 안 된다.

② 사업은 현재의 일을 유지하는 데 힘쓰고 분쟁을 일으키지 말아야 한다.

③ 외도(外道)를 삼가야 한다.

④ 맨몸인 상태라면 음식 숙박업 쪽이나 개인 상점 등 작은 보수라도 확실하게 얻을 수 있는 일자리를 구하는 것이 필요하다.

天澤履 (천택리)

☰ 乾上 (건상)
☱ 兌下 (태하)

〈卦의 성격(性格) 요약(要約)〉

　내괘(內卦)는 태(☱兌)이고 외괘(外卦)는 건(☰乾)이다. 내괘(內卦)의 맨 위인 육삼(六三)이 유일한 음효(陰爻)이고 나머지는 모두 양효(陽爻)이다. 履(리)는 발로 밟는다, 행동한다는 뜻이다. 행동에는 위험이 따른다. 행동에 따르는 위험으로부터 몸을 보호하려면 윗사람이나 경험자들로부터 조언을 듣고 교훈을 얻어야 한다. 그러자면 행동에 예의(禮儀)를 지키고 존중(尊重)하는 마음을 표시(表示)해야 한다. 예의는 사람살이에서 몸을 지켜주는 신발과 같은 것이다. 예의가 각종 구별과 차이에서 생기는 갈등과 다툼을 조정이 가능하게 해 주는 것이다.

　履(리)는 和行(화행)이다. 和行(화행)은 나와 타인의 차이를 인정하고 이를 조절하여 조화를 이루는 행동이다. 履(리)괘의 상(象)은 하늘에서 내리는 비(雨)를 모아서 담는 연못의 모습이다. 연못은 자연의 물을 담는 그릇이다. 예의는 조화로운 처신을 담아내는 그릇이다. 履(리)괘는 예(禮)와 의(義)가 인생의 복을 담아 모으는 유익한 그릇임을 알려주고 있다. 예의를 지키는 것은 외부에 행동으로 드러내어 나아가는 것이다. 마음속으로만 존중하고 이를 행동으로 나타내지 않으면 예의를 행하는 것이 아니다. 행동으로 드러내지 않으면 알 수 없기 때문이다. 예(禮)를 행함에는 때와 장소가 따로 없다.

서괘(序卦)에서 소축(小畜)괘에 뒤이어 이(履)괘를 둔 것은 이유가 있다. 物畜然後有禮/물축연후유례-즉, 어느 정도의 물질적 축적이라는 바탕이 있어야 예의도 제대로 챙겨나갈 수 있다는 것이다.

〈괘사(卦辭)와 단사(彖辭), 대상사(大象辭)〉

卦辭: 履虎尾 不咥人 亨   이호미 부질인 형

(예의를 지켜 행동하면) 호랑이의 꼬리를
밟고 나아가도 물리지 않음같이 모든
일이 형통하다.

*履=이/리. ①밟고 나아가다. 신발을 신다.
　　　　②행하다. 품행(品行).
　　　　③영토. 복록(福祿).
*咥=질(절). 깨물다.

彖曰
履 柔履剛也 說而應乎乾   리 유리강야 열이응호건
是以 履虎尾不咥人亨   시이 리호미부질인형
剛中正 履帝位而不疚 光明也   강중정 리제위이불구 광명야

이(履)란 유(柔)가 강(剛)에 예의 지켜 행동하고 기꺼이 건(乾)들을 따르는 것이다. (-履 柔履剛也 說而應乎乾)

그러므로 호랑이 꼬리를 밟듯 위험한 일을 해도 안전하게 뜻을 이룬다. (-是以 履虎尾 不咥人亨)

구오(九五)의 굳셈이 중정(中正)하여 임금의 자리를 차지하고 있으니 꺼릴 것이 없으며 그 밝은 빛이 천하에 널리 빛나게 된다. (-剛中正 履帝位而不疚 光明也)

*疚=구. ①꺼림하다. 근심스럽다.
         ②고질병.

象曰

| 上天下澤 履 | 상천하택 리 |
| 君子以 辨(辯)上下 定民志 | 군자이 변상하 정민지 |

위에는 하늘이 있고 아래에는 연못이 있는 것이 이(履)의 괘상이다. (연못과 하늘은 서로의 경계를 어지럽히지 않고 각자의 위치를 넘나들지 않는다.) (-上天下澤 履)

군자는 이것을 본받아 위와 아래를 분별하여 (-君子以 辨上下)

각자의 입장에 맞는 처신을 하며 살도록 해서 백성의 마음을 안정시킨다. (-定民志)

주역(周易)의 해석과 이용은 신분계급제(身分階級制) 사회에서 이루어진 것이다.

〈履 初九爻〉

순수하고 소박한 삶에는 허물이 없다.

初九 素履 往 无咎 　　　　　　　소리 왕 무구

초구(初九)는 자기의 처지에서 평소의 마음
으로 편안하게 행동하니 허물이 없다.

*素=소. ①평소대로(-飯素食/반소사). 현재의 처지 그대로.
　　②본래. 처음. 근본. 바탕. 성질
　　③질소(質素)하다.
　　④무늬 없는 피륙.
　　⑤덕(德)이 있으나 벼슬이 없음을 뜻함.

君子素其位而行 不願乎其外(군자소기위이행 불원호기외)

군자는 자신의 처지대로 행동하고 그 밖의 일은 바라지 않는다.

- 〈중용(中庸) 14장(章)〉

象曰 素履之往 獨行願也 　　　　　소리지왕 독행원야

평소대로 행동한다는 것은 　　　　(-素履之往)

오로지 마음이 바라는 대로 행동한다 　(-獨行願也)
는 뜻이다.

〈履 九二爻〉

중심(中心)을 지키는 삶은 때로는 고독(孤獨)하지만 길(吉)하다.

九二 履道坦坦 幽人 貞 吉	리도탄탄 유인 정 길
도리가 탄탄하게 행동하며 묵묵히 큰 길을 간다.	(-履道坦坦)
자신을 드러내지 않아 고독하더라도 올바르니 길하다.	(-幽人 貞 吉)

象曰 幽人貞吉 中不自亂也	유인정길 중부자란야
드러내지 않더라도 올바르니 길하다는 것은	(-幽人貞吉)
스스로 마음이 흔들리지 않기 때문이다.	(-中不自亂也)

〈履 六三爻〉

현실을 헤아리지 않는 무모함을 경계하라.

六三	
眇能視 跛能履	묘능시 파능리
履虎尾 咥人凶	리호미 질인흉

武人 爲于大君　　　　　　　무인 위우대군

애꾸눈이지만 잘 볼 수 있으며 절름　　(-眇能視 跛能履)
발이지만 잘 걸을 수 있다고 자만(自
慢)한다.

자만(自慢)하여 함부로 나아가면 호랑　　(-履虎尾 咥人凶)
이 꼬리를 밟아서 물려 죽을 것이니
흉하다.

무인(武人)이 군주가 된 듯이 하는 것　　(-武人 爲于大君)
이기 때문이다.

섣부르게 욕심내거나 조급하면 위험해진다는 교훈이다.

象曰

眇能視 不足以有明也　　　　묘능시 부족이유명야
跛能履 不足以與行也　　　　파능리 부족이여행야
咥人之凶 位不當也　　　　　질인지흉 위부당야
武人爲于大君 志剛也　　　　무인위우대군 지강야

애꾸눈도 볼 수 있다 하나 밝게 볼　　(-眇能視 不足以有明也)
수 있는 것은 아니다. (안목이 짧음을
경계함)

절름발이도 걸을 수 있다 하나 더불　　(-跛能履 不足以與行也)
어 걷기에는 부족하다. (실천력이 부족
함을 경계함).

호랑이에게 물려서 흉한 것은 자기 위치에서 벗어난 무모한 짓을 하기 때문이다.

(-咥人之凶 位不當也)

무인(武人)이 군주가 된듯하다는 것은 너무 강한 의지만 내세운다는 뜻이다.

(-武人爲于大君 志剛也)

자신의 능력은 부족한데 섣부른 욕심을 부리거나 균형감각을 잃고 행동하는 것은 진실성 없이 타인에게 다가가서 소통(疏通)과 감응(感應)을 구하는 것과 같다. 능력에 넘치게 나대면 실패와 실망의 상처를 입기 쉽다.

〈履 九四爻〉

권력에 가까운 곳은 두려운 곳이다. 권력에 가까움을 드러내어 자처(自處)하는 것은 위험을 부른다. (在近君 多懼之地 近而不處 / 재근군 다구지지 근이불처)

九四 履虎尾 愬愬 終吉	리호미 색색 종길

호랑이가 꼬리를 밟히더라도

(-履虎尾)

물어뜯지 않을 정도로 두려워하며 조심하면 마침내 길하다.

(-愬愬 終吉)

*愬=①색. 두려워하다.
②소. 하소연하다.

권력 근처에서 일하는 중에 어쩌다 실수로 월권(越權)하는 일이 있더라도 평소에 두려워하며 조심스럽게 처신하면 마침내 탈이 없다는 뜻이다.

象曰 愬愬終吉 志行也　　　　　색색종길 지행야

두려워하고 조심하면 마침내 길하다　(-愬愬終吉)
는 것은
그 조심하는 뜻을 실천에 옮기라는　(-志行也)
말이다.

권력에 가까운 곳은 위험한 곳이니 그곳을 떠남으로써 위험을 멀리해야 끝이 좋다는 충고(忠告)의 말이다. 지괘(之卦)인 중부(中孚)괘의 육사(六四) 효사(爻辭)와 상사(象辭)를 보면 그 뜻이 더욱 분명해진다.

〈중부(中孚) 육사(六四) 효사(爻辭)와 상사(象辭)〉

月幾望 馬匹亡-絶類上也-无咎　　월기망 마필망-절류상야-무구

성대함이 지극하나　　　　　　　(-月幾望)
지금이야말로 조심하여, 한 패거리들　(-馬匹亡)
과의 관계를 끊고
한층 더 높은 가치에 충실해야 (-上也/　(-无咎)
상야) 허물이 없다.

한층 더 높은 가치란 권력 근처에 있어도 자처(自處)하지 않음을 뜻한다.

〈履 九五爻〉

권력을 행사하기 전에 의논하는 것이 좋다. 그러면 믿는 바에 상처 입는 일을 피할 수 있다.

九五 夬履 貞 厲	쾌리 정 려

혼자 결단(決斷)하여 행동하는 것은 옳
더라도 위태(危殆)롭다.

象曰 夬履貞厲 位正當也	쾌리정려 위정당야

혼자 결단하여 행동하는 것은 옳더라	(-夬履貞厲)
도 위험한 까닭은	
구오(九五)의 자리가 바로 그런 자리이	(-位正當也)
기 때문이다.	

구오(九五)는 상하(上下)의 명운(命運)을 좌우하는 주재자(主宰者)인데 그런 사람이 자기 주변에서 일하는 보좌진(補佐陣)과 논의(論議)도 없이 경솔(輕率)하게 결단하는

것은 위험하기 때문이다.

〈履 上九爻〉

과거의 역사(歷史)를 돌아보고 반성하면 얻는 것이 많다. 권력에 아첨하는 자들과 작당하여 세월 보내기를 기뻐하면 그 뜻이 높다고 할 수 없다. 지괘(之卦)인 중택태(重澤兌) 상육효사(上六爻辭)에서도 인태(引兌) 미광야(未光也)라 하여 근본에 대한 평가에 있어서 비슷한 속뜻을 담고 있다.

上九 視履 考祥其旋 元吉	시리 고상기선 원길
밟고 지나가려는 육삼(六三)의 행동을 보고	(-視履)
자기를 돌아보아 미래의 길흉을 살펴 실천하면 크게 길할 것이다.	(-考祥其旋 元吉)

象曰 元吉在上 大有慶也	원길재상 대유경야
실천 행동의 끝이 크게 길하다는 것은	(-元吉在上)
큰 경사가 있게 된다는 뜻이다.	(-大有慶也)

"재상(在上)"은 리지종야(履之終也), 즉 행실(行實)의 결말(結末)을 뜻한다.

〈이(履)괘의 실생활(實生活) 응용(應用)〉

① 위기(危機)에 조력(助力)을 받으려면 평소에 예의 바르게 처신하여 믿음을 쌓고 도움을 청할 때는 깍듯이 예의(禮儀)를 갖추어 정중하게 도움을 청하여야 한다.

어떤 상황에서 이력자(履歷者)나 연장자(年長者)의 진심 어린 조력을 받으려면 평소에 정중하고 예의 바르게 처신해야 한다. 걸어온 길의 내력을 이력(履歷)이라 한다. 오래 겪어 익숙해진 것을 이력이 났다고 한다. 순서대로 다 겪어보면 익숙해지겠지만 유한(有限)한 삶에서 직접 다 겪을 수는 없다. 호랑이 꼬리를 밟을 것 같은 위험한 상황에서는 전자(前者)-경험자나 연장자-에게 물어서 도움을 받는 것이 현명한데 그런 도움은 저절로 얻어지지 않는다. 평소의 삶에서 예의 바른 모습에 대한 신뢰가 있어야 가능한 일이다.

② 대인관계에서 고집 센 사람이 되지 말고 이길 수 없는 정세라면 상황과 타협하는 유연한 자세가 문제해결에 도움 된다.

③ 여성이라면 상사(上司)인 유부남과의 불륜관계(不倫關係)를 상징하는 괘이다. 조심할 필요가 있다.

十一

地天泰 (지천태)

☷ 坤上 (곤상)
☰ 乾下 (건하)

〈卦의 성격(性格) 요약(要約)〉

내괘(內卦)는 건(☰乾)이고 외괘(外卦)는 곤(☷坤)이다. 내괘(內卦)는 모두 양효(陽爻)이고 외괘(外卦)는 모두 음효(陰爻)이다.

양(陽)과 음(陰)은 반대(反對)의 성질(性質)을 가졌지만 그러기에 오르고 내려서 둘이 만나 합칠 수 있다. 천지(天地)의 음기(陰氣)가 내려오고 양기(陽氣)가 올라가 서로 사귀어 합치면 만물(萬物)을 이루고 평안(平安)해진다. 대립물(對立物)의 소통(疏通)과 화합(和合)이 만사(萬事)를 형통(亨通)하게 하고 우리가 안주(安住)할 수 있도록 평화로운 상태(狀態)를 만든다.

이 괘(卦)는 외유내강(外柔內剛)의 모양이다. 대립물의 소통과 화합이 안정과 평화를 낳아 크게 길(吉)하게 됨을 상징(象徵)한다.

그러나 방심(放心)하면 대길(大吉)은 대흉(大凶)으로 돌아올 수 있다. 삼효(三爻)와 상효(上爻)에 그런 경계(警戒)가 담겨 있다. 삼효(三爻)에서는 안일(安逸)에 빠지는 것을 우려(憂慮)하고 있고 상효(上爻)에서는 군대의 힘으로 통제력을 유지하려는 유혹에 빠지는 것을 우려하고 있다.

〈괘사(卦辭)와 단사(彖辭), 대상사(大象辭)〉

卦辭: 泰 小往大來 吉 亨　　　　　태 소왕대래 길 형

태괘는 작은 것이 가고 큰 것이 와서　　(-泰 小往大來)
서로 화합(和合)하니

거처가 편안하여 길하고　　　　　　　(-吉)

모든 일이 형통(亨通)하여 뜻대로 잘
되어가는 (-亨) 괘상이다.

*泰=태. ①통하다(-泰者通也/태자통야). 매우 크다(-太/태).
　　②편안하다(-天下泰平/천하태평).
　　③하늘(-泰元/태원).

음(陰)이 내려오고 양(陽)이 올라가서 화합(和合)한 결과(結果)이다.

彖曰

泰小往大來吉亨　　　　　　태소왕대래길형

則是天地交而萬物通也　　　즉시천지교이만물통야

上下交而其志同也　　　　　상하교이기지동야

內陽而外陰 內健而外順　　내양이외음 내건이외순

內君子而外小人　　　　　　내군자이외소인

君子道長 小人道消也　　　군자도장 소인도소야

태괘는 작은 것이 오고 큰 것이 가니　(-泰小往大來吉亨)
길하고 형통하다

이는 천지음양(天地陰陽)이 서로 사귀어 만사가 형통하고 만물이 태평하게 된다는 뜻이다.

(-則是天地交而萬物通也)

위와 아래의 사람이 서로 뜻을 주고 받으며 사귀어 그 뜻이 같아지기 때문이다.

(-上下交而其志同也)

안은 양이요 밖은 음이며 안으로는 건실하고 밖으로는 유순하여

(-內陽而外陰 內健而外順)

군자를 마음속에 두고 소인을 밖으로 멀리하니

(-內君子而外小人)

군자의 도는 자라나고 소인의 도는 사라지는 것이다.

(-君子道長 小人道消也)

象曰

天地交泰　　　　　　　　　천지교태

后以 財成天地之道　　　　후이 재성천지지도

輔相天地之宜 以左右民　　보상천지지의 이좌우민

하늘과 땅이 사귀는 것이 태의 괘상이다.

(-天地交泰)

군주가 이 괘상을 보고서 천지의 움직이는 이치를 터득하여

(-后以 財成天地之道)

천지의 마땅한 움직임에 사람의 힘을 보태어 거들고 도와서 백성을 인도한다.

(-輔相天地之宜 以左右民)

后(후)는 천지인(天, 地, 人) 삼극(三極)의 인극(人極)을 말한다. 后(후)는 삶을 이끌어 나아가는 주체적(主體的) 인간이다. 개인(個人)으로서, 가장(家長)으로서, 단체의 리더로서, 국가의 지도자로서 천지(天地)와 더불어 삶을 조화롭게 이끌어 나가는 사람이다.

東坡 蘇軾의 泰平觀(동파 소식의 태평관)

陽始於復而至於泰	양시어복이지어태
泰而後爲大壯 而後爲夬	태이후위대장 이후위쾌
泰之世不若大壯與夬之世	태지세불약대장여쾌지세
小人愈衰而君子愈盛也	소인유쇠이군자유성야
然而聖人獨安夫泰者	연이성인독안부태자
以爲世之小人不可勝盡	이위세지소인불가승진
必欲迫而逐之 使之窮而無歸	필욕박이축지 사지궁이무귀
其勢必至於爭 爭則勝負之勢	기세필지어쟁 쟁즉승부지세
未有決焉	미유결언
故 獨安夫泰	고 독안부태
使君子居中 常制其命	사군자거중 상제기명
而小人在外 不爲無措	이소인재외 불위무조
然後君子之患 無有而起	연후군자지환 무유이기

此 泰之所以爲最安也

차 태지소이위최안야

양(陽)은 복(復)괘에서 처음 나타나 태(泰)괘에 이르고 대장(大壯)을 거쳐 쾌(夬)에 이른다.

태(泰)의 세상은 대장(大壯)이나 쾌(夬)의 세상보다 군자가 성(盛)한 것은 아니다.

그러나 성인(聖人)이 홀로 태(泰)의 세상에 안주(安住)하는 것은

세상의 소인(小人)을 모조리 이길 수는 없다고 여기기 때문이다.

기필코 다그쳐서 쫓아내고 궁지(窮地)로 몰아 돌아오지 못하게 만들고자 하면

그 형세가 반드시 다툼에 이를 것이고 다투면 승부는 끝을 보기 어려울 것이다.

그러므로 성인(聖人)은 태(泰)의 세상에 홀로 안주하면서

군자로 하여금 안쪽(-重職/중직)에 머물러(-居中) 항상 이치에 맞는 법을 제정하도록 하고

소인은 밖에서 준법만 하면 손발로 행동하며 안전하게 살아갈 수 있도록 만든다.

그런 뒤에는 군자의 우환(憂患) 될 일
이 없게 되는데

이것이 태괘가 가장 편안한 상태가
되는 이유이다.

*措=①둘 조. ②잡을 책.

〈泰 初九爻〉

태평하게 일하려면 공동추진이 좋다. 여러 동지와 함께 적극적으로 활동하면 성
과도 좋고 마음도 편하다. 특히 공사(公事)는 더욱 그렇다.

初九 拔茅茹 以其彙 征 吉　　　　발모여 이기휘 정 길

띠 풀을 캐면 잔뿌리가 얽혀 있는 것
처럼 동지들과 모여서 함께 나아가니
길하다.

象曰 拔茅征吉 志在外也　　　　발모정길 지재외야

얽혀서 캐지는 띠 풀처럼 함께 나아　　　　(-拔茅征吉)
가면 길(吉)한 것은

모두의 뜻이 위로 나아감에 있기 때　　　　(-志在外也)
문이다.

*茅=모. 띠. 띠를 베다. 띳집. 어스레하다. (-霧/무)
*茹=여. ①(나물, 말린 채소 등을) 먹다. (茹毛飮血/여모음혈-인류의 원시 시절 생식 모습)
　　②꾀하다(-圖謀/도모). 당기다.
*彙=휘. 모으다. 무더기로 얽힌 뿌리. 무리(-同類/동류). 번성하다. 고슴도치.

태(泰)괘에서 초구(初九)의 "휘(彙)"는 초구(初九)를 포함한 하괘(下卦)의 양(陽)들끼리
모이는 것을 뜻한다. (初九 拔茅茹 以其"彙" 征 吉/초구 발모여 이기"휘" 정 길)

비(否)괘에서 초육(初六)의 휘(彙)는 초육(初六)이 상괘(上卦)의 양(陽)들에게 호응(呼
應)해야 한다는 뜻이다. (初六 拔茅茹 以其"彙" 貞吉 亨/초육 발모여 이기"휘" 정 길 형)

〈泰 九二爻〉

태평상태(泰平狀態)를 만드는 네 가지 힘

①포용력(包容力).

②분발(奮發)하여 개혁(改革)하는 과단성(果斷性).

③원근(遠近)의 은미(隱微)한 곳을 보는 안목(眼目).

④붕여(朋與)의 사(私)를 끊어내는 공적(公的) 결단력(決斷力).

九二

| 包荒 用馮河 不遐遺 朋亡 | 포황 용빙하 불하유 붕망 |
| 得尙于中行 | 득상우중행 |

| 거칠거나 쓸모없어 보이는 언행을 하는 | (-包荒) |
| 자들도 넓은 도량으로 포용하고 | |

용감하게 인습(因襲)의 타파(打破)를 주　　　(-用馮河)
장하는 자는 그 용기를 씀으로써

원근(遠近)의 숨은 인재(人才)나 은미(隱　　(-不遐遺)
微)한 일을 빠짐없이 챙기며

붕당(朋黨)이나 근척(近戚)에도 공정(公　　(-朋亡)
正)하게 절도(節度)를 지키면

중용(中庸)이라는 큰 덕(德)의 실천(實　　(-得尙于中行)
踐)에 부합(符合)하게 된다.

---

*荒=황. ①거칠다(-野荒民散/야황민산). 흉년.
　　　②탐닉하다(-好樂無荒/호락무황).
*황복(荒服)-도성 천 리 밖 변두리의 거친 베옷(-繒腹/증복=비단옷)
*馮=①빙. 업신여기다. 걸어서 건너다.
　　②풍. 벼슬 이름.
*遐=하. 멀리하다. 멀다. 멀어지다. 오래다.
*遺=유. 버리다. 남기다. 보내다. 쇠퇴하다(-歡樂不遺/환락불유).
*尙=상. ①짝하다(-得尙于中行/득상우중행). 부합하다. 부부가 되다.
　　②숭상하다. 좋아하다. 자랑하다. 꾸미다.
　　③오히려. 여전히. 분명히. 반드시. 원컨대.
　　④주관하다. 다스리다(-尙兵).
　　⑤공주에게 장가들다(-漢家列侯尙公主/한가열후상공주)-〈한서(漢書)〉

象曰 包荒得尙于中行 以光大也　　　　　　포황득상우중행 이광대야

넓은 도량(度量)으로 포용하여 중용(中
庸)을 실천(實踐)하니 크게 빛난다.

소인(小人)이나 환관(宦官=常侍/상시) 등은 정치 관여(政治關與)를 못 하게 하되 그들
에게도 다소의 역할과 지위를 주어서 숨 쉴 공간을 가질 수 있게 한다. 그렇지 않

으면 지식계층과 환관 계층 사이의 파당투쟁(派黨鬪爭)이 끊이지 않게 된다.

중국 후한(後漢)에서 시작한 그들의 파당투쟁은 당(唐)과 송(宋)을 거쳐 명(明)나라의 멸망(滅亡)까지 초래(招來)하게 되었다.

포용(包容)의 덕목(德目)은 태평(泰平)함을 만드는 태(泰)괘 구이효(九二爻)의 지혜(智慧)일 뿐만 아니라 지괘(之卦)인 명이(明夷)괘의 소중한 덕목이기도 하다. 명이(明夷)괘 육이효(六二爻)의-明夷 夷于左股 用拯馬壯 吉/명이 이우좌고 용증마장 길-처럼 측근(側近)에게까지 어두운 피해가 다가올 때 밝은 시절에 포용해 둔 사람은 나의 든든한 우군(友軍)이 되어 나에게 길(吉)함을 줄 수 있다.

명이(明夷)는 밝음이 가려지는 때이며, 밝음을 가려야 할 필요가 있는 때를 뜻한다. 명이(明夷)의 상황에서는 밝음을 감추어서 밖으로 드러내지 않도록 주의해야 한다. 군자는 민중(民衆)을 대할 때 자기의 총명(聰明)함을 감춤으로써 지혜롭게 처신한다. 임금이 만조백관과 백성들을 대할 때 면류관(冕旒冠)을 쓰는 것도 같은 이유이다. 면류관(冕旒冠)에는 지엄(至嚴)한 밝음을 면류관의 구슬 맨 줄들로 조금 가림으로써 두루 감싸 포용(包容)하겠다는 뜻이 담겨 있다.

〈泰 九三爻〉

시절(時節)이 태평(泰平)하더라도 안일(安逸)에 빠지지 말아야 한다.

九三

无平不陂 无往不復　　　　　무평불피 무왕불복

艱貞 无咎　　　　　　　　　간정 무구

勿恤其孚 于食有福　　　　　물휼기부 우식유복

평탄한 것도 나중에는 기울지 않는   (-无平不陂 无往不復)
것이 없고 가기만 하고 돌아오지 않
는 것도 없으니

태평한 삶을 살더라도 어렵게 여기며   (-艱貞 无咎)
바른길을 지키면 허물이 없다.

지금은 태평하더라도 고난(苦難)의 시   (-勿恤其孚)
절이 꼭 오는 것이 하늘의 이치(理致)
이므로 항상 정도(正道)를 지켜야 한다
는 믿음이 있으면 근심하지 않아도

먹고 살 만한 복은 누릴 것이다.   (-于食有福)

*陂=①피. 기울다. 비스듬하다.
　②파/피. 비탈. 고개. 산모퉁이. 냇가(물가).

象曰 无往不復 天地際也　　　　　**무왕불복 천지제야**

가기만 하고 돌아오지 않는 것은 없   (-无往不復)
다는 것은

천지(天地)가-음양(陰陽)이-서로 오르고   (-天地際也)
내리며 교제(交際)한다는 뜻이다.

지상(地上)의 물이 수증기(水蒸氣)가 되어 하늘로 올라가서 구름이 되고 구름
이 하늘에서 비가 되어 다시 지상으로 내려와서 만물(萬物)을 기르는 것과
같다. 양(陽)은 다스리고 음(陰)은 부양(扶養)을 담당하여 모두가 먹고사는 복
을 누린다. (陽主治陰主養故曰“食”/양주치음주양고왈“식”)

　　　　　　　　　　　　　　　　　- 왕부지(王夫之)〈주역내전〉

〈泰 六四爻〉

각자 열심히 노력하여 살 뿐, 이웃이 가진 것을 탐하지 않으면서 서로 경계하지 않고 믿으며 산다면 이는 태평한 삶의 한 모습이다.

六四

翩翩 不富以其隣　　　　　편편 불부이기린

不戒以孚　　　　　　　　불계이부

새들이 이웃한 새의 날갯짓 덕이 아　　(-翩翩)
닌 각자의 부지런한 날갯짓으로 훨훨
날듯이

사람들도 이웃의 힘으로 부유하게　　(-不富以其隣)
되려 하지 않고 각자의 노력으로 산
다면

서로 경계하지 않고 믿으면서 평화롭　　(-不戒以孚)
게 지내게 된다.

*翩=편. 빨리 날다. 나부끼다.

象曰

翩翩不富 皆失實也　　　　편편불부 개실실야

不戒以孚 中心願也　　　　불계이부 중심원야

각자의 날갯짓으로 열심히 나는 새들   (-翩翩不富)
처럼 남의 것으로 부유해지기를 바라
지 않는 것은

모두가 자기 실속만 챙기려는 짓을   (-皆失實也)
하지 않는 것이다.

경계하지 않고 믿는 것은 서로가 마   (-不戒以孚 中心願也)
음속으로 원하는 일이다.

〈泰 六五爻〉

　임금이 공주를 어진 신하에게 시집보내어 남편을 존중하며 살도록 하는 것처럼 자기의 존귀함을 낮추어 중용의 처신을 한다면 큰 복을 밤아 태평한 삶을 살 것이다.
　겸허(謙虛)한 마음으로 살아가면 복(福)이 따른다.

六五 帝乙歸妹 以祉 元吉   제을귀매 이지 원길

은(殷)나라 왕(王)인 제을이 신하를 맞   (-帝乙歸妹)
아들여 공주를 시집보내니

그 처신으로 복을 받아 크게 길(吉)하   (-以祉 元吉)
였다.

*歸妹=귀매. 남자가 부인을 얻기 위하여 그 집으로 들어가는 것.
　　췌서(贅壻-데릴사위를 맞는 것).
**女歸=여귀. 여자가 남편의 집으로 시집가는 것.
*歸妹卦-정열에만 흘러 부부의 도를 잃으면 안 된다고 경계하는 괘.
*祉=지. 하늘에서 내리는 행복(-good fortune).

| 象曰 以祉元吉 中以行願也 | 이지원길 중이행원야 |

공주를 신하에게 출가시킴과 같은 복
받을 처신을 하여서 크게 길하게 된
것은

(-以祉元吉)

중용의 도로써 원하는 일을 행하였기
때문이다.

(-中以行願也)

〈泰 上六爻〉

　태평성세(泰平盛世)도 종국(終局)에는 분열(分裂)과 동란(動亂)이 따른다. 이럴 때 함
부로 군대(軍隊)를 쓰는 일은 하지 말아야 한다.

上六

城復于隍 勿用師　　　　　　　성복우황 물용사
自邑告命 貞 吝　　　　　　　자읍고명 정 인

성이 무너져 해자로 돌아가는 형세에
군대를 동원하면 안 된다.

(-城復于隍 勿用師)

지방정부에서 멋대로 명령이 나오니

(-自邑告命)

그 내용이 옳은 것이라 하더라도 부
끄러운 현상이다.

(-貞 吝)

통제력이 약화되어서 태평상태가 분열되고 혼란에 빠진다. 억지로 질서유지를 하려고 군대를 쓰고 싶어지는데 그 유혹에 빠지면 안 된다. 중심부가 통제력을 잃으면 주변부-지방정부-에서 멋대로 명령이 나온다. 지방정부에서 나오는 명령은 그 내용이 옳은 것이라 하더라도 부끄러운 현상이다.

象曰 城復于隍 其命亂也　　　　　　　성복우황 기명란야

성이 무너져 해자로 돌아간다는 것은　　　　(-城復于隍)
중심부의 통제력 상실로 명령이 혼란스러　　(-其命亂也)
워지는 것이다.

〈태(泰)괘의 실생활(實生活) 응용(應用)〉

① 사소한 노력으로 의외의 큰 성과가 나서 마음이 기쁜 상황이다. 그러나 태(泰)괘는 선길후흉(先吉後凶)의 상(象)이다. 태평상태를 유지하려면 마음이 풀어져서는 안 된다. 노력을 계속하여야 한다. 사람들과의 협조가 중요하니 적극적으로 결단하여 나아가야 한다.

② 파악(把握)하되 지나치게 들추어내는 것은 삼가는 것이 좋다.

③ 현재의 안정을 깰 일은 하지 않는 것이 좋다. 새로운 사업을 향한 여행은 큰 부담을 안겨 줄 우려가 있다. 조심해야 한다. 소규모의 사내(社內) 위안(慰安) 여행이나 가족 여행 등이 좋다.

十二

天地否 (천지비)

☰ 乾上 (건상)
☷ 坤下 (곤하)

〈卦의 성격(性格) 요약(要約)〉

내괘(內卦)는 곤(☷坤)이고 외괘(外卦)는 건(☰乾)이다. 내괘(內卦)는 모두 음효(陰爻)이고 외괘(外卦)는 모두 양효(陽爻)이다. 비(否)괘는 태(泰)괘와 반대의 상(象)이다. 태(泰)괘는 통함을 의미하는데 비(否)괘는 막힘과 거부(拒否)를 의미한다.

비(否)괘의 외괘(外卦)인 건(☰乾)은 양기(陽氣)가 강해서 위로 올라가고 내괘(內卦)인 곤(☷坤)은 음기(陰氣)가 강해서 아래로 내려온다. 그러므로 비(否)괘는 일마다 어긋나고 사람마다 등지며 이런저런 차이로 소통이 막혀서 매사가 위태로운 형국을 상징한다.

막히고 등진 상태의 삶은 일종의 비탈길을 걷는 것처럼 위태롭다. 막힘의 위기를 벗어나려면 현실을 직시(直視)하고 진지한 자세로 현실과 대결해야 한다. 대결하다 보면 막힘이 끝나서 통하게 된다. 비(否)괘는 선흉후길(先凶後吉)의 상(象)이다. 실의(失意)에 빠져있지 말고 기운 내어 견디면 머잖아 상황이 호전될 것이다.

〈괘사(卦辭)와 단사(彖辭), 대상사(大象辭)〉

卦辭:

否之匪人	비지비인
不利君子貞 大往小來	불리군자정 대왕소래

비(否)는 못된 자가(-小人/소인이-) 가로막고 있어서	(-否之匪人)
군자(君子)의 도리가 행해지지 못하는 상태이다.	(-不利君子貞)
양기(陽氣)를 가진 군자가 밖으로 내몰리고	(-大往)
음기(陰氣)를 가진 소인(小人)이 안으로 들어오기 때문이다.	(-小來)

*否=①막힐 비 ②아닐 부
*匪=①아닐 비(非나 不보다 강한 뜻).
　②나눌 분(-匪頒/분반=下賜品/하사품을 나누어 줌)

대인(大人)은 내몰리는 불리한 상황에서도 올바른 도리를 보존해야 한다.

彖曰

否之匪人不利君子貞大往小來	비지비인불리군자정대왕소래
則是天地不交而萬物不通也	즉시천지불교이만물불통야
上下不交而天下无邦也	상하불교이천하무방야
內陰而外陽 內柔而外剛	내음이외양 내유이외강

內小人而外君子

小人道長 君子道消也

내소인이외군자

소인도장 군자도소야

"비(否)는 못된 자가(-小人/소인이-) 가
로막고 있어서 군자(君子)의 도리가 행
해지지 못하는 상태이다(否之匪人不利
君子貞大往小來)"가 말하는 것은 천지가
화합(和合)하지 못하면 만물이 제대로
자라지 못한다는 뜻이다.

(-則是天地不交而萬物不通也)

나라의 각급(各級) 직무담당자(職務擔當
者)가 서로 화합하지 못하면 그런 나
라는 결코 존립할 수 없다는 말이다.

(-上下不交而天下无邦也)

속마음은 음험(陰險)하면서 겉으로는
양명(陽明)한 체하고 (-內陰而外陽) 안으
로 자신에게는 유약하면서도 밖으로
남에게는 굳센 척 뻣뻣하게 대한다.

(-內柔而外剛)

마음속으로 소인(小人)을 끌어들이
면서 군자(君子)를 밖으로 밀어낸다.

(-內小人而外君子)

그래서 소인(小人)의 도(道)는 자라나
고 군자(君子)의 도(道)는 사라지는 것
이다.

(小人道長 君子道消也)

象曰 天地不交 否

君子以 儉德辟難 不可榮以祿

천지불교 비

군자이 검덕피난 불가영이록

천지가 어긋나 서로 사귀지 않음이
비(否)의 괘상이다.

군자가 이를 보고서 그 덕(德)을 안으
로 거두어 드러나지 않게 하여 환난
을 피하고 벼슬과 월급으로 유혹하
여도 그런 영화를 누리지 않는다.

*辟 =①피할 피
　②놀라 피할 벽(-辟書/벽서=소환장). (辟說/벽설=편벽된 논설)
　　(辟穀/벽곡=곡식은 먹지 않고 솔잎, 밤, 대추 등을 날로 먹음).

소인(小人)들이 활보(闊步)하는 세상을 피하여 검약(儉約)하게 살아간다는 뜻이다.

〈否 初六爻〉

태평(泰平)한 시절에는 세상에 나아가 동지들과 함께 뜻을 펼침이 길(吉)하지만
도(道)가 비색(否塞)한 시절에는 동지들과 함께 정도(正道)를 지키는 것이 길(吉)하다.
초효(初爻)의 시위(時位)는 비색(否塞)의 초기(初期)이며 아랫자리이다. 도리에 어긋나
는 일을 하는 무리에 휩쓸려 이용당하지 말고 뜻있는 동료들과 함께 정도(正道)를
지키면 뒤에 형통하여 길하게 된다.

지괘효(之卦爻)는 무망(无妄)괘 초구(初九) (-无妄 往 吉/무망 왕 길)이다. 망령됨이 없
이 도리에 맞게 행동하면 길(吉)하다는 뜻이다.

初六 拔茅茹 以其彙 貞 吉 亨　　　　　　**발모여 이기휘 정 길 형**

띠 풀의 뿌리를 뽑으면 엉겨서 뽑히
듯이

위에 있는 양(陽)들과 호응하여 함께 바
른길을 가면 길하고 번영한다.

象曰 拔茅貞吉 志在君也　　　　　발모정길 지재군야

띠 뿌리가 얽혀서 뽑히는 모습처럼
함께 바른길을 가면 길하다는 것은
군주에게 충성(忠誠)하는 사람들과 더
불어 정도(正道)를 지키면 길하다는 말
이다.

*彙=휘. ①호응(呼應)하다. ②동류(同類)끼리 모이다.

비(否)괘 초육(初六)에서의 휘(彙)는 초육(初六)이 상괘(上卦)의 양(陽)들에게 호응해
야 한다는 뜻이다. 태(泰)괘 초구(初九)에서의 휘(彙)는 하괘(下卦)인 건(乾)을 이루는
양(陽)들이 끼리끼리 모인다는 뜻이다.
　군자(君子)는 항상 정도(正道)를 지킨다. 소인(小人)도 사사로움을 잊고 정도(正道)를
지키면 군자(君子)와 같아진다.

〈否 六二爻〉

　상하가 불통하는 시기에 소인(小人)은 윗사람의 뜻에 따라 행동함으로써 이로움
을 얻고 대인(大人)은 타협 없이 신념을 지키므로 운신(運身)은 막히지만, 그 도리는
결국 형통(亨通)하게 된다.
　저 소인배(小人輩)가 나를 포용하고 우대(優待)한다고 해서 어찌 스스로 지킴을 잃

으랴!

六二

| 包承 | 포승 |
| 小人 吉 大人 否 亨 | 소인 길 대인 비 형 |

포승(包承)은 "받듦을 포용함", 즉 "받
든다"라는 말이다.

소인(小人)은 윗사람(九五)에 응(應)하여　　(-小人 吉)
그 명령을 받들어 순종해서 길하지만

대인(大人)은 도(道)에 자처(自處)하며　　(-大人 否 亨)
타협(妥協)하지 않기 때문에 그의 운신
(運身)은 막히지만, 그가 지키는 도(道)
는 결국 형통(亨通)하다.

| 象曰 大人否亨 不亂群也 | 대인비형 불란군야 |

"大人否亨"은 대인이 소인의 무리에
게 어지럽혀지지 않는다는 뜻이다.

소인은 비위 맞추고 감싸 취함으로써 결국 어지럽히고 대인은 거스르는 듯하며
뒤로 물러나지만 결국 사악(邪惡)함을 구별(區別)해 내어서 올바름이 성장(成長)할 수
있게 만든다.

〈否 六三爻〉

남에게 포섭되어 분수를 잊고 부귀영화를 누리고 있다면 부끄러운 일이다.

六三 包羞   **포수**

비색(否塞)한 기운(-陰氣)에 빠져서 수
치(羞恥)를 받아들이고 있으니 부끄
럽다.

체면(體面)과 분수(分數)를 잊고 안주(安住)하는 것은 부끄러운 일이다.

象曰 包羞 位不當也   **포수 위부당야**

처한 자리가 부당(不當)하니 비색(否塞)
한 기운에 빠진 채 부끄럽게 안주(安
住)한다.

삼효위(三爻位)는 본래 양효(陽爻)에 적합한 위치인데 비(否)괘 육삼(六三)은 음효(陰爻)가 삼효위(三爻位)에 있으니 자리가 부당(不當)한 것이다. 지괘효(之卦爻)인 둔(遯)괘 九三과 함께 보면 그 뜻을 좀 더 분명히 알 수 있다.

둔(遯)괘 구삼(九三):
係遯之厲 有疾憊也   계둔지려 유질비야
畜臣妾吉 不可大事也   흙신첩길 불가대사야

은둔해야 할 비색(否塞)한 국면인데도 은둔하지 못하고 묶여있어서 병들고 고달 프니 수하(手下) 식솔(食率)들의 생활을 돌볼 수는 있으나 큰일을 도모할 수는 없다.

〈否 九四爻〉

최고 권력자의 지시에 따라 막힌 곳을 뚫고 나아가는 공(功)을 세우면 모두가 혜 택(惠澤)을 누리게 된다. 그러나 그 공(功)을 차지하려 하면 안 된다. 주변의 시기(猜 忌)와 모함(謀陷)이 우려(憂慮)되기 때문이다.

九四 有命 无咎 疇離祉　　　　　**유명 무구 주리지**

최고 권력자의 지시가 있어서 막힌　　(-有命 无咎)
곳을 뚫으면 허물이 없고
짝하고 있는 무리가 (-初六/초육이-) 함　　(-疇離祉)
께 혜택을 누리게 된다.

> *疇=무리 주
> *離=짝할 리. 나란히 할 리.
> *祉=지. 복(-good fortune).

象曰 有命无咎 志行也　　　　　**유명무구 지행야**

막힌 운(運)을 뚫어내라는 명령이 있　　(-有命无咎)
기 때문에 허물이 없는 것이다.

휴비(休否)하려는 최고 권력자(五爻/
오효)의 뜻을 실현하는 것이기 때문
이다.

(-志行也)

〈否 九五爻〉

지도자(指導者)는 태평한 시절에도 위기(危機)가 올 것을 잊지 않고 모든 일이 순
탄(順坦)할 때도 멸망(滅亡)의 우려를 잊지 않는다.

九五
休否 大人 吉　　　　　　　　　　　　휴비 대인 길
其亡其亡 繫于苞桑　　　　　　　　　　기망기망 계우포상

막힌 상태의 진행을 멈추게 할 위치
에 있으니 대인이라야 이롭게 할 수
있다.

(-休否 大人 吉)

혹시 망하지 않을까 조심하면서 빽빽
한 뽕나무에 매어두듯 충실하게 추진
해야 한다.

(-其亡其亡 繫于苞桑)

*休=휴. ①그만두게 하다. 그만두다.
　　②쉬다. 입김을 불어 넣어 따스하게 하다.
　　③기뻐하다(喜). 복록(福祿).
　　④선미(善美)하다. 좋다(-休命/휴명=하늘의 명령). (休名/휴명=좋은 평판)
*休否=휴비. 막힌 상태의 진행을 멈추게 함.
*苞=포. 빽빽하다.
*桑=상. 뽕나무. 누에를 치다.

象曰 大人之吉 位正當也　　　　　　대인지길 위정당야

대인이 휴비(休否)의 이로움을 얻어 길　　　　(-大人之吉 位正當也)
(吉)한 것은 마땅한 지위에 있기 때문
이다.

　지위(地位)는 대인(大人)이 좋은 일을 할 수 있는 대보(大寶=큰 보물)이다. 지위가 주
어지지 않으면 아무리 유능(有能)한 사람일지라도 좋은 일을 할 수 없다.

　비(否) 구오효(九五爻)인 "休否 大人 吉/ 휴비 대인 길"에 대하여 소동파는 "막힌
상황에서는 잠시 쉬어가는 대인이라면 길하다."라고 본다. 구오(九五)는 편하고 강
한 지위에 있는 자이지만 아래에 있는 소인(小人)들이 힘을 합하여 가로막는 경우
에 자기 지위를 이용하여 그들을 찍어 누르려고 하면 옳지 않다는 것이 소동파의
생각이다. 막힐 때 쉬면서 그들을 조심스럽게 살펴보면 적(敵)으로 된 것인지 아닌
지 알 수 있고 그러다 보면 반드시 나의 적이 아닌 자를 만나게 되므로 길하다는
것이다.

　뽕나무는 뿌리를 튼튼히 내리고 생명력이 강하다. 망할지도 모르겠구나 하면서
뽕나무처럼 생명력 강한 인물과 관계를 맺으면 길(吉)하다. 본래 뽕나무밭은 다른
의미에서도 좋고 나쁜 기운이 넘치는 곳이었다.

　　　耕桑者益衆/경상자익중 -〈한서(漢書)〉
　　　有三軍之懼 而有桑中之喜/유삼군지구 이유상중지희 -〈좌씨전(左氏傳)〉

〈否 上九爻〉

오래지 않아 막힌 상태가 풀릴 것이니 절망하지 말고 힘을 내자.

上九

傾否	**경비**
先否 後喜	**선비 후희**

막힌 상태가 기울어 타개되려 한다.　　　　(-傾否)

처음에는 막혀서 괴로우나 나중에는　　　　(-先否 後喜)
뚫려서 통하게 되니 기쁨이 된다.

象曰 否終則傾 何可長也　　　　**비종즉경 하가장야**

막힌 상태는 마침내 기울어서 그 상　　　　(-否終則傾)
태가 해소(解消)된다.

막힌 상태가 오래도록 지속(持續)될 수　　　　(-何可長也)
는 없기 때문이다.

지괘효(之卦爻)인 췌(萃)괘 상육(上六)의 효, 상사(爻, 象辭)는 "齎咨涕洟 无咎-未安上也 /자자체이 무구-미안상야"이다.

* 齎=탄식할 자.
* 咨=물을 자.
* 涕=눈물 체.
* 洟=콧물 이
* 齎咨(자자)=탄식하는 소리.

번영을 누리고 있는 사람들은 항상 감사하고 조심하는 마음을 품어야 한다는 뜻이다. 그렇지 않고 과시하거나 자만하며 그늘진 곳의 사람들과 소통에 힘쓰지 않는다면 눈물 콧물 흘리며 탄식하게 될지도 모른다는 것이다. 번영을 과시하며 편안함에 빠지면 안 되니 항상 조심하라는 교훈이다.

〈비(否)괘의 실생활(實生活) 응용(應用)〉

① 내 의사(意思)를 명확(明確)히 밝혀두고 뚫어 나아간다. 빈약(貧弱)한 삶의 기반(基盤) 위에서 엄혹(嚴酷)한 현실을 겪어내야 하는 상황이다. 상황은 언제든 역전(逆轉)될 수 있다. 교섭상대(交涉相對)가 꽉 막혀 보이더라도 불원간(不遠間) 소통(疏通)할 여지(餘地)가 나타날 것이니 포기(抛棄)하지 말고 내 의사를 분명히 밝히는 것이 필요하다. 기운을 잃지 말고 주위와 협력하며 견뎌내면 점차 일이 잘 풀릴 괘상이다.

② 내 뜻이 거부당하거나 내가 추진하던 일의 진행이 막히는 것은 믿었던 사람이 나를 배신할 가능성이 있다는 표시이다. 믿고 일 맡겼던 사람의 주변과 일에 대한 점검이 필요하다.

十三

天火同人 (천화동인)

☰ 乾上 (건상)
☲ 離下 (리하)

〈卦의 성격(性格) 요약(要約)〉

내괘(內卦)는 리(☲離)이고 외괘(外卦)는 건(☰乾)이다. 내괘(內卦)의 중심에 하나의 음효(陰爻)가 있고 나머지는 모두 양효(陽爻)이다.

동인(同人)은 말 그대로 남과 함께 하는 것이다. 사람은 막혀서(否) 어려워지면 친구를 찾고 동지를 규합(糾合)하여 새길을 뚫어나간다. 동인(同人)괘는 풍부(豊富)한 지성(知性)과 강한 활동력(活動力)으로 동지(同志)들을 모아서 즐겁게 대동공사(大同公事) 하는 형국(形局)을 상징한다. 뜻함이 같은 동인(同人)들은 활동적(活動的)이지만 마구 질주(疾走)하지는 않는다. 항상(恒常) 함께 추구(追求)하는 가치에 부합(符合)하는 활동인지를 살피며 나아간다.

좋은 동지들을 모으는 일은 외롭고 힘든 작업이다. 대동공사(大同公事)를 위한 사람 모음에는 장점(長點)을 존중(尊重)할 뿐, 정실(情實)이나 문벌(門閥) 등의 사사로운 연고(緣故)에 빠지는 일이 없어야 한다. 동지(同志) 중에는 가끔 분수(分數)에 맞지 않게 욕심부리는 자들도 있겠으나 대동공사의 초지(初志)를 잃지 않고 지켜나가면 반드시 즐거운 결말을 보게 될 것이다.

천화동인(天火同人)괘 속에는 호괘(互卦)로 천풍구(天風姤)괘가 잠복(潛伏)되어 있다. 이는 우연한 만남이나 새로운 만남에서 활력을 찾아야 하지만 겸(兼)하여 그만큼 주의하라는 경고(警告)를 담고 있는 것이라고 볼 수 있다.

수지비(水地比)괘는 됨됨이가 비슷해서 함께 어울리는 것이고, 천화동인(天火同人) 괘는 됨됨이는 다르지만 뜻을 같이하기에 함께하는 것이다.

〈괘사(卦辭)와 단사(彖辭), 대상사(大象辭)〉

卦辭:

同人于野 亨	동인우야 형
利涉大川 利君子貞	이섭대천 이군자정

답답한 세상을 함께 구제할 동지는 광야에서 구해야 일이 잘 이루어진다.	(-同人于野 亨)
동지를 구하면 큰 강을 건너는 것처럼 위험하고 어려운 사업을 하는 데서 이롭고	(-利涉大川)
군자로서 지공대동(至公大同)의 정도(正道)를 지켜나가는 데 있어서도 이롭다.	(-利君子貞)

야(野)는 텅 빈 들판으로서 무구지지(无求之地)이다. 사사로이 구할 것이 없는 땅이라는 의미이다. 사사로운 이득(利得)이 없는데도 나를 따른다면 그는 진실(眞實)로 나와 뜻을 함께하는 동지(同志)이다.

많은 동지와 대동연대(大同連帶)하여 나아가려면 대의명분(大義名分)을 명확히 제시(提示)하여 모두의 지향점(指向點)으로 삼아야 한다.

彖曰

同人 柔得位	동인 유득위
得中而應乎乾 曰同人	득중이응호건 왈동인
同人于野亨利涉大川 乾行也	동인우야형이섭대천 건행야
文明以健 中正而應 君子正也	문명이건 중정이응 군자정야
唯君子 爲能通天下之志	유군자 위능통천하지지

동인(同人)은 부드러움(柔-六二)이 제자리를 차지하고   (-同人 柔得位)

중용(中庸)의 도(道)를 지니고서 건덕(乾德)을 발휘하는 지도자(九五)를 중심으로 모여서 어울리는 것이어야 한다.   (-得中而應乎乾)

그래야 참다운 동인이라 말할 수 있다.   (-曰同人)

툭 터진 광야에서 동지를 구하여 어려운 사업을 성취하는 것은 건덕(乾德)을 행(行)하는 것이다.   (-同人于野亨利涉大川 乾行也)

세상을 빛나게 밝혀 건강하게 하고 중심자리를 바르게 차지하여 호응하는 것이 군자의 올바른 도리이다.   (-文明以健 中正而應 君子正也)

오직 군자라야 능히 세상 사람들이 바라고 있는 뜻을 통하게 할 수 있다.   (-唯君子 爲能通天下之志)

육이(六二)는 구오(九五)와 응(應)하는 관계이지만 모두가 화합(和合)해야 하는 동인(同人)괘에서는 육이(六二)가 오로지 구오(九五)만을 따른다면 구차(苟且)하게 된다. 그러므로 동인(同人)의 육이(六二)는 구오(九五)를 중심으로 용덕(龍德)을 발휘하는 다른 건(乾)들과도 소통(疏通)하여야 한다.

동인(同人) 한답시고 나쁜 무리와 어울리다 보면 부지불식간(不知不識間)에 세속(世俗)에 영합(迎合)하는 향원(鄕員)이 될 수 있으니 조심해야 한다. 향원(鄕員)은 무지한 촌민들이나 속여먹는 사이비지식인(似而非知識人)을 의미한다. 옛날에 지방관청의 별감(別監)이나 좌수(座首) 중에 그런 사람이 많았다.

象曰

天與火同人　　　　　　　　　　천여화동인

君子以 類族辨物　　　　　　　　군자이 유족변물

높은 하늘과 높은 곳을 향하는 불이　　(-天與火同人)
함께하는 것이 동인(同人)의 괘상(卦象)
이다.

군자(君子)는 동인(同人)의 괘상을 보　(-君子以)
고서

사물의 다름과 같음을 살펴서 종류　　(-類族辨物)
를 분별하며 유유상종(類類相從)한다.

됨됨이에 다른 점이 있더라도 뜻을 같이할 수 있는지를 분별(分別)함으로써 동지(同志)가 될 수 있다. (-類族辨物 所以審異而致同也/유족변물 소이심이이치동야)

- 주희(朱熹) 〈주역본의(周易本義)〉

〈同人 初九爻〉

사사로운 친함을 따지지 않고 동지(同志)를 구한다. 이는 편벽(偏僻)된 마음의 문을 열어야 가능한 일이다.

初九 同人于門 无咎   동인우문 무구

(사사로이 친소(親疎)를 가리지 않고) 문을
나서서 널리 동지(同志)를 구하니 허물
이 없다.

초구(初九)는 과거(過去)에 활동한 바가 없으므로 그 움직임에 속박(束縛)이 없다. 그러므로 문을 나서면서 곧바로 동지를 구하여 서로 의지(依支)해도 허물이 없다.

象曰 出門同人 又誰咎也   출문동인 우수구야

문을 나서서 곧바로 동지를 구하여도
아무도 탓하지 않는다.

동인(同人)괘 초구(初九)처럼 문을 나서서 동지(同志)를 구하는 일, 또는 지괘(之卦)인 둔(遯)괘 초육(初六)처럼 적당한 시점에 은둔(隱遁)하는 일은 사사로운 욕심(慾心) 없이 스스로 한다면 허물 될 까닭이 없다. 동지(同志)는 사사로운 욕심 없이 스스로 문을 나서서 구하는 것이어야 좋고, 은둔(隱遁)은 등 떠밀려 나가기 전에 제때에 스스로 물러나는 것이어야 좋다.

〈同人 六二爻〉

파벌위주(派閥爲主)로 사람을 구한다면 인색(吝嗇)하고 부끄러운 일이다.

六二 同人于宗 吝   동인우종 인

동지(同志)를 구(求)한답시고 종족(宗族)
이나 끌어모으면 부끄러울 일이다.

象曰 同人于宗 吝道也   동인우종 인도야

동지를 구한답시고 종족(宗族)이나 파
벌에 빠지면 부끄러운 도리이다.

그런 일을 하면 나중에 구오(九五)가 큰 소리로 울부짖다가 군사를 일으키게 된
다. (-先號咷而後笑 大師克/선호도이후소 대사극)

〈同人 九三爻〉

지도자(九五/구오)를 제치고 욕심을 채우려고 이웃이어서 친밀함을 기화(奇貨)로 육이(六二)를 넘보지만, 지도자가 강성(強盛)하니 어찌해 볼 수가 없다.

九三

伏戎于莽 升其高陵	복융우망 승기고릉
三歲不興	삼세불흥

구오(九五)를 제치고 육이(六二)와 어울리려는 분수(分數)에 넘친 야심(野心)을 품은 구삼(九三)이 군사(軍士)들을 수풀 속에 매복(埋伏)시켜 놓고는 구오(九五)를 칠 기회를 엿보는데	(-伏戎于莽)
구오(九五)가 높은 언덕, 즉 존귀(尊貴)한 곳에 올라가서 상황을 살펴보고 있으므로	(-升其高陵)
삼 년이란 긴 시일이 지나도록-두려워서 감히-복병을 일으키지 못한다.	(-三歲不興)

象曰

伏戎于莽 敵剛也	복융우망 적강야
三歲不興 安行也	삼세불흥 안행야

군사들을 수풀 속에 매복시키는 것은 적이 강하기 때문이다.	(-伏戎于莽 敵剛也)

삼 년이 지나도 못했는데 어찌 일을　　　(-三歲不興 安行也)
일으킬 수 있겠는가?

〈同人 九四爻〉

　구사(九四)도 역시 구삼(九三)을 타고 넘어가서 육이(六二)를 얻으려 하지만 한계를 넘기 직전에 공격을 거두니 길하다.

九四 乘其墉 弗克攻 吉	**승기용 불극공 길**
구사(九四)도 육이(六二)를 취하고 싶은 마음에 구삼(九三)을 타고 넘어가려 하지만	(-乘其墉)
구삼(九三) 또한 군사를 매복하고 기다리고 있음을 알고는 의리상 넘어가지 못하여 물러나니 길하다.	(-弗克攻 吉)

象曰

乘其墉 義弗克也　　　　　승기용 의불극야

其吉 則困而反則也　　　　기길 즉곤이반칙야

담장인 구삼(九三)을 타고 넘으려다가 못하는 것은 의리(義理)상 그러할 수 없다는 뜻이다. (-乘其墉 義弗克也)

의리(義理)상 그러할 수 없다고 보는 이유는 구사(九四)가 육이(六二)와 제대로 응(應)하는 관계가 아니고 이웃도 아니기 때문이다. 그것이 길한 이유는 의리상 곤란함을 알고 원칙적인 상황으로 돌아오기 때문이다. (-其吉 則困而反則也)

이미 담장 위에 올라있으면서도 타고 넘지 못하는 것은 욕심(慾心)과 의리(義理) 사이에서 갈등(葛藤)하는 상황을 뜻한다. 원칙(原則)에 맞는 쪽으로 돌아온다는 것은 진퇴양난(進退兩難)일 때 결단(決斷)하여 의리(義理)를 택한다는 것이다. 자기 분수(分數)를 지켜 의로운 결단(決斷)을 하면 마음도 편안하고 길하게 된다.

〈同人 九五爻〉

국가적 지도자의 길을 가고자 하는 사람은 자주 고독에 빠져서 울부짖는다. 그러나 동지(同志)들을 만나 마음이 맞을 때는 웃는다. 대동지공(大同至公)의 관점(觀點)에서 동지들의 뜻을 중히 여긴다.

동인(同人)괘에서의 지도자는 자기의 주장을 내세우기보다는 딱딱한 강(剛)을 버리고 화(和)를 중시하는 것이다.

계사전(繫辭傳) 상(上) 8장(章)의 二人同心 其利斷金 同心之言 其臭如蘭(이인동심 기리단금 동심지언 기취여란)은 동인(同人)에서 화(和)의 중요성을 말한 것이다.

九五

同人 先號咷而後笑　　　　　　　　동인 선호도이후소

大師克 相遇　　　　　　　　　　　대사극 상우

어울림에서 처음에는 방해요소가 많　　　(-同人 先號咷而後笑)
아 울부짖다가 나중에는 동지로 만나
서 웃는다.

방해요소가 있으면 강대(强大)한 병　　　(-大師克 相遇)
력(兵力)으로 무찌르고 동지를 만나
야 한다.

*咷=도. 울다.

象曰

同人之先 以中直也　　　　　　　　동인지선 이중직야

大師相遇 言相克也　　　　　　　　대사상우 언상극야

구오(九五)가 동인(同人)에서 선두(先頭)　　　(-同人之先 以中直也)
에 서는 것은 마음의 중심(中心)이 잡
혀있어서 강직(剛直)하기 때문이다.

방해와 타협하지 않고 강대한 병력을　　　(-大師相遇 言相克也)
써서 만난다는 것은 방해를 이겨낸다
는 뜻이다. 강대한 병력, 즉 대동지공
(大同至公)의 뜻으로 수풀 속에 매복한
군사, 즉 내부(內部)의 소인심(小人心)을
이겨내고 동지(同志)로 만나는 것이다.

인간관계가 진정(眞情)으로 친해지려면 그들 상호 간의 속마음에 소인(小人)됨의 끼어듦을 엄격(嚴格)히 배제(排除)시켜야 한다.

〈同人 上九爻〉

대동지공(大同至公)의 일은 동지(同志)들을 모아 제도권의 현실에 참여하는 것인데 만나는 이유가 어정쩡한 변두리(-郊外/교외) 의식(意識)으로는 동지를 구하기 어렵다. 동지가 없으면 현실에 참여하여 일하기도 어렵다. 현실에 참여하여 일한 바가 없는 어울림만 하며 살아온 상구(上九)라면 무슨 후회할 일인들 있겠는가?

上九 同人于郊 无悔　　　　　**동인우교 무회**

변두리에서 사람들과 어울림이니　　(-同人于郊)
할 일이 없고 후회할 것도 없다.　　(-无悔)

象曰 同人于郊 志未得也　　　　**동인우교 지미득야**

변두리에서 어울림으로는 뜻한 것을　　(-同人于郊 志未得也)
이루지 못한다.

현실제도권에 뛰어들지 않으면 어울려 봐야 뜻을 이룸에는 별로 효과 없다.
이유(理由) 없는 만남이나 시기(時機)를 놓친 만남의 예(例):
① 동인(同人)괘 상구(上九)는 여행 도중에 스치듯 어울리는 인연들처럼 만나는 이유가 불분명하여서 진지(眞摯)하지 못한 상황을 말한 것이다.

② 구(姤)괘 상구(上九)는 경로당의 할아버지와 할머니들처럼 때늦은 만남이어서 진지(眞摯)할 수 없는 상황을 말한 것이다.

〈동인(同人)괘의 실생활(實生活) 응용(應用)〉

① 밖으로 나가서 사람을 만나고 미래의 포부에 대해 활발히 대화한다. 동지(同志)는 밖에 나가서 찾아보고 어울려 대화(對話)하며 구해야 한다. 집안에만 있거나 어울려 보지 않으면 뜻함을 모르므로 함께 할 일도 없게 된다.

② 리더는 공동 목표점(-指向點)을 미리 정하고 도중의 역할과 도달 후의 배분 여부와 배분 기준을 미리 마련한다. 성과가 커질수록 배분에 관한 분쟁 가능성도 커지기 때문이다.

동인(同人)괘는 예쁘장한 소녀를 여러 청년이 보호하여 절세미인으로 자라도록 돕거나 재능 있는 소년을 여러 사람이 뜻을 모아 대성(大成)하도록 지원(支援)하는 형국으로도 볼 수 있다.

*교(郊)와 야(野): 교(郊)는 야(野) 안에 있다. (-다소 먼 곳. 郊外/교외 등.) 야(野)는 광원(廣遠, 曠遠)한 들판을 말한다.

十四

火天大有 (화천대유)

☲ 離上 (리상)
☰ 乾下 (건하)

〈卦의 성격(性格) 요약(要約)〉

내괘(內卦)는 건(☰乾)이고 외괘(外卦)는 리(☲離)이다. 외괘(外卦)의 중심에 하나의 음효(陰爻)가 있고 나머지는 모두 양효(陽爻)이다. 태양이 중천에 떠서 온화하게 세상을 비춰주므로 풍년(豊年)이 들 괘상(卦象)이다. 유일한 음효가 온화하게 주재자의 자리에 앉아서 다섯 양효를 포용하고 이끌어가니 풍년 든 들판에서 거둔 곡식이 곳간마다 가득하여서 살림살이가 풍요롭고 성대하다. 아래에는 강건하고 위에는 지혜에 밝은 사람들이 있으며 그들 중심에 온화한 주재자가 자리하여 이끌어가는 복되고 만사가 형통하는 괘상이다.

화천대유(火天大有)괘는 풍부(豊富)한 물질적 소유상태를 상징하기도 하고 한 인간의 덕과 능력이 충만(充滿)한 정신적 풍요상태를 상징하기도 한다.

화천대유(火天大有)괘의 호괘(互卦)에는 택천쾌(澤天夬)괘가 들어있다. 대유(大有)괘의 주재자(主宰者)인 육오(六五)가 소인(小人)의 도를 쓰면 결단 제거(一夬)의 대상이 된다는 뜻이 잠재해 있는 것이다. 화천대유(火天大有)괘는 호괘(互卦)를 통하여 크게 가진 복(福)된 운(運) 속에 들어있는 불행(不幸)의 씨앗을 암시(暗示)하며 조심해야 한다고 가르치고 있다.

〈괘사(卦辭)와 단사(彖辭), 대상사(大象辭)〉

卦辭: 大有 元亨　　　　　　　　대유 원형

대유(大有)에는 개창(開創)의 시초(始初)　　　(-元亨)
부터 형통(亨通)함이 있다.

굳세고도 밝은 성품으로 높은 자리에 앉은 자(六五/육오)가 선(善)하고 부드러운 방법으로 상하(上下)의 양(陽)들을 포용(包容)하므로 큰 소유를 이룰 수 있다. 다만 크고 많은 소유 자체가 크게 이롭다거나 옳다고까지는 말할 수 없다. 부드러움으로 큰 것을 소유하게 된다는 것과 소유한 큰 것으로 의로움을 실현할 수 있느냐는 것은 별개의 문제이기 때문이다. 대유(大有)란 본래 견고(堅固)한 것이 아니다. 그것을 오래 지키려면 수양(修養)을 계속하여 덕(德)을 쌓아 중용(中庸)을 지키고 겸손(謙遜)하여야 한다.

선순환(善循環)의 길로 계속 가려면 대유초기(大有初期)에 교만(驕慢)을 주의하고 지극(至極)한 대유 상태가 된 뒤에는 지나치게 추구(追求)하지 않도록 조심해야 한다. 이미 이룬 대유를 잘 써서 넘침을 피하고 선순환을 이루어야 오래 유지할 수 있다. 배움의 기초단계에서의 미세한 차이가 나중에는 사람됨의 성패(成敗)를 가르듯이 초기 단계에서의 대비(對備)와 수양(修養)의 차이가 사업의 흥망(興亡)을 가른다.

彖曰
大有　　　　　　　　　　　대유

柔得尊位 大中而上下應之 曰大有

유득존위 대중이상하응지
왈대유

其德 剛健而文明 應乎天而時行
是以元亨

기덕 강건이문명 응호천이시행
시이원형

대유 즉, 소유함이 크게 되는 이유는
(-大有) 유(柔-六五/육오)가 존귀한 자리
를 얻고 그 중용의 큰 덕에 상하가 호
응하기 때문이다.

(-柔得尊位 大中而上下應之 曰大有)

그 덕이 강건하고 밝으며 하늘의 뜻
에 응하여 때에 맞게 행하고

(-其德 剛健而文明 應乎天而時行)

크게 선(善)하여서 의도(意圖)하는 일마
다 형통(亨通)하게 되는 것이다.

(-是以元亨)

象曰
火在天上 大有
君子以 遏惡揚善 順天休命

화재천상 대유
군자이 알악양선 순천휴명

태양(불)이 중천에 떠서 모든 것이 분
명하게 드러나는 것이 대유의 괘상
이다.

(-火在天上 大有)

군자는 이 괘상의 분명함을 보고 선
악을 가려내어서 악(惡)을 누르고 선
(善)을 높임으로써 하늘의 아름다운
명(-休命/휴명)에 따른다.

(-君子以 遏惡揚善 順天休命)

*遏=알. 막다.
*休=①선미(善美)할 휴. 좋다. ②기뻐하다(喜). 복록(福祿). ③쉴 휴.

〈大有 初九爻〉

크게 두 갈래의 해석 태도가 있다.

① 사귐(-어울림)이 없어 해롭다. 사귐이 없으니 어찌 허물이 아니겠는가? 다만 사물(事物)과의 인연을 끊고 잠룡처럼 은둔하여 어려움을 견딘다면 무구리라. - 왕부지(王夫之)

② 교만(驕慢)이나 사치(奢侈) 등 해로운 것을 가까이하지 않는다. (-无交害/무교해) 부유(富裕)함 자체가 허물이 되지는 않는다. 해로운 것에 빠지면 허물이 된다. - 정이(程頤), 주희(朱熹)

初九 无交害 匪咎 艱則无咎	무교해 비구 간즉무구

① 왕부지(王夫之)의 견해: "사귀지 않아서 해롭다."

초구(初九)가 먼 아래에서 오만하게 다중(多衆)을 어기고 다른 양효(陽爻)들과 달리 밝음을 주는 육오(六五)와 사귐이 없어서 해로움이 있으니 어찌 허물이 아니겠는가?
(-无交害 匪咎)

그렇지만 주(周)나라 무왕(武王) 때의   (-艱則无咎)
백이, 숙제(伯夷, 叔齊)처럼 사귀지 않
고도 끝까지 어려움을 견디면서 지낸
다면 허물은 없을 것이다.

② 정이(程頤)와 주희(朱熹)의 견해: "사귀지 않아서 이롭다."
교만이나 사치 등의 해로움에 관여   (-无交害 匪咎)
함이 없으면 대유 자체는 허물이 아
니다.
부유하다 보면 자칫 허물을 자초(自招)   (-艱則无咎)
하기 쉬우니 조심해야 한다.

*害=①해. 해치다. 손해. 시기하다.
　　②갈. (의문 조사) 어찌~하지 않느냐(-時日害喪/시일갈상; 書經)
*匪=비. ①아니다(不) (-我心匪石 不可轉也/아심비석 불가전야-〈시경(詩經)).
　　　②도적(盜賊).
　　　③발어사(發語辭)- 이, 저(-彼/피).
*匪咎?, 匪咎!=비구?, 비구! --- "어찌 허물이 아니리오?"라고 꾸짖는 말로 본 것이 왕부지(王夫之)의 견
해이고, "허물이 아니다!"라고 본 것이 정이(程頤)와 주희(朱熹)의 견해이다.

象曰 大有初九 无交害也　　　　　　　**대유초구 무교해야**

① 왕부지(王夫之)의 견해
대유괘(大有卦)의 초구(初九)는 밝음을
주는 육오(六五)와 사귐이 없어서 해로
움이 있는 것이다.

② 정이(程頤)와 주희(朱熹)의 견해
　　대유(大有) 집안의 성장기(成長期) 자
　　녀들은 향락(享樂)이나 낭비(浪費) 등
　　악습(惡習)에 빠지지 않도록 주의해
　　야 한다.

〈大有 九二爻〉

　강건(剛健)하고 재능이 있으면서 부드럽고 겸손하면 중책(重責)을 맡기어도 능히
감당(堪當)한다.

九二 大車以載 有攸往 无咎　　　　**대거이재 유유왕 무구**

큰 수레에 짐을 가득 싣고 가는 것처　　(-大車以載)
럼 중책(重責)을 맡아
임무(任務)를 잘 수행(遂行)해 나아가니　(-有攸往 无咎)
허물이 없다.

象曰 大車以載 積中不敗也　　　　**대거이재 적중불패야**

큰 수레에 짐을 싣는다는 말은　　　　(-大車以載)
구이(九二)가 큰 임무(任務)를 맡아서　(-積中不敗也)
중용(中庸)의 도(道)에 따라 잘 감당(堪
當)해 나아간다는 말이다.

역사소설 삼국지에서 제갈량(諸葛亮)의 예(例)가 그런 모습이다.

〈大有 九三爻〉

대유자(大有者)는 사회적 성취를 독점하지 말고 세금 등의 부담을 기꺼이 이행(履行)해서 국민을 위한 일에 쓰도록 공공의 사업을 거들어야 한다.

九三 公用亨于天子 小人 弗克　　　　**공용향우천자 소인 불극**

진정한 대유자(大有者)라면 국가와 사　　　(-公用)
회의 큰 사업에 그것을 써서

주권자(主權者)인 천자(天子)나 민주　　　(-亨于天子)
국민(民主國民)의 일이 형통하게 해
야 한다.

소인(小人)은 사심(私心)을 이겨내지 못　　　(-小人 弗克)
하여서 그렇게 할 수가 없다.

*亨=①향(享/형과 같음.). 드리다.
　　②형. 형통하다(-모든 일이 뜻대로 잘 됨).
　　③팽(烹). 삶다.
*克=극. 사심(私心)을 이겨내다.

象曰 公用亨于天子 小人 害也　　　　**공용형우천자 소인 해야**

대유자(大有者)는 마땅히 나라의 주인 　　　　(-公用亨于天子)
(主人)인 천자(天子), 또는 국민(國民)을
형통하게 해야만 하는데
소인(小人)은 부유(富裕)함을 독단(獨斷) 　　　　(-小人 害也)
하며 불순(不順)하게 거역(拒逆)하니 대
유(大有)가 오히려 해롭다.

소인(小人)은 세력(勢力)이 강해지면 윗사람의 지휘받기를 거부한다. (小人處大有則
尾大不掉/ 소인처대유즉 미대부도)

*掉=도. 바로잡다. 흔들다.

〈大有 九四爻〉

부유(富裕)할수록 드러내지 말고 겸손(謙遜)하여야 한다.

九四 匪其彭 无咎　　　　　　　　　**비기팽(방) 무구**

그 성대한 북소리는 (자기를 위한 것이 　　　(-匪其彭 无咎)
아니라 주권자를 위한 것이라 하며) 세(勢)
를 드러내지 않으니 허물이 없다.

*彭=팽(방). ①북소리. 옆/곁(-匪其彭 无咎)
　　②강성(强盛)한 모양. -[彭湃(팽배/방배)-사물이 맹렬한 기세로 일어남]
　　-물결이 맞부딪쳐 솟구침(-방배동은 한강 물의 彭湃洞인가?)

구사(九四)는 대유(大有)이면서 강성(强盛)한 주권자와 가까이 있으니 겸손해야 한다. 그렇지 않으면 강성한 주권자로부터 미움을 받게 된다.

象曰 匪其彭无咎 明辨晳也　　　　　비기팽무구 명변석야

"匪其彭无咎"란 지혜로운 자가 명석
하게 분별함을 의미한다.

*晳(晰) =①석. 밝을 석(절). 총명하다(-哲/철)
　　　　②제. 별이 빛날 제.

〈大有 六五爻〉

성실한 믿음으로 아랫사람을 대하되 위엄을 지켜야 한다. 위엄을 잃으면 아랫사람이 윗사람을 함부로 여겨 그 뜻에 대비함이 없게 된다. 위에서 위엄으로 대비하지 않으면 메아리처럼 아래에서도 대비함이 없게 되어 함부로 처신하게 된다.

六五 厥孚交如 威如 吉　　　　　궐부교여 위여 길

믿음으로 성실하게 사귀되 위엄을 보　　　(-厥孚交如 威如 吉)
여서 만만하게 여기지 않도록 행동해
야 길(吉)하다.

人心安易 若專尙柔順則陵慢生 故 必戒威如則吉
/인심안이 약전상유순즉능만생 고 필계위여즉길

마음이 순해서 유순하기만 하면 업신여기고 능멸하게 된다. 그러므로 반드시 위엄을 보여 함부로 처신하지 못하게 해야 한다.

-정이(程頤)

象曰

厥孚交如 信以發志也	궐부교여 신이발지야
威如之吉 易而无備也	위여지길 이이무비야

성실함으로 사귀는 것은 믿음으로 뜻을 펼치는 것이다.	(-厥孚交如 信以發志也)
위엄이 있으면 길하다는 것은	(-威如之吉)
남들에게 내가 쉬운 사람으로 여겨지면 조심하는 마음이 없이 대할 것이기 때문이다.	(-易而无備也)

음(陰)이 중심이 되어 이룬 대유(大有)괘에서는 본래 위엄(威嚴) 요소와 올곧은 이로움 (-利貞/이정)의 요소(要素)가 부족하다. 그러므로 초기(初期)에는 주변(周邊)에 친근감(親近感)을 심어주어서 대유(大有)를 이루어야 하지만 오래도록 대유를 유지(維持)하려면 위엄(威嚴)을 세워 위험(危險)요소의 등장(登場)을 예방(豫防)해야 한다.

〈大有 上九爻〉

상구(上九)는 지극(至極)히 큰 소유를 누리면서도 권세(權勢)와 지위(地位)의 티를 벗어나서 현명(賢明)한 자(六五/육오)와 성실한 믿음으로 사귀는 한편, 육오(六五)의 복된 삶을 하늘이 돕는 것처럼 돕는다.

上九 自天佑之 吉无不利　　　자천우지 길무불리

　상구(上九)는 대유(大有)의 극(極)에 있으면서 모두의 정신적 지주 역할을 한다. 상구(上九)는 육오(六五)의 성실과 믿음을 숭상하고 응원해준다. 육오(六五)가 현명하게 신뢰와 위엄으로 여러 양(陽)들을 이끄는 점을 받들어주는 것이다. 그러므로 육오(六五)는-

　하늘 같은 상구(上九)로부터 도움을 받　　　(-自天佑之)
아서
　길하여 이롭지 않음이 없다.　　　(-吉无不利)

*天=천. 하늘. 여기의 천(天)은 육오(六五)의 입장에서 보는 상구(上九)를 의미한다. -왕부지(王夫之) 〈주역내전(周易內傳)〉

象曰 大有上吉 自天佑也　　　대유상길 자천우야

　대유의 상구(上九)가 맨 윗자리에 있으　　　(-大有上吉)
면서도 길한 것은
　스스로 하늘처럼 육오(六五)를 돕기 때　　　(-自天佑也)
문이다.

　상구(上九)는 대유(大有)괘의 극(極=꼭대기)에 있으면서 육오(六五)가 성실과 믿음으로 행동하고 겸손하게 처신하는 것을 보고 육오(六五)를 돕는다. 대유(大有)괘의 지괘(之卦)인 뇌천대장(雷天大壯) 상육(上六)도 그 뜻이 비슷하다.

雷天大壯 上六: 不能退 不能遂 不詳也 艱則吉 咎不長也

/뇌천대장 상육: 불능퇴 불능수 불상야 간즉길 구부장야

물러나려니 체면이 상하고 나아가려니 힘이 없다. 신중하게 살피지 않은 탓이다. 강장(强壯)의 어려움을 알아 유(柔)하게 처신하면 길(吉)하여 허물이 자라지 않는다.

〈대유(大有)괘의 실생활(實生活) 응용(應用)〉

① 복된 운(運) 속에는 항상 불행의 씨앗이 스며들어 있음을 명심(銘心)해야 한다. 대유(大有)의 리더가 쩨쩨하게 소인(小人)의 도를 쓰면 제거 대상이 된다.

② 선순환(善循環)의 길: 대유초기에는 교만(驕慢)을 주의하고, 지극한 대유 상태가 되면 나쁜 일에는 손대지 않고 좋은 일에는 아끼지 말고 잘 써야만, 선순환이 가능하다.

이미 가득한데도 욕심에 취하여 넘치도록 추구하면 위험해진다. 대유자(大有者)는 자만(自慢)하면 안 된다. 겸손(謙遜)해야 한다.

十五

地山謙 (지산겸)

☷ 坤上 (곤상)
☶ 艮下 (간하)

〈卦의 성격(性格) 요약(要約)〉

　내괘(內卦)는 간(☶艮)이고 외괘(外卦)는 곤(☷坤)이다. 내괘(內卦)의 삼효위(三爻位)에 하나의 양효(陽爻)가 있고 나머지는 모두 음효(陰爻)이다. 하나의 양(陽)이 여러 음(陰)들 사이인 삼효위(三爻位)에 있으니 득중(得中)한 것이 아니고, 떨쳐 일어날 수 있는 초효(初爻)의 위치도 아니어서 부족(不足)한 점이 있다. 그러므로 겸손(謙遜)하게 처신(處身)하여 부족한 점을 메운 후에 이익을 취하고자 한다.

　겸(謙)은 본래 남는 곳의 물건을 덜어서 부족한 곳에 보탠다는 뜻이다. 인품(人品)에서 겸(謙)은 자기를 낮춤이다. 겸양(謙讓), 겸손(謙遜), 겸허(謙虛)의 뜻이다. 겸(謙)은 군자의 마지막 공부(工夫)이다. 수행자(修行者)의 마지막 수행은 바로 겸손함을 익히는 것이다.

　겸(謙)괘의 괘상(卦象)은 땅 아래에 산이 있는 형상이다. 높은 것이 낮은 것의 아래에 있는 모습이 바로 겸(謙)괘의 모습이다. 겸(謙)괘의 덕(德)은 소유(所有)하고도 자처(自處)하지 않고 높이 있어도 자랑하지 않으니 익을수록 고개를 숙이는 벼 이삭을 닮았다. 겸괘(謙卦)의 여섯 효사(爻辭)에는 어디에도 허물 되거나 불리한 내용이 없다.

어떤 괘(卦)의 각 효(爻)가 음(陰)이 양(陽)으로, 양(陽)이 음(陰)으로 효변(爻變)한 것을 착(錯)괘라 하는데 지산겸(地山謙)괘의 착(錯)괘는 천택리(天澤履)괘가 된다. 리(履)는 예(禮)를 행하는 것을 의미한다. 겸손(謙遜)한 자는 행례불처(行禮不處) 한다. 예(禮)에 맞게 행동할 뿐 자처(自處)하지 않는 것이다.

*自處=자처. 자기 자신을 어떤 사람으로 여기어 그대로 처신하거나 자만(自慢)함.

주역에서 말하는 삶의 세계에는 강(强)하여 지배(支配)하는 자와 약(弱)하여 지배받는 자가 두루 섞여 있고 그들의 마음가짐과 행동지침(行動指針) 또한 다양(多樣)하다. 주역 64괘 중에서 손(巽)괘가 피치자(被治者-약한 자)의 행동지침을 말한 것이라 한다면 겸(謙)괘는 치자(治者-강한 자)의 마음가짐을 이끄는 것이라 할 수 있다.

〈괘사(卦辭)와 단사(彖辭), 대상사(大象辭)〉

卦辭: 謙 亨 君子有終　　　　　　겸 형 군자유종

겸(謙)은 힘이 있음을 자처(自處)하지
않으니 형통(亨通)하다. (성장하고 번영
한다.)
군자의 겸손(謙遜)에는 아름다운 끝맺
음이 있다.

끝맺음이 아름답지 못하면 진정한 군자의 겸손이 아니라고 보는 것이 유가(儒家)

의 견해(見解)이다. 유가(儒家)에서는 노자(老子) 36장(章)인 미명(微明=어둠 속에서의 밝은 지혜)에서 보여주는 겸손은 끝맺음이 아름답지 못한 것으로서 소인(小人)의 술수(術數)나 병가(兵家)의 음모술(陰謀術), 신불해(申不害)나 한비자(韓非子) 등 법가(法家)의 학설과 통할 뿐이라고 본다.

將欲歙之 必固張之, 將欲弱之 必固强之
/장욕흡지 필고장지, 장욕약지 필고강지
將欲廢之 必固興之, 將欲脫之 必固與之
/장욕폐지 필고흥지, 장욕탈지 필고여지,
是謂微明 柔弱勝剛强
/시위미명 유약승강강
魚不可脫於淵 國家利器 不可以示人
/어불가탈어연 국가이기 불가이시인

장차 거두려면 반드시 잠시 베풀고, 장차 약하게 하려면 반드시 잠시 강하게 해준다. 장차 없애려면 반드시 잠시 흥하게 해주고, 장차 빼앗으려면 반드시 잠시 주어야 한다. 이를 일러 "밝음을 감춤"이라고 하는데, 유약한 것이 견고한 것을 이기는 길이다. (그러려면) 물고기는 연못을 벗어나서는 안 되고, 나라에 이로운 기물을 남에게 보여서는 안 된다.

- 노자(老子) 36 미명(微明) 장(章)

彖曰
謙亨   겸형
天道下濟而光明 地道卑而上行   천도하제이광명 지도비이상행

天道虧盈而益謙 地道變盈而流謙　　천도휴영이익겸 지도변영이유겸

鬼神害盈而福謙 人道惡盈而好謙　　귀신해영이복겸 인도오영이호겸

謙　　겸

尊而光 卑而不可踰　　존이광 비이불가유

君子之終也　　군자지종야

겸(謙)이 형통한 것은　　(-謙亨)

군자(君子)인 구삼효(九三爻)가 펼치는 하늘의 도리가 아래에 혜택을 베풀어 빛나며　　(-天道下濟而光明)

땅의 작용이 낮은 데서 위로 올라가서 호응하기 때문이다(하늘은 만물을 낳게 하고 땅은 그것을 받아 지켜서 호응한다는 뜻이다).　　(-地道卑而上行)

하늘의 작용은 가득 찬 것을 덜어서 겸손한 것에 보태주고　　(-天道虧盈而益謙)

땅의 작용은 가득 찬 것을 변하게 하여 겸손한 것으로 흐르게 한다(산을 깎아서 계곡으로 흘러가게 한다.)　　(-地道變盈而流謙)

귀신은 가득 찬 것에게 해를 주고 겸손한 자에게 복을 주며　　(-鬼神害盈而福謙)

사람의 도는 가득 찬(교만한) 것을 싫어하고 겸손한 것을 좋아한다.　　(-人道惡盈而好謙)

겸손함은 고귀하면서도 빛나고　　(-謙 尊而光)

| 낮은 처지에 있어도 무시하여 뛰어넘 | (-卑而不可踰) |
| 을 수 없으니 | |

| (이것이) 군자로서 유종의 미를 거두는 | (-君子之終也) |
| 것이다. | |

*道=도. ①이치. 도리(道理-마땅히 지켜야 할 바른길). 근원. 방법.

　　　②작용. 기능(一陰一陽之謂道/일음일양지위도). 주의(主義). 사상(思想).

　　　③길. 방향. 행정구획.

　　　④가르치다(-智者之道善矣/지자지도선의).

　　　다스리다(-道千乘之國/도천승지국-〈논어(論語)〉). 말미암다.

*天道=천도. 하늘의 도리. 天理. 자연의 법칙.

*濟=제. ①일을 이루다(-天道下濟而光明/천도하제이광명). 구제하다.

　　　②쓰다(-臼杵之利 萬民以濟/구저지리 만인지제)

　　　③많고 성하다(-濟濟多士/제제다사)

　　　④통하다(-强濟天下/강제천하-〈회남자(淮南子)〉)

　　　⑤같다. 같게 하다(=齊/제). 모두.

*虧=이지러질 휴. 덜어내다.

*踰=넘을 유. 뛰어넘다.

象曰

地中有山 謙　　　　　　　　　지중유산 겸

君子以 裒多益寡 稱物平施　　군자이 부다익과 칭물평시

낮은 땅 아래에 높은 산이 있는 것이 겸의 괘상이다.	(-地中有山 謙)
군자가 이 괘상을 보고 많은 곳에서 덜어내어 적은 곳에 보태며	(-君子以 裒多益寡)
사물의 균형이 잡히도록 공평하게 나누어준다.	(-稱物平施)

왕부지(王夫之)는 "裒多益寡 稱物平施/부다익과 칭물평시"를 다음과 같이 해석하였다. 공감(共感)이 가는 해석이다. 다만 단전(彖傳)의 "天道虧盈而益謙 地道變盈而流謙 천도휴영이익겸 지도변영이유겸"과는 문맥이 상충(相衝)되는 점이 있어서 거슬린다.

> 많이 가진 이들은 모으는 것을 계속할 수 있도록 이끌어주고 (-裒多) 적게 가진 이들에게는 보태주어서 (-益寡) 사물들 각각의 사정(事情)에 알맞도록 고루 베푼다. (-稱物平施) 각기 본래 있어야 할 모습에 들어맞도록 할뿐 절대로 사사로움을 보이지 않는다. 산도 땅일 뿐이다. 그러기에 산도 보탤 수는 있어도 덜어낼 수는 없다는 것을 알아야 한다. 군자가 백성들에게 혜택을 베푸는 데 있어서는 큰 덕에 힘써야지 쩨쩨하게 작은 은혜를 주고받기로 베풀어서는 안 된다. 도(道)대로 다스릴 줄 모르는 이들은 병들거나 게으른 빈민들만을 일방적으로 역성들며, 부유한 사람들을 착취함으로써 그 빈민들의 질투와 시기심에 영합하려 하는데 이는 혼란을 길러내는 길일뿐이다. 기근(饑饉)에 세금면제(稅金免除)는 좋아도 모든 곡식의 가격을 똑같게 하는 것은 나쁘고, 어떤 부역자(附逆者)를 사면(赦免)할 수는 있어도 모든 부역자를 똑같게 대할 수는 없다. 천하의 만물이 들쭉날쭉한 것은 물(物)들의 실정이 본디 그러하기 때문이다. 본디 그러함을 무시하고 없애려 한다면 왕망(王莽)의 한전제(限田制-周의 井田法)처럼 혼란만을 가중할 것이다.
>
> -왕부지(王夫之) 〈주역내전(周易內傳)〉

☞ 왕부지(王夫之-1619~1692): 명말청초(明末淸初)의 학자. 한족(漢族)이 지배하던 명(明)나라가 여진족(女眞族=滿洲族/만주족)의 청(淸)나라에 망한 것을 슬퍼하여 평생 벼슬을 포기하고 유가(儒家)의 학문에 열중하였다. 그의 역사관(歷史觀)은 청나라 말기의 배만혁명사상(排滿革命思想)에 영향을 주었다.

왕망(王莽-기원전 45~기원후 23): 전한(前漢) 왕조를 무너뜨리고 신(新: 8~23)을 건립하였다가 15년 뒤 후한(後漢)의 광무제(光武帝)에게 망함.

현대정치에서도 왕부지(王夫之)가 말한 쩨쩨한 정치 술수가들이 종종 나타난다.

〈謙 初六爻〉

애초부터 겸손한 모습으로 처신하면 험난함도 이겨낸다. 겸손은 시의적절(時宜適切)함으로 돌아가는 것이다. 바로 시중(時中)이다. -〈중용(中庸)〉 평범한 가문에서 태어난 특출한 인물이거나 평범한 벗 중에서 두드러진 인물이면 더욱더 겸손한 처신이 필요하다.

初六 謙謙君子 用涉大川 吉 　　　겸겸군자 용섭대천 길

겸손하고 겸손한 군자가 겸손한 방식
을 씀으로써 큰 강을 건너니 길하다.
(일상의 기초적인 겸손부터 익혀서 높은 수
준의 이치까지 체득하니 삶이 형통하다.)

象曰 謙謙君子 卑以自牧也 　　　겸겸군자 비이자목야

겸손하고 겸손한 군자란 자기 자신을
낮추어서 스스로를 기르는 사람이다.

---

*牧=목. 기르다(-君子卑以自牧也/군자비이자목야). 치다(다스리다).
*自牧=自處(자처).
*牧猪奴戱=목저노희. 도박(賭博)을 일컫는 말.
　(도박은 돼지를 기르는 사람들이나 즐기는 천한 놀이라는 뜻.)

어떤 사람의 됨됨이와 그가 장차 어떤 일을 할 것인지를 살펴보려면 평소(平素)
에 그가 스스로를 위하여 무엇을 기르며 지내고 있는지를 알아보면 된다. 인재(人
才)를 목(牧)하는지, 학문(學文)을 목(牧)하는지, 기예(技藝)를 목(牧)하는지, 도박(賭博)
기술이나 연마(鍊磨)하러 다니는지를….

　　牧者 養之以待用云爾/ 목자 양지이대용운이 목(牧)이란 장차 쓸모를 기다리
　　면서 배양(培養)하는 것이다.

　　　　　　　　　　　　　　　　　　　　　- 소식(蘇軾) 〈동파역전(東坡易傳)〉

〈謙 六二爻〉

　진실로 겸손하면 그것이 음성과 안색에 나타나서 상대방이 바로 느낄 수 있다.
정치인들이 선거철에 임박(臨迫)해서 벌이는 포장마차, 막걸리, 촌로(村老) 방문 등
은 표를 얻으려는 가장(假裝)된 겸손일 뿐이다.

　　六二 鳴謙 貞 吉　　　　　　　　　명겸 정 길

겸손하고자 하는 나의 마음에 상대방   (-鳴謙)
이 공감한다.

내가 올바르면 길하다.   (-貞吉)

마음 가득히 겸손하면 그것이 말투와 안색에 나타나서 상대방이 알 수 있게 된다. 비위 맞춤이 아니고 올바르게 겸손하면 길하지 않겠는가?

象曰 鳴謙貞吉 中心得也   **명겸정길 중심득야**

"鳴謙貞吉/명겸정길"이란 나의 겸손   (-中心得也)
함이 음성과 안색에 나타나서 상대
방의 속마음을 얻는 것을 뜻한다.

〈謙 九三爻〉

업적(業績)을 올리고도 겸손하다. 공(功)을 이루었음에도 끝내 자랑하지 않는 것, 그것이 겸(謙)의 온전한 모습이다.

九三 勞謙 君子有終 吉   **노겸 군자유종 길**

애써 공을 이루고도 겸손한 군자는
끝내 자랑하지 않으니 길하다.

부아유삼보(夫我有三寶): 자(慈), 검(儉), 불감위천하선(不敢爲天下先)
나에게 세 가지 보물이 있다. 자애로움, 검소함, 감히 천하에 나서지 않음이다.

-〈노자(老子) 67-삼보장(三寶章)〉

象曰 勞謙君子 萬民服也　　　　　　노겸군자 만민복야

공로(功勞)가 있으면서도 겸손한 군자
에게는 만민(萬民)이 감복(感服)한다.

노겸(勞謙)의 예(例):

子曰 孟之反 不伐/ 자왈 맹지반 불벌

공자 이르기를 맹지반은 자기 자랑을 하지 않았다.

奔而殿/ 분이전

적에게 패하여 달아날 때 후미에서 적을 막았지만

將入門 策其馬曰/ 장입문 책기마왈

성문에 이르러서는 말에 채찍을 가하면서

非敢後也 馬不進也/ 비감후야 마부진야

일부러 뒤처진 것이 아니라, 말이 나아가지를 않았다고 말했다.

*伐=벌. 자랑하다.
*奔=분. 패주하다.
*殿=전. 후미 부대.
*策=책. 채찍질하다.

즉 그는 용감하여 전쟁에서 퇴각할 때도 뒤에서 적을 막느라고 가장 나중에 왔
는데, 먼저 온 사람들을 비겁자로 만드는 행위가 될까 봐서 자기가 타고 온 말 탓

을 한 것이다. 자기의 공(功)을 전혀 내세우지 않은 맹지반의 자세가 바로 노겸(勞謙)의 자세라고 공자는 본 것이다. ― 〈논어(論語) 옹야편(雍也篇)〉

〈謙 六四爻〉

겸손하지만 원칙은 지킨다. 법도를 지키면서 겸손한 자세로 일에 임하면 만사가 순조롭다.

六四 无不利撝謙　　　　　　　무불리휘겸

모든 일에 겸손함으로 대처하니 이롭지 않음이 없다.

象曰 无不利撝謙 不違則也　　　무불리휘겸 불위칙야

겸손하되 사회적 법규(法規)나 상식(常識)을 어기지 않는다.

〈謙 六五爻〉

권세를 자제하며 겸손하게 대했음에도 오만하게 구는 자는 징벌(懲罰)해야 한다. 한(漢)나라 초기의 치국(治國)은 황로(黃老) 사상에 입각한 무위지치(無爲之治)였다. 진(秦)이 법가사상에 의거한 가혹한 통치 때문에 멸망한 것임을 교훈 삼은 것이다. 그러나 무위지치(無爲之治)가 황실의 권위를 추락시키자 불손한 세력이 생겼다. 불손한 세력은 정벌해야 한다. 겸(謙)괘 육오(六五)의 효사(爻辭) 내용은 이런 배경을 참고하여 해석한다.

六五 不富以其隣 利用侵伐 无不利　　불부이기린 이용침벌 무불리

육오는 부유하지 않게 지내면서 부귀와 빈천을 가리지 않고 겸손함을 행하고 욕심을 줄여서 이웃의 마음을 얻는다.

　　　　　　　　　　(-不富以其隣)

(이처럼 서로 더불어 구제하려고 힘쓰는데 그 뜻에 복종하지 않는 무리가 있다면) 복종하지 않는 무리는 정벌하여서 불리함이 없게 만든다.

　　　　　　　　　　(-利用侵伐 无不利)

겸손하게 대하는데도 오히려 오만하게 거역한다면 정벌하는 것이 이롭다는 뜻이다.

정벌 전쟁 중이거나 사업기반을 넓혀나가는 중에는 자기의 부유를 탐하면 안 된다. 도중에 생기는 획득물을 탐(貪)하지 않고 고루 나누어주면 지지자가 늘어난다.

象曰 利用侵伐 征不服也　　이용침벌 정불복야

"利用侵伐/이용침벌"이라는 말은 겸손하게 대하는데도 복종하지 않는 오만한 무리는 정벌하는 것이 이롭다는 뜻이다.

　　　　　　　　　　(-征不服也)

〈謙 上六爻〉

늙고 힘이 빠져서 별수 없이 겸손한 것으로 비친다면 이는 겸손이 지나친 것이다. 그렇게 생각하도록 만들면 멀리 있는 사람들은 말할 것도 없고, 측근(側近)들조차 오만(傲慢)해져서 복종(服從)하지 않으니 (-鳴謙/명겸), 어쩔 수 없이 스스로 독한 수를 써서 바로잡기에 나서야 한다. (-利用行師) 그러나 이미 힘이 쇠미하여서 가까이 있는 이들에게만 쓸 수 있을 뿐이다.

上六 鳴謙 利用行師 征邑國	**명겸 이용행사 정읍국**
나의 겸손함이-극에 달하여 힘이 빠져있다는 것을-상대가 느껴서 불복하니	(-鳴謙)
스스로 독한 마음으로 강무(剛武)의 수를 써서 바로잡아야 한다.	(-利用行師)
그러나 이미 극도로 늙어 힘이 쇠미하니 가까이 있는 이들에게만 쓸 수 있을 뿐이다.	(-征邑國)

象曰	
鳴謙 志未得也	**명겸 지미득야**
可用行師 征邑國也	**가용행사 정읍국야**
나의 겸손함에 힘이 빠졌음을 상대가 느꼈다면 내 겸손이 뜻을 이루지 못한 것이다.	(-鳴謙 志未得也)

불복상황을 바로잡기 위한 징벌 조치   (-可用行師 征邑國也)
는 가까이 있는 이들에게만 쓸 수 있
을 뿐이다.

상육(上六)의 명겸(鳴謙)은 명겸(冥謙)으로 보아서 해석할 수도 있다. 겸괘(謙卦)의 종괘(綜卦-뒤집어 놓은 괘)인 16번 예괘(豫卦)의 상육(上六)이 명예(冥豫)인 점을 보면 겸괘(謙卦)의 상육(上六)도 명겸(鳴謙)이 아니고 명겸(冥謙)으로 볼 수 있기 때문이다.

> *명예(冥豫)=환락(歡樂-즐거움)에 빠져서 어둡다.
> *명겸(冥謙)=겸손(謙遜)에 빠져서 어둡다.

겸괘(謙卦) 상육(上六)의 겸손(謙遜)을 명겸(冥謙)으로 보면, "참된 겸손의 이치를 모르고 겸손의 정도가 지나치면 오히려 비굴해질 뿐이다. 그러면 가까이 있는 사람들에게까지 무시당하고 불복하는 꼴을 보게 된다. 스스로 강하게 입장을 취한다면 가까이 있는 사람들의 태도는 어느 정도 고칠 수 있다."라고 해석할 수 있다.

여하튼 나의 겸손함이 상대방에게 전달되지 않는 상황으로 느껴질 때는 마음과 태도를 바꾸는 것이 필요하다. 과다한 겸손 표시를 하지 않도록 조심하거나, 아니면 나의 겸손함을 상대방이 인정해주든 말든 마음에 담지 말고 무시하는 것이다.

유(柔)는 강(剛)을 만나 서로 화합(和合)하여 구제(救濟)를 이루는 것인데, 상육(上六)에 이르러 힘이 약해질 때까지 나의 겸손함이 아직도 인정(認定)받지 못하고 명겸(鳴謙/冥謙) 상태라면 이는 한심(寒心)한 일이다. 그러니 작심(作心)하여 태도를 바꿔보리라.

내가 앞으로는 과다한 겸손 표시를 하지 않거나 상대방이 나의 겸손함을 인정해주기를 아예 바라지 않는 쪽으로….

겸자(謙者)와 오만자(傲慢者)의 예(例)

① 겸자(謙者)의 예(例), 주문왕(周文王):

周文王 篤仁敬老慈少 禮下賢者 日中不暇食以待士

/주문왕 독인경로자소 예하현자 일중불가식이대사

주문왕은 인에 독실하고 노인을 공경하고 어린이를 사랑하였으며 현명한 신하를 예로 대하고 식사 도중에도 선비를 기다리게 하지 않았다.

②오만자(傲慢者)의 예(例), 은(殷)의 주왕(紂王):

殷紂 資辨捷疾 聞見甚敏 材力過人 手格猛獸 知足以拒諫 言足以飾非

/은주 자변첩질 문견심민 재력과인 수격맹수 지족이거간 언족이식비

은의 주왕은 판단이 성급하고 듣고 보는 것이 민첩하고 재주와 체력이 초인적이었다. 맨손으로 맹수를 때려잡고 아는 것이 많아서 간언을 거절할 정도였으며 말솜씨가 좋아서 자기의 비행(非行)을 아닌 것처럼 꾸며댈 정도였다. -사기(史記) 주은본기(周殷本紀)

〈겸(謙)괘의 실생활(實生活) 응용(應用)〉

① 겸손한 사람은 다른 사람들이 싫어하는 곳에 머물고 다른 사람들이 서로 앉으려고 다투는 곳이 아닌 자리에 앉는 등, 이득 없는 곳에 가 있음으로써 해(害)를 피한다.

② 일할 때 서둘지 않고 앞장서지 않으며 물질에 집착(執着)하지 않는다.

③ 부(富)와 명예(名譽)에 겸손(謙遜)까지 갖춘다면 당연히 편안한 삶을 누릴(豫) 것이다.

④ 겸손의 덕은 아래쪽으로 베풀어지는 것이다. 위쪽에 있는 사람들에게는 겸손이 아닌 공손(恭遜)으로 보일 뿐이다.

주역을 읽는 시간에는 정신이 잠시 편안하게 보호받는 느낌을 받는다. 마치 여행 도중 노천카페의 캐노피 아래에서 맛보는 커피 한잔의 시간과 같은 느낌이다. 주역은 이처럼 읽는 사람이 정신적 여유와 질서(秩序)를 찾도록 도와준다. 나에게 주역을 읽는 시간은 삶의 여가(餘暇)에 짬짬이 누리는 소중한 정신적 사치(奢侈)의 시간이다.

雷地豫 (뇌지예)

☳ 震上 (진상)
☷ 坤下 (곤하)

〈卦의 성격(性格) 요약(要約)〉

내괘(內卦)는 곤(☷坤)이고 외괘(外卦)는 진(☳震)이다. 예(豫)괘는 사효(四爻) 위치에 하나의 양효(陽爻)가 있고 나머지는 모두 음효(陰爻)이다.

곤(☷坤)은 땅을 상징하며 순종(順從)과 고요함을 의미한다. 땅(大地)의 고요함 속에는 움직임이 예정되어 있다. 때에 맞게 떨쳐 일어난 양(陽)을 만나면 그에 따라 움직인다는 이치가 들어있는 것이다. 진(☳震)은 우레를 상징하며 홀연(忽然)히 움직이는 진동(震動)을 의미한다.

예(豫)라는 글자에는 세 가지 의미가 있다.

① 사전(事前)에 대비하다(-君子以思患而豫防之/군자이사환이예방지).

② 마음이 평화롭고 즐겁다. 예괘(豫卦)는 상하(上下)의 인심(人心)이 화락(和樂)한 상(象)이다.

③ 게을리하다(-怠慢/태만). 주저(躊躇)하다.

큰 것을 소유한 후에(14번 大有卦/대유괘) 겸손하면(15번 謙卦/겸괘) 반드시 즐겁다. (16번 豫卦/예괘). (-有大而能謙 必豫/유대이능겸 필예)

　　예괘(豫卦)는 지상(地上)에 양기(陽氣)가 약동(躍動)해서 만물이 즐기는 봄을 상징한다. 천지(天地)와 인간(人間)은 모두 순리(順理)를 따라 움직인다. 즐거움은 게으름을 부르기 쉬운 것이니 삶의 기쁨에만 들뜨지 말고 항상 예비(豫備)하고 변화(變化)를 모색(摸索)해야 한다. 예괘(豫卦)에는 즐기더라도 도리(道理)에 순응(順應)해서 즐겨야 한다는 뜻이 담겨 있다.

　　예괘(豫卦)는 전체적으로 인심(人心)이 화락(和樂)한 형국(形局)을 나타내지만, 각각의 효(爻)는 구체적 상황마다 조심해야 할 주의사항을 말하고 있다.

　　① 미리 계획하고 준비하라.

　　② 순서에 따라 노력하라.

　　③도리(道理)에 순응(順應)하라.

　　④오락(娛樂)이나 취미(趣味)에 탐닉(耽溺)하면 안 된다… 등등.

〈괘사(卦辭)와 단사(彖辭), 대상사(大象辭)〉

卦辭: 豫 利建侯行師	예 이건후행사
예(豫)는 통쾌(痛快)하다거나 화락(和樂)하다-즐겁다-는 뜻이다.	(-豫)
임금이 천하(天下)를 화락(和樂)하게 하는 일은 속국(屬國)에 제후(諸侯)를 세워서 왕실의 번병(藩屏=울타리)으로 삼아 군대(軍隊)를 동원할 수 있게 해야 이롭다.	(-利建侯行師)

지도자의 움직임에 모든 사람이 따르는 것이 바로 예괘(豫卦)의 상(象)이다.

彖曰

豫 剛應而志行 順以動 豫	예 강응이지행 순이동 예
豫順以動 故 天地如之	예순이동 고 천지여지
而況建侯行師乎	이황건후행사호
天地以順動 故 日月不過而四時不忒	천지이순동 고 일월불과이사시불특
聖人以順動 則刑罰淸而民服	성인이순동 즉형벌청이민복
豫之時義大矣哉	예지시의대의재

예(豫)는 하늘의 이치에 순응하여 굳세게 움직이는 양(陽)의 뜻이 행해지고	(☳:震)
땅의 이치에 순응하여 음(陰)들이 순종(順從)하므로 즐겁다(☷:坤). (-豫 剛應而志行 順以動 豫) 이처럼 순리에 따라 즐거이 움직이는 것이 예(豫)이다.	(-豫順以動)
그러므로 천지도 그와 같이 순리대로 움직인다.	(-故 天地如之)
하물며 인간이 제후를 세우고 군대를 출동함에 있어서야 어떻겠는가? 순리대로 하지 않을 수 있겠는가?	(-而況建侯行師乎)
천지는 순리대로 움직인다. 그래서 해와 달이 빗나가게 움직이지 않고 사계절(四季節)이 어김없다.	(-天地以順動 故 日月不過而四時不忒)

성인도 순리에 따라 움직이기 때문에   (-聖人以順動 則刑罰清而民服)
형벌이 맑아져서 백성들이 마음으로
복종한다.

예(豫)괘의 상황이 가지는 의미는 참   (-豫之時義大矣哉)
으로 크다 할 것이다.

---

*應=응. ~을 따라서 움직이다(-同聲相應/동성상응). 합치기를 고대하다.

어떤 괘(卦)에 유일(唯一)한 음효(陰爻)나 양효(陽爻)가 있으면 그 효의 힘이 세다. 다른 효들이 모두 그 유일한 효에 응(應)하여 합치기를 원하기 때문이다. 위치상 응(應)이냐 불응(不應)이냐를 따지지 않는다. 예(豫)괘는 유일(唯一)한 양효(陽爻)에 모든 음효(陰爻)가 호응(呼應)하는 상(象)이다.

예(豫)괘에는 구사(九四)가 유일(唯一)한 양효(陽爻)인데 음위(陰位)인 사효(四爻) 자리에 위치(位置)하니 바르지 못한 곳에 있는 셈이다. 그렇지만 상괘(上卦)가 통쾌(痛快)한 움직임을 뜻하는 진(震)이어서 하괘(下卦)인 곤(坤)이 활동(活動)하도록 터전을 제공(提供)한다. 그러므로 예(豫)괘는 홀연(忽然)히 움직여서 통쾌(痛快)하게 일을 이루는 분위기쇄신(雰圍氣刷新)의 상(象)을 담고 있다.

비정상적인 방법으로 양강(陽剛)의 자리를 차지한 전(前/全) 대통령(大統領)에게 민심(民心)을 수습하려면 국가적 잔치마당을 벌이라고 조언(助言)하여 88올림픽의 유치(誘致)를 결심하게 한 주역인(周易人)이 있었다는데 아마도 예(豫)괘에서 힌트를 얻었을 것이다.

대의재(大矣哉)라는 말에는 때(時)와 의(義)와 용(用)이 큰 것을 칭찬하는 뜻이 있다.

대의재(大矣哉)라는 말이 쓰인 괘(卦)

때(時)　　 : 27 이(頤). 28 대과(大過). 40 해(解). 49 혁(革).

때와 의(義) : 16 예(豫). 33 둔(遯). 44 구(姤). 56 여(旅).

때와 용(用) : 29 감(坎). 38 규(睽). 39 건(蹇).

象曰

雷出地奮 豫　　　　　　　　　뇌출지분 예

先王以 作樂崇德 殷薦之上帝　　선왕이 작악숭덕 은천지상제

以配祖考　　　　　　　　　　　이배조고

대지를 진동시키는 우레처럼 땅을 뚫　　(-雷出地奮 豫)
고 떨쳐 나오는 것이 예이니

선왕이 이를 본받아 세상을 움직일　　　(-先王以 作樂崇德)
음악(音樂)을 만들어서 덕(德)을 높이고

성대(盛大)하게 그것을 연주(演奏)하여　　(-殷薦之上帝)
상제(上帝)에게 바침으로써

조상(祖上)의 덕(德)을 음악으로 구체화　　(-以配祖考)
(具體化)하였다.

인간사회(人間社會)의 모든 생태조직(生態組織)에는 가문(家門), 사회단체, 국가를 막론하고 그들 나름의 정신적(精神的) 유산(遺産)이 있다. 그 유산에 대한 자부심(自負心)이 뚜렷할수록 그들 공동체(共同體)의 소속감(所屬感)과 결속력(結束力)은 강해진다. 공동체(共同體)의 정신적(精神的) 유산(遺産)에 대한 자부심(自負心)이 희미해지면 자기의 정체성(正體性)도 희미해져서 부끄러운 짓을 하고도 뻔뻔하게 큰소리치는 누추한 모습으로 타락(墮落)하고 만다.

숭덕(崇德)을 위한 작악(作樂-追慕曲/추모곡), 성묘(省墓), 유품(遺品), 유훈(遺訓) 등은 조상(祖上)의 존재(存在)에 대한 막연(漠然)한 인식(認識)을 역사적 존재에 대한 자부심(自負心) 넘치는 인식으로 구체화(具體化)시키는 역할(役割)을 한다.

자서전(自敍傳)은 스스로를 역사적 존재로 구체화(具體化)시키려는 작업의 결과물이라고 볼 수 있다.

〈豫 初六爻〉

윗사람의 총애(寵愛)에 들떠서 교만(驕慢)해진 모습은 흉하다. 그것은 권세(權勢)에 빌붙어서 그 즐거움을 드러내는 것이기 때문이다.

初六 鳴豫 凶	명예 흉
(음유(陰柔)한 소인(小人)이 위에 있는 힘센	(-鳴豫)
이의 원조로 때를 얻어 일을 주관하는데)	
그 즐거움을 이기지 못하여 스스로	
음성에 나타나니	
흉하다.	(-凶)

*鳴=명. ①어조(語調)와 음성(音聲)에 나타나다. (새가) 울다. 소리가 나다.
　　　②부르다(-새가 짝이나 새끼를 부름-鳴鶴在陰/명학재음)
*鳴豫=명예. 즐거움을 이기지 못하여 스스로 음성에 나타나는 것을 뜻함.

象曰 初六鳴豫 志窮 凶也	초육명예 지궁 흉야

初六의 명예(鳴豫)는   (-初六鳴豫)

뜻이 궁색(窮塞)하여 성급함에 빠지는   (-志窮 凶也)

것이므로 흉(凶)하다.

아직 즐거움(-豫)을 펼쳐 나타낼 때가 아닌데 즐거움(-豫/예)에 빠져드니 흉하다.

〈豫 六二爻〉

육이효(六二爻)는 예(豫)의 때에도 홀로 중정(中正)을 지킨다. 즐거움을 만났을 때 즐기되 그에 빠지지 않는다. 기뻐하되 들뜨지는 않는 것이다. 그것을 편하게 여기거나 그것에 오래 머물지도 않는다. (-介于石 不終日/개우석 부종일) 기미(幾微)를 알아서 과(過)함에 이르지 않음이다.

기미(幾微)라는 것은 처음 동(動)하는 길흉(吉凶)의 단서(端緒)로서 아직 확실하게 드러나지 않았으나 미리 느끼거나 볼 수 있다. 군자(君子)는 기미(幾微)를 보면 드러날 일을 알고 유(柔)를 보면 강(剛)을 안다. 그러기에 사람들이 그를 높여본다. (-萬夫之望/만부지망)

六二 介于石 不終日 貞 吉   **개우석 부종일 정 길**

도리를 지키기가 돌처럼 굳어서 들뜬   (-介于石 不終日)
기쁨을 하루도 못가서 끝낸다.

올곧아서 길하다.   (-貞 吉)

*장개석(蔣介石)이라는 작명(作名)의 유래인가?

象曰 不終日貞吉 以中正也　　　　　부종일정길 이중정야

"不終日貞吉"은 중정(中正)하기 때문
이다.
중정(中正)하기 때문에 일찍 분별하고
속히 떨쳐내어서 올바름을 견고하게
지킨다.

〈豫 六三爻〉

　윗사람의 비위를 맞추며-아첨(阿諂)으로-누리는 즐거움이다. 입지(立地)가 불안
정한 사람의 권유(勸誘)나 칭찬은 아첨이 아닌지 잘 살펴봐야 한다.

六三 盱豫 悔 遲 有悔　　　　　우예 회 지 유회

올려다보고 아첨하며 즐거움을 누　　　(-盱豫)
리니
뉘우침이 늦으면 후회하리라.　　　　(-悔 遲 有悔)

象曰 盱豫有悔 位不當也　　　　우예유회 위부당야

"盱豫有悔"인 것은 육삼(六三)이 처한
자리가 마땅치 않아 불안정한 곳이기
때문이다.

육삼(六三)은 음효(陰爻)로서 중심을 벗어나서 본래 양(陽)에나 어울리는 삼효위(三爻位)에 있는데, 어울리지 않는 위치에 있음에도 즐거움을 찾으려 함을 지적(指摘)하여 경계(警戒)한 것이다.

〈豫 九四爻〉

대신(大臣)의 자리에서 군주(六五)의 신임을 받아 그를 대신(代身)하여 일하니 즐겁다. 그러나 천하의 임무를 신하가 담당함은 위태롭고 의심받기 쉬우니 조심할 일이다. 지성(至誠)으로 일하여 신임(信任)에 보답함으로써 의심받지 않게 만들어야 한다. 그러면 붕류(朋類=동료 신하)가 구름처럼 빨리 모일 것이다.

九四	
由豫 大有得	유예 대유득
勿疑 朋 盍簪	물의 붕 합잠

구사(九四)로 말미암아 즐거움이 비롯되니 (-九四 由豫), 즐거움의 실현자(實現者)로서 크게 목적을 달성한다.	(-大有得)
의심(疑心)하지 않게 만들면 붕류(朋類-동료)가 구름처럼 빨리 모일 것이다.	(-勿疑 朋 盍簪)

*盍=①합. 덮다. 합하다. ②何/하, 何不/하불-(疑問/의문이나 反語/반어)
*簪=잠. ①聚(취)하다. 모으다. 비녀.
　　②빠르다(-敏速/민속).

象曰 由豫大有得　志大行也　　　　유예대유득 지대행야

"由豫大有得"은 뜻이 크게 실현된다
는 말이다.

〈豫 六五爻〉

음유(陰柔)의 군주로서 예(豫)의 때를 당하여 즐거움에 빠져 자립하지 못하는 자
이다. 권력은 잃고 지위만 남아 있다. 그러나 중정(中正)의 도(道)를 지키면 망(亡)하
지는 않는다. 몽(蒙)괘의 동몽군주(童蒙君主=六五/육오)는 성장을 위하여 남(九二/구이)
에게 맡기고 의지함이 마땅하지만, 예(豫)괘의 성인군주(成人君主=六五/육오)가 즐거
움을 탐하여 남(九四)에게 권세를 맡김은 위태로워서 망할 수도 있는 일이다. 지나
친 향락에 빠지지 말고 조심하며 대처해야 한다.

六五 貞 疾 恒不死	정 질 항불사
군주의 지위에 있음은 올바른 일이 지만	(-貞)
실권을 휘두르는 신하의 제재를 받으며 지냄은 괴로움이라 할 수 있다.	(-疾)
군주로서 바르고 곧은 도리를 지켜야 오래도록(恒/항) 망하지 않을 것이다.	(-恒不死)

象曰

六五貞疾 乘剛也	육오정질 승강야
恒不死 中未亡也	항불사 중미망야

육오가 올바른데도 괴로운 것은 강
(剛)한 신하 (-九四/구사)를 타고 있기
때문이다.
오래도록 죽지는 않는다 함은 중심을
지켜 올바른 도를 잃지 않는다는 뜻
이다.

군주(君主)가 신하(臣下)에게 권세(權勢)를 맡기는 두 가지 경우

① 성장을 위하여: 4번 몽(蒙)괘의 동몽군주(童蒙君主-六五)는 성장을 위하여 남
(九二)에게 맡기고 의지함이 마땅하다.

② 즐거움을 탐하여: 16번 예(豫)괘의 성인군주(成人君主-六五)가 즐거움을 탐(貪)하
여 남(九四/구사)에게 권세(權勢)를 맡김은 위험하여 망할 수도 있는 일이다.

〈豫 上六爻〉

즐거움에 빠져서 이성(理性)을 잃으면 멸망(滅亡)이 눈앞이다.

上六 冥豫 成 有渝 无咎	명예 성 유투 무구

즐거움에 빠져서 어두워졌으나　　　　　(-冥豫 成)

달라지려고 마음을 고쳐먹으면 허물   (-有渝 无咎)
이 없을 것이다.

象曰 冥豫在上 何可長也　　　　　　　**명예재상 하가장야**

즐거움에 빠져 어두운 채로 윗자리에   (-冥豫在上)
있으니

어찌 장구(長久)할 수 있겠는가.   (-何可長也)

재앙(災殃)과 허물이 다가온다. 그러므로 속히 변해야 마땅하다.

〈예(豫)괘의 실생활(實生活) 응용(應用)〉

① 밝고 긍정적인 사람이 되자. 사람은 즐거운 곳에 모이고. 분위기가 밝은 사람을 좋아한다. 그러나 무드(mood)에 약해지지 않도록 주의한다.

② 자기를 과시(誇示)하는 언행(言行)을 조심해야 한다. 자기과시는 남의 즐거움을 깎을 뿐만 아니라 자기의 품격도 깎아내리는 처사이다.

③ 교제비의 과도한 지출도 삼가는 것이 좋다.

④ 은퇴(隱退)도 일종의 예(豫-暇)의 상태이다. 완성의 즐거움이 가득 채워졌는데도 변하지 않으면 그 여유로움이 오래 지속될 수 없다. 그러므로 변해야 한다. 자아실현(自我實現)에 힘을 기울여볼 만할 때다.

즐겁고 편안한 생활(豫)을 하는 사람에게는 그를 따라서 즐기려는 무리가 생기고 (-隨/수), 어울려 지내다 보면 나태(懶怠)해지기 쉽고 그러면 내부에 문제가 생긴다. (-蠱/고)

– 〈서괘전(序卦傳)〉

十七

澤雷隨 (택뢰수)

☱ 兌上 (태상)
☳ 震下 (진하)

〈卦의 성격(性格) 요약(要約)〉

　내괘(內卦)는 진(☳震)이고 외괘(外卦)는 태(☱兌)이다. 수(隨)는 남이 나를 따름을 뜻한다. 양(陽)이 스스로 판단(判斷)하여 음(陰)을 따름을 의롭게 여기면 음(陰)도 양(陽)에 화답(和答)하여 따르기에 수(隨)괘는 물건과 물건이 서로 따르는 괘상(卦象)이다. 괘의 전체적 상황은 내괘(內卦)의 옳은 움직임에 외괘(外卦)가 즐거이 따르는 형국이다. 수괘(隨卦)는 중년(中年)의 실력 있는 남자가 연하(年下)의 명랑한 여자에게 반하여 양(陽)으로서 음(陰)에 낮추어 그 뜻 안에서 움직이니 (연못 속에서 우레가 진동함.) 음(陰)도 좋아하며 양(陽)을 따라 움직이는 형국이다. (-澤中有雷 隨)

　若所隨不貞 則雖大亨而不免於有咎也/약소수부정 즉수대형이불면어유구야
따를 바를 올바르게 선택하여 진지하게 따르면 결과가 좋다. 따를 바가 바르지 못하면 비록 크게 성취하더라도 허물은 면하지 못하게 된다.

- 정이(程頤)

수(隨)괘에서 내괘(內卦)의 진(☳震)은 태(☱兌)의 아래이니 일종의 가을철 우레와 같다. 그 힘이 여름철 우레처럼 힘차게 진동하지 못하고 잔잔하다. 그러므로 서로의 움직임도 잔잔하게 상황변화에 맞추어 고쳐나가는 것이 좋다. 왕성(旺盛)하던 기운이 쇠(衰)하는 변운(變運)의 시기에는 따름의 도를 제대로 지키는 것이 중요하다.

*隨=수 .①따라가다(-澤中有雷隨/택중유뢰수). (-隨鄕入鄕/수향입향). 수행하다.
　　　②거느리다. 허락하다.
　　　③발(-不拯其隨/부증기수)
*不拯其隨/부증기수=말은 듣되 행동은 하지 않는 상하불편(上下不便)의 상(象).
　[52번 간(艮) 六二 효(爻):艮其腓 不拯其隨 其心不快/간기비 부증기수 기심불쾌]

〈괘사(卦辭)와 단사(彖辭), 대상사(大象辭)〉

卦辭: 隨 元亨 利貞 无咎	수 원형 이정 무구

따름의 도를 지키면 크게 뻗어서 발전한다.	(-隨 元亨)
따르되 실질을 잃지 않고 올바른 도리를 변함없이 지켜나가야 이롭고	(-利貞)
만사가 순조로워 허물이 없다.	(-无咎)

彖曰
隨 剛來而下柔 動而說 隨　　　수 강래이하유 동이열 수
大亨 貞 无咎 而天下隨時　　　대형 정 무구 이천하수시
隨時之義大矣哉　　　　　　　수시지의대의재

수(隨)괘는 굳센 강(剛)이 와서 부드러   (-隨 剛來而下柔 動而說 隨)
운 유(柔)에 낮춰 기쁘게 움직이고 유
(柔)도 기뻐하며 따라 움직이는 괘(卦)
이다.

크게 형통하여 올바름을 얻고 허물이   (-大亨 貞 无咎 而天下隨時)
없으니 이에 천하가 따르는 시대가
된다.

천하가 때를 따르는 의로움은 그 의   (-隨時之義大矣哉)
미가 매우 크다.

때는 하늘이 만들고 다스리는 것이다. 자기를 따르지 않고 때를 따르는 것은 하늘의 뜻을 따르는 것이다. 때를 따라 순응한다는 것에는 하늘의 뜻을 따른다는 큰 의미가 있다. 진정한 천하수시(天下隨時)는 천하가 기뻐하며 따라 움직이게 하는 것이다. 곧지 않은 자를 보면 내치지만 곧은 자를 보면 허물하지 않고 포용(包容)하는 것이다.

시대(時代)의 큰 흐름은 가지런하기만 한 것은 아니므로 시대가 긍정적 변화를 요구하는 수(隨)의 세상에는 세력 판도의 변화에 따르지 않는 자를 포용하여야 한다. 올바르면 포용하여야 크게 성장하고 이로운 것이다. 꼿꼿한 자를 허물하지 않고 포용하면 천하가 진정으로 시대의 흐름에 따르게 된다. 올곧아서 꼿꼿한 자를 허물하면서 천하의 사람들에게 자기를 따르라고 강요한다면 천하가 기뻐하지 않는 이유가 된다.

大時不齊 故 隨之世 容有不隨者也 是故大亨而利貞者 貞者无咎而天下隨時
대시부제 고 수지세 용유불수자야 시고대형이이정자 정자무구이천하수시
責天下以人人隨己 而咎其正者 此天下所以不說也

책천하이인인수기 이구기정자 차천하소이불열야

-소식(蘇軾) 〈동파역전(東坡易傳)〉

象曰

澤中有雷 隨　　　　　　　　　택중유뢰 수

君子以 嚮晦入宴息　　　　　　군자이 향회입연식

천둥 칠 수 있는 에너지가(☳震) 움직　　(-澤中有雷 隨)
여서 연못 가운데에(☱兌) 들어가 있
는 것이 수(隨)의 괘상(卦象)이다.

군자는 이처럼 우레가 못 속에 들어　　(-君子以 嚮晦入宴息)
가고 태양이 어둠 속으로 들어가서
쉬는 이치를 보고 날이 저물면 집안
에 들어와서 편히 쉰다.

뢰재택중 복이불용(雷在澤中 伏而不用) 하는 상(象)이니 당겼다가 늦추는 의미가 있
다. 당겼다가 늦추는 것이 수(隨)괘가 상징하는 형국이다.

　주불거내 야불거외(晝不居內 夜不居外), 즉 낮에는 집 안에 있지 않고 밤에는 집밖
에 있지 않은 것이 군자(君子)의 수시지도(隨時之道)였다.

*嚮=향. ①누리다. ②향하다.
*晦=회. 어둡다. 그믐.

〈隨 初九爻〉

남을 따름에 있어서 올바른 것을 좋아하고 그른 것을 미워한다. 그러면 나의 주장과 지키는 바(-主守)가 온당(穩當)해져서 길(吉)하게 된다.

초구(初九)는 하괘(下卦)인 진(震∶☳)에 있다. 설괘전(說卦傳)을 보면 진(震∶☳)은 동방(東方)이고, 제왕(帝王)은 동방(東方)에서 나온다고 쓰여 있다. (-震 東方也 帝出乎震/ 진 동방야 제출호진) 그러므로 수괘(隨卦)의 초구(初九)는 제왕(帝王)의 출현(出現)을 예고(豫告)한다고 볼 수 있다.

初九 官有渝 貞 吉 出門交 有功	관유투 정 길 출문교 유공
(소관사항(所管事項)이 바뀌게 되니) 지금까지 주장하고 지켜온 것에 변화가 생긴다.	(-官有渝)
마음을 올바르게 가지면 길하다.	(-貞 吉)
(친인척이나 사사로운 인연 등에 얽매이지 말고) 좁은 문을 벗어나서 널리 사람들과 사귄다면 공(功)을 세울 것이다.	(-出門交 有功)

뜻이 흔들리면 허물이 생긴다. 지괘(之卦)인 췌(萃) 초육(初六) 참조.

*官=관. ①각자의 몫을 챙겨주는 일을 관리함. 직무. 일.
　　　②벼슬하다. 벼슬. 위에서 아래로 임(臨)하다.
　　　③본받다(-其官於天也/기관어천야 -〈예기(禮記)〉)
*渝=투(유) ①달라지다. 변하여서 바뀌다(-change). 맑은 물이 흐려지다.
　　　②발어사(-兪/유와 같음).

象曰

| 官有渝 從正 吉也 | 관유투 종정 길야 |
| 出門交有功 不失也 | 출문교유공 부실야 |

주장하며 지켜온 일이나 관직(官職)이 변하여도 바름을 따르면 길하다.

(-官有渝 從正吉也)

문밖으로 나가서 널리 사람을 사귀면 공이 있다는 것은 (-出門交有功) 초구(初九)가 음(陰)인 육이(六二)를 따르되 양(陽)으로서 정위(正位)에 있으므로 자기의 올바른 위치만은 잃지 않는다는 뜻이다.

(-不失也)

〈隨 六二爻〉

소인(小人)과 군자(君子) 사이에서 양다리를 걸치면 누구와도 친할 수 없다. 작은 가치를 따르다 보면 큰 가치를 잃는다.

| 六二 係小子 失丈夫 | 계소자 실장부 |

소인배에게 얽매이면 대장부를 잃는다.

육이(六二)가 작은 것인 육삼(六三)에 얽매이면 본의(本意) 아니게 큰 것인 초구(初九)를 잃게 된다는 뜻이다.

象曰 係小子 不兼與也　　　　　계소자 불겸여야

소인(-六三)에게 얽매이면서 대인(-初
九)과도 겸하여 함께하지는 못한다.

　소인(小人)에게 얽매인다 함은 그른 것을 따르느라 옳은 것을 잃는 것이다. 사익(邪益)을 추구하는 파당(派黨)에 몸담고 아첨(阿諂)이나 일삼는 사람은 국익(國益)에 충실(忠實)할 수 없게 된다는 뜻이다.

〈隨 六三爻〉

　뜻이 높으며 지위(地位)도 높은 사람과 친하게 지내되 아첨(阿諂)으로 보이지 않게 처신(處身)해야 한다.

六三
係丈夫 失小子 隨 有求 得 利居貞
계장부 실소자 수 유구 득 이거정

장부(丈夫)를 따르고 소인(小人)을 멀리하니 따름으로 바라던 바를 얻는다.	(-係丈夫 失 小子 隨 有求 得)
그러나 간사(奸邪)하게 아첨하지 말고 바른 태도(態度)를 지켜야 이롭다.	(-利居貞)

육삼(六三)이 정응(正應)이 아닌 구사(九四)를 따르기에 아첨으로 의심받을 수 있기 때문이다.

象曰 係丈夫 志舍下也　　　　계장부 지사하야

장부를 따른다. 뜻이 아래를 버린 것
이다.

아래에 있는 초구(初九)를 멀리하고 위에 있는 구사(九四)를 따르는 것을 말한다.

〈隨 九四爻〉

구사(九四)는 양강(陽剛)한 군주(君主)인 구오(九五)의 바로 아래이니 의심받을 만한 지위이다. 더구나 구사(九四)도 구오(九五)처럼 양강(陽剛)의 성질을 가진 대신(大臣)이다. 민심(民心)이 구사(九四)를 크게 신망(信望)하면 군주인 구오(九五)가 의심하여 위태롭게 된다. 그러므로 충성스러운 신하임을 보여주기 위하여 성의를 다하고 공(功)을 세워야 한다.

九四
隨有獲 貞 凶　　　　　　수유획 정 흉
有孚 在道以明 何咎　　　유부 재도이명 하구

군주(君主)의 바로 아래에 있는 권력자   (-隨有獲 貞 凶).
(權力者)인 대신(大臣)이 민심(民心)의 신
망(信望)을 얻으면 바르더라도 흉(凶)할
수 있다.

정성(精誠)을 다하여 도리(道理)를 지키   (-有孚 在道以明 何咎)
고 밝게 처신하면 아무런 탈도 없을
것이다.

    아랫사람이 믿어주고 윗사람이 의심하지 않으면 높은 자리를 잘 유지할 수 있
다. 삼국지에서 촉한(蜀漢) 제갈공명(諸葛孔明)의 처신이다.

象曰

隨有獲 其義凶也   수유획 기의흉야
有孚在道 明功也   유부재도 명공야

군주(君主)와 가까운 자리에 있으면서   (-隨有獲 其義凶也)
민심(民心)의 신망(信望)도 크게 얻는
것은 그 의로움 때문에 흉할 수 있다.

(그러므로) 믿음성 있게 도리를 지켜나   (-有孚在道)
가면서

그 공(功)을-군주에게 돌리도록-명백   (-明功也)
(明白)하게 처신해야 한다.

    자기에게 모이는 민심을 군주의 전폭적인 신임의 공으로 돌릴 줄 알아야 흉함을
면한다. 그렇지 않으면 조조(曹操)에게 죽임당한 공융(孔融)같이 흉(凶)하게 된다.
    다만, 흉(凶)하되 그 의로움까지 허물로 여기지는 않는다. 유가(儒家)의 전통은 살

신성인(殺身成仁)이나 극기복례(克己復禮) 등을 아름답게 보고 개인의 생명보다 공동체를 위한 의로움을 더욱 중요한 가치로 여기기 때문이다.

*공융(孔融: 153~208): 공자(孔子)의 20세손(世孫)으로 강직(剛直)하게 한(漢) 황실(皇室)에 충성하였다.

〈隨 九五爻〉

선(善)을 따름에 있어서 지나친 바 없이 중도를 얻어서 바르니 아름답다.

九五 孚于嘉 吉	부우가 길

군주(君主=主宰者/주재자)의 위치에서 정성을 다하여 선(善)을 따르니 길(吉)하다.

象曰 孚于嘉吉 位正中也	부우가길 위정중야

"孚于嘉吉"이라 한 것은 그 위치가 정중(正中)하여 바르게 중도를 얻었기 때문이다.

〈隨 上六爻〉

굳건한 따름은 강요해서 얻어지는 것이 아니다.

上六

拘係之 乃從維之	구계지 내종유지
王用亨于西山	왕용형우서산

따름이 굳건하기가 잡아서 얽어매어 놓은 듯하고 이를 다시 동여매어 놓은 듯하다.	(-拘係之 乃從維之)
주문왕(周文王)이 서융(西戎)을 복속시켜서 따름을 형통하게 한 것이 이와 같았다.	(-王用亨于西山)

주(周)의 문왕(文王)은 서융(西戎)과의 관계를 형통하게 하는 방책을 택함에 있어서 그들이 스스로 심복(心服)하여 따라올 때까지 기다렸다. 따를 것을 강요하지 않았다. 강요에 의해서 따른다면 그 따름이 견고할 수 없다. 그러므로 주역은 심복시켜서 따르게 하는 길을 가르치고 있다. 응당 주문왕이 서융을 소통시킨 것처럼 해야 한다고…

文王之通西戎也 待其自服後從之 不强以從也 强之而後從 則其從也不固
문왕지통서융야 대기자복후종지 불강이종지 강지이후종 즉기종야불고
故 教之曰 當如王之通于西山
고 교지왈 당여왕지통우서산 -

- 소식(蘇軾) 〈동파역전(東坡易傳)〉

象曰 拘係之 上窮也　　　　　　　　　구계지 상궁야

따름이 잡아서 얽어매어놓은 듯 견고   (-拘係之)
(堅固)하다.

강요하지 않아도 얽어매어놓은 듯 따   (-上窮也)
르니, 그 도(道)의 선(善)함이 궁극(窮極)
에 이른 것이다.

택뢰수(澤雷隨)괘의 상육(上六)처럼 따름이 지극하여 "拘係之 乃從維之/구계지 내
종유지" 상태가 되면 이는 따름의 도리가 궁극에 이른 것이므로 수지극(隨之極)은
선(善)이다. (-固如此乃爲善也/고여차내위선야)

그러나 택뢰수(澤雷隨)괘의 지괘(之卦)인 천뢰무망(天雷无妄)괘 상구(上九)는 망집(妄
執) 없음이 이미 지극한데 다시 더 나아가는 것이므로, 이는 바로 망집이 된다. 그
러므로 무망지극(无妄之極)은 재앙(災殃)이 된다. (-无妄之行 窮之災也)

〈수(隨)괘의 실생활(實生活) 응용(應用)〉

① 연상(年上)의 남성 또는 연하(年下)의 여성에게서 매력을 느끼는 형국이다.

② 도움을 받았으면 크든 작든 사례(謝禮-고마운 마음 표시)를 하여야 훗날이 있게
된다.

③ 수향입향(隨鄕入鄕), 향리(鄕里-고향 마을)에 내려갔으면 향리(鄕里)의 풍속에 따
른다. 로마에 가서는 로마법을 따르라는 말이 이와 같은 의미이다.

④ 대세(大勢)에 거스르지 않는다. 자기 실력이 있다 하여도 억지 부리지 않는다.
대세는 한두 사람의 실력으로는 거스를 수 없기 때문이다.

⑤ 어려운 문제가 생기면 해결하는 데 실력자를 앞세워라. 지방의 유지(有志)에
도움 요청 등.

⑥ 대세를 장악하려면 포용력을 보여주어야 하고, 장악하였으면 포용하여야 한다. 포용은 한편으로는 목표점에 가기 위한 대세 장악의 한 방법이며, 다른 한편으로는 목표점에 도달하였을 때에 보여주어야 할 궁극의 모습이다.

⑦ 따르는 무리에게 허점을 보이지 않아야 한다.

⑧ 즐겨 따르는 무리와 방심하고 지내다 보면 반드시 내부에 말썽과 문제(蠱/고)가 생긴다. -〈서괘전(序卦傳)〉

山風蠱 (산풍고)

☶ 艮上 (간상)
☴ 巽下 (손하)

〈卦의 성격(性格) 요약(要約)〉

내괘(內卦)는 손(☴巽)이고 외괘(外卦)는 간(☶艮)이다. 고(蠱)는 깨뜨려져 있어서(-破/파) 고칠 필요가 있는 일거리(-事/사)의 뜻이다. 고(蠱)괘는 위에 굳셈이 있고 아래에 부드러움이 있어서 아래가 위를 잘 섬기는 모습이다. 위와 아래가 평안에 빠져서 지내다 보니 산 아래 바람구멍이 나서 괴란(壞亂)이 스며있거나 중년부인(中年婦人)이 젊은 남자를 유혹하는 것과 같은 상황을 나타내는 괘상(卦象)이다.

기생충, 곡식의 벌레, 정신병, 풍기문란 등 내부를 파먹는 병균(病菌)이나 괴란(壞亂)이 생기는 것이 고(蠱)인데, 이럴 경우에는 그에 대한 대비가 필요하다. 병폐(病弊)와 괴란(壞亂)이 생기면 이를 바로잡아야 향후(向後) 성장이 가능하게 되고 큰일을 하는 데 이롭다.

고(蠱)는 일거리이다. 구차(苟且)하고 나태(懶怠)한 상황(狀況)을 정리(整理)하고 혁신(革新)하는 일이다. 괴란(壞亂)이 극(極)에 이르러 다하기 전에 사물(事物)이 새로 일어나야 하기 때문이다. 괴란의 혁신에는 그때까지의 경과(經過)와 혁신 이후의 전개(展開)를 신중히 고려해야 한다.

부모의 고(蠱)는 명의(名醫)나 군자(君子)의 힘으로도 고칠 수가 없다. 그 집안의 후계자(後繼者)인 자식(子息)만이 고칠 수 있다.

〈괘사(卦辭)와 단사(彖辭), 대상사(大象辭)〉

卦辭:

蠱 元亨 利涉大川	고 원형 이섭대천
先甲三日 後甲三日	선갑삼일 후갑삼일

고(蠱)는 치고(治蠱)를 통하여 장래에 크게 성장하고 큰 냇물을 건너는 데 이롭다. (-蠱 元亨 利涉大川)

치고(治蠱)를 잘 해내려면 시작하기 전에 삼일(-先甲)과 시작한 후에 삼일(-後甲)을 조심해야 한다. (-先甲三日 後甲三日)

성장하려면 고(蠱)를 바로잡아 해로운 습관(習慣)에서 벗어나야 한다. 고(蠱)를 벗어나면 성장할 뿐만 아니라 어려운 일도 해낼 수 있다. 고(蠱)의 원인(原因)과 발단(發端)을 자세(仔細)히 알아보고 치고(治蠱)한 후의 영향(影響)도 신중(愼重)하게 살펴야 한다.

*蠱=고. ①일(-幹父之蠱/간부지고). 해독(害毒). 악기(惡氣). 미혹(迷惑)하다.
　②신칙(申飭)하다. 단단히 타일러 경계할 일(-蠱則飭也/고즉칙야).
　③ 벌레. 해충(害蟲).
*蠱卦=고괘, 괴란(壞亂)이 극(極)에 이르러 다하고 사물이 새로 일어나는 상(象).

彖曰

蠱 剛上而柔下 巽而止 蠱	고 강상이유하 손이지 고
蠱元亨 而天下治也	고원형 이천하치야
利涉大川 往有事也	이섭대천 왕유사야
先甲三日後甲三日 終則有始 天行也	선갑삼일후갑삼일 종즉유시
	천행야

고(蠱)의 괘상(卦象)은 지천태(地天泰)의 괘상에서 변화한 모습이다.

양강(陽剛)인 초구(初爻)가 위로 가고 음유(陰柔)한 상육(上六)이 아래로 와서 공손하게 멈춘 것이다.   (-蠱 剛上而柔下 巽而止 蠱)

고(蠱)는 치고(治蠱)를 잘하면 크게 성장하니 천하가 다스려진다.   (-蠱元亨 而天下治也)

고(蠱)에서 벗어나면 대천(大川)을 건너는 것 같은 큰일을 해도 이롭다.   (-利涉大川 往有事也)

치고(治蠱) 하려면 일을 시작하기 전에 고(蠱)의 발단(發端)과 추이(推移) 및 뒤따를 영향(影響) 등을 신중(慎重)하게 살펴야 한다.   (-先甲三日後甲三日)

괴란(壞亂)이 끝나면 다스림이 새롭게 시작되나니 천운(天運)의 움직임은 이런 것이다.   (-終則有始 天行也)

괘상(卦象)이 위에 굳셈(-간/艮:☶)이 있고 아래에 공손함(-손/巽:☴)이 있어서 아래가 위를 잘 봉양(奉養)하고 일을 잘 추슬러 나아가는 모습이다.

象日

山下有風 蠱　　　　　　　　　산하유풍 고

君子以 振民育德　　　　　　　군자이 진민육덕

산기슭에 바람이 일어난 것이 고(蠱)　　(-山下有風 蠱)
의 괘상이다.

(바람이 산을 만나면 돌개바람이 되어서 혼　(-君子以 振民育德)
란과 해로움을 낳기 쉽다.) 군자는 이것을
보고 백성들을 떨쳐 일으켜 혼란으로
부터 구하고 덕(德)을 길러낸다.

〈蠱 初六爻〉

아버지가 만든 폐단(弊端)을 잘 풀어줄 아들이 있으면 아버지는 허물을 면한다.

初六 幹父之蠱 有子 考无咎 厲 終吉　　간부지고 유자 고무구 여 종길

아버지가 만든 병폐를 맡아서 처리할　　(-幹父之蠱 有子)
아들이 있다면

아버지는 (죽은 후에라도) 허물을 면할　　(-考无咎)
수 있다.

아들이 그 병폐의 위태로움을 알아　　(-厲 終吉)
서 주의하고 경계하면 끝내 길하다.

象曰 幹父之蠱 意承考也　　　　　간부지고 의승고야

아버지의 병폐를 주관한다는 것은　　　(-幹父之蠱)

(자기의 허물이 아들에게만은 이어지지 않　　(-意承考也)

기를 바랐을) 아버지의 뜻을 받들어 일

하는 것이다.

〈蠱 九二爻〉

어머니가 초래한 병폐의 해결에는 임기응변(臨機應變)이 필요하다.

九二 幹母之蠱 不可貞　　　　　간모지고 불가정

어머니가 만든 병폐를 맡아서 처리함　　(-幹母之蠱)
에는

원칙(原則)만 고집(固執)할 수는 없다.　　(-不可貞)

象曰 幹母之蠱 得中道也　　　　　간모지고 득중도야

어머니가 만든 병폐를 맡아서 처리하　　　　(-幹母之蠱)
는 길은

중도(中道)를 택해야 한다.　　　　(-得中道也)

　지나치게 원칙만 고집하지 말고 유연(悠然)하게 임기응변(臨機應變)하여야 한다.
사랑을 해치지 않으면서도 바로잡을 방도(方途)를 찾아야 의로움이 손상되지 않는
다. 중도(中道)를 택하지 않고 치고(治蠱)만 생각하거나 어머니 봉양(奉養)에만 치우
친다면 폐단(弊端) 되는 일이 세상에 알려져서 불필요한 잡음과 해로움이 뒤따를
수 있거나, 한(漢)나라 초창기에 여태후(呂太后)나 두태후(竇太后)가 보여준 것과 같은
전제(專制)의 폐해(弊害)를 낳을 수 있다.

〈蠱 九三爻〉

　아버지의 병폐를 맡아서 처리하는 일에서는 다소 강경(强硬)하게 처신할 필요도
있다.

九三 幹父之蠱 小有悔 无大咎	간부지고 소유회 무대구

아버지가 만든 병폐를 맡아서 처리하　　　　(-幹父之蠱)
다 보면

다소 후회가 있겠지만 큰 허물은 없다.　　　　(-小有悔 无大咎)

　양강(陽剛)한 구삼(九三)이 중(中)에 있지 못한 탓에 다소 강함이 지나쳐서 섬김에
흠 된 점을 뉘우치는 일이 있겠지만 큰 허물은 없다.

象曰 幹父之蠱 終无咎也　　　간부지고 종무구야

아버지가 만든 병폐를 맡아서 처리　(-幹父之蠱)
하면
끝내 허물이 없게 된다.　　　　　(-終无咎也)

〈蠱 六四爻〉

　아버지가 일으킨 어긋난 일을 못 본체하지 말아야 한다. 아버지의 병폐를 고치지 못하고 방치하면 더욱 깊어지니 어찌 부끄럽지 않겠으며 다른 무엇을 시도(試圖)하고 나선들 어찌 이루는 바가 있겠는가?

六四 裕父之蠱 往 見吝　　　　유부지고 왕 견인

아버지의 병폐를 방관(傍觀)한 채로
지내다 보면 아쉬운 꼴을 보게 될 것
이다.

*裕=유. 받아들이다. 관대하다. 용납(容納)함.
*吝=인(린). ①도량이 좁아서 아쉽다.
　　　　②부끄럽다.
　　　　③아끼다(-吝嗇/인색).

象曰 裕父之蠱 往 未得也　　　유부지고 왕 미득야

아버지의 병폐를 방관한 채로 지내다
보면 얻는 것이 없다.

묵은 폐단을 방치하고 지내는 사람이 어떻게 새 일이라고 잘 해낼 수 있겠는가?
급기야 자기의 맡은 바 임무도 잘 처리하지 못하는 사람이 될 것이다.

〈蠱 六五爻〉

아버지의 병폐(病弊)를 직접 고치지 않아도 자식이 명예롭게 됨으로써 아버지의
폐단(弊端)이 간접적으로 덮인다.

六五 幹父之蠱 用譽   간부지고 용예

아버지의 병폐를 주관함에 있어서 명
예를 사용한다.

象曰 幹父用譽 承以德也   간부용예 승이덕야

아버지의 병폐를 주관하면서 명예를
이용한다는 것은 (-幹父用譽)

(내 허물이 아들에게만은 이어지지 않기를   (-承以德也)
바라는 것이 아버지의 마음일진대) 아들이
덕망(德望)과 명예(名譽)를 높여서 아버
지의 허물을 감쌈으로써 그 내심의
뜻을 이어받은 셈이 되기 때문이다.

〈蠱 上九爻〉

괴란(壞亂)의 극(極)에서 벼슬을 버리고 야(野)에 묻혀 일신(一身)을 고결(高潔)하게 보존하니 그 뜻이 모범이 될 만하다.

上九 不事王侯 高尙其事　　　　불사왕후 고상기사

왕후(王侯)를 섬기지 않으니 (-벼슬하지 않으
니) 그것은 높이 살 만하다.

象曰 不事王侯 志可則也　　　　불사왕후 지가즉야

벼슬하지 않은 뜻은 가히 본받을 만
하다.

17번 수(隨)괘와 18번 고(蠱)괘는 위와 아래가 뒤집어 놓인 종괘(綜卦) 관계이며 동시에 각 효의 음양(陰陽)이 바뀐 착괘(錯卦) 관계인데, 수(隨)괘 상육(上六) 효사의 王用亨于西山(왕용형우서산)과 고(蠱)괘 상구(上九) 효사의 不事王侯(불사왕후)는 모두가 상효(上爻)의 위치에서 그 뜻이 변이(變異)되면서 서로 보완(補完)하고 있다. 왕(王)의 지극함에 감동되어서 따르는 것은 선(善)이지만 아무리 왕후(王侯)라 하더라도 그의 폐단과 괴란이 극에 이르렀다면 섬기지 않는다.

지괘(之卦)인 지풍승(地風升) 상육(上六)을 보면 좋은 뜻이 읽힌다.

地風升 上六:
冥升 利于不息之貞
명승 이우불식지정

올라가는 일에 정신이 팔려서 쉬지 않고 올라간다면 몸을 망치기 쉽다. 다만 그 쉬지 않음이 항상 반성하며 올바른 일에 힘쓰는 것이라면 괜찮다. 꼭대기에 올랐으면 구하는 바를 자기한테 두어서 자아실현에 힘쓰는 것이 좋다.

벼슬하지 않고 자아실현(自我實現)에 힘쓰는 이유는 ① 때를 만나지 못해서, ② 자족(自足)하여서, ③ 자기의 분수(分數)를 헤아려서, ④ 천하사(天下事)로부터 은둔하고자… 등으로 다양하겠지만 그 진퇴의 처신이 각각 도리에 합치한다면 모두 삶의 모범이 될 만하다.

〈고(蠱)괘의 실생활(實生活) 응용(應用)〉

① 가끔 기분전환의 기회를 만들어서 가족 간의 근황에 관한 대화를 나누어 본다.

② 깨진 것을 재건하려면 미리미리 신중하게 계획을 짜고 실천에 노력하여야 한다.

③ 나쁜 습관(-惡習)은 고(蠱)의 대표적인 예(例)이다. 생활계획을 짜서 단호하게 실천하여 악습(惡習)을 고쳐야 한다.

④ 세대교체 시기에 반성하고 고쳐야 할 점을 돌아보아 새로운 기풍을 만들어 본다.

⑤ 고(蠱)의 이면(裏面)에는 기회요소(機會要素)가 있다. 남이 그만두는 업종(業種)-업소(業所)에 관심을 가져본다.

⑥ 말썽이나 내부의 문제 되는 일을 두려워하지 않고 처리하는 사람은 크게 자란다.

十九

地澤臨 (지택임)

☷ 坤上 (곤상)
☱ 兌下 (태하)

〈卦의 성격(性格) 요약(要約)〉

　내괘(內卦)는 태(☱兌)이고 외괘(外卦)는 곤(☷坤)이다. 임(臨)은 일을 주관(主管)하다. 내려다보다. 남이 내게 와서 군림(君臨)하다(=枉臨/왕림) 등의 뜻이다. 임괘(臨卦)는 양기(陽氣)가 아래에서 점차 자라나 음기(陰氣)에 육박하는 모습으로서 땅에 연못물이 다가가서 만물을 기르는 상(象)이다. 연못물이 아래에 임(臨)하여 땅 위의 만물(萬物)을 한없이 보호(保護)하고 기르니 아래는 기뻐하고 위는 순순히 따르며 상하(上下)가 가까이 지내는 것을 의미한다.

　임괘(臨卦)는 아래로부터 양기(陽氣)가 강하게 자라서 올라가는 상(象)이다. 사물(事物)의 진전(進展)이 빨리 이루어져서 단기(短期)에 성과(成果)를 올리는 모습이다. 그러나 급속히 성(盛)하면 쇠퇴(衰退)도 빠른 법이다. 강(强)하게 올라가던 양기(陽氣)가 쇠퇴(衰退)하면 흉조(凶兆)가 다가온다. 그러므로 꾸준히 지조(志操)를 지키며 쇠퇴할 때에 대비(對備)해야 한다. 처음으로 양(陽)이 나타나서 지뢰복(地雷復)한 후 8개월이 지나면 반드시 천산둔(天山遯)의 시기(時期)가 도래(到來)하는 것이 계절의 순환 법칙이다. 왕성(旺盛)할 때 미리 대비하면 엄혹(嚴酷)한 시절에 후회하는 일을 막을 수 있다.

아래에서 양(陽)의 기운이 봄날의 초목처럼 자라 올라오지만, 위에는 아직 네 음(陰)이 엄존(儼存)한다. 임(臨)괘는 새로운 세력(勢力)과 기존(旣存)의 세력이 서로 가까이 있는 상태이므로 두 세력이 성심으로 도우며 지내야만 좋은 관계를 지속할 수 있음을 말해주고 있다.

〈괘사(卦辭)와 단사(彖辭), 대상사(大象辭)〉

卦辭:

臨 元亨 利貞 至于八月 有凶

임(림) 원형 이정 지우팔월 유흉

(새로운 양기(陽氣)가 점점 자라나 만물(萬物)의 성장(成長)을 다스리고 있으니) 다스리는 일에 있어서는 크고 왕성하게 임(臨)해야 형통하고 바르다.	(-臨 元亨)
다만 쇠퇴할 때가 머잖아 다가온다는 점을 명심(銘心)하여 대비함이 좋다. 그러므로 지나친 장기계획(長期計劃)은 주의(注意)할 일이다.	(-利貞 至于八月 有凶)

*臨=임(림). ①다스리다. 윗사람이 아랫사람에게 가다(-枉臨/왕림)
　　　　②뵙다(-如臨父母/여림부모).
　　　　③내려다보다(-臨長晋國者/림장진국자). (-朝夕臨政/조석임정).
　　　　④크다(-大/대)
*임괘(臨卦): 양기(陽氣)가 점차 자라나 음기(陰氣)에 육박(肉薄)하는 상(象).

象曰

臨 剛浸而長 說而順 剛中而應　　　　임 강침이장 열이순 강중이응

大亨以正 天之道也　　　　　　　　　대형이정 천지도야

至于八月有凶 消不久也　　　　　　　지우팔월유흉 소불구야

임(臨)은 굳셈(剛)이 점점 침투(浸透)하　　(-臨 剛浸而長 說而順)
여 자라남을 위에서도 기꺼워하는 것
이다.

아래의 굳센(剛) 구이(九二)가 득중(得　　(-剛中而應)
中)하여 위의 육오(六五)와 정응(正應)하
기 때문이다.

아래의 굳셈(剛)이 올바름으로써 위와　　(-大亨以正)
화순(和順)하여 크게 형통하니

하늘의 이치가 그러한 것이다.　　　　(-天之道也)

(그러나) 음양(陰陽)의 순환으로 계절이　　(-至于八月有凶)
바뀌어 팔월이 되면 흉한 일이 있을
것이다.

왕성(旺盛)하게 나아가던 양(陽)도 언젠　　(-消不久也)
가는 소멸하는 것이기 때문이다.

象曰

澤上有地 臨　　　　　　　　　　　　택상유지 임

君子以 敎思无窮 容保民 无疆　　　　군자이 교사무궁 용보민 무강

임(臨)괘는 연못 위에 땅이 있어 기 (-澤上有地 臨)
슭에 서서 연못을 내려다보는 상(象)
이다.

연못가의 땅과 그 못(-澤/택)에 담긴 (-君子以 教思无窮:☷)
물은 서로 가까이하며 담아주고 아껴
주는 데 있어서 다른 무엇보다 으뜸
이다. 군자는 이를 보고 정성을 다하
여 백성을 가르칠 생각을 하며,

한없이 백성을 포용(包容)하여 보존(保 (-容保民 无疆:☷)
存)하려고 한다.

두 양강(陽剛)이 점점 자라면서 올바르게 음(陰)들과 화순(和順)하니 형통(亨通)하게
되는 것은 하늘의 이치(理致)이다. 그러나 음양(陰陽)이란 순환(循環)하는 것이 이치
이고 그 순환의 이치에 따라 계절이 바뀌는 것도 또한 하늘의 이치이다.

좋은 봄날은 오래 계속되지 못한다. 그러니 미리 경계하고 앞날에 대비해야
한다.

至于八月 有凶(지우팔월 유흉)은 군림(君臨)하느라 때를 놓치면 흉하게 된다는 말이
다. 그러므로 方盛而慮衰(방성이려쇠)-왕성할 때 쇠망할 것을 염려해야 하며, 不圖其
永久(부도기영구)-영원하기를 바라느라 무리하지 말아야 한다.

方長而慮消者 戒其速也/방장이려소자 계기속야
잘나갈 때 소멸(消滅)될 날이 올 것을 염려(念慮)하는 자는 일의 진척(進陟) 속
도(速度)가 지나치게 빠른 것을 경계(警戒)한다. 그러므로 무슨 일을 할 때 과
도(過度)하게 서두르지 않는다.

　　　　　　　　　　　　　　　　　　- 소식(蘇軾) 〈동파역전(東坡易傳)〉

〈臨 初九爻〉

아래의 양(陽=初九/초구)이 위에 있는 음(陰=六四/육사)을 감동(感動)시켜서 상하(上下)가 뜻을 하나로 합해서 일에 임(臨)한다.

初九 咸臨 貞 吉	함림 정 길

감동시켜서 뜻이 하나가 되어 일에 임한다.	(-咸臨)
초구(初九)에 감동한 육사(六四)가 호응(呼應)하는 것은 올바르므로 길(吉)하다.	(-貞 吉)

*咸=함. ①음양(陰陽)이 교감(交感)하다. 감화(感化)시키다. 두루 미치다.
　　②모두(-皆/개). 이것저것 다 휩쓸어서 봉해버리다.

감동시켜서 일하게 만들더라도 처음부터 올바른 태도와 규율은 지켜야 한다. 지괘(之卦)인 사(師)괘 초육(初六)에서도 이 점을 분명히 하고 있다.

사(師)괘 初六:

師出以律 否 臧(善) 凶	사출이율 비 장(선) 흉
失律凶也	실률흉야.

군대의 움직임에 올바른 규율이 있어야 한다.	(-師出以律)
규율이 없으면 일시적인 승리 등 어쩌다가 좋은 일이 있어도 결국 흉하게 된다.	(-否 臧(善) 凶)

규율을 잃으면 흉하다.　　　　　　　　　　　(失律凶也)

象曰 咸臨貞吉 志行正也　　　　　　**함림정길 지행정야**

"咸臨貞吉"은 올바른 뜻으로 행동할
수 있도록 감화시켜야 길하다는 말
이다.

〈臨 九二爻〉

상하(上下)가 지극히 감응(感應)하여 함께 일하지만, 위력(威力)으로 맹종(盲從)시키
지는 않는다.

九二 咸臨 吉 无不利　　　　　　**함림 길 무불리**

상하가 감응하여 지극한 마음으로 하
나 되어 일하니 길하여 모든 것이 이
롭다.

象曰 咸臨吉无不利 未順命也　　　　**함림길무불리 미순명야**

"咸臨吉无不利"는 명령에 맹종하기 때문은
아니다. -서로 감응하여 돕기 때문이다.

위에 네 개의 음(陰) 효가 뭉쳐 있으므로 구이(九二)가 무조건 압박(壓迫)한다 하더

라도 맹종할 태세는 아니다. 압박이 아니고 구이(九二)가 진심(眞心)으로 감동시키므로 서로 도울 뿐이다.

〈臨 六三爻〉

　달달한 기쁨을 주는 것으로 남에게 임(臨)하는 것은 불안하고 위태로운 방법이다.

六三 甘臨 无攸利 旣憂之 无咎	감림 무유리 기우지 무구
달달한 것으로 마음을 얻어 일하니 이로운 바 없다.	(-甘臨 无攸利)
그러나 그 위험을 이미 근심하고 있다면 허물은 없다.	(-旣憂之 无咎)

象曰	
甘臨 位不當也	감림 위부당야
旣憂之 咎不長也	기우지 구부장야

| (음(陰)이 알맞지 않은 자리인 양효위(陽爻位)에서 달달한 것을 쓰면서 일하고 있으니,) 달달한 것으로 마음을 얻어 일하는 까닭은 육삼(六三)의 위치가 마땅하지 않기 때문이다. | (-甘臨 位不當也) |

다만, 알맞지 않은 자리임을 알아서   (-既憂之 咎不長也)
근심하고 있으니 허물이 자라나지는
않을 것이다.

지괘(之卦)에서는 태(泰)괘 구삼(九三)이니 无平不陂 无往不復 艱貞无咎 勿恤其孚 于
食有福(무평불파 무왕불복 간즉무구 물휼기부 우식유복)이다. 너무 욕심부리지 않아도 먹
고 살 복(福)은 있다는 뜻이다.

〈臨 六四爻〉

적임자(適任者)가 자리에 앉으니 초구(初九)가 스스로 와서 임(臨)한다. 허물이
없다.

六四 至臨 无咎	지림 무구

초구(初九)가 스스로 육사(六四)에 와서   (-至臨)
임(臨)한다.

허물이 없다.   (-无咎)

---

*至=지. ①도래(到來)하다. 이르다(오다). 도달하다. 성취하다.
     ②두루 미치다.
     ③몹시. 지극히. 대단히.

象曰 至臨无咎 位當也	지림무구 위당야

초구(初九)가 다가와서 임(臨)하니 허물   (-至臨无咎)
이 없다는 것은

육사(六四)의 위치가 정당하고 그 처   (-位當也)
신이 위치에 맞게 온당(穩當)하기 때
문이다.

지괘(之卦)에서는 귀매(歸妹) 구사(九四)이다. 歸妹愆期 遲歸有時(귀매건기 지귀유시)
이니 혼기를 지나쳐서 늦게야 시집갈 기회가 온다는 뜻이다. 모든 일에는 알맞은
때가 있고, 모든 자리에는 적임자가 따로 있다.

〈臨 六五爻〉

스스로 별로 수고하지 않고도 성과를 올린다. 굳세고 중용의 덕을 지닌 현명한
아랫사람에게 일을 맡겨서 처리하기 때문이다.

六五 知臨 大君之宜 吉   **지림 대군지의 길**

지혜롭게 임(臨)한다.   (-知臨)

진실로 큰 사람답다.   (-大君之宜)

길하다.   (-吉)

象曰 大君之宜 行中之謂也   **대군지의 행중지위야**

진실로 큰 사람답다는 것은   (-大君之宜)

중도(中道)의 덕을 행하는 것을 의미　　　(-行中之謂也)
한다.

구이(九二) 효가 오로지 충성스러운 마음으로 일에 임함을 육오(六五)가 믿고 받아
들인다는 뜻이다.

〈臨 上六爻〉

하층 집단의 노력에 힘입어서 살아가는 상층집단은 자기들끼리 더 누리려 싸우
지만 말고 아래에 베풀 줄 알아야 한다.

上六 敦臨 吉 无咎　　　　　　**돈림 길 무구**

독실한 마음으로 임(臨)하니 길하고
허물이 없다.

象曰 敦臨之吉 志在內也　　　**돈림지길 지재내야**

독실한 마음으로 임(臨)하니 길하다는　(-敦臨之吉)
것은
독실함 이외에 마음속에 다른 뜻이　　(-志在內也)
없다는 의미이다.

"志在內"는 뜻이 내괘(內卦)에 있다는 것이다. 초효(初爻)와 이효(二爻)가 양강(陽剛)
으로서 품은 뜻이 밝고 굳세니 그들이 일에 임(臨)하는 뜻을 상육(上六)도 돈독(敦篤)

한 마음으로 따라준다는 의미이다.

　진정한 리더의 언동(言動)은 사람들이 적어두고 따르며 자기들의 행동규칙으로 삼으니 군자의 행동은 항상 그 영향을 생각하여서 지나침이 없어야 한다.

〈임(臨)괘의 실생활(實生活) 응용(應用)〉

　① 농부가 봄이 되면 가을 추수를 생각하며 씨앗선택과 파종지 선택에 신중하듯이 기운이 왕성한 시절의 청소년 학생은 진로계획과 학과, 학교 선택을 신중하게 준비한다.

　② 젊은 시절은 세상에 임하는 시기이기 때문에 변화가 많고 이사(移徙)가 잦다. 신변(身邊)의 일상용품은 지나치게 장기사용을 염두(念頭)하지 않는 것이 좋다.

　③ 무슨 일이 있어도 당황하지 말고 세상을 내려다보는 자세로 마음의 여유를 가진다.

　④ 사물이나 사람은 크게 자란 뒤에야 볼만해진다.

二十

風地觀 (풍지관)

≡ 巽上 (손상)
≡≡ 坤下 (곤하)

〈卦의 성격(性格) 요약(要約)〉

내괘(內卦)는 곤(≡≡坤)이고 외괘(外卦)는 손(≡巽)이다. 관(觀)은 관찰을 뜻한다. 위에서 아래를 내려다보고 아래에서 위를 올려다보는 것이다. 음(陰)들이 아래에서 치밀어 올라오니 위에 있는 양(陽)이 올라오는 음(陰)들을 힘으로 누르기는 어렵다. 그렇다고 몸을 피할 수도 없다. 양(陽)은 높은 곳에 있으면서(-九五) 현상(現象)을 유심(留心)히 관찰(觀察)한다. 흐트러지지 않고 위엄(威嚴) 있는 자세로 그 지위를 지키며 음(陰)들을 굽어본다.

구오(九五)가 온화(溫和)하고 겸허(謙虛)한 태도(態度)로 엄숙(嚴肅)하게 내려다보면 음(陰)인 육이(六二)는 그 엄숙함에 감화(感化)된다.

관(觀)괘는 연구(研究)나 지도(指導), 교육(敎育) 등에 이로운 내용(內容)을 담고 있다. 사물(事物)과 현상(現象)의 깊은 곳을 응시(凝視)하고 심사숙고(深思熟考)하는 것을 나타내는 괘이기 때문이다.

19번 지택임(地澤臨)괘와 20번 풍지관(風地觀)괘는 음양소장(陰陽消長)이 다르기 때문에 현상(現象)에 임(臨)하는 태도(態度)가 다르다.

임(臨)괘에서는 아래의 양(陽)들이 일의 진행(進行)을 주관(主管)하지만 관(觀)괘에서는 위의 양(陽)들이 위엄(威嚴) 있는 자세로 일의 진행을 굽어보는 것이다.

풍지관(風地觀)괘에 담긴 군자(君子)의 관(觀)이란 빅-데이터(Big-Data)와 넓은 식견(識見)으로 바깥일을 넓고 깊게 살펴보고 명상(瞑想)과 수련(修鍊)으로 자신의 내면의지(內面意志)를 들여다보는 것이다. 그런 다음에 판단(判斷)하여 행동(行動)으로 실천(實踐)하는 것이다.

남명(南冥) 조식(曹植) 학파의 실천중시(實踐重視) 정신이 풍지관(風地觀)괘에 담긴 정신이며 남명의 덕(德)과 제자(弟子)들에게 가르친 풍지관(風地觀)의 정신(精神)이 나라가 위기에 처했던 임진왜란(壬辰倭亂) 때에 제자들에 의한 목숨을 건 의병활동(義兵活動)으로 나타났다.

*弟子=제자. 지식(知識)이나 덕(德)을 갖춘 사람으로부터 가르침을 받은 사람.
*德=덕. ① "~다움"을 실천(實踐)하는 능력. 본인(本人)의 마음이 편안(便安)하고
　　　　세상(世上) 사람들이 보기에도 이치(理致)에 맞는 언행능력(言行能力).
　　　② 이상(理想)이나 법칙(法則)에 따라 자기 의지(意志)를 결정(決定)할 수 있는
　　　　도덕적(道德的) 능력(能力).
　　　③ 심성(心性)이 올바르고 너그러운 것.

관(觀)괘는 천지신(天地神)의 신묘(神妙)한 힘과 조상신(祖上神)의 공덕(功德)을 기리는 제사(祭祀)의 모습에서 그 상(象)을 취한 것이라 한다. 사람들이 제사(祭祀)로 귀신(鬼神)을 섬김에서 예(禮)를 다하여 교접(交接)하고 마음으로 친근(親近)하게 여기며 서로 모독(冒瀆)하지 않고 존중(尊重)하는 것처럼 관(觀)괘의 음효(陰爻)들과 위에 있는 양효(陽爻)들의 관계(關係)도 그렇다는 것이다. 그 모습이 위의(威儀)가 있으니 남들은 감히 끼어들어 참여(參與)할 수 없다.

觀, 人事鬼之道 取象於祭焉/ 관, 인사귀지도 취상어제언

-왕부지(王夫之) 〈주역내전(周易內傳)〉

〈괘사(卦辭)와 단사(彖辭), 대상사(大象辭)〉

卦辭: 觀 盥而不薦 有孚 顒若　　　관 관이불천 유부 옹약

관(觀)괘는 정갈하게 손을 씻었으나　　(-觀 盥而不薦)
아직 제사음식은 올리지 않은 상태
이다.

그 성실하고 엄숙한 모습을 참여(參與)　　(-有孚 顒若)
한 사람들에게 보여주어 우러러보게
한다.

*觀=관, ①자세히 보다. 살펴봄. 본받음. 판단능력(判斷能力).
　　　②견해(見解). 드러내 보여주다.
*觀自在=관자재.
　　　①제법(諸法)을 자유롭게 본다.
　　　②나를 자세히 보면 내 안에 모든 법이 있다는 것을 알 수 있다.
*盥=관, 대야. 손을 씻다. 양치질하다.
*薦=천. 공물(供物)을 바치다. 제수(祭需)를 올리다. 추천(推薦)하다.
*顒=옹, 엄격하고 근신하는 모양.

彖曰
大觀在上 順而巽 中正以觀天下　　　대관재상 순이손 중정이관천하
觀盥而不薦有孚顒若 下觀而化也　　　관관이불천유부옹약 하관이
　　　　　　　　　　　　　　　　　　화야

觀天之神道而四時不忒
聖人以神道設教 而天下服矣

관천지신도이사시불특
성인이신도설교 이천하복의

우러러볼 만한 사람이 높은 자리에
있으니

(-大觀在上)

사람들이 유순(柔順)하고 공손(恭遜)하
게 받든다.

(-順而巽)

올바르게 중용(中庸)을 지키므로 천하
(天下)의 사람들이 바라본다.

(-中正以觀天下)

"觀盥而不薦有孚顒若"이라 함은 아랫
사람들에게 보여주어 감화(感化)시킨
다는 말이다.

(-觀盥而不薦有孚顒若 下觀而化也)

하늘의 신묘한 도리를 보면 사계절의
변화에 어그러짐이 없다.

(-觀天之神道而四時不忒)

성인이 신묘한 도리로서 교화시키니
온 세상이 어그러짐 없이 복종한다.

(-聖人以神道設教 而天下服矣)

*大觀=대관. 사람들이 모두 우러러본다.
*以觀=이관. ~하므로 바라본다.
*下觀=하관. 아래에 보여준다.

象曰

風行地上 觀

先王以省方 觀民設教

풍행지상 관

선왕이성방 관민설교

바람이 땅 위를 풍미(風靡)하는 것이   (-風行地上 觀)
관(觀)괘의 상(象)이다.

선왕이 이를 본받아 온 나라를 순찰   (-先王以省方 觀民設敎)
(巡察)하여 백성을 살피고, 교육제도(敎
育制度)를 두어 교화(敎化)시킨다.

*觀民=관민. 백성을 보살피다.
*省=성. 자세히 보다. 살피다. 문안(問安)하다. 점(占)치다.
*風=풍. 바람.
*風靡=풍미. 바람을 따라 땅 위의 초목이 쓰러지는 것.

부처님의 교화사업(敎化事業)에서도 세상을 관찰(觀察)하고 평판(評判)을 관리하며
물심양면(物心兩面)의 힘을 모으는 일은 중요한 모양이다. 아미타불(阿彌陀佛)의 좌우
(左右)에 부처님의 사업(事業)을 돕는 두 보살(菩薩)이 있다. 관세음보살(觀世音菩薩)과
대세지보살(大勢至菩薩)이다.

① 관세음보살(觀世音菩薩)은 부처님의 왼쪽에 있으며 자비(慈悲)의 화신(化身)이다.
세음(世音)은 여론(輿論), 즉 세상의 평판(評判)을 뜻하니 관세음보살(觀世音菩薩)은 결
국 인간사회에 대한 여론담당자로서 아미타불(阿彌陀佛)의 홍보역(弘報役)인 셈이다.

② 대세지보살(大勢至菩薩)은 부처님의 오른쪽에서 지혜문(智慧門)을 관장(管掌)한
다. 세지(勢至)는 지극한 힘이나 세력(勢力)을 의미하니 대세지보살(大勢至菩薩)은 결
국 아미타불(阿彌陀佛)의 재정(財政)과 병력(兵力)의 담당자(擔當者)인 셈이다.

〈觀 初六爻〉

관찰수준(觀察水準)이 낮아서 소견(所見)이 유치(幼稚)한 단계(段階)이다. 자기중심적
인 관점(觀點)을 경계(警戒)해야 한다. 때로는 소견 좁은 소인처럼 보여서 몸의 안전

(安全)을 도모(圖謀)할 필요가 있다.

初六 童觀 小人无咎 君子吝　　　　　**초육 동관 소인무구 군자인**

어린이가 관찰(觀察)하는 것처럼 처신　　(-童觀)
(處身)한다.

소인(小人)이 관찰하는 것처럼-겸손　　(-小人无咎)
(謙遜)하게 처신-하면 허물이 없다.

군자처럼-아는 체-하면 부끄러운 일　　(-君子吝)
이다.

본디 소인(小人)이기 때문에 소견(所見)이 좁은 것이라면 허물할 수 없다. 그러나 군자(君子)라 자처(自處)하면서 소견이 좁은 것이라면 부끄러운 일이라는 뜻이다.

　"小人无咎 君子吝"의 의미를 해설하는 두 가지 입장이 있다.

　① 소견(所見)이 트였다고 보는 입장. (트였지만 숨긴다.)

　"소인(小人)처럼 행동(行動)하면 허물이 없지만, 군자(君子)처럼 행동하면 곤란(困難)에 처하게 된다."라는 뜻이라며 공자(孔子)가 태묘(太廟)에 제사(祭祀) 모시는 일을 거들 때 일일이 절차(節次)와 방법을 물어서 진행(進行)한 것이 바로 소인처럼 행세(行世)하여 곤란을 면(免)한 군자의 예(例)라고 보는 입장(立場)이다.

　관(觀)과 초육(初六)을 이렇게 보는 입장은 윗사람이 아랫사람을 진심으로 수용(受容)하지 않은 상태일 때 아랫사람의 처신비결을 말해주는 것으로 이해(理解)하는 것이다. 즉 소견이 좁은 것처럼 주변에 묻고 의논해가며 행동하는 것이 군자의 처신이고, 자기가 군자라서 이미 다 아는 것처럼 행동하는 것은 소인의 처신이라는 것이다.

② 소견(所見)이 좁다고 보는 입장. (소견이 트이지 않은 것을 탓하여 무엇 하나?)

초육(初六)은 맨 아래에 위치해서 주(主)된 효(爻)인 대관(大觀=九五)에서 멀기 때문에 구오(九五)가 가진 중정(中正)의 덕(德)을 살릴 수 없다. 소인(小人-陰/음)은 본래 시야(視野)와 소견(所見)이 좁다. 더구나 정위(正位)를 얻지 못한 소인(小人)이라면 시야(視野)나 소견(所見)이 좁다 하여 이를 허물이라 할 수는 없다. 그러나 성현(聖賢)을 꿈꾸는 군자(君子)가 어린이처럼 좁은 시야(視野)나 소견(所見)을 보인다면 부끄러운 일이다. 비록 실위(失位)에 있다 하더라도 마찬가지이다.

①이 수양된 군자의 처세(處世)하는 모습으로서 자연스럽다. 지괘효(之卦爻)인 42번 풍뢰익(風雷益) 초구(初九)의 뜻도 음미(吟味)해 볼 만하다.

풍뢰익(風雷益) 초구(初九)

利用爲大作 元吉无咎-下不厚事也 / 이용위대작 원길무구-하불후사야

큰 사업에서 역할을 맡았을 때 일을 잘 이루어내어야만 길하여 허물이 없다. 초구(初九)는 맨 아래에 있어서 일에 관여한 정도가 두텁지 않기 때문이다.

일을 이루어내면 윗사람의 용인(用人)이 온당한 것이 되고 아랫사람도 허물은 면한다. 큰 일거리(-大事/대사)에서 아랫사람이 임무(任務)를 맡았을 때는 맡은 바를 이루어야 맡긴 윗사람이나 맡아서 수행한 아랫사람이나 허물을 면하게 된다는 뜻이다.

象曰 初六童觀 小人道也　　　　　초육동관 소인도야

초육(初六)이 미숙(未熟)하게 관찰(觀察)　　　　(-小人道也)

하는 것처럼 처신하는 것은 (-初六童觀)

소인(小人)처럼 해야 자기의 분수(分數)

를 지키는 도리(道理)이기 때문이다.

　초육효는 어려서 아직은 세상에 나아가 구실(=役割/역할) 하지 않는 자이다. 쓰이기에 급급하여 스스로의 가치를 자랑(*-自衒賈/자현고)하는 것은 그릇이 작아서 짧은 시간에 완성된 소인(小人)이라면 허물이 아니겠으나 긴 시간에 걸쳐서 마음의 표준(標準)인 사단(四端), 즉 인의예지(仁義禮智)를 갖추어야 하는 군자(君子)라면 부끄러워할 일이다.

　初六童而未仕任者也 急於用以自衒賈 惟器小而夙成者爲无咎 君子則吝矣

　초육동이미사임자야 급어용이자현고 유기소이숙성자위무구 군자즉인의

　　　　　　　　　　　　　　　　　　　　　　　　　　　　- 소식(蘇軾)

*자현고(自衒賈)=자기를 스스로 선전하여 돌아다니며 팔다.
*마음의 표준(標準)인 사단(四端)이 있어야 제대로 관찰하고 옳게 처신할 수 있다.

　四端, 苟能充之 足以保四海 苟不充之 不足以事父母 -孟子, 公孫丑 上

　사단, 구능충지 족이보사해 구불충지 부족이사부모 -맹자, 공손추 상

〈觀 六二爻〉

　사물과 현상을 단지 멀리서 언뜻 엿봤을 뿐인 견해라면 시야가 좁은 것이다.

六二 闚觀 利女貞   규관 이여정

(육이(六二)가 구오(九五)의 뜻을)) 문틈으   (-闚觀)
로 보는 것처럼 몰래 본다.

(몰래 보는 것만으로도) 허물을 면할 정   (-利女貞)
도로 올곧을 수 있으니 여자에게는
이롭다.

    몰래 보았으니 드러내놓고 밝게 본 것은 아니다. 그러나 강양중정(剛陽中正)한 구
오(九五)에 순종하는 여자의 입장에서는 구오(九五)의 뜻을 몰래 본 것만으로도 그의
뜻에 따르기에는 이롭다는 것이다.

---

*闚=규. ①몰래 보다(-闚觀). 훔쳐보다.
     ②갸웃이 엿보다(=窺/규). (-闚其戶/규기호---풍괘 상육(豐卦 上六)
     ③검사하다(-秦人不敢闚兵于西河/진인불감규병우서하)-〈후한서(後漢書)〉
     ④유인하다(-闚以重利/규이중리)-〈사기(史記)〉.

象曰 闚觀女貞　亦可醜也   규관여정 역가추야

"闚觀女貞"이란 몰래 보는 것이니 드   (-亦可醜也)
러나게 보는 것이 아니어서 가정을
지키는 여자로서는 괜찮을 수 있으나
(군자가 쓰기에는) 역시 누추한 관찰법
이다.

    아직 대관(大觀)의 위치에서 멀리 있기에 몰래 훔쳐보며 곧음을 지켜내니 곧아서
이롭기는 하지만 역시 당당한 모습은 아니라는 뜻이다.

〈觀 六三爻〉

사람살이에서 삼십 대는 세상 형편과 스스로를 살펴보고 자기의 진퇴를 결단해야 하는 중대시기이다.

六三 觀我生 進退	관아생 진퇴
내 삶의 여건과 나 자신을 살펴보고 앞날의 진퇴를 결정한다.	(-觀我生=我之所行自審也) (-進退)
象曰 觀我生進退　未失道也	관아생진퇴 미실도야
"觀我生進退"라 함은, 마땅히 따라가 야 할 순리를 따름으로써(-以順乎宜/이 순호의) 길을 잃지 않는 것이다.	(-未失道也)

"觀我生進退"에 해석에 두 가지 입장이 있다.

① 스스로를 돌아보고 진퇴를 결정한다는 입장-〈주희(朱熹)〉

구오(九五) 효를 바라보지 않고 스스로 돌아보아 나아가고 물러남을 결정한다. (不觀九五而獨觀 則進退決矣/ 불관구오이독관 즉진퇴결의)

육삼(六三) 효는 하(下)괘의 맨 위에 있기 때문에 나아가거나 물러남을 선택할 수 있다. 그러므로 구오(九五) 효를 바라보지 않고 스스로 돌아보아 행동함으로써 나아가고 물러남을 자연스럽게 하는 것이 마땅하다. (六三 居下之上 可進可退 故 不觀九五而獨觀己所 行之通塞 以爲進退以順乎宜/ 육삼 거하지상 가진가퇴 고 불관구오이독관기소 행지통색 이위진퇴이순호의)

② 군주(君主)의 정치 실체를 돌아보고 진퇴를 결정한다는 입장-〈소식(蘇軾)〉

군주의 정치 실체를 파악하고서 나의 진퇴를 결정한다. (知君之所爲則進退決矣/ 지군지 소위즉진퇴결의)

무릇 군주의 정치를 알려면 백성의 삶을 살펴보면 된다. 그러므로 나의 삶은 군주의 정치에 달려 있다. (백성인 나의 삶을 살핌으로써) 군주의 정치 실체를 파악하고서 나의 진퇴를 결정한다. (夫欲知其君則觀其民 故 我之生則君之所爲也 知君之所爲則進退決矣/ 부욕지기군즉관기민 고 아지생즉군지소위야 지군지소위즉진퇴결의)

결국, 우리는 리더인 군주의 행동도 보고 자기도 돌아본 후에 스스로 진로를 결정하여야 한다. 관시(觀示), 즉 보여줌은 괘사(卦辭)와 구오(九五) 효사(爻辭)의 뜻에 담긴 내용이다. 관첨(觀瞻), 즉 살펴봄이나 우러러봄은 나머지 각 효(爻)의 뜻에 담겨 있다. 그러므로 육삼(六三)은 군주인 구오(九五)의 행동도 살펴보고 자기도 돌아본 후에 자기의 진퇴를 결정해야 한다.

민생(民生)은 정치(政治)의 결과물(結果物)이다. 국민의 삶을 관찰하면 지도자(指導者)의 정치행태가 어떠했는지를 알 수 있다. 내 삶의 주요(主要) 관심분야(關心分野)에 대한 지도자들의 과거의 시책(施策)과 장래의 정책(政策)을 살펴본 후에 내 삶의 진로를 스스로 결정하라는 삶의 당연(當然)한 교훈(教訓)을 담고 있는 것이 풍지관(風地觀)괘이다.

〈觀 六四爻〉

뛰어난 지도자를 가까이에서 관찰하면서 따른다.

六四 觀國之光 利用賓于王　　　　　관국지광 이용빈우왕

나라의 현재 형편과 앞날의 영광스러　　(-觀國之光)
운 길을 살펴보는 경륜은

왕으로부터 빈객의 예우를 받을 수　　(-利用賓于王)
있어서 이롭다.

나라를 빛나게 할 경륜이 있으면 왕의 예우를 받을 수 있으니 이롭다는 뜻이다.

象曰 觀國之光 尙賓也　　　　　관국지광 상빈야

"觀國之光"은 왕조에서 벼슬하게 된
다는 것을 의미한다.

*尙=상. ①높이 여기다. 숭상하다.
　　②짝하다. 부부가 되다(-得尙于中行/득상우중행)
　　③오히려.
　　④꾸미다. 보태다(-好仁者無以尙之/호인자무이상지-〈논어〉)

　나라의 형편을 관망하며 식견(識見)을 넓혀 온 사람이 40대에 이르렀다면(-六四/
육사) 윗사람의 융숭(隆崇)한 대접(待接)을 받으며 직위(職位)로 쓰일 만해야 이롭다.

　　尙謂尙志也 其志意願慕賓于王朝/상위상지야 기지의원모빈우왕조
　　　　　　　　　　　　　　　　　　　　　- 정이(程頤)

〈觀 九五爻〉

자기가 이끌어 온 백성의 교화(敎化)된 상태를 관찰하는 입장이다. 베풀어온 선정(善政)의 결과를 돌아보는 것이다.

구오(九五)는 대관(大觀)이며 반관(反觀)의 입장이다. 홍보(弘報)하는 과시적(誇示的) 입장이면서 동시에 반성(反省)하는 입장에도 해당된다.

九五 觀我生 君子无咎	관아생 군자무구

내가 드러내어 보여준 나의 삶을 돌
아본다. 군자(君子)라야 허물이 없다.

스스로를 돌아보아 군자(君子)로서 한 줌 허물도 없는지 살펴본다.

*我生=아생. 나의 삶. 내가 만들어낸 것.

象曰 觀我生 觀民也	관아생 관민야

"나의 삶을 돌아본다." 함은 군주의
입장에서 백성들의 삶을 살펴본다는
뜻이다.

〈觀 上九爻〉

백성의 도덕적 감화상태를 살핀다. 자기가 쌓아온 덕업(德業)의 결과를 백성의 입장에서 관찰한다. 반성적(反省的) 입장이다.

上九 觀其生 君子无咎   **관기생 군자무구**

백성의 입장에 서서-그 삶을 살펴본
다. 군자라면 허물이 없다.

象曰 觀其生 志未平也   **관기생 지미평야**

그 삶을 살펴본다는 것은   (-觀其生)
항상 살펴서 군자다움을 잃지 않도록   (-志未平也)
경각심을 가진다는 뜻이다.

성인군자가 즐기는 바는 세상 사람들이 즐기는 바와 다르니 그 즐거움을 독차지 해도 세상이 불평하지 않는 것들을 즐긴다. 그러므로 군자의 즐김에는 시장길에서 큰 수레 탄 것을 뽐내는 따위의 일은 없다.

〈관(觀)괘의 실생활(實生活) 응용(應用)〉

① 새로운 일을 계획할 때는 서둘지 말고 시작하기 전에 잘 관찰해야 한다.
② 관찰대상이 정신면에서 좋은 요소가 보인다면 물질적인 이익요소는 기대하기는 어려울 것이다. 두 가지 이익을 한군데에서 한꺼번에 찾으려고 하지 말자. 정

신적 요소에서 하나를 얻으려면 물질적 요소에서 하나의 욕망을 버린다.

③ 내가 남을 관찰하면 남도 나를 관찰할 것이다. 그러니 내 마음의 갈피를 먼저 잡아서 항상 떳떳하게 관찰됨에 응한다.

二十一

火雷噬嗑 (화뢰서합)

☲ 離上 (리상)
☳ 震下 (진하)

*연대를 저해하는 요소(=九四爻/구사효)는 씹어서 깨뜨려야 한다.

〈卦의 성격(性格) 요약(要約)〉

내괘(內卦)는 진(☳震)이고 외괘(外卦)는 리(☲離)이다. 서합(噬嗑)은 방해요소(妨害要素)를 꽉 깨물어서 제거(除去)한다는 말이다. 사회질서의 교란 행위에 대한 형벌의 집행, 즉 형사사법 기능이 서합(噬嗑)이다.

괘상을 보면 초효(初爻)와 상효(上爻)가 굳센 양효(陽爻)여서 아래와 위의 턱뼈를 이루고 그 사이에 이빨에 해당하는 음효(陰爻)들이 있으며 그 이빨들 사이에 양효(陽爻) 하나가 끼어 있어서 씹어 깨뜨려야 할 대상(對象)으로 간격(間隔)을 이루고 있는 상(象)이다. 사람의 턱은 자신을 비워서 양육할 음식을 받아들임이 본분인데 그 안에 자리를 잃은 양(陽)이 들어와 있는 모양이다. 들어와 있는 양(陽)을 씹어 삼킴으로써 턱 안을 비워두는 활동이 서합(噬嗑)이다. 서합은 몸 안의 방해물을 씹어 간극(間隙)을 제거하고 온몸을 형통하게 만드는 활동이다.

나라의 활동으로 말하자면 사회의 의로움을 세우는 사법활동(司法活動)은 6번 송(訟)괘와 21번 서합(噬嗑)괘인데, 송(訟)은 양쪽이 동등(同等)한 입장에서 주장을 펼치는 민사사법(民事司法) 활동이고, 서합(噬嗑)은 본래 군주(君主)가 구성원(構成員)의 악(惡)을 밝혀서 옥(獄)으로 다스리는 형사사법(刑事司法) 활동이었다.

현대의 민주국가에는 군주가 없고 국민의 대표들이 만든 법(法)으로 악(惡)을 다스린다. 그래서 범죄(犯罪)를 다루는 서합 활동도 소송(訴訟)의 형태로 펼쳐진다. (-刑事訴訟)

서합(噬嗑)괘는 나라 안의 범죄(犯罪)를 다스리는 기능이다. 죄를 다스리려면 사전(事前)에 죄를 명백히 규정해두는(-明罰勅法/명벌칙법) 입법활동(立法活動)이 필요하다. 서합(噬嗑)괘의 내외괘(內外卦)가 자리를 바꾸면 55번 뇌화풍(雷火豊)괘가 된다. 죄에 관한 입법(立法) 후에 범법자(犯法者)에 대한 형벌(刑罰)은 뇌화풍괘에서 보듯이 번개처럼 밝게 판결(判決)하고 우레처럼 위력(威力) 있게 시행(施行)한다.

*뇌화풍(雷火豊)의 상(象): 절옥치형(折獄致刑) 뇌전개지(雷電皆至)

서합괘의 상(象)은 명벌칙법(明罰勅法)이니 입법활동(立法活動)을 중시(重視)하는 점에서 풍(豊)괘의 집행활동(執行活動)인 절옥치형(折獄致刑)과는 쓰임의 시점(時點)이 다르다.

〈괘사(卦辭)와 단사(彖辭), 대상사(大象辭)〉

卦辭: 噬嗑 亨 利用獄   서합 형 이용옥

서합(噬嗑)은 방해물(妨害物)을 깨물어   (-噬嗑 亨)
합하는 것이어서 형통하다.

방해물을 깨물어 합하려면 옥(獄)을   (-利用獄)
써서 죄(罪)를 다스려야 이롭다.

*噬=서. ①씹다. 물어뜯다.
      ②이르다(-到達/도달) 미치다.
*嗑=합. ①입을 다물다.
      ②말이 많다. 수다스럽다(-子路嗑嗑/자로합합)
      ③웃는 소리.
*獄=옥. ①형법.
      ②소송. 재판. 판결.
      ③감옥. 죄.

彖曰

頤中有物 曰噬嗑 噬嗑而亨   이중유물 왈서합 서합이형

剛柔分 動而明 雷電合而章   강유분 동이명 뢰전합이장

柔得中而上行 雖不當位 利用獄也   유득중이상행 수부당위 이용

                                                    옥야

턱 안의 이물질(異物質)을 깨물어 합하   (-頤中有物 曰噬嗑)
는 것이 서합인데

깨물어 합하면 형통하다.   (-噬嗑而亨)

굳셈(剛/강)과 부드러움(柔/유)이 나뉘   (-剛柔分 動而明)
어 움직이면서 밝으니

번갯불의 밝음과 우레의 움직임이 합   (-雷電合而章)
하여 환하게 빛난다.

부드러운 기운인 六五가 강양(剛陽)한   (-柔得中而上行)
성질에 어울리는 외괘의 가운데 자리
를 얻어 위에서 행세하는 것이어서

비록 제자리를 차지한 것은 아니지　　　　(-雖不當位 利用獄也)
만 감옥을 써서 죄를 다스림에는 이
롭다.

옥사(獄事)의 다스림은 지나치게 강(剛)하거나 지나치게 유(柔)한 것보다는 옥사(獄
事)의 주재자(主宰者)인 五爻가 음유(陰柔)로서 양강(陽剛)의 자리에 앉아 유(柔)로서 강
(剛)을 써서 (-以柔用剛/이유용강) 조화롭게 다스리는 것이 이롭다는 뜻이다.

象曰

雷電 噬嗑　　　　　　　　　　　　뢰전 서합

先王以 明罰勅法　　　　　　　　　선왕이 명벌칙법

우레와 같은 위력(威力)과 번개와 같　　　(-雷電 噬嗑)
은 밝은 지성(知性)은 서합의 표상(表
象)이다.

선왕은 이 괘상을 본받아 번개와 같　　　(-先王以 明罰勅法)
은 밝은 지성(知性)을 써서 형벌을 밝
게 하고 우레와 같은 위력(威力)으로
망동(妄動)을 다스릴 수 있도록 법령을
정비하였다.

〈噬嗑 初九爻〉

가능한 한 어려서 제지(制止)함이 좋다. 가벼운 형벌로도 쉽게 제지할 수 있기 때
문이다.

初九 屨校滅趾 无咎　　　　　　　구교멸지 무구

발에 고랑을 채워서 발가락을 보이지
않게 하니 허물이 없다.

*屨=구. ①신다(-屨校滅趾/구교멸지)
　　　②미투리. 가죽신. 신발.
*滅=가리고(-掩/엄) 보이지 않게(-沒/몰) 함.

발가락을 가려둔다는 것은 비교적 가벼운 형벌로 죄를 다스리는 것을 뜻한다.

象曰 屨校滅趾 不行也　　　　　　구교멸지 불행야

"屨校滅趾"란 자유(自由)를 제한하여
서 더 이상 나쁜 짓을 못 하게 하는
것이다.

어려서 제지(制止)하기 쉬울 때는 작은 제지로 큰 효과를 거둘 수 있으니 이것이
소인(小人)에게는 복(福)이 되는 것이다. 주역에서 "屨校滅趾 无咎"라 한 것은 이를
두고 한 말이다.

小懲而大誡 此小人之福也 易曰 屨校滅趾 无咎 此之謂也
소징이대계 차소인지복야 역왈 구교멸지 무구 차지위야
　　　　　　　　　　　　　　　　　- 〈계사(繫辭) 하(下) 5장(章)〉

〈噬嗑 六二爻〉

자녀(子女)를 훈계(訓戒)할 때는 깊고 통렬(痛烈)하게 하는 것이 좋다. 훈계의 시간
(時間), 장소(場所), 태도(態度)와 방법(方法) 등의 선택이 중요하다.

六二 噬膚滅鼻 无咎　　　　　　　**서부멸비 무구**

큰 살코기를 코가 파묻히게 깊이 물　　　(-噬膚滅鼻)
어뜯는 듯이 통렬하게 한다.

(그렇게 해야만) 허물이 없다.　　　　　(-无咎)

---

*膚=부. ①뼈를 발라낸 큰 살코기. 피부.
　　②아름답다. 훌륭하다. 크다.
　　③문사(文辭)가 천박(淺薄)하다. 얄다.
*膚引=부인. 속뜻은 모르면서 남의 책에서 이것저것 인용(引用)하여 서술함.

강강(剛强)한 사람을 형벌할 때는 핵심을 찔러서 깊고 통렬하게 제지하여야 허물
이 없게 된다는 뜻이다. (주희(朱熹)의 해석)

象曰 噬膚滅鼻 乘剛也　　　　　　**서부멸비 승강야**

큰 살코기를 코가 파묻히게 물어뜯는
듯이 통렬하게 해야 하는 이유는 강
강(剛强)한 사람에게 형벌을 쓰는 것이
기 때문이다.

다르게 해석하는 예(例)

① 대산(大山) 김석진(金碩鎭)의 해석: 육이(六二)가 초구(初九)의 죄를 다루다가 초구(初九)에 코를 물리는 봉변을 당할 수도 있지만, 육이(六二)는 직분(職分)대로 하는 것일 뿐이니 허물은 안 된다.

② 왕부지(王夫之)의 해석): 육이(六二)는 쉽게 씹히는 살코기처럼 부드럽고 부드러운 위치(位置)에 있기 때문에 초구(初九)가 씹으며 올라올 때 초구(初九)의 코를 덮을 정도로 쉽게 씹힌다. 그러므로 쉽게 씹히는 것을 씹은 초구(初九)도 큰 허물은 안 된다 할 것이고, 처벌도 가볍다.

〈噬嗑 六三爻〉

해묵은 의혹사건을 파헤칠 때는 독을 품은 자들을 경계해야 한다. 특히 그가 독을 품은 것이 허물이 아닐 때는 더욱 그렇다.

六三 噬腊肉 遇毒 小吝 无咎	서석육 우독 소린 무구
(부드러운 음(陰)이 강양(剛陽)의 위치에 앉아서 형벌을 행하는 모습이니) 단단하고 질긴 건육(乾肉)처럼 해묵은 비리(非理)를 척결(剔抉)하기 위하여 형벌(刑罰)을 쓰다가 원망(怨望)과 저항(抵抗)이라는 독(毒)을 만나는 꼴이다.	(-噬腊肉 遇毒)
다소 곤란을 겪지만, 형벌을 쓰는 것이 부당한 일은 아니므로 허물은 없다.	(-小吝 无咎)

*腊=석. ①포(脯-생강이나 계피를 넣어 말린 고기). 건육(乾肉).
　　② 낡은 것. 주름살. 심하다.

象曰 遇毒 位不當也　　　　　　　우독 위부당야

독을 만나는 것은　　　　　　　　　(-遇毒)

그 위치가 본래 자기에게 마땅한 자　(-位不當也)
리가 아니기 때문이다.

〈噬嗑 九四爻〉

　난도(難度) 높은 범죄 수사를 차근차근 진행하다 보면 중요단서를 찾을 수 있다.
어렵지만 바른 마음으로 끝까지 노력하면 길하다.

九四 噬乾胏 得金矢 利艱貞 吉　　서건자 득금시 이간정 길

뼈에 붙은 마른고기를 씹다가(파렴치　(-噬乾胏 得金矢)
하고 해묵은 비리 사건에 형벌권을 행사하
다가) 쇠로 만든 화살촉을 얻었다(감춰
져 있던 중요한 단서를 새로 발견하였다).

양강(剛陽)이 유음(柔陰)의 자리에 거처　(-利艱貞吉)
하니 올바른 조사의 진행에 어려움이
있겠지만 서합(噬嗑)의 초지(初志)를 관
철해 나아가니 이롭고 길(吉)할 것이다.

*胏=자. ①뼈가 붙은 마른고기(-噬乾胏)
　　②먹다 남은 밥. 밥 찌기.

象曰 利艱貞吉 未光也　　　**이간정길 미광야**

"올바른 조사의 진행에 어려움이 있　　(-利艱貞吉)
더라도 애써서 서합(噬嗑)의 초지(初志)
를 관철해 나아가야만 이롭고 길(吉)
할 것이다."라는 말은
구사(九四)의 위치상 그 처신이 크게　　(-未光也)
빛나기는 어렵다는 것을 경계하는 말
이다.

　구사(九四) 효가 강양(剛陽)이지만 유음(柔陰)의 자리에 있고 중심도 아니므로 활동
의 올바름을 견고(堅固)하게 지키는 것이 매우 어렵다는 점을 지적(指摘)하고 송사(訟
事)를 잘 다스려서 마땅함을 얻어야만 비로소 길하다고 경계한 것이다.

〈噬嗑 六五爻〉

　씹어서 얻는 권력(權力)과 황금(黃金)이 어찌 평안(平安)을 주랴.

六五 噬乾肉 得黃金 貞厲 无咎　　　**서건육 득황금 정려 무구**

마른고기를 씹다가 황금을 얻었다.　　(-噬乾肉 得黃金)

바르고 굳건한 마음으로 위태롭게 여   (-貞厲 无咎)
기면 허물이 없을 것이다.

어려운 형벌사건을 다루다가 진실을 밝힐 빛나는 단서(端緒)를 얻었다는 뜻.

象曰 貞厲无咎 得當也   **정려무구 득당야**

"貞厲无咎"라 한 것은 정당함을 얻었   (-得當也)
기 때문이다.

육오(六五)가 음(陰)이지만 중(中)에 자리하고 강(剛)을 쓰며 정도(正道)를 지킬 뿐만
아니라 위태로움을 염려하니 그 마음과 처신이 정당함을 얻은 것이다. 중(中)의 위
치에 있다는 것은 그 바름이 어려움을 덮고 허물도 없게 만든다.
　구사(九四)의 득금시(得金矢)나 육오(六五)의 득황금(得黃金)은 모두 옥(獄)의 결단(決
斷)에 필요한 중요단서(重要端緒)를 얻었다는 뜻이다.

〈噬嗑 上九爻〉

듣지 못하면 총명(聰明)함이 사라지니 흉하게 된다.

上九 何校 滅耳 凶   **하교 멸이 흉**

목에 형틀을 씌워 귀를 가리니 흉함
이 있다.

象曰 何校滅耳 聰不明也　　　　하교멸이 총불명야

"何校滅耳"라 함은 목에 씌운 형틀로　　　(-聰不明也)
귀를 막아서 듣지 못하게 하니 아무
것도 못 들어서 결국 총명함이 틀어
막히게 된다는 뜻이다.

　남의 말을 무시(無視)하면서 들으려 하지 않거나, 인(人)의 장막(帳幕)이나 언론통제(言論統制) 등으로 여론(輿論)을 못 들으면 결국 자기의 총명을 흐려놓는 것이 되므로 흉한 꼴 보게 된다.

〈서합(噬嗑)괘의 실생활(實生活) 응용(應用)〉

　① 상황을 어지럽히는 곤란한 요소를 만나면 좌절하지 말고 원인을 밝혀 이를 제거한다.

　② 제거하는 방법은 씹어 깨뜨리는 길도 있고 골라내어 뱉어내는 길도 있다. 그렇지만 당사자들이 서로 흉금을 털어놓고 대화하다 보면 뜻밖에 좋은 결과를 얻을 수 있다.

　③ 교섭에서는 나의 이유가 정당하고 법 위반이 없으면 강하게 나아가야 효과가 크다. 신속하고 열정적으로 교섭에 임하는 것이 장애요소 제거에 이롭다.

　④ 서합(噬嗑)에서의 형옥(刑獄)은 사회사상(社會思想)과 문화(文化)를 기반(基盤)으로 교란 요소(攪亂要素)를 처리하는 과정이다. 그러므로 문화적 꾸밈을 의미하는 비(賁)가 필요한 것이다.

山火賁 (산화비)

☶ 艮上 (간상)
☲ 離下 (리하)

〈卦의 성격(性格) 요약(要約)〉

내괘(內卦)는 리(☲離)이고 외괘(外卦)는 간(☶艮)이다. 비(賁)는 아름답게 장식(粧飾)한다는 뜻이다. 의복(衣服)과 치장(治粧) 등으로 외부(外部)의 모양(模樣)을 꾸미는 것이다.

> *賁=①비. 장식하다(-賁其趾/비기지). 빛이 섞이다. 강유(剛柔) 교차로 무늬를 이루다.
> ②분. 거대(巨大)하다. 성내다. 패배(敗北)하다. 패배시키다(-무찌르다).

비(賁)괘는 강유(剛柔)가 교차(交叉)하여 무늬를 이루는 상(象)이다. 사람은 존경(尊敬)하는 마음을 예(禮)로서 꾸민다. 예의(禮儀)는 바로 존경심을 표시(表示)하는 꾸밈 행동이다. 존경심이 없으면 예의도 차리지 않는다. 밝은 기운(氣運)이 산(山)에 막혀 그쳐 있는데 그런 그침을 편안(便安)히 여기는 것이 예의(禮儀)이고 이것이 바로 비(賁)이다. 그러나 과도(過度)한 꾸밈은 퇴폐(頹廢)이며 진실(眞實)한 생명력을 상하게 할 수 있다. 따라서 일상사(日常事)는 예의라는 겉꾸밈을 지켜가며 처리(處理)하지만 (-明庶政/명서정) 다툼이나 형벌(刑罰) 등 진실의 규명(糾明)이 필요한 중대사에서는 겉

꾸밈을 쓰지 않는다. (-无敢折獄/무감절옥)

　실정(實情)이 중요한 일에서는 비(賁)가 아니라 송(訟)이나 서합(噬嗑)의 길을 써야

한다.

〈괘사(卦辭)와 단사(彖辭), 대상사(大象辭)〉

卦辭: 賁 亨 小利有攸往	비 형 소리유유왕
실체(實體)가 있는 데다가 꾸밈을 더하면 형통할 수 있다.	(-賁 亨)
꾸며서 광채(光彩)를 더하므로 실체(實體)의 나아감에 다소(多少)의 도움을 주어 이로운 것이다.	(-小利有攸往)
彖曰	
賁亨 柔來而文剛 故 亨	비형 유래이문강 고 형
分剛上而文柔 故 小利有攸往	분강상이문유 고 소리유유왕
(剛柔交錯) 天文也 文明以止 人文也	(강유교착) 천문야 문명이지 인문야
觀乎天文 以察時變	관호천문 이찰시변
觀乎人文 以化成天下	관호인문 이화성천하

비(賁)괘는 형통하다. 부드러운 것이 내려와서 굳센 것을 꾸미니 형통한 것이다.   (-賁亨 柔來而文剛 故 亨)

내려온 유(柔)는 하괘(下卦)를 굳센 건 (乾)에서 부드러운 리(離)로 바꾸고 올라간 강(剛)은 상괘(上卦)를 부드러운 곤(坤:☷)에서 굳센 간(艮:☶)으로 바꿔 꾸민 것이다. 그래서 광채를 더하여 실체의 나아감에 다소의 도움을 주어 이로운 것이다.   (-分剛上而 文柔 故 小利有攸往)

이처럼 굳셈과 부드러움이 교차하여 꾸며서 무늬를 이루니 이것이 하늘의 꾸밈이다.   (-剛柔交錯-天文也)

다만, 지나친 꾸밈이 아니고 나아감 에 다소 이로울 정도로만 적당히 꾸 며서 실체를 밝게 만드는 선에서 그 치니 이것이 인문(人文)이다.   (-文明以止 人文也)

하늘의 꾸밈(-文彩)을 관찰하여 계절 변화의 때에 맞추고   (-觀乎天文 以察時變)

인간 세상의 꾸밈을 관찰하여 세상을 교화하고 조화롭게 한다.   (觀乎人文 以化成天下)

태(泰)괘의 상육(上六) 효인 유(柔)가 아래로 내려오고 강(剛)인 구이(九二) 효가 위로 올라가서 자리를 바꾸니 비(賁)괘가 된 것이다.

꾸밈은 적당한 선에서 그쳐야 한다. 예의(禮儀)를 갖추는 것도 일종의 꾸밈이다. 그래서 과공(過恭)은 비례(非禮)이다.

개회식(開會式), 수여식(授與式), 임명식(任命式) 등 각종 의식(儀式)이나 행사는 무의미한 낭비행위(浪費行爲)가 아니다. 시간과 비용을 들여 꾸밈으로써 의도(意圖)한 일을 더욱 성(盛)하게 한다.

*人文=인문. 인류의 문화(文化). 인륜(人倫)의 질서(秩序).

象曰

| 山下有火 賁 | 산하유화 비 |
| 君子以 明庶政 无敢折獄 | 군자이 명서정 무감절옥 |

산 아래 태양이 있어서-석양의 황혼으로-아름답게 꾸며진 것이 賁(비)이다. (그러나 석양의 빛은 먼 곳까지 밝게 비춰주지는 못한다. 통상의 익숙하고 자잘한 풍경에만 그 밝음이 미칠 뿐이다.)	(-山下有火賁)
군자는 이것을 보고 통상의 정사(政事)를 밝게 보이도록 처리하되	(-明庶政)
옥사(獄事)와 같은 중대한 일의 처리에는 꾸밈을 두지 않는다.	(-无敢折獄)

원근(遠近)의 실정(實情)을 정확히 알 필요가 있는 중대사(重大事)의 처리는 예의 바름 따위의 겉꾸밈(-賁/비)에 영향을 받아서는 안 된다는 의미이다.

*庶政=서정. 여러 가지 자잘한 정사(政事).

산화비(山火賁)괘의 괘상(卦象)을 보면 괘(卦)의 내부(=內卦/내괘)는 밝음을 뜻하고 외부(=外卦/외괘)는 멈춤을 뜻한다. 그러므로 내부의 정사(政事)는 밝게 보이도록 처리하면 되지만 (-明庶政/명서정) 외부의 옥사(獄事)는 꾸밈을 멈추고 엄정(嚴正)하게 다루어야 한다는 뜻을 담고 있다. (-无敢折獄/무감절옥)

*折獄=절옥. 옥사(獄事)를 처결함(=折訟/절송).
*折右=절우. 오른팔이 꺾임. 일이 성취되지 못함. (折其右 終不可用也/절기우 종불가용야-易經/역경)
*折足覆餗=절족복속. 솥의 발을 부러뜨려서 솥 안의 음식을 엎지름. 소인(小人)은 임용(任用)되어도 소임 (所任)을 못하고 치욕(恥辱)과 재앙(災殃)을 받음. (鼎折足 覆公餗/정절족 복공속)
*餗=속. 솥 안의 음식. 국밥.
*折衝=절충. 적의 선봉을 꺾음-외국과의 담판에서 조건을 흥정하여 체면 세움.
*折衷=어느 한쪽에 치우치지 않고 알맞게 함.

절충(折衝)과 절충(折衷)은 다르다. 국가의 외교(外交)에서는 절충(折衝-상대의 예봉을 꺾음)한 후에 절충(折衷)해야 한다. 절충(折衝) 당한 후에 절충(折衷)하는 것은 혼(魂) 빠진 처사이다.

*折= ①절. -판단하다. 결단하다. 꺾다.
    ②제. -천천히. 여유 있는 편안한 모양(-折折/제제)
*折折=제제.
    :吉事欲其折折爾 喪事欲其縱縱爾/길사욕기제제이 상사욕기총총이
    (길한 일은 천천히 처리하고 슬픈 일은 서둘러 처리한다.) -예기(禮記).
*縱縱=총총/바쁜 모양)
*爾=①단정/강조- 矣/의, 焉/언, 也/야, 耳/이, 而已/이이 등과 같은 뜻.
    ②형용-然/연.
    ③너. 이.
    ④의문-乎/호.

〈賁 初九爻〉

예에 알맞게 자기의 발걸음을 꾸민다. 의로움으로 자기를 꾸민다.

初九 賁其趾 舍車而徒	비기지 사거이도

자기 발걸음부터 꾸미니 수레를 버리고 걸어서 다닌다. 즉 자기 수양(修養)에 힘쓸 뿐 구차한 입신출세(立身出世)를 원하지 않는다.

*徒=도. 걸어가다(-舍車而徒/사거이도)

象曰 舍車而徒 義弗乘也	사거이도 의불승야

수레를 버리고 발로 걷는다는 것은 의(義)에 어긋나면 수레 타기 위한 입신출세를 사양한다는 뜻이다. (수레를 타지 않고 발로 걷는다. 쉬운 길을 버리고 어려운 길을 따른다.)

(-舍車而徒)

(-義弗乘也)

〈賁 六二爻〉

꾸밈에서 고려해야 할 근본 사항은 바탕에 맞추는 것이다.

六二 賁其須(鬚)　　　　　　　비기수

턱수염을 보기 좋게 꾸민다.

象曰 賁其須 與上興也　　　　비기수 여상흥야

그 수염을 빛나게 꾸민다는 것은 윗
사람과 더불어서 움직인다는 뜻이다.

　수염은 턱에 붙어 있고 턱을 따라 움직인다. 수염을 꾸민다는 것은 강(剛)한 턱-
强者/강자-에 붙어서 선악(善惡) 불문(不問)하고 따라 움직이는 것인 턱수염을 꾸
미는 것이다. 턱수염을 꾸미는 것으로 실체(實體)인 턱의 선악(善惡)까지 바뀌는
것은 아니다. 꾸미는 자의 영욕(榮辱)은 바탕 된 자를 따르되 그 바탕을 뛰어넘을
수는 없다.

〈賁 九三爻〉

　꾸민 것이 윤기(潤氣) 나게 하려면 오래도록 바른 태도를 지켜야 이롭다. 스펙으
로 꾸미고 차림까지 덧칠해서 오랫동안 멋을 유지하기는 쉬운 일이 아니다.

九三 賁如濡如 永貞 吉　　　　비여유여 영정 길

(강양(剛陽)인 구삼(九三)과 유음(柔陰)인 육
이(六二) 및 육사(六四)들이 교차(交叉)하니)
꾸밈이 무늬를 이루어 빛나고 음(陰)
의 적셔줌을 받아서 강양(剛陽)이 윤택
(潤澤)하다.

(-賁如濡如)

(음양(陰陽)이 서로 가까이 지내면서 아름
다운 꾸밈을 이어가기는 쉽지 않은데도)
오래도록 올바르고 곧은 꾸밈을 받
아서 아름다움을 유지하니 길하다.

(-永貞 吉)

象曰 永貞之吉 終莫之陵也

영정지길 종막지릉야

"오래도록 올바른 꾸밈으로 아름다움
을 유지한다면 길하다"라는 말은

(-永貞之吉)

허식(虛飾)에 흐르지 않고 오래도록
꾸밈을 계속하니 끝내 능멸(陵蔑=凌
蔑)할 이가 없을 것이므로 길하다는
뜻이다.

(-終莫之陵也)

---

*陵 =①갈보다. (在上位 不陵下/재상위 불능하: 윗자리 있다 하여 아랫사람 깔보면 안 된다. –〈중용(中庸)〉
　　②칼을 갈아서 날을 세우다.

兵刃不勁而待陵 兵刃不待陵而勁/병인불경이대능(-!) 병인부대능이경(-?)
우리 군대는 약하니 칼을 갈아야 하지 않는가! 갈아 둘 필요 없을 만큼 충분
히 강건한가?

　　　　　　　　　　　　　　　　　　　　　　　– 〈순자(荀子)〉

〈賁 六四爻〉

　화사한 꾸밈과 소박한 꾸밈이 조화(調和)를 이루면 근심이나 허물이 없다. 외면의 화사한 꾸밈이 내면의 밝은 인품과 조화를 이루고 있다면 흠이 아니다.

六四 賁如皤如 白馬翰如 匪寇 婚媾	비여파여 백마한여 비구 혼구
날아갈 듯 풍족해 보이도록 잘 꾸민 중후(重厚)한 풍채(風采)의 사람인 구삼(九三)과	(-賁如皤如)
백마처럼 깨끗하고 빠르게 다가오는 사람인 초구(初九)가 있어서	(-白馬翰如)
육사(六四)가 이들을 두고 선택을 주저(躊躇)하다가 자세히 보니 초구(初九)가 도적이 아니라 혼인(婚姻)할 짝이다.	(-匪寇 婚媾)

　육사(六四)는 초구(初九)와 정응(正應) 관계이다.

象曰

六四 當位疑也   육사 당위의야

匪寇婚媾 終无尤也   비구혼구 종무우야

육사(六四)가 당면(當面)하고 있는 자리는 의심(疑心)과 주저(躊躇)가 있는 곳이다.	(-六四 當位疑也)
친밀하지만 도적격인 구삼(九三)이 아니라 깨끗한 초구(初九)와 혼인한다면	(-匪寇婚媾)
마침내 뉘우칠 일이 없을 것이다.	(-終无尤也)

육사(六四) 효는 밑에 있는 구삼(九三) 효와 가까워서 친밀하지만 저 아래에 있는 초구(初九) 효와 정응(正應) 하므로 짝이 될 관계이기 때문이다.

*尤=우. ①탓. 재앙. 원망(-上不怨天 下不尤人/상불원천 하불우인)-〈중용(中庸)〉
      ②더욱 우. 특히.

匪寇婚媾/비구혼구

옛날의 보쌈결혼이나 약탈(掠奪)결혼의 흔적(痕迹)이 배어있는 말이다. 겉으로 보이는 정략(政略), 약탈, 보쌈 등의 번다(煩多)한 현상(現象)과 달리 결혼할 처자(處子=處女/처녀)를 취하고자 하는 속뜻이 진지(眞摯)한 경우도 있다. 만약 시작은 비록 비구(匪寇)로 하였더라도 소박(素朴)하고 착실(着實)한 결혼생활을 한다면 혼구(婚媾)처럼 되어 사연(事緣)이 길고 복잡한 스토리를 품은 가정일망정 나중에는 근심이 없어질 수 있다.

〈賁 六五爻〉

꾸밈의 중심(中心)은 실질(實質)을 존중(尊重)하는 데 두어야 한다. 예(禮)의 근본(根本)이 사치(奢侈)보다는 검소(儉素)함에 있듯이 꾸밈도 자기 전답(田畓)을 잘 돌보듯 가지런하게 하는 것이 길(吉)하다.

六五 賁于丘園 束帛戔戔 吝 終吉	비우구원 속백전전 인 종길
집 밖의 마을 주변(周邊)과 전답(田畓)을 꾸미고 가꾸는 데 있어서	(-賁于丘園)
묶어놓은 비단의 재단(裁斷)을 의뢰(依賴)하듯이 남에게 의뢰하여서 꾸민다.	(-束帛戔戔)
(그런 꾸밈을 받는다는 사실이 비록) 주저되고 부끄러워할 일이기는 하지만	(-吝)
꾸며진 효과(效果)는 자기가 누리니 종내(終乃)에는 길하다.	(-終吉)

*吝=인(린). ①주저하다. 부끄러워하다(-改過不吝/개과불인)
　　　　②재물에 대하여 다랍게(거슬릴 정도로) 아끼다. 소중히 여기다.
　　　　③도량이 좁고 깔끔하지 못하다.
　　　　④한(恨)하다(-无悔吝之心/무회린지심)
*帛=백. 비단.
*戔=①전. 적다. 자잘하다(束帛戔戔-자잘하게 재단된 비단).
　　②잔. 해치다.
*戔戔=전전. 남에게 의뢰하여 자잘하게 재단하는 것.

象曰 六五之吉 有喜也	육오지길 유희야

육오(六五)의 길함은 기쁨이 있기 때문
이다. 꾸밈의 효과(效果)를 누리는 기
쁨이 있다.

〈賁 上九爻〉

꾸밈의 요체(要諦)는 결국(結局) 소박(素朴)함에 있다.

上九 白賁 无咎　　　　　　　**백비 무구**

본바탕 그대로의 소박(素朴)하고 자연
스러움으로 광채(光彩)를 내니 허물이
없다.

상구(上九)는 다른 자들의 꾸밈을 이끌어주기는 하지만 그들이 자기를 꾸미는 것
은 받아들이지 않는다.

象曰 白賁无咎 上得志也　　　　**백비무구 상득지야**

상구(上九)가 세속적(世俗的)인 꾸밈에　　　(-白賁无咎)
초연(超然)함으로써 꾸밈의 허물이 없
다는 것은

역설적(逆說的)으로 꾸밈이 의도(意圖)하　　(-上得志也)
는 높은 뜻을 얻는다는 말이다.

〈비(賁)괘의 실생활(實生活) 응용(應用)〉

① 사람을 볼 때 사치스러운 외관(外觀)보다 실질적 언행(言行)을 살펴본다. 남이 꾸민 외관(外觀)에 속지 않는다. 거래(去來)는 현물(現物)을 보고 한다.

② 꾸밈으로 얻어지는 앞날의 효과가 어떠할지는 아무도 모른다. 스펙이나 학력 등으로 외관을 꾸미더라도 감히 법에 걸리는 방법은 쓰지 말아야 한다.

③ 나를 잘 꾸미는 일에 치중하다 보면 마음이 괴롭게 된다. 그러나 남을 꾸며주는 일을 잘하고 그것을 즐기는 사람은 사업에 성공한다. 꾸미는 소질이 좋으면 언어, 미술, 연예 분야에 적합하다.

二十三

山地剝(산지박)

☶ 艮上(간상)
☷ 坤下(곤하)

〈卦의 성격(性格) 요약(要約)〉

　내괘(內卦)는 곤(☷坤)이고 외괘(外卦)는 간(☶艮)이다. 박(剝)은 박탈(剝奪), 벗김(剝/박), 깎음(削/삭) 등의 뜻이다. 박(剝)괘의 괘상(卦象)은 하나의 양효(陽爻) 아래에 다섯 음효(陰爻)가 있다. 소인(小人)이 성(盛)하고 군자(君子)가 홀로 어려움을 겪는 상(象)이다. 박(剝)괘는 스며드는 위기(危機)를 상징(象徵)한다. 꾸밈이 지나치면 실속은 깎여서 쇠퇴(衰退)한다. 지극한 꾸밈으로 얻고자 한 바에 형통함을 얻었다면 그다음에는 꾸밈을 그쳐야 실속이 온전(穩全)할 수 있다. 그래서 비(賁)괘의 다음에 박(剝)괘가 온 것이다. (-서괘전)

　모든 것에는 영허소식(盈虛消息)의 때가 있다. 이럴 때는 시세(時勢)에 거역(拒逆)하지 말고 그쳐서 군자가 다시 활동(活動)할 수 있는 때가 오기를 기다려야 한다.

　박(剝)의 상황은 음산(陰散)한 기운이 정도(正道)를 깎아 없애는 상황이다. 박(剝)괘의 각 효사(爻辭)는 개별상황에 대한 대응방법(對應方法)을 밝히고 있다. 박(剝)괘 육이효(六二爻)의 상(象)에 대한 소식(蘇軾)의 풀이가 특히 인상적(印象的)이다.

六二爻: 象曰 剝牀以辨 未有與也/박상이변 미유여야

좀벌레 같은 음기(陰氣)의 갉아먹음이 침상다리의 윗부분인 받침목에 다다
랐다"라는 것은 거의 윗부분에 이르렀지만 아직은 다른 나쁜 사람들과 어
울림이 없다는 말이다. 아직은 다른 소인배(小人輩)들과 어울리지 않았기 때
문에 악행(惡行)에 과감(果敢)해진 것은 아니다. 그러므로 선도(善導)할 여지(餘
地)가 남았으니 다행(多幸)이다.

– 소식(蘇軾) 〈동파역전(東坡易傳)〉

〈괘사(卦辭)와 단사(彖辭), 대상사(大象辭)〉

卦辭: 剝 不利有攸往   박 불리유유왕

양기(陽氣)가 깎이고 벗겨지는 상황   (-剝)
이니
어딘가를 감에는(무슨 일을 추진하기에   (-不利有攸往)
는) 불리하다.

*剝= 박. ①가죽을 벗기다. 벗겨지다. 해(害)가 밖으로부터 미쳐오다.
　　②각박(刻薄)한(-모나고 인정이 없는) 해로움이 군자에게 다가오다.

彖曰

剝 剝也 柔變剛也   박 박야 유변강야
利有攸往 小人長也   불리유유왕 소인장야
順而止之 觀象也   순이지지 관상야

君子尙消息盈虛 天行也   군자상소식영허 천행야

박(剝)은 깎아내는 것이다. 유(柔)가 강(剛)한 자리에 앉아 권세를 잡아가는 것이다.

          (-剝 剝也 柔變剛也)

소인(小人)의 세(勢)가 자라나기 때문에 일의 무리(無理)한 추진(推進)은 불리하다.

          (-不利有攸往 小人長也)

(상구(上九)가) 나아감을 멈추고 순종하는 것은 상황을 관찰한 행동이다.

          (-順而止之 觀象也)

군자가 소쇠(消衰)와 식장(息長), 영만(盈滿)과 허손(虛損)을 숭상(崇尙)하는 것은 하늘이 움직이는 이치가 그러하기 때문이다.

          (-君子尙消息盈虛 天行也)

象曰

山附於地 剝   산부어지 박

上 以 厚下 安宅   상 이 후하 안택

솟아있는 산이 땅에 두껍게 붙어 있는 것이 박괘(剝卦)의 상(象)이다.

          (-山附於地 剝)

윗사람은 이 상(象)을 본받아 은덕을 베풀어 아랫사람을 두터이 보살피고

          (-上 以 厚下)

스스로를 닦고 반성(反省)하며 자기 집안의 살아가는 형편을 편안하게 여긴다.

          (-安宅)

은덕(恩德)을 베풀어서 백성(百姓)들을 보살펴주고 스스로를 닦고 반성(反省)하며 집안의 처한 형편을 편안(便安)하게 받아들인다는 해석은 괘상(卦象)에서 얻은 것이다. 하괘(下卦)인 곤(坤)은 만물을 실어주기 때문이고 상괘(上卦)인 간(艮)은 스스로의 위치에서 편안히 멈추고 있기 때문이다. 박괘(剝卦)의 상(象)이 이러하므로 지금은 비록 어렵고 위태로운 상황에 처해있지만, 구성원 모두가 오늘을 견뎌내며 훗날을 기약할 수 있다. 대상전(大象傳)의 해석은 괘상(卦象)에 따른 것이다. 그러므로 괘의(卦義)에서 얻는 깎아낸다는 뜻인 박(剝)이라는 의미와는 내용이 다르다.

〈剝 初六爻〉

청년(靑年)의 일자리를 사라지게 만든다면 나라와 집안의 미래(未來)를 불안하게 만드는 것이다.

初六 剝牀以足 蔑貞 凶	박상이족 멸정 흉
좀벌레 같은 음기(陰氣)가 침상(寢牀)을 갉아먹어 상다리에 미쳤으니	(-剝牀以足)
사물의 바탕인 바른 도리를 소홀히 하고 깎아내리는 것이어서 흉하다.	(-蔑貞 凶)

귀하게 여겨야 할 사람을 귀하게 여길 줄 모르고 오히려 깎아내리니 흉하다.

*牀=상. 침상(寢牀). 사물의 바탕.
*蔑=멸. ①깎다(-蔑貞 凶/ 멸정 흉)
　　　 ②업신여기다. 깔보다.
*以=이. ~에 있다. ~에 미치다(-以猶及也/이유급야)

象曰 剝牀以足 以滅下也　　　　　박상이족 이멸하야

"剝牀以足"이라 함은 아래쪽에서부터 깎아먹어 없애간다는 뜻이다.

〈剝 六二爻〉

　소인(小人)의 악행(惡行)은 끼리끼리 어울리면 더욱 과감(果敢)해진다. 그러므로 사귐을 잘 살펴보고 조심해야 한다.

六二 剝牀以辨 蔑貞 凶　　　　　박상이변 멸정 흉

좀벌레 같은 음기(陰氣)가 침상을 깎아먹어 다리의 윗부분인 상판 받침목에 다다르면 사물의 바탕인 바른 도리를 점점 심하게 깎아내리는 것이어서 흉하다.

*辨=변. 침상다리와 침상 사이에 가로댄 받침목. 손가락 끝.

象曰 剝牀以辨 未有與也　　　　　박상이변 미유여야

"좀벌레 같은 음기(陰氣)의 갉아먹음
이 침상다리의 윗부분인 받침목에 다
다랐다"라는 것은 거의 윗부분에 이
르렀지만 아직은 다른 나쁜 사람들과
어울림이 없다는 말이다.

아직 다른 소인배들과 어울림까지는 가지 않았기 때문에 악행에 과감해진 것은
아니다. 그러므로 선도(善導)할 여지(餘地)가 남았으니 다행(多幸)이다. (소식(蘇軾)의 견
해)

"未有與也-아직은 다른 것들과 어울림이 없다."에 대한 해석:

① 소식(蘇軾)의 견해-소인(小人)을 적극적으로 포용(包容)하는 입장

君子之於小人 不疾其有 邱山之惡	군자지어소인 부질기유 구산지악
而幸其有 毫髮之善	이행기유 호발지선
剝牀以足 且 及其辨矣	박상이족 차 급기변의
猶未 直以爲凶也 曰 蔑貞而後凶	유미 직이위흉야 왈 멸정이후흉
小人之於 正也絶蔑 无餘而後 凶可必也	소인지어 정야절멸 무여이후 흉가필야
若猶有餘則 君子自 其餘而懷之矣	약유유여즉 군자자 기여이회지의
故曰 "剝牀以辨 未有與也"	고왈 "박상이변 미유여야"
小人之爲惡也 有人與之然後 自信以果	소인지위악야 유인여지연후 자신이과
方其未有與也 則其愧而 未果之際也	방기미유여야 즉기괴이 미과지제야

군자는 소인을 대할 때 산만큼 악이 있어도 미워하지 않고 터럭만큼 선이 있는

것을 다행으로 여긴다. 침상의 다리가 깎이고 다시 가로댄 받침목 부분에까지 이르더라도 아직은 곧바로 흉하게 되지는 않기에 올바름이 아예 없어진 뒤에야 흉하다고 말한다. 소인에게 올바름이 완전히 없어진 뒤에는 흉한 일이 반드시 일어난다. 만약 조금이나마 선(善)이 아직 남아 있다면 군자는 그 남아 있는 선을 품는다. 그러므로 "침상의 가로댄 받침목이 깎인 수준인 것은 아직은 다른 악인(惡人)들과 함께 어울리지 않은 것이다."라는 말이다. 소인의 악행은 다른 사람과 함께한 후에 자신(自信)이 생겨서 과감해지는 것이다. 그와 달리(-方其/방기) 아직 다른 사람과 함께하지 않았다면 스스로 부끄러워함이 남아 있어서 아직은 과감해지지 않은 때이다.

예(例)-석과(碩果)를 남김은 호발지정(毫髮之貞)이요 먹어 없애야 멸정(蔑貞)이다.

② 정이(程頤)의 견해-소극적으로 현실을 감수(甘受)하는 입장

言未有與 剝之未盛 有與 猶可勝也/ 언미유여 박지미성 유여 유가승야

소인의 세력이 아직 극성하지는 않으나 군자와의 정응(正應-올바른 어울림)이 없으니 그 음기를 이겨낼 수 있을 것인지 의심스럽다.

③ 주희(朱熹)의 견해-담담하게 현실을 지적(指摘)하는 입장

言未有與 言未大盛 / 언미유여 언미대성

아직 다른 것들과 어울림이 없으므로 크게 성(盛)하지는 않은 것이다.

〈剝 六三爻〉

자기의 소중한 사람을 다른 사람들이 깎아내리더라도 소중한 사람을 감싼다. 휩쓸리지 않고 소중한 사람을 보호하는 것이다.

六三 剝之无咎	박지무구
박(剝)의 시대에 현실적인 힘은 없지만 (홀로 상구(上九)와 정응(正應) 하여 선(善)에 힘쓰니) 허물이 없다.	(-剝之) (-无咎)

象曰 剝之无咎 失上下也	박지무구 실상하야

"剝之无咎"라는 것은 육삼(六三)이 홀로 상하(上下)의 음(陰)들과 뜻을 함께 하지 않는데도 허물이 아니라는 의미이다.

육삼(六三)은 상구(上九)와 정응(正應) 하는 관계이므로 다른 음(陰)들과 입장을 달리 취하는 것이 허물이 아니다. 조조(曹操)의 진영에서 유비의 가족들을 보호하며 생활하던 관우(關羽)의 입장과 같다.

群陰剝陽 己獨協焉 雖處於剝 可以无咎
군음박양 기독협언 수처어박 가이무구

- 왕필(王弼)

〈剝 六四爻〉

음기(陰氣)가 측근(側近)을 상(傷)하게 할 정도(程度)에 이르면 재앙(災殃)이 멀지 않다. 서둘러 대비(對備)함이 옳다.

六四 剝牀以膚 凶　　　　　　　**박상이부 흉**

육사(六四)가 침상을 깎아댐이 상구(上九)의 피부(皮膚)에까지 도달(到達)하였으니 상구(上九)가 흉하다.

象曰 剝牀以膚 切近災也　　　　**박상이부 절근재야**

침상을 깎아냄이 피부에 도달했다는 것은 재앙이 매우 가까이 이르렀다는 뜻이다.

피부에 도달하면 상구(上九)의 몸에 다다른 것이다. 품어서 달래어 보기에는 이미 늦은 것이다. 그러니 상구(上九)는 위험하다. 조선말(朝鮮末) 을사오적(乙巳五賊)이나 후한(後漢) 헌제(獻帝)를 핍박하여 조비(曹丕)에게 선위(禪位)시킨 승상(丞相) 화흠(華歆) 등이 여기의 육사(六四) 효에 해당한다.

〈剝 六五爻〉

친지(親知)와 가족(家族)들을 잘 단속(團束)한다. 엇비슷한 위치(位置)에 있는 사람들은 균등(均等)하게 대우(待遇)해야 이롭다.

六五 貫魚 以宮人寵 无不利	관어 이궁인총 무불리
왕비(王妃)가 여러 궁인(宮人)들을 대할 때 물고기를 꿰듯이 통솔(統率)하여서 서로 헐뜯는 일 없이 왕의 애정을 나누어 섬기도록 만드니	(-貫魚 以宮人寵)
왕비에게 이롭지 않음이 없다.	(-无不利)

*以=이. ~에 의하여. ~하여서 (-以猶率也/이유솔야).

象曰 以宮人寵 終无尤也	이궁인총 종무우야
궁인들을 잘 통솔하여 서로 왕의 총애(寵愛)를 다투는 일 없이 섬기게 만드니	(-以宮人寵)
왕비는 끝내 아무런 근심이 없게 된다.	(-終无尤也)

왕의 사랑을 여러 궁인이 나누어 받으면 총애에서 생기는 세력도 분산된다. 그러면 총애에서 생기는 폐단이 잦아들게 되고 우려도 사라진다.

육오(六五)는 중위(中位)에서 군음(群陰)을 주재(主宰)하여 그들이 홀로 있는 양(陽)인 상구(上九)에 순종(順從)하도록 만들어야 하는 자리이다. 그래서 박(剝)괘의 깎아내고 핍박하는 의미는 육사(六四)에 맡기고 육오(六五)에는 선(善)한 중도(中道)의 실천(實踐)을 장려(奬勵)하도록 하기 위하여 이롭지 않음이 없음을 강조한 것이다.

〈剝 上九爻〉

명분(名分)을 벗겨내면 실세(實勢)도 힘을 잃게 된다. 지혜로운 사람은 큰 과일을 먹지 않고 남겨두지만 어리석은 자는 먹어치운다. 눈앞의 작은 욕심에 말려드는 것이다.

上九 碩果不食 君子得輿 小人剝廬   **석과불식 군자득여 소인박려**

큰 열매는 먹어치우지 않는다. (-碩果不食=종자로 쓰일 큰 열매는 먹히지 않는다.) 군자라면 수레를 얻을 것이고   (-君子得輿)

소인이라면 자기가 편안히 쉴 집의 지붕까지 헐어버리고 말 것이다.   (-小人剝廬)

象曰
君子得輿 民所載也   군자득여 민소재야
小人剝廬 終不可用也   소인박려 종불가용야

"君子得輿/군자득여"는 백성들이 추대한다는 말이다.

"小人剝廬/소인박려"는 "마침내 머물
곳(-居處/거처)까지 잃게 된다"라는 말
인데, 이는 끝내 쓸모가 없게 된다는
뜻이다.

아무리 큰 권세(權勢)라도 명분(名分)이라는 근거(根據) 위에 존재(存在)하는 것이다.
그러므로 자기가 서 있는 명분(名分)과 근거(根據)를 무시하거나 부정하면 망한다.
정당(政黨)의 정강정책(政綱政策)은 대의명분(大義名分)이다. 무시하거나 먹어치워서
는 안 되는 석과(碩果)이다.

*輿=여. 수레.
*廬=려. 오두막.

〈박(剝)괘의 실생활(實生活) 응용(應用)〉

① 우선 마음을 다잡아 내 몸의 건강과 내면의 기력을 보호하는 데 힘쓴다. 주변
에 나쁜 사람들이 나를 둘러싸고 있고, 기대하던 일은 기울고, 돈은 떨어지고, 날
씨는 추워지는 등 주변 상황이 가을바람에 낙엽(落葉) 지듯 할 때는 알몸의 나무처
럼 춥고 쓸쓸함을 견뎌 낼 수밖에 없다. 그러려면 무엇보다 스스로의 건강과 온전
한 정신력을 챙겨야 한다.

② 때가 되면 다시 심을 씨앗을 챙기고, 소중한 인간관계를 잃지 않도록 힘쓰고,
앞날의 희망이 될 인재를 돌보는 데 힘쓴다.

우골탑(牛骨塔)은 우리의 선대(先代) 부모형제(父母兄弟)들이 해방(解放)과 전화(戰禍)
의 박(剝) 상황을 이겨내려고 피와 땀으로 쌓은 것이었다. 오늘날에도 끊임없는 우

리나라 부모들의 맹목(盲目)에 가까운 교육열(教育熱)은 협소한 국토와 자원의 부족이라는 우리나라의 숙명적 박(剝) 상황에 대응하기 위하여 민족의 집단지성(集團知性)이 보여주는 지혜(知慧)의 발현(發現)이다.

사물은 영원히 추락하기만 하지는 않는다.

아래로부터 상승하려는 기운이 자라서 떠받치게 되기 때문이다. (-復/복)

— 〈서괘전〉

地雷復(지뢰복)

☷ 坤上(곤상)
☳ 震下(진하)

〈卦의 성격(性格) 요약(要約)〉

내괘(內卦)는 진(☳震)이고 외괘(外卦)는 곤(☷坤)이다. 복(復)은 왕복(往復), 회복(回復) 등에서 말하는 "돌아오다- (-歸/귀)"의 뜻이다. 사계절(四季節)이 순환(循環)하여 돌아 오듯이 기운(氣運)이 본래(本來)의 모습으로 돌아오는 것을 뜻한다.

복(復)괘는 건강(乾剛)한 기운이 돌아오는 형국(形局)을 나타내는 괘이다. 권력(權力)이 국민(國民)에게 돌아가는 민주정치(民主政治)를 상징하기도 한다. 박(剝)괘의 유일한 양(陽)인 上九가 위에서 궁지(窮地)에 처하면 아래로 복귀(復歸)한다. 그래서 박(剝)괘 다음에 복(復)괘가 온 것이다. 복(復)은 땅속 깊은 곳에서 하나의 양(陽)이 발동하여 부흥(復興)을 시작한 것을 말한다. 양(陽)은 군자(君子)의 도(道)와 선(善)을 상징한다. 복(復)은 사라지던 君子의 道와 善이 자라나기 시작(始作)함을 뜻한다. 계절(季節)로는 동지(冬至)에 해당(該當)한다. 그러나 아직은 추위가 물러나지 않았으므로 조급(躁急)하게 굴지 말고 침착(沈着)하게 큰 계획(計劃)을 세우며 양기(陽氣)가 왕성(旺盛)해지기를 기다렸다가 때가 되면 적극적(積極的)으로 군자의 도를 펼치고 봄 농사(農事) 등 일을 추진(推進)하는 것이 좋다.

복(復)괘의 괘효사(卦爻辭)에는 심오(深奧)한 정치철학적(政治哲學的) 사상(思想)이 담겨 있는 것으로 보는 해석(解釋)이 있다. 주권재민(主權在民)의 민주정치 사상(民主政治)이 그곳에 담겨 있다는 것이다.

> "出入无疾/출입무질"은 거주이전(居住移轉)과 여행(旅行)의 자유(自由)를, "朋來无咎/붕래무구"는 집회결사(集會結社)와 사상의 자유를, "反復其道/반복기도"는 표현(表現)의 자유와 주기적(週期的)인 자유선거(自由選擧)를, "七日來復 利有攸往/칠일내복 이유유왕"은 장날마다 사람들이 시장(市場)에 모여 자유롭게 경제적이익(經濟的利益)을 추구(追求)하는 시장경제를 의미한다는 견해이다.
>
> ― 서대원 〈하늘의 뜻을 묻다〉에서

〈괘사(卦辭)와 단사(彖辭), 대상사(大象辭)〉

卦辭:

復 亨	복 형
出入无疾 朋來无咎	출입무질 붕래무구
反復其道 七日來復	반복기도 칠일래복
利有攸往	이유유왕

복(復)괘는 막혔던 것이 트이는 괘상(卦象)이다.   (-復 亨)

출입함에 병이 없으니 미미한 양기(陽氣)의 자라남을 해치는 자가 없다.   (-出入无疾)

양기(陽氣)의 움직임에 문제 될 것이 　　　　　(-朋來无咎)
없으니 중천건(重天乾)괘의 양(陽)이 밑
에서부터 음(陰)으로 변(變)하여 사라
지기 시작한 후 ①구(姤) ②둔(遯) ③비
(否) ④관(觀) ⑤박(剝) ⑥곤(坤) ⑦복(復)
의 순서(順序)로 쇠(衰)했다가 다시 와
서 성(盛)하여 만물을 왕성하게 하니
허물이 없다.

쇠(衰)함과 성(盛)함이라는 소장(消長)　　　(-反復其道)
의 도(道)는 반복(反復)되는 것이다.

중천건(重天乾)괘의 양(陽)이 밑에서부　　　(-七日來復)
터 음(陰)으로 변(變)하여 사라지더라
도 순서(順序)대로 일곱 번 변하면 지
뢰복(地雷復)에서 다시 양(陽)이 나타나
자라나기 시작한다.

이것이 천지기운(天地氣運)의 자연스러
운 움직임이다.

군자의 도(道)가 자라나기 시작하였으　　　(-利有攸往)
니 나아가는 바를 두는 것이 이롭다.

象曰

復亨 剛反　　　　　　　　　　　복형 강반

動而以順行 是以出入无疾朋來无咎　　동이이순행 시이출입무질붕
　　　　　　　　　　　　　　　　　　래무구

反復其道七日來復 天行也　　　　반복기도칠일래복 천행야

利有攸往 剛長也　　　　　　　　이유유왕 강장야

復 其見天地之心乎　　　　　　　복 기견천지지심호

복(復)이 형통한 것은 굳센 기운(-剛)이 돌아오기 때문이다.	(-復亨 剛反)
강(剛)한 기운이 아래에서 움직이면 위에서는 순순히 따라 행한다.	(-動而以順行)
이것이 바로 "出入无疾朋來无咎" 즉 "출입함에 병이 없으니 미미한 양기가 자라남을 해치는 자가 없고, 벗들이 와도 허물이 없으니 장차 여러 양이 와서 만물이 왕성해지기를 기다린다."라는 말이다. "反復其道七日來復"은 바로 하늘의 운행(運行), 즉 시운(時運)의 흐름을 뜻한다.	(-天行也)
나아갈 바를 두면 이롭다는 것은	(-利有攸往)
시운(時運)이 도래하여 굳센 기운이 점점 자라나기 때문이다.	(-剛長也)
복(復)괘는 도(道)가 왕래반복(往來反復) 하며 움직이는 모습(-動之端/동지단)을 나타내므로 우리는 복(復)괘에서 천지(天地)의 마음을 볼 수 있다.	(-復 其見天地之心乎)

시운(時運)은 자연스럽게 소식(消息)하는 것이다. 음양(陰陽)의 기운이 자연스럽게 줄어들고 불어나는 것이 시운(時運)이다.

象曰

雷在地中 復	뢰재지중 복
先王 以 至日閉關	선왕 이 지일폐관
商旅不行 后不省方	상여불행 후불성방

우레가 땅 가운데 있는 것이 복(復)괘   (-雷在地中 復)
의 상(象)이다.

선왕이 이를 본받아 동짓날(동짓달)에   (-先王 以 至日閉關)
는 관문을 닫아서

장사꾼과 여행자를 다니지 못하게 하   (-商旅不行 后不省方)
고 제후들도 지방을 시찰하지 않게
하였다.

동지 이후의 한겨울 동안에는 땅속에서 기운을 기르듯이 안정(安靜)하여 자기 자신의 근본인 양(陽)을 기르도록 한 것에 그 뜻이 있다.

양(陽)이 처음으로 드러난 것은 복(復-地雷復/지뢰복)이라 하는데, 음(陰)이 처음으로 드러난 것은 어째서 복(復)이 아니고 구(姤-天風姤/천풍구)라 하였는가?

양(陽)은 드러냄을 추구하고 음(陰)은 고요히 제자리를 지킴을 추구한다. 초효(初爻)와 삼효(三爻), 오효(五爻)의 자리는 본래 양(陽)의 자리이다. 양(陽)이 보이지 않다가 처음으로 드러나서 본래 제자리인 초효(初爻)에 돌아왔기 때문에 복(復)이라 한 것이다. 음(陰)은 드러남보다 고요히 제자리를 차지함을 즐긴다. 더구나 초효(初爻) 자리는 본래 음(陰)에 알맞은 자리도 아니다. 그러므로 음(陰)이 처음으로 드러난 것은 "내가 드디어 여기 돌아왔노라." 식의 복(復)이 아니고 "우리가 우연히 만나게 되었다"라는 의미에서 구(姤)라 한 것이다.

한 가지 생각의 움직임이 굳세고 곧아서 그것이 확충되면 천지의 덕과 합치된다. (一念之動 以剛直擴充之 而與天地合其德矣/일념지동 이강직확충지 이여천지합기덕의)

김진근 역(譯)-〈왕부지(王夫之)의 주역내전(周易內傳)〉

　　一陽之動 剛之初動者也　　　　　　　　일양지동 강지초동자야

晦之所以明 亂之所以治

人欲繁興而天理流行乎中

皆此也

一念之動 以剛直擴充之

而與天地合其德矣

則"出入无疾 朋來无咎"

而攸往皆利

故曰,"作聖合天之功在下學"

而必於此見之也

회지소이명 난지소이치

인욕번흥이 천리유행호중

개차야

일념지동 이강직확충지

이여천지합기덕의

즉"출입무질 붕래무구"

이유왕개리

고왈,"작성합천지공재하학"

이필어차견지야

하나의 양이 움직인 것은 양의 굳셈이 막 움직인 것인데

(-一陽之動 剛之初動者也)

어둠에서 밝아지는 까닭과 혼란(混亂)이 다스려지는 까닭 (-晦之所以明 亂之所以治) 등, 사람의 욕구(欲求)가 번다(繁多)하게 일어나지만, 그 속에 하늘의 이치가 널리 행하여지는 까닭은 모두 이것 때문이다.

(-人欲繁興而天理流行乎中 皆此也)

한 가지 생각의 움직임이 굳세고 곧아서 그것이 확충되면 천지의 덕과 합치된다.

(一念之動 以剛直擴充之 而與天地合其德矣)

그렇게 되면 "드나듦에 문제가 없고 벗들이 와도 허물이 없으니" 가는 곳마다 이롭다.

(-則"出入无疾 朋來无咎"而攸往皆利)

그러므로 "하늘에 합치하는 성인의 공력은 일상과 관련된 기초단계의 배움에 있다."라는

필연적 이치를 여기 복(復)괘에서 보게 되는 것이다.

(-故曰, "作聖合天之功在下學" 而必於此見之也)

"在下學/재하학", 즉 "일상생활과 관련된 기초단계의 배움"이라는 말에는 어린 시절 부모 밑에서 자랄 때의 인성(人性)교육의 중요성을 강조한 뜻이 있다.

〈復 初九爻〉

初九 不遠復 无祇悔 元吉

불원복 무지회 원길

멀리 가기 전에 과오를 깨닫고 돌아와 후회할 일을 삼가니 크게 선하여 길하다.

*祗=지. 존경하다. 삼가다(-无祗悔).
*祇=기. ①어조사. ②크다(-无祇悔).

象曰 不遠之復 以修身也

불원지복 이수신야

멀리 가기 전에 과오를 깨닫고 돌아온다는 것은 몸을 닦는다는 뜻이다.

〈復 六二爻〉

六二 休復 吉   휴복 길

아름답게 정도(正道)로 돌아오니 길
하다.

육이(六二)가 중정(中正)에 자리하였음에도 불구하고 아래의 초구(初九)에 몸을 낮
추어 돌아오니 아름답고 훌륭하다는 뜻이다.

*休=휴.①아름답다. 선미(善美)하다. 좋다.
　　②쉬다. 그만두다.
　　③기뻐하다(-休咎/휴구=吉凶/길흉)

象曰 休復之吉 以下仁也   휴복지길 이하인야

육이(六二)가 아름답게 정도(正道)로 돌   (-休復之吉)
아오니 길하다는 것은
몸을 낮추어 인자(仁者)인 초구(初九)   (-以下仁也)
의 진동(震動)을 따라가기 때문이다.

복(復)괘에서만은 육이(六二)를 포함한 모든 음(陰)들이 초구(初九)의 윗자리에 있다
하더라도 진동(震動)을 시작한 초구(初九)에 행세(行勢)하거나 저항(抵抗)하지 못한다.

〈復 六三爻〉

六三 頻復 厲 无咎　　　　　　　　빈복 려 무구

잦은 과오(過誤)를 찡그리면서 반성(反
省)하고 정도(正道)로 돌아오니 위태(危
殆)롭다고 하더라도 허물은 아니다.

*頻=빈. ①찡그리다(顰/빈)(-頻復 厲 无咎)
　　②여러 번. 자주.
　　③나란히 늘어서다(-群臣頻行/군신빈행)

象曰 頻復之厲 義无咎也　　　　　빈복지려 의무구야

자주 되돌아오니 위태롭다 하더라
도 되돌아옴 자체는 의리상 허물이
없다.

자주 과오(過誤)를 저지르는 경솔(輕率)함에 허물이 있는 것이지 그때마다 반성(反
省)하고 선(善)으로 되돌아오는 것을 허물할 일은 아니라는 뜻이다.

〈復 六四爻〉

주변의 일반화된 부정(不正)에 휩쓸리지 말고 모나지 않게 도리(道理)에 따라 처신
(處身)한다.

六四 中行 獨復　　　　　　중행 독복

여러 음(陰) 효들의 가운데서 행동하
되 홀로 올바른 도리인 중용(中庸)에
돌아온다.

홀로 초구(初九) 효와 정응(正應)하기 때문에 중용의 도리를 따른다는 뜻이다.

象曰 中行獨復 以從道也　　　　중행독복 이종도야

"中行獨復"은 스스로를 돌아보아 당
시(當時)의 상황(狀況)에 알맞게 중용(中
庸)의 도리를 따르는 것이다.

부정(不正)이 일반화(一般化)된 사회에서는 정의(正義)로운 사람이 오히려 이상한
사람으로 여겨질 수 있다. 그래서 초구(初九)의 새로운 기운과 사상(思想)을 도와야
한다고 공언(公言)하기보다 혼자서 조용히 돕는다.

여기의 "중행(中行)"을 "在群陰之中(재군음지중)"의 뜻으로 보는 것이 보통이다. 그
러나 타이완 학자 고회민(高懷民)은 시변(時變)에 따라 합당(合當)한 조치(措置)를 하는
"從時中之道(종시중지도)"의 뜻으로 본다. 즉 지뢰복(地雷復) 육사(六四)의 "中行獨復(중
행독복)"은 시대 상황의 변화에 따라 합당(合當)한 조치(措置)를 하는 時中之心而獨復
(시중지심이독복)의 뜻이 된다.

그리고 42번괘 풍뢰익(風雷益) 육사(六四)의 "中行 告公從 利用爲依遷國(중행 고공종
이용위의천국)"도 "시대 상황의 변화에 따라 직(職)을 걸고 부여받은 공무를 수행하
므로 군주가 믿고 의지하게 되어 국가 중대사의 담당자가 된다."라는 뜻으로 해석
한다.

지뢰복(地雷復) 육사(六四) 효의 지괘(之卦) 효는 51번괘 중뢰진(重雷震) 구사(九四) 효인데 효사가 "震遂泥(진수니)"이다. "천둥소리가 진흙탕에 빠졌다."라는 뜻이다. 진흙탕에 빠지면 위엄(威嚴)을 잃는다. 첫 번의 천둥(-호통)은 위엄이 있지만 자주 치는 천둥은 사람을 놀라게 하지 못한다. 그러므로 호통으로 위엄을 보이는 일은 적당한 선에서 그쳐야 한다. 적당한 선을 넘으면 위엄이 진흙에 빠져서 보여주던 빛을 잃는다.

지괘(之卦) 효사를 살펴볼 때 지뢰복(地雷復) 육사(六四)의 "중행(中行)"은 도(道)를 따를 뿐, 다른 도모(圖謀)함이 없는 "從時中之道(종시중지도)"의 뜻으로 보는 것이 좋다.

〈復 六五爻〉

존귀한 위치에서 도리(道理)에 맞게 처신(處身)하니 후회할 일이 없다.

六五 敦復 无悔　　　　　　　　돈복 무회

돈독한 마음으로 정도(正道)에 되돌아오니
후회가 없다.
이는 우환(憂患)이 이르기 전에 근심하면 후
회가 없다는 뜻이다.

象曰 敦復无悔 中以自考也　　　돈복무회 중이자고야

"敦復无悔"인 것은 중용의 도에 근거
하여 스스로를 돌아보기 때문이다.

육오(六五)는 존위(尊位)에 있지만, 자신의 덕(德)이 부족함과 시절(時節)의 상황을 살펴보고 돈독(敦篤)한 마음으로 돌아와서(-敦復) 고요히 초구(初九)에 순종(順從)한다.

*敦篤=돈독. 인정(人情)이 두터움. 심덕(心德)이 도타움(-많고 깊음).

〈復 上六爻〉

양(陽)의 신세력(新勢力)이 떨쳐 일어났다 해도 토착화(土着化)된 구세력(舊勢力)을 제거(除去)하거나 신세력 자체에 내재된 악습(惡習)을 바로잡을 줄 모르면 재앙(災殃)이 따르니 흉하다.

토착화(土着化)된 것을 없애거나 고정관념(固定觀念)의 수정(修正)을 통하여 재앙(災殃)을 막고 과오(過誤)를 고치는 작업은 오랜 세월이 걸리는 어려운 일이다.

떨쳐 일어나서 뭇 음(陰)들을 흔들어대는 초구(初九)의 입장에서 보면 상육(上六)은 토착화(土着化)된 구세력(舊勢力)이거나, 아니면 초구(初九) 자신(自身)의 고정관념(固定觀念)이나 오래된 악습(惡習)을 의미한다.

상육(上六) 효사는 진동(震動)하는 초구(初九)에 거듭된 경고(警告)를 보내는 의미가 있다.

上六
迷復 凶   미복 흉
有災眚 用行師 終有大敗   유재생 용행사 종유대패
以其國 君凶 至于十年 不克征 이기국 군흉 지우십년 불극정

잘못된 길에서 돌아올 줄을 몰라 헤
매고 있으니 흉하다.

(-迷復 凶)

재앙이 생겼을 때 군대(軍隊)를 사용하
여 누르려 하면 결국 크게 패한다.

(-有災眚 用行師 終有大敗)

그 화(禍)가 온 나라와 군주에게까지
미치므로 흉하다.

(-以其國 君凶)

십년이 지나도 그것을 극복해나가기
가 어렵다.

(-至于十年 不克征)

象曰 迷復之凶 反君道也　　　　　　**미복지흉 반군도야**

"迷復之凶"은 군주의 도리에 어긋나
기 때문이다.

〈복(復)괘의 실생활(實生活) 응용(應用)〉

① 순풍(順風)과 역풍(逆風)은 반복(反復)되는 것이다. 목표(目標)를 세웠으면 도중(途
中)에 역풍(逆風)을 만나더라도 포기(抛棄)하지 말고 반복하여 노력한다.

② 과거에 실패한 일을 다시 시작해 본다. 다만 기초와 계획을 건실하게 세운 후
에 한다.

③ 어울리는 친구가 너무 많으면 무의미하게 번거로운 일상만 되풀이될 수
있다.

④ 새로이 자라서 오르려면 망령(妄靈)된 생각이 없어야 한다. (-无妄/무망)

二十五

天雷无妄 (천뢰무망)

☰ 乾上 (건상)
☳ 震下 (진하)

〈卦의 성격(性格) 요약(要約)〉

내괘(內卦)는 진(☳震)이고 외괘(外卦)는 건(☰乾)이다. 무망(无妄)은 망령(妄靈)됨이나 사심(私心, 邪心)이 없음, 특별한 까닭이 없음 등의 뜻이다. 특별한 까닭 없이 당하는 재앙(災殃)을 무망지재(无妄之災)라고 한다. 무망(无妄)은 타고난 명(命)에 따를 뿐 망령됨이 없는 것이다. 무망은 지극한 성실함이다. 무슨 기대(期待)나 속셈, 속임수 등이 없이 하늘의 섭리(攝理)에 맡기는 태도이다. 사람이 움직일 때 자기 욕심대로 하다 보면 망령될 수 있으나 하늘의 이치대로 자연스럽게 삶을 이어 나아가면 망령됨이 없는 것이다. 무망은 이치에 따라 일이 되어 가도록 맡기는 것이다.

그러나 지나치게 무망을 고집(固執)하면 그 자체가 또한 망집(妄執)이 될 수 있다. 어떤 부자(富者)가 농촌(農村) 마을 어귀에 자기의 소를 매어두고 필요한 농민은 그 소를 자유로이 끌고 가서 논·밭갈이에 쓴 후 되돌려 놓게 한다면 이는 언뜻 무망심(无妄心)의 행동처럼 보일 수 있다. 그러나 그 소를 어느 지나가던 나그네가 끌고 가서 소가 사라졌을 때 소의 주인이 마을 주민을 도둑으로 의심하는 마음이 생긴다면 그 의심 자체가 망집(妄執)이다.

소유물(所有物)을 이용(利用)하여 자기가 무망지인(无妄之人)임을 과시(誇示)하려 했으므로 이는 가장(假裝)된 선행(善行)이기 때문이다.

〈괘사(卦辭)와 단사(彖辭), 대상사(大象辭)〉

卦辭:

无妄 元亨利貞	무망 원형이정
其匪正 有眚 不利有攸往	기비정 유생 불리유유왕

망령됨이 없으면 크게 성장하고 번영
한다. (바른 도리를 지키면 만사가 순조로
워서 이롭다는 말이다.)   (-无妄 元亨利貞)

그릇된 마음(-邪心)이 있으면 괴이(怪
異)한 일이 있게 되므로   (-其匪正 有眚)

그런 마음으로 함부로 나아가면 이롭
지 못하다.   (-不利有攸往)

---

*无=무(無). 없다. 사심(邪心, 私心)이 없다. 열기(熱氣)가 없다.
　-인체(人體)의 형상인 "大/대"의 머리 위에 "一/일"을 얹어서 머리가 보이지 않게 한글자.
　자연(自然)의 변화(變化)에는 사심(邪心)이 뿜어내는 열기(熱氣)가 없으므로
　주역에서는 "無"에서 열기(-火)를 뺀 글자 "无"를 쓴다.
*妄=망. -be in dotage. 맹목적(盲目的)인 애정(愛情).
　-암석 속의 보석을 빨리 꺼내려고 망치로 내리쳐서 깨뜨리는 행동.
　①잊다(忘)(-物與无妄/물여무망)
　②함부로 하다.
　③헛되다.
*眚=생. ①괴이(怪異)하다(-有眚/유생. -无眚/무생)
　②허물. 재앙(災殃).

象曰

无妄 剛 自外來而爲主於內　　무망 강 자외래이위주어내

動而健 剛中而應 大亨以正　　동이건 강중이응 대형이정

天之命也　　천지명야

其匪正有眚不利有攸往　　기비정유생불리유유왕

无妄之往 何之矣　　무망지왕 하지의

天命不祐 行矣哉　　천명불우 행의재

무망(无妄)은 굳센 양(陽)이 밖으로부터　　(-无妄 剛自外來而爲主於內)
곤(坤)에 들어와 초효(初爻)에 자리하여
내괘(內卦)를 곤(坤)에서 진(震)으로 바
꾸고 내괘의 주체(主體)가 된 것이다.

무망(无妄)괘는 내괘(內卦)는 움직이고　　(-動而健)
(-動) 외괘(外卦)는 굳세다(-健).

강(剛) 효인 구오(九五)가 중정(中正)하　　(-剛中而應)
여 역시 중정한 육이(六二)와 정응(正
應)한다.

무망(无妄)은 크게 형통하고 바르다.　　(-大亨以正 天之命也)
이는 하늘의 명에 따르는 것이기 때
문이다.

"그릇된 마음(-邪心)이 있으면 괴이(怪　　(-其匪正 有眚)
異)한 일이 있게 되므로

그런 마음으로는 함부로 나아가지 말　　(-不利有攸往)
아야 한다"라고 말한 것은

"무망의 마음이 어디로 가겠는가? 천   (-无妄之往 何之矣)
명을 따르는 것 이외에 달리 갈 곳이
있겠는가?"라는 의미이다.

천명이 돕지 않는 것을 어찌 행할 수   (-天命不祐 行矣哉)
있겠는가?

象曰

天下雷行 物與无妄   천하뢰행 물여무망

先王 以 茂對時 育萬物   선왕 이 무대시 육만물

하늘 아래 우레가 치니   (-天下雷行)

사물(事物)이 이에 화답(和答)하여 각각의 재질   (-物與无妄)
(才質)대로 이루어지는 것이 무망이다.

선왕이 이를 본받아   (-先王 以)

시대 상황에 맞추어서 세상을 구제(救濟)하   (-茂對時 育萬物)
고 절기(節氣) 따라서 만물을 기른다.

---

*茂=무. 우거지다. 힘쓰다(-勉/면).
*對=대. 마주 대하다. 성(盛)하게 하다(-救濟/구제). 이루다.

유가(儒家)의 입장에서는 역사상 왕조(王朝)가 바뀌는 이유에 대하여 하늘의 도(道)
는 불변(不變)의 항상성(恒常性)이 있지만, 하늘의 명(命)은 항상성(恒常性)이 없어서
옮겨다닐 수 있기 때문이라고 본다.

어린 자녀(子女)의 성장기(成長期)에 부모역할(父母役割)은 하늘의 명(命)과 같다. 능
력(能力)이 감당(勘當)하기 어려울 정도로 질책(叱責)하는 것은 도움이 안 된다.

천지비(天地否)의 상태에서 초효(初爻)인 유(柔)가 밖으로부터 영향을 받아서 강(剛)

으로 변화된 상태가 천뢰무망(天雷无妄)이다. 유(柔)가 강(剛)으로 변화되었을 뿐만 아니라 괘(卦)의 주체(主體)가 되었으니 올바름으로 망집(妄執)을 제거(除去)시켜 무망(无妄)의 정신상태가 된 것이다.

무언가 기준을 세우고 억지로 맞추려 하는 것은 그 자체가 망령됨이 될 수 있다. 도가(道家)에서는 유가(儒家)에서 중요시(重要視)하는 윤리기준(倫理基準)도 일종의 망집(妄執)이라고 본다.

〈无妄 初九爻〉

初九 无妄 往 吉   무망 왕 길

망령됨(邪心)이 없으니 나아감이 길하다.

象曰 无妄之往 得志也   무망지왕 득지야

망령됨이 없이 나아가니 뜻한 바를 얻게 된다.

〈无妄 六二爻〉

六二 不耕穫 不菑畬 則利有攸往   불경확 불치여 즉이유유왕

경작(耕作)하지 않고 일용분(日用分)을   (-不耕穫)
수확(收穫)하는 자연채취(自然採取)의
삶이나 경작하지만 사사로운 수확은
하려 하지 않는 공공이익을 위한 헌
신의 삶을 살면서

굳이 황무지를 개간하여 경작지를 넓   (-不菑畬)
히려는 자연파괴행위도 하지 않으니

이처럼 무망지심(无妄之心)으로 공사   (-則利有攸往)
(公私)의 일에 나아가면 길함이 있을
것이다.

---

*穫=확. 거두다. 얻다.
*菑=치. ①묵정밭. 전답을 해갈이 하여 일구다. ②울타리나 담.
*畬=①여. 일군 지 두세 해 된 새 밭. 논밭을 일구다.
    ②사. 따비로 갈 만큼 좁은 밭. 잡목 숲을 태우고 파종한 밭(-畬燒榛種田/사소진종전).
*菑畬=치여. 황무지를 개간하다.
*則=즉. 만일~하면(-君子不重則不威/군자부중즉불위-〈논어〉).
        (-物盛則衰/물성즉쇠 -〈노자〉)

象曰 不耕穫 未富也   불경확 미부야

경작(耕作)하지 않고 일용분(日用分)을   (-不耕穫)
수확(收穫)하는 자연채취(自然採取)의
삶이나 경작할 뿐 사사로운 수확을
하지 않는 공공이익을 위한 헌신의
삶을 사는 것은

부유함을 탐하는 것이 아니다.   (-未富也)

경작하지 않고 거두는(不耕/불경+穡/확) 자연채취(自然採取)의 삶에서는 마음이 수양(修養)된 사람이라면 일용분(日用分)에 한하여 채취한다. 그것이 무망(无妄)의 도리에 맞는다.

나랏일을 하는 사람의 삶은 국민을 위하여 열심히 경작하되 그 성과를 굳이 자기의 수확물로 삼지 않는 것이(耕/경+不穡/불확) 무망의 도리에 맞는다.

〈无妄 六三爻〉

무망(无妄)을 가장(假裝)한 망집(妄執)은 오히려 주변 사람에게 큰 해(害)를 끼친다.

六三

无妄之災 或繫之牛   무망지재 혹계지우

行人之得 邑人之災   행인지득 읍인지재

망령됨(사사로운 욕심)이 없음에도 재앙이 있다.	(-无妄之災)
설혹 마을 농민의 밭갈이를 위한다는 뜻에서 소를 매어 놓았다 하더라도	(-或繫之牛)
나그네가 끌고 간 경우에 마을 농민들이 소도둑으로 의심받게 된다면	(-行人之得)
마을 사람들에게는 재앙이 된다.	(-邑人之災)

*繫=계. 동여매다. 고삐.

象曰 行人得牛 邑人災也　　　　　행인득우 읍인재야

소를 끌고 간 사람은 나그네인데 재
앙은 마을 사람들이 겪는다.

고맙다는 마음의 표시를 기대하거나 훗날 되돌려 받을 생각을 하면서 무언가 베
푸는 것은 진정(眞正)한 무망이 아니다. 자기를 무망의 인격자(人格者)로 과시(誇示)하
려는 망집(妄執)의 표현일 뿐이다.

진주조개는 패각(貝殼) 속에 수액(水液)과 패육(貝肉)이 있고 간혹 조개를 괴롭히는
결석(結石)에 불과한 진주(珍珠)가 있다. 허기진 이에게는 수액(水液)과 패육(貝肉)이
소중하고, 멋 부리는 이에게는 진주(珍珠)가 필요하다.

배고픈 바닷가 원주민들에게 진주조개 작업용 선박을 내어주어서 수액(水液)과
패육(貝肉)을 거저 주는 것처럼 하면서 자기는 진주를 거저 가져가는 것과 같은 소
행(所行)이 혹계지우(或繫之牛)이다.

〈无妄 九四爻〉

九四 可貞 无咎　　　　　가정 무구

무망함을 올곧게 지켜나갈 수 있으니
허물이 없다.

*可=가. ①~겨우 할 수 있다. ~해도 좋다. ~할 만한 값어치가 있다.
　　②~쯤. 정도.
　　③인정하다. 좋다. 옳다.

象曰 可貞无咎 固有之也　　　　　　**가정무구 고유지야**

"可貞无咎"는 무망(无妄)을 올바르고
굳게 지키고 있기 때문에 허물이 없
다는 말이다.

有(유)는 守(수)이다. 고유(固有)는 고수(固守)이다. 굳게 지키는 것이다. 가지고 있
다는 것은 가진 것을 지킨다는 뜻이다.

구사(九四)는 외괘(外卦)인 건체(乾體)에 있으면서 강양(剛陽)이 음위(陰位)에 있고,
아래에 응여(應與)가 없으니 얽매임은 없다. 그러므로 심하게 강(剛)하지 않고도 무
망(无妄)할 수 있으며, 따라서 허물이 없다.

만약 지나치게 강(剛)한 태도로 무망을 고집(固執)한다면 그 지나침이 곧 망집(妄
執)이 되어서 허물이 된다.

〈无妄 九五爻〉

九五 无妄之疾 勿藥有喜　　　　　　**무망지질 물약유희**

(나의 무망에 질병이 있으니 그 질병이란 바　　(-无妄之疾)
로) 세상에 무망하지 않은 자가 있어
서 무망 상태인 나의 마음이 아픈 것
이다.

(그것을 고치려고 굳이 근심하지 말고) 편　　(-勿藥有喜)
한 마음을 가지면 (-약을 쓰지 않아도)
기쁜 일이 있을 것이다.

象曰 无妄之藥 不可試也	무망지약 불가시야

(세상 사람을 향한) 무망의 약은 쓸 수 없다.	(-无妄之藥 不可試也)

무망(无妄)의 약(藥)을 쓰고자 하는 나의 시도(試圖)가 곧 나의 망집(妄執)이 되기 때문이다. 나의 무망이 지극하다 하더라도 모든 사람이 나와 같이 되기를 바랄 수는 없다. 세상을 온통 진실로 무망하게 만들려고 다스리는 것은 그 자체가 망집이다. 그러니 다른 사람들의 망집을 제거하려 무리하지 말고 나의 직분에 충실하면 기쁜 일이 있을 것이다.

〈无妄 上九爻〉

上九 无妄 行 有眚 无攸利	무망 행 유생 무유리

실권(實權) 없는 상육(上六)의 위치에서는 망령(妄靈)됨이 없는 행동마저도 괴이하여 허물이 될 수 있다.	(-上九 无妄 行 有眚)
(망령됨이 없더라도) 행동해 나아가는 바에 이로움이 없기 때문이다.	(-无攸利)

*眚=생. ①괴이하다.
　　　②잘못. 허물.
　　　③눈에 백태가 끼다. 앓다. 여위다.

象曰 无妄之行 窮之災也　　　　　무망지행 궁지재야

망령됨이 없는 행동이라 하더라도
더 나아감은 궁지에 이름이니 허물
이 된다.

억지로 무망의 천하를 만들 수는 없다. 상청하청(上清下清)의 오랜 자정(自淨)을 통
한 정신정화(精神淨化)로만 가능하다.

이치에 어긋나게 나아가는 것은 결과가 신통치 못하다는 뜻이다. 지괘(之卦)인
17번 택뢰수(澤雷隨) 상육(上六)도 비슷한 취지이다.

택뢰수(澤雷隨) 상육(上六):

拘係之 乃從維之 王用亨于西山/구계지 내종유지 왕용형우서산

억지로 얽어매어 따르게 하는 것보다는 주문왕(周文王)이 서융(西戎)을 소통시켜
서 따르게 한 것처럼 스스로 따라오게 만들어야 그 따름이 견고할 수 있다.

〈무망(无妄)괘의 실생활(實生活) 응용(應用)〉

① 야심(野心) 때문에 일을 서두르는 것을 조심한다.
② 욕심부리지 말고 상황의 흐름에 순응한다. 인위적인 노력이 오히려 해로울
수 있다.

山天大畜 (산천대축)

☷ 艮上 (간상)
☰ 乾下 (건하)

〈卦의 성격(性格) 요약(要約)〉

내괘(內卦)는 건(☰乾)이고 외괘(外卦)는 간(☷艮)이다. 대축(大畜)은 크게 모아 축적(蓄積)한 것을 뜻한다. 대축의 괘상(卦象)은 외괘(外卦)인 간(艮)이 내괘(內卦)인 건(乾)을 멈추게 한 것이다. 산(山=艮)이 하늘(天=乾)의 기운(氣運)을 모아서 막대(莫大)한 양(量)의 초목(草木)을 길러 축적한 모습을 상징(象徵)한 괘상이다.

위에서 하나의 양(陽)이 두 음(陰)을 멈추게 해서 실력(實力)을 양성(養成)한 다음에 부드럽지만 굳센 그 실력(實力)을 써서 아래의 건(乾)괘도 멈추게 한 것이다. 크게 모으는 일은 하루아침에 되지 않는다. 오랜 시간의 노력이 필요하고 또 시운(時運)이 따라야 한다.

내부의 강건한 기운이 망령됨 없이 멈춘 뒤에 시운(時運)을 만나면 크게 모인다. 그래서 무망(无妄=망령됨 없음) 뒤에 대축(大畜)괘가 따른 것이다. (无妄之後時運大畜/무망지후시운대축)

대축(大畜)은 강건(剛健)하고 독실(篤實)한 사람이 대망(大望)을 품고 인재(人才)를 길러 힘을 축적(蓄積)하는 것이므로 집 밖으로 나가서 널리 현자(賢者)를 공경(恭敬)하고 보호(保護)하는 일을 하여야 한다.

스스로의 지혜(智慧)를 기르고 현자를 구하여 양성(養成)하면 옷자락을 걷어 올리고 물을 건너는 것처럼 처음은 힘들더라도 마침내는 형통하게 된다. (大畜之畜乾也 屬而畜之 故 始屬而終亨/대축지축건야 려이휵지 고 시려이종형)

〈괘사(卦辭)와 단사(彖辭), 대상사(大象辭)〉

卦辭:

大畜 利貞 不家食 吉 利涉大川	대축 이정 불가식 길 이섭대천
큰 축적에는 마음을 바르게 가져야 이롭고 (-大畜 利貞) 집안에서 식사하지 않고 밖에 나와서 현명함을 길러야 길하다.	(-不家食 吉)
(건(乾)의 씩씩함이 있는데 간(艮)의 멈춤으로 뜻을 모으고 힘을 기르니) 큰 강을 건너는 것과 같은 위험(危險)한 일을 벌여도 이롭게 진행(進行)된다.	(-利涉大川)

"不家食/불가식"의 뜻은?

①밖에서 현명(賢明)함을 기르는 것이다. -소식(蘇軾)

②이미 크게 쌓인 것을 나랏일에 씀으로써 천하의 어려움을 구제하는 것이다. 그렇게 쓰는 것이 바로 이섭대천(利涉大川)이다. -정이, 주희(程頤, 朱熹)

彖曰

大畜 剛健 篤實 輝光 日新其德　　대축 강건 독실 휘광 일신기덕

剛上而尙賢 能止健 大正也　　강상이상현 능지건 대정야

不家食吉 養賢也　　불가식길 양현야

利涉大川 應乎天也　　이섭대천 응호천야

대축은 하늘의 강건함과 산의 독실
함이 서로 만나 밝은 빛이 찬란하니　　(-大畜 剛健 篤實 輝光)

그 빛나는 덕(德)이 날마다 새롭다.　　(-日新其德)

상구(上九)의 강(剛)함이 위에 있어서　　(-剛上而尙賢)
현명함을 더욱 높이고

멈추게 하고 씩씩하게 할 수 있으니　　(-能止健 大正也)
크게 올바르다.

집안에서 식사하지 않아서 길(吉)하　　(-不家食吉 養賢也)
다는 것은 현명(賢明)함을 기르기 때
문이다.

큰 강을 건너는 것과 같은 위험한 일　　(-利涉大川 應乎天也)
을 벌여도 순조롭게 진행되어 이로
운 것은 하늘의 뜻에 호응하기 때문
이다.

"應乎天也/응호천야"는 육오(六五)와 상구(上九)가 하괘(下卦)의 건(乾)을 꺼리지 않
는다는 뜻이다.

*尙=상. ①증진시키다. 보태다(-好仁者 無以尙之/호인자 무이상지 -〈논어〉)
　　②숭상하다.

象曰

天在山中 大畜　　　　　　　　천재산중 대축

君子以 多識前言往行 以畜其德　군자이 다식전언왕행 이축기

　　　　　　　　　　　　　　　　덕

지극히 큰 하늘이 산속에 있는 것이　(-天在山中 大畜)
대축의 모습이다. (산이 하늘을 품고 있
을 만큼 높게 쌓였다는 것은 그 쌓임이 대단
히 큰 것이다.)

군자는 (산처럼 많은 인문고전(人文古典)을　(-君子以)
통하여) 이를 본받아

옛 성현(聖賢)들의 언행(言行)을 배우　(-多識前言往行 以畜其德)
고 실천해서 자기의 덕을 축적한다.

건(乾)은 굳건함인데 배우지 않으면 그 굳건함이 도리어 우환(憂患)이 된다.

〈大畜 初九爻〉

초효(初爻)가 성급히 움직이는 것을 경계함이다. 양(陽)들이 함께 모여 굳건함을
이루기 전에 서두르는 것은 이롭지 못하다.

初九 有厲 利已　　　　　　　　유려 이이

초구(初九)는 스스로 멈추는 것이 자기　(-有厲 利已)
에게 이롭다.

象曰 有厲利已 不犯災也　　　　　　　유려이이 불범재야

"有厲利已"는 재앙 될 일을 범하지 않
는 것이 자기에게 이롭다는 말이다.

　양(陽)인 상구(上九)가 멈춰서 힘을 쌓아 하괘(下卦)의 다른 양(陽)들을 기른 뒤에는
어떠한 험난(險難)한 일에 나서더라도 이롭다고 대축(大畜)의 괘사(卦辭)는 말한다.
다만 초구(初九)가 홀로 조급히 움직이는 것은 위태로운 일이니 멈춰야 한다. 초구
(初九)에 호응해 주어야 할 위치에 있는 육사(六四)도 초구(初九)의 성급함을 저지(沮
止)한다. (六四: 童牛之牿 元吉/ 육사:동우지곡 원길)

　대축(大畜)의 상황에서는 초구(初九)와 육사(六四)가 정응(正應)하지만 음양(陰陽)의
배합(配合)을 잠시 미루고 상호 저지함으로써 서로 나아감을 막아야 이로움이 있
다. 대축을 준비해야 할 성장기에 음양(陰陽)이 배합(配合)하는 것은 성급하다는 뜻
이다.

　구이(九二) 효와 육오(六五) 효도 상호 저지해서 걱정이 없거나 이롭게 된다. 다른
괘에서는 보통 정응(正應) 관계이면 서로 나아감을 도와서 이로운 사이인데 대축괘
(大畜卦)에서는 서로 저지하여 쌓는 데 정응(正應) 관계의 이로움이 있다.

〈大畜 九二爻〉

　충실(忠實)하게 경영수업(經營修業)을 하는 후계자(後繼者)의 모습이다. 서둘지 않고
학이취지 문이변지(學以聚之 問以辨之) 하는 것이다. 중천건(重天乾) 구이효(九二爻)처럼
처신한다.

九二 輿說輹　　　　　　　**여탈복**

수레의 차축(車軸)을 풀어둔다. (수레의
바퀴 통을 풀어두어서 나아가지 않는다는
뜻이다.)

象曰 輿說輹 中 无尤也　　　　**여탈복 중 무야**

"輿說輹"은 가운데에 자리하여 중용
(中庸)을 행하는 것이기 때문에 허물이
없다.

　초구(初九) 효는 중위(中位)가 아니어서 어기고 나아갈 우려(憂慮)가 있지만, 구이
(九二) 효는 내괘(內卦)의 중위(中位)여서 중용(中庸)으로 처신(處身)하므로 진퇴(進退)에
허물 됨이 없다. 구이(九二)는 중용의 덕을 기르는 데 힘쓸 뿐, 길흉이나 이해득실에
는 관심이 없다.

　9번 풍천소축(風天小畜)괘에서 구삼(九三)의 "여탈복(輿說輹)"은 부득이하게 차축을
풀어 멈추는 것이기 때문에 부처(夫妻)가 반목하지만(不得已也 故 夫妻反目/부득이야 고
부처반목), 26번 산천대축(山天大畜)괘에서 구이(九二)의 "여탈복(輿說輹)"은 스스로 수
레의 차축을 풀어 중용(中庸)을 행하는 것이므로 허물이 없다(其心願也 故 中无尤也/기
심원야 고 중무우야).

〈大畜 九三爻〉

나아갈 바에 대하여 서로 뜻이 맞더라도 나아감을 서둘지 마라. 서두르면 실수하게 된다.

九三

良馬逐 利艱貞	**양마축 이간정**
曰(日)閑輿衛 利有攸往	**왈(일)한여위 이이유왕**

구삼(九三)과 상구(上九)라는 우량한 말들이 함께 수레를 끌고 달린다.	(-良馬逐)
질주하다가 넘어질 수 있으니 마음을 바르게 가지고 어렵게 여겨야 이롭다.	(-利艱貞).
경고하건대 (-날마다) 수레 몰기(輿)와 방어술(防禦術)을 익히며 대비해야	(-曰/日閑輿衛)
어딘가로 나아가는 데 이롭다.	(-利有攸往)

*曰(日)=책에 따라 왈(日) 또는 일(日)로 되어 있으나 의미파악에 큰 지장은 없다.
*閑=한. ①차단(遮斷). 가로막다(-日閑輿衛/왈한여위). (-閑邪存其誠/한사존기성).
　　②한가(閑暇)하다. 익숙해지다. 고요하다.
　　③우아(優雅)하다(-美女妖且閑/미녀요차한)
　　④마구간(-天子十有二閑/천자십유이한).

象曰 利有攸往 上合志也	**이유유왕 상합지야**

"利有攸往/이유유왕"은 윗사람인 상
구(上九)와 뜻을 함께하기 때문에 이롭
다는 말이다.

구삼효(九三爻)와 상구효(上九爻)는 모두 양(陽)이어서 음양(陰陽)의 합응(合應)이 아
니다. 그러기에 대축(大畜)의 때인데도 저지(沮止)하고 모으는 일에는 뜻을 같이하지
않는다. 그렇지만 나아감을 함께 즐기는 건병진(乾竝進=良馬逐/양마축)에는 뜻을 합
한다.

이렇게 양마(良馬)들이 내달리기로 뜻을 합한다면 수레가 넘어질 듯 질주할 우려
가 있으니 매일 수레 몰기(輿)와 방어술(防禦術)을 익혀서 넘어지지 않도록 대비해야
이롭다는 의미이다.

지괘(之卦)인 41번 산택손(山澤損) 육삼(六三)에도 우르르 나아감을 경계하는 뜻이
있다.

三人行則損一人 一人行則得其友…三則疑也
삼인행즉손일인 일인행즉득기우…삼즉의야
경솔하게 우르르 몰려가면 윗사람이 그 뜻을 의심하기 쉽다.

여럿이 우르르 달려들면 윗사람은 그 의도가 의심스러워서 싫어하게 되는 것이
다. 나아가고자 하는 뜻은 같더라도 그 형태는 달리하는 것이 좋다. 그러면 의심받
지 않는다. 요컨대 대축(大畜)괘 구삼(九三)이나 손(損)괘 육삼(六三)은 상구(上九)와 기
(氣)를 합하되 반드시 조심해야 한다.

대축(大畜)에서는 양마병진(良馬竝進)의 지나친 질주(疾走)가 되지 않도록 덜어내야
하고 손(損)에서는 음양(陰陽)의 어울림에서 어느 한쪽이 많거나 어느 한쪽이 없을

때 많은 쪽을 덜어내거나 없는 쪽을 보태주어서 음양이 일대일(一對一)이 되도록 만들어야 음양합응(陰陽合應)의 뜻을 살릴 수 있게 된다는 것이다.

〈大畜 六四爻〉

육사(六四) 효는 대신(大臣)의 자리인데 정위(正位)이니 정덕(正德)의 대신(大臣)이다. 그러므로 상하(上下)의 악(惡)을 저지하는 역할(役割)을 하는 위치에 있다.

六四 童牛之牿 元吉	동우지곡 원길

송아지(初九)의 뿔에 각계(角械=가로댄 나무)를 씌워 예방하니 크게 선하고 길하다.

*牿=곡. ①우마(牛馬-소. 말)의 우리.
　　②소의 뿔에 가로댄 나무(-사람의 다침을 막음).

어린 사람이 경거망동을 삼가도록 만드는 것이다. 어릴 때(初期)부터 덕(德)에 맞게 자라도록 규제(規制)를 두어 익숙하게 만든다. 장성(長成)한 후에 덕의 규제를 씌우면 이를 괴롭게 여길 것이다. 초기부터 덕에 어긋나지 않도록 규제하는 것은 상하(上下)의 모두에게 필요하다.

象曰 六四元吉 有喜也	육사원길 유희야

육사(六四)는 본래 선하고 길하니 기쁜 일이
있다.

〈大畜 六五爻〉

악의 근원을 살펴 이를 제거하면 후일의 수고를 덜 수 있다.

六五 豶豕之牙 吉   **분시지아 길**

(수컷) 돼지를 거세하여 그 이빨을 쓰
지 못하게 하니 길하다.

본래 제자리가 아닌 곳에 있는 구이(九二)가 망령된 군셈으로 조급하게 폭력을
쓰는 일이 없도록 육오(六五)가 제압(制壓)하면 길하다는 뜻이다. 수돼지의 사나움은
고환(睾丸)에서 근원(根源) 하기에 그것을 제거(除去)함으로써 사나움을 눌러서 걱정
거리를 없애는 것과 같은 이치(理致)이다.

*豶=분. 거세한 돼지.

象曰 六五之吉 有慶也   **육오지길 유경야**

육오(六五)가 길하다는 것은 경사(慶事)
가 있게 된다는 의미이다.

대축의 괘에서는 초구(初九)와 육사(六四), 구이(九二)와 육오(六五)의 정응관계(正應關係)에 있는 효들 사이에 은연중(隱然中) 상호(相互) 저지하는 뜻이 있다. 반면에 구삼(九三)과 상구(上九)의 두 양(陽) 효 사이에는 상호 병진(竝進)의 뜻이 스며들어 있다.

〈大畜 上九爻〉

극(極)에 이르면 변한다. 대축(大畜)이 변하면 흩어지는 것이다. 대축의 극이며 양(陽)인 상구(上九)의 변화로 음(陰)인 상육(上六)이 되면 지천태(地天泰)가 되어 태평(泰平)함이 온다. 대축(大畜)한 후에 광대무변(廣大無邊)한 하늘의 도(道)를 체득(體得)하고 그 큰 축적을 흩어서 불가식(不家食) 양현(養賢)에 쓰니 어찌 태평함을 얻지 않겠는가?

上九 何天之衢 亨	**하천지구 형**

상구(上九)는 하늘길의 사통팔달함을
짊어지고 있으니 어찌 형통하지 않겠
는가.

---

*何=하. ①짊어지다. 메다. (荷/하와 같음-荷校滅耳/하교멸이).
　　②어찌(의문사).
*衢=구. 사통팔달한 거리. 네거리. 도로. 갈림길

象曰 何天之衢 道大行也	**하천지구 도대행야**

"何天之衢"라 함은 양(陽)의 굳고 씩
씩한 도(道)가 크게 행하여진다는 말
이다.

〈대축(大畜)괘의 실생활(實生活) 응용(應用)〉

① 크게 될 싹수가 보이거나 실력 있는 미혼 남녀를 연결시켜 주면 대축에 도움
된다.

② 대축하려면 좁은 곳에서 벗어나 밖에 나가서 활동해야 한다.

③ 장래성 있는 사람이나 유망한 일에 가까이 가려면 선배나 주위 어른 등의 협
력을 구한다.

二十七

山雷頤 (산뢰이)

☶ 艮上 (간상)
☳ 震下 (진하)

〈卦의 성격(性格) 요약(要約)〉

　내괘(內卦)는 진(☳震)이고 외괘(外卦)는 간(☶艮)이다. 이(頤)는 양육(養育)하다. 양성(養成)하다 등의 뜻이다. 후(厚)하게 대접하다, 턱으로 사람을 부리다 등의 뜻도 있다.

　이(頤)괘는 위와 아래에 양(陽) 효가 있고, 그 사이에 네 개의 음(陰) 효가 자리하고 있다. 움직이지 않는 위턱(-艮/간)과 움직이는 아래턱(-震/진) 사이의 입에 혀와 음식(飮食)이 들어있는 모습이다.

　이(頤)괘는 턱과 입으로 음식(飮食)을 씹어서 몸을 기르고, 언어(言語)로 지식(知識)과 정신(精神)을 닦아 덕(德)을 기르는 것을 상징(象徵)한다. 사람을 기른다는 것은 올바른 것을 적절(適切)하게 쓰도록 이끌어주는 것을 뜻한다. 적절히 음식(飮食)을 먹고 적시(適時)에 옳은 말을 하도록 이끄는 것이 기르는 것이다.

　많은 질병(疾病)과 많은 화(禍)가 턱과 입을 통하여 음식과 함께 들어오고 언어와 함께 만들어진다. 그러므로 턱을 통하여 드나드는 음식과 말은 항상 조심하고 절제(節制)해야 한다.

頤(이)는 養(양)이다. 자기 스스로를 기르고 남을 기르는 것을 모두 뜻한다.

夫 物旣畜聚 則必有以養之/부 물기축취 즉필유이양지

无養則不能存息/무양즉불능존식

動息節宣 以養生也/동식절선 이양생야

飮食衣服 以養形也/음식의복 이양형야

威儀行義 以養德也/위의행의 이양덕야

推己及物 以養人也/추기급물 이양인야

무릇 물건이 모이면 반드시 길러줌이 있어야 한다. 길러줌이 없으면 생존과 번식이 불가능하기 때문이다. 움직이거나 쉬는 것을 알맞게 조절하는 것은 생명을 기르는 것이요 음식과 의복은 형체를 기르는 것이다. 위엄 있게 처신하고 의롭게 행동하는 것은 덕을 기르는 것이요 자기 마음을 미루어 남에게 미치는 것은 사람됨을 기르는 것이다.

　　　　　　 – 대축(大畜)괘 다음에 이(頤)괘가 온 이유에 대하여, 정이(程頤)

〈괘사(卦辭)와 단사(彖辭), 대상사(大象辭)〉

卦辭: 頤 貞 吉 觀頤 自求口實　　　이 정 길 관이 자구구실

턱을 올바르게 움직여야 기르는 것이　　(-頤 貞 吉)
바르게 길러져서 길하다.

턱의 기르는 이치를 잘 관찰하여 스스로에게 알맞은 길러줌을 구하도록 노력해야 한다.　(-觀頤 自求口實)

　자구구실(自求口實)은 몸에 좋은 영양(營養)과 정신에 좋은 교양(敎養)을 기르기 위하여 입을 통하는 음식(飮食)과 언어(言語)를 좋게 하려고 스스로 노력하는 것이다.

象曰
頤貞吉 養正則吉也　　　　　　이정길 양정즉길야
觀頤 觀其所養也　　　　　　관이 관기소양야
自求口實 觀其自養也　　　　자구구실 관기자양야
天地養萬物 聖人養賢以及萬民　천지양만물 성인양현이급만민
頤之時大矣哉　　　　　　　　이지시대의재

"頤貞吉"이란 마땅히 길러주어야 할 올바름을 기르면 길하다는 말이다.　(-頤貞吉 養正則吉也)

"觀頤"는 턱이 길러주는 대상(對象)을 잘 살펴본다는 뜻이다.　(-觀頤 觀其所養也)

"自求口實"은 알맞고 올바르게 기르려고 노력하는지 스스로 살펴본다는 것이다.　(-自求口實 觀其自養也)

천지는 만물을 기르고 성인은 현자를 길러 그 영향이 만민에게 미치게 한다.　(-天地養萬物 聖人養賢以及萬民)

시의적절(時宜適切)하게 기르는 것은 위대한 일이다.　(-頤之時大矣哉)

象曰

山下有雷頤   산하유뢰이

君子以 愼言語 節飲食   군자이 신언어 절음식

산 아래 우레가 있는 것이 이(頤)괘의 괘상(卦象)이다. (산 아래에서 치는 우레를 산 위에서 들으면 진동하는 듯하다가 그 소리가 잦아든다.)

(-山下有雷頤)

군자는 이것을 본받아 입 밖으로 나오려는 말을 삼가서 덕을 기르고 입 안으로 들어오려는 음식을 절제해서 몸을 기른다.

(-君子以 愼言語 節飲食)

이(頤)괘의 괘상(卦象)을 턱과 입의 형상(形象)으로 보면 위턱인 상구(上九)는 자기 위치에서 흔들림이 없어 기준이 되고 모델이 되며 아래턱인 초구(初九)는 상구(上九)를 기준 삼아 움직여서 몸 전체에 영양을 공급하는 모습이다.

人之所共知而難能者 愼言語節飲食也

인지소공지이난능자 신언어절음식야

言語一出而不可復入 飲食一入而不可復出者也

언어일출이불가복입 음식일입이불가복출자야

사람이 누구나 알고 있으면서도 능히 행하지 못하는 것이 말조심과 음식 절제이다. 말은 한번 뱉으면 돌이킬 수 없고 음식은 한번 삼키면 뱉어낼 수 없다.

−소식(蘇軾) 〈동파역전(東坡易傳)〉

〈頤 初九爻〉

의타심(依他心)을 버리고 자기의 소질(素質)과 재능(才能)을 살리고 길러야 한다.

初九 舍爾靈龜 觀我朶頤 凶	사이영귀 관아타이 흉
스스로의 영험한 거북을 닮은 예지(叡智)와 능력(能力)을 버려두고	(-舍爾靈龜)
나의 턱(-能力/능력)을 바라보며 침 흘리고 부러워하니	(-觀我朶頤)
흉하다.	(-凶)

*龜=①귀. 거북. 거북의 등 껍데기. 거북점. 옛 화폐.
　　②균. 살갗이 트다.
*龜裂=균열(-宋人有善爲不龜之藥者/송인유선이불균지약자-〈장자(莊子)〉
*朶=타. ①움직이다(-觀我朶頤/관아타이)
　　②나뭇가지 등이 늘어지다.

자기의 타고난 영성(靈性)을 스스로 기르지 않고 남이 먹는 것을 바라보며 턱을 늘어뜨리거나 남 따라 길러지기를 바라는 것은 흉(凶)한 일이다.

象曰 觀我朶頤 亦不足貴也	관아타이 역부족귀야
나를 바라보면서 침 흘리고 있으니	(-觀我朶頤)
역시 귀하게 여길 만한 것이 못 된다.	(-亦不足貴也)

군자는 가르칠 사람이 있으면 다른 사람을 배양(培養)하면서 만족(滿足)하고, 가르칠 사람이 없으면 스스로를 배양(培養)하는 것에 만족한다.

〈頤 六二爻〉

재능과 소질이 약한데 분수(分數)를 넘어 무리하게 애쓰는 교육은 도리어 해롭다. (-凡才/범재의 過費用課外敎育/과비용과외교육 등-)

六二 顚頤 拂經 于丘頤 征 凶	전이 불경 우구이 정 흉
육이(六二)는 아래의 초구(初九)로부터 거꾸로 길러줌을 받아야 할 상황인데	(-顚頤)
동류(同類)인 육오(六五)를 거스르며 지나가서	(-拂經于)
위에 멈춰있는 상구(上九)에게로 간다면 이는 상궤(常軌)를 벗어난 길러줌을 구하는 것이니 흉하다.	(-丘頤 征 凶)

육오(六五)를 거스르면서 분수에 넘치게 길러줌을 구하러 나아가는 것이기 때문이다.

象曰 六二征凶 行 失類也	육이정흉 행 실류야
육이(六二)가 상궤(常軌)를 벗어나서 상구(上九)에 나아가면 같은 부류인 육오(六五)를 잃을 것이므로 가면 흉(凶)하다.	

분수(分數)에 넘치는 길러줌을 구하면 이도 저도 아닌 상황에 이를 수 있음을 경계(警戒)한 말이다.

*顚=전. ①거꾸로 하다(-顚裳以爲衣/전상이위의: 치마와 저고리를 거꾸로 입다.)
　　　 ②혼미하다.
*拂=불. ①거스르다. 어기다.
　　　 ②먼지를 떨다.
　　　 ③닦다. 바로잡다(-拂世矯俗/불세교속)
　　　 ④옷을 걷어 올리다. 추어올리다.
　　　 ⑤값을 치르다(-支拂/지불)
*經=경. ①떳떳한 길. 조리(條理).
　　　 ②다스리다.
　　　 ③기록하다.
*丘=구. ①크다. 높다. 언덕. 동산. 무덤.
　　　 ②헛되다. 비다(-空/공) (-寄居丘亭/기거구정: 빈 정자에서 기거하다.)

六二六三求養於上九也 皆歷五而後至焉

육이육삼구양어상구야 개력오이후지언

夫有求於人者 必致怨於其所忌以求悅

부유구어인자 필치원어기소기이구열

此人之情也/차인지정야

故六二六三之過五也 皆擊五而後過/고육이육삼지과오야 개격오이후과

非有怨於五也 以悅其所求養者也/비유원어오야 이열기소구양자야

由頤者 利之所在也/ 유이자 이지소재야 [이(頤)의 원인 되는 상구(上九)]

丘頤者 位之所在也/ 구이자 위지소재야 [과도(過度)한 욕심을 가진 부모 등]

見利而蔑其位 君子以爲不義也/ 견리이멸기위 군자이위불의야

故曰 顚頤吉也 拂經 于丘頤 征 凶/ 고왈 전이길야 불경 우구이 정 흉

六二可以下從初九而求養也/ 육이가이하종초구이구양야

然且 不從而過擊五以求養於上九/ 연차 부종이과격오이구양어상구

无故而陵其主 故 征凶/ 무고이능기주 고 정흉

征凶者 明 顚頤之吉也/ 정흉자 명 전이지길야

육이(六二) 효와 육삼(六三) 효가 상구(上九) 효에서 길러줌을 구하려면 모두 육오(六五) 효를 지나가야 도달한다. 무릇 남에게서 구하는 것이 있는 자는 반드시 그것을 싫어하는 자의 원망을 초래한다. 길러줌을 얻는 것은 기쁜 일이다. 그러나 기쁨에는 경쟁자의 시샘과 원망이라는 대가가 따른다. 억지로 길러서 외양을 꾸며놓고 기뻐해도 재능과 소질 없으면 경쟁세계에서 못 견딘다. 그들이 육오(六五)를 거쳐서 나아가려면 모두 육오(六五)를 공격한 후에 가는 것이지만 육오(六五) 효에 원한이 있어서 그러는 것은 아니다.

상구(上九)는 길러줌을 유발하는 자로서 육이(六二)와 육삼(六三)의 이익(利益)이 있는 장소에 있다. 육이(六二)와 육삼(六三)은 자기들을 길러줄 곳을 결정할 수 있는 지위(地位)에 있으니 자기들에게 어울리는 정당한 길러줄 곳을 구하여야 마땅한 노릇인데 길러줄 곳을 과도하게 욕심내는 자들이다. 이로움을 얻으려고 자기 지위(地位)를 멸시(蔑視)하는 행동(行動)을 보면 군자는 의롭지 않다고 생각한다. (-見利而蔑其位 君子以爲不義也/견리이멸기위 군자이위불의야)

그러므로 육이(六二)와 육삼(六三)은 "顚頤/전이"의 상황에 있음을 받아들이는 것이 길(吉)이다. 길러주는 역할을 하려고 하는 사람인 초구(初九)에는 인색(吝嗇)하고 길러주려는 마음이 없고 움직이지도 않는 사람인 상구(上九)에 길러달라고 나아가면 흉하다. 그래서 육삼(六三)은 "拂經 于丘頤 征 凶/불경 우구이 정 흉"이라고 한 것이다. 육이(六二)는 초구(初九)에 내려가서 유순하게 길러줌을 구해야 한다. 그것이 정당한 길러줌이다.

그런데 순종하지 않으면서 또한 육오(六五)를 공격하고 지나쳐가서 상구(上九)에 가려 고한다면 무고하게 괘(卦)의 주인인 육오(六五)를 깔보는 것이다. 그러므로 상구(上九)에게 나아감이 흉한 것이다. 상구(上九)에 나아감이 흉하다는 것은 거꾸로 초구(初九)에 가서 길러줌을 구하는 것이 길하다는 것을 밝힌 것이다.

- 소식(蘇軾) 〈동파역전(東坡易傳)〉

〈頤 六三爻〉

六三

拂頤貞 凶

불이정 흉

十年勿用 无攸利

십년물용 무유리

육삼(六三)이 상구(上九)로부터 길러줌을 구하려고 초구(初九)로부터 받아야 할 온당한 길러줌을 저버리면 비록 좋은 뜻에서 하는 것이라도 흉하다.

(-拂頤貞 凶)

십 년이 지나도 소용없으니 끝내 이롭게 쓰일 바가 없다.

(-十年勿用 无攸利)

*拂=불. ①떨어내다. 추어올리다. 닦아내다. 총채(먼지떨이).
   ②거스르다. 어기다. 바로잡다. 값을 치르다.
*拂頤=불이. 길러주기를 바라는 사람의 마음을 저버리는 것.
*拂經于丘頤也=불경우구이야.
동류(同類)인 육오(六五)를 거슬러 지나가서 위에 멈춰있는 상구(上九)에 구하러 간다면 헛된 길러줌을 구하러 가는 것이다.

비정상적인 길러줌을 받으면 흉하다. 길러줌이 잘못되면 십년을 공들여도 소용 없으니 끝내 이로울 바가 없다.

준비부족(準備不足)의 문제나 가치충돌(價値衝突)의 문제 등에 대한 지적(指摘)이다. 별다른 준비도 없이 밥상머리 자녀교육에 임하는 부모의 과잉의욕이나 현실 세계 의 수요에는 걸맞지 않은 이데올로기교육 등은 문제가 많다.

자본주의사회에서 분주하게 살아가는 부모들에게는 높은 교육 욕구가 있음에 도 실질적인 자녀교육준비는 부족하고, 사회적인 교육환경(教育環境)도 실질적인 교육필요성(教育必要性)과 부조화가 크다.

象曰 十年勿用 道大悖也   십년물용 도대패야

"十年勿用"은 길러줌의 도(道)가 크게 잘못되었기 때문이다.

〈頤 六四爻〉

리더가 큰 뜻을 펴기 위하여 불치하문(不恥下問)하는 것은 빛나는 태도이다.

六四
顚頤 吉   전이 길
虎視耽耽 其欲逐逐 无咎   호시탐탐 기욕축축 무구

현명한 아랫사람인 초구(初九)의 길러 （-顚頤 吉）
줌을 받으니 육사(六四)는 응당 할 일
을 하므로 길하다.

그러나 육사(六四)는 초구(初九)의 강 （-虎視耽耽）
(剛)함을 상대함에 있어서 끊임없이
대신(大臣)으로서의 위엄(威嚴)을 유지
하면서

초구(初九)로부터 필요한 길러줌을 받도 （-其欲逐逐 无咎）
록 번민(煩悶)해야만 허물이 없다.

---

*逐=축. ①번민(煩悶)하다(-其欲逐逐/기욕축축). 앓다.
　　　　②쫓아내다(-門前逐客/문전축객). 물리치다.
　　　　③경쟁하다(-逐鹿者不見山/축록자불견산). 추종하다.

象曰 顚頤之吉 上施光也　　　　　전이지길 상시광야

"顚頤之吉" 즉, 상하가 서로 호응하여
길러줌으로써 길하다는 것은 그 혜택
(惠澤)이 위로부터 아래의 백성에게 베
풀어져서 빛나게 되기 때문이다.

〈頤 六五爻〉

　잘못되는 기름으로 나아가지 말고 본래의 바른 자리에 머물러 있으면 끝에는 길
하게 된다.

六五 拂經 居貞 吉 不可涉大川　　불경 거정 길 불가섭대천

육오(六五)는 천하의 길러줌을 주재(主宰)할 사람인데도 음유(陰柔)하고 간(艮)에 머물러서 동류(同類)의 백성인 육이(六二)와 육삼(六三)이 거스르며 지나가고자 한다.

(-拂經)

길러줌이 상도(常道)에 어긋나면 올바름에 머물러 있어야 길하다.

(-拂經 居貞 吉)

상도(常道)에 어긋나는 길러줌으로는 어려운 일을 헤쳐 나아갈 수는 없다.

(-不可涉大川)

象曰 居貞之吉 順以從上也　　거정지길 순이종상야

"居貞之吉"은 자기를 비우고 올바른 기름의 길을 따르면 길하다는 말인데 올바른 기름의 길에 순종(順從)하면서 하늘의 뜻에 따라 올곧게 살면 결국 천하(天下)를 기르는 효과(效果)를 얻는다는 말이다.

(-順以從上也)

　　자식(子息)이나 소중한 사람을 기름에는 신망(信望)이 있어야 한다. 자기의 소중한 사람들로부터 신망(信望)을 잃은 자는 어려움을 헤쳐 나가기 힘들다. 백성을 잃은 자, 수하(手下)를 잃은 자, 가족을 잃은 자, 벗을 잃은 자 등은 무슨 일을 할 때뿐만 아니라 일상의 길을 걷다가도 생각해보고 다시 생각해볼 점이다.

〈頤 上九爻〉

기름에 있어서 모델이 되어야 하니 움직이지 않으면서 버텨주는 위턱처럼 항상 바른 위치에 굳건히 있어야 하고, 범난(犯難)의 공(功)도 있어야 한다.

上九 由頤 厲吉 利涉大川	**유이 여 길 이섭대천**

모든 기름이 그에 의해서 이루어지니
험난하지만 길하다.   (-上九 由頤 厲吉)

큰 강을 건너는 것 같은 위험한 일도
잘 이루어진다.   (-利涉大川)

위턱은 기를 수 있는 굳건한 덕이 있지만 움직일 수 있는 지위는 아니기 때문에 위태로움을 감내한 후에야 길함이 있다. 지위 없이 무리를 얻으려는 자는 반드시 스스로 어려운 일을 헤쳐 나간 뒤에야 무리와 함께할 수 있게 된다.

*犯難=범난. 어려움을 감당하여 헤쳐 냄.

象曰 由頤厲吉 大有慶也	**유이여길 대유경야**

모든 기름이 그에 의해서 이루어지니
험난하지만 길하다."라는 말은   (-由頤厲吉)

큰 강을 건너는 것 같은 위험한 일을
잘 이루어냄으로써 (-利涉大川/이섭대   (-大有慶也)
천) 큰 경사가 있게 된다는 의미이다.

지위(地位)가 없고 범난(犯難)의 공(功)도 없으면 무리가 따르지 않는다.

〈이(頤)괘의 실생활(實生活) 응용(應用)〉

① 밝은 성격은 귀한 성격이다. 성격을 밝게 유지하도록 힘써야 한다. 양성(陽性 -밝은 성격)이 귀하고 좋은 이유는 자기가 우월한 위치에 있을 때는 족히 사람을 기르고, 자기가 열악한 처지에 있더라도 족히 스스로를 기를 수 있는 성격이기 때문이다. (-陽者 在上足以養人 在下足以自養/ 양자 재상족이양인 재하족이자양)

② 타고난 소질과 바탕을 중시(重視)하는 교육이어야 성과를 거둔다. (舍爾靈龜 觀我朶頤 凶/사이영귀 관아타이 흉). -초구(初九)

③ 가문(家門)의 전래(傳來) 유산(遺産)은 소중한 교육 바탕이 된다.

二十八

澤風大過 (택풍대과)

☱ 兌上 (태상)
☴ 巽下 (손하)

〈卦의 성격(性格) 요약(要約)〉

내괘(內卦)는 손(☴巽)이고 외괘(外卦)는 태(☱兌)이다. 대과(大過)는 양기(陽氣)가 과
(過)한 것이거나 평상시(平常時)의 일보다 큰일을 뜻한다. 위와 아래에 음(陰) 효가 하
나씩 있고, 그 사이에 네 개의 양(陽) 효가 있는 모습이다. 괘상(卦象)을 보면 두 음
(陰) 사이에 양(陽)들이 지나치게 많아서 언뜻 보기에는 음양(陰陽)의 부조화(不調和)
가 심하다. 음(陰)들이 지탱(支撐)하기 어려울 정도로 여겨진다. 그러나 자세히 보면
위에 연못이 있고 그 아래에 나무가 있으니 마치 연못이 나무를 눌러 잠기게 하려
는 형상(形象)이다. 연못과 나무의 통상적(通常的)인 관계(關係)는 연못이 주변(周邊)
의 나무를 윤택(潤澤)하게 길러주거나 연못 표면(表面)에 나무를 잔잔하게 띄우는
것이다.

나무가 물에 잠기면, 떠오르려고 하는 것은 당연(當然)한 일이다. 하늘의 이치(理
致)도 그러하다. 잠기면 떠오르게 되는 것은 당연(當然)한 일이다. 하늘의 이치가 흐
르는 모습은 떳떳하다. 치우치거나 과부족(過不足)이 없다. 바로 중용(中庸)에 따르
는 모습이다. 중용(中庸)의 떳떳한 도리(道理)는 물에 뜨는 나무처럼 항상(恒常) 드러

나서 누구나 볼 수 있어야 하겠지만 현실(現實)에서는 누구나 볼 수 있을 정도로는 드러나지 않는 것이 보통(普通)이다. 그래서 통상(通常) 보는 바와 달리 밝고 떳떳한 중용의 도리가 크고 뚜렷하게 드러나는 것을 대과(大過)라 한다. 보통사람이 할 수 없는 비상(非常)한 일을 하는 것이나 불세출(不世出)의 공적(功績)과 덕(德)을 이루는 것 등이 모두 대과(大過)의 모습이다.

〈괘사(卦辭)와 단사(彖辭), 대상사(大象辭)〉

대과(大過)괘는 용마루가 불끈 솟아 휘어진 형상(形象)이다.

卦辭: 大過 棟 橈 利有攸往 亨	대과 동 요 이유유왕 형
삶에서 밝은 기운이나 중용의 도리가 통상 보는 바와 달리 크게 드러난 것이 대과(大過)의 모습이다.	(-大過 棟 橈)
밝은 기운이나 중용의 도리가 크게 드러난 모습이면 무언가 나아가는 바를 둠에 이롭고 (나아가면) 형통하다.	(-利有攸往 亨)

*棟=동. 용마루. 마룻대.
*橈=요/뇨. 굽다. 굽히다. 느긋하다.

彖曰

大過 大者過也　　　　　대과 대자과야

棟橈 本末弱也　　　　　동요 본말약야

剛過而中 巽而說行　　　강과이중 손이열행

利有攸往 乃亨　　　　　이유유왕 내형

大過之時大矣哉　　　　　대과지시대의재

대과는 큰 것(-陽)이 지나치게 많은 것 　(-大過 大者過也)
이다.

용마루가 휘어진 것은 밑둥치와 끝부 　(-棟橈 本末弱也)
분이 약하기 때문이다.

강(剛)한 기운이 과(過)하지만 중위(中 　(-剛過而中 巽而說行)
位)에서 중도(中道)를 지키므로 공손(恭
遜)하고 기쁘게 행한다. 구이(九二)와
구오(九五)가 중위(中位)에 있으면서 각
각 아래의 초육(初六)과 위의 상육(上
六)에 친하므로 아래로는 손(☴巽)을
이루고 위로는 태(☱兌)를 이루어서
서로 들어옴을 받아들이고 기쁘게 행
동한다.

그러므로 어딘가로 나아가면 형통한 　(-利有攸往 乃亨)
것이다.

대과(大過)의 때가 가지는 의미는 위대 　(-大過之時大矣哉)
(偉大)한 것이다.

흥망성쇠(興亡盛衰)를 단정(斷定)할 수는 없지만, 매우 큰 덕(德)을 가지고 부딪쳐 나아가니 해(害)를 입지 않게 된다는 뜻이다.

象曰
澤滅木 大過   택멸목 대과
君子以 獨立不懼 遯世无悶   군자이 독립불구 둔세무민

연못이 나무를 가라앉히려는 형상(形   (-澤滅木 大過)
象)이 대과괘의 모습이다. (그러나 나무
는 위로 뜨는 성질이 있기 때문에 마침내는
가라앉지 않는다.)

군자는 이것을 보고 의연(毅然)히 서서   (-君子以 獨立不懼)
두려워하지 않으며

세상 사람들이 인정(認定)해주지 않는   (-遯世无悶)
삶을 살아도 괴로워하지 않는다. (누
를수록 드러나고 빛나며 사소한 세상평가에
마음 쓰지 않는 것이다.)

*滅=멸. 물에 잠기다. 덮어 가리다.

〈大過 初六爻〉

부드러운 흰 띠 풀을 깔아서 크게 조심하는 마음을 나타낸다. 차세대(次世代)를 담당(擔當)할 젊은 층은 귀한 존재이니 상처 입지 않게 한다.

初六 藉用白茅 无咎　　　　　　자용백모 무구

띠 풀의 흰 이삭을 깔개로 써서 소박
한 삼감의 뜻을 크게 나타내니 허물
이 없다. (화려하지 않은 방법으로 자신의
삼가는 마음을 표시하는 것이기 때문이다.)

*藉=자. 깔다.

象曰 藉用白茅 柔在下也　　　　자용백모 유재하야

띠 풀 이삭을 깔개로 써서 소박한 삼　　(-藉用白茅)
감의 뜻을 크게 나타내는 것은
음유(陰柔)가 여러 양강(陽剛)의 아래에　(-柔在下也)
있기 때문이다.

　일에 임함에 있어서 온건한 태도와 방법을 써서 공경하고 삼감을 나타내는 것이
다. (-臨事而懼/임사이구)

〈大過 九二爻〉

　통상(通常)을 벗어났을 때는 이를 의식(意識)하고 교만(驕慢)하지 않아야 한다.

九二 枯楊生稊 老夫得其女妻 无不利　고양생제 노부득기여처 무불리

버드나무의 고목에 새싹이 돋는다.　　　　　(-枯楊生稊)

늙은이가 젊은 아내를 얻는 격이니　　　　(-老夫得其女妻 无不利)
이롭지 않음이 없다.

아내가 젊으면 생육지공(生育之功)을 이룰 수 있기 때문이다.

*枯=고. 마르다.
*楊=양. 버드나무.
*稊=제. 싹. 움.

대과(大過)의 세상은 굳센 양(陽)이 지나치게 많아서 음양(陰陽)의 조화에 어려움이 있지만, 구이(九二)는 내괘(內卦)의 중(中)이고 유위(柔位)에 있으며 초육(初六)과 친비(親比)의 관계이다. 젊은 여인이 공손하게 들어오는 것을 구이(九二)가 용납하는 상(象)이므로 "无不利/무불리"라고 보는 것이다.

象曰 老夫女妻 過以相與也　　　　노부여처 과이상여야

늙은이가 젊은 아내를 얻는 것은　　　　(-老夫女妻)

구이(九二)가 늙은이임을 자각(自覺)하　　(-過以/과이)
면서

젊은 아내인 초육(初六)을 맞아들임으　　(-相與也)
로써 굳셈과 부드러움이 어울리기 때
문이다.

〈大過 九三爻〉

균형(均衡)과 조화(調和)가 무너지면 흉하다.

　　　九三 棟橈 凶　　　　　　　　　　　동요 흉

위로 솟아있어야 할 용마루가 아래로 휘었　　　(-棟橈 凶)
으니 흉하다.

　양기(陽氣) 왕성한 구삼(九三) 효가 음기(陰氣) 쇠잔(衰殘)한 상육(上六)과 호응한들
무슨 회포를 풀겠는가? 그래서 아래쪽으로 강하게 휘어져 내려오니 초육(初六)이
견디기 어려워하여 흉하다.
　강하고 굳세기만 하였던 북송(北宋)의 개봉 부윤 포증(包拯: 999~1162)이 아랫사람
들의 감당 능력을 고려하지 않아서 오히려 관료 세계의 평안을 해친 것처럼 흉할
수 있다는 뜻이다.

　　　象曰 棟橈之凶 不可以有輔也　　　동요지흉 불가이유보야

"棟橈之凶"은 도와주는 이가 없기 때　　　(-不可以有輔也)
문이다.

　윗사람이 지나치게 강직하면 아랫사람들이 멀리하고 의심하며 두려워할 뿐 도
우려 하지 않게 된다는 것을 깨우쳐 주는 말이다.

〈大過 九四爻〉

구연(舊緣)이나 사사(私私)로움에 매이는 것은 부끄러운 일이다. 대과(大過)괘의 구사(九四)는 초육(初六)과 응(應)하고 구삼(九三)은 상육(上六)과 응(應)하는 위치이다. 구삼(九三)과 구사(九四)는 모두 음(陰)과 응(應)하여 어울리되 그들에게 매이는 것을 즐기지 않는 점에서 같다.

구삼(九三)은 양(陽)이 강위(剛位)여서 양강(陽剛)한 일에 지나치게 열중(熱中)하기 때문이고 구사(九四)는 양(陽)이 유위(柔位)에 있어서 부드럽기는 하지만 군주(君主)의 대신(大臣)으로서 막중(莫重)한 역할(役割) 수행에 열중하기 때문이다.

九四 棟隆 吉 有它 吝	동륭 길 유타 인

용마루가 높이 솟으니 길하다.	(-棟隆 吉)
다른 마음을 품으면-[정사(政事)를 돌보지 않고 초육(初六)에 매이면]	(-有它)
하찮게 여겨지는 부끄러움을 당하게 될 것이다.	(-吝)

*它=①타(他). 다르다.
　②사(蛇의 옛 글자). 뱀.

象曰 棟隆之吉 不橈乎下也	동륭지길 불요호하야

"棟隆之吉"은 용마루가 아래로 휘어지지 않고 높이 솟아있기 때문이다.

아래로 휘어지지 않은 것은 뜻이 初六에 얽매이지 않은 것을 의미한다.

〈大過 九五爻〉

중요한 위치에 있는 신하는 의심과 시샘을 받지 않도록 조심해야 한다. 과도한 명예추구나 허물 될 일을 조심하여서 군주의 의심을 피해야 한다.

九五

枯楊生華 老婦得其士夫 　　　　　　고양생화 노부득기사부

无咎 无譽 　　　　　　　　　　　　무구 무예

마른 버드나무가 꽃이 피며 　　　　(-枯楊生華)

늙은 여인이 젊은 남편을 얻는다. 　(-老婦得其士夫)

(이런 상황에서 신하들은) 허물이 없게 　(-无咎 无譽)

처신해야 하고 군주의 명예에 손상

을 주는 언행(言行)도 없도록 조심해

야 한다.

젊은 신하(臣下)인 구이(九二)가 양(陽)이 과하여 초육(初六)과 함께 어울리고 나이 든 군주(君主)인 구오(九五)는 상육(上六)을 아내로 삼는 괘상(卦象)이다. 이는 군주가 신하를 싫어할 수 있는 형국(形局)이다. 그러니 신하는 허물도 명예도 없게 처신하도록 주의하여야 한다. 허물에는 죄가 따르기 쉽고 명예에는 의심과 시샘이 따르기 쉽기 때문이다.

象曰

枯楊生華 何可久也   고양생화 하가구야

老婦士夫 亦可醜也   노부사부 역가추야

마른 버드나무에 핀 꽃이 어찌 오래   (-枯楊生華 何可久也)
갈 수 있겠는가?

늙은 여인이 젊은 남편을 얻는 것 또   (-老婦士夫 亦可醜也)
한 누추한 일이다.

---

*華=화 ①화, 꽃(花).
　　　②빛나다.
*華族=화족. 좋은 가계(家系). 청화(淸華)
　　:員外散騎郎 此二職 淸華所不爲/ 원외산기랑 차이직 청화소불위-〈남사(南史)〉

명가(名家)의 출신은 정원(定員) 외(外)의 산직(散職)이나 말 타고 숙위(宿衛)하는 따위의 벼슬은 하지 않는다.

〈大過 上六爻〉

좁은 소견(所見)으로 탐욕(貪慾) 하면 흉하다.

上六 過涉滅頂 凶 无咎   과섭멸정 흉 무구

소인(小人)이 위험한 강으로 가서 이치
를 어기며 건너려다가 이마까지 빠지
니 흉하다. 흉한데도 이를 탓할 데조
차 없다(-탓을 돌릴 곳마저 없다).

象曰 過涉之凶 不可咎也　　　　　　　　과섭지흉 불가구야

무리하게 건너려다 이마까지 빠져드
는 흉함을 당한 것이니 좁은 소견으
로 과욕(過慾)하여 자초(自招)한 것이
기에 탓할 데마저 없는 것이다.

　상육(上六)은 이미 노부(老婦)여서 구오(九五)나 구삼(九三) 등 젊은 남자를 만나도
생육지공(生育之功)을 거둘 수 없다. 꽃이 핀다 한들 새싹을 낼 열매를 얻기가 어렵
다. 초육(初六)을 만나는 젊은 구이(九二)가 새로운 싹(生稊/생제)을 얻음과 다르다.

〈대과(大過)괘의 실생활(實生活) 응용(應用)〉

　① 말없이 일하는 구성원 중에 힘에 넘치게 짐이 무거운 사람이 없는지를 잘 살
핀다.
　② 업무량이 힘에 벅찰 때는 충고해 줄 만한 사람을 찾아 조화(調和)를 부탁한다.
구이(九二)와 구오(九五)는 강(剛)하지만 중용(中庸)을 지키므로 올바른 충고에는 잘
따른다.
　③ 하고 싶은 일이 너무 많거나 이성 교제가 번잡하면 중요문제에 소홀해진다.
우선순위를 정하여 중요문제에 집중한다.
　④ 공익(公益)에 관한 일을 우선 처리한다.

二十九

重水坎 (중수감) / 習坎 (습감)

☵ 坎上 (감상)
☵ 坎下 (감하)

〈卦의 성격(性格) 요약(要約)〉

내괘(內卦)와 외괘(外卦)가 모두 감(☵坎)이다. 감(坎)은 구덩이, 험함, 고민(苦悶), 곤란(困難), 고생(苦生) 등을 뜻한다.

주역에는 삶에서 겪을 수 있는 네 가지의 험난(險難)한 괘(-四大難卦/사대 난괘)가 있다. 3번 수뢰준(水雷屯), 29번 중수감(重水坎), 39번 수산건(水山蹇), 47번 택수곤(澤水困)이다. 사람이 고난을 만났을 때 몸을 던져서 헤쳐 나아가는 과정을 나타내는 괘(卦)들로서 모두 인간(人間)의 진가(眞價)를 시험(試驗)하는 내용을 담고 있다.

사대 난괘(四大難卦) 중에서 중수감(重水坎)은 습감(習坎)이라고도 한다. 습감(習坎)은 물구덩이에서 고생하는 상(象)이다. 괘효사는 험난한 일을 계속해서 만나는 경우에 대처(對處)하는 도리(道理)를 말한다. 물구덩이에 빠졌을 때는 물(-坎)의 습성(習性)을 따르는 것이 좋다. 물처럼 몸을 낮추되 꺾임이나 쉼 없이 흘러내리는 것이다. 나쁜 시기(時機)는 언젠가 지나가기 마련이다.

그러므로 낮은 곳을 찾아 흐르기를 멈추지 않는 강물(坎)처럼 반드시 이겨낼 수 있다는 불굴(不屈)의 신념(信念)과 몸을 던지는 용기(勇氣)로 험난한 상황을 극복해야 한다.

물(-坎/감)은 아무리 험한 곳에서도 변함없이 오직 낮은 곳으로 흐를 뿐이다. 사람도 물처럼 진실일로(眞實一路)의 태도로 강인(强靭)하고 진실하게 살아가야 한다. 한 사람의 진정(眞正)한 가치(價値)는 곤경(困境)에 처했을 때 드러난다. 겹쳐오는 험난함에 대응(對應)하는 처신(處身)에서 그 인간의 진가(眞價)를 알 수 있다. 습감(習坎) 괘는 내괘(內卦)에서는 흉(凶)하거나 공(功)이 없는 등 험난함이 나타나지만, 외괘(外卦)의 육사(六四)나 구오(九五)에 다다르면 허물이 없어지고 평이(平易)하게 된다. 물은 수원(水源) 부근에서는 구덩이를 채우면서 흐르므로 험난(險難)함이 있지만, 하류로 갈수록 흐름이 평탄(平坦)해지는 성질이 있기 때문이다.

〈괘사(卦辭)와 단사(象辭), 대상사(大象辭)〉

卦辭: 習坎 有孚 維心亨 行 有尙   습감 유부 유심형 행 유상

습감(習坎)은 험난한 물구덩이(坎/감)들
이 겹쳐서 있는 것이다.

헤쳐 낼 수 있다는 굳은 믿음이 있어   (-有孚 維心亨)
야 형통하다.

굳게 믿는 마음을 잃지 않고 헤쳐 나아   (-行有尙)
가면 가상(嘉尙)한 일이 있을 것이다.

물은 구덩이를 만나면 꿋꿋하게 흘러
이를 채운 후 사해(四海)로 나아간다.

굳센 믿음을 지니고 헤쳐 나아가야 한다. 물처럼 헤쳐 나아가면 가상한 일이 있을 것이다. (-行有尙) 그렇게 하지 않고 그대로 있으면 물구덩이에 빠져있는 상태에서 빗어날 길이 없다.

*習=습. ①쌓이다. 쌓다(-習坎入于坎/ 습감입우감). 되풀이하다.
②닦다(-不習无不利/ 불습무불리). 배우다.
③연습하다(-學而時習之/ 학이시습지).

象曰   습감 중험야

習坎 重險也   습감 중험야

水流而不盈   수류이불영

行險而不失其信   행험이부실기신

維心亨 乃以剛中也   유심형 내이강중야

行有尙 往有功也   행유상 *왕유공야

天險 不可升也 地險 山川丘陵也   천험 불가승야 지험 산천구릉야

王公設險 以守其國   왕공설험 이수기국

險之時用大矣哉   험지시용대의재

습감-물구덩이가 겹침-은 험난함이 겹겹이 쌓여있음을 뜻한다.	(-習坎 重險也)
그러나 물의 흐름은 험난함이라는 나쁜 성질만 가진 것은 아니다. 물은 그 흐름으로 구덩이를 채우기만 하는 것이 아니라	(-水流而不盈)
험난한 구덩이를 가득 채우고 밖으로 나와 흐를 때까지 구덩이 속을 채우기 위한 신실(信實)한 흐름을 멈추지 않는다.	(-行險而不失其信)

"維心亨 즉, 마음이 통하니 형통하다" 한 것은 신실(信實)하고 굳센 두 개의 양(陽)이 가운데 자리에 있기 때문이다.	(-維心亨 乃以剛中也)
"行有尙"은 헤쳐 나아가면 공이 있다 는 말이다.	(-行有尙 往有功也)
하늘이 험하다는 것은 높아서 사람이 오를 수 없다는 뜻이고	(-天險 不可升也)
땅이 험하다는 것은 산천과 구릉이 있음을 말하는 것이다. (그러므로 천지 (天地)는 능멸(凌蔑)할 수 없다.)	(-地險 山川丘陵也)
험한 것은 사람들이 감히 능멸하지 못하므로 한 나라의 왕공(王公)은 험한 것을 설치(設置)하여 나라를 지킨다.	(-王公設險 以守其國)
이렇듯 험난한 시절이 가지는 의미와 험난함의 쓸모는 매우 크다.	(-險之時用大矣哉)

이르러야 할 곳에는 반드시 이르는 신실(信實)함이 바로 물의 본성(本性)이다. 사람도 곤경에 처했을 때일수록 변함없는 신의(信義)를 지키는 것이 중요하다.

성곽(城郭)과 해자(垓字)를 설치(設置)하고 신분계급(身分階級)과 직책(職責)의 차등(差等)을 두고 복식(服飾)과 색채(色彩)를 달리하는 등으로 내외(內外)의 능멸(凌蔑)을 막아서 나라와 지위(地位)를 지킨다.

험난함에 빠졌을 때는 이것을 이겨내는 꿋꿋한 처신이 필요하다. 내가 겪는 고난의 기간-감(坎)의 시절(時節)-은 나를 키워준다. 험난함에 대응하는 과정에서 인간은 성장하고 그 사람의 진정한 면모가 드러난다. 그러기에 인간은, 특히 지도자 역할을 할 사람은 성장과정에서 난관 극복의 시절을 경험할 필요가 있다.

또한, 험난한 것은 능멸할 수 없기에 그 험난함을 잘 지켜서 유지하여야 한다. 그러기에 조직의 위계질서와 직능의 권위가 손상되지 않도록 예방해야 한다. 때로는 내 주변에 나를 보호해줄 험난함을 적절하게 조성하여 남들의 접근을 막는다. 존재의 터전을 지켜내는 것은 중요한 일이기 때문이다. 다만 그 험난함으로 지킬 것을 지켜낼 뿐 나쁜 일에 악용(惡用)하지는 않는다.

象曰

| 水洊至習坎 | 수전지습감 |
| 君子以 常德行 習敎事 | 군자이 상덕행 습교사 |

물이 거듭해서 흘러오는 것이 습감이다. (삶에 험난함이 거듭 닥칠 때일수록 물처럼 변함없이 신의를 지키는 것이 중요하다.)	(-水洊至習坎)
군자는 이를 본받아서 언제나 덕행(德行)을 하고 가르치는 일을 되풀이한다.	(-君子以常德行 習敎事)

언제나 덕행(德行)을 하고 가르치는 일을 되풀이하는(-常德行 習敎事) 이유(理由)는 몸에 배지 않은 덕행은 위선일 수 있으며 가르쳐서 납득시키지 않고 형벌만 앞세우면 명령을 내려도 잘 시행되지 않기 때문이다. 덕행(德行)이건 교민(敎民)이건 물처럼 본성(本性)이 변함없고 강물이 흐르듯 끊임없이 거듭되어야 본래(本來)의 의도(意圖)가 실현(實現)되는 것이다.

〈坎 初六爻〉

아무리 험난(險難)해도 마음의 길을 잃지 말아야 한다.

初六 習坎 入于坎窞 凶   **습감 입우감담 흉**

물구덩이가 중첩(重疊)되어 있는데 헤어날
길을 모르고 점점 들어가니 흉하다.

  초육(初六)은 음유(陰柔)한 성질(性質)이다. 성질이 음유하기 때문에 험난함이 중첩
된 세상(世上)을 만나면 그러한 세상 속으로 섞여 들어감으로써 험난함을 피하고자
하기 쉽다. 그렇지만 그렇게 하는 것은 약삭빠른 기심(機心) 때문에 스스로 함정(陷
穽)에 빠져드는 꼴이어서 흉하다고 말하는 것이 초육(初六) 효사의 속뜻이다. 아무
리 험난(險難)해도 마음을 다잡아 길을 잃지 말아야 한다.

> *窞=담(람). 구덩이.
> *坎窞=감담. 구덩이 가운데 다시 구덩이.

象曰 習坎入坎 失道 凶也   **습감입감 실도 흉야**

구덩이에 빠져서 점점 깊이 들어가는   (-習坎入坎)
것은
마음의 길을 잃어서 그러는 것이니   (-失道 凶也)
흉하다.

과도(過度)한 지지(支持)나 과분(過分)한 처우(處遇)에 익숙해지면 양심(良心)의 자발적 저항력이 마비(痲痺)되어 교만(驕慢)해지고 마음이 길을 잃는다.

월권(越權), 도둑질, 뇌물(賂物) 등의 비행(非行)을 아무렇지 않게 저지르게 되고 나중에는 사욕추구(私慾追求)의 영속화(永續化)를 위한 그물망 구축(構築)을 시도(試圖)하기까지에 이르니 흉하다.

〈坎 九二爻〉

겹겹의 고난 중에도 스스로를 다잡으며 조그만 가능성이라도 찾아가다 보면 다소의 길이 열린다.

九二 坎有險 求小得　　　　　**감유험 구소득**

험난한 구덩이 가운데 있으나 구하다
보면 그것을 조금은 얻을 수 있다.

象曰 求小得 未出中也　　　　　**구소득 미출중야**

구하는 바를 조금은 얻게 된다는 것
은 중용의 도에서 벗어나지 않았기
때문이다.

습감(習坎)괘의 구이(九二)는 득중(得中)이지만 실위(失位)여서 험난함에서의 탈출(脫出)이 만만하게 이루어지는 것은 아니다. 그러나 중도(中道)를 지키면서 끊임없이 벗어날 방도(方途)를 구한다면 원하는 바를 조금씩 이루게 된다는 뜻이다.

〈坎 六三爻〉

난국극복(難局克服)의 도구(道具)로 보편적(普遍的) 복지(福祉)를 쓰려면 정(井), 왕(王), 명(明)의 세 가지 요소(要素)가 구비(具備)되어 있어야 가능(可能)하다.

첫째로 샘물처럼 계속 솟는 재원(財源-井/정)이 있어야 한다.

둘째로 올바른 지도자(指導者-王/왕)가 있어야 한다.

셋째로 훌륭한 관료제도(官僚制度-明/명)의 뒷받침이 있어야 한다.

六三

來之坎坎 險且枕 入于坎窞 勿用　　　래지감감 험차침 입우감담 물용

오나가나 험난하고 또 험난하다.　　　(-來之坎坎)

험난하면 잠시 휴식한다.　　　(-險且枕)

험난한 구덩이에 들어가서 더욱 빠져　　　(-入于坎窞 勿用)
드는 쪽으로 애쓰면 안 된다.

---

*枕=침. 의지하고 기대다. 베개. 잠자다. 다다르다. 말뚝.
*且=차. 또한. 잠시/우선. 만약.

象曰 來之坎坎 終无功也　　　래지감감 종무공야

"來之坎坎"은 끝내 공이 없다는 말
이다.

육삼(六三)은 강위(剛位)에 있기 때문에 위로 나아갈 뜻은 있다. 위로 나아갈 뜻이 있어서 흉(凶)함에 이르지는 않는다. 나아갈 뜻도 없는 상육(上六)이 흉(凶)함에 이르

게 되는 것과는 다르다.

정(井)+왕(王)+명(明)이 구비(具備)되지 않은 상태에서의 분배(分配)는 험차침(險且枕) 정도(程度), 즉 잠시 쉬어 가는 정도에서 그치는 것이 좋다. 험차침(險且枕)이란 험난한 상황에서 음유(陰柔)의 육삼(六三)이 잠시 휴식하는 것이다. 밖으로 나가면 그 또한 험난한 상황에 처한 육사(六四)를 만나게 되어 마음만 고달프니 안에 있는 친한 이웃인 양강(陽剛)의 구이(九二)에 들어와 그에 의지하여 잠시 쉰다. 잠시 쉬면서 험난함을 이겨낼 힘을 기르는 것, 이것이 험차침(險且枕)이다.

섣부른 보편적 복지는 가불복지(假拂福祉)로서 입우감담(入于坎窞)이 되기 쉽다. 험난함에 지쳐있는데 휴식도 없이 더욱 깊은 구덩이 속으로 들어가는 짓이기 때문이다. 보편적 복지는 헛기운을 과도(過度)하게 쓰는 꼴이 되지 않는 선(線)에서 써야 한다.

〈坎 六四爻〉

소박(素朴)한 예물(禮物)로 성의(誠意)껏 관계개선의 예를 갖추면 허물을 면한다.

六四
樽酒簋貳 用缶 納約自牖 終无咎
준주궤이 용부 납약자유 종무구

한 그릇의 술과 한 접시의 안주를 곁   (-樽酒簋貳 用缶)
들여서 질그릇에 담아

들창문으로 들여보낸다면 마침내 허   (-納約自牖 終无咎)
물이 없게 될 것이다.

象曰 樽酒簋貳 剛柔際也　　　　　준주궤이 강유제야

"樽酒簋貳" 즉 한 그릇의 술과 한 접
시의 안주를 곁들인다는 것은 강(剛)
과 유(柔)가 서로 만나 교접(交接)한다
는 의미이다.

　일의 어려움이나 막힌 관계를 풀려면 먼저 알기 쉬운 사례(事例)를 말해주거나
전부터 맺어온 인간관계를 통한 사전접촉(事前接觸) 등으로 마음의 장벽을 없앤다.
그렇게 하면 일의 성취가 한결 수월해진다. "納約自牖/납약자유"는 "들창문을 통
하여 들여놓는다"라는 말인데 이는 "먼저 마음의 문을 열도록 힘쓰는 것이 좋다"
라는 의미이다.

　들창문을 통하여 이루어지는 강(剛)과 유(柔)-음(陰)과 양(陽)의 소박(素朴)한 교접에
는 존중(尊重)과 조심과 성의(誠意)가 있으므로 끝내 허물이 없게 될 것이다.

〈坎 九五爻〉

　중덕(中德)이 있으나 아직 수양부족(修養不足)으로 역할수행(役割遂行)에서 미흡하

다. 그러나 때를 기다리면 중덕이 충분히 크는 날이 오리라. 아직 채워지지 않은 꿈-가능성(可能性)-이 있는 곳에 사람들이 모여드는 법이다.

九五 坎不盈 祗旣平 无咎　　　　　**감불영 지기평 무구**

구덩이가 가득 채워진 것은 아니라지
만 이미 평평함에 이르렀으니 허물이
없다.

象曰 坎不盈 中 未大也　　　　　**감불영 중 미대야**

"구덩이가 아직 채워지지 못하였다."　　(-坎不盈)
라는 것은

아직 충분히 크다고 자만(自慢)하지　　(-中 未大也)
않으니 중덕(中德)이 있는 모습이다.

〈坎 上六爻〉

험난함(坎)을 초래(招來)한 못된 기득권층(旣得權層)과 범죄자(犯罪者)들을 축출(逐出)
한다.

上六

係用徽纏 寘于叢棘 三歲 不得 凶　　　**계용휘전 치우총극 삼세 부득 흉**

(구오(九五)는 이미 험난함에서 벗어났는데   (-係用徽纏)
도 상육(上六)이 아직도 구오(九五)를 험난함
에 빠뜨리려 하므로) 상육(上六)이 동아줄
로 묶여서

가시덤불 속(-감옥)에 갇힌 채로   (-寘于叢棘)

삼 년이 지나도 벗어나지 못하게 되   (-三歲 不得 凶)
니 흉하다.

*徽=휘. 세 겹 노끈. 묶다.
*纏=전. 얽히다. 밧줄. 묶다.
*寘=치. 채워두다. 받아들이다.
*叢=총. 모이다. 모으다. 초목이 더부룩하게 나다.
*棘=극. 가시나무. 감옥. 가두어두다.

象曰 上六失道 凶三歲也   **상육실도 흉삼세야**

상육(上六)이 험한 구덩이를 벗어날 도   (-上六失道)
리를 잃어버렸기 때문에

그 흉함이 삼 년이 지나도록 계속된다.   (-凶三歲也)

　　감(坎)괘 상육(上六)의 뜻에는 아무리 다투어도 이겨낼 수 없는 상대와는 다투지
말고 멀리 떠나는 것이 좋다는 교훈이 들어있다. 이겨낼 수 없는 것과 싸우면서 허
송세월(虛送歲月)한다면 흉하다. 지괘효(之卦爻)인 59번 풍수환(風水渙) 상구(上九)를
보면 그 뜻을 더욱 잘 알 수 있다.

　　풍수환(風水渙) 상구(上九)

渙其血 去 逖(惕)出 无咎--遠害也/ 환기혈 거 적(척)출 무구--원해야

유혈의 위기를 흩어버리고 근심에서 벗어나면 허물이 없다. -- 해로움을 멀리하는 것이기 때문이다.

*逖=적. 근심. 멀리함.
*惕 =척. 두려워함.

〈감(坎)괘의 실생활(實生活) 응용(應用)〉

① 남의 빚보증을 서는 것은 험난함에 빠져드는 것이다.

② 교섭이나 사업상 거래가 곤경에 처했을 때는 상대방의 급소를 찾아 담판한다. 그럴 때는 이쪽의 실력과 의도를 명확하게 상대방에게 보이는 것이 중요하다.

③ 감(坎)괘: 양(陽)이 중위(中位)에 있으며 실물(實物)인 수(水), 즉 물을 상징한다. 물구덩이의 험한 것에서 빠져나오기 위하여 힘쓰는 상황이다.

④ 리(離)괘: 음(陰)이 중위(中位)이고 붙어서 타는 불(火)이다. 불은 속이 빈 에너지일 뿐이다. 그러므로 리(離)괘는 어디에 들러붙으려고 힘쓰는 상황이다.

⑤ 동질적(同質的)인 것은 난시(難時)에는 동지(同志)가 되지만 평화시(平和時)에는 별로 도울 일이 없으므로 서로 흥미를 잃고 멀어진다. 한고조(漢高祖) 유방(劉邦)과 그의 참모(參謀)였던 장량(張良)이나 장수(將帥)였던 한신(韓信)처럼 상호(相互) 견제심(牽制心)만 남기 쉽다.

重火離 (중화리)

☲ 離上 (리상)
☲ 離下 (리하)

⟨卦의 성격(性格) 요약(要約)⟩

내괘(內卦)와 외괘(外卦)가 모두 리(☲離)이다. 리(離)는 불(火). 해(日). 분명함. 붙어 있음(麗). 짝. 떠남. 아름답다. 근심(-離騷) 등을 뜻한다. 불은 무엇에 붙어서 타오르기 때문에 리(離)는 부착(附着)한다는 뜻도 가진다. 리(離)괘는 음(陰) 효가 양(陽) 효들 사이에 끼어서 붙어 있는 상(象)이다. 소성(小成)괘인 리(離)괘는 불(火), 밝음, 텅 빔, 중녀(中女), 남쪽 등을 상징하며 대성(大成)괘인 중화리(重火離)괘는 밝은 태양, 명철(明哲)한 지성(知性), 넘치는 정열(情熱) 등을 상징한다. 사람이 정열(情熱)에 넘치면 경솔(輕率)할 우려(憂慮)가 있으므로 느긋한 암소의 모습처럼 여유(餘裕) 있는 마음을 길러야 길하다.

리(離)괘의 음(陰)은 안으로 거두어들임에 충실하고, 양(陽)은 밖으로 발(發)함에 충실하니 리(離)괘는 불의 조화능력(造化能力), 달리 말하여 만물창조능력을 잘 드러내고 있다.

사물(事物)이 잘 이루어지는 곳의 참모습을 보면 양(陽)이 밖으로는 재능(才能)을 다 발휘(發揮)하면서 안으로는 음(陰)을 잘 보호한다. 음(陰)을 도와서 음(陰)이 움직이지 않으면서도 조화(造化)를 이루도록 하는 것이다.

감(坎)괘와 리(離)괘를 비교해보면 감(坎)괘는 물이 처음에는 험난(險難)하게 흐르지만, 하류(下流)에 이를수록 흐름이 평이(平易)해지고 구오(九五)에서 흐름의 도(道)가 왕성(旺盛)하게 드러나는 모습을 나타낸다. 반면에 리(離)괘는 불이 육이(六二)에서 황리(黃離)의 왕성함을 보이지만 육오(六五)에 이르면 거의 불꽃 없이 꺼져가는 깜부기불로 변하여 슬픈 모습이 될 수 있다.

〈괘사(卦辭)와 단사(彖辭), 대상사(大象辭)〉

　　　卦辭: 離 利貞 亨 畜牝牛 吉　　　　　리 이정 형 휵빈우 길

리(離)는 들러붙음의 뜻인데, 곧고 바　　　(-離 利貞 亨)
른 것에 들러붙어야 형통(亨通)하다.
느긋한 암소처럼 여유로운 성품을　　　　(-畜牝牛 吉)
기르면 길하다.

마음속의 생각, 하는 일, 따라붙는 사람 등이 올바르면 그와 관계된 모든 것이 잘 풀린다는 의미이다.

*畜=①기를 휵(-容民畜衆)
　　②쌓을 축. 가축 축.

　　象曰

　　離 麗也　　　　　　　　　　　　　리 려야

日月麗乎天 百穀草木麗乎土
重明以麗乎正 乃化成天下
柔麗乎中正 故亨 是以畜牝牛吉也

일월려호천 백곡초목려호토
중명이려호정 내화성천하
유려호중정 고형 시이휵빈우
길야

리(離)괘는 둘 사이에 끼어있어 서로 붙어 있는 것을 뜻한다.

(-離 麗也)

일월(日月)은 하늘에 붙어 있고 온갖 곡식과 초목은 땅에 붙어 있다.

(-日月麗乎天 百穀草木麗乎土)

밝고 지혜롭게 심사숙고(深思熟考)하여서 곧고 바른 것에 붙으면

(-重明以麗乎正)

천하를 교화하여 밝은 풍속을 이룬다.

(-乃化成天下)

六二와 六五라는 부드러운 기운들이 중위(中位)에 자리하여 중용(中庸)의 원리(原理)에 밝기 때문에 형통하다.

(-柔麗乎中正 故亨)

이처럼 불(-離)의 격렬(激烈)한 성질을 눌러서 안정시키고 느긋하고 유순한 암소처럼

여유로운 마음을 기르면 길하다.

(-是以畜牝牛吉也)

　군주(君主=統治者)는 존귀(尊貴)함만으로는 통치(統治)할 수 없다. 원리(原理)에 입각(立脚)하여 유순(柔順)하고 올바른 방법(方法)으로 임하여야 제대로 통치할 수 있다.

象曰

明兩作 離　　　　　　　　　　**명양작 리**

大人以繼明 照于四方　　　　　　**대인이계명 조우사방**

밝음이 둘이 일어난 것이 리(離)의 괘　　　(-明兩作 離)
상이다.

대인(大人)은 이 괘상을 본받아 밝은　　　(-大人以繼明)
지혜를 계속 닦아서

세상에 널리 빛을 보낸다.　　　　　　　(-照于四方)

　여기서 "밝음"은 "해"를 말한 것이다. 해(日)는 오늘 져도 내일 다시 떠오른다. 오늘의 해와 내일의 해는 두 번 일어나지만 같은 해(-太陽/태양)이다. 태양은 무궁한 세월에 걸쳐서 떠오르고 지고 다시 떠오르기를 계속할 것이고 대인의 덕(德)도 또한 태양처럼 그러해야 할 것이다.

*照=조. 밝게 하다. 깨우치다. 증명서(證明書). 뒷바라지하다(-照應/조응).
*照臨=조림. 군림(君臨). 왕림(枉臨=光來/광래).
*照妖鏡=조요경. 요사(妖邪)스러운 마귀(魔鬼)를 비추어서 형체를 드러내는 거울.

〈離 初九爻〉

初九 履錯然 敬之无咎　　　　　　**이착연 경지무구**

(서로의 면모(面貌)를 아직 파악(把握)하지　　　(-履錯然)
못한 조직(組織)이나 모임에서) 조급하게
어디에 붙으려 하면 신발이 뒤섞여서
발걸음이 어긋날 수 있다.

삼가고 공경(恭敬)하는 마음으로 신　　　　(-敬之无咎)
중(愼重)하면 실족(失足)하는 허물을
면한다.

누군가와 처음으로 얼굴을 대할 때, 상대방이 아무리 현란(絢爛)한 장소에 있는 사람이라 하더라도 부명(浮明)하지 않고 (-자기의 겉모습을 번드레하게 꾸미는 짓을 하지 않고) 경건(敬虔)하게 처신해 나아가면 허물을 피할 수 있다는 의미이다.

*履=리. ①처음으로 그 지경(地境)을 밟다. 영토(領土). 신발. 발로 밟다. 걷다.
　　②품행(品行). 행위(行爲).

象曰 履錯之敬 以辟咎也　　　이착지경 이피구야

신발이 뒤섞여서 발걸음이 어긋난다
하더라도 공경하는 마음으로 조심한
것이라면 실족(失足)의 허물은 피할 수
있다는 의미이다.

초구(初九)는 서로가 상대방에 대하여 잘 모르는 미명(未明)의 친교 모임에 처음으로 나온 상황이다. 섣부르게 따라붙을 사람을 찾으려다가 실족(失足)할 수 있다. 발길을 조심하는 것이 좋다. 그래야 탈을 면한다.

*辟=① 피(벽). 피하다.
　　② 비. 견주다. 비교하다.

〈離 六二爻〉

六二 黃離 元吉　　　　　　　　황리 원길

중정(中正)한 밝음에 붙어서 어울리니
원래부터 크게 길하다.

　밝은 대낮에는 만물의 아름다운 모습을 제대로 볼 수 있다. 그러므로 붙을 곳은
밝은 대낮에 찾아야 중용(中庸)의 도(中道)에 맞는 곳을 찾을 수 있다. 육이(六二)는 밝
은 대낮에 찾은 붙을 곳이다.

*黃離=황리. 황(黃)은 중앙의 색깔(-中正/중정을 뜻함). 리(離)는 밝음(文明). 그러므로 황리(黃離)는 밝고
중정한 아름다움이 왕성한 것을 뜻한다.

象曰 黃離元吉 得中道也　　　　황리원길 득중도야

한낮(-中天/중천)의 밝은 모임에서 사　　　(-黃離元吉)
람들과 어울리니 크게 길하다는 것은
밝아서 중용(中庸)의 도(中道)에 맞는　　(-得中道也)
붙을 곳을 얻을 수 있기 때문이다.

〈離 九三爻〉

九三

日昃之離 不鼓缶而歌　　　　　일측지리 불고부이가
則大耋之嗟 凶　　　　　　　　즉대질지차 흉

해 질 무렵(夕陽)의 모임에서 붙어 어　　(-日昃之離)
울리는 것이다.

질장구의 두드림도 없이 노래하니 (-
不鼓缶而歌) 좋은 시절(好時節)이 지난
것이다.

그 노래는 늙은이의 탄식일 뿐이다.　　(-則大耋之嗟 凶)
흉하다.

---

*缶=부. 술이나 간장 등 담는 질그릇. 진(秦) 때에 쓰던 반주용 타악기의 일종.
*耋=질. 늙은이.
*嗟=차. ①탄식하다. ②자!~(-勸誘/권유)

'不鼓缶而歌 凶=불고부이가 흉'은 -두 갈래의 해석이 있다.

①호시절(好時節)이 지나서 질장구 반주도 없이 노래하니 흉하다. -노태준(盧台俊)

②해가 기울었음을 알고 질장구를 반주 삼아 노래하며 천명(天命)을 즐겨야 한
다. 그렇지 않으면 탄식하는 상늙은이가 될 뿐이니 흉하다. -정이(程頤). 소식(蘇軾)

象曰 日昃之離 何可久也　　　　일측지리 하가구야

석양(夕陽)의 어울림이니　　　　　　(-日昃之離)

어찌 오래 갈 수 있겠는가!   (-何可久也!)

해 질 녘 모임이나 노년(老年)의 친목(親睦) 모임 등이 어찌 오래 갈 수 있겠는가? 아등바등할 것 없이 소박하게 노래나 하며 지내면 될 일이다.

〈離 九四爻〉

모임을 능멸(凌蔑)하거나 갑자기 내부(內部)를 헤집고 다가가면 용납(容納)되기 어렵다.

九四 突如其來如 焚如死如棄如	돌여기래여 분여사여기여
불쏘시개로 불을 옮겨 붙이겠다면서- 갑작스럽게 돌진한다.	(-突如其來如)
불쏘시개가 타버리거나 꺼져버려서 뜻을 이루지 못한다.	(-焚如死如棄如)

象曰 突如其來如 无所容也	돌여기래여 무소용야
"突如其來如"는 "돌연히 오는 듯한 것"을 말함인데	(-突如其來如)
그렇게 하면 어디에서도 용납되지 않는다.	(-无所容也)

〈離 六五爻〉

離(리), 즉 불(火)은 무언가 실물(實物)에 붙어 있다가 사라지는 허(虛)이다. 불(火), 즉 離(리)의 현상은 허(虛)가 실(實)에 붙어 있는 것을 말한다. 그러므로 붙어 있는 자인 허(虛)는 아무리 중위(中位)이고 존위(尊位)인 실(實)에 붙어 있다 할지라도 실(實) 자체(自體)는 아니다. 말하자면 "나라의 지도자(指導者)인 자연인(自然人) 아무개"를 살펴 볼 때 자연인(自然人)인 "지도자(指導者) 아무개"는 허(虛)로서 실(實)에 붙어 있을 뿐이고, 중위(中位)이며 존위(尊位)의 실(實) 주인(主人)은 따로 있다. 국민주권국가(國民主權國家)에서는 국민(國民)이 나라의 실(實) 주인(主人)이다. 따라서 "지도자(指導者) 아무개"는 허(虛)로서 실(實)에 붙어 있음을 자각(自覺)하고 항상 국민(國民)을 두려워하며 조심해야 길(吉)하다.

완장(腕章)의 힘은 팔뚝 자체의 힘이 아니다.

六伍
出涕沱若 戚嗟若 吉　　　출체타약 척차약 길

(주권자인 국민에 붙어 있는 자연인인 지도　　　(-出涕沱若)
자 아무개가 그 임무를 수행함에 있어서)
국민의 괴로움에 대하여 눈물을 흘리
면서
슬퍼하고 걱정한다면 길하다.　　　　　　　(-戚嗟若 吉)

*涕=체. 눈물/콧물. 울다.
*沱=타. 눈물이 흐르는 모양. 큰비 내리는 모양.
*戚=척. ①슬퍼하다(慽/척).
　　　②친척. 가까운 사이.

象曰 六五之吉 離王公也   육오지길 리왕공야

육오(六五)가 길(吉)한 것은   (-六五之吉)

최고 권력자인 왕공(王公), 즉 주권   (-離王公也)

자인 국민에게 붙어 있기 때문이다.

주권자에 붙어서 눈물을 흘리면서 주권자의 괴로움을 슬퍼하기 때문에 길한 것

이다.

민주국가에서의 "王公/왕공"은 바로 "國民/국민"이다. 국민의 지지(支持)에 붙어

있음에 불과한 것이 권력자이다.

*離=리. 붙어 있다. 지위를 차지하고 있다.
*王公=왕공. 최고의 권력자. (主權者/주권자=민주국가의 국민)

〈離 上九爻〉

上九

王用出征 有嘉   왕용출정 유가

折首 獲匪其醜 无咎   절수 획비기추 무구

왕(王)이-집권자(執權者)가-장수(將帥)   (-王用出征)

에게 출정명령(出征命令)을 내린다.

좋은 일이 있을 것이다.   (-有嘉)

우두머리만 꺾고 조무래기 하수인들   (-折首 獲匪其醜 无咎)
은 잡아 들이지 않도록 지시하면 허
물이 없다.

象曰 王用出征 以正邦也   왕용출정 이정방야

"王用出征"은 "왕(王)이 장수(將帥)에게   (-王用出征),
출정명령(出征命令)을 내리는 것"인데

왕은 그것으로 나라를 바로잡는다.   (-以正邦也)

殲厥渠魁 脅從罔治/ 섬궐거괴 협종망치

악한무리의 괴수를 섬멸한다. (그러나) 어쩔 수 없이 따른 무리는 치죄(治罪)

하지 않는다.

-〈서경(書經) 윤정(胤征) 편〉

〈리(離)괘의 실생활(實生活) 응용(應用)〉

① 열정(熱情)은 불(火)을 닮아서 아름답고 이로운 것이지만 취급하기 어렵다. 열정(熱情)이 넘칠 때는 위험물 운반 차량의 운전석에 앉았다고 생각해야 한다. 그러면 마음을 안정시키고 자기의 활동기반을 차분히 살피게 된다.

② 사업상의 교섭과 거래 관련 사항은 기록으로 남기고 복사본을 준비해 둔다.

③ 허세 부리지 말라. 허세는 헛된 지출을 낳는다.

제3부

주역경문(周易經文)
하편(下篇)＝하경(下經)

澤山咸 (택산함)

☱ 兌上 (태상)
☶ 艮下 (간하)

⟨卦의 성격(性格) 요약(要約)⟩

내괘(內卦)는 간(☶艮)이고 외괘(外卦)는 태(☱兌)이다. 함(咸)은 민감한 느낌, 마음의 감응(感應), 두루 미치다, 모두, 다(皆/개) 등을 뜻한다. 함(咸)이라는 글자는 날쟁기로 강한 충격을 주어서 입을 봉하는 모습이다. 이것저것 다 휩쓸어서 봉해버린다는 뜻이다. 열혈남녀(熱血男女)의 연애감정(戀愛感情)도 함(咸)이라 한다. 남녀가 느끼는 감정인 함(咸)은 그 속도(速度)가 매우 빠르다. (-咸速恒久/함속항구-잡괘전)

함괘(咸卦)는 음양(陰陽)이 교감(交感)하는 남녀가 사랑하는 것을 뜻하는 상(象)이다. 젊은 남자가 젊은 여자의 발아래에 무릎 꿇고서 사랑을 구하는 모습이다.

각 효사(爻辭)에 표현(表現)된 개별적(個別的) 사랑 행위인 함(咸)의 모습은 부족하거나(-凶) 부끄러워하는(-吝/린) 내용이다. 잘 되어봐야 후회스러움을 면할 정도(无悔)에 이르는 데 불과하다. 그러나 괘(卦) 전체로 보면 인간 상호 간의 사랑 행위인 함(咸)은 인간이 지구상에서 지속적(持續的)으로 존재(存在)하는 것을 가능하도록 만들고, 사회(社會)를 이루어 함께 살아가도록 인간을 이끄는 원천적(源泉的) 힘으로 작용하고 있다.

함괘(咸卦)의 각 효사(爻辭)는 신체 각 부위에 느낌이 나타나는 모양으로 표현하고 있다. (발가락부터 입맞춤에 이르는 애정표현에 따른 감응 과정과 일치한다.)

함(咸)은 인간존재의 근본적 요소임에도 함괘(咸卦)의 효사(爻辭) 중에는 길(吉)이나 형(亨)이라는 말이 없다. 사랑을 매개(媒介)로 하는 삶이라 하더라도 삶의 과정에는 항상 어려운 문제가 많고 고난도 많기 때문일 것이다.

在卦者 咸之全也 故 咸 亨 利貞 取女 吉
재괘자 함지전야 고 함 형 이정 취녀 길
在爻者 咸之粗也 故 凶, 吝, 悔亡, 无悔
재효자 함지조야 고 흉, 인, 회망, 무회"

괘사(卦辭)는 함(咸)의 온전한 전체적 모습에 대한 것이다. 그리 볼 때 함(咸)은 민감하게 느끼는 것으로서 남녀가 호감을 느껴서 음양의 기운이 서로 통하는 것이고(-咸 亨) 마음을 곧고 바르게 가지면 이롭고 결혼하면 길한 것이다.(-利貞 取女 吉) 효사(爻辭)는 함(咸)의 정세(精細)하지 못한 대략의 모습에 대한 것이다. 거칠게 본 함은 흉하거나 부끄럽거나 후회하지 않게 되는 수준이거나 후회가 없는 정도이다.(凶, 吝, 悔亡, 无悔)

-소식(蘇軾) 〈동파역전(東坡易傳)〉

〈괘사(卦辭)와 단사(彖辭), 대상사(大象辭)〉

소녀(少女:☱兌/태)와 소년(少年:☶艮/간)이 서로 연애감정에 빠지는 상황이다.

卦辭: 咸 亨 利貞 取女 吉　　　　함 형 이정 취녀 길

함(咸)은 민감하게 느끼는 것이다.

남녀가 호감을 느껴서 음양의 기운이　　(-咸 亨)
서로 통하는 것이다.

마음을 곧고 바르게 가지면 이롭고　　(-利貞 取女 吉)
결혼하면 길하다.

　함(咸)이라는 글자는 이것저것 다 휩쓸어서 봉(封)해버리거나 강한 충격을 주어서
입을 닫게 하는 일 등을 뜻한다. 그래서 남녀 간의 음양 교감을 표현하는 괘(卦)를
함괘(咸卦)라 하였다.

*咸=함. ①민감한 느낌. 마음의 감응. 음양(陰陽)이 교감(交感)하여 마음이 같음.
　　　②모두. 다(皆/개). 두루 미치다.
*亨=형. ①아래위로 통하다. 형통하다(-元亨利貞/ 원형이정)
　　　②드리다(享) (-公用亨于天子/ 공용형우천자)

彖曰

咸 感也　　　　　　　　　　　　　함 감야

柔上而剛下 二氣感應以相與　　　　유상이강하 이기감응이상여

止而說 男下女　　　　　　　　　　지이열 남하여

是以亨利貞取女吉也　　　　　　　　시이형이정취녀길야

天地感而萬物化生　　　　　　　　　천지감이만물화생

聖人感人心而天下和平　　　　　　　성인감인심이천하화평

觀其所感而天地萬物之情 可見矣　　관기소감이천지만물지정 가
　　　　　　　　　　　　　　　　　견의

함(咸)은 느끼는 것이다.　　　　　　　　(-咸 感也)

준비 없는 마음으로 외물(外物)을 대　　　(-柔上而剛下)
하자마자 곧바로 생기는 느낌이 바로
함(咸)이다. 쌓인 정(情)이나 미리 겪어
본 익숙함 따위가 없이 마음에 확 오
는 것이 함(咸)이다. 자세히 살펴본 후
에 온 것이라면 관찰(觀察)의 결과이
다. 함(咸)이 아니다. 함(咸)괘는 비(否)
괘의 부드러운 三爻(-柔)가 위로 올라
가서 태(兌)괘인 연못을 이루고 비(否)
괘의 上爻 (-剛)는 아래로 내려와서 간
(艮)괘인 산을 이루니

두 기운이 감응(感應)하여 서로 어울　　　(-二氣感應以相與)
린다.

머물러서 기뻐하며 남자가 여자의 아　　　(-止而說 男下女)
래로 내려가기 때문에

이로써 형통하고 올바르니 이로우며　　　(-是以亨利貞取女吉也)
결혼하면 길하다.

천지가 감응하여 만물이 화생하고 성　　　(-天地感而萬物化生 聖人感人心而天下
인이 인심을 감화시켜 천하가 화평하　　　和平)
게 된다.

이렇게 그 감응하는 바를 살펴보면　　　(-觀其所感而天地萬物之情 可見矣)
천지 만물의 사정을 능히 들여다볼
수 있다.

　천지(天地)의 음양(陰陽) 기운은 무심(無心)하고 우연(偶然)하게 만물(萬物)에 베풀어
진다.

성인(聖人)은 만물(萬物)에 감응(感應)하여 무심(無心)중에 인성(人性)과 인심(人心)을
알아서 시중(時中)의 도(道)에 따라 인의(仁義)를 펼친다는 것을 들여다볼 수 있다.

象曰

山上有澤 咸   산상유택 함

君子以 虛受人   군자이 허수인

높은 산 위에 비어있는 곳이 있어 물
이 모여 못(澤)을 이룬 것이 함(咸)괘의
형상이다.

군자는 이것을 보고 마음속을 비움
으로써 다른 사람의 의견을 받아들
인다.

군자의 비움은 비우되 텅 비우는 것이 아니고 바탕이 있는 비움이다. 비운 연못
이되 높은 산 위에 있음이니 그 비움이 비굴(卑屈)하지 않다.

〈咸 初六爻〉

初六 咸其拇   함기무

사랑의 느낌이 엄지발가락에서 부드   (-咸其拇)
럽게(柔) 느껴진다.

마음의 저 아래 발가락(-拇/무) 부분에서 구사(九四)에 사랑을 느끼지만, 발가락은 그가 속한 하괘(下卦)인 다리(☶:艮/간, 멈춤)의 일부이므로 구삼(九三)이 움직이지 않으면 발가락인 초육(初六)도 움직일 수 없다. (-欲進未能/욕진미능)

사랑의 느낌(-感情/감정)이 손가락, 발가락을 통하여 전해진다. 느낌이란 본능적(本能的)으로 알아채는 것을 말한다. 느낌이 오면 발걸음은 저절로 따라 움직이게 되지만 함(咸)의 초기에는 느낌을 따라 움직이는 것을 삼가고 잘 살피는 것이 좋다. 나만 느끼고 상대방은 느끼지 않는 것이면 짝사랑의 시작이다.

*拇=무. 엄지발가락(손가락).

象曰 咸其拇 志在外也	함기무 지재외야
엄지발가락에서 부드럽게 느끼는 것은 구사(九四)에 대하여 느끼는 것이다.	(-咸其拇)
그러나 초육(初六)은 다리 일부분인 발가락이므로 멈춤(艮/간)을 이루는 구삼(九三)이 움직이지 않으니 아직 움직일 수는 없다. 움직이지는 않더라도 마음으로는 밖에 있는 구사(九四)를 느끼는 것이다.	(-志在外也)

발을 멈추게 해서 움직이는 것을 막을 수는 있다. 그러나 사랑의 느낌까지 멈추게 할 수는 없다.

〈咸 六二爻〉

사랑의 느낌이 오자마자 움직임을 서두르는 것은 흉하다.

六二 咸其腓 凶 居 吉	함기비 흉 거 길

남녀 사이에 사랑의 느낌이 종아리에   (-咸其腓)
서 느껴진다.

아직 움직일 상황이 아니니 (-艮/간)   (-凶)
경거망동하면 흉하다.

지금 있는 자리에서 그대로 있어야   (-居 吉)
길하다.

---

*腓=비. 장딴지(무릎과 발목 사이의 뒤쪽. 종아리에서 살이 불룩한 부분)
　(다리가 움직이면 장딴지도 따라서 움직인다.)

象曰 雖凶居吉 順 不害也	수흉거길 순 불해야

"느낌대로 움직이지 못하여 흉하지
만, 그 상황을 받아들여 가만히 있으
면 길하다"라는 것은 순리(順理)대로 하
면 해롭지 않다는 뜻이다.

운명적(運命的) 상황(狀況)이라면 그 상황을 받아들이고 기다리는 것이 수양(修養)
된 사람이 취할 태도이다.

⟨咸 九三爻⟩

九三 咸其股 執其隨 往 吝	**함기고 집기수 왕 인**

남녀의 사랑이 넓적다리에서 느껴진다.	(-咸其股)
넓적다리에서 느껴지는 느낌만을 따라 나아간다면 부끄러운 일이다.	(-執其隨 往 吝)

양(陽)인 구삼(九三)이 음(陰)인 상육(上六)과 정응(正應)한다. 상육(上六)이 극히 기뻐하고 감동하므로 구삼(九三)이 상육(上六)을 따라 올라가는 것을 좋아하는 형국이다. 구삼(九三)이 양(陽)의 밝은 본성에 따라, 올바른 주장을 해야 하는데도 그렇게 하지 못하고 넓적다리에 즐거운 느낌을 주는 사람들을 따르면 부끄러움이 있게 된다는 뜻이다.

*股=고. 넓적다리(무릎의 윗부분).
*股本=고본. 주식자본(柱式資本).

象曰	
咸其股 亦 不處也	**함기고 역 불처야**
志在隨人 所執 下也	**지재수인 소집 하야**

"넓적다리로 애정을 느낀다."라는 것은 (-咸其股) 역시 구삼(九三)이 강양(剛陽)으로서 제구실을 하지 못하고 있다는 뜻이다.	(-亦 不處也)

(구삼(九三)이 재질(才質)에 맞게 스스로를   (-志在隨人)
주장해야 하는데 그렇지 못하고) 뜻이 도
리어 넓적다리에 느낌을 주는 남을
따라 나아가는 데 있다면

그 지켜나가는 바가 부끄러울 정도로   (-所執 下也)
(-吝/린) 수준이 낮은 것이다.

함(咸)괘에서 내괘(內卦)인 초(初), 이(二), 삼(三)의 세 爻는 심신(心身)이 아직 성장과
정에 있거나 내면이 충분히 성숙되지 않은 상태이다. 그러므로 그들 효사(爻辭)에
서 다가오는 사랑의 느낌(-咸/함)에 대한 조심 사항을 말하고 있다. "느낌만으로 진
정한 사랑을 알아보기에는 아직 충분히 성숙하지 않았다. 그러므로 사랑의 느낌을
따라 곧바로 행동에 나아가는 것은 경솔하다!"라고.

〈咸 九四爻〉

심신(心身)이 충분히 성숙(成熟)한 남녀가 사랑에 중대(重大)한 고비를 맞았다. 헛
것에 휘둘리지 말고 마음속에서 원하는 바를 최우선(最優先)으로 삼는 것이 좋다.
사랑이라는 진실(眞實)한 느낌 하나가 그럴듯한 조건(條件) 백 가지보다 더 중요(重
要)하다.

九四
貞 吉 悔亡   정 길 회망
憧憧往來 朋從爾思   동동왕래 붕종이사

남녀의 애정에서 곧은 마음을 지켜   (-貞吉 悔亡)
나가면 길(吉)하고 후회할 일이 없다.

침착성을 잃고 왔다 갔다 하면 끼리   (-憧憧往來 朋從爾思)
끼리(-朋類/붕류)만이 그 생각을 따를
것이다.

성인(聖人)의 세심(洗心)은 동동왕래(憧憧往來) 하는 사심(私心)을 제거(除去)하고
정심(貞心)을 회복하는 것이다.

                                              - 상산(象山) 육구연(陸九淵)

상산(象山) 육구연(陸九淵 1139~1192)은 양명학(陽明學)의 선두(先頭). 주희(朱熹)의 논
적(論敵)이다. 선적직각설(禪的直覺說)로 〈맹자(孟子)〉를 깊이 해석하여 심즉리설(心卽
理說)을 세움. 간명(簡明)한 이기일원설(理氣一元說)을 주장하였다.

*憧憧往來=동동왕래. 침착성을 잃고 왔다 갔다 왕래가 잦은 것이다.
*憧憧往來之心(동동왕래지심)은 사심(私心)이요 정심(貞心)은 무심(無心)이고 공심(空心)이다.

象曰

貞吉悔亡 未感害也   정길회망 미감해야

憧憧往來 未光大也   동동왕래 미광대야

곧은 마음으로 사랑의 감정을 지켜   (-貞吉悔亡)
나아가면 후회가 사라지고

해로운 생각에 미혹되지 않는다.   (-未感害也)

이기심(利己心)으로 상대방의 마음을   (-憧憧往來)
얻으려고 왕래가 잦은 것이라면

크게 빛나는 사랑을 이루지는 못   (-未光大也)
한다.

그 사랑이 진정(眞情)한 것인지를 느낌만으로 알만큼 심신(心神)이 완숙(完熟)한 경지(境地)에 이르면 자기 소신(所信)대로 나아가도 길(吉)하여 후회할 일이 없게 된다. 조건(條件)을 따지는 등 천박(淺薄)한 생각으로 이것저것 재보며 애정의 상대를 찾거나 남녀로서의 즐거움만을 얻으려고 동동거리며 애쓰는 사람은 자기와 비슷한 부류(部類)의 사람들끼리만 어울리게 된다.

- 계사(繫辭) 하(下) 5장(章)

계사전이 말한 것은 심신이 충분히 성숙(成熟)한 사람이라면 아무런 조건 없이 자연스러운 사랑의 느낌 하나로 일관(一貫)해도 결과(結果)가 좋다는 뜻이다.

〈咸 九五爻〉

구오(九五)는 힘 있는 자이기 때문에 사랑 맺음(-咸/함)에서도 여럿과 친해 본 후에 결국, 제대로 좋은 상대를 구한다.

九五 咸其脢 无悔   **함기매 무회**

사랑의 느낌이 등 뒤에까지 이르도록   (-咸其脢)
온몸을 감동(感動)시켜서

(등 돌렸던 사람을 돌아서게 한다면 사랑한　　　　(-无悔)
본래의 뜻을 이룬 것이므로) 후회가 없다.

감동시킴이 등 뒤까지 이르렀으니 감동이 온몸에 이른 것이다.

*脢=매. 등심. 등골뼈에 붙은 살(-등 뒤의 살).

象曰 咸其脢 志末也　　　　　　함기매 지말야

"咸其脢"라 함은 구오(九五)가 결국에
는 뜻을 이루었다는 말이다. (소식(蘇
軾) 〈동파역전(東坡易傳)〉)

　구오(九五)의 뜻이 상육(上六)에 가 있다가 정응(正應)인 육이(六二)에 돌아가서 결국
무회(无悔)가 된다.

〈咸 上六爻〉

上六 咸其輔頰舌　　　　　　함기보협설

남녀의 애정에서 광대뼈와 뺨과 혀로
감동시킨다. (-말로 감동시킨다.)

"입맞춤으로 감동시킨다."라고 해석할 수도 있다.

象曰 咸其輔頰舌 滕口說也　　　　　함기보협설 등구설야

"咸其輔頰舌"이라 함은 말만 왕성하　　　(-滕口說也)
게 하는 것을 뜻한다.

감동(感動)이란 마음의 떨림이다. 사람의 경력(經歷), 인품(人品), 언행(言行)을 보고
진실성(眞實性)이 느껴질 때 생기는 마음의 파문(波紋)이 감동(感動)이다. 성심(誠心)이
없이 말만 왕성(旺盛)하면 남을 감동(感動)시키기 어렵다.

함(咸)괘 상육(上六)의 지괘(之卦) 효는 33번 둔(遯)괘 상구(上九) 효이다. 효사는 "肥
遯 无不利/ 비둔 무불리"이다. "윤택하게 물러나면(매끄럽게 마무리하면) 불리할 것이
없다."라는 뜻이다. 함(咸)의 도중(途中)에 애정(愛情)이 변화할 즈음에 이르면 충분
(充分)히 대화(對話)하고 알맞게 보상(報償-빚 갚음. 補償-허전함을 보충해줌)을 해서 매끄
럽게 마무리해야 뒤끝이 좋다는 교훈(敎訓)을 읽을 수 있다.

둔(遯)괘의 세상이면 작아져야 바르게 이로울 수 있다. (-遯 亨 小利貞) 은퇴하
고 숨어 살아서 알아보는 사람이 없어야 형통하고 후회가 없다는 뜻이다. (-
遯世不見知而不悔 /둔세불견지이불회)

둔(遯)괘는 특히 크게 성공한 예능인이나 접객업자에게 좋다. 한 시절 이름을 떨치며 매명(賣名)의 이득을 취한 정객(政客)들도 마찬가지일 것이다. 사람들과 가까이 해야 하는 함(咸)과 사람들로부터 멀어져야 하는 둔(遯)은 묘하게 연관(聯關)된다.

〈함(咸)괘의 실생활(實生活) 응용(應用)〉

① 올바른 함(咸)은 서로가 상대방을 사랑스럽게 느끼고 진실로 생각해주는 것이다. 함(咸)은 직감(直感)이다. 그기기에 빠르다. 3초 만에 느껴지는 첫 느낌이 중요하다. 만남의 첫인상(印象)과 헤어짐의 끝 인상이 중요하다. 따뜻함과 깔끔함, 강렬함, 예의 바름 등의 느낌이 함(咸)과 가까운 정서(情緒)이다. 석연(釋然)치 않은 느낌을 주는 사람과는 일을 서둘지 말아야 한다.

② 물질적 이익교류보다 정신적 교감을 나누는 친분관계가 장래의 행운(幸運)을 이끈다.

③ 남녀의 애정을 의미하는 함(咸)괘는 전체로서는 亨利貞(형이정)이고 결혼은 吉(길)하다. 그러나 애정을 키우는 개별의 과정인 효사의 내용에는 吉(길)이나 亨(형)이 없다. 凶(흉), 吝(인), 悔亡(회망), 无咎(무구)가 있을 뿐이다. 여러 난관을 헤치고 나아가서 결혼에 이르러야 亨利貞(형이정)한 삶이 된다는 뜻이다.

雷風恒 (뇌풍항)

☳ 震上 (진상)
☴ 巽下 (손하)

〈卦의 성격(性格) 요약(要約)〉

내괘(內卦)는 손(☴巽)이고 외괘(外卦)는 진(☳震)이다. 항(恒)은 항상(恒常). 불변(不變). 늘 있음 등의 뜻을 지닌 글자이다.

항(恒)괘는 오래도록 안정(安定)되어있는 형국(形局)을 나타낸다. 장성(長成)한 남녀(男女)가 결혼(結婚)하여 안정된 부부생활을 하는 것을 상징한다. 함(咸)괘의 상황(狀況)은 느끼면 바로 움직이려는 경향(傾向)이 있음에 비하여 항(恒)괘에서는 항상성(恒常性)을 유지(維持)하려는 의지(意志)가 있어서 느끼더라도 나아가지 않고 버틴다.

항(恒)은 항상성(恒常性) 즉, 오래됨을 뜻하지만 영구불변(永久不變)을 말하는 것은 아니다. 항상성(恒常性)은 행동양식(行動樣式)의 불변(不變)을 뜻하는 것이 아니라 추구(追求)하는 지향점(指向點)에 있어서의 항상성을 말하는 것이다.

지향점(指向點)의 항상성(恒常性)을 유지하려면 행동(行動)은 환경변화(環境變化)에 적절(適切)히 순응(順應)해야 한다.

부부(夫婦)의 지향점(指向點)은 보통 평온(平穩)한 가정생활(家庭生活)의 지속(持續)이다. 일상(日常)의 권태(倦怠)나 일시(一時)의 유혹(誘惑) 등으로 그 지향점(指向點)이 흔들릴 때에는 적절한 분위기전환(雰圍氣轉換)방법을 쓰거나 생활의 틀을 바꾸어서 궤도이탈(軌道離脫)을 막아야 부부관계의 항상성(恒常性)이 잘 유지(維持)된다.

항상성(恒常性)의 유지는 행동(行動)의 시의적절(時宜適切)한 변화(變化)를 요구하므로 고정불변(固定不變)에서의 물러섬이 항상성 유지의 비결(祕訣)이라고 할 수 있다.

恒 非能執一而不變 能及其未窮而變

항 비능집일이불변 능급기미궁이변

행동 양식을 바꾸지 않고 한 가지에 집착하면 항상성 유지가 불가능하다. 상황 변화에 따라 행동 양식을 변화시키는 데 막힘이 없어야 항상성 유지가 가능하다.

〈괘사(卦辭)와 단사(彖辭), 대상사(大象辭)〉

卦辭: 恒 亨 无咎 利貞 利有攸往   항 형 무구 이정 이유유왕

항(恒)은 늘 그대로의 상태가 오래도록 지속(持續)되는 것인데   (-恒)

항(恒)을 위한 모든 변통 활동은 효과를 올려서 형통한 뒤에라야 허물이 없게 된다.   (-亨 无咎)

항(恒)을 지키려는 올곧은 마음이 이로움을 이루어야   (-利貞)

생활해 나아감에 이롭다.   (-利有攸往)

*恒=①항. 항상(-不恒其德/불항기덕). 변하지 아니하다(-恒久不變/항구불변).
②긍. 두루 미치다(亘/긍). 반달(弦月/현월).

彖曰

恒 久也	항 구야
剛上而柔下 雷風相與	강상이유하 뇌풍상여
巽而動 剛柔皆應 恒	손이동 강유개응 항
恒亨无咎利貞 久於其道也	항형무구이정 구어기도야
天地之道 恒久而不已也	천지지도 항구이불이야
利有攸往 終則有始也	이유유왕 종즉유시야
日月 得天而能久照	일월 득천이능구조
四時 變化而能久成	사시 변화이능구성
聖人 久於其道而天下化成	성인 구어기도이천하화성
觀其所恒而天地萬物之情 可見矣	관기소항이천지만물지정 가견의

항(恒)괘는 편안히 머무르는 상태를 지켜서 오래 지속(持續)시키는 것을 뜻한다. (지천태(地天泰)괘의 태평(泰平)한 상태를 항구성(恒久性) 있게 지속(持續)시키려면 아래의 요소가 갖춰져야 한다.)   (-恒 久也)

하괘(下卦)의 맨 아래에 있던 강(剛)한 기운이 상괘(上卦)인 사효(四爻)로 올라가고 상괘(上卦)에 있던 부드러운 기운이 하괘(下卦)의 초효(初爻)로 내려와서   (-剛上而柔下)

우레와 바람이 되어 서로 떳떳하게 어울려 상황변화에 따라 변통한다.   (-雷風相與)

공손함으로써 진동시켜 움직이도록 만들어서	(-巽而動)
강(剛)하고 유(柔)한 모든 爻의 기운이 호응(呼應)하여 힘을 합하니	(-剛柔皆應)
이렇게 해서 이루어진 형국(形局)을 나타내는 것이 항(恒)괘이다.	(-恒)
"항(恒)은 그 효과로 일이 형통(亨通)하게 되어야만 허물이 없고, 올곧음도 그것으로 이로움을 가져다주는 것이어야만 한다."라는 말은 (-恒亨无咎利貞) 그럴 때만 항구할 수 있는 것이 도리에 들어맞기 때문이다.	(-久於其道也)
천지의 도리는 항구하여 끝남이 없다.	(-天地之道 恒久而不已也)
갈 곳이 있어야 유리하다는 것은 끝나면 곧 시작함이 있어야 한다는 의미이다.	(-利有攸往 終則有始也)
해와 달은 하늘의 이치를 얻어 오랫동안 비춰주고	(-日月 得天而能久照)
사계절은-하늘의 이치 따라-변화하여 오랫동안 생명을 생성하며	(-四時 變化而能久成)
성인이 도를 오래도록 행하여 천하의 교화가 이루어지니	(-聖人 久於其道而天下化成)
이들의 항구성(恒久性)을 관찰해보면 천지 만물의 실정(實情)을 능히 알 수 있다.	(-觀其所恒而天地萬物之情 可見矣)

象曰

雷風 恒   뇌풍 항

君子以 立不易方   군자이 입불역방

우레와 바람으로 이루어진 것이 항괘   (-雷風 恒)
(恒卦)이다. (우레와 질풍은 시세(時勢)에 따
라 일어나는 것이지만 일시적인 것으로서
천지(天地)의 실상(實相)은 아니며 천지의 항
상성(恒常性)을 해치지도 않는다.)

군자는 이것을 본받아 근본 입장을   (-君子以 立)
세우고는

시세에 순응하며 나아가되 근본방침   (-不易方)
을 바꾸지는 않는다.

항(恒)괘는 움직이지 않으려는 의지가 있어서 느끼더라도 나아가지 않고 버틴다.
그러나 버티는 마음이 있다 하여 반드시 이롭거나 형통하게 되는 것은 아니다.

〈恒 初六爻〉

처음부터 지나치게 상대방을 알려고 파고드는 것은 좋지 않다. 그것은 때를 모
르는 소행(所行)이므로 이롭지 못하다. 욕속부달(欲速不達)이다.

初六 浚恒 貞凶 无攸利   준항 정 흉 무유리

지나치게 상대방을 알려고 파고드는   (-浚恒)
것은

옳더라도 흉하다. 얻을 것이 없다.   (-貞凶 无攸利)

*浚=준. ①깊다(深). 우물 바닥을 깊게 파다(-浚渫/준설)
        ②재물을 빼앗다.
        ③기다리다(-夙夜浚明有家/숙야준명유가)
*夙夜=숙야. ①이른 아침부터 밤늦게까지(-일관되게 행동함을 뜻함)
        ②새벽 동트기 전.

象曰 浚恒之凶 始 求深也   **준항지흉 시 구심야**

"浚恒/준항"이 흉한 까닭은 처음부터
너무 파고들어 깊은 것을 구하기 때
문이다.

　세상에는 어느 곳에나 전래(傳來)의 습속(習俗)이 있고 오래된 교분(交分)과 평소에
사귀어오던 사람인 고소(故素)가 있다. 함부로 이들을 책망하는 것은 경솔한 짓이
다. 일종의 준항(浚恒)인 것이다. 시집간 새댁은 벙어리 삼 년, 귀머거리 삼 년이라
는 속담(俗談)이 있다.

〈恒 九二爻〉

　중용의 도를 지켜야 후회 없다. 참조-(62小過 六二爻-過其祖 遇其妣 不及其君 遇其臣 无
咎-不及其君 臣不可過也). 손자는 할아버지를 건너뛰고 할머니를 만나도 질책 받지 않
지만 직급사회에서는 직무담당자를 건너뛰고 군주나 상위 결정권자를 만나는 것

은 중용의 처신이 못 된다. 후회할 일이 생기는 것이다. (직무담당자를 먼저 만나라.)

九二 悔亡	회망

(음위(陰位)에 있어서 떳떳한 자리에 있는 것
은 아니지만 중용(中庸)의 도를 지키니) 후
회할 일이 없어질 것이다.

象曰 九二悔亡 能久中也	구이회망 능구중야

구이(九二)가 후회할 일이 없어진다는
것은 오랫동안 중용을 지키고 있기
때문이다.

〈恒 九三爻〉

항상(恒常) 됨이 인격(人格)의 가장 중요한 신뢰요소(信賴要素)이다.

九三 不恒其德 或承之羞 貞 吝	불항기덕 혹승지수 정 인

덕(德)을 항구(恒久)히 지키지 못하면
수모(受侮)를 겪을 수 있다.
마음자리가 올바르더라도 덕을 지킴
에 항상성이 없다면 부끄러워할 일
이다.

(-不恒其德 或承之羞)

(-貞 吝)

象曰 不恒其德 无所容也　　　　　　불항기덕 무소용야

덕을 지킴에 항상성이 없는 사람은
용납(容納)될 곳이 없다.

　태평한 상태를 오래도록 유지하려면 시절과 상황의 변화에 적절히 맞춰 나아가
야 한다. 자기의 현재 위치에 안주(安住)한 채 상황변화를 무시하는 사람은 외톨이
가 된다. 구삼(九三)은 양(陽)으로서 올바른 자리에 있다. 그러나 자기 위치만 믿고
항구할 수 있는 도리를 보고서도 지키지 않는다면 어디에서도 받아들여지지 않는
부끄러움을 당할 수 있다. 올바른 자리에 있었음에도 치욕(恥辱)을 당하게 된다면
아쉬워할 일이다.
　덕을 항구히 지키지 못하는 사람과는 아무런 일도 함께할 수 없다. 그러므로 그
런 사람을 보면 떠나야 이롭다. 관계를 지속하면 함께 곤란해진다.

〈恒 九四爻〉

九四 田无禽　　　　　　　　　전무금

사냥을 나갔는데 잡히는 것이 없다.

*田=전. ①사냥의 총칭(-田无禽/전무금). 봄 사냥(-春日田/춘왈전, 夏日苗/하왈묘, 秋日蒐/추왈수, 冬日
　　狩/동왈수)
　　②경작지. 밭. 경작지를 다스리다.

象曰 久非其位 安得禽也　　　　　구비기위 안득금야

적당하지 않은 자리(地位)에 있으면서   (-久非其位)

오래도록 집착(執着)하고 있으니

어찌 사냥감을 잡겠는가?   (-安得禽也)

---

*安=안. ①어찌~. 어째서~.

    ②편안하다.

    ③값이 싸다(-安價/안가)

구사(九四)는 음위(陰位)에 있음이니 양(陽)으로서 적당한 자리가 아니다.

〈恒 六五爻〉

장부(丈夫)는 여자와 달리 가정뿐만 아니라 국가사회를 함께 돌봐야 하였다.

六五 恒其德 貞 婦人 吉 夫子 凶   항기덕 정 부인 길 부자 흉

유순한 덕을 오래도록 바르게 지키
니 부인이라면 길하지만 장부라면
흉하다.

象曰

婦人 貞吉 從一而終也   부인 정길 종일이종야

夫子 制義 從婦 凶也   부자 제의 종부 흉야

부인이 마음을 바르게 가져서 길한   (-婦人貞吉 從一而終也)
것은 끝까지 한 남편을 따르기 때문
이다.

남편이라면 의로움으로 남을 제어해   (-夫子 制義)
야 마땅할 장부(丈夫)인데

오히려 남에게 항상 순종하는 부인   (-從婦 凶也)
의 도리를 따르는 꼴이어서 흉한 것
이다.

〈恒 上六爻〉

나이 들어서도 부부의 마음은 한결같아야 한다.

上六 振恒 凶   **진항 흉**

항상성이 흔들리니 흉하다.

---

*振=진. ①흔들리다. 떨다. 떨어서 없애다. 떨쳐 일어나다. 멈추다.
　　②거두어들이다(-收/수). 받아들이다(-振河海而不洩/설-〈중용〉)
*洩=설. ①규칙을 세우는 일. 바람 부는 대로 따르는 모양
　　②새어 나오다. 비밀이 새다.

象曰 振恒在上 大无功也   **진항재상 대무공야**

윗자리에 있으면서 항상성이 흔들리
니 크게 공이 없다.

〈항(恒)괘의 실생활(實生活) 응용(應用)〉

① 어려운 상황을 나타내는 괘에 교훈이 많다. 삶의 항상성 유지를 위함이다. 삶이 본래 어려움을 이겨내는 과정이기 때문이다. (根深之木 風亦不扤 有灼其華 有賁其實 / 근심지목 풍역불올 유작기화 유비기실)

> *扤=올. 흔들리다.
> *灼=작. 성(盛)하다.
> *華=화. 꽃이 피다. 빛나다. 가문이 좋다.
> *賁=①비. 삼씨.
>   ②분. 열매가 많다.

三十三

天山遯 (천산둔)

≡ 乾上 (건상)
☶ 艮下 (간하)

〈卦의 성격(性格) 요약(要約)〉

내괘(內卦)는 간(☶艮)이고 외괘(外卦)는 건(≡乾)이다. 둔(遯)은 달아나다. 피하다 (-escape)는 뜻의 글자이다. 둔(遯)괘는 초육(初六)과 육이(六二) 등 소인(小人)의 세력 (勢力)이 점차 커가는 모습이다. 세상형편(世上形便)이 점차 소인(小人)의 세력이 커가 는 쪽으로 기울어가는 것을 보면 뜻이 고귀한 군자는 중앙무대에서 비켜나 숨는데 이것이 둔(遯)괘의 괘상(卦象)이다.

은(殷)나라 고종(高宗)이 된 무정(武丁)이 왕자시절(王子時節)에 둔우황야(遯于荒野)한 〈서경(書經)〉 속의 고사(故事)가 그 예(例)이다.

둔(遯)괘는 전진(前進)을 위하여 잠시(暫時) 후퇴(後退)하는 것에 대하여 말하고 있 다. 군자는 은퇴(隱退)함으로써 그 도(道)를 지켜서 뒤에 형통하게 된다. 은둔(隱遁)할 때는 눈여겨보는 사람이 없게 살아야 후회(後悔)가 없게 된다.

〈괘사(卦辭)와 단사(彖辭), 대상사(大象辭)〉

卦辭: 遯 亨 小利貞	둔 형 소리정
군자(君子)가 은둔(隱遯-遯)해야 형통(亨 通)한 세상에서는	(-遯 亨)
소인(小人)이 바른길을 지키게 하면 이 롭다.	(-小利貞)-

"小利貞/소리정"은 두 가지로 해석할 수 있다.

① 원칙(原則)을 지키는 강단(剛斷)을 보인다. 사표(辭表)를 던질 때 던지더라도 그릇됨을 지적한다. 소신(所信)에 반(反)할 때 그릇됨을 지적하면 이롭다. 음유(陰柔)한 세력이 점차 자라남에 따른 폐단(弊端)을 지적하여 조금은 바로잡을 수 있으니 이롭다. (-小利貞) – 정이程頤〈역전(易傳)〉

② 음유(陰柔)한 세력이 아래로부터 스며들어 자라나지만 아직은 미미하다. 소(小)의 세(勢)가 자라나지만 아직 미미할 때는 소(小)들도 꼿꼿하게 원칙을 지키는 것이 이롭다. (-小는 利貞) 아직 미미한 세력이 곧음(貞)까지 잃는다면 존재가 없어질 수도 있기 때문이다. – 소(小) 이정(利貞), 미이망정즉폐야(微而忘貞則廢也, 주희(朱熹)〈본의(本義)〉

---

*遯=둔(遁). 물러나다. 피하다(-遯世无悶/둔세무민-은둔을 번민하지 않음)

象曰
遯亨 遯而亨也   둔형 둔이형야
剛當位而應 與時行也   강당위이응 여시행야

小利貞 浸而長也	소리정 침이장야 (陰이 점점 자람.)
遯之時義大矣哉	둔지시의대의재

은둔(隱遯)하면 형통하다는 것은 은둔하여서 어려운 일이 잘 트인다는 뜻이다.

(-遯亨 遯而亨也)

굳센 九五가 중정(中正)의 마땅한 자리에 있으면서 아래의 六二와 정응(正應)하니 영고성쇠(榮枯盛衰)는 시절(時節)의 변화와 함께한다.

(-剛當位而應 與時行也)

"小利貞"은 점차로 자라나는 "음(陰-小人)의 힘을 작게 해야 올바르게 이로울 수 있다"라는 말이다. 아래로부터 음(陰)의 세력이 물이 스며들듯 점차로 자라나지만 아직은 올바름을 지니고 있어서 의로움을 해치지 않기 때문이다.

(-浸而長也)

은둔해야 할 시절에는 시의(時義)에 맞게 처신하는 것이 중요하다.

(-遯之時義大矣哉)

작은 것인 음(陰), 즉 소인(小人)의 세력이 자라나기 시작하면 군자는 그 낌새(幾微)를 곧바로 알아서 경계(警戒)하며 조금이라도 바로잡으려고 노력하는 것이 마땅하다. 그러나 음(陰)이 점점 자라서 은둔이 불가피해지면 떠나는 것이 군자의 도(道)이다.

象曰

天下有山 遯　　　　　　　　　천하유산 둔

君子以 遠小人 不惡而嚴　　　　군자이 원소인 불오이엄

하늘 아래 산이 있는 것이 둔(遯)괘의
괘상이다.
군자는 이를 보고 소인을 멀리하되
미워하지는 않고 위엄을 지켜서 엄격
히 대한다.

산이 비록 높지만 산도 하늘 아래 있는 땅의 일부이다. 군자가 비록 인품이 높지
만 군자도 사람이다. 그러기에 소인을 멀리하되 미워하거나 나쁜 말로 대하지는
않는다. 산이 높으면 오르기 어렵듯 인품(人品)이 높으면 위엄(威嚴)을 지니게 된다.

은퇴(隱退)한 후에는 과거로부터 숨어 살아서 자기를 알아보는 사람이 없도록 지
내야 형통하고 후회가 없다. (-遯世不見知而不悔/둔세불견지이불회-中庸) 둔(遯)괘는 큰
성취(成就)를 이룬 예능인(藝能人), 접객업종사자(接客業從事者)나 시대(時代)를 풍미(風
靡)했던 정치계(政治界)의 거물(巨物)들에게 이로운 괘(卦)이다.

〈遯 初六爻〉

사양산업(斜陽産業)에 뛰어들지 말고 이미 그 사업을 경영하고 있다면 확장(擴張)
하지 않는다.

初六 遯尾 厲 勿用有攸往　　　　둔미 려 물용유유왕

도망가는 돼지의 꼬리처럼 은둔(隱遁)

이 늦어 맨 뒤에 처지니 마음이 탄다.

차라리 나아가지 않는 것이 좋다.

둔세(遯世)라 해도 소인(小人)인 초육(初六)은 굳이 숨으려고 할 것이 없다. 군자(君子)나 대인(大人)이 은둔할 필요가 있는 시절이 오더라도 소소(小小)한 말단(末端) 초년생(初年生)들까지 은둔하지 않았다 하여 재해(災害)를 입는 일은 드물다. 수고롭게 달아나려 해도 돼지 꼬리처럼 맨 뒤에 처져서 제대로 은둔도 되지 않고 위험(危險)만 자초(自招)할 우려(憂慮)가 있다. 굳이 어디로 달아나려 하지 말고 차라리 숨죽여 가만히 있는 것이 좋다는 뜻이다.

象曰 遯尾之厲 不往 何災也　　　　둔미지려 불왕 하재야

"遯尾之厲"라는 말은 "가지 않고 있은들 무슨 재앙이 있겠는가?"라는 의미이다.

〈遯 六二爻〉

적시(適時)에 아름답게 물러나려면 강한 의지(意志)와 신념(信念)이 필요하다.

六二 執之用黄牛之革 莫之勝說　　　집지용황우지혁 막지승탈

은둔하려는 양(陽)들을 황소 가죽으로
견고(堅固)하게 잡아매어 벗어나기 어
렵게 한다.

象曰 執用黃牛 固志也　　　　　집용황우 고지야

황소 가죽으로 잡아매어야 한다 함은　　(-執用黃牛)

은둔하려는 뜻과 만류하려는 뜻이 모　　(-固志也)

두 굳기 때문이다.

적절한 시기에 아름답게 물러나려면 강한 신념과 확고한 의지가 필요하다.

은둔하려고 굳게 마음먹은 양(陽)들을 육이(六二)나 구오(九五)가 주저앉히고자 원한다
면 뚜렷한 명분과 알맞은 지위를 주어 확고히 믿을 수 있도록 하여서 붙들어야 한다.

〈遯 九三爻〉

군자는 그 좋아하는 것을 버리고 기꺼이 은둔하는 것을 받아들이지만 소인은 받
아들이기를 거부(拒否)한다.

九三 係遯 有疾 厲 畜臣妾 吉　　　계둔 유질 려 휵신첩 길

구삼(九三)은 아래와의 사사로운 인연　　(-係遯)
에 얽매어 마음대로 은둔할 수 없다.

고뇌 속에 위태롭지만　　　　　　　　(-有疾 厲)

가솔(家率)을 돌보는 일에는 길하다.　　(-畜臣妾 吉)

*家率=가솔. 처첩(妻妾)과 자녀들. 자기를 따르는 무리.
*畜=①기를 휵.
　　②쌓을 축.
　　③가축 축.

象曰

係遯之厲 有疾 憊也　　　　　　계둔지려 유질 비야
畜臣妾吉 不可大事也　　　　　휵신첩길 불가대사야

"係遯之厲"란 말은 사사로운 인연에　　(-係遯之厲 有疾 憊也)
얽매어 마음대로 은둔할 수 없는 위
태로움이라는 병이 있으니 고달프다
는 뜻이다.

"畜臣妾吉" 즉 "가솔(家率)을 돌보는 일　　(-不可大事也)
에는 길하다"라는 말은 처자식(妻子息)
등 자기가 거느린 식구들을 돌볼 수
는 있지만 큰일은 할 수 없다는 의미
이다.

*憊=비. 고달프다. 피곤하다. 앓다.

〈遯 九四爻〉

九四 好遯 君子 吉 小人 否   호둔 군자 길 소인 비

교분(交分)의 손상(損傷)이나 비난(非   (-好遯 君子 吉)
難) 없이 은둔하니 군자(-九四)는 길
(吉)하다.

그러나 소인(-初六)이 무턱대고 九四를   (-小人 否).
따라 은둔하면 오히려 위태롭다(-遯尾
厲).

象曰 君子 好遯 小人 否也   군자호둔 소인비야

군자는 은둔함이 좋지만 소인에게는
은둔이 좋지 못하다.

〈遯 九五爻〉

九五 嘉遯 貞 吉   가둔 정 길

(육이(六二)가 구오(九五)를 붙들어두고 모 (-嘉遯)
시려 하지만 뜻이 굳센 구오(九五)가 중심
(中心)의 자리에서) 기림(=칭찬)을 받으며
은둔하니

올바르고 중용을 지키는 것이어서 길 (-貞吉)
하다.

*嘉=가. ①기리다. 칭찬하다.
    ②아름답다. 훌륭하다.
    ③기뻐하다. 경사스럽다.

象曰 嘉遯貞吉 以正志也   가둔정길 이정지야

"嘉遯貞吉"인 것은 은둔의 뜻이 올바
르기 때문이다.

〈遯 上九爻〉

미련 없이 훌쩍 은둔하니 그 은둔의 모습이 여유롭다.

上九 肥遯 无不利   비둔 무불리

유유한 심정으로 세상을 피하여 숨으
니 이롭지 않음이 없다.

상구(上九)는 구오(九五)나 구사(九四)와 달리 아래에 응여(應與)하는 자가 없다. 그러므로 어디에 매이거나 지체하는 바 없이 훌쩍 여유롭게 은둔할 수 있는 이로움이 있다.

---

*肥=비. ①느긋하게 만족하다(-肥遯/비둔). 즐기다.
　　　②살찌다.

象曰 肥遯无不利 无所疑也　　　　비둔무불리 무소의야

"유유한 심정으로 세상을 피하여 숨　　(-肥遯无不利)
으니 이롭지 않음이 없다."라는 것은
아무런 의심받음이 없이 표연(飄然)하　　(-无所疑也)
게 은둔할 수 있기 때문이다.

〈둔(遯)괘의 실생활(實生活) 응용(應用)〉

① 마음속을 비우고 숨어서 사는 것이 둔(遯)이다.

② 경제적(經濟的)으로 절실(切實)해서 돈 벌기 위한 사업(事業)을 고를 때라면 경력(經歷)이나 학력(學歷) 등의 체면(體面)치레에 얽매이지 않는 것도 일종의 둔(遯)이다. 돈 쓰는 사람들을 위해서 그들이 바라는 즐길 거리를 마련해주는 유흥업(遊興業)도 둔업(遯業)에 속한다.

三十四

雷天大壯 (뇌천대장)

☳ 震上 (진상)
☰ 乾下 (건하)

〈卦의 성격(性格) 요약(要約)〉

　내괘(內卦)는 건(☰乾)이고 외괘(外卦)는 진(☳震)이다. 대장(大壯)은 양기(陽氣)가 왕성(旺盛)하다는 뜻이다. 대장(大壯)괘는 양기(陽氣)가 왕성하게 자라 오르고 음기(陰氣)가 쇠퇴하는 상황에서 왕성하게 자라는 힘을 어디에 어떻게 쓸 것인가에 대하여 생각하게 하는 괘상이다. 대장(大壯)괘에서 힘써야 할 핵심은 스스로를 이겨내어 무례한 소인(小人)이기를 멈추고 예(禮)에 맞게 처신(處身)하는 것이다. (-自勝克己復禮則大壯/자승극기복례즉대장) 뜻이 높고 혈기왕성(血氣旺盛)하지만 아직 때를 못 만난 상(象)이므로 힘만 믿고 무례(無禮)하다면 소인(小人)이니 그 나아감에 낭패(狼狽)가 있을 것이다.

〈괘사(卦辭)와 단사(彖辭), 대상사(大象辭)〉

　　卦辭: 大壯 利貞　　　　　　　　대장 이정

크게 장성(壯盛)하려는 기운이 풍성하
며 그 마음이 올바르면 이롭다. (마음
이 바르지 못하다면 대장(大壯)이 아니고 강
포(强暴)함일 뿐이다.)

*壯=장. ①왕성(旺盛). 강건(剛健). 씩씩하다(-老當益壯/노당익장).
　　②젊다. 한창나이(-靑壯年/청장년).
*大壯卦=대장괘. 뜻이 높고 혈기왕성하나 아직 때를 못 만난 상황을 나타내는 괘상(卦象).

象曰

大壯 大者壯也 剛以動 故 壯　　　　　대장 대자장야 강이동 고 장
大壯利貞 大者正也　　　　　　　　　대장이정 대자정야
正大而天地之情 可見矣　　　　　　　정대이천지지정 가견의

대장괘는 큰 것이 건장(健壯)하다는 뜻　　(-大壯 大者壯也)
이다.

굳세게 움직이기 때문에 건장한 것이　　(-剛以動 故 壯)
다. (큰 것인 건(乾)이 굳세게 움직여 진동
(震動)하니 건장한 것이다.)

"大壯利貞"이라는 말은 큰 것이 바르　　(-大壯利貞 大者正也)
기 때문에 이롭다는 뜻이다.

거대함을 미혹(迷惑)됨 없이 이루는　　(-正大而天地之情 可見矣)
대장(大壯)괘에서 천지의 뜻을 볼 수
있다.

큰 것으로 하여금 올바르게 행동하도록 하는 것이 천지(天地)의 뜻이다(-以大者爲
正 天地之情也/이대자위정 천지지정야). - 소식(蘇軾)

象曰

雷在天上 大壯　　　　　　　뇌재천상 대장

君子以 非禮弗履　　　　　　군자이 비례불이

우레가 하늘에 있는 것이 대장이다.　　(-雷在天上 大壯)

군자는 이것을 보고 예(禮)가 아니면　　(-君子以 非禮弗履)

행하지 않는다.

하늘은 우레의 진동을 통하여 그 크고 장성(壯盛)함을 나타낸다.

*弗=불. 아니다. [-불(不)보다 강한 부정(否定)의 뜻임.]

군자는 자기의 크고 장성한 모습의 표현을 극기복례(克己復禮)의 처신으로

한다(君子之壯 壯於己 非壯於人也/ 군자지장 장어기 비장어인야).

　　　　　　　　　　　　　　　　- 왕부지(王夫之) 〈주역내전(周易內傳)〉

〈大壯 初九爻〉

　그가 나를 믿어주기를 바라면서 그의 궁(窮)함을 살피느라 나의 발걸음이 건장하
니 내 발이 당장의 소득은 없이 바쁘다. 이익사업(利益事業)에서는 흉(凶)할 수 있지
만 민주정치(民主政治)에서 선출직(選出職) 지망자(志望者)에게는 길(吉)하다.

　　初九 壯于趾 征 凶 有孚　　　　　장우지 정 흉 유부

스스로의 발걸음이 건장한 탓으로 (-壯于趾) 경솔하게 나아가면 (-征) 틀림없이	(-有孚)
흉하다.	(-凶)

---

*趾=지. ①발가락. 걸음걸이.
　　②성(城)터.
　　③끝마침(-凡有首有趾 無心無耳者衆/ 범유수유지 무심무이자중-〈장자〉)
*孚=부. ①참되다. 미쁘다. 알을 까다(-孵化/부화).
　　②길러 자라다.

초구(初九)가 구사(九四)와 같은 양(陽)이니 그 덕(德)도 위에서 음(陰)들을 진동시키는 구사(九四)와 같으리라 지레짐작하고 경솔하게 나아가면 틀림없이 흉하다는 뜻이다.

象曰 壯于趾 其孚 窮也　　　　　장우지 기부 궁야

| 발걸음이 경솔하게 건장하다는 것은 구사(九四)는 초구(初九)에 별로 기대(期待)하는 바가 없이 박차고 나아가는 데 반하여 초구(初九)는 구사(九四)가 자기를 믿어줄 것이라는 지레짐작에 의지(依支)하고 있으니 믿음을 바라는 초구(初九)의 마음이 통하지 않아서 궁색하다는 뜻이다. | (-壯于趾)
(-其孚 窮也) |

⟨大壯 九二爻⟩

절제하여 중도(中道)를 지켜서 초지(初志)를 관철한다. 진정으로 크고 강한 힘은
마지막에 써야 길하다.

九二 貞 吉　　　　　　　　　정 길

九二 효의 덕(德)이 곧고 바르니 길(吉)
하다.

하괘(下卦)가 건(乾)인 경우에는 하괘 전체가 건덕(乾德)을 지니어서 구이(九二) 효
가 양(陽)으로서 당위가 아님에도 후회나 허물 등이 없다.

象曰 九二貞吉 以中也　　　　구이정길 이중야

"九二貞吉"인 것은 구이(九二) 효가 득
중(得中)하여 중용(中庸)의 도(道)를 행
하기 때문이다.

⟨大壯 九三爻⟩

힘이 왕성(旺盛)하더라도 남용(濫用)하지 말아야 한다. 소인(小人)은 자기 용력(勇力)
만 믿고 상대방(相對方)을 무시(無視)하기 쉽다. 군자(君子)는 만연(漫然)히 남을 무시
하다가 낭패(狼狽) 보는 일을 하지 않는다. 시스템과 인맥(人脈)을 써서 부작용(副作
用)이 없도록 적절(適切)히 조치(措置)한다.

九三

小人用壯 君子用罔 貞 厲　　　　　소인용장 군자용망 정 려

羝羊觸藩 贏其角　　　　　　　　　저양촉번 리기각

강성한 힘으로 돌진(突進)하는 것은 소　　(-小人用壯 君子用罔)
인의 짓이고, 군자는 함부로 그러하
지 않는다.

양(陽)인 구삼(九三)이 돌진하여 음(陰)　　(-貞 厲)
인 상육(上六)을 찾아 나아가는 것은
옳더라도 위태로운 짓이다.

숫양처럼 돌진하다가는 울타리에 뿔　　(-羝羊觸藩 贏其角)
이 걸려서 곤란을 당할 수 있기 때문
이다.

---

*用壯=용장. "힘으로 패한다(-以壯敗)/이장패"라는 속뜻이 있다.
*罔=망. ①아니다(不/불). 없다(無/무). 어둡다(盲/맹-學而不思則罔/학이불사즉망).
　　②그물(网/망, 網/망).
*羝=저. 숫양
*藩=번. 울타리. 영토의 경계.
*贏=리. ①휘감기다. 곤란을 당하다. 여위다. 피로하다.
　　②엎지르다. (贏其瓶/리기병-두레박이나 항아리를 엎지르다.)

象曰 小人 用壯 君子 罔也　　　　　소인 용장 군자 망야

소인은 힘을 써서 낭패하게 되지만　　(-小人 用壯)

군자는 힘으로 대하는 것을 무시하고　　(-君子 罔也)
시스템과 인맥을 쓴다.

구삼(九三) 효사에 대한 왕부지(王夫之)의 해석: "중국 북송(北宋) 휘종 때의 권신(權臣) 채경(蔡京)은 소인(小人)이었는데 자기의 정치적 입지강화(立地强化)를 노려서 당시 정문4선생(程門四先生)의 한사람으로 추앙(推仰)받던 군자(君子) 양시(楊時)를 발탁하였는데 (-小人用壯/소인용장) 기용(起用)된 양시(楊時)는 그 기회를 살려서 세상의 잘못됨을 그물로 싹 쓸어서 잡아 들이고자 하였으니 (-君子用罔/군자용망=網/망) 양시(楊時)의 뜻은 옳더라도 그 처사는 위태로운 것이었다(-貞厲/정 려)."라고 풀었다.

〈大壯 九四爻〉

자기 힘을 무모(無謀)하지 않게 발휘(發揮)하는 방법(方法)을 터득(攄得)했다. 초지(初志)를 관철(貫徹)하면 후회(後悔)가 사라진다.

九四

貞 吉 悔亡　　　　　　　　　　정 길 회망

藩決不羸 壯于大輿之輹　　　　번결불리 장우대여지복

(구사(九四)는 양강(陽剛)이 부정위(不正位)에 있으므로) 올바름을 지켜야 길(吉)하고 후회가 사라진다.	(-貞 吉 悔亡)
그 결과로 울타리가 무너져 곤경에서 벗어나면	(-藩決不羸)
큰 수레와 튼튼한 바퀴 통이 제대로 역할(役割)을 하면서 잘 나아갈 수 있다.	(-壯于大輿之輹)

象曰 藩決不羸 尚往也　　　　　　　번결불리 상왕야

울타리가 터져서 들이받아도 뿔이 걸
리지 않는다는 것은　　　　　　　　　(-藩決不羸)

양(陽)이 위로 나아감에 거칠 것이 없
다는 뜻이다.　　　　　　　　　　　　(-尚往也)

　풀어야 할 난제(難題)와 육오(六五)와 상육(上六) 등 다루기 어려운 상대방(-敵/적)이 층층인데 내분(內紛)까지 있으면 이는 병(病)이다. 그래서 구사(九四)는 초구(初九)를 품어서 내분을 방지(防止)하는 한편, 장차 나아가서 육오(六五)와 상육(上六) 등의 음(陰)들을 진동시켜 다스리고자 할 때 초구(初九)를 전진용(前進用) 큰 수레의 차축(車軸)으로 쓰려고 한다.

　대통령(九四/구사)과 집권당 대표(初九/초구)의 관계가 그러하다. 민주국가에서 주권자는 육오(六五)이고 다수당인 야당은 상육(上六)에 해당한다.

〈大壯 六五爻〉

　무리를 지어 다니는 뿔 달린 양(羊)들처럼 아래에 네 양(陽)들이 모여 있다. 유화(柔和=和易/화이)로 다스려 네 양(陽)의 강성(强盛)함을 어루만지면 후회가 없다. 강경(强硬)하게 힘을 쓰다가는 반성(反省)할 일이 생길 우려가 있기 때문이다.

六五 喪羊于易 无悔　　　　　　　상양우이 무회

뿔 달린 양(羊) 떼처럼 무리를 이룬 네　　　(-喪羊于易)
양(陽)을 유화(柔和)로 무마(撫摩)시켜야

후회가 없다.　　　　　　　　　　　　　(-无悔)

*喪羊=상양. 뿔이 강성한 羊(陽)들을 유화(柔和)로 무마(撫摩)시킴을 뜻함.

象曰 喪羊于易 位不當也　　　　　상양우이 위부당야

"[성질이 양성(陽性)인] 양(羊)들의 강성　　(-喪羊于易),
(强盛)한 뿔을 유화(柔和)로 무마(撫摩)시
킨다" 라고 한 것은

육오(六五)가 음(陰)으로서 마땅하지 않　　(-位不當也)
은 강양(剛陽)의 위치에 있으니

주재자의 자리에서 유화책(宥和策)을　　(-喪羊于易 位不當也)
써야 한다는 뜻이다.

*易=①이. 쉽다(-乾以易知/건이이지). (-君子居易以俟命/군자거이이사명). 다스리다.
　②역. 국경지대. 교환하다. 만상(萬象)의 변화(變化). (-生生之謂易/생생지위역).
　　점(占). 도마뱀.

〈大壯 上六爻〉

　강한 힘을 주체하지 못해서 고생하면서 배워가는 중이다. 우쭐대지 말고 열심히
노력하여야 한다.

上六

羝羊 觸藩 不能退 不能遂

无攸利 艱則吉

저양 촉번 불능퇴 불능수

무유리 간즉길

숫양이 울타리를 들이받다가 뿔이 걸려서 오지도 가지도 못한다.

(-羝羊 觸藩 不能退 不能遂)

강(强)함을 뽐내어보아도 이로울 바가 없으니

(-无攸利)

어려움을 알고 유화(宥和)하게 처신하면 길하다.

(-艱則吉)

*遂=수. ① 나아가다. 전진(前進).
② 드디어. 성취하다.
③ 떨어지다(-遂泥/수니).

象曰

不能退 不能遂 不詳也

艱則吉 咎不長也

불능퇴 불능수 불상야

간즉길 구부장야

"不能退 不能遂"란 말은 상세하게 살피지 않으면 오지도 못하고 가지도 못하게 된다는 뜻이다.

(-不能退 不能遂 不詳也)

어려움을 알고 유화(宥和)하게 처신하면 길하다는 말은

(-艱則吉)

허물을 키우지 않아야 한다는 것을 뜻한다.

(-咎不長也)

*詳=①상. 자세히 헤아리다. 잘 알다. 좋은 조짐(−吉事有詳/길사유상).
    ②양. 속이다. (佯狂=詳狂=양광: 거짓으로 미친 체함.)
*其子詳狂=기자양광. 은(殷)의 기자(箕子)가 미친 체해서 폭군의 해침을 피함.

〈대장(大壯)괘의 실생활(實生活) 응용(應用)〉

① 대장(大壯)괘의 뻗어 나가는 모습은 질주하는 자동차와 같고 사나운 호랑이에게 뿔까지 난 듯 맹렬하다. 그러므로 브레이크가 잘 듣지 않으면 위험하다. 잘나간다 싶은 때일수록 극기(克己)와 융화(融和)에 힘써야 한다.

② 벌이가 예상(豫想) 밖으로 좋다고 느껴질 때 낭비(浪費)를 경계(警戒)하여야 한다.

③ 도로(道路), 철도(鐵道), 건축(建築), 오락(娛樂) 등의 사업에 운(運)이 잘 깃든다.

火地晉 (화지진)

☲ 離上 (리상)
☷ 坤下 (곤하)

〈卦의 성격(性格) 요약(要約)〉

내괘(內卦)는 곤(☷坤)이고 외괘(外卦)는 리(☲離)이다. 진(晉)은 서서히 나아간다(進)는 뜻이다. 진(晉)괘는 때를 만나서 아침 해가 떠오르는 것처럼 서서히 힘차게 나아가는 象이다. 진(晉)은 서진(徐進)이다. 자신감을 가지고 나아가되 서두를 필요는 없다. 위의 밝고 유화(宥和)한 지도자(-六五)를 아랫사람들이 유순(柔順)하게(坤/곤) 따르니 좋다. 나아감이 극(極-上九/상구)에 이르면 밖으로는 더 이상 나아갈 곳이 없게 된다. 이럴 때에는 방향전환(方向轉換)이 필요하다. 나아감의 끝에 이르면 자신에게 돌아오는 것이 순리(順理)이다. 자기의 가정을 단속(團束)하고 후진(後進)들의 진로지도(進路指導)에 힘쓰는 것이 좋다.

상구효(上九爻)의 지괘효(之卦爻)인 예(豫)괘 상육(上六)의 효사(爻辭)에도 변화(變化)와 방향전환(方向轉換)이 필요하다는 뜻이 들어있다. (-冥豫 成有渝 无咎/명예 성유투 무구)

화지진(火地晉)괘의 착괘(錯卦)는 수천수(水天需)괘인데 뜻이 반대(反對)이다. 수천수(水天需)괘는 나아가지 아니함(-不進/부진)과 음식을 먹으며 때가 오기를 기다림 등을 나타낸다.

화지진(火地晉)괘의 호괘(互卦)들 중에 수산건(水山蹇)괘가 있다. 경솔(輕率)하게 나아감에만 열중(熱中)하면 험한 지경에 빠져서 고생하게 된다는 것이다. 화지진(火地晉)괘에 교훈(教訓) 삼아야 할 상황이 잠복(潛伏)되어 있음을 알 수 있다.

〈괘사(卦辭)와 단사(彖辭), 대상사(大象辭)〉

卦辭: 晉 康侯 用錫馬蕃庶 晝日三接　　진 강후 용사마번서 주일삼접

나랏일이 잘 되어가는(=進/진) 상황에　　(-康侯)
서 훌륭한 제후에게

많은 말을 하사하고　　(-用錫馬蕃庶)

하루 동안에도 세 번이나 자주 접견　　(-晝日三接)
한다.

*康侯=강후. ①나라를 평안하게 하는 훌륭한 제후 (-보통명사).
　　　　②주(周)나라 무왕(武王)의 동생인 강숙(康叔) (-고유명사)
*蕃=번. 우거지다. 울타리(藩/번).
*錫=①사. 주다(-賜). 하사(下賜)하다.
　　②석. 주석(朱錫-금속의 일종).

彖曰

晉 進也　　진 진야

明出地上 順而麗乎大明 柔進而上行　　명출지상 순이려호대명 유진
이상행

是以康侯 用錫馬蕃庶 晝日三接也　　시이강후 용사마번서 주일삼
접야

진(晉)은 나아감이다. (-晉 進也)

태양이 솟아나듯 현명한 군주가 나타 (-明出地上)
나 세상을 밝히니

제후들이 그 거대한 밝음에 유순하게 (-順而麗乎大明 柔進而上行)
따라 나아가며 함께 솟아오른다.

그래서 군주가 나라를 평안하게 하는 (-是 以康侯 用錫馬蕃庶)
훌륭한 제후에게 많은 말을 하사(下賜)
하고

하루 동안에 세 번이나 자주 접견하 (-晝日三接也)
는 것이다.

현명(賢明)한 군주(君主)가 충성(忠誠)하는 신하들을 극진히 예우(禮遇)하는 모
습이다.

象曰
明出地上 晉　　　　　　　**명출지상 진**
君子以 自昭明德　　　　　　**군자이 자소명덕**

밝은 태양이 땅 위에 나타나는 것이 (-明出地上 晉)
진이다.

군자는 이것을 본받아 자기의 밝은 (君子以 自昭明德)
덕을 빛나게 나타내고자 힘쓴다.

*明德=명덕. ① 구실(役割/역할)에서의~~다움.
　　　　② 사람이 타고난 영혼의 본질.
*昭=소. 밝히다. 뚜렷이 드러내다.

〈晉 初六爻〉

　처음에는 주변(周邊)의 신뢰(信賴)를 얻지 못해서 좌절(挫折)될 것 같지만 올바른 마음으로 느긋하게 처신(處身)하면 진로(進路)에 탈이 없다.

初六

晉如摧如 貞 吉　　　　　　　진여최여 정 길

罔孚 裕 无咎　　　　　　　　망부 유 무구

(초육(初六)은 아직 주변(周邊)의 신뢰(信賴)를 얻지 못한 상태에 있기 때문에) 홀로 옳은 길로 나아가려 해도 좌절하게 되지만	(-晉如摧如)
초지(初志)대로 올바름을 지키면 길하다.	(-貞 吉)
자기의 성심(誠心)이 신임(信任)을 받지 못하더라도 느긋하게 처신하면 허물이 없다.	(-罔孚 裕 无咎)

*摧=①최. 기세를 꺾다. 꺾이다. 부러뜨리다. 멸(滅)하다.
　②좌. 꼴을 베다(莝/좌).
*罔孚=망부. 신임을 잃음.

象曰

晉如摧如 獨行正也　　　　　진여최여 독행정야

裕无咎 未遂命也　　　　　　유무구 미수명야

나아가려 하다가 좌절되지만 홀로 자   (-晉如摧如 獨行正也)
기의 올바른 도리(道理)를 지킨다.

느긋하게 처신해도 탈 날 일이 없는   (-裕无咎)
이유는

(초육(初六)은 아직 뚜렷한 직분(職分)이 없는   (-未遂命也)
신분이므로) 직분에서 물러나라는 명령
을 받지 않기 때문이다.

　　직분에 알맞은 신임을 받지 못한다면 서둘러 물러나는 것이 통상의 도리이다.
그러나 초육(初六)은 직분을 가진 위치가 아니다. 신임을 잃었으되 직분에서 물러
나라는 명령이 없으니 하던 일에서 손 떼지 말고 계속 일하면서 새로운 일을 기다
리면 허물이나 탈이 없다는 뜻이다.

〈晉 六二爻〉

　　권력이 불안할 때는 음덕(蔭德)을 빌어 보아라.

六二
晉如愁如 貞 吉   진여수여 정 길
受玆介福于其王母   수자개복우기왕모

나아가려 해도 나아가지 못하여 근심   (-晉如愁如)
한다.

그러나 중정(中正)에 있으므로 올바름   (-貞 吉)
을 지키면 길하게 될 것이다.

머잖은 곳에 있는 음덕(蔭德)을 지닌   (-受兹介福于其王母)
사람 (-王母/왕모)의 도움을 받을 수 있
기 때문이다.

*兹=자. 이것, 이때, 이곳 등의 가까운 사물이나 시간, 장소를 가리키는 말.
*介=개. ①돕다(助/조-仲介/중개). 중개하다(-介者不拜/개자불배-〈-예기(禮記)〉).
       ②작다(-介丘/개구). 버금(둘째). 하찮은 것을 셈하는 수의 단위.
       ③갑옷/조개껍질(甲/갑). (-介者不拜: 군영에서는 軍事/군사에 전념한다).
       ④홀로(-介立/개립).
*介者不拜=개자불배
       ①갑옷 입은 자는 절(拜禮/배례)하지 않는다. 갑옷 입은 상태의 군인은 군영(軍營)의 일에 전념할
         뿐이다.
       ②중개하는 자는 절하지 않는다. 중개인은 어느 한 편에 치우친 모습을 보이지 않는다.
*介丘=개구. 작은 언덕.

象曰 受兹介福 以中正也   **수자개복 이중정야**

주변의 도움으로 복을 받는 것은 중
정(中正)을 지키기 때문이다.

　　왕모(王母)는 눈에 보이지 않는 영향력(影響力)을 가진 인물이다. 흥선대원군(興宣
大院君) 이하응(李昰應)이 파락호(破落戶) 시절에 조대비(趙大妃)를 찾아가서 도움을 청
한 것처럼 막힌 일이 있는데 해결하기 어려울 때는 당장의 실권(實權)은 없어도 음
덕(蔭德)을 베풀 수 있는 사람을 찾아보면 좋다. 왕모(王母)나 은퇴(隱退)한 원로(元老)
등은 의외(意外)의 영향력을 발휘한다.

〈晉 六三爻〉

성실한 뜻으로 나아가면 여러 사람의 신망(信望)을 얻는다. 업무처리는 오해 없도록 공개적으로 해야 대중의 지지를 받아서 후회가 없다.

六三 衆允 悔亡　　　　　　　**중윤 회망**

대중(大衆)이 신실(信實)함을 믿어주니　　(-衆允 悔亡)
후회가 없다.

대중의 뜻은 하늘의 뜻과 합치하기 때문이다. (民衆之心則天心/민중지심즉천심)
　대중은 공개적(公開的)인 것을 좋아한다. 대중에게 인정(認定)받으려면 나아가서 자신을 알려야 한다. 자기소개(自己紹介)도 없이 어찌 알아주기를 바랄 수 있겠는가? 스스로의 생각을 말하고, 글로 써서 발표하고, 행동으로 실천하는 것이 필요하다. 어떤 형태로든 사회를 향한 공개적 활동이 있어야 대중이 알아보게 된다.

象曰 衆允之志 上行也　　　　　**중윤지지 상행야**

대중이 진실로 바라는 바를 높이 받
들어 나아가기 때문이다.

〈晉 九四爻〉

권력 주변에 간신배가 있으면 위험하다. 능력에 넘치는 자리에 앉아서 남을 해칠 우려가 있기 때문이다. 비록 정도(正道)를 지킨다고 하더라도 능력이 따라주지 않으면 위험하다.

九四 晉如鼫鼠 貞 厲	진여석서 정 려
九四가 아래의 세 음(陰)들을 가로막고 있으면서 아래의 세 음(陰)들을 수서양단(首鼠兩端) 하듯 망설이면서 나아가게 만드니	(-晉如鼫鼠)
九四가 비록 바르다 하더라도 능력이 자리에 맞지 않으므로 위태롭다.	(-貞 厲)

*鼫=석(碩). 날다람쥐. 땅강아지.

象曰 鼫鼠貞厲 位不當也	석서정려 위부당야
세 음(陰)들을 망설이면서 나아가게 만드는 것이 바르더라도 九四가 위태로운 이유는	(-鼫鼠貞厲)
九四의 위치가 부중(不中)이고 부정(不正)이어서 마땅하지 않은 곳에 있기 때문이다.	(-位不當也)

〈晉 六五爻〉

성장과정(成長過程)에서는 득실(得失)과 성패(成敗)에 일희일비(一喜一悲)하지 않고
더불어 성장하는 마음으로 즐겁게 나아가야 만사(萬事)가 순조롭다.

六五 悔亡 失得 勿恤 往吉 无不利	회망 실득 물휼 왕길 무불리
六五는 음(陰)이 오(五) 효에 있어서 후회가 있을 것이지만 아래의 유순한 곤(坤)이 위의 큰 밝음(-離)을 잘 따르므로-후회가 없게 된다.	(-悔亡)
도중(途中)의 득실(得失)에 마음 쓰지 말고	(-失得 勿恤)
꾸준히 나아가면 길하여 이롭지 않음이 없다.	(-往吉 无不利)

象曰 失得勿恤 往有慶也	실득물휼 왕유경야
득실(得失)에 마음 쓰지 않는다는 것은 꾸준히 나아가면 경사(慶事)가 있다는 뜻이다.	

〈晉 上九爻〉

자기의 영역(領域)에 속(屬)한 사람들에게 방향제시(方向提示)를 잘 해야 한다. 강
(剛)함이 극(極)에 이르러서 더 이상 나아갈 곳이 없기 때문이다. 내부(內部)로 눈을
돌려서 자기의 영역(領域)을 다스림에 그 강(剛)함을 쓰면 길하다.

上九

| 晉其角 維用伐邑 | 진기각 유용벌읍 |
| 厲 吉 无咎 貞 吝 | 려 길 무구 정 인 |

부드러운 음(陰)들의 나아감이 강(剛)한 뿔 꼭대기에 이르러서 더 나아갈 곳이 없다.	(-晉其角)
꼭대기의 강(剛)함으로 음(陰)들의 내부를 다스려 절제(節制)시킨다.	(-維用伐邑)
올바르게 제시(提示)된 방향(方向)인데도 이를 거역(拒逆)하는 자에게는 강(剛)함으로 절제(節制)시켜서 위엄(威嚴)을 세우면 위태롭더라도 길하여 허물이 없다.	(-厲 吉 无咎)
중화(中和)의 덕(德)은 항상 올바르다는 생각에 빠져서 부드러움만 고수(固守)한다면 올바르더라도 아쉬워할 일이 있을 것이다.	(-貞 吝)

*維=유. 밧줄. 금인(禁人)줄(-부정한 사람의 출입금지하는 줄).
*貞 吝=정 인. 바르더라도 부끄럽다. - 중화(中和)의 덕(德)으로 다스린 것이 아니기 때문이다.
*伐邑=벌읍. 내부(內部)를 다스리다.
*伐四方=벌사방. 외부(外部)를 다스리다.

| 象曰 維用伐邑 道未光也 | 유용벌읍 도미광야 |

"維用伐邑" 즉, "안을 다스림에 금(禁)　　　(-道未光也)
줄의 강함을 쓴다."라는 말은 다스림
의 도가 아직 빛나게 시행되지 못하
고 저항이 있다는 뜻이다.

〈진(晉)괘의 실생활(實生活) 응용(應用)〉

① 가정(家庭)을 다스리고 자녀를 가르침에 있어서 그 도(道)가 빛나지 못한 탓으로 부득이 꾸중과 매 등의 억제력을 쓴다면 부작용을 경계해야만 길함을 얻을 수 있다. 특히 그 억제력을 밖으로 드러내어 남들이 알게 써서는 안 된다. 올바르게 나아가기 위한 것이라 하더라도 부끄러운 일이기 때문이다.

② 모든 일의 나아감에는 어려움이 있다. 어려움을 뚫고 나아가려면 지켜야 할 기본적인 절차와 순서가 있다. 그것은 희망(希望), 기초(基礎), 도약(跳躍)의 삼단계(三段界)이다.

희망(希望)은 포부(抱負)이고 방향(方向)이다. 기초(基礎)는 구체적(具體的)인 계획(計劃)이고 실력(實力)의 양성(養成)이다. 도약(跳躍)이란 과감(果敢)한 실천(實踐)의 결과로 나타난 현상(結果 現象)이다.

三十六

地火明夷 (지화명이)

☷ 坤上 (곤상)
☲ 離下 (리하)

〈卦의 성격(性格) 요약(要約)〉

　　내괘(內卦)는 리(☲離)이고 외괘(外卦)는 곤(☷坤)이다. 지화명이(地火明夷)괘는 화지진(火地晉)의 종괘(綜卦-上下가 뒤집힌 卦)이다. 해가 땅 아래로 들어간 상태로서 어둠이 세상을 지배하는 밤을 상징한다. 어리석은 상사(上司)가 재능(才能)있는 부하(部下)를 억압(抑壓)하는 형국(形局)이다. 이럴 때 부하는 밝은 지혜(知慧)를 숨기고 내실(內實)을 다지면서 살아남는 것이 좋다. 주(周)의 문왕(文王)처럼 유순(柔順)한 태도로 난국(難局)을 견뎌내되 은주(殷紂)의 숙부였던 기자(箕子)처럼 올바른 지조(志操)만은 잃지 않는 것이 중요하다. 명이(明夷)의 세월(歲月)이 지나면 고난(苦難)은 가고 빛을 보는 날이 온다.

〈괘사(卦辭)와 단사(彖辭), 대상사(大象辭)〉

　　卦辭: 明夷 利艱貞　　　　　　　　**명이 이간정**

태양이 땅 아래에 내려가 어두워진   (-明夷)
것처럼 밝음이 상처 입은 모습이다.

몹시 괴롭지만, 마음을 곧게 가지면   (-利艱貞)
이롭다.

---

*夷=이. ①상처를 입음(-察夷傷/찰이상-〈좌씨전(左氏傳)〉). 손상됨.
　　②오랑캐(-守在四夷/수재4이).
　　③평온하다(-我心則夷/아심즉이) 범상함(-有億兆夷人/유억조이인-〈서경(書經)〉).
　　④무리. 동료(-在醜夷不爭/재추이부쟁-〈예기(禮記)〉).
　　⑤풀을 깎다(-夏日至而夷之/하일지이이지-〈주례(周禮)〉).
　　⑥무색(無色)(-視之不見名曰夷/시지불견명왈이-〈노자(老子)〉).

象曰

明入地中 明夷   명입지중 명이

內文明而外柔順 以蒙大難 文王以之   내문명이외유순 이몽대난 문
　　　　　　　　　　　　　　　　　　　　　왕이지

利艱貞 晦其明也   이간정 회기명야

內難而能正其志 箕子以之   내난이능정기지 기자이지

태양이 땅 밑으로 지듯이   (-明入地中)

밝은 지덕(知德)을 속으로 깊이 숨긴   (-明夷)
모습이 명이의 괘상이다.

안으로는 문명(文明)하지만 밖으로는   (-內文明 而外柔順 以蒙大難)
유순한 태도로서 큰 어려움을 겪어
낸다.

황하(黃河)의 서쪽 지방인 유리(羑里)에   (-文王以之)
격리(隔離)되어 지내던 주(周)의 문왕
(文王)이 그러했다.

명이(明夷)의 세상(世相=世態)이면 괴롭   (-利艱貞 晦其明也)
더라도 마음을 바르게 가지고 밝음을
숨기며 바보나 미친 사람처럼 지내야
이롭다.

폭군(暴君)이었던 은(殷)의 주(紂)왕과   (-內難而能正其志)
혈연(血緣)으로 얽힌 내부인물(內部人
物)이라는 신분적(身分的) 어려움 때문
에 환난(患難)의 시대임에도 그곳을 벗
어나지는 못했지만 지혜를 숨기고 미
친 사람처럼 지내면서 바른 뜻을 지
켜낸

주(紂)왕의 숙부(叔父) 기자(箕子)가 바   (-箕子以之)
로 이 방법을 썼다.

　기자(箕子)는 은(殷) 주왕(紂王)의 숙부(叔父)여서 몸이 국내(國內)를 떠날 수가 없었
다. 조선시대(朝鮮時代)에 왕족(王族)이었던 흥선대원군(興宣大院君) 이하응(李昰應)도
안동김씨(安東金氏)의 세도정치(勢道政治) 아래에서 이 방법으로 보신(保身)하였다.

象曰
明入地中 明夷　　　　　　　　**명입지중 명이**
君子以 莅衆 用晦而明　　　　　**군자이 리중 용회이명**

밝은 빛이 땅속으로 들어가는 것이	(-明入地中 明夷)
명이의 괘상이다.	
군자는 이것을 보고 무리를 상대할	(-君子以 莅衆)
때에	
어두움을 써서 밝게 한다.	(-用晦而明)

*莅=리. ①다다르다. 군림(君臨)하다. 맡아보다. 계급/녹봉.
　　　②나무가 바람에 흔들리는 소리.
*晦=회. ①어둡다. 어둠. 희미하다. 분명하지 않다.
　　　②그믐(음력의 매월 말일). (*晦朔=회삭-그믐과 초하루.)
　　　③감추다.
　　　④어리석다.
　　　⑤시들다.

살펴봄에 있어서 밝음을 지나치게 표시(表示)하면 상대방이 경계(警戒)한다. 그러면 마음을 감추고 멀어지게 된다. 왕(王)이 신하(臣下)를 접견(接見)할 때 면류관(冕旒冠) 쓰는 이유도 바로 어두움을 써서 밝게 알고자 하는 용회이명(用晦而明)에 뜻이 있다.

어두운 시대가 오면 지식인(知識人)은 민중(民衆) 속으로 들어가되 밝음을 자임(自任)하지 않는다. 지나치게 살피거나 따지지 않고 민중과 어울려 포용(包容)한다. 그렇게 한 후에 교화(敎化)하고 친애(親愛)하여 민중의 삶이 평안하도록 돕는다.

〈明夷 初九爻〉

어둠이 밝음을 억누를 기미(幾微-前兆)가 보인다. 속히 피하라.

初九

明夷于飛 垂其翼	명이우비 수기익
君子于行 三日不食	군자우행 삼일불식
有攸往 主人 有言	유유왕 주인 유언

밝음이 손상(損傷)되니 속히 떠나야 하는데	(-明夷于飛)
날개에 상처(傷處) 입은 새처럼 곤란(困難)한 상황(狀況)에 처해 있다.	(-垂其翼)
군자(君子)는 일단 떠나기로 마음먹었으면 삼일이내(三日以內)에 결행(決行)한다.	(-君子于行 三日不食)
그의 떠나감에 대하여 주인측(主人側)이 괴이(怪異)하게 여기며 나무라는 말을 할 수 있으므로 이르는 곳마다 주변(周邊)의 비난(非難)을 겪을 수 있다.	(-有攸往 主人 有言)

만약 주인의 적(敵)에게 가는 경우에는 주인이 나에 대하여 뭔가를 꾀하는 말을 할 수도 있으니 조심해야 한다. 악평(惡評) 또는 지나친 호평(好評) 등으로 나를 맞이하는 측이 의심(疑心)하도록 만들 우려(憂慮)가 있다는 뜻이다.

*飛=비. 날아서 신속하게 떠나감.
*于=우. ①가다(君子于行/군자우행). 굽히다(況于其身/황우기신).
　　　넓고 크다. (易則易 于則于/이즉이 우즉우-〈예기(禮記)〉).
　　②어조사.
　　③전치사-~에(志于學/지우학). ~를. ~보다도.
　　④의문/반어/감탄사-~인가. ~이도다.
*垂其翼=수기익. 새가 날개에 상처(傷處)를 입어서 날개를 늘어뜨리고 있다.
　　　(새가 날아오르기에 곤란한 상황에 처해있음을 의미한다.)

초구(初九)는 명이(明夷)의 시초(始初)에 있다. 밝음이 손상(損傷)되는 시초이다. 윗 자리에 앉아있는 소인(小人)이 군자(君子)를 해치는 행위의 시작(始作)은 키우는 새가 날아오르는 것을 꺼릴 때 깃털을 뽑아내는 것처럼 하는 것이다. 양명(陽明)한 군자에게 날아오를 길이 막힌다면 이는 바로 상처(傷處)이다. 근골(筋骨)이 멀쩡해도 날개의 깃털이 상하면 날 수 없다. 군자에게는 밝음의 손상(損傷)이 새가 날개의 깃털이 뽑히는 것과 같다. 그런 기미를 보았으면 더 큰 상처로 떠날 기력조차 잃기 전에 속히 떠나야 한다. 평소에 예(禮)로써 대우(待遇)하다가 간혹 조금씩 결례(缺禮)한다면 이것도 떠날 때를 알리는 기미(幾微)이다.

象曰 君子于行 義不食也	군자우행 의불식야
군자가 서둘러 떠나는 것은	(-君子于行)
의로움에 비추어 머물러 녹(祿)을 먹으려 하지 않는 것이다.	(-義不食也)

〈明夷 六二爻〉

六二 明夷 夷于左股 用拯馬壯 吉	명이 이우좌고 용증마장 길
생활체계 일부를 해치는 어두운 사건이 발생하나	(-明夷 夷于左股)
현명한 사람의 조력을 받아서 그 해로움이 커지는 것을 막으니 길하다.	(-用拯馬壯 吉)

여기에서 말이 건장하다는 것은 땅(坤/곤:☷)에 음(陰)의 기운이 왕성한 것을 뜻한다. 즉, 은(殷)나라 주(紂)왕의 악행(惡行)이 심하다는 비유임.

아래는 왕부지(王夫之)의 견해(見解)에 따른 해석이다.

밝음이 핍박(逼迫)받는 상황에서 옥에 갇히는 등 (-明夷)

비교적 가벼운 곳에(-左股/좌고) 상해(傷害-夷)를 입었지만 풀려나서 (-夷于左股)

음(陰)의 기운이 넘쳐나는 세상을 구조(救助)하니 길(吉)하다. (-用拯馬壯 吉)

*夷=이. 손상됨. 상처.
*股=고. ①넓적다리. 정강이.
　　　②수레바퀴 통에 가까운 부분.
　　　③직각삼각형의 직각을 낀 긴 변(-짧은 변은 句/구.)
*左股=좌고. 왼쪽 넓적다리(-오른쪽보다는 중요성이 조금 낮음).
*夷于左股=이우좌고. 생명에는 탈 없는 정도의 상처를 입었지만 나았다.
*拯=증. ①구조(救助)하다(-用拯馬壯/용증마장).
　　　②들어 올리다.
*馬壯=마장. 말이 건장하다.

象曰 六二之吉 順以則也　　　　　육이지길 순이칙야

六二가 길한 것은 자연(自然)의 이법(理法)에 순종(順從)하기 때문이다.

*則=①칙. 법. 자연의 이법(理法).
　　②즉. 바로. 곧. ~이면.

〈明夷 九三爻〉

나의 밝은 생활체계를 위협하는 무리가 있으면 그 핵심을 무찔러야 한다. 다만 주변(周邊)의 무리까지 몽땅 제거(除去)하려고 서두르면 해로울 수 있다.

九三 明夷于南狩 得其大首 不可疾貞　　명이우남수 득기대수 불가질정

어둠이 넘쳐나는 암울(暗鬱)한 세상을　　(-明夷于南狩)
밝은 덕으로 다스리고자 단호하게 나
선다.

핵심인물을 잡아 온다. (해악의 근본 원　　(-得其大首)
인을 찾아 잡아 들인다.)

그러나 모든 것을 일시에 바로잡으려　　(-不可疾貞)
고 서둘지 않아야 한다.

남(南)은 밝은 덕(德)이 있는 곳이다. 사냥은 본래 단호(斷乎)하게 잡아 들이는 것이다. 그러므로 남수(南狩)는 어두운 폭정(暴政)을 밝은 덕(德)으로 바로잡아서 민심(民心)을 확고(確固)하게 잡아 나아간다는 뜻이다.

*南狩=남수. 남(南)으로 사냥을 나감. -[덕(德)으로 민심(民心)을 얻음을 뜻함].

象曰 南狩之志 乃大得也　　　　　　남수지지 내대득야

남쪽으로 사냥에 나서는 뜻은 마침내
큰 소득(所得-民心/민심)을 얻고자 함에
있다. (해악(害惡)의 근본 원인을 제거하고
민심을 얻는 것이 목적이다.)

不可疾貞(불가질정)

잘못된 것을 바로잡는 일이라 하더라도 강제로 서두르는 것은 좋지 않다. 오래
된 풍속(風俗)은 비록 그것이 악습(惡習)이더라도 갑자기 고치려고 하지 않는다. 은
(殷)의 주(紂) 시대에는 음주벽(飮酒癖)이 풍속화(風俗化) 되었다. 주공(周公)은 이것을
단시일(短時日)에 고치려 하지 않고 서서히 고쳐나갔다. 캄보디아 폴-포트 정권(政
權)이 수많은 자국민(自國民)을 학살(虐殺)한 일은 적폐청산(積弊淸算)을 빌미로 저지른
악마(惡魔)의 서두름이었다.

〈明夷 六四爻〉

혼암(昏暗)한 지도자를 설득하려고 가까이에서 최선의 노력을 기울여보되 한계
를 느끼거든 적당한 구실을 만들어서 그 곁에서 무사히 빠져나와야 한다.

六四

入于左腹 獲明夷之心 于出門庭　　　　**입우좌복 획명이지심 우출문정**

혼암(昏暗)한 지배자의 뱃속으로 들어　　　(-入于左腹)
가서(=측근으로) 지내다가

해방되기를 바라는 상처 입은 백성들   (-獲明夷之心=內情廉探)
이 속마음을 알아낸다.

이에 혼암(昏暗)한 지배자의 궁정에서   (-于出門庭)
밖으로 나간다.

---

*左=좌. ①가까이/부근.
　　②낮추어보다(-右賢左戚/우현좌척).
　　③돕다.
　　④왼쪽.

　혼암한 군주로부터 해방되기를 바라는 백성들의 속마음을 알아내고 해방시킬
수 있는 세력에게 그 실정을 알려주기 위하여 어두운 지배자의 궁정을 떠나는 것
이다.

象曰 入于左腹 獲心意也　　　　　입우좌복 획심의야

그의 뱃속으로 들어가 있다는 것은   (-入于左腹)
그의 마음에 들었다는 (-마음을 빼앗았   (-獲心意也)
다는) 말이다.

　은(殷)의 주왕(紂王)이나 철종(哲宗) 때 세도(勢道) 안동김문(安東金門)처럼 마음을 빼
앗긴 자는 주(周)의 문왕(文王)이나 흥선대원군(興宣大院君) 이하응(李昰應)처럼 마음을
빼앗아간 자가 은밀(隱密)하게 밖에서 행하는 바를 알지 못할 뿐만 아니라 그가 멀
리 떠나고자 함을 깨닫지 못한다.

〈明夷 六五爻〉

태양의 밝음을 잠시 가려서 어둡게 할 수는 있으되 아예 사라지게 할 수는 없다.

六五 箕子之明夷 利貞　　　　**기자지명이 이정**

기자는 밝음을 감추고 미치광이처럼
어둡게 지내며 바른 마음을 지켜내
었다.

象曰 箕子之貞 明不可息也　　　**기자지정 명불가식야**

기자가 미친 체하면서까지 은주(殷紂)
의 폭정(暴政) 아래에서 올바름을 지켜
낸 것은 밝은 빛을 잠시 가리고 지내
더라도 아예 꺼지게 할 수는 없었기
때문이었다.

*息=식. ①꺼트리다. 멸(滅)하다. 망하다. 멎다.
　　②번식하다. 낳다. 기르다. 자라다. 이자(利子).
　　③자식. 아이.
　　④숨쉬다. 호흡.
　　⑤휴게소(休憩所)

〈明夷 上六爻〉

본바탕이 혼암(昏暗)한 지배자(支配者)는 억지로 밝은 체를 하더라도 결국(結局)에는 어리석음 때문에 추락(墜落)하고 만다.

上六 不明 晦 初登于天 後入于地	불명 회 초등우천 후입우지
본바탕이 밝지 못하니	(-不明 晦)
처음에는 민심을 얻어 하늘로 오르지만	(-初登于天)
나중에는 민심을 잃어서 추락(墜落)하여 땅속으로 들어간다.	(-後入于地)

일시적 득세(得勢)를 위한 퍼주기나 편 가르기 정치의 모습이다.

象曰	
初登于天 照四國也	초등우천 조사국야
後入于地 失則也	후입우지 실칙야
처음에는 하늘로 오른다 함은 덕(德)으로 천하를 비추는 것처럼 한다는 것이다.	(-初登于天 照四國也)
나중에는 땅속으로 들어간다 함은 통치하는 법도(法道)를 잃었기 때문이다.	(-後入于地 失則也)

---

*則 = ①칙. 법(法). 본받다. 표준.
　　②즉. 곧. ~은 결국.

본바탕이 밝은데도 상황에 따라 어두운 것처럼 처신(處身)하는 사람은 나중에 밝은 결과(結果)를 맞이하게 되지만 본바탕이 어두운데도 밝은 것처럼 거짓으로 꾸며서 처신하는 사람은 결국 어둠 속으로 추락하게 된다.

〈명이(明夷)괘의 실생활(實生活) 응용(應用)〉

① 세상이 밤의 어둠 속에 묻힌다. 그러나 밤의 어둠은 영원한 것이 아니다. 우선 몸의 안전을 도모하고 올바름을 지키며 조용히 기다리는 것이 상책이다.

② 아픈 척, 미친 척, 못생긴 척, 어리석은 척, 없거나 있는 척 등은 명이(明夷)의 세상에서 취할 수 있는 유용(有用)한 보신책(保身策)들이다.

③ 명이(明夷)의 시기는 학문(學問)을 닦거나 연구(硏究)에 힘쓰기에 좋은 시기이다.

④ 우리말을 밝고 정확하게 구사(驅使)하려면 한자(漢字)의 뜻을 알아야 한다.

예시(例示): 우리말 〈척〉. 〈~척〉의 여러 의미

- 의존명사; "~체". -모르는 척 시치미를 떼다.

- 명사; 척(戚). 겨레(-親戚/친척). 성(姓)이 다른 겨레붙이(-姑從/고종, 姨從/이종)

- 동사; 척(戚). 슬프다. 근심하다.

- 동사; 척(拓). 넓히다. 열다(-開拓/개척)

- 동사; 척(斥). 물리치다(-排斥/배척). 엿보다(-斥候兵/척후병).

- 의존명사/형용사; 척(尺). 자(-曲尺/곡척). (-尺度/척도). 짧다(-咫尺/지척).

　　　　　　　작다(-尺土/척토).

- 의존명사; 척(隻). 배(-船舶/선박)의 수효를 세는 말.

- 부사; 척. 척~들러붙다. 척(몹시) 늘어지다. 척(선뜻) 내놓다. 척(언뜻) 보면 안다.

　　　　　담배를 척(몸가짐이 태연하게) 꺼내 물다.

- 명사; 척(chuck). 지퍼(zipper). 선반 따위에 고정시키는 기계-회전 바이스(vise).

〈학문(學文)이 오히려 시대의 밝음을 가린 명이(明夷)의 예(例)〉

① 중국 송(宋)나라 유학자(儒學者) 정이(程頤)는 성즉리(性卽理)라는 주장을 내용으로 하는 정주학(程朱學-性理學)을 내세우며 주역(周易) 37번 가인(家人)괘와 52번 간(艮)괘를 잘못되게 해설하였다.

37번 가인(家人)괘의 해설에서는 "男女內外 正位/ 남녀 내외 정위"를 "男女-尊卑-內外 正位/ 남녀-존비-내외 정위"로 곡해(曲解)하였다.

52번 간(艮)괘의 해설에서는 "艮其止 止其所也/ 간기지 지기소야"를 "君臣父子間 止其所也/ 군신부자간 지기소야"로 곡해(曲解)하였다.

그 결과로 동양(東洋)의 유교국가(儒敎國家)에 남녀불평등(男女不平等)과 가부장(家父長)이라는 윤리기준(倫理基準)을 제시(提示)한 잘못을 저질렀다.

② 한자(漢字)의 "선비 士(사)"자는 열 사람 중의 한 사람(-十人中 一人/십인중 일인)을 의미하는데 학문을 닦은 사람, 어질고 순한 사람, 학식이 있으나 벼슬하지 않은 사람 등을 뜻한다.

조선왕조시대(朝鮮王朝時代)의 선비(士)계층이 정주학(程朱學) 입장에서 사서오경(四書五經)을 해석(解釋)하고 적용(適用)하는 일을 주도(主導)하면서 가부장(家父長) 사회와 남녀 불평등(男女不平等)사회를 유지시킨 잘못을 저질렀다.

"선비"를 뜻하는 "士/사"라는 한자(漢字)는 주역 경전에서는 그 쓰인 곳을 찾을 수 없다. 후대(後代)에 나타난 정주학(程朱學)과 그 입장의 선비(士)계층이 학문(學文)으로 오히려 시대의 밝음을 가린 명이(明夷)의 결과를 초래한 셈이다.

三十七

風火家人 (풍화가인)

☴ 巽上 (손상)
☲ 離下 (리하)

⟨卦의 성격(性格) 요약(要約)⟩

내괘(內卦)는 리(☲離)이고 외괘(外卦)는 손(☴巽)이다. 풍화가인(風火家人)은 현모양처(賢母良妻), 가정(家庭)의 사람을 뜻한다. 가인(家人)괘는 화목(和睦)한 가정을 위한 부부의 역할, 특히 현모양처의 역할을 내용으로 하는 괘이다. 가정이 화목하려면 가족 각자가 자기 입장을 지켜야 한다. 특히 중녀(中女) 또는 며느리가 장녀(長女) 또는 시어머니를 따르며 주부(主婦)로서 따뜻한 마음씨를 지니고 있는 것이 필요하다. 가정은 인간사회의 가장 기본단위이다. 가정이 잘 다스려져야 천하도 안정된다. 특히 집안에 들어온 여인들이 올곧아야 가내(家內)에 화근(禍根)이 생기지 않는다. 그러려면 초효(初爻)에 비유할 어머니의 역할과 상효(上爻)에 비유할 아버지의 역할이 중요하다.

〈괘사(卦辭)와 단사(彖辭), 대상사(大象辭)〉

卦辭: 家人 利女貞	가인 이여정

가정을 다스림에 있어서는 주부(主婦)가 바른 역할(役割)을 해야 이롭다.

彖曰

家人 女正位乎內 男正位乎外	가인 여정위호내 남정위호외
男女正 天地之大義也	남녀정 천지지대의야
家人 有嚴君焉 父母之謂也	가인 유엄군언 부모지위야
父父子子兄兄弟弟夫夫婦婦 而家道正	부부자자형형제제부부부부 이가도정
正家而天下定矣	정가이천하정의

가정을 다스림에는	(-家人)
아내가 안에서 살림을 다스리고 남편은 밖에서 일하는 것이 바른 역할이다.	(-女正位乎內 男正位乎外)
남편과 아내가 바른 위치에서 일하는 것은 천지가 그러하듯 불변의 대의이다.	(-男女正 天地之大義也)
가족 중에는 엄한 군주가 있으니 이는 부모가 있음을 일컫는 것이다.	(-家人 有嚴君焉 父母之謂也)

아버지는 아버지답고 자식은 자식다
우며 형과 아우가 형과 아우답고 남
편과 아내가 남편과 아내다우면 가
정의 도(道)가 바르게 다스려지니

(-父父子子兄兄弟弟夫夫婦婦 而家道
正)

모든 가정이 바르게 다스려지면 천하
가 안정된다.

(-正家而天下定矣)

象曰

風自火出 家人

풍자화출 가인

君子以 言有物而行有恒

군자이 언유물이행유항

불이 타오르면 바람이 일어나는 것이
가인의 괘상이다. (작은 불씨가 커지면
바람을 부르니 작은 일이 큰일을 부르는 상
이다.)

(-風自火出 家人)

군자는 이 괘상을 보고 작은 실수가
큰 화를 부르는 일이 없도록 언행(言
行)을 삼가니 말은 반드시 사물(事物)의
실정(實情)에 맞게 하고 행동은 항상
도리(道理)를 따른다.

(-君子以 言有物而行有恒)

〈家人 初九爻〉

좋은 가정은 미리미리 집안 단속에 힘쓴다. 외부(外部)로부터의 나쁜 기운이 유
입(流入)되지 않도록 미리 차단(遮斷)하는 것이다. 가정생활(家庭生活)의 관리(管理)에
는 일관(一貫)된 의지(意志)가 필요(必要)하다.

初九 閑有家 悔亡　　　　　　　　**한유가 회망**

집안을 잘 단속(團束)하여 어지러워질
일을 미리 막으니 후회(後悔)할 일이
없다.

*閑=한. ①막히다. 막다(-遮斷/차단) (-閑邪存其誠/한사존기성). (-日閑輿衛/일한여위).
　②법규. 규칙[-大德不踰閑/대덕불유한:-〈논어(論語)〉]
　③우아하다[-美女妖且閑/미녀요차한:-조식(曹植)] *妖=요. 아리땁다. 요망하다.
　④마구간(-天子十有二閑/천자십유이한:-〈주례(周禮)〉)

象曰 閑有家 志未變也　　　　　　**한유가 지미변야**

집안 단속은 뜻이 아직 흐트러지지
않았을 때 하는 것이다.

미리미리 가르쳐서 뜻을 올바르게 가지도록 굳혀주는 것이다. 뜻이 흐트러진 다
음에 꾸중과 벌로 다스리면 상처가 생기니 후회가 있게 된다.

〈家人 六二爻〉

정성(精誠)들인 집밥은 가정(家庭)을 길(吉)하게 만든다.

六二 无攸遂 在中饋 貞 吉　　　　**무유수 재중궤 정 길**

자기 생각을 고집(固執)하지 않는다. -   (-无攸遂)
자기 것을 챙김이 없다.

역할(役割)에 맞게 음식조리(飲食調理)   (-在中饋)
등에 전념(專念)하면

올바른 것이어서 길하다.   (-貞 吉)

*饋=궤. ①음식. 끼니. 음식을 권하다.
　　②제사(-敬陳尊饋/경진존궤).
　　③선물(-朋友之饋/붕우지궤-〈논어(論語)〉)

象曰 六二之吉 順以巽也   육이지길 순이손야

六二의 길함은 순종하며 역할수행에
들어가기 때문이다.

〈家人 九三爻〉

가장(家長)은 때로는 엄격(嚴格)해야 한다.

九三
家人嗃嗃 悔厲 吉   가인학학 회려 길
婦子嘻嘻 終 吝   부자희희 종 인

가장(家長)이 가족(家族)들에게 꽥꽥 소   (-家人嗃嗃)
리 지르며 매우 엄격하다.

뉘우치며 고치려고 분발하면 길하게   (-悔厲 吉)
될 것이다.

부인과 자식들이 희희(嘻嘻)거리고 예   (-婦子嘻嘻 終 吝)
절(禮節) 없이 방자(放恣)하면 끝내 부
끄러움을 당할 것이다.

---

*嗃=학. 엄격하다. 엄하고 큰 소리.

*嘻=희. ①기뻐서 웃다. 놀라 지르는 소리.

     ②아아- 한숨/탄식 소리.

*厲=려. ①힘쓰다(勵). 분발하다

     (-兵弱而士不厲/병약이사불려=군병은 약하고 선비는 분발하지 않는다.)

     ②맹렬하다(-厲風/여풍). 사납다(-不厲而威/불려이위). 엄격하다.

     ③숫돌. 갈다(磨/마).

　가족들이 방자하여 예절이 없어지면 부끄럽고 흉한 일이다. 집안을 망칠 수 있다. 그러므로 가족의 원망이 다소 있을지언정 차라리 가장이 엄격하게 다스려서 후회할 일을 사전에 막는 것이 길하다는 뜻이다.

象曰

家人嗃嗃 未失也   가인학학 미실야

婦子嘻嘻 失家節也   부자희희 실가절야

가장(家長)이 가족에게 엄격한 것은 아   (-家人嗃嗃 未失也)
직 심한 실수는 아니다.

부인과 자식들이 희희(嘻嘻)거리는 것   (-婦子嘻嘻 失家節也)
은 집안이 절도(節度)를 잃은 것이다.

〈家人 六四爻〉

주부(主婦)의 내조(內助)가 집안을 부유(富裕)하게 만든다. 집안을 부유하게 만드는 것은 집안 다스림의 극치(極致)이다.

六四 富家 大吉　　　　　　　　**부가 대길**

주부(-六四)가 유화(宥和)하게 가정을 다
스려서 부유하게 하니 크게 길하다.

象曰 富家大吉 順在位也　　　　**부가대길 순재위야**

"富家大吉"인 것은 유순(柔順)함으로
자리에 맞게 역할을 하기 때문이다.

〈家人 九五爻〉

큰 집안(-名門巨族)을 이루면 왕(王)이 왕가(王家)를 다스릴 때 쓰는 도리를 본받아서 다스려야 한다. (-王假有家/왕격유가) 구체적으로 그 도리를 살펴보면,

① 서로 사랑하는 마음이 통하고 집안에 대한 긍지(矜持)가 있도록 이끈다. (-通相愛之情/통상애지정)

② 처지가 다르더라도 서로 존중하고 멀리 있어도 서로 잊지 않도록 한다. (-不瀆不忘/부독불망)

③ 서로 마음 편하게 대하고 서로에게 근심을 끼치지 않도록 처신한다. (-簡易勿恤/간이물휼)

九五 王假有家 勿恤 吉　　　　　　　　**왕격유가 물휼 길**

왕이 왕가를 다스리는 것처럼 다스　　　(-王假有家)
리면

걱정할 것이 없으므로 길하다.　　　　　(-勿恤 吉)

象曰 王假有家 交相愛也　　　　　　**왕격유가 교상애야**

왕이 한 집안을 대하듯 하는 경지에　　(-王假有家)
이른다는 것은

가족이 서로 진정한 부독불망(不瀆不　　(-交相愛也)
忘)의 사랑을 나눈다는 말이다.

　상하관계가 부자 관계처럼 친밀하여 서로 아끼고, 부자 관계가 상하관계처럼 어
렵게 여기며 따른다면 서로의 관계에서 부독불망(不瀆不忘)의 긍지(矜持)를 가질 수
있게 될 것이다.

〈家人 上九爻〉

아랫사람에게 반성(反省)의 뜻을 알리는 것은 윗사람으로서 체면상 머쓱할 일이다. 그러나 윗사람은 이로써 진정(眞情)한 위엄(威嚴)을 유지(維持)할 수 있다.

上九 有孚 威如 終吉　　　　**유부 위여 종길**

신뢰와 위엄을 지녔으니 끝내 길하다.

象曰 威如之吉 反身之位也　　　**위여지길 반신지위야**

위엄이 있어야 길하다는 것은　　　(-威如之吉)
스스로를 돌아보아 반성하여야 하는　　(-反身之位也)
위치에 있다는 것을 말한다.

　지위의 극(極)에 있으니 스스로가 아니면 아무도 그에게 반성을 권(勸)하기가 어렵기 때문이다.

〈가인(家人)괘의 실생활(實生活) 응용(應用)〉

　① 세상의 풍파(風波)와 싸우다가 지치면 돌아와서 쉬는 곳이 가정(家庭)이다. 따뜻한 불기운처럼 맞아주는 가족(家族)이 있으면 마음의 평화(平和)를 얻을 수 있다. 옛사람들은 "창(窓)으로 바라보는 달(-月/월)구경이 가장 아름답다."라고 말하였다 한다. 따뜻한 가정에 돌아와서 집안의 창문(窓門)을 열고 즐기는 달구경보다 더 편

안한 달구경장소가 어디에 또 있겠는가!

　② 가정을 따뜻하게 하려면 불 지필 돈이 필요하다. 돈 떨어진 가정의 집안 공기는 서늘해지기 마련이다. 그러므로 경제적 안정을 위하여 온 가족이 노력해야 한다.

　③ 가까운 친척(親戚) 사이에도 가인(家人)괘의 이치(理致)는 마찬가지로 적용된다.

火澤睽 (화택규)

≡ 離上 (리상)
≡ 兌下 (태하)

〈卦의 성격(性格) 요약(要約)〉

　내괘(內卦)는 태(≡兌)이고 외괘(外卦)는 리(≡離)이다. 규(睽)는 노려보다, 서로 등지다, 배반하다(-睽者 乖也) 등을 뜻하는 글자이다.

　규(睽)괘는 집안의 어머니와 며느리, 또는 중녀(中女)와 소녀(小女)가 서로 등지고 있는 상(象)이다. 가운데의 구이(九二), 육삼(六三), 구사(九四), 육오(六五), 네 효는 모두 음양(陰陽)의 올바른 위치를 잃고 있는데 초구(初九)와 상구(上九)가 아래와 위에서 굳센(-剛/강) 힘으로 이들을 묶어놓은 모습이다.

　괘상(卦象)은 불과 연못이니 서로 맞지 않아서 반목(反目)하는 모습이지만 괘효사(卦爻辭)의 내용(內容)은 극복(克服)과 소통과정(疏通過程)을 묘사(描寫)하고 있다.

　규(睽)괘는 한집안 식구들이 견해(見解)에 차이(差異)가 있어서 알력(軋轢)이 있지만, 떨어지고 싶어도 떨어질 수 없는 관계이니 다 함께 노력해서 명덕(明德)에 따르며 즐거이 살아가야 하는 형국(形局)을 나타낸다. 한 집안 가족(家族)이니 근본(根本)을 같은 곳에 두고 있기 때문이다.

　한 나라의 두 정당, 한 정당(政黨)의 두 정파(政派), 한 조직체(組織體)의 두 의견(意

見)도 비슷하게 해당(該當)한다. 입장(立場)과 의견(意見)이 다르더라도 그중 한 편이 좋고 다른 편이 나쁜 것은 아니다. 그러므로 차이(差異) 나는 점을 구별(區別)함과 동시(同時)에 같은 점을 찾아서 모순(矛盾)과 대립(對立)을 조정(調整)하고 통일(統一)하는 화이부동(和而不同)의 마음으로 힘을 합하여 삶의 근본터전을 조화롭게 발전(發展)시켜 나아가라는 가르침을 담고 있다.

입장과 의견 차이로 일에 문제가 생기면 작은 문제(問題)부터 차분히 해결(解決)해 나간다. 상대방(相對方)의 처지를 충분(充分)히 헤아리다 보면 큰 문제도 해결의 길이 열린다. 특히 주의(注意)할 점은 국사(國事)에 있어서 의견이 다른 경우이다. 나랏일과 같은 큰일에서는 의견이 다르다 해서 흉(凶)이라 단정(斷定)할 수 없다. 중대사(重大事)일수록 여러 의견을 모아 충분히 검토한 후에 결정할 필요가 있기 때문이다.

38번 규(暌)괘의 형국(形局)에서는 10번 리(履)괘의 예(禮)로 소통(疏通)함으로써 61번 중부(中孚)괘의 감동(感動)을 일으켜서 11번 태(泰)괘의 상황(狀況)이 되도록 나아가는 것이 좋다. 중부(中孚)괘의 감동(感動)이란 바람이 조용히 연못을 흔들듯이 나의 진심이 바람처럼 타인의 마음을 조용히 흔드는 것이다. 예(禮)에 의한 소통이란 일방이 아닌 쌍방전달(雙方傳達)이다. 그러므로 적절(適切)한 형식(形式)의 외부표현(外部表現)이 필요하다. 표현되지 않은 애정(愛情)이나 감사(感謝)한 마음은 상대방이 알 수가 없기 때문이다.

〈괘사(卦辭)와 단사(彖辭), 대상사(大象辭)〉

卦辭: 暌 小事 吉　　　　　　　　　　규 소사 길

서로 등진 형국이니 작은 일부터 처
리하여야 길(吉)하다.

*睽=①규. 등지다. 노려보다. 어그러지다. (乖/괴). 사팔눈.
　　②계. 부릅뜨다.

[二. 三. 四. 五효(爻)가 실위(失位)여서 내부(內部)에 불화(不和)와 반목(反目)이 있으
니,] 굳센(剛) 초구(初九)와 상구(上九)가 아래와 위에서 내부를 결속시켜서 화합(和合)
하게 해야 하므로 큰일보다 작은 일부터 차근차근 풀어나가는 것이 좋다.

　아래의 태(兌)괘 육삼(六三)은 급히 위로 나아가려 하는 데 반하여 위의 리(離)괘
육오(六五)는 두 양(陽) 사이에 끼어있어 높은 곳에서 편안함을 누리니 서로 생각과
행동이 어긋나게 된다. 그러나 괘덕(卦德)은 아래가 태(兌)의 즐거움이고 위는 리(離)
의 밝은 덕(德)이므로 전체 괘(卦)의 재질(才質)은 즐거이 명덕(明德)에 따르려는 뜻을
품고 있다.

象曰

睽 火動而上 澤動而下	규 화동이상 택동이하
二女同居 其志不同行	이녀동거 기지부동행
說而麗乎明 柔進而上行	열이려호명 유진이상행
得中而應乎剛 是以小事吉	득중이응호강 시이소사길
天地睽而其事同也	천지규이기사동야
男女睽而其志通也	남녀규이기지통야
萬物睽而其事類也	만물규이기사류야
睽之時用大矣哉	규지시용대의재

규(睽)괘는 불(火)이 위로 타오르고 못 (澤)은 아래로 흘러내리는 형국(形局)이니 (-睽 火動而上 澤動而下)

두 여인이 함께 살지만, 그 생각과 행동을 함께하지 않는 괘상(卦象)이다. (-二女同居 其志不同行)

(풍화가인(風火佳人)괘와 달리 여인들이 드러내어 일을 벌이는 상(象)으로서) 풍화가인(風火佳人)괘의 두 음(陰) 효가 위로 올라가서 육삼(六三)과 육오(六五)가 되어 (-柔進而上行)

기쁘며 밝음에 끼어 들어가서 있는 뜻을 나타내고 (-說而麗乎明)

육오(六五)는 중심자리를 얻어서 굳센(剛) 구이(九二)와 교만한 자세로 응(應)하는 위치를 가지고 있다. (-得中而應乎剛)

(그러므로 겉으로는 등진 것으로 나타난다. 다만 한집안이므로 내면에서는 일치함을 원하고 있다는 의미를 담고 있다.) 이렇기 때문에 작은 일부터 차근차근 처리해 나가면 길한 것이다. (-是以小事吉)

천지는 다르지만, 그 하는 일은 같고 (-天地睽而其事同也)

남녀-부부(夫婦)-는 의견이 다르지만, 가족을 위하는 뜻은 통하며 (-男女睽而其志通也)

만물은 다르지만, 그 이치는 비슷하니 (-萬物睽而其事類也)

규의 때와 작용이 가지는 의미는 매우 크다. (-睽之時用大矣哉)

象曰

| 上火下澤 睽 | 상화하택 규 |
| 君子以 同而異 | 군자이 동이이 |

위는 불이고 아래는 못(澤)인 것이 규 (-上火下澤 睽)
(睽)괘이다.

군자는 이것을 보고 (-君子以)

같음과 다름을 구별(區別)하여 처신(處 (-同而異)
身)을 다르게 함으로써 조화(調和)를 기
한다.

*而=①이. ~와 같다(如/여). 그러하다(若/약. 然/연). 곧(乃/내. 則/즉). ~써(以/이).
②능. 편안할 능. 평온하다. 편하다(-宜建侯而不寧/의건후능불녕)

시비(是非)와 선악(善惡), 음양(陰陽)과 물-불 등은 서로 성질이 다르고 대립하지만 크게 보면 모두 세상을 이루는 요소들이다. 개별로는 다르나 전체로는 화합 통일되어 세상을 조화롭게 만드는 것이다.

〈睽 初九爻〉

가는 자를 붙들지 않고 오는 자를 막지 않는다.

> 美者未必婉 惡者未必狠/미자미필완 오자미필낭
>
> 從我而來者 未必忠/종아이래자 미필충
>
> 拒我而逸者 未必貳/거아이일자 미필이
>
> 以其難致而捨之/이기난치이사지
>
> 則從我者皆吾疾也/즉종아자개오질야

내가 아름답다고 여기는 것이라고 반드시 예쁜 것은 아니며 내가 싫어하는 것이라고 반드시 악독한 것도 아니다. 나를 따라오는 자라 하여 반드시 나를 진실로 대하는 것은 아니며 나를 거부하고 숨는 자라 하여 반드시 나를 배반하는 것도 아니다. 그를 끌어당기기 어렵다 하여 그를 버린다면 나를 따르는 자들도 모두 나를 미워하게 될 것이다.

- 소식(蘇軾)

初九
悔亡 喪馬 勿逐 自復 見惡人 无咎
회망 상마 물축 자복 견오인 무구

(굳세고 현명한 초구(初九)가 유일하게 정위   (-悔亡)
(正位)에서 내부의 갈등을 일찍 통제하니) 뉘
우침이 없어질 것이다.

(실위(失位)한 구이(九二), 육삼(六三), 구사   (-喪馬 勿逐)
(九四), 육오(六五) 등) 말들이 도망가더
라도 쫓아가지 말아라.

초구(初九)와 덕(德)이 같은 구사(九四)   (-自復)
가 말들의 고삐 역할을 해서 그들 스
스로 돌아올 것이다.

마음에 들지 않는 사람이라도 떨칠   (-見惡人)
수 없는 인연이니 만나는 것이 좋다.

이들의 허물을 제거해야 하기 때문   (-无咎)
이다.

象曰 見惡人 以辟咎也   **견오인 이벽구야**

마음에 들지 않더라도 떨칠 수 없는   (-見惡人)
인연이면 만나는 것이 좋다.

그렇게 함으로써 이들의 허물을 제거   (-以辟咎也)
해야 하기 때문이다.

*惡=①오. 미워하다. 부끄러워하다(恥/치). 싫어하다. (-惡寒/오한)
　②악. 악하다. 무례하다.
　③오. 감탄(어찌~일 것인가/安~). (-惡在其爲民父母也/오재기위민부모야)
　　의문(어디에, 무슨, 어떤/何~). (-居惡在/거오재)
*辟=①벽. 없애다. 피하다. 크다. 임금. 빗나가다/엇나감.
　②피. 피하다(避/피).
　③비. 비유하다(譬/비).

〈睽 九二爻〉

만남의 장소(場所) 선택(選擇)에 오해(誤解) 없도록 주의(注意)한다. 동네 거리에서 공개적(公開的)으로 자연스럽게 만나면 탈이 없다.

九二 遇主于巷 无咎	우주우항 무구

마을 거리에서-공개된 장소에서 자연
스럽게-주군을 만난다. 허물이 없다.

*巷=항. 마을 안의 거리. 동네.

象曰 遇主于巷 未失道也	우주우항 미실도야

길거리에서 우연히 주군(主君)인 육오
(六五)를 만나는 모습은 신하의 도를
잃는 것은 아니다.

규(睽)의 세상에서는 서로 응하는 사이라 하더라도 은밀히 만나면 주변의 비난과 공격의 대상이 될 수 있다. 그러기에 그 만남의 장소와 시기 선택에도 세밀하게 마음을 써야 [곡진(曲盡)해야] 한다. 우연히 마주친 것처럼 만나면 불필요한 오해와 의심을 피할 수 있다.

〈睽 六三爻〉

　가족이나 국가처럼 내가 마음대로 버릴 수 없는 상대라면 아무리 등졌다 하더라도 결국에는 품어서 유종의 미를 거둬야 한다. 아무리 큰 재력과 권력과 명망을 가졌다 하더라도 국가와 사회의 테두리 안에 있다. 그러므로 큰 소유자(大有者)는 등진 자도 품어야 하는 공적(公的) 의미가 있다. 대유자(大有者)가 공공(公共)의 이익에 기여하지 않으면 오히려 해롭다. 지괘(之卦)인 대유(大有)괘 구삼(九三) 효에서도 그와 비슷한 교훈을 하고 있다. (公用亨于天子 小人 弗克-害也/ 공용형우천자 소인불극-해야)

六三 見輿曳 其牛掣 其人天且劓 无初有終	견여예 기우철 기인천차의 무초유종
수레의 나아감에 차질이 생기고 소도 가로막혀 힘이 빠진 꼴이니	(-見輿曳 其牛掣)
육삼(六三)이 삭발(削髮)당하거나 코를 베이는 등-위상(位相) 실추(失墜)의-벌을 받는다.	(-其人天且劓)
처음에는 잘되지 않지만, 끝에는-보호자인 상구(上九)를 만나서-잘 될 것이다.	(-无初有終)

*曳=예. 차질(差跌)이 생기다. 끌리다. 뒤로 끌어당기다.
*掣=철/체. 억누르다(-자유를 구속하다). 당기다. 뽑아내다(-빼다).
*天=천. 곤수(髡首-머리를 깎이는 것)--정이(程頤)〈역전(易傳)〉
*劓=의. 코를 베다.

象曰

見輿曳 位不當也　　　　　견여예 위부당야

无初有終 遇剛也　　　　　무초유종 우강야

수레가 뒤로 끌리는 것을 보게 됨은
자리가 마땅하지 않기 때문이다.
처음은 잘됨이 없으나 끝은 있다는
것은 강(剛)한 상구(上九)가 응(應)해오
기 때문이다.

규(睽)의 때에 九二는 六三을 뒤에서 끌어당기고 九四는 六三을 앞에서 가로막는
데 上九가 처음에는 이를 시기(猜忌)하여 상(傷)하게 하니 六三은 삭발당하고 코를
베인다. 그러나 끝내는 上九와 六三이 서로 응(應)하는 관계를 찾아서 올바르게 만
난다.

정이(程頤)는 六三이 上九로부터 머리를 깎이고 코를 베이니 거듭해서 상처
를 입는 것으로 보았다. - 〈역전(易傳)〉

왕부지(王夫之)의 말에 의하면 형벌(刑罰)에서 머리가 깎이고 코를 베이는 정
도의 처벌(處罰)은 다소 가벼운 처벌에 해당(該當)한다. - 〈주역내전(周易內傳)〉

규(睽)괘 六三爻에서 코를 베인다는 것은 실제로 코를 제거(除去)한다기보다는 일
종의 체면손상(體面損傷)이나 위상(位相)의 실추(失墜)를 말하는 것이라고 본다.

〈睽 九四爻〉

등져서 외로울 때는 같은 처지 사람들끼리 어울려 위안(慰安)을 나눈다.

九四 睽孤 遇元夫 交孚 厲 无咎　　　규고 우원부 교부 려 무구

주변 사람과 서로 뜻이 엇갈리어 고　　(-睽孤)
독(孤獨)하다.

덕(德)이 같아서 뜻이 통하는 성실한　　(-遇元夫 交孚)
사람(-初九)을 만나서 사귀면

고달프지만 허물이 없을 것이다.　　(-厲 无咎)

象曰 交孚无咎 志行也　　　교부무구 지행야

서로가 성실로 사귀어 허물이 없다는
것은 등져서 고독한 상태로부터 탈피
한다는 뜻이 실행되기 때문이다.

〈睽 六五爻〉

근본(根本)을 같이 하는 종족(種族)들이 서로 살을 합하듯이 협력하니 일이 잘
된다.

六五 悔亡 厥宗 噬孚 往 何咎　　　회망 궐종 서부 왕 하구

규(睽)의 때에 음유(陰柔)로서 군주의 지위 (悔亡)
에 있으니 후회할 일이지만 초구(初九)의
노력으로 구이(九二)와 서로 깨물어 합하게
되니) 후회가 사라진다.

결국 정응(正應)인 구이(九二)가 현명하 (-厥宗)
고 굳센 궐종(黨與)으로서 돕게 되기
때문이다.

규(睽)의 시기에는 정응(正應)인 친족 (-噬孚)
이 서로 살을 깨물 듯 합침이 깊어야
한다.

주공(周公)과 성왕(成王), 공명(孔明)과 (-往 何咎)
유선(劉禪)의 예처럼 서로의 합침이 살
을 깨물 듯 깊게 나아간다면 무슨 허
물이 있겠는가?

象曰 厥宗噬孚 往有慶也　　　　　　**궐종서부 왕유경야**

친족이 서로 살을 깨물 듯 합침이 깊 (-厥宗噬孚)
으니

나아감에 경사(慶事)가 있을 것이다. (-往有慶也)

〈睽 上九爻〉

상대방 입장에서 살펴보면 이해 못 할 바가 없다.

上九

睽孤 見豕負塗 載鬼一車   규고 견시부도 재귀일거

先張之弧 後脫(說)之弧   선장지호 후탈지호

匪寇婚媾 往遇雨 則吉   비구혼구 왕우우 즉길

주변 사람과 서로 뜻이 엇갈리어 고
독(孤獨)하다.   (-睽孤)

상대방(相對方)이 진흙투성이 돼지나
수레에 탄 요귀(妖鬼)처럼 보인다.   (-見豕負塗 載鬼一車)

처음에는 활로 쏘려고 활줄을 당기지
만 마침내는 활줄을 놓는다.   (-先張之弧 後脫(說)之弧)

알고 보니 도적(盜賊)이 아니라 혼인(婚
姻)을 청(請)하는 것이었다.   (-匪寇婚媾)

나아가다가 음양(陰陽)이 서로 만나 화
합(和合)하여 비를 내리니 길(吉)하다.   (-往遇雨 則吉)

象曰 遇雨之吉 群疑亡也   우우지길 군의망야

서로 만나 비를 내리면 길하다는 것은   (-遇雨之吉)

의심(疑心)과 오해(誤解)가 모두 없어진   (-群疑亡也)

다는 말이다.

비를 내리면 길하지만, 비를 내릴 수 있을지를 미리 알 수는 없다. 그러므로 六
三은 적극적으로 순종하는 자세를 보여서 上九의 의심을 풀도록 힘써야 한다.

〈규(睽)괘의 실생활(實生活) 응용(應用)〉

① 싫더라도 떨칠 수 없는 인연(因緣)이라면 막연한 곳에서 희망을 찾으려고 하지 말고 특수 분야나 특기에 관심을 가지는 노력을 해 봄으로써 서로가 등진 감정에서 벗어날 길을 찾아볼 필요가 있다. 공통의 관심사가 있으면 더 자주 의논하여 보도록 힘쓰는 것이 좋다.

三十九

水山蹇 (수산건)

☵ 坎上 (감상)
☶ 艮下 (간하)

〈卦의 성격(性格) 요약(要約)〉

내괘(內卦)는 간(☶艮)이고 외괘(外卦)는 감(☵坎)이다. 건(蹇)은 절뚝거림, 보행이 부자연스러움, 고생하다, 굼뜨다, 어리석다, 정직한 모양, 교만함, 완전함 등(等)의 여러 가지 뜻을 지닌 글자이다. -여러 뜻이 일맥상통한다.

건(蹇)괘는 험준(險峻)한 곳에서 고생하고 있는 것을 상징하는 괘상(卦象)이다. 산(山)과 강(江)이 높고 험하여서 나아가지 못하니 괴로움을 겪는 형국(形局)이다. 건자(蹇者)는 절뚝발이를 말한다. 절뚝거리는 다리는 나아가는 것을 괴롭게 만드는 점에서 험준한 산이나 강과 같다.

건(蹇)의 험난(險難)함은 일종의 구조적 결함이 주는 운명(運命)과 같은 험난함이다. 가운데의 네 효는 모든 음양(陰陽)이 정위(正位)에 있어서 순조로울 상(象)이지만 아래와 위의 두 효가 음(陰)이어서 시종(始終) 멈추니 험난한 건(蹇)의 상(象)이 된다.

그러므로 경험(經驗)과 전문적(專門的) 식견(識見)을 가진 사람의 조언(助言)을 받으며 쉬운 길을 가야 한다. 절대(絶對)로 무리(無理)하면 안 된다. 29번째 감(坎)괘가 인간관계(人間關係)나 법규규제(法規規制) 등에서 생기는 사회적(社會的) 험난함이라면

39번째 건(蹇)괘는 여건불비(與件不備)나 신체장애(身體障碍)와 같은 물리적(物理的) 결함(缺陷)이 주는 험난함이다.

*호괘(互卦−潛伏狀態/잠복상태)에 64번 火水未濟/화수미제가 들어있다.

〈괘사(卦辭)와 단사(彖辭), 대상사(大象辭)〉

卦辭:

蹇 利西南 不利東北 利見大人 貞吉

건 이서남 불리동북 이견대인 정길

험준한 여건(與件)에서 고생하는 건의 상황에는	(-蹇)
서남(西南)쪽의 험산(險山) 방향으로 가는 것이 존립(存立)하는 데 이롭다.	
산길은 보행속도보다 넘어지지 않을까만 염려하며 걸으면 이롭기 때문이다.	(-利西南)
동북(東北)쪽의 평지(平地) 방향으로 가면 신속(迅速)하게 걸을 수 없으므로 불리하다. 다른 사람들과 보조(步調)를 맞추기 어렵기 때문이다.	(-不利東北)

험난한 산길에서는 어진 사람(-大人) 　　(-利見大人)
을 만나면 이롭다. 모든 사람에게 장
애의 험난함을 깨우쳐 주어서 서로
삼가고 공경하면서 어울리도록 해 줄
것이기 때문이다.

건의 상황에는 마음이 올곧아야 길 　　(-貞吉)
하다.

곤경에 처했을 때는 그곳에서 벗어날 수 있는 길을 찾아봐야 한다. 마음을 바르
게 가지고 지혜로운 사람의 가르침을 받으면 앞길을 찾는 데 이롭다.

彖曰 蹇 難也 險在前也	건 난야 험재전야
見險而能止 知矣哉	견험이능지 지의재
蹇利西南 往得中也	건이서남 왕득중야
不利東北 其道窮也	불리동북 기도궁야
利見大人 往有功也	이견대인 왕유공야
當位貞吉 以正邦也	당위정길 이정방야
蹇之時用 大矣哉	건지시용 대의재

건(蹇)은 험난함이다. 때로는 멈춰 신 　　(-蹇 難也 險在前也)
중하게 행동해야 할 위험이 앞에 있
는 것이다.

위험을 보았으면 가던 길을 멈출 수 　　(-見險而能止 知矣哉)
있어야 지혜로운 사람이다.

건(蹇)이면 서남쪽-험준한 곳으로 나아가야 이롭다.	(-蹇利西南)
가서 지위(地位)를 얻으면 중용(中庸)의 올바름을 잃지 않을 수 있기 때문이다.	(-往得中也)
동북쪽-평탄 곳으로 간다면 당장 편함만 믿고서 앞길이 험난하다는 것을 잊음이니 시대 상황의 흐름과 보조(步調)를 맞춰갈 길이 막혀서 궁핍(窮乏)하게 된다.	(-不利東北 其道窮也)
대인(大人)을 만나면 이롭다는 것은 그와 함께 나아가야 공(功)을 이루기 때문이다.	(-利見大人 往有功也)
지위를 맡아서 올바르게 일하면 길하다는 것은	(-當位貞吉)
그렇게 함으로써 영역(領域)을 올바르게 만들기 때문이다.	(-以正邦也)
험난함의 때와 험난함의 작용이 가지는 의미는 매우 크다.	(-蹇之時用 大矣哉)

시대 상황에 맞추어서 사려(思慮) 깊게 처신해야 한다는 말이다.

---

*險=험. ①다니기에 위태롭다(-修路峻險/수로준험)
  ②높다(-天險不可升也/천험불가승야)
  ③부정(不正)하다(-小人行險以徼幸/소인행험이요행-〈중용(中庸)〉
*徼=요. 구하다. 훔치다(-徼幸=요행. 분수 외의 복을 바라다.)
*矣=의. 어조사. ~이다. ~이구나(也). ~일 뿐이다(耳/이). ~일 것인가? (乎/호).
*哉=재. ①어조사.

때에 순응(順應)하여 처신(處身)하고, 험난(險難)함을 헤아려 평이(平易)한 도(道)에 따르고, 바른 이치(理致-正道)를 행하여 나라를 바로잡아 길(吉)하도록 만드는 것이 바로 진정한 대인(大人)이다. 진정한 대인은 자기 몸이 험난한 곳에 처함을 개의치 않고 마음이 흔들리지 않는다. 그 대표적 예(例)가 임진왜란이라는 국난을 극복한 충무공 이순신 장군의 건지시용(蹇之時用)이다.

象曰

山上有水 蹇   산상유수 건

君子以 反身修德   군자이 반신수덕

험난한 산 위에서도 눈에 띄지 않게   (-山上有水 蹇)
물이 흐르는 것이 건의 괘상이다. 그
러므로 주변을 잘 살펴 복병(伏兵)이나
불시(不時)의 위험(危險)을 조심한다.

군자는 이러한 이치를 보고서 우선   (-君子以 反身修德)
자기를 돌이켜보며 스스로의 덕을 닦
는다. 여건을 탓하거나 한탄하지 않
고 더욱 힘써 스스로를 기르며 때를
기다리는 것이다.

大人者不擇其地而安 是以立於險中而能正邦也

대인자불택기지이안 시이입어험중이능정방야

건괘(蹇卦)에서 위치가 올바른 것의 으뜸은 구오(九五) 효이다. 구오(九五)를 일러 대인(大人)이라 한다. 대부분의 평범(平凡)한 사람은 자기 몸이 어렵지 않아야 타인(他人)을 구한다. 그렇지만 대인(大人)은 각종(各種) 여건불비(與件不備)의 험난(險難)한 상황에서도 능(能)히 바르게 처신하여 타인을 구하고 나라를 바로잡는다.

- ⟨소식(蘇軾)⟩

⟨蹇 初六爻⟩

감당(堪當)하기 어려운 험난한 일을 만나면 자제(自制)하며 때를 기다려라.

初六 往蹇來譽　　　　　왕건래예

세상(世上)으로 나아가면 험난(險難)함이 있을 것이고 물러나 수양(修養)하면 명예(名譽)를 얻을 것이다.

象曰 往蹇來譽 宜待也　　　왕건래예 의대야

"往蹇來譽"라 함은 마땅히 때를 기다려야 한다는 의미이다.

〈蹇 六二爻〉

신하가 임금을 위하여 괴로움을 무릅쓰고 섬기니 겸손하고 순수하게 건(蹇)괘의 도리를 실천하는 전형적인 모습이다.

六二 王臣蹇蹇 匪躬之故   왕신건건 비궁지고

육이(六二)는 임금인 구오(九五)의 신하   (-王臣蹇蹇)
(臣下)로서 절뚝거리며 고생을 거듭하
는 것이지
자기 몸을 위하여 소생하는 것이 아   (-匪躬之故)
니다.

임금이 험난한 중에 있기 때문에 힘을 다하여 도우려는 것이다.

象曰 王臣蹇蹇 終无尤也   왕신건건 종무우야

육이(六二)가 임금의 신하로서 절뚝거
리며 고생함은 마침내 허물이 되지
않는다.

〈蹇 九三爻〉

험난한 시절에는 아래 사람들에게 돌아와 어울리며 마음 편히 지내면 좋다.

九三 往蹇來反　　　　　　　　왕건래반

앞으로 나아가면 험난함을 만나고 물
러나면 안전한 제자리로 돌아온다.

象曰 往蹇來反 內喜之也　　　왕건래반 내희지야

"나아가면 험난함을 만나고 물러나면
안전한 제자리로 돌아온다."라는 것
은 양(陽)인 구삼(九三)이 멈춰서 돌아
오면 안에서 음(陰)인 초육(初六)과 육
이(六二)들이 기뻐한다는 말이다.

〈蹇 六四爻〉

六四 往蹇來連　　　　　　　　왕건래연

나아가면 절름거리는 어려움을 만나
고 돌아오면 연합(聯合)할 동지(同志)가
있다.

절름거리며 나아가다가 어려움을 만나면 더 이상 무리하지 말고 돌아와서 비슷
한 처지에 있는 사람들과 힘을 모으라는 뜻이다.

象曰 往蹇來連 當位實也　　　왕건래연 당위실야

"나아가면 어려움을 만나고 돌아오
면 연합할 동지가 있다"라는 것은 험
난함을 당한 상황에서 아래의 세 효
가 모두 성실하게 협심(協心)하기 때
문이다.

　양(陽)인 구삼(九三)과 음(陰)인 육이(六二)는 정위(正位)에 있으므로 성실(誠實)하고,
초육(初六)은 음(陰)으로서 맨 아래에 있으면서 궁지(窮地)에서의 어려움이 풀리기를
기다리고 있으므로 모두들 사귐에 성실할 수 있는 자리에 있는 셈이다.

〈蹇 九五爻〉

九五. 大蹇 朋來　　　　　　　　대건 붕래

험난(險難)한 상황에서도 처신(處身)이
대인(大人)다우니 벗이 온다.

象曰 大蹇朋來 以中節也　　　　대건붕래 이중절야

"大蹇朋來"라는 말은 험난하지만, 중
정(中正)의 절도(節度)를 지키는 대인(大
人)이라면 도와주는 벗이 나타난다는
뜻이다.

　어려움에 처한 집단(集團)에는 올바른 자리에서 중심(中心)을 잡아 안정감(安定感)

을 주는 대인(大人) 즉, 건괘(蹇卦)의 구오(九五)와 같은 지도자(指導者)가 반드시 필요하다. 그를 중심으로 벗들이 모여들어 그로부터 절도(節度)를 얻고 협력하면 어떠한 난관도 극복할 수 있다는 뜻이다.

〈蹇 上六爻〉

험난함의 맨 끝자락에서 끝마침을 더욱 부드럽고 신중(愼重)하게 해야 한다.

上六 往蹇 來碩 吉 利見大人　　　왕건 래석 길 이견대인

나아가면 험난함을 만나고 물러나면 내면의 충실을 이루어내어 길하니 물러나서 대인(大人)인 九五를 만나면 이롭다.

> *碩=석. 크다. 충실하다. 왕성하고 아름답다. 단단하다. (-明棄碩交/명기석교).

象曰
往蹇來碩 志在內也　　　왕건래석 지재내야
利見大人 以從貴也　　　이견대인 이종귀야

"나아가면 험난함을 만나고 물러나면　　(-往蹇來碩 志在內也)
내면의 충실을 이루어낸다"라는 것은
뜻하는 바가 안에 있다는 말이다.

"대인(大人)을 만나면 이롭다"라는 것   (-利見大人 以從貴也)
은 귀인(貴人)인 구오(九五)를 따르면
이롭다는 말이다.

　"往蹇來碩"과 "以從貴也"에 대한 의미부여: 절뚝거림의 어려움을 이겨내며 품성
을 닦고 크게 성과를 내는 일은 위대한 것이다. 그 정신과 행함을 좇아 따른다면
그 혜택은 널리 모든 시대의 사람들이 누릴 것이다. 이순신과 사마천, 헬렌 켈러
등의 정신과 실천에서 그 사례들을 볼 수 있다.

　수행(修行)과 대시(待時) 후 경륜(經綸)을 펼치는 과정(過程)에 관한 괘(卦): 3번 준
(屯), 4번 몽(蒙), 5번 수(需), 6번 송(訟), 7번 사(師).

〈건(蹇)괘의 실생활(實生活) 응용(應用)〉

　① 육신(肉身)의 결함(缺陷)을 한탄(恨歎)만 해서 무엇 하겠는가? 온전(穩全)한 정신
능력(精神能力)을 지키고 발휘(發揮)하여 나아가면 되는 것이다.
　② 지형(地形)이 험한 곳을 피하고 행동할 때에는 항상 주변에 물리적 협조자가
있는지를 중요시한다.
　③ 여성이 권유하는 일을 하는 것이 좋다. 그러나 빚내어 하는 일과 여성과 함께
하는 일은 피한다.
　④ 소화기 질환을 조심한다.

四十

雷水解 (뇌수해)

☳ 震上 (진상)
☵ 坎下 (감하)

〈卦의 성격(性格) 요약(要約)〉

내괘(內卦)는 감(☵坎)이고 외괘(外卦)는 진(☳震)이다. 해(解)는 뒤엉킨 것을 풀어내다, 흩뜨리다, 매듭을 풀다, 깨닫다, 혼란을 없애다 등(等)의 뜻을 가진 글자이다. 해괘(解卦)는 가운데 네 효가 모두 음양(陰陽)의 정위(正位)를 잃고 어지럽게 엇갈려 있다. 그러므로 험난함(坎)을 진동(震動)시켜서 어려운 상황을 풀어헤쳐야 하는 형국(形局)이다. 부드러운 마음으로 위로(慰勞)하고 기다려주는 여유로움이 뒤엉킨 국면을 잘 극복해내는 해(解-풀어냄)의 원리(原理)이다.

음(陰)과 양(陽)에 각기 제 부류(部類)를 따르고 서로 배려(配慮)하게 하여서 화창(和暢)한 봄기운에 추위가 풀리는 것처럼 얽혀 있는 문제들이 풀어지게 하는 것이다. 이렇게 봄날을 기다려주는 여유로움은 시절(時節)의 허송(虛送)을 의미하지는 않는다. 그러나 엄동(嚴冬)에서 해방(解放)된 기분에 젖어 밭 갈고 씨 뿌리는 일을 잊으면 안 된다.

해(解)는 완(緩)이다. 완(緩)은 늦추거나 완화(緩和)시키는 것이다.

그러므로 군자(君子)는 옥사(獄事)를 의결(議決)함에 있어서 꼬인 원한(怨恨)을 풀기 위해서 사형(死刑)도 완화시켜 준다. (-君子以議獄緩死/군자이의옥완사)

〈괘사(卦辭)와 단사(彖辭), 대상사(大象辭)〉

卦辭:

| 解 利西南 无所往 其來復 吉 | 해 이서남 무소왕 기래복 길 |
| 有攸往 夙 吉 | 유유왕 숙 길 |

평탄하지 않은 중국 서남쪽(-산악지방)처럼 얽힌 문제가 많은 곳에 갈 때는 해(解)괘에 담긴 풀어냄의 원리를 써서 문제를 풀면 이롭다.	(-解 利西南)
곤란한 문제를 풀어 더 이상 할 일이 없으면	(-无所往)
과도(過度)하게 나가지 말고 물러나서 안정(安定)하는 것이 길하다.	(-其來復 吉).
아직 남아 있는 문제가 있으면 신속(迅速)하게 처리해야 길하다.	(-有攸往 夙 吉)

38 규(睽)괘는 어긋난 것을 지체(遲滯) 없이 바로잡는 것이 필요한 경우에 해당하고 40 해(解)괘는 얽힌 것을 시간을 두고 느긋하게 풀어나가는 것이 좋은 경우이다. (헤어질 결심을 할 수 있는 관계에서 생긴 문제이냐 아니냐와 관련됨)

斂驕氣以從容 俟其以類相從 而後徐施其治

렴교기이종용 사기이류상종 이후서시기치

교만 떨지 말고 끼리끼리 어울리기를 고요히 기다린 후 서서히 다스린다.

－ 왕부지(王夫之) 〈주역내전(周易內傳)〉

象曰

解 險以動 動以免乎險 解	해 험이동 동이면호험 해
解利西南 往得衆也	해이서남 왕득중야
其來復吉 乃得中也	기래복길 내득중야
有攸往夙吉 往有功也	유유왕숙길 왕유공야
天地解而 雷雨作	천지해이 뢰우작
雷雨作而百果草木 皆甲坼	뢰우작이백과초목 개갑탁
解之時 大矣哉	해지시 대의재

해(解)는 험난함에서의 움직임이다.	(-解 險以動)
움직여서 험난함을 면하는 것이 해(解)이다.	(-動以免乎險 解)

"解利西南" 즉 "풀어냄의 원리와 방법 은 평탄하지 않은 서남쪽에 이롭다." 라는 말은 풀어냄의 원리로 나아가면 많은 무리가 저절로 지지(支持)하게 된 다는 의미이다.

(-解利西南 往得衆也)

"물러나서 안정(安定)하는 것이 길하 다"라는 말은 과도(過度)하게 나가지 않고 중도(中道)를 얻어 마땅함에 이른 다는 뜻이다.

(-其來復吉 乃得中也)

"아직 남아 있는 문제가 있으면 신속 (迅速)하게 처리해야 길하다."라는 것 은 일찍 처리해야 부작용이나 후유증 없이 풀리는 효과를 얻을 수 있다는 뜻이다.

(-有攸往夙吉 往有功也)

천지가 풀리면 우레와 비가 일어나 는데

(-天地解而 雷雨作)

우레와 비가 일어나면 온갖 과일과 초목이 껍질을 터뜨리고 나온다.

(-雷雨作而百果草木 皆甲坼)

해(解)괘로 상징되는 풀어냄의 시기 가 가지는 의미는 참으로 중대하다.

(-解之時 大矣哉)

*夙=①기. 일찍이. 바라다. (句法:의문/반어)-어찌~일 것인가/결코~이 아니다.
　②개. 즐기다(愷). 화락(和樂)하다.
*皆=개. 모두. 나란히 하다. 함께.
*坼=탁. 터지다. 갈라지다.

象曰

雷雨作 解　　　　　　　　　　　　뇌우작 해

君子以 赦過宥罪　　　　　　　　　군자이 사과유죄

때에 맞춰서 우레가 진동하고 비가　　(-雷雨作 解)
쏟아져서 천지가 풀리는 것이 해(解)
이다.

군자는 이것을 보고 백성의 실수를　　(-君子以 赦過宥罪)
용서하고 죄지은 자의 처벌을 너그럽
게 경감한다.

---

*赦=①사. 놓아주다. 용서하다. 사면(赦免)하다.
　　②책. 말(馬)을 채찍질하다.
*宥=유. 경감시키다. 너그럽다. 용서하다. 보좌하다. (선물. 식사) 권하다.

〈解 初六爻〉

初六 无咎　　　　　　　　　　　　무구

험난하게 엉킨 것을 풀어내야 할 상　　(-初六 无咎)
황이 조성된 것에 대하여 初六은 원래
부터 아무런 허물이 없다.

　풀어내는 일은 가까운 곳의 쉬운 것에서부터 하는 것이 순리인데 음유(陰柔)한
初六이 가까이 있는 양강(陽剛)한 九二를 떠받들어 풀어내니 이 또한 허물이 없다.
　初六은 음유(陰柔)로서 맨 아래에 처하여 위의 九四와 정응(正應)하므로 장차 九四

가 주변의 관계를 잘 풀어낸 후 다가오기를 기다리고 있으니 이것 역시 허물이 아니다.

象曰 剛柔之際 義无咎也	강유지제 의무구야
(얽힌 것을 풀어내는 해빙(解氷)의 초기에) 유(柔)한 初六이 강(剛)하지만 실위(失位)한 九二와 조용히 만나 교제(交際)하니	(-剛柔之際)
해빙(解氷)이라는 대의(大義)에 맞고 허물없이 문제해결에 참여하는 것이다.	(-義无咎也)

〈解 九二爻〉

九二 田獲三狐 得黃矢 貞 吉	전획삼호 득황시 정 길
사악(邪惡)한 소인(小人)들과 얽혀 있는 험난함을 다잡아서 풀되	(-田獲三狐)
부드러움으로 풀어내어 원한을 남기지 않으니 황금 화살을 잃지 않는다. (중직(中直)의 도(道)를 잃지 않음을 뜻한다.)	(-得黃矢)
굳세고 올바른 가운데 자리로서의 직분(職分)을 행한 공(功)이 있기 때문에 길하다.	(-貞 吉)

환난을 풀고 무난지지(無難之地)에 서고자 하는 사람은 가질 수 있는 이익(利益)이 많이 있더라도 무분별(無分別)하게 가져가면 안 된다. 정당(正當)한 것 중에서도 가려서 가져야 한다. 분수(分數)를 지키는 것이다. 모든 것을 취(取)하려 하면 분쟁(紛爭)이 해결(解決)되지 않고 원한(怨恨)이 쌓인다. 기득권(旣得權)에 도취(陶醉)한 집단(集團)이 무분별하게 욕심(慾心)을 부리면 바라보는 국민(國民)이 마음을 풀지 않기 때문이다.

*狐=호. 여우. (여기서는 제 자리를 잃어 불안한 六三, 九四, 六五의 세 효를 뜻함).
*得黃矢=험난함을 풀어내되 원한을 남기지 않음. 쏘아 잡은 화살을 잃지 않음.
九二가 初六의 부드러운 도움을 받는다. 이는 여우들을 죽이기에 급급하지 않음이다. 사악(邪惡)하고 의심 많은 존재와의 관계를 망치지 않고 풀어내는 것을 의미한다. 그들을 풀어줌으로써 굳세고 바른 중직(中直)의 도(道)를 얻는다.

象曰 九二貞吉 得中道也　　　　　　구이정길 득중도야

九二가 마음이 곧바르기 때문에 길하다. 중직(中直)의 도(道)를 얻었기 때문이다. (여우 셋을 휘어잡고 얽힘을 풀되 해치지 않고 부드럽게 풀어내는 것을 뜻한다.)

〈解 六三爻〉

소인(小人)이 높은 지위에 오른다면 비난(非難)과 곤경(困境)을 겪을 것이다.

六三 負且乘 致寇至 貞吝　　　　　　부차승 치구지 정 인

짐을 등에 지고 날라야 할 위치에 있는 사람이 수레를 탄다면	(-負且乘)
이는 망령(妄靈)된 일이니 그것을 빼앗으려는 도적이 이르게 될 것이다.	(-致寇至)
마음을 곧바르게 가지더라도 부끄러움을 당할 것이다.	(-貞吝)

象曰

| 負且乘 亦可醜也 | 부차승 역가추야 |
| 自我致戎 又誰咎也 | 자아치융 우수구야 |

| 등짐을 지고 수레를 탄다는 것은 역시 부끄러워할 일이다. | (-負且乘 亦可醜也) |
| 나 때문에 도적이 오는 것인데 다시 누구를 탓하겠는가? | (-自我致戎 又誰咎也) |

六三의 위치는 九四를 등에 지고(-負/부), 九二를 올라탄(-乘/승) 곳이다. 하나만 하는 것도 비기배(非其配-짝이 아님)여서 옳더라도 부끄러운 일(-貞吝/정린)인데 하물며 등에 짊어진 채로 수레에 올라타고 있으니(-負且乘/부차승) 어찌 도적이 오지 않을 수 있으며(-致寇至/치구지) 어찌 추(醜)하지 않게 해결(解決)하기를 기대할 수 있으랴? 그나마 흉(凶)하게 되지 않고 추(醜)한 정도에 그치는 것은(-貞吝/정 린) 上六이 높은 담 위에 앉아서(-高墉之上/고용지상) 아직 미숙한 그릇인 六三이 어그러진 처신(處身)을 하는 것을(-未成器而動者/미성기이동자) 활로 쏘아서 바로잡아주기 때문이다(-公用射隼于高墉之上/ 공용사준어고용지상).

– 〈계사(繫辭) 하(下) 5 장(章)〉

〈解 九四爻〉

九四 解而拇 朋至 斯孚	해이무 붕지 사부

엄지손가락(-初六)이 九四의 매듭을 풀 (-解而拇)
어냄이다. (그러나 도와주는 다른 손가락
이 없으면 엄지손가락만으로는 매듭을 잘
풀 수 없다.)

初六과 가깝고 믿을 수 있는 친구인 (-朋至 斯孚)
九二가 도와서 이에 매듭이 풀린다.

*拇-무. 엄지손가락.

象曰 解而拇 未當位也	해이무 미당위야

엄지손가락(-初六)이 九四를 풀어내고 (-解而拇)
자 하는 것은

그의 자리에 마땅한 일이 아니다. (-未當位也)

마땅하지 않은 자리에 있어서 힘이 약한 初六이 험난한 형세를 풀어내려면 가까운 九二에 부드럽게 접근하여 도움받을 수밖에 없다.

해이무(解而拇)를 엄지손가락을 끊어내는 것으로 보는 해석도 있다. "얽힌 상황을 풀려면 자기가 차지하는 것이 온당한 것이라 할지라도 끊어낸다. 그것을 두고 다투면 친구의 믿음을 잃으므로 상황의 해결을 위하여 필요하다면 자기의 욕구를 끊어버리는 것이다."라고 보는 것이다.

① 무(拇)는 初六이다. -初六을 끊어버려서 주군(主君=六五)의 믿음을 얻는다. -정이(程頤)

② 무(拇)는 六三이다. -六三을 끊어버려서 벗(九二)의 믿음을 얻는다. -소식(蘇軾)

九四는 대신(大臣)의 지위에 있는데, 바로 아래에 있는 소인(小人) 六三과는 친비(親比)하고 맨 아래의 소인(小人) 初六과는 서로 호응(呼應)하는 관계여서 이들 두 소인(小人)이 九四에게 와서 서로 붙고자 한다. 그러나 해빙(解氷)해야 할 때 높은 지위에 있는 九四가 소인(小人)과 친하면 올바른 현인(賢人)과 선비들이 친구로서 다가오지 못하고 물러날 것이다. 그러므로 붙고자 다가오는 소인(小人)인 六三 또는 初六과의 관계를 엄지손가락 끊어내듯 (-解而拇) 끊으면 친구가 나를 믿게 된다. (-朋至斯孚)

〈解 六五爻〉

六五 君子維有解 吉 有孚于小人　　군자유유해 길 유부우소인

(六五의 주변에 소인(小人)의 무리가 험난하게 얽혀 있다고 강직한 九二가 의심하는데 온화한 上六이 六五를 도와서 주변의 얽힌 바를 풀어내니) 六五는 군자로서 주변의 얽매임과 의심의 우려로부터 풀려나서 길하다.	(-君子維有解 吉)
속박(束縛)에서 풀린 군자(君子)가 소인(六三)들에게 신뢰를 주니 그들도 믿게 된다.	(-有孚于小人)

象曰 君子有解 小人退也　　　　　군자유해 소인퇴야

군자는 어려움이 해소되고 小人(六三)
은 명(命)을 받들어 물러난다.

　군주(君主)인 六五는 상(上)괘의 중(中)에서 九四와 가까이 지내며 九二와는 짝이
다. 小人인 六三은 조급하게 九四를 등에 진 채로 九二를 타고 앉아서 六五를 얽어
맨다. 그러나 六五는 六三과 아옹다옹하지 않고 높은 곳에서 바라보는 上六의 도움
을 받아 얽혀 있는 문제의 해결에 나선다. 자기의 정당한 짝인 九二를 취하고 九四
를 六三의 등에서 풀어내어 初六에게 보낸다. 얽힌 문제를 순리로 풀어나가는 六五
의 의도를 읽은 六三(-小人/소인)은 퇴진한다.

〈解 上六爻〉

　덕성(德性)을 갖춘 여유(餘裕)로운 마음의 힘.

上六
公用射隼于高墉之上 獲之无不利
공용석준우고용지상 획지무불리

높은 곳에서 내려다본 안목과 공적(公　　　(-公用射隼于高墉之上)
的)으로 축적(蓄積)된 명분(名分)의 힘으
로 새매 같은 험난한 원흉(元兇-六三)을
쏘아서

잡아 들이니 이롭지 않음이 없다.　　　(-獲之无不利)

*射=①석. 쏘아 맞히다. ②사. 쏘다. ③역. 싫어하다.
*隼=준. 새매. 송골매. 맹금류의 총칭.
*墉=용. 담. 벽. 성채(城砦-울타리 채)

象曰 公用射隼 以解悖也　　　공용석준 이해패야

(실력(實力)과 덕망(德望)을 기른 후에) 공
적명분(公的名分)을 내세워서 문제의
핵심원흉인 새매를 쏘아 격파하면
이로써 어그러진 상황이 해소되는
것이다.

*悖=①패. 어그러지다. ②발. 우쩍 일어나다(勃/발).

〈해(解)괘의 실생활(實生活) 응용(應用)〉

① 뒤엉켜서 꽁꽁 얼어붙은 형국이다. 이를 풀어야 하는데 봄날의 날씨 같은 부
드럽고 여유(餘裕)있는 마음을 가져야 한다. 바쁘게 일하되 마음은 여유로운 봄철
같으면 좋다.

② 화해로 풀어내겠다는 목적을 분명히 하고 적극적(積極的)으로 화해(和解)의 행

보를 취하여 나아가는 것이 중요하다.

③ 사람들과 즐겁게 사귀되 빠져들지는 않아야 한다.

④ 일은 연고를 활용하여 추진해 나아간다.

四十一

山澤損 (산택손)

☶ 艮上 (간상)
☱ 兌下 (태하)

〈卦의 성격(性格) 요약(要約)〉

내괘(內卦)는 태(☱兌)이고 외괘(外卦)는 간(☶艮)이다. 산기슭에 연못이 있는 것이 손(損)의 괘상(卦象)이다. 손(損)은 덜다, 잃다(-損失), 해치다(-損傷), 낮추다(-謙讓) 등을 뜻하는 글자이다. 손괘(損卦)에서의 손(損)은 글자대로의 뜻이 아니고 사회적(社會的) 의미를 지닌다. 남을 위한 봉사(奉仕)나 어떤 목적을 위한 자발적(自發的) 희생(犧牲) 을 가리킨다.

손(損)괘는 아래를 덜어서 위에 더해주는 상(象)이다. 연못을 파내어 산에 보태니 연못은 깊어지고 산(山)은 높아지는 것이 손(損)의 모습이다. 미래(未來)의 준비(準備) 라는 큰 목적(目的)을 위하여 당장의 작은 이익(利益)을 버리거나 자기가 아끼는 사 람을 위하여 희생하고 봉사하는 것이 손(損)의 도(道)이다. 봉사와 희생은 첫째로 형 식에 얽매임 없이 성의가 있어야 하고 둘째로 때에 알맞아야 한다. 먼저 손해를 보 고 나서 그 후에 얻음이 따를 때 손(損)의 보람을 느끼게 된다.

〈괘사(卦辭)와 단사(彖辭), 대상사(大象辭)〉

卦辭:

損 有孚 元吉 无咎 可貞 利有攸往	손 유부 원길 무구 가정 이유 유왕
曷之用 二簋可用亨	갈지용 이궤가용형

덜어내어서 보태는 손(損)은 성실(誠實)하여 믿음이 있으면 크게 길(吉)하여 허물이 없다.	(-有孚 元吉 无咎)
올바름을 지킬 수 있으며 나아감에 이롭다.	(-可貞 利有攸往)
손(損)의 성실(誠實)함은 언제 어떻게 표시(表示)해야 믿음직할까?	(-曷之用)
마음속에 정성(精誠)과 공경(恭敬)만 깊다면 꾸밈만 성대(盛大)한 제사(祭祀)보다는	
차라리 두 그릇의 간략(簡略)한 제수(祭需)로도 제사를 모실 수 있다.	(-二簋可用亨)

*曷=갈.
①어찌. 언제(-時日曷喪 予及汝皆亡/시일갈상 여급여해망)-〈서경(書經)〉
②어찌하여(-害/갈)
③왜~인가(-何/하).
 :曷不委心任去留 胡爲遑遑欲何之/ 갈불위심임거류 호위황황욕하지)-도연명(陶淵明)〈귀거래사(歸去來辭)〉-(어째서 본심을 지키며 분수대로 살려 하지 않고 무엇을 위하여 그리 서두르고 헤매는가?)
*簋=궤. 기장이나 피를 담는 제기(祭器-겉은 둥글고 안쪽은 네모남.)

象曰

損 損下益上 其道上行　　　　　　　손 손하익상 기도상행

損而有孚 元吉无咎可貞利有攸往　　손이유부 원길무구가정이유

　　　　　　　　　　　　　　　　　유왕

曷之用二簋可用亨　　　　　　　　　갈지용이궤가용형

二簋應有時　　　　　　　　　　　　이궤응유시

損剛益柔有時　　　　　　　　　　　손강익유유시

損益盈虛 與時偕行　　　　　　　　손익영허 여시해행

손괘는 아래를 덜어내어서 위에 보태　　(-損 損下益上 其道上行)
는 것이니 올라가서 그 도(道)를 행하
는 것이다.

"損而有孚 元吉无咎可貞利有攸往 曷之
用二簋可用亨" 즉, "덜어냄에 믿음이
있어서 크게 길하며 허물이 없고 올
곧으니 나아감에 이롭다.

성심(誠心)을 나타내는 덜어냄의 길은　　(-二簋應有時)
소박하지만, 정성을 담은 제사 모시
듯 하면 된다."라고 한 것은 덜어내되
때에 알맞게 덜어내는 것이 중요하다
는 말이다.

강(剛)한 것을 덜어서 유(柔)한 것에 보　　(-損剛益柔有時)
태어주는 것에도 때가 있다. 상황과
형편이 그러할 때 쓰는 것이다. 그러
므로 아무 때나 써서는 안 된다.

덜어내고 보태어주며 비우고 채워　　　(-損益盈虛 與時偕行)
주는 모든 일은 때에 맞게 행하여야
한다.

"때"란 시간의 흐름에서 어떤 일이 효과를 발휘할 기미가 있는 시기를 뜻한다.

象曰　　　　　　　　　　　　　　　　　　　　　　象曰
山下有澤 損　　　　　　　　　　　　　　산하유택 손
君子以 懲忿窒欲　　　　　　　　　　　군자이 징분질욕

산기슭에 연못이 있는 것이 손의 괘
상이다. 아래를 덜어내면 위는 높아
진다.
군자는 이것을 보고 마음속의 분노와
욕심을 덜어내고 막아서 덕(德)을 닦
는다.

〈損 初九爻〉

돕는 일을 마쳤으면 빨리 떠나야 한다. 공치사(功致辭) 들으려고 뭉그적거리지 말
라. 덜어서 돕는 일은 지나침이 없는 범위 안에서 자기의 실정(實情)에 맞게 한다.

初九 已事 遄往 无咎 酌損之　　　　이사 천왕 무구 작손지

돕는 일을 마쳤으면 빨리 떠나가야   (-已事 遄往 无咎)
허물이 없다. [-정이(程頤) 〈역전(易傳)〉
의 해석]

돕는 일의 범위는 자기 실정에 비추   (-酌損之)
어서 지나침이 없도록 잘 짐작(斟酌)하
여야 한다.

　

"已事 遄往/ 이사 천왕"에 대하여 "윗사람에게 일이 있으면 내가 하던 일을 그치
고 속히 가서 거들며 자주(-遄/천) 왕래한다."라고 보기도 한다. -소식(蘇軾) 〈동파역
전(東坡易傳)〉의 해석

*已=이. ①그치다(그만두다). 이미(벌써).
　　②~일 뿐이다. ~로써(以/이)
*遄=천. ①빠르다. 빨리.
　　②자주. 빈번하게 왕래함.

象曰 已事遄往 尙合志也　　　　이사천왕 상합지야

"돕는 일을 마쳤으면 빨리 떠난다."   (-已事遄往)
또는, "하던 일을 그치고 속히 가서
거든다."라는 말은

덜어내어 보태줌으로써 그의 뜻에 맞   (-尙合志也)
추기를 바란다는 의미이다.

*尙=상. ①그렇게 되기를 바라다. 원하다. 좋아하다. 원컨대.
②숭상하다(-不尙賢 使民不爭/불상현 사민부쟁)-〈노자(老子)〉
③자랑하다(-不自尙其功/부자상기공-〈예기(禮記)〉
④보태다. 더하다(-好仁者 無以尙之/호인자 무이상지)-〈논어(論語)〉
⑤오히려(-rather). 그 밖에.

〈損 九二爻〉

무리(無理)하게 남을 도우려 하면 오히려 그 사람에게 해로울 수 있다.

九二 利貞 征 凶 弗損 益之	이정 정 흉 불손 익지

마음속의 올바른 도를 지키는 것이 이롭다. (무리하게 도우려고 하지 않는 것이 오히려 돕는 것이 될 수 있다는 뜻이다.)   (-利貞)

줏대 없이 비위나 맞춰주는 도움은 설혹 사심(私心)이 없다 하더라도 해롭다. (나의 덜어냄이 될 뿐 상대에게 보탬은 안 된다는 뜻이다.)   (-征 凶)

덜어냄이 없이 굳게 중심을 지키는 것이 오히려 도와주는 것이 된다. (자식들이 손 벌릴 때마다 도와주는 것은 돕는 것이 아니라 망치는 것이다.)   (-弗損 益之)

象曰 九二利貞 中以爲志也	구이이정 중이위지야

"九二가 올바른 도를 지키니 이롭다"
라는 것은 함부로 언행(言行)하지 않고
똑바른 정신으로 중도(中道)를 지향(志
向)한다는 말이다.

　"中/중"이 "正/정"보다 그 뜻하는 바가 중요하다. 중도(中道)에 맞는 것은 저절로 정도(正道)가 되지만 정도(正道)가 반드시 중도(中道)에 맞는 것은 아니다.

　"弗損益之/ 불손익지"는 "其迹不往 其心往也/ 기적불왕 기심왕야"라는 의미이다. 즉, 겉(外形)으로는 도와준 것이 없지만 마음으로는 도와서 이롭게 하는 것을 말한다.

〈損 六三爻〉

　천지(天地)의 생생(生生)은 둘이 만나서 이루어진다. (-繫辭傳/계사전 下/하 5章/장)

　일(一)과 이(二), 음(陰)과 양(陽), 남(男)과 여(女)가 마주치고 만나서 정(精)을 맺음이 만물생성(萬物生成)의 근본이치(根本理致)이다. 따라서 세 사람이면 한 사람을 덜어내고 한 사람이면 다른 사람을 만나야 한다. 세 사람이어서 양다리 걸친 어울림이 되면 의심이 끼어든다. 서로의 속셈을 알려는 마음이 일어나기 때문이다.

六三
三人行 則損一人 一人行 則得其友
삼인행 즉손일인 일인행 즉득기우

세 사람이 가면 한 사람을 잃고 한 사
람이 가면 벗을 얻는 것이 자연의 이
치이다.

*則=①즉. 자연의 이치상 필연적 귀결 (곧. ~이면. ~결국.)
　　②측. 법칙. 표준. 본받다.

象曰 一人行 三則疑也　　　　　　일인행 삼즉의야

한 사람이 간다는 것은 세 사람이 가
면 의심(疑心)을 받게 된다는 뜻이다.

남녀(男女)나 음양(陰陽)의 어울림은 일대일(一對一)이어야 한다는 말이다.

〈損 六四爻〉

윗사람의 요구가 가벼워지면 아래에서 따르는 것이 쉽고 빨라져서 기뻐하게 된
다. 위의 六四가 욕심을 덜어내면 아래의 初九가 따르기 쉬워져서 기뻐하게 된다.

六四 損其疾 使遄 有喜 无咎　　　손기질 사천 유희 무구

六四가 욕심(慾心)이라는 마음의 질병　　(-損其疾 使遄)
(疾病)을 빨리 덜어내면

初九의 부담이 가벼워지고 덜어내어   (-有喜 无咎)
보태기가 쉬워져서 기뻐하므로 허물
없게 된다.

象曰 損其疾 亦可喜也   **손기질 역가희야**

끝없이 욕심내는 마음의 질병을 덜어
내는 것은 역시 기뻐할 일이다.

〈損 六五爻〉

과거의 봉사와 희생과 노력이 보답을 받는다. 하늘이 돕기 때문이다. 어떠한 영
험(靈驗)한 점(占)을 치더라도 흉조(凶兆)는 나오지 않을 것이다. 六五가 九二의 꿋꿋
한 태도에 호응(呼應)하여 따르고 자기의 권능(權能)을 덜어내어 겸손(謙遜)하게 九二
를 본받은 것이 나타내는 효과이다.

六五
或益之 十朋之 龜 弗克違 元吉
혹익지 십붕지 귀 불극위 원길

보태어주기를 요구한 것도 아닌데 누   (-或益之)
군가로부터 보탬을 받게 된다.
여러(=열 명의) 벗들이 도우러 온다.   (-十朋之)

신묘하다는 거북점을 치더라도 흉조　　　　(-龜 弗克違)
는 나오지 않으리라.

틀림없이 대길(大吉)할 것이다.　　　　　　(-元吉)

　손(損)의 때에 주재자(主宰者)인 六五가 마음으로 현자(賢者)인 九二에 호응하여 겸
손하게 따르니 천하의 모든 이가 스스로를 덜어내어 六五에게 보태고자 한다. 과
거의 노력과 봉사에 대한 보답으로 받는 것인지도 모른다.

　"十朋之龜/ 십붕지귀"로 붙여 읽으면 값비싼 큰 보물이라는 뜻이고, "十朋之 龜/
십붕지 귀"로 띄어 읽으면 신묘한 거북의 점괘가 벗 열 명이 온다고 말하는 내용이
라는 뜻이 된다.

*朋=붕. ①벗. 동문수학(同門受學)한 친구(-有朋自遠方來/유붕자원방래)-〈논어(論語)〉
　　　②무리를 이루다(-碩大無朋/석대무붕)-〈시경(詩經)〉
　　　③한 쌍.
　　　④보물. 돈(옛날의 조개껍질 화폐-錫我百朋/석아백붕)-〈시경(詩經)〉
*龜=①귀. 거북점. 거북. 거북의 등 껍데기.
　　②균. 살갗이 트다. 균열(龜裂).
　　　(-宋人有善爲不龜手之藥者/ 송인유선위불균수지약자)-〈장자(莊子)〉

象曰 六五之吉 自上祐也　　　　　　육오지길 자상우야

육오의 길함은 하늘이 돕기 때문이
다.

*祐=우. 돕다. 천지신명이 돕다(-自天祐之/자천우지). 권(勸)하다.

⟨損 上九爻⟩

　올바른 도움은 자발적으로 무리하지 않고 돕는 것이다. 사회봉사에 필요한 인력과 재물을 원근 내외에서 널리 구하도록 힘쓴다. 어찌 꼭 자기 집안의 인력과 재력으로만 이룰 수 있겠는가?

上九

弗損益之 无咎 貞吉　　　　　　　불손익지 무구 정길

利有攸往 得臣 无家　　　　　　　이유유왕 득신 무가

덜어낸 것이 없이 보태어준다.　　　　(-弗損益之)

허물이 없고, 올바른 보태줌이니 길　　(-无咎 貞吉)
하다.

앞으로 나아감에 있어서 이롭다.　　　(-利有攸往)

내외원근 구분 없이 집을 버리고 따　　(-得臣 无家)
르는 무리가 모인다.

　上九는 아래로부터 이미 받은 바가 지극(至極)한 자이다. 그래서 손도(損道)의 의로움으로 아래의 많은 사람에게 보탬을 주려고 해야 한다. 그것은 은혜롭되 허비(虛費)하지 않는 방법으로 해야 지속가능(持續可能)하다. 기부금(寄附金)을 모으거나 상부상조(相扶相助)운동 등의 방법으로 하는 것이 좋다. 천하를 도와주는 일은 꼭 스스로의 덜어냄이 커야지만 가능한 것은 아니다.

*得臣 无家-①따르는 사람을 얻음(信望/신망)에는 원근과 내외의 한계가 없다.
　　　　　 ②가족을 잊고 사회에 봉사한다.

象曰 弗損益之 大得志也　　　　　불손익지 대득지야

"弗損益之"는 "덜어낸 것이 없이 보태
주어 이롭게 함"이니 크게 뜻을 이루
는 것이다.

〈손(損)괘의 실생활(實生活) 응용(應用)〉

① 잃어서 얻는 것에 손(損)괘가 말하는 손(損)의 참 뜻이 있다. 남을 기쁘게 해주
어서 자기만족도 얻어져야 하므로 여기의 손(損)은 자발적(自發的) 희생(犧牲)이다.
자발적 희생은 대부분 자기에게 이익으로 돌아온다.

② 당장의 급여가 다소 불충분하더라도 전망 있는 분야의 직장이면 급여불평하
지 말고 열심히 일하는 것이 좋다.

③ 그런 곳에서 만나는 남녀 인연을 소중히 한다.

四十二

風雷益 (풍뢰익)

☴ 巽上 (손상)
☳ 震下 (진하)

⟨卦의 성격(性格) 요약(要約)⟩

내괘(內卦)는 진(☳震)이고 외괘(外卦)는 손(☴巽)이다.

익(益)은 접시(皿/명)에 물(☵)을 더한다는 뜻의 회의문자(會意文字)이다.

익괘(益卦)는 질풍과 우레가 서로 기운을 더해주면서 돌진(突進)하는 형국의 괘상이다. 상부(上部)에서 덜어내어 하부(下部)에 더해줌으로써 널리 돌본다는 공적 의미(公的意味)가 담겨 있다. 손괘(損卦)는 아래에서 덜어내어 위에 더해주는 상(象)이므로 익괘(益卦)와 손괘(損卦)는 덜어내고 더해주는 자가 서로 바뀐 것이다.

정치 상황으로 본다면 손(損)괘는 비상시(非常時)의 권력집중(權力集中)이고 익(益)괘는 통상(通常)의 민주적(民主的) 복지정치(福祉政治)라고 할 수 있다. 그러나 궁극(窮極)의 이로움은 덜어내는 자에게 돌아간다는 점에서 두 괘는 차이가 없다.

---

*益=①익. 보태다. 돕다. 풍부하다. 더욱.
　　②일. 넘치다(=溢).

〈괘사(卦辭)와 단사(彖辭), 대상사(大象辭)〉

卦辭: 益 利有攸往 利涉大川　　　익 이유유왕 이섭대천

사람들에게 널리 보탬을 주는 것(-益)　　(-益 利有攸往)
은 목표달성(目標達成)으로 나아가는
데 이롭다.

큰 강(江)을 건너는 것과 같은 위험한　　(-利涉大川)
일을 벌여도 순조롭다.

*益=①익. 보태다. 돕다. 풍부하다. 더욱.
　②일. 넘치다(=溢/일).
*益者三友=익자삼우. ①정직(正直)한 벗.
　　　　　　　　②신의(信義) 있는 벗.
　　　　　　　　③견문(見聞)이 많은 벗.

彖曰

益 損上益下 民說无彊　　　익 손상익하 민열무강

自上下下 其道大光　　　자상하하 기도대광

利有攸往 中正有慶　　　이유유왕 중정유경

利涉大川 木道乃行　　　이섭대천 목도내행

益 動而巽 日進无彊　　　익 동이손 일진무강

天施地生 其益无方　　　천시지생 기익무방

凡益之道 與時偕行　　　범익지도 여시해행

보태줌은 위에서 덜어서 아래를 이롭게 해주는 것이니 백성들의 기뻐함이 한없이 크다.	(-益 損上益下 民說无疆)
위로부터 아래로 내려오니 그 도가 크게 빛난다.	(-自上下下 其道大光)
목표를 향해 나아감에 이롭다 함은 중정(中正)의 도를 펼치므로 경사가 있다는 것이다.	(-利有攸往 中正有慶)
대천을 건너는 것 같은 큰일을 벌여도 순조로운 것은 배를 타고 강을 건너는 것처럼 물(-民心의 바다)에 뜨는 나무의 도를 쓰기 때문이다.	(-利涉大川 木道乃行)
유순하게 움직여서 보탬을 주니 나날의 나아감이 무한하다.	(-益 動而巽 日進无疆)
하늘이 베풀고 땅은 낳으니 그 이로움의 뻗침에 방향(方向)이나 장소(場所)의 제한(制限)이 없다.	(-天施地生 其益无方)
무릇 익(益)괘의 도리는 시대의 상황에 따라 알맞게 행하여야 한다.	(-凡益之道 與時偕行)

象曰

風雷益	상왈 풍뢰익
君子以 見善則遷 有過則改	군자이 견선즉천 유과즉개 (-改過遷善/개과천선)

상(象)전에서 말하기를 바람과 우레로　　　　　(-象曰 風雷益)
된 것이 익괘의 상(象)이다.

군자가 이를 보고서　　　　　　　　　　　(-君子以)

선함을 보면 곧바로 실행에 옮기고　　　　　(-見善則遷 有過則改)
허물이 있으면 즉시 고친다.

　지난날 뉴욕의 블룸버그 시장(市長)은 단돈 1달러의 연봉을 받고 시정(市政)을 위하여 자기의 돈 수십억 달러를 쓰면서 시장의 직무(職務)를 수행하였다. 그렇게 해서 시민의 마음이 시정(市政)이라는 나무배를 잘 띄우도록 만든 것이다.

　　바람이 세게 불면 우레가 빠르고 우레가 기세등등하면 바람도 거세어진다.
　　바람과 우레가 서로 더해주는 상을 보고서 군자는 스스로에게 유익(有益)함
　　을 구하니 선(善)을 보면 즉시 실행으로 옮겨가고 허물이 있으면 즉시 고쳐
　　서 허물없게 만든다.

　　　　　　　　　　　　　　　　　　　　　　- 정이(程頤)

　자기에게 보탬을 주는 자를 이기지 못하는 것이 사람이다. (而人不勝其益者也/이인불승기익자야) 그런데 보태어 주고 싶어도 덜어낼 것이 없으면 줄 수가 없다. 보태려면 있어야 하기 때문이다. 진정으로 국민을 위하는 지도자는 국민과 자기를 하나로 본다. 줄 것이 있어야만 필요한 곳에 배분할 수 있다는 것을 알고 배분의 엔진은 성장이므로 지속적 성장이 있어야만 지속적 배분도 가능함을 안다. 그러므로 먼저 성장시키려 노력한 후에 때가 되면 배분을 한다. 곤궁(困窮)하지 않은데도 주는 것은 의미 없으며 자원낭비(資源浪費)의 해로움만 생긴다.

君子之視 民與己一也/군자지시 민여기일야

益者要有所損爾/익자요유소손이

故時然後行/고시연후행

- 소식(蘇軾)

懲忿窒欲則上之爲 損也少/징분질욕즉상지위 손야소

改過遷善則下之蒙 益也多矣/개과천선즉하지몽 익야다의

아래의 분한 생각을 고려해서 위가 욕심을 조절하면 아래가 덜어낼 것이 적어진다. 윗사람이 잘못을 고쳐서 선함으로 옮겨가면 아래에서 받을 이익이 많아진다.

- 소식(蘇軾)

물욕(物慾)은 갈수록 커지는 것이 인심(人心)의 당연한 현상이기에 나라가 베푸는 것을 아무리 키워도 국민의 물욕을 다 채워 줄 수는 없다.

힘써 나라의 세금을 더 거둔 후 그럴듯한 의리(義理)-즉 명분(名分)을 내세워 공짜로 나누어 주어서 국민의 선택을 받으려는 자는 권력에 사심(邪心)을 둔 소인(小人)이다. 나라와 국민을 망가뜨리면서 남이 고칠 수도 없게 만드는 나쁘고도 해로운 짓을 하려는 사람이다.

長國家而務財用者 必自小人矣 彼爲善之 小人之使爲國家 災害並至 雖有善者

亦無如之何矣 此謂國不以利爲利 以義爲利也

장국가이무재용자 필자소인의 피위선지 소인지사위국가 재해병지 수유선자

역무여지하의 차위국불이리위리 이의위리야

〈益 初九爻〉

아랫사람이 윗사람의 뜻에 따라 일할 때 그 결과가 크게 길하지 못하면 자기에게 허물이 될 뿐만 아니라 윗사람에게도 허물이 된다. 이는 일을 시킨 윗사람이 아랫사람을 잘 못 본 결과로 여겨지기 때문이다.

> 居下而得上之用 以行其志不能元吉/거하이득상지용 이행기지불능원길
> 則不唯在己有咎 乃累乎上 爲上之咎也/즉불유재기유구 내누호상 위상지구야
> － 정이(程頤)

初九 利用爲大作 元吉 无咎	이용위대작 원길 무구
초구의 하는 일이 크게 성과를 거두게 써야 이롭다.	(-初九 利用爲大作)
처음에 바라던 대로 큰 성과를 거두어야 허물을 면한다.	(-元吉 无咎)

象曰 元吉无咎 下不厚事也	원길무구 하불후사야
"처음에 바라던 대로 큰 성과를 거두어야 허물을 면한다."라는 것은	(-元吉 无咎)

아래에 있어서 일에 관여하는 정도가　　　　(-下不厚事也)

두텁지 않기 때문이다.

　소식(蘇軾)은 익(益)괘의 初九를 손(損)괘의 上九와 비교하여 명료하게 해석하였다.
아래와 같다.

　　益之下 損之上也 故 知損則知益矣/익지하 손지상야 고 지손즉지익의

　　逆而觀之 則損益一也/역이관지 즉손익일야

　　損之上九 益之初九 皆正受益者也/손지상구 익지초구 개정수익자야

　　彼之所以自損 而專以益我者/ 피지소이자손 이전이익아자

　　豈以利我哉?/기이리아재?

　　將以厚責我也/장이후책아야

　　我必有以塞之/아필유이색지

　　故 上九利有攸往/ 고 상구이유유왕

　　而初九利用爲大作/이초구이용위대작

　　上之有爲也 其勢易/상지유위야 기세이

　　有功則其利倍 有罪則其責薄/유공즉기리배 유죄즉기책박

　　故 損之上九 僅能无咎而已 正且吉矣/고 손지상구 근능무구이이 정차길의

　　下之有爲也 其勢難/하지유위야 기세난

　　有功則利歸於上 有罪則先受其責/유공즉이귀어상 유죄즉선수기책

　　故 益之初九 至於元吉 然後无咎/고 익지초구 지어원길 연후무구

　　何 其所居者 非厚事之地也/하 기소거자 비후사지지야

익(益)괘의 아래는 손(損)괘의 위이다. 그러므로 손괘를 알면 익괘를 알 수 있다. 거꾸로 보면 손괘와 익괘는 하나이다. 손괘의 상구와 익괘의 초구는 모두 저들로부터 올바르게 보탬을 받는 자들이다. 저들이 스스로를 덜어내어 오로지 나에게 보태려는 까닭이 어찌 나만 이롭게 하려는 것이겠는가? 장차 두텁게 나에게 책임을 지우려는 것이다. 나는 반드시 그것을 막을 수 있어야 한다. 그러므로 손괘의 상구 효는 나아가는 바가 있어야 이롭고 익괘의 초구 효는 큰 효과를 올려야 이로운 것이다. 위에서 무슨 일을 하는 것은 그 형세가 쉬워서 공이 있으면 그 이로움이 배가 되고 죄가 있으면 그 책임이 엷어진다. 그러므로 손괘 상구 효는 단지 허물이 없을 수만 있다면 올바르고 또 길하다. 아래에서 무슨 일을 하는 것은 그 형세가 어려워서 공이 있으면 그 이익은 위로 돌아가고 죄가 있으면 먼저 그 질책을 받는다. 그러므로 익괘의 초구 효는 크게 길한 뒤에야 겨우 허물을 면하는 것이다. 왜냐하면, 그 머무는 곳이 일에 관여하는 정도가 두터운 곳이 아니기 때문이다.

- 소식(蘇軾) 〈동파역전(東坡易傳)〉

*僅=근. 겨우. 간신히. 조금. 거의(山城僅百層/산성근백층)-두보(杜甫)

〈益 六二爻〉

六二

或益之 十朋之 龜 弗克違   혹익지 십붕지 귀 불극위
永貞 吉 王用亨于帝 吉   영정 길 왕용형우제 길

보태주기를 요구한 것도 아닌데 누군 가로부터 보탬을 받게 된다.	(-或益之)
열 명의(=수많은) 벗들이 도우러 오는 지라	(-十朋之)
신묘하다는 거북점을 치더라도 흉조 는 나오지 않으리라.	(-龜 弗克違)
바른 마음을 오래 가지면 吉할 것이고	(-永貞 吉)
왕처럼 천제(天帝)에게 제사하는 길함 이 있을 것이다.	(-王用亨于帝 吉)

六二는 九五의 신하이므로 천하의 벗들이 돕더라도 九五에 대하여 내내 곧아야 길하고 六二가 오래도록 바른 마음을 가지면 천하의 벗들이 도와서 장차 왕이 되어 하늘에게 감사하는 제사를 올리는 길함을 누릴 수도 있으리라는 의미이다.

象曰 或益之 自外來也　　　　　**혹익지 자외래야**

요구하지 않았음에도 누군가가 보태
어준다는 것은 그것이 밖으로부터 온
다는 말이다.

〈益 六三爻〉

공직자(公職者)는 직(職)을 걸고[신표(信標)를 맡기거나 사표(辭表)를 품고] 임명권자(任命權者)에게 공무(公務)를 보고(報告)해야 한다. 아랫사람은 검소(儉素)하게 처신해야 한다. 그렇게 함으로써 윗사람의 신뢰를 빌미로 호사(豪奢)하는 자가 아님을 믿게 만들어야 한다. 보태어 주는 일은 흉사(凶事)가 있을 때 사용(使用)하면 길하다.

六三

益之用凶事 无咎　　　　　　익지용흉사 무구
有孚中行 告公用圭　　　　　　유부중행 고공용규

보태어주기를 바라는 일을 흉사-환난　　(-益之用凶事 无咎)
상황-에 쓰면 허물이 없다.

신뢰와 성실함으로 중도를 행하기를　　(-有孚中行 告公用圭)
마치 수령(守令)이 임명권자에게 대면
보고할 때 임명의 신표(信標)인 규옥(圭
玉)을 제출하듯 한다.

봉건시대에 제후(諸侯)인 보고자(報告者)는 천자(天子)에게 대면보고를 올릴 때 임명의 신표(信標)인 규옥(圭玉)을 제출하였다. 말하자면 사표(辭表)를 맡기는 셈이다. 보고를 받은 후에 그에게 돌려줌으로써 재신임(再信任)을 표하였다.

*凶事=흉사. 갑자기 닥친 환난상황(患難狀況). 피할 수 없는 비상(非常)한 일.
　　바라지 않던 일로서 스스로가 책임지고 처리해야 할 불가피한 일.

象曰 益用凶事 固有志也　　　익용흉사 고유지야

흉사(凶事)가 있거나 환난(患難) 등으　　(-益用凶事)
로 도움이 필요할 때 보태주는 일은
옛날부터 있는 일이다.　　　　　　(-固有志也)

급난(急難)과 변고(變故)에 대처(對處)하려면 도움을 받아 응변(應變)할 필요가 있다. 이는 서로가 자기의 직분(職分)을 견고(堅固)히 간직하기 위한 상부상조(相扶相助)이다. 재난(災難)이나 변고(變故)가 있어 주변(周邊)의 도움이 필요한 상황(狀況)인데도 알리지 않는 것은 오히려 친분(親分)의 유지(維持)에 허물이 된다.

공(公/임금, 천자, 제후 등)인 上九에게 대면(對面)하여 예(禮)를 표할 때 제출(提出)한 규옥(圭玉)은 보고(報告)가 끝나면 돌려준다. 돌려주지 않으면 불신임(不信任)이다.

〈益 六四爻〉

六四 中行 告公從 利用爲依遷國	중행 고공종 이용위의천국
괘의 세 음(陰) 효 중 가운데에 있는 六三이 가서 중도(中道)를 행할 것을	(-中行)
공(公-六四)에게 고(告)하니 공(公-六四)이 그 말에 따라 중도(中道)를 행한다.	(-告公從)
六四가 중도(中道)를 행하니 군주(君主-九五)의 신임(信任)을 얻어 일하면서 나라의 모습을 바꾸어 백성의 삶을 나아지게 한다.	(-利用爲依遷國)

*公=공. ①임금, 천자, 제후 등.
　　②사(私)가 없이 공평하다. 숨기지 않고 드러내다. 여럿에게 관계되는 일.
　　③존칭어. 노인, 부친, 연장자, 동년배에게 쓰는 존칭.
*公察=(한국)-충청도(忠淸道) 관찰사(觀察使)의 이칭(異稱).
*公淸道=공청도. 충청도(忠淸道)의 옛날 이름.

*公婆=공파. 시아버지와 시어머니.
  (丈夫出外 公婆乏食/장부출외 공파핍식)
  -비파기(琵琶記): 채옹(蔡邕)과 조오랑(趙五娘) 부부의 이야기
*公移=공이. 공용문서의 총칭. (上意下達/상의하달과 下意上達/하의상달의 수단.)
*依=의. ①돕다. 의지하다. 의뢰하다.
      ②병풍.
*遷=천. ①바꾸다. ②나아가다. ③벼슬이 바뀌다. ④천도(遷都).

象曰 告公從 以益志也	**고공종 이익지야**

진심으로 중도를 행하라고 공에게 알려주므로 공이 따르는 것은	(-告公從)
공(公)이 중도를 따르도록 보태어주어서 유익하게 하려는 뜻이 있기 때문이다.	(-以益志也)

〈益 九五爻〉

九五

有孚惠心 勿問元吉	**유부혜심 물문원길**
有孚惠我德	**유부혜아덕**

성실하여 믿음이 있고 베푸는 마음이 깊으니 점쳐볼 것도 없이 크게 길하다.	(-有孚惠心 勿問元吉)

믿음직하게 은혜를 베푸니 六二와
백성들도 내가 베푼 은혜를 고마워
한다.

(-有孚惠我德)

象曰

有孚惠心 勿問之矣   유부혜심 물문지의
惠我德 大得志也   혜아덕 대득지야

성실하여 믿음이 있고 베푸는 마음이
깊으니 더 물을 것이 없다는 것이다.

(-有孚惠心 勿問之矣)

나(-九五)의 덕을 고맙게 여기니 이는
九五가 뜻하는 바를 크게 이룬 것이다.

(-惠我德 大得志也)

〈益 上九爻〉

上九 莫益之 或擊之 立心勿恒 凶   막익지 혹격지 입심물항 흉

누구를 유익하게 해주지 않는다. 그
러면 누군가가 공격해 온다. (사리사욕
때문에 백성에게 베풀 마음이 없으니 누군
가의 공격이 생긴다.)

(-莫益之 或擊之)

마음이 일관되지 못하여 사리사욕에
흔들리니 흉하다.

(-立心勿恒 凶)

象曰

莫益之 偏辭也	막익지 편사야
或擊之 自外來也	혹격지 자외래야

보탬을 주려 하지 않는다는 것은 마
음이 편벽하여 자기밖에 모른다는 말
이다.　　　　　　　　　　　(-莫益之 偏辭也)

누군가의 공격이 있다는 것은 외부
로부터 공격이 오게 된다는 뜻이다.　(-或擊之 自外來也)

"莫益之 或擊之/막익지 혹격지"에 대한 소식(蘇軾)의 해설은 다음과 같다.

上者獨高之位 下之所疾也/상자독고지위 하지소질야

而莫吾敢擊者 畏吾與也/이막오감격자 외오여야

莫益則无與矣 故或擊之/막익즉무여의 고혹격지

孔子曰 "无交而求則民不與/공자왈 "무교이구즉민불여

莫之與則傷之者至矣"---(蘇軾)/막지여즉상지자지의

얻는 이익이 없으면 지위 높은 사람과 가까이할 이유가 없다고 느끼는 것이
민심이다. 내가 홀로 높은 곳에 위치함은 아래의 사람들이 싫어하는 바이지
만 그들이 감히 나를 공격하지 못하는 것은 내가 그들과 함께하여 도움 될
일이 있을지 모르기 때문이다. 공자는 "보태준 것 없이 자기가 필요할 때만
도움을 구하면 사람들은 참여하지 않는다. 그러면 싫은 것만 남으니 누군가
가 공격하게 된다."라고 말하였다.

- 〈동파역전(東坡易傳)〉

플라톤의 〈국가(國家)〉 중에 나오는 참주정치(僭主政治)의 위험(危險)과 폐단(弊端)이 바로 〈莫益之 或擊之 凶/막익지 혹격지 흉〉이다.

〈익(益)괘의 실생활(實生活) 응용(應用)〉

① 내가 조금 힘써서 여러 사람을 도울 수 있는 기회가 있으면 적극적으로 돕는다. 질풍과 우레는 나아감에 망설임이 없다. 그런 자세로 살아가면 좀 더 바빠지기는 하겠지만 자기 운세(運勢)도 뻗어나간다.

② 누군가의 권유로 남을 도와줄 때에는 그 경위(經緯)를 도움 받는 측이나 권유한 측에게 알려 주어야 한다. 그리고 좋은 일을 하였지만 크게 칭찬받기를 기대하지는 말아야 한다.

四十三

澤天夬 (택천쾌)

☱ 兌上 (태상)
☰ 乾下 (건하)

〈卦의 성격(性格) 요약(要約)〉

내괘(內卦)는 건(☰乾)이고 외괘(外卦)는 태(☱兌)이다.

쾌(夬)는 타개(打開)하다, 중대사(重大事)를 결행(決行)하다 등을 뜻하는 글자이다.

쾌괘(夬卦)는 연못이 하늘 위에 있는 상(象)으로서 간신(奸臣)이 여론(輿論)을 무시(無視)하고 학정(虐政) 하는 형국(形局)을 상징한다.

비상수단(非常手段)을 써서 간신 배제(排除)라는 중대사(重大事)를 결행(決行)해야 할 필요(必要)가 있는 상황(狀況)을 나타내는 괘(卦)이다.

연못의 물은 아래로 흘러 적셔야 편안한데 반대로 하늘 위로 올라가 있으니 우환(憂患)과 위험(危險)이 잠복(潛伏)해 있는 형상이다.

독재(獨裁)하는 나쁜 간신이 위에 있어서 아래의 바른 신하들이

위험을 무릅쓰더라도 타도(打倒)하겠다는 뜻에서 비상수단을 결행하는 것이 쾌(夬)이다.

모두를 화평하게 만들려는 순수한 목적에서 결행하는 중대사이므로 정의감(正義

感)으로 지지기반(支持基盤)을 다진 후 동지(同志)들과의 유대(紐帶)를 바탕으로 실행해야 차질(差跌)이 없다.

정의(正義)와 평화(平和)의 회복(回復)이라는 대의(大義)에 따르는 것이므로 가급적(可及的) 폭력사용(暴力使用)은 피해야 한다.

쾌(夬)의 상황에서 자기편의 세(勢)가 왕성(旺盛)함을 믿고 음(陰)을 방치(放置)하거나 내부(內部)의 상하(上下)지휘체계도 바로 세우지 않은 상태에서 음(陰=敵)을 다스린답시고 무력(武力=勢)에만 의존(依存)하다가는 오히려 자기편이 궤멸(潰滅)될 수 있다.

〈괘사(卦辭)와 단사(彖辭), 대상사(大象辭)〉

卦辭:

夬 揚于王庭 孚號有厲   쾌 양우왕정 부호유려

告自邑 不利卽戎 利有攸往   고자읍 불리즉융 이유유왕

쾌(夬)괘는 왕궁(王宮)의 안뜰에서 간신의 드날림이 있는 상황이다.	(-夬 揚于王庭)
지성(至誠)으로 호소하여 위태롭게 여기는 마음이 들도록 만들어야 한다.	(-孚號有厲)
정의에 입각하여 성의 있는 호소로 자기의 지지기반을 다져놓은 다음에	(-告自邑)

간악한 소인(小人)을 법정에 세워서 배
제해야 한다고 주장하고 설득하여야
한다. 간신을 처벌하되 폭력적(暴力的)
이면 불리하다.

(-不利卽戎)

폭력을 쓰지 않고 법과 제도를 통하
여 정의(正義)를 실현하여 나아가는 것
이 이롭다.

(-利有攸往)

---

*揚=양. 오르다(揚于王庭/양우왕정). 드러내다. 밝히다.
*庭=정. 집안의 뜰. 궁중.

彖曰

夬 決也 剛決柔也	쾌 결야 강결유야
健而說 決而和	건이열 결이화
揚于王庭 柔乘五剛也	양우왕정 유승오강야
孚號有厲 其危乃光也	부호유려 기위내광야
告自邑不利卽戎 所尙 乃窮也	고자읍불리즉융 소상 내궁야
利有攸往 剛長 乃終也	이유유왕 강장 내종야

쾌는 씩씩하게 툭 털어내는 것이다.

(-夬 決也)

다섯 양강(陽剛)한 기운이 결단하여 하
나의 음유(陰柔)한 기운을 털어내는 것
이다.

(-剛決柔也)

꿋꿋한 강경책으로 결단하되 기뻐할
만한 유화책으로 모두를 화합(和合)하
게 한다.

(-健而說 決而和)

"왕궁(王宮)의 안뜰에서 간신의 드날 (-揚于王庭)
림이 있는 상황"이라 한 것은

하나의 음유(陰柔)한 소인(小人)이 아래 (-柔乘五剛也)
로 다섯 양강(陽剛)을 타고 있다는 의
미이다.

"성실한 믿음으로 호소하여 위태로움 (-孚號有厲)
을 알린다."라고 한 것은

그래야만 위태로움이 환하게 드러나 (-其危乃光也)
기 때문이다.

정의로운 지지기반에 입각하여 소인 (-告自邑不利卽戎)
배를 제거하는 인물이 폭력을 사용하
면 불리하다.

신망(信望)과 화목(和睦)에 흠이 되어 (-所尙 乃窮也)
궁색(窮塞)해질 수 있으므로

폭력은 쓰지 말라는 뜻이다.

"어디를 감에 이롭다"라는 것은 (-利有攸往)

양(陽)의 군센 기운이 자라나서 음(陰) (-剛長 乃終也)
의 흉한 기운을 끝나게 할 수 있다는
뜻이다.

象曰

澤上於天 夬   택상어천 쾌

君子以 施祿及下 居德 則忌   군자이 시록급하 거덕 칙기

연못이 하늘 위에 올라가 있는 것이 (-澤上於天 夬)
쾌(夬)의 괘상(卦象)인데

이런 형세라면 연못의 물이 반드시   (-施祿及下)
하늘에서 내려와 만물을 적셔주는 것
이 좋다. 군자가 이를 보고서 사리사
욕을 버리고 봉록으로 아래에 은덕을
베풀며

스스로를 반성(反省)하고 경계(警戒)하   (-居德)
여 덕업(德業)에 머무르고

금기(禁忌) 사항을 법제화(法制化)한다.   (-則忌)

택재어천(澤在於天)이 아니고 택상어천(澤上於天)이라 하여 연못이 하늘로 올라간
다고 말하여서 불안하고 위태로운 뜻을 담음으로써 쾌(夬)의 상황에 처한 군자의
처신을 깨우쳤다.

---

*거덕칙기(居德則忌):
　①개인으로서 자기 자신이 덕에 머물도록 스스로 반성하고 경계한다. (-居德)
　②개혁지도자로서 금기 사항을 법제화하며 스스로도 덕에 머문다. (-則忌)

〈夬 初九爻〉

혈기(血氣)만 믿고 서두르는 일이 없어야 한다.

初九 壯于前趾 往 不勝 爲咎   장우전지 왕 불승 위구

발걸음이 씩씩하게 나아가지만 가더
라도 이기지 못하니 허물이 된다.

"不勝 爲咎/ 불승 위구"의 의미는 初九가 굳셈이 층층으로 쌓인 것만 믿고 섣부르게 음(陰=上六)을 핍박하려다가는 오히려 꺾여서 낭패 볼 수 있으니 조심하라는 것이다. 양(陽)이 층층으로 쌓여 성(盛)함이 과도(過度)해도 그 자체는 결코 잘못된 게 아니다. 그러나 나아가서 이기지 못하면 비로소 문제가 된다.

*趾=지. 걸음걸이(-步調/보조).

象曰 不勝而往 咎也　　　　　불승이왕 구야

이길 수 없는 데도 나아가니 허물이
된다는 것이다.

〈夬 九二爻〉

九二 惕號莫夜 有戎 勿恤　　　척호막야 유융 물휼

앞날에 대한 우려를 동료들에게 호소　　(-惕號莫夜)
하는 데 밤이 따로 없으니

그렇게 조심한다면 늦은 밤에 외적이　　(-有戎 勿恤)
쳐들어오더라도 걱정할 것이 없다.

象曰 有戎勿恤 得中道也　　　　　　**유융물휼 득중도야**

외적이 침입하더라도 걱정이 없다는
것은 적정(適正)한 도(-中道/중도)를 실
현하기 때문이다. (적정한 도를 실현한다
는 것은 때를 알고 형세를 알아서 처신한다
는 뜻이다.)

〈夬 九三爻〉

九三

壯于頄 有凶 君子夬夬　　　　　　**장우규 유흉 군자쾌쾌**
獨行遇雨 若濡有慍 无咎　　　　　**독행우우 약유유온 무구**

九三은 양(陽)이 굳센 위치에 있으나　　(-壯于頄 有凶)
위에 군주(-九五)가 있으니 얼굴에 강
건한 기운을 띠고 자임(自任)하면 흉
하다.

소인(小人=上六)과 친밀하다는 혐의가   (-君子夬夬)
있으므로 군자인 九三이 결단하여
혐의를 털어내어야 하기 때문이다.

혼자 가다가 비를 만나 젖을 수 있을   (-獨行遇雨)
것처럼 보일 입장에 대하여

화를 내는 것처럼 보여서 쾌(夬)에 동   (-若濡有慍 无咎)
참(同參)하는 九三의 진심을 사람들에
게 알린다면 허물이 없다.

獨行遇雨 若濡有慍(독행우우 약유유온). 여러 양(陽)들 중에서 九三은 上六과 응(應)
하는 짝이다. 그러므로 서로 만나면 화흡(和洽)의 비를 내려서 널리 적실 수 있는 관
계이다. 그러나 쾌(夬)괘에서의 上六은 척결대상(剔抉對象)이다. 따라서 九三이 上六
을 만나는 것은 의심받을 처사이고 둘이서 화합(和合)한다면 다른 양(陽)들이 화낼
일이다.

九三도 내심(內心)으로 쾌(夬)에 동참(同參)하고 있다. 그래서 쾌(夬)에 동참한다는
왕성(旺盛)한 모습을 얼굴에 보인다. 그렇게 함으로써 쾌(夬)의 대상(對象)이며 소인
(小人)인 上六과 사사로이 통한다는 혐의(嫌疑)를 피한다. 그리고 더 나아가 결단을
내려서 공공연하게 上六을 만나 그를 쾌(夬)하는 것이다. 은밀히 만난다면 옳은 일
을 하는데도 쓸데없는 의심이 생기므로 공공연히 만난다.

*壯=장. ①강건하다. 씩씩하다(-manly). 왕성하다. 단단하다.
　　②젊다.
　　③손상하다(戕). (-女壯/여장)
*頄=규(구). 얼굴. 광대뼈.
*夬夬=쾌쾌. 단연코 결단한다.
　(유달리 뛰어난 것을 말할 때는 말을 거듭한다. -乾乾/건, 謙謙/겸, 蹇蹇/건 등)
*慍=온. 성내다. 번민하다. 원망하다(-人不知而不慍/인부지이불온-논어).

象曰 君子夬夬 終无咎也　　　　군자쾌쾌 종무구야

군자가 단연코 결단하면 마침내는 허
물이 없다.

〈夬 九四爻〉

九四

臀无膚 其行次且.　　　　　　　　둔무부 기행차저

牽羊 悔亡 聞言 不信　　　　　　견양 회망 문언 불신

엉덩이에 살이 없으니 힘이 없어서　　(-臀无膚)
추진력이 약하다.

머뭇거리고 나아가지 못한다.　　　　(-其行次且)

양을 몰아가듯 초구를 비롯한 대중을　(-牽羊 悔亡)
이끌어서 함께 나아가면 후회가 없어
질 것인데

충고의 말을 들어도 믿지 않는다. 그　(-聞言 不信)
래서 안타깝게 머뭇거린다.

*臀=둔. 불기(궁둥이). 밑바닥.
*且=①저. 머뭇거리다. 공경하여 삼가다.
　　②저. 희생물을 올려놓는 도마.
　　③차. 또한. 우선. 잠시. 비록. 만일(-且如/차여). ~하면서.
*牽=견. 끌다. 거느리다. 몰고 가다. 이어지다(-牽復 吉/견복 길).

象曰

其行次且. 位不當也 　　　　　기행차저 위부당야

聞言不信 聽不明也 　　　　　문언불신 청불명야

머뭇거리고 나아가지 못한다는 것은　(-其行次且. 位不當也)
위치가 적당하지 못하기 때문이다.

충고의 말을 들어도 믿지 않는다는　(-聞言不信 聽不明也)
것은 들은 말의 뜻을 분별함에 어둡
기 때문이다.

상괘(上卦)는 태(兌)인데 上六은 태(兌)의 꼭대기이고 九四는 상괘(上卦)의 말단이
다. 태(兌)의 꼭대기인 上六이 제거 대상이 된 상황에서 태(兌)의 말단인 九四의 입
장은 편하지 못하다. 그러므로 아래의 양(陽)인 初九와 九二, 九三을 끌어당겨서 머
뭇머뭇 나아가고자 한다.

九四가 의심하고 머뭇거리는 이유는 다음과 같은 생각 때문이다. "34번 뇌천대
장(雷天大壯)괘에서는 상(上)괘에 음(陰)이 둘이고 양(陽)은 나(-九四) 하나뿐이어서 하
(下)괘의 양(陽)들이 상(上)괘에 있는 나(-九四)와 합심하여 움직여 나아가지만, 이번
택천쾌(澤天夬)괘에서는 상(上)괘에 양(陽)이 나(-九四) 말고도 군주인 九五가 있고 하
나뿐인 음(陰)은 쾌(夬-결단 제거)의 대상이다. 상황이 이러하니 아래의 양(陽)들이 비
록 九四인 나의 시종(侍從)이고 부하이지만 나를 필요한 존재로 여기지 않을지도 모
른다. 그러므로 나(九四)는 남이 무슨 말을 하더라도 의심해보고 행동도 섣부르게

하지 말아야 하겠구나."

〈夬 九五爻〉

九五 莧陸夬夬 中行 无咎   현륙쾌쾌 중행 무구

莧陸(현륙)을 자리공(쇠비름) 풀로 보는 견해

자리공을 베어내듯 단호하게 척결(剔
抉)한다. 반드시 음(陰)의 위험을 끊어
내어 흩어버린다는 뜻이다. 그러나
중도(中道)를 택해서 적절하게 행하여
야 허물이 없다.

莧(현)을 山羊(산양), 陸(륙)을 양들이 풀 뜯는 평원으로 보는 견해

목동(牧童)이 평원(平原)에서 양(羊)을
이끌듯 적절하게 척결해야 허물이 없
다. 평원(平原)에서 풀밭을 만나면 양
(羊)들은 자리를 잘 옮기려 하지 않지
만, 목동은 더 좋은 풀밭으로 양을 이
끈다. 이때 단호하지만 적절한 양몰이
방법을 쓰는 것이다.

*莧陸=현륙. 자리공(자리공科)과의 여러해살이풀. 뿌리는 상륙(商陸)이라는 이뇨(利尿) 약재
*夬夬=쾌쾌. 결단성 있는 모습. 단호한 모양(-莧陸夬夬/현륙쾌쾌)

象曰 中行无咎 中未光也　　　　중행무구 중미광야

척결함이 적절하다 해도　　　　　(-中行无咎)

(온전히 강한 자가 자기 일족을 쾌(夬-척결)　(-中未光也)
하는 것이기에) 속마음은 흔쾌히 밝지
못하다.

　九五는 군주로서 온전히 강한 자이다. 따라서 九四와 달리 척결에 주저함이 없
어야 하지만 온전히 강한 자는 자기 일족에게-[상(上)괘인 태(兌)에게]-상처 입히기
를 재촉하지 않는다. 그러므로 척결하는 것이 적절하다 해도 마음은 흔쾌히 밝지
못한 것이다. 척결행위란 본래 그 성질이 빛나는 처사인 것은 아니기 때문이다.

〈夬 上六爻〉

上六 无號 終有凶　　　　　　　무호 종유흉

큰 소리로 울어주는 사람이 없고 불　(-无號)
러도 와주는 이가 없으니

마침내 흉하다.　　　　　　　　(-終有凶)

陰慝僭上 雖有與之應而相比以說者 時至則瓦解
음특참상 수유여지응이상비이열자 시지즉와해

사특한 음(陰)이 맨 윗자리에 있으니 비록 그와 함께 어울리고 가까이 지내

며 즐거워하는 사람(-九五)이 있더라도 때가 되면 흩어질 것이다.

- 왕부지(王夫之) 〈주역내전(周易內傳)〉

象曰 无號之凶 終不可長也　　　　무호지흉 종불가장야

"无號之凶"이란 끝내 그 자리를 오래
지켜나갈 수 없다는 뜻이다.

구성원의 호응을 받지 못하는 지도자는 그 자리를 오래 지킬 수 없다.

〈쾌(夬)괘의 실생활(實生活) 응용(應用)〉

① 쾌(夬)를 실현(實現)하려면 먼저 여론(輿論)의 큰 흐름을 살핀다. 민심(民心)이 자기를 신임(信任)하고 있는지를 살피는 것이다. 나는 이미 세속적 운세의 정점에 올라 있는 사람이다. 그렇다면 흐름을 타고 올라오는 세력에게 미움 받지 않도록 처신을 조심해야 한다.

② 나는 왕성한 세(勢)를 탄 사람이지만 중대한 결정을 내리고자 할 때에는 한 걸음 물러나 나의 목적과 계획을 돌아본다. 그런 다음에 나의 행동계획이 합리적이고 공명정대한 것이라고 주변사람들을 설득한 후에 결정한다.

③ 위험요소인 것이 분명하면 그것을 충분히 품고 갈 수 있을 것으로 생각되더라도 그것이 현실의 문제로 등장하기 전에 미리 단호하게 풀어헤치는 것이 좋다.

天風姤 (천풍구)

≡ 乾上 (건상)
☴ 巽下 (손하)

〈卦의 성격(性格) 요약(要約)〉

　내괘(內卦)는 손(☴巽)이고 외괘(外卦)는 건(☰乾)이다. 구(姤)는 ①만나다(-姤其角/구기각). ②아름답다(-其人夷姤/기인이구-〈관자(管子)〉). ③보기 흉하다 등을 뜻한다. 구(姤)괘는 별로 예(禮)를 갖추지 않은 상태에서 우연히 만나는 해후(邂逅)의 형국(形局)을 나타내는 괘상(卦象)이다. 마치 다섯 남자가 모여 있는 곳에 이제 막 한 젊은 여인이 처음으로 등장한 것과 같이 기존(旣存)의 모임이 새로운 기풍(氣風)이나 새 인물(人物)과 마주친 형국을 의미한다. 우연한 만남은 장차 아름다운 관계로 발전될 수도 있고, 보기 흉한 관계로 될 수도 있다.

　즐거움(-悅樂/열락) 속으로 쉽게 빠져드는 여인은 두루 접촉하지 못할 상대가 없다. 새로운 여인과 만남은 일상의 분위기를 신선하고 아름답게 만들어주는 측면도 있지만 관계의 관리를 잘못하면 보기 흉하거나 불행한 모습으로 변할 수도 있다. 그러므로 일찍감치 주의하여야 한다.

　우연한 새로운 만남(-邂逅/해후)에는 이렇게 여러 가지 깊은 뜻이 담겨 있다. 해후(邂逅)의 중대한 뜻을 아는 사람은 현혹됨이 없이 풍성한 인간관계를 누릴 수 있다.

우연히 만나는 여인은 지나가는 바람과 같은 것이다.

〈괘사(卦辭)와 단사(彖辭), 대상사(大象辭)〉

남자들만의 모임에 새로 나타난 홍일점(紅一點)과는 독점적(獨占的) 관계를 피한다.

卦辭: 姤 女壯 勿用取女   구 여장 물용취녀

구(姤)괘는 남녀가 예(禮)를 갖추지 않   (-姤)
고 우연히 만나는 상황을 나타내고
있는데

여자의 기운이 드세어서 장차 남자의   (-女壯)
기운을 깎아내리는 상(象)이다.

그러므로 이런 여인을 독점하려 하면   (-勿用取女)
(-장가들려 하면) 안 된다.

*姤=구. 만나다. [예(禮)를 갖추지 않은 우연한 만남]

象曰

姤 遇也 柔遇剛也   구 우야 유우강야

勿用取女 不可與長也   물용취녀 불가여장야

天地相遇 品物咸章也   천지상우 품물함장야

剛遇中正 天下大行也   강우중정 천하대행야

姤之時義 大矣哉   구지시의 대의재

구는 우연한 만남이다.	(-姤 遇也)
부드러운 기운의 여성이 굳센 기운의 남성을 만나는 것이다.	(-柔遇剛也)
그 여성을 취하지 말라고 한 것은 그와 더불어서 오래 갈 수 없기 때문이다.	(-勿用取女 不可與長也)
하늘과 땅이 서로 만나-비를 내리면-만물이 모두 밝아신다. (이것은 다섯 양 (陽)이 초음(初陰)과 만나서 분위기 밝아지는 것을 의미한다.)	(-天地相遇 品物咸章也)
굳센 기운의 九二가 중정(中正)한 九五를 만나서 천하가 크게 교화된다. (이 것은 九二의 물용취녀(勿用取女) 하는 꿋꿋 함을 뜻한다.)	(-剛遇中正 天下大行也)
그러므로 구(姤)의 시기적 의미는 참으로 크다.	(-姤之時義 大矣哉)

"姤之時義 大矣哉/구지시의 대의재"라는 말은 九五라는 중정(中正)한 군주(君主)가 상괘(上卦)에 있고 九二라는 꿋꿋한 신하가 하괘(下卦)에 있어서 물용취녀(勿用取女) 하므로 우연한 만남이 있더라도 군자가 천하의 일을 하는 데 지장을 주지 않는다 는 뜻이다.

---

*遇=우. ①우연히 만나다. 길에서 만나다.
　　　②때를 만나다(-登用/등용됨). 예우(禮遇)하다.

象曰

天下有風 姤　　　　　　　　　천하유풍 구

后以 施命誥四方　　　　　　　후이 시명고사방

세상에 바람이 부는 모습이 구의 괘
상이다.

군주는 이를 보고 사방에 명을 내려
백성을 가르쳐서 교화한다.

① 바람의 순기능(順機能)을 본받는 것이라는 견해:

하늘 아래 바람이 부는 것이 구의 괘상이다(-天下有風 姤). 하늘은 계절에 맞게 봄
바람 가을바람을 베풀어서 만물을 기르고 거두게 만든다. 군주는 이를 본받아 명
령을 내려서 사방을 가르쳐서 교화한다(-后以 施命誥四方).

② 바람의 역기능(逆機能)을 경계(警戒)하는 것이라는 견해:

바람은 그 부는 방향에 따라 땅 위의 풀을 휘둘러서 한 방향으로 눕게 만든다.
이리 불면 이쪽으로, 저리 불면 저쪽으로 … 풀의 입장에서 바람은 우연히 만나는
충격이다. 군주는 그가 통치하는 집단에 외부로부터 새로운 충격이 오는 것을 경
계한다. 휘하의 집단이 충격으로 이리저리 휘둘리면 해롭기 때문이다. 그래서 새
로운 충격이 오면 휘둘리지 않도록 사방에 명을 내려 깨우치는 것이다(-后以 施命誥
四方).

*誥=고. 다스리다(-誥四方/고사방). 대중(大衆)을 훈계(訓戒)하여 깨우쳐 주다.

〈姤 初六爻〉

初六

繫于金柅 貞 吉　　　　　　　계우금니 정 길

有攸往 見凶 羸豕孚蹢躅　　유유왕 견흉 리시부척촉

九二가 初六을 쇠로 된 제어(制御) 기　　(-繫于金柅)
둥에 묶어둔다.

初六이 묶여서 바르게 있으면 길하다.　(-貞 吉)

경솔히 나아가게 하면 흉한 꼴을 보　(-有攸往 見凶)
게 될 것이기 때문이다.

야위고 힘없는 돼지라고 믿어 그냥　　(-羸豕孚蹢躅)
놔두면 왔다 갔다 날뛰어서 제어하기
어렵게 된다.

*柅=니. 수레바퀴의 제어장치. 얼레. 브레이크
*羸=리. ①여위다(-羸豕孚蹢躅/리시부척촉)
　　②휘감겨서 곤란당하다(-羝羊觸藩羸其角/저양촉번리기각).
　　　*羝=저. 수컷 양.
　　③엎지르다(-羸其瓶/리기병) *瓶=병. 항아리.
*蹢躅=척촉(배회할 척. 서성거릴 촉). 날뛰다. (=跢躅/도척)

象曰 繫于金柅 柔道牽也　　계우금니 유도견야

쇠기둥에 매어두는 것은 음성(陰性)인
여인이 부드러움으로 휘저으며 끌고
나아가려는 것을 견제하기 위함이다.
(음성(陰性)의 부드러움에 휘둘리지 않도록
견제하는 것이 좋다는 뜻이다.)

初六의 형세는 다섯 양(陽)을 아울러 얻을 수도 있고 특히 九四와는 정응(正應)이지만 구(姤)괘에서의 初六은 만남을 중시(重視)한다. 그러므로 가까이에서 먼저 만난 자에게 주어진다. 호응 관계보다 만남 관계를 중요하게 생각하기 때문이다. 그래서 처음 만나서 합치는 자는 九二이고 그것은 허물도 아니다. 이미 九二와 합친 후에 그를 버리고 다른 이에게 간다면 종신토록 용납될 수 없다. 그러므로 九二에 묶여서 바름을 지킨다면 길하고 나아가 만나는 이가 있으면 흉하다. 初六을 돼지(豕)에 비유한 것은 돼지가 음(陰)의 성질인데도 조급한 물건이기 때문이다. 야윈 돼지라고 한 것은 初爻임은 뜻한다. 야위어서 힘없으리라 믿고 방심(放心)하면 안 되는 이유는 初六이 구(姤)괘를 구(姤)괘로 만드는 유일(唯一)한 음(陰) 효라는 힘과 매력을 가지고 있기 때문이다. 그 매력을 지니고 왔다 갔다 날뛰게 놔두면 뒤에는 제압할 수 없게 된다

-소식(蘇軾) 〈동파역전(東坡易傳)〉

〈姤 九二爻〉

九二 包有魚 无咎 不利賓　　　　　**포유어 무구 불리빈**

생선을 감싸서 품에 안고 있으나 허물은 없다. (생선은 음물(陰物) 중에서 양(陽)이 좋아하는 아름다운 것을 의미한다.)　　　(-包有魚 无咎)

그 생선을 손님들 앞에 내놓는 것은 이롭지 않다.　　　(-不利賓)

만남의 도리는 전일(專一)해야 한다. 한 가지에 충실해야 한다. 만남의 도리
가 둘이면(양쪽에 다리를 걸치면) 잡스럽다.

　　　　　　　　　　　　　　　　　　　　　　- 정이(程頤) 〈역전(易傳)〉

象曰 包有魚 義不及賓也　　　　　포유어 의불급빈야

생선(-初六)을 감싸서 품에 보존하고　　(-包有魚)
있는 것은
음물(陰物)의 만남으로 인한 해로움이
손님(九四)에게 미치지 않도록 하려는
것이다. (잘못됨을 스스로가 알면서도 그
것을 저질러서 다른 사람의 허물을 덮어주
는 것.)

初六이 밖에 딴마음을 가지게 해서는 안 되기 때문이다. 부정적(否定的) 에너지를
미연(未然)에 방지(防止)한다는 뜻이다.

〈姤 九三爻〉

九三의 위치는 어려운 곳이다. 짝사랑은 심중(心中)에 묻어두고 자기성장(自己成
長)에 힘써야 한다.

九三 臀无膚 其行次且 厲 无大咎　　둔무부 기행차저 려 무대구

九三은 九二에 막혀서 初六과 만나기　　(-臀无膚)
가 어려우니 엉덩이에 살이 없는 모
습이다.

九三은 지나치게 강(剛)하고 위치가　　(-其行次且)
중(中)이 아니며 上九와 응(應)하지도
않으니 나아가기 편한 상황이 아닌데
거기다 初六을 원하는 마음도 버리지
못하고 있다. 그대로 있자니 불안하
고 나아가자니 나아갈 상황이 아니어
서 머뭇거리게 된다.

(우연한 만남에 미혹(迷惑)된 것은 아니고 망　　(-厲 无大咎)
동(妄動)하지 않고 머뭇거리며 삼가니) 위
태롭지만 큰 허물은 없다.

---

*且=①저. 머뭇거리다. 삼가다.
　　②차. 다시. 또한.

象曰 其行次且 行未牽也　　　　　기행차저 행미견야

행동을 머뭇거리는 까닭은 나아가더
라도 상황을 이끌 수 없기 때문이다.

---

*牽=견. ①이끌다. 강요하다.
　　②만류하다.

〈姤 九四爻〉

九四 包无魚 起凶   포무어 기흉

꾸러미에 아름다운 생선이 없다. (九四   (-包无魚)
는 初六과 정응관계(正應關係)임에도 初六이
이미 九二를 만났기 때문에 九四의 꾸러미
에는 생선이 없다.)

자기가 初六과 만날 정당한 자격을   (-起凶)
가졌노라고 일어나서 다투면 흉할
뿐이다.

象曰 无魚之凶 遠民也   무어지흉 원민야

생선이 없다는 것을 두고 다투면 흉
한 것은 백성들과 멀어지기 때문이
다. (백성이 자기를 떠나가는 것은 자기가
백성을 떠나는 것과 같다.)

〈姤 九五爻〉

九五 以杞包瓜 含章 有隕自天   이기포과 함장 유운자천

구기자나무로 오이 넝쿨/덩굴(-初六/   (-以杞包瓜)
초육)을 감싸듯이 九二로 하여금 음(陰)
인 初六의 의욕에 넘친 부스럭댐을 머
물게 만들 만큼

양(陽)인 九五가 밝음을 품에 지니고   (-含章)
있다면

하늘로부터 내려오는 것이 있을 것   (-有隕自天)
이다.

象曰

九五含章 中正也   구오함장 중정야
有隕自天 志不舍命也   유운자천 지불사명야

九五 효가 밝음을 품는 것은 중정(中   (-九五含章 中正也)
正)하기 때문이다.

음양소장(陰陽消長)은 본래 하늘의 명   (-有隕自天)
(命)인데 하늘에서 내려오는 것이 있
다는 것은

九五가 굳은 의지로 하늘의 명을 버   (-志不舍命也)
리지 말아야 한다는 것을 의미한다.

기(杞)는 키가 작으며 덩굴 형태로 자라는 구기자나무를 뜻하는 글자이다. 키가 큰 냇버들 나무나 고리버들을 가리키기도 한다.

"有隕自天/유운자천"은 원래는 없던 큰 복이 하늘에서 내려와 그것을 받는 것을 뜻한다. 정이(程頤)는 기(杞)라는 글자가 큰 냇버들 나무를 가리키는 것으로 보았다. 그리고 九五가 큰 덕으로 현인(賢人)을 포용하면 하늘이 원래 없던 큰 복을 내려주어 九五가 이를 받게 되는데 이를 "有隕自天/유운자천"이라 한다고 해석하였다. 대인(大人)인 九五가 천명(天命)에 따라 큰 덕을 베풀고 아래의 현인(賢人)을 포용하면 하늘도 복을 내려주게 된다는 것을 강조한 것이다(- 정이(程頤) 〈역전(易傳)〉).

소식(蘇軾)은 군자의 뜻이 지극하면 하늘도 능히 그를 이길 수 없다는 의미를 말한 것으로 "有隕自天/유운자천"을 해석하였다. 군자(君子)는 운명(運命)이라고 해서 쉽게 뜻(志)을 저버리지 않는다. "有隕自天/유운자천"은 군자의 뜻이 지극하면 하늘도 능히 그를 이길 수 없다는 말이다. 음(陰)이 자라나면 양(陽)이 사라지는 것은 하늘의 명(命=理致/이치)이다. 그러나 그것을 이길 수 있는 것이 사람의 의지(意志)이다. 음기(陰氣)가 자라서 양기(陽氣)를 이기려 할 때, 이를 극복하려는 굳은 의지가 있어야만 밝은 치가(治家)와 올바른 치국(治國)이 가능하다. 이러한 뜻을 담고 있는 것이 "有隕自天 志不舍命也/ 유운자천 지불사명야"라고 본 것이다.

君子不以命廢志/군자불이명폐지
九五之志堅 則必有自天而隕者/구오지지견 즉필유자천이운자
言人之至者 天不能勝也/언인지지자 천불능승야

　　　　　　　　　　　　- 소식(蘇軾) 〈동파역전(東坡易傳)〉

〈姤 上九爻〉

上九 姤其角 吝 无咎　　　　구기각 인 무구

그 뿔에서 만난다. 아쉽고 부끄러운
데 허물을 돌릴 데도 없다.

　뿔은 머리 꼭대기에 있고 강(剛)하게 굳어있는 것이다. 만남이란 자기를 낮추고
굽혀서 상대를 존중할 때 서로가 화합하여 즐기는 것인데 뿔처럼 강하고 높은 태도
로 나오면 사물이 만나기를 즐기지 않는다. 이런 경우 어디 탓할 곳도 찾을 수 없다.

象曰 姤其角 上窮 吝　　　　구기각 상궁 인

그 뿔에서 만남은 극도로 궁한 처지
에서 만나는 것이기 때문에 아쉽거나
부끄럽다.

〈구(姤)괘의 실생활(實生活) 응용(應用)〉

　① 우연히 만난 사람에게 호감이 간다. 인간관계가 넓어지니 좋은 일이다. 다만
휘둘려서 평정심을 잃으면 안 된다. 사기(詐欺)당하지 않도록 주의할 필요가 있다.
　② 생각지도 않은 좋은 일거리를 만났다. 마음이 설렌다. 그러나 이 또한 우연한
만남이니 휘둘리지 않도록 주의할 일이다. 다만 계절적 특수성을 지닌 일거리나
전문기술분야의 일거리라면 놓치지 말아야 한다.
　③ 여행 중에 만난 사람에게는 미련을 가지지 않는다.

四十五

澤地萃 (택지췌)

☱ 兌上 (태상)
☷ 坤下 (곤하)

〈卦의 성격(性格) 요약(要約)〉

내괘(內卦)는 곤(☷坤)이고 외괘(外卦)는 태(☱兌)이다. 췌(萃)는 ①모으다, 모이다, ② 여위다, 지치다, ③다다르다, 그치다 등을 뜻하는 글자이다. 췌(萃)괘는 땅 위에 저수지나 연못이 있으면 빗물이 모이고 물가에 초목이 더부룩하게 자라는 것처럼 사물(事物)이 한 곳에 모여 성장(成長)하는 모습을 상징(象徵)한다. 이는 음(陰)들이 양(陽)을 보호(保護)하고 부양(扶養)하기 때문이다. 초목(草木)이 무성(茂盛)하거나 사람과 물자(物資)가 많이 모여 번영(繁榮)하는 것을 보이는 괘상(卦象)이다. 때에 맞추어 쓰게 될 물자를 미리 준비(準備)해 두어야 한다는 교훈(教訓)을 담고 있다.

사람과 물자가 모이는 곳에서는 천태만상(千態萬象)의 세상사(世上事)가 펼쳐진다. 사람이 많이 모이면 무리(-黨/당=동아리)가 생기고 무리가 생기면 다툼(-黨爭/당쟁)이 따른다. 많이 모인 무리를 이끌어가는 군자(君子)는 모든 상황(狀況)을 잘 관찰(觀察)하여 다툼과 변고(變故)에 현명(賢明)하게 대응(對應)해야 한다.

현명한 인사(人士)의 도움을 받으면 무질서(無秩序)와 혼란(混亂)을 이겨내고 안정(安定)과 번영(繁榮)을 지킬 수 있다. 내부(內部)의 기강(紀綱)을 확립(確立)하여 공무(公

務)가 바르게 처리(處理)되도록 하고 치안(治安)을 튼튼히 하여 사회(社會)를 질서(秩序) 있게 하며 군비(軍備)를 튼튼히 하여 외적(外敵)을 막는다. 그 후에 천하(天下)를 향하여 정통성(正統性)을 공포(公布)하기 위하여 하늘과 조상(祖上)에게 번영(繁榮)을 감사(感謝)하는 여러 행사(行事)를 벌인다.

〈괘사(卦辭)와 단사(彖辭), 대상사(大象辭)〉

卦辭:

萃 亨 王假有廟	췌 형 왕격유묘
利見大人 亨 利貞	이견대인 형 이정
用大牲 吉 利有攸往	용대생 길 이유유왕

췌(萃)괘는 집권자(執權者)의 지위에 오른 왕자(王者)가 제향(祭享)을 올리려고 사당(祠堂)에 가는 괘상(卦象)이다.	(-萃 亨 王假有廟)
대인(大人)을 만나야 이로우니	(-利見大人)
일이 형통(亨通)하여 이롭고 올바르게 이루어지기 때문이다.	(-亨 利貞)
대인을 만나 일을 형통하게 하려면 큰 희생물(犧牲物)을 대가(對價)로 써야 길하다.	(-用大牲 吉)
큰 희생물을 써야 일을 추진(推進)하는 데 이로움이 있기 때문이다.	(-利有攸往)

오늘날 선거(選擧)에서 승리(勝利)한 대통령(大統領)이나 정당 지도자들이 현충원(顯忠園)에 참배(參拜)하는 것과 비슷하다.

"萃 亨/ 췌 형"에서 "亨/형"을 군더더기 글자로 보는 해석(解釋)도 있지만 췌(萃)괘 전체의 괘덕(卦德)을 아우르는 글자라고 본다. 췌(萃)괘의 여섯 효사(爻辭) 모두가 허물이 없음에서 알 수 있다.

사람을 모으려면 재물(財物)을 써야 한다. 크게 췌(萃)하려면 비용(費用)도 크게 필요(必要)한 법(法)이다. 대인(大人)을 쓰려면 큰 이익과 봉록(俸祿)으로 우대(優待)하여야 한다. 그래야 대인(大人)을 써서 번영(繁榮)을 계속(繼續)할 수 있다.

*假=①격. 이르다. 다다르다. 오다(格/격).
　　②가. 거짓. 임시적. 빌리다(-祭器不假/ 제기불가).
　　　용서하다(-大臣犯法 無所寬假/ 대신범법 무소관가)-〈북사(北史)〉
　　③가. 겨를/여가/휴가(暇/가). 아름답다(-嘉/가). 가마에 타다(-駕/가).

彖曰

萃 聚也	췌 취야
順以說 剛中而應 故 聚也	순이열 강중이응 고 취야
王假有廟 致孝亨也	왕격유묘 치효형야
利見大人亨 聚以正也	이견대인형 취이정야
用大牲吉利有攸往 順天命也	용대생길이유유왕 순천명야
觀其所聚而天地萬物之情 可見矣	관기소취이천지만물지정 가견의

췌(萃)는 취(聚), 즉 모인다는 의미　　(-萃 聚也)
이다.

기꺼이 순응(順應)하는 것이다.	(-順以說)
굳센(-剛/강) 九五가 중도(中道)를 지키면서 六二와 호응(呼應)한다.	(-剛中而應)
그래서 九五를 따라 九四가 모이고 六二를 따라 初六과 六三이 모인다.	(-故 聚也)
왕이 사당(宗廟)에 몸소 온다는 것은	(-王假有廟)
뭇 백성(百姓)인 내괘(內卦)의 세 효(爻)가 순종(順從)하고 신하(臣下)인 九四가 보필(輔弼)하는 상태(狀態)에서 왕인 九五가 지극(至極)한 정성(精誠)으로 조상(祖上)에게(-上六) 제사(祭祀)하며 형통(亨通)하게 효치(孝治)한다는 뜻이다.	(-致孝亨也)
대인(大人)을 만나니 이롭고 형통하게 성장한다. 대인은 올바르게 모으기 때문이다.	(-利見大人亨 聚以正也)
"큰 희생물을 써야 길하니 일의 추진에 이로움이 있다"라는 말은 하늘의 이치를 따라서 일하여야 잘 모을 수 있다는 뜻이다.	(-用大牲吉利有攸往 順天命也)
모으고 모이는 바를 관찰하면 천지만물의 실정(實情)을 들여다볼 수 있다.	(-觀其所聚 而天地萬物之情 可見矣)

象曰

澤上於地 萃　　　　　　　　　택상어지 췌

君子以 除戎器 戒不虞　　　　군자이 제융기 계불우

빗물이 모일 곳을 미리 땅 위에 만들
어두어서 물을 모으는 것이 췌의 괘
상이다. (필요할 때 쓰기 위하여 필요하지
않을 때 준비해두는 모습이다.)

군자는 이를 본받아 군비(軍備)를 튼
튼히 하여 뜻밖의 변고(變故)에 대비
한다.

　대인(大人)은 두 가지 길로 사람을 모은다. 첫 번째는 자기를 따르는 자를 직접 받
아들여서 모으는 것이고, 두 번째는 각자에게 따르고 싶은 사람을 택하도록 허용
하여 일차로 모이게 한 다음에 그 모으고 있는 자들을 다시 자기가 모으는 것이다.
대인(大人)은 크게 모으는 방식으로 이렇게 여유로움과 편안함을 쓴다.

　자기를 따르지 않는 자를 굳이 직접 모으려 하는 것은 다투어서 모으는 것이다.
다투어서 모으는 것은 올바른 모음이 아니기에 크게 모을 수 없다.

　九四는 六三에 대한 관심(關心)을 버리고 初六을 모은다. 九五는 우선 六二를 끌어
당겨 모은다. 그런 다음에 주재자(主宰者)의 지위(地位)에서 다시 九四를 대신(大臣)으
로 삼아 모은다. 上六은 온화(溫和)하게 六三을 받아들여서 두 음(陰)이 모인다. 上六
과 六三의 두 음(陰) 효는 따로 어디 갈 곳이 없으므로 九五에 모이게 된다.

　"큰 희생물을 써서 대인을 만나야 길하고 일의 추진에 이로움이 있다. (-用大牲吉
利有攸往)"라는 말의 뜻은, 그래야 천명(天命)에 순응(順應)하여 번영(繁榮)을 계속(繼續)
할 수 있다는 것이다. 나에게 큰 재물(財物)이 모였다 하여 혼자 앉아서 누리기만 하

는 것은 잘못이다. 대인(大人)과 더불어 세상(世上)에 도움이 되도록 재물을 크게 풀어서 쓰지 않으면 천명을 어기는 것이기 때문이다.

---

*澤=택. ①빗물길(-雨路/우로). 저수지. 연못.
　　②유풍(遺風). 혜택. 여덕(餘德). (-君子之澤 五世而斬/군자지택 오세이참)-〈맹자(孟子)〉
*虞=우. 헤아려 생각하다. 염려하다. 방비/대비. 山澤지기(산지기).

〈萃 初六爻〉

자기 옆에 제대로 된 사람이 모이도록 사람을 가려서 모아야 한다.

初六
有孚 不終 乃亂乃萃　　　　　　　　유부 부종 내란내췌
若號 一握爲笑 勿恤 往 无咎　　　　약호 일악위소 물휼 왕 무구

初六은 九四와 정응(正應)이어서 그에게 모이려는 마음이 있으나	(-有孚)
初六의 위에 있는 두 음(陰)이 동류(同類)인 음(陰)끼리 모이자고 하는 형국이므로 初六으로서는 九四에 대한 믿음을 끝내 지키지 못하고	(-不終)
마음이 흔들려서 망령되이 六二, 六三과 모인다.	(-乃亂乃萃)
만약 고함쳐서 정응(正應)인 九四를 부르면	(-若號)

일단의 사람들이 비웃겠지만	(-一握爲笑)
걱정하지 말고 九四를 따라서 나아가 면 허물이 없을 것이다.	(-勿恤 往 无咎)

*乃亂乃萃=내란내췌. 혼란스럽기도 하고 모이기도 한다.
*一握=한 줌의 집단.

象曰 乃亂乃萃 其志亂也	**내란내췌 기지란야**

"乃亂乃萃"는 그 뜻이 어지럽게 흔들
린다는 말이다.

〈萃 六二爻〉

六二 引 吉 无咎 孚乃利用禴	**인 길 무구 부내이용약**

중정(中正)한 六二가 중정(中正)한 九五 에 호응(呼應)하는 위치에서 初六과 六 三을 끌어모아서 가니 길하여 허물이 없다.	(-引 吉 无咎)
六二가 初六과 六三을 끌어당겨 모아 서 함께 九五에 가는 것이므로 서로의 믿음이 있어서 간소하지만 정성스러 운 제사를 올리는 것이므로 이롭다.	(-孚乃利用禴)

象曰 引吉无咎 中 未變也　　　　　　인길무구 중 미변야

"끌어당겨 모아서 이끌고 가니 길하
고 허물이 없다."라는 것은 동류들
사이에서 스스로 중정(中正)의 덕이
변하지 않는 채로 모여 있다가 九五
에 당겨져서 가기 때문이다.

위에서 끌고 아래가 믿으며 따를 때 그 모임은 견고(堅固)해진다.

〈萃 六三爻〉

六三 萃如嗟如 无攸利 往 无咎 小吝　　췌여차여 무유리 왕 무구 소린

六三은 음(陰)이 양(陽)의 위치에 있고
호응이 없어서 모일 곳이 마땅하지
않으므로 모이려 하다가 뜻대로 안
되어 탄식하는 것 같다.

(-萃如嗟如)

가까이에서 손을 내미는 九四를 따르
는 것은 九四와 호응하는 初六 때문에
끝내 이로운 바가 없다.

(-无攸利)

나아가서 上六을 따르면 허물은 없
지만

(-往 无咎)

六三과 上六의 모임은 음(陰)끼리 모이
는 것이므로 다소 아쉽고 부끄럽다.

(-小吝)

象曰 往无咎 上 巽也　　　　　　**왕무구 상 손야**

나아가서 上六에 모여도 허물이 안 되
는 것은 위의 上六이 온화하기 때문이
다. (上六도 역시 호응이 없기 때문에 다가
오는 六三을 온화하게 받아들여 준다.)

〈萃 九四爻〉

九四 大吉 无咎　　　　　　**대길 무구**

九四는 크게 길(吉)하여야 허물이
없다.

象曰 大吉无咎　位不當也　　　　　대길무구 위부당야

크게 길해야 허물이 없게 된다는 것
은 九四의 위치가 적당하지 않기 때문
이다.

　九四는 양(陽)이 음위(陰位)에 있으면서 중위(中位)도 아닌데 세(勢)를 모으니 九五
가 싫어한다. 그러므로 처신(處身)을 삼가면서 아랫사람들의 순종하는 마음을 모아
서 九五를 위하여 크게 공(功)을 세워야만 허물을 면하고 함께 편안할 수 있다는 뜻
이다.

〈萃 九五爻〉

九五
萃有位 无咎　　　　　　　　　　췌유위 무구
匪孚 元永貞 悔亡　　　　　　　　비부 원영정 회망

九五는 지위(地位)를 가지고 모으는 것　　　(-萃有位 无咎)
이므로 허물이 없다.

나로부터 직접 신뢰를 받고자 하는　　　　(-匪孚)
자가 아니라면

그가 처음에 인연(因緣)을 맺은 자인 중　　(-元永貞)
간보스를 계속 섬길 수 있게 해주고

그런 다음에 나의 지위를 이용하여   (-悔亡)
중간보스를 모은다. 그렇게 하는 것
이 후회를 없애는 길이다.

봉건사회에서는 지위가 세습(世襲)되었으므로 그 지위란 바로 조상의 덕을
말한다.

군웅(群雄)이 할거(割據)하고 계파(系派)가 난립(亂立)하는 시대의 세력(勢力) 확장(擴
張)은 중간보스 계급(階級)의 마음을 모으는 것이었다. 옛날 무협지에서 장수(將帥)
급(級)의 일대일 대결에서 그런 면이 자주 보인다.

"그가 나를 따르도록 만들되, 그를 따르는 자까지 직접 나에게 다가오기를 강요
하지 않는다. 각자 자기의 첫 주인을 따르며 길이길이 곧게 살도록 해야 후회가 없
다"라는 것이 봉건적 조직체의 기본윤리이다.

象曰 萃有位 志未光也   췌유위 지미광야

지위를 가지고 모으는 것이기에   (-萃有位)

그 모은 뜻이 아직 빛을 발휘하지는   (-志未光也)
못하고 있다. (모여든 사람들이 길이 올곧
게 九五를 따를 때 비로소 모음의 빛이 발휘
된다.)

미래상(未來像=vision)이 없이 지위(地位)만으로 모은 집단은 쉽게 빛을 잃는다. 지
위 때문에 모여드는 것을 나에 대한 존경심의 표시라고 경솔하게 믿으면 안 된다.
그러므로 핵심인물을 모으려면 반드시 자기 자신이 직접 신임을 확인해야 한다.

〈萃 上六爻〉

上六 齎咨涕洟 无咎 　　　　　　자자체이 무구

눈물 콧물 흘리며 탄식하고 또 근심
하면 허물은 없다.

    上六은 응(應)이 없이 높은 위치에 외롭게 앉아있으므로 모이는 상황에서 고립될
우려 있는 자리에 자기가 앉아있음을 인식하고 탄식하며 반성하면 허물을 면할 수
있다는 뜻이다.

---

*齎=①자(재). 탄식하다. ②재. 가져오다. 선사하다.
*咨=자. 한탄하다.
*涕=체. 눈물.
*洟=이. 콧물.

象曰 齎咨涕洟 未安上也 　　　　　자자체이 미안상야

"눈물 콧물 흘리며 탄식하고 또 근심"　　(-齎咨涕洟)
하는 까닭은
九五의 윗자리에 있는 것을 마음으　　(-未安上也)
로 편안하지 않게 여기기 때문이다.

    사람 모으는 일이란 무당이 굿을 하며 작두 타는 일을 닮았다고 말한 이가 있다.
그만큼 어렵고 위험(危險)도 잠복(潛伏)되어 있다는 것이다. 췌(萃)괘에서 말하는 현
재의 모음과 번영은 하늘과 조상(祖上)이 내려준 것이다. 자만(自慢)이나 과시(誇示)
를 경계하고 항상 감사하는 마음으로 지내야 한다.

〈췌(萃)괘의 실생활(實生活) 응용(應用)〉

① 번영의 토대가 되는 물자를 모으고 사람을 모으고 지식을 모으는 것이 모두 췌(萃)이다.

② 좋은 것이라고 믿어지면 생각보다 비싸더라도 산다. 그런 정신을 발휘(發揮)해야 좋은 것을 모을 수 있다.

③ 사람과 재물이 모인 곳에는 시기심(猜忌心)과 경쟁(競爭)과 혼란(混亂)이 생긴다. 따라서 이런 상황을 다잡아서 질서(秩序)와 안정(安定)을 지켜낼 수 있는 능력이 필요하다. 학문과 지식도 마찬가지이다. 그저 모이기만 하면 어중이떠중이의 잡지식이 될 수 있다. 잘 모으고 잘 관리해야 위대해진다.

④ 정치적 역량(力量)과 화목(和睦)을 향한 성의(誠意)가 있어야 한다. 모든 모으는 일의 실현(實現)과 지속(持續)에는 이 두 가지 요소가 필수 사항이다.

四十六

地風升 (지풍승)

☷ 坤上 (곤상)
☴ 巽下 (손하)

〈卦의 성격(性格) 요약(要約)〉

　내괘(內卦)는 손(☴巽)이고 외괘(外卦)는 곤(☷坤)이다. 승(升)은 ①솟아오르다(登, 昇). ②번영(繁榮)하다. ③이루어지다(成/성). ④곡식이 익다. ⑤바치다. 드리다(-升鑑/승감). ⑥용량(容量)을 재는 되(-升斛/승곡) 등을 뜻하는 글자이다.

　승(升)괘의 상(象)은 전진(前進)과 향상(向上), 생물(生物)의 성장(成長) 등을 상징한다. 승(升)은 생명체(生命體)가 비약적(飛躍的)으로 성장하는 것이 아니라 계단(階段)을 오르는 것처럼 단계적으로 순조롭게 자라는 것을 말한다.

　생명체가 순조롭게 성장(成長)하려면 몇 가지 요소가 갖추어져야 가능하다. 첫째, 스스로의 생동(生動)하는 실력(實力)이 있어야 한다. 둘째, 득시(得時) 즉 시운(時運)을 얻어야 한다. 셋째, 좋은 토양(土壤)과 훌륭한 후원자(後援者)를 만나야 한다.

　위와 같이 몇 가지 요소가 갖추어지면 순조롭게 성장(成長)한다. 그러나 아무리 순조롭게 성장하더라도 성장의 끝에는 사라짐이 기다리고 있다. 외형적(外形的)인 성장에만 지나치게 몰두(沒頭)하는 것은 언젠가는 사라질 것에 대한 허무(虛無)한 집착(執着)이다. 그러므로 진정(眞正)한 성장의 아름다운 끝 모습은 자아실현(自我實現)에 힘쓰는 것이다.

〈괘사(卦辭)와 단사(彖辭), 대상사(大象辭)〉

卦辭: 升 元亨 用見大人 勿恤 南征 吉   승 원형 용견대인 물휼 남정 길

승(升)괘는 단계(段階)를 밟아 성장(成長)하는 것을 상징하는 괘상이다.	(-升 元亨)
단계(段階)를 밟아 다가가는 이치(理致)를 따라 대인(大人)을 만나면 이롭고 걱정할 것이 없다.	(-用見大人 勿恤)
나무(-下卦인 巽)와 대지(大地-上卦인 坤)가 번갈아 가며 함께 솟아오르듯 九二와 六五가 양보(讓步)하며 함께 전진(前進)하니 서로의 뜻을 이루어 길하다.	(-南征 吉)

六五가 비록 유약(柔弱)하지만 지금 군주(君主)이니 군주의 권한(權限)으로 대인(大人)인 九二를 신임(信任)한다면 걱정할 것이 없이 전진(前進)하는 이로움이 있을 것이고 장차 훌륭한 군주로 자랄 것이라는 뜻이다.

*升=승. ①계단을 밟아서 오르다. 번성하다. 바치다.
　　　이루어지다(-男女無辨則亂升/남녀무변즉난승〈예기(禮記)〉).
　　②되(-용량의 단위).
*南征=남정. 전진(前進)하는 것을 의미한다.

彖曰

柔以時升 巽而順	유이시승 손이순
剛中而應 是以大亨	강중이응 시이대형
用見大人勿恤 有慶也	용견대인물휼 유경야

南征吉 志行也　　　　　　　　남정길 지행야

부드러운 성격인 六五가 올려줄 때를　　(-柔以時升 巽而順)
기다려 오르니 겸손(謙遜)하고 유순(柔
順)하다.

강(剛)한 성격인 九二가 중(中)에 자　　(-剛中而應 是以大亨)
리하여 응(應)하므로 크게 형통(亨通)
하다.

六五가 권한을 써서 단계적으로 절차　　(-用見大人勿恤 有慶也)
를 밟아 대인(大人)인 九二를 만나니
걱정할 것이 없고 경사(慶事)가 있다.

"남쪽으로 나아가니 길하다"라는 것　　(-南征吉 志行也)
은 뜻대로 성장(成長)이 이루어진다는
말이다.

象曰

地中生木 升　　　　　　　　지중생목 승

君子以 順德 積小以高大　　　　군자이 순덕 적소이고대

땅속에서 나무가 생기면 계절의 계단　　(-地中生木 升)
을 밟으며 점차 자라 오른다.

군자는 이를 보고 근본이 되는 하늘　　(-君子以 順德)
의 이치에 따라서 나무가 자라듯이
유순(柔順)한 덕을 닦아 나아가니

작은 덕을 쌓고 또 쌓아 높고 크게 만　　(-積小以高大)
든다.

경사(慶事)는 이익의 효과가 주변에도 미치고 지속적으로 이루어지는 일을 말한다. 경사(慶事)는 나만이 아니라 남에게도 도움이 되는 것이다. 그렇기 때문에 널리 알려서 함께 즐기고 효과를 널리 미치게 하는 것이다. 널리 알려도 시샘하지 않는 것은 그 효과가 모두에게 좋게 미칠 수 있기 때문이다. 반면에, 희사(喜事)는 이익의 효과가 개인에 국한되거나 일시적이다. 그러므로 널리 알려지면 자칫 시샘을 부를 수 있다. 그러니 자랑은 조심해야 한다.

근원이 풍부한 샘(-原泉/원천)에서 흘러나오는 물은 쉼 없이 흘러내려 바다에 이르듯이 사람의 언행(言行)도 마찬가지이니 우선 근본(根本)을 잘 닦은 후에 나아가야 한다. 근본을 잘 닦은 후에 행동하면 작은 덕목(德目)이라도 삼갈 것은 반드시 삼가고 자잘한 행위(行爲)라도 반드시 긍정적(肯定的) 자세를 지키며 나아감으로써 마침내 훌륭한 경지에 이를 수 있다.

原泉混混 不舍晝夜 盈科而後 進 放乎四海 有本者 如是

원천혼혼 불사주야 영과이후 진 방호사해 유본자 여시

– 〈맹자(孟子) 이루(離婁) 하(下)〉

*混=혼. 많이 흐르는 모양.

〈升 初六爻〉

初六 允升 大吉　　　　　　　　윤승 대길

初六이 승(升)의 임무를 담당하여서   (-允升)
성실하게 九二를 밀어 올려 강중(剛中)
한 위(位)에 있게 하니

初六은 크게 길하다.   (-大吉)

象曰 允升大吉 上合志也   윤승대길 상합지야

"允升大吉"이라 한 까닭은 初六의 성   (-上合志也)
실한 뜻이 상괘(上卦)인 곤(坤)의 공손
한 뜻과 합해지기 때문이다.

〈升 九二爻〉

九二 孚乃利用禴 无咎   부내이용약 무구

九二와 六五가 서로 호응(呼應)함에 있   (-孚乃利用禴)
어서 九二가 예(禮)를 올려 성의를 믿
게 한다면 예(禮) 자체는 간소하게 갖
추어도 이롭고

허물이 없다.   (-无咎)

감사하는 마음의 표시는 물질보다 성의를 중요시한다. 자라나는 어린싹이 어른에게 예(禮)를 차림에 있어서는 더욱 그렇다. 성의만 있으면 예(禮)를 간소하게 갖추더라도 축복이 따른다.

象曰 九二之孚 有喜也　　　　　구이지부 유희야

"九二가 성의를 보여 六五로 하여금　(-九二之孚)
믿게 한다."란 말은
신하로서 허물없이 강중(剛中)의 도　(-有喜也)
(道)를 펼치는 기쁨이 있게 된다는 뜻
이다.

〈升九三爻〉

九三 升虛邑　　　　　　　　　승허읍

빈 고을로 올라간다. (무인지경(無人之
境)을 가는 것처럼 방해가 없이 나아간다.)

象曰 升虛邑 无所疑也　　　　　승허읍 무소의야

"升虛邑 无所疑也"는 나아가는 데 있
어서 의심할 바가 없다는 말이다.
(九三(-陽/양)에 소신껏 훌륭한 일을 하라는
뜻이다.)

손쉬운 오름(升)의 길흉화복(吉凶禍福)은 그 자신의 하기 나름에 달렸다. 우쭐한 감상에 빠지면 손쉬움이 오히려 해로움이 될 것이다. 그래서 "升虛邑/승허읍"에 대하여는 길흉판단(吉凶判斷)을 보류(保留)하고 있다.

손쉬운 오름은 그 자체를 결코 길하다고 말할 수 없다. 조상(祖上)에게서 좋은 토대(土臺)를 물려받은 덕으로 쉽게 올라 우쭐대다가 잃게 되면 허무(虛無)에 빠질 수 있기 때문이다.

〈升 六四爻〉

六四 王用亨于岐山 吉 无咎　　　왕용형우기산 길 무구

(훗날 아들에 의하여 "왕(王)"으로 추존(追尊)된 주(周)나라 문왕(文王)이 은(殷)나라 주(紂)왕의 제후(諸侯)로서 기산(岐山)에 있을 때, 아직 하늘의 명을 받은 왕이 아닌 제후이므로 제후의 신분에 맞게 순종하고 예(禮)를 따르느라 천제(天帝)에게 제사(祭祀)하지 않고) 봉지(封地)인 기산(岐山)의 산신(山神)에게나 제사(祭祀)를 모시고 겸손하게 기다리며 천천히 나아가기를 도모하였으니 길하고 허물이 없다.

(-王用亨于岐山)

(-吉 无咎)

하늘에 올리는 대제(大祭)를 피하고 지방의 제후로서 기산의 토지신(土地神)을 섬기는 작은 제사를 지내며 기산에 터전을 잡을 것처럼 행세하여 주(紂)왕의 의심을 피한 조심성을 말한 것이다.

象曰 王用亨于岐山 順事也　　　　**왕용형우기산 순사야**

"王用亨于岐山"은 주어진 일에 순응　　(-順事也)
하며 다투지 않은 것이다.

〈升 六五爻〉

　오르는 당사자는 견실(堅實)한 발판을 딛고 오르는 것처럼 순리(順理)대로 오르고
오름을 기르는 후원자(後援者)는 발판 되어 줌을 족하게 여긴다. 부모와 자식이 그
렇고 나무와 땅이 그렇다.

六五 貞 吉 升階　　　　**정 길 승계**

견실(堅實)하게 순리(順理)를 따르면 길　　(-貞 吉)
하다.
계단(階段)을 밟아 오르듯 하는 것이다.　　(-升階)

　유약(柔弱)한 六五가 아래의 九二와 같은 강중(剛中)한 현자(賢者)를 등용(登用)하여
그의 도움을 계단 삼아 성장한다는 뜻이다.
　튼튼한 계단이 있으면 안전하게 성장할 수 있으니 성장이 쉽다. 다만 그 계단을
자기 발로 걸어서 오르는 정도의 수고는 직접 해야 한다. 계단 걸어 오르는 수고마
저 마다하고 올려주기를 바란다면 제대로 성장할 수 없다.

象曰 貞吉升階 大得志也　　　　　　정길승계 대득지야

"貞吉升階"란 크게 뜻을 이룬다는 말　　(-大得志也)
이다.

　유약하던 군주는 현명한 인재들의 도움으로 천하의 다스림이라는 큰 뜻을 이루
고 군주를 올려준 사람들은 올려줌의 뜻을 이루어서 마음으로 기뻐하게 된다는 의
미이다.

〈升 上六爻〉

上六 冥升 利于不息之貞　　　　　　명승 이우불식지정

오르느라고 정신이 어둡다. -나아가　　(-冥升)
는 일에 몰두하여 쉴 틈이 없다.
그러나 올바른 일에 열중하느라고 쉴　　(-利于不息之貞)
틈이 없다면 이롭다.

　자아실현(自我實現)이라는 올바른 일에 몰두하는 것은 괜찮다는 뜻이다.

象曰 冥升在上 消 不富也　　　　　　명승재상 소 불부야

정신없이 올라가서 위에 있다 하여도　　(-冥升在上 消)
결국 부(富)는 소멸(消滅)하는 것이다.

차라리 올바른 자세를 취하다가 사라　　(-不富也)
져서 부유하지 않게 됨이 옳다.

　외형물(外形物)인 부(富)는 허무하게 사라질 수 있다. 그러므로 삶의 마지막까지
외형물(外形物)만 쉴 틈 없이 추구할 수는 없다. 그러나 삶의 마지막까지 올바른 자
아실현에 몰두하는 것은 괜찮다는 뜻이다. 평생을 부(富)의 추구에만 정신없다면
소멸할 것을 쌓느라 쉬지도 못하는 것이다.

　높이 오른 자가 성공의 정점을 탐하지 않고 자아실현에 힘쓴다면 본받을 만하다.
승괘(升卦) 上六의 지괘(之卦)인 18번 산풍고(山風蠱) 上九를 보면 그 뜻이 명확하다.

　고(蠱)괘는 깨져 있어서(-破/파) 고칠 필요가 있는 일거리(-事/사)가 있는 상황이
다. 군자(君子)는 왕후(王侯)에게서 고(蠱)가 일어나는 기미를 보면 바로잡기에 노력
을 기울여서 그것을 구제(救濟)한다. 그럼에도 끝내 고(蠱)가 깊어지면 왕후(王侯)를
섬기지 않음으로써 그것을 멀리한다. 벼슬하지 않고 초야(草野)에 묻혀 일신(一身)을
고결(高潔)하게 보존(保存)한다면 그 뜻이　모범(模範)될 만하다.

　　산풍고(山風蠱)　상구(上九): 不事王侯 高尙其事 ／ 불사왕후 고상기사

　　　　　　상왈(象曰): 不事王侯 志可則也 ／ 불사왕후 지가칙야

〈승(升)괘의 실생활(實生活) 응용(應用)〉

　① 거목(巨木)이나 거인(巨人)은 하루아침에 만들어지지 않는다. 나무가 거목(巨木)
으로 자라려면 씨앗의 생명력(生命力)과 토양(土壤)과 기후조건(氣候條件)이 맞아야 하
고, 사람이 거인(巨人)으로 성장(成長)하려면 실력(實力)과 토대(土臺)와 시운(時運)이라

는 세 가지의 요소가 갖춰진 상태에서 단계(段階) 밟아 꾸준하게 나아가는 것이 필요하다.

② 신뢰(信賴)받는 실력자(實力者)가 되도록 노력해야 한다. 토대(土臺)는 가정(家庭)과 사회(社會)가 주는 것이고, 시운(時運)은 대세(大勢)의 흐름 속에서 내 앞에 잠깐 나타나는 뗏목과 같은 것이다. 개인(個人)이 스스로 좌우(左右)할 수 있는 요소는 신뢰(信賴)받는 실력(實力)뿐이다.

③ 실력(實力)은 인간관계(人間關係)에서 신뢰(信賴)라는 검증(檢證)을 거친 후, 시운(時運)을 만나면 힘을 발휘한다. 신뢰(信賴)는 하루아침에 생기지 않는다. 일상사(日常事)에서 생동(生動)하는 실력의 꾸준함이 쌓여 마음속에 신뢰(信賴)로 자리 잡는다. 믿음(-believe)과 신뢰(信賴-reliable. dependable)는 성공한 인간관계의 산출물이다.

四十七

澤水困 (택수곤)

☱ 兌上 (태상)
☵ 坎下 (감하)

〈卦의 성격(性格) 요약(要約)〉

내괘(內卦)는 감(☵坎)이고 외괘(外卦)는 태(☱兌)이다. 곤(困)은 나무가 울타리 안에 갇혀서 밖으로 가지를 뻗지 못하는 상태를 본뜬 글자로서 괴로움, 곤궁(困窮)함, 위험(危險)한 처지(處地) 등을 뜻한다. 곤괘(困卦)는 연못의 안에 담겨 있어야 할 물이 그 안에 있지 않고 연못의 아래에 있으니 물이 부족해서 연못이 본래(本來)의 구실을 못하는 것을 뜻하는 괘상(卦象)이다. 곤괘(困卦)는 음유(陰柔)가 양강(陽剛)을 가리니 군자(君子)가 소인(小人)들에 둘러싸여 있는 모습이다. 진퇴(進退)에 어려움을 겪는 곤핍(困乏)한 상황(狀況)을 상징(象徵)한다.

곤(困)의 상황은 사업(事業)이라면 자금난(資金難)에 빠진 시련기(試鍊期)에 해당(該當)한다. 곤(困)의 상태에서는 무슨 말을 해도 다른 사람들이 믿어주지 않는다. 그러므로 말보다 행동으로 보여주는 것이 곤(困)에 대처(對處)하는 바른 도리(道理)이다. 시련(試鍊)을 잘 견디고 이겨내면 크게 발전(發展)한다.

한 인간의 참된 됨됨이는 시련의 극복과정(克服過程)에서 나타난다. 대인(大人)에게는 곤핍(困乏)의 시련(試鍊)이 단련(鍛鍊)의 기회이므로 오히려 길(吉)하다.

곤(困)괘 여섯 효사들의 해설 중에서 九二 효사의 해석에는 크게 두 갈래가 있다.

九二 困于酒食 朱紱方來 利用亨祀
구이 곤우주식 주불방래 이용형사

① 정이(程頤), 소식(蘇軾) 등 전래의 견해
九二가 남에게 베풀 술, 밥이 없어서 곤란을 겪는다. 九二 효가 술, 밥 등 음식으로 사람들에게 혜택을 베풀고자 하는데도 그것이 부족하여 처신(處身)에 곤궁(困窮)함을 겪는다는 취지로 본다.

② 왕부지(王夫之)의 견해
九二가 남으로부터 술, 밥을 받아서 곤란을 겪는다. 음유(陰柔)한 소인(小人)이 예(禮)를 갖춘 술, 밥 등 음식으로 九二를 회유(懷柔)하여 자기편으로 얽어매려 하므로 九二가 처신에 곤란(困難)을 겪는 것으로 본다. 그 예(例)로 중국 춘추시대 노(魯)나라 권세가(權勢家)인 양화(陽貨)가 공자(孔子)에게 값비싼 삶은 통돼지 요리를 보내면서 자기편에 서서 벼슬하라고 청(請)했을 때의 공자가 처한 입장과 같은 것이라고 설명하였다. -〈논어(論語) 양화(陽貨) 편〉

오늘날 사외이사(社外理事)가 겪을 우려(憂慮) 있는 곤란(困難)과 비슷하다.

〈괘사(卦辭)와 단사(彖辭), 대상사(大象辭)〉

卦辭:

困 亨 貞 大人 吉 无咎	곤 형 정 대인 길 무구
有言 不信	유언 불신

곤핍(困乏)함에도 성장하려는(亨) 마음이 올바른	(-困 亨 貞)
대인(大人)이라면 길하고 허물이 없다.	(-大人 吉 无咎)
곤핍한 상황에 처했을 때는 무슨 말을 하더라도 믿어주지 않는다.	(-有言 不信)

彖曰

困 剛揜也	곤 강엄야
險以說 困以不失其所亨 其唯君子乎	험이열 곤이부실기소형 기유군자호
貞大人吉 以剛中也	정대인길 이강중야
有言不信 尙口乃窮也	유언불신 상구내궁야

곤괘는 강한 양기(陽氣)가 음기(陰)기에 의하여 갇혀있는 괘상이다.	(-困 剛揜也)

(음(陰)이 양(陽)을 가리면 곤고(困苦)함의 곤   (-險以說 困以不失其所亨)
괘(困卦)가 되고 양(陽)이 음(陰)을 가리면 꾸
밈의 비괘(賁卦)가 된다.) 기꺼이 위험에
대처하고 곤핍하여도 있어야 할 자리
를 잃지 않아야 형통하다.

그러는 것이 오직 군자의 도리이기   (-其唯君子乎)
때문이다.

마음이 올바른 대인이어서 길한 것은   (-貞大人吉)

곤고(困苦)함에도 불구하고 굳센 기운   (-以剛中也)
(剛)이 중도(中道)를 지킴으로써 경쟁
(競爭)하거나 조급(躁急)하게 서둘지 않
기 때문이다.

말재간으로 곤고(困苦)함을 면해보고   (-有言不信)
자 해도 믿어주지 않는다.

곤경에 처했을 때 말이 많으면 변명   (-尙口乃窮也)
으로 오해받아 오히려 처지가 궁해질
따름이다.

---

*揜=엄. 가리어 덮다. (掩/엄) 속이다.
　　깔보다(-篤以不揜/독이불엄-친절할 뿐 깔보지 않음-〈예기(禮記)〉.
*尙=상. ①오히려(-尙口乃窮也/상구내궁야). 역시.
　　여전히(-所尙乃窮也/소상내궁야)-〈역경(易經) 쾌괘 단사(夬卦 彖辭)〉
　　②반드시. 분명히(-尙有說也/상유설야)-〈공자가어(孔子家語)〉
　　③숭상하다(-不尙賢 使民不爭/불상현 사민부쟁)-〈노자(老子)〉
　　④부부가 되다(-得尙于中行/득상우중행)-〈역경(易經) 태괘(泰卦) 九二〉

象曰

| 澤无水 困 | 택무수 곤 |
| 君子以 致命遂志 | 군자이 치명수지 |

물로 가득 차 있어야 할 연못에 물이 비워진 것이 곤의 괘상이다. (-澤无水 困)

군자는 이를 보고 목숨을 바치듯 모든 것을 내어주면서라도 지조(志操)를 지킨다. (-君子以 致命遂志)

물은 재물(財物), 권력(權力), 재능(才能) 등을 상징한다. 물(水/수), 재물(財物), 권력(權力), 재능(才能) 등은 아래를 적셔주는 데 필요한 것들인데 있어야 할 곳에 남은 것이 없다면 더 이상 뜻을 펼침에 있어서 곤궁(困窮)한 것이다. 이처럼 군자가 뜻을 펼치고자 해도 펼칠 수 없는 상태에 있는 것이 바로 곤(困)이다. 물을 비운 연못은 재물(財物), 권력(權力), 재능(才能) 등 자기가 가진 것을 모두 내어주고 남김을 두지 않은 대인(大人)의 모습이라고도 볼 수 있다.

〈困 初六爻〉

初六
臀困于株木 入于幽谷 三歲不覿
둔곤우주목 입우유곡 삼세부적

初六은 군센 九二를 덮어서 곤고(困苦)　　　　(-臀困于株木)
하게 만들려 하지만 쉽지 않다. 六三
과 달리 맨 아래에 있어서 나무 밑동
에 엉덩이를 걸치고 앉은 처지(處地)처
럼 불편하고 괴롭기 때문이다.

그런데도 깊은 골짜기로 계속하여 들　　　　(-入于幽谷)
어가듯 처신(處身)한다면

삼 년이 지나도 형통(亨通)함을 보기　　　　(-三歲不覿)
어려울 것이다.

---

*臀=둔. 엉덩이.
*株木=주목. 나무 밑동. 그루터기-(困卦/곤괘에서는 九四爻를 뜻함).
*幽=유. 깊다. (幽谷/유곡=깊은 골짜기). 어둡다. 가두다. 그윽하다. 마음.
*覿=적. 보다. 보이다. (-三歲不覿/삼세부적)

象曰 入于幽谷 幽不明也　　　　입우유곡 유불명야

깊은 골짜기로 들어간다는 것은 마음
이 밝지 못하다는 뜻이다.

앉은자리가 마땅하지 않다는 것은 출발의 기본바탕이 나쁜 것을 뜻한다. 그러면
어떤 행동을 하더라도 지장(支障)이 많다. 가정불화(家庭不和)나 역량(力量)에 벅찬 지
위(地位) 등도 일종의 주목(株木)이다.

곤경에 처했을 때 부인이 남편을 도우면 대체로 곤경에서 벗어날 수 있지만 부
인이 남편을 덮어서 가리면 그 누가 어둠을 걷어내어 밝게 할 수 있겠는가?

夫 以柔助剛 則其幽可明, 以柔揜剛 其誰明之

부 이유조강 즉기유가명, 이유엄강 기수명지

- 소식(蘇軾) 〈동파역전(東坡易傳)〉

〈困 九二爻〉

곤(困)괘 九二 효사의 해석(解釋)에는 크게 두 갈래가 있다. ① 정이(程頤), 소식(蘇軾) 등 전래(傳來)의 견해와 ② 왕부지(王夫之)의 견해이다.

九二

困于酒食 朱紱方來 利用亨祀　　　　곤우주식 주불방래 이용형사

征 凶 无咎　　　　　　　　　　　　정 흉 무구

① 정이(程頤), 소식(蘇軾) 등 전래(傳來)의 견해

九二가 남에게 베풀 술. 밥이 없어서 곤란을 겪는다는 취지로 본다. 九二 효가 술, 밥 등 음식으로 사람들에게 혜택을 베풀고자 하는데도 그것이 부족하여 처신(處身)에 곤궁(困窮)함을 겪는다.

술과 음식의 부족으로 남에게 혜택을 베풀고자 해도 못 하여 곤핍한데	(-困于酒食)
군주(九五)가 찾아와서 지극한 정성으로 등용(登用)하고자 하니	(-利用亨祀)
바야흐로 술과 음식(飲食)을 베풀 수 있는 직위(職位)를 얻는다.	(-朱紱方來)

때가 이르기 전에 성급히 나아가는   (-征 凶)
것은 곤핍(困乏)에 동요(動搖)된 것이므
로 흉하다. 그러므로 서둘지 말아야
한다.

서둘다가 흉하게 되면 누구에게 허물   (-无咎)
을 돌릴 수도 없다.

② 왕부지(王夫之)의 견해

九二가 남으로부터 술. 밥을 받아서 곤란을 겪는다는 취지로 본다. 음유(陰柔)한
소인(小人)이 예(禮)를 갖춘 술, 밥 등 음식(飮食)으로 九二를 회유(懷柔)하여 자기편으
로 얽어매려 하므로 九二가 처신에 곤란(困難)을 겪는다. 예(例)를 들면, 중국 춘추시
대 노(魯)나라의 권세가(權勢家)인 양화(陽貨)가 공자(孔子)에게 값비싼 삶은 통돼지 요
리를 보내면서 자기편에 서서 벼슬하라고 청(請)했을 때의 공자가 처한 입장과 같
은 것이다. 〈논어(論語) 양화(陽貨)편〉 참고.

군자는 스스로의 술밥 부족에는 담담   (-困于酒食)
(淡淡)한 마음으로 지내며 천명(天命)을
기다린다. 그런데 음유(陰柔)한 소인(小
人)이 혜택(惠澤)을 베풀고자 하면서 예
(禮)를 갖춘 술과 음식으로 얽으니 군
자가 곤고(困苦)함을 만나 겪는다.

음유(陰柔)한 권세가(權勢家)가 작록(爵   (-朱紱方來)
祿)으로 얽아매려 하는 것이다.

그것을 받는 것이 내키지 않는 상황 　　(-利用亨祀)
인데 오해 없이 거절해야 하는 처지
여서 그 곤핍(困乏)을 괴로워하다가 그
권세가(權勢家)가 예론(禮論)을 곁들여
권하니 굳세고 득중(得中)한 九二의 올
곧은 도리(道里)를 펼치고자 하는 뜻에
는 맞지 않으나 물리치지 못하고 받
아들여서 그들의 음해(陰害)를 피한 다
음 대인(大人)이 제사(祭祀) 모실 때의
태도처럼 상대방을 귀신(鬼神) 섬기는
도(道)로서 공경(恭敬)하여 자기 자신이
모독(冒瀆)당하지 않도록 한다.

올곧은 선비가 소인(小人)을 대하는 올 　　(-无咎)
바른 방식은 아니라 할지라도 위와
같이 불가피한 상황에서는 등용(登用)
됨을 받아들여 나아간다. 이런 나아
감은 흉한 일이지만 (-征 凶) 의로움의
측면에서 볼 때 허물은 없는 것이다.

*紱=불. 제복(祭服-朱紱方來/주불방래). 인끈(-印紱/인불).
*征 凶=정 흉. 성급히 굴면 흉하다.
*无咎 =무구. ①허물을 돌릴 데가 없다. 탓할 곳조차 없다.
　　　　②허물이 없다. 허물이 없어진다.

象曰 困于酒食 中 有慶也　　　　**곤우주식 중 유경야**

① 정이(程頤), 소식(蘇軾) 등 전래(傳來)의 견해

술과 음식에 곤고(困苦)함을 겪다가 도
중(途中)에 경사(慶事)가 있다.

② 왕부지(王夫之)의 견해

"困于酒食"의 상황에서 중도(中道)를
밟아 적절하게 행동하면 경사가 있게
된다.

곤(困)괘에서 九二와 九五는 모두 본성이 강(剛)한 자들이지만 효위(爻位)가 다르
다. 九二는 부드러움으로 작용(作用)하고, 九五는 강함으로 작용하는 위치이다. 따
라서 九二는 부드러움으로 강(剛)함을 써야 곤(困)의 상황을 벗어나는 데 이롭다.

앞길을 가로막는 자가 있을 경우에 九二는 술과 밥을 써서 부드럽게 대하려고
하는데 그것이 부족한 상태이고 (-困于酒食/곤우주식), 九五는 강(剛)한 군주이므로 자
기를 곤고(困苦)하게 하려는 자가 있을 때 그가 지위가 낮은 사람이면 그의 코를 베
고 그가 고위층이면 발목을 자를 수 있으며 그가 현명한 사람으로 보이면 등용하
여 곤경을 벗어나는 데 힘쓰게 할 수도 있다. (-劓刖 困于赤紱 乃徐有說 利用祭祀/의월 곤
우적불 내서유탈 이용제사)

천하에 품기 쉬운 자는 오직 소인(小人)뿐이다. 소인에 의하여 가려졌을 때 힘으
로 그와 다툰다면 비록 칼과 톱이 있어도 부족하지만 그들을 품는다면 술과 음식
만으로 충분하고도 남는다. 그러므로 九二가 술과 음식에 곤궁하다는 것은 소인(小
人)을 품기 위함이다. 그런데 九五는 아래의 코를 베고 위의 발목을 자르는 식으로
가볍게 위엄(威嚴)을 쓴다. 위엄이 궁(窮)하면 사물이 복종하지 않는다. 이에 크게
궁해지는 것이다. 九五가 크게 궁해지면 어쩔 수 없이 九二에게 도움을 구하게 된
다. 주불(朱紱)은 九五가 九二의 도움을 구하려고 그에게 벼슬을 내리는 방법이다.

곤(困)이 깊지 않을 때는 술과 음식으로 그것을 풀 수 있다. 그러나 상황이 악화하여 곤이 깊어진 후에는 그것에서 벗어나기 위하여 지성(知性)과 신망(信望)이 깊은 자에게 벼슬을 내려서 헤쳐 나아가야 한다. 九二는 제사(祭祀)를 즐기듯 벼슬을 받으니 술과 밥으로 은혜를 베풀 기회를 얻게 되고 (-利用亨祀) 九五는 정성스럽게 제사를 모시듯 九二에게 도움을 청하면서 벼슬을 내려 일하게 만들어 (-利用祭祀) 깊어진 곤경에서 벗어날 길을 모색(摸索)하는 것이다. 소식(蘇軾)의 〈동파역전(東坡易傳)〉 참소.

日月逝矣 歲不我與/일월서의 세불아여

세월은 나날이 지나갈 뿐 우리를 기다려주지 않는다. (양화(陽貨)가 공자(孔子)에게 한 말) 이 말을 듣고 공자는 양화(陽貨)의 권유를 받아들여 잠시 벼슬함으로써 곤경을 피하였다.

– 〈논어(論語) 양화편(陽貨編)〉

〈困 六三爻〉

자기 분수(分數)를 모르는 자는 진퇴유곡(進退維谷)에 빠지는 흉사(凶事)를 겪는다. 파멸지경(破滅地境)에 이르면 아내마저 나를 버린다.

六三
困于石 據于蒺藜   곤우석 거우질려
入于其宮 不見其妻 凶   입우기궁 불견기처 흉

발길이 돌(-九四)에 막혀 곤란하고	(-困于石)
바닷가의 납가새 가시 풀밭에 본거지를 두고 주저앉아 있는 듯하다.	(-據于蒺藜)
집에 돌아와도 아내(-上六)를 볼 수 없으니 흉하다.	(-入于其宮 不見其妻 凶)

*據=거. 의지하여 웅거하다(-先據北山上者勝/선거북산상자승)-〈사기(史記)〉

*蒺=질. 납가새(1년생 바닷가 풀).

*藜=려. 명아주.

*據于蒺藜=거우질려. 바닷가의 납가새 가시 풀밭에 본거지를 두고 있다.

象曰

據于蒺藜 乘剛也	거우질려 승강야
入于其宮不見其妻 不祥也	입우기궁불견기처 불상야

"據于蒺藜"는 강한 것(九二)을 타고 앉아 있다는 뜻이다.

"入于其宮不見其妻"라고 한 것은 상서롭지 못한 처신을 하였기 때문이다.

　六三은 중정(中正)이 아니고 음(陰)이므로 공손하고 유순하게 몸을 낮추어야 하는데도 하괘(下卦)인 감(坎)의 극(極)인 양위(陽位)에 처하여 강(剛)함을 쓰는 기질이 있으니 상서롭지 못하다. 이는 六三이 九二를 곤고(困苦)하게 하려다가 스스로가 먼저 곤고함에 빠지게 된다는 의미이다.

　六三의 처신은 곤(困)에 잘 대처하지 못하는 것이어서 더욱 곤(困)하게 되고 집에 돌아와 쉬려 해도 아내(-上六)마저 칡덩굴로 휘감아서 어려움에 빠진(困于葛藟 于臲卼

/곤우갈류 우얼올) 상황에 처해 있으므로 六三의 형편에 호응(呼應)해 주지 않는다.

〈困 九四爻〉

九四 來徐徐 困于金車 吝 有終　　　래서서 곤우금거 인 유종

九四는 바라는 바를 천천히 이루어　　　(-來徐徐)
간다. 初六에게 서서히 다가간다는
뜻이다.

九二가 九四를 쇠수레 위에 태워두　　　(-困于金車)
고 初六에게 다가감을 막고 있기 때
문이다.

九四는 九二에게 끌린 初六이 자기를　　　(-吝)
홀대할까 봐서 염려하니 부끄러운 일
이다.

그러나 결국에는 初六과 호응(呼應)하　　　(-有終)
므로 좋은 끝맺음이 있게 된다.

*來徐徐=래서서. 바라는 바를 천천히 이루어간다는 의미를 담고 있다.

象曰

來徐徐 志在下也　　　래서서 지재하야

雖不當位 有與也　　　수부당위 유여야

천천히 다가가는 것은 九二에 의해서 막혀있기 때문이다.	(-來徐徐)
그럼에도 다가가는 짓은 아래의 初六에게 가고자 함에 뜻이 있기 때문이다.	(-志在下也)
九四가 양(陽)으로 음위(陰位)에 있으니 마땅한 자리에 있는 것은 아니지만	(-雖不當位)
결국에는 호응관계인 初六과 함께 어울려서 지내게 된다.	(-有與也)

곤(困) 九四의 지괘(之卦) 효는 29번 습감(習坎) 六四이다. 습감(習坎) 六四의 효사(爻辭)는 "樽酒簋貳 用缶 納約自牖 終无咎/ 준주궤이 용부 납약자유 종무구"이다. 그 뜻은 "한 그릇의 술과 한 접시의 안주를 곁들여서 질그릇에 담아 들창문으로 들여보낸다면 끝내 허물이 없을 것이다."이다. 이는 소박한 예물로 성의껏 관계개선의 예를 갖추면 허물을 면한다는 의미이다.

"納約自牖/납약자유-들창문으로 들여보낸다."라는 말은 좋은 관계로 만들려면 먼저 마음의 문을 열도록 힘쓰는 것이 좋다는 뜻이다. 막힌 관계를 풀려면 마음의 장벽을 없애는 시도(試圖)가 선행(先行)되어야 하므로 나아감을 서두르지 말고 궁극 목적을 향하여 천천히 다가가라는 말이다. (-來徐徐/래서서) 상대방과 친밀하게 지내는 사람을 통하여 비공식접촉을 모색(摸索)해보는 것도 좋고 상대방이 잘 알고 있는 전례(前例)나 쉬운 예화(例話)로 다가가는 것도 좋다.

예화(例話)로 다가가면 이해하기 쉬워서 일의 성취가 한결 수월해진다. 맹자(孟子)는 이 "納約自牖/납약자유"의 뜻을 잘 살려서 사람들을 설득하였다. 그래서 〈맹자(孟子)〉라는 책에는 예화(例話)가 많이 담겨 있다. 가르침은 반드시 그 사람이 잘하는 바에 기대어 나아가야 교육 효과가 크다.

잘 가르치려면 먼저 배우는 자가 밝게 아는 것을 예시(例示)하여 배우는 자의 마음 문을 여는 "納約自牖/납약자유"의 자세가 필요하다.

*貳=이. ①곁들임. 더하다(-貳車九乘/이거구승). 돕다(副貳/부이).
　　②둘. 거듭하다. 두 마음.
*樽 =준. 술통. 술 단지.
*簋=궤. 제기(祭器-겉은 둥글고 안쪽은 모남.)
*牖=유. 바라지(-햇볕 들창)
*樽酒簋貳/준주궤이=강(剛)과 유(柔)가 서로 교접한다는 의미임. *-

〈困 九五爻〉

九五

劓刖 困于赤紱 乃徐有說 利用祭祀　　의월 곤우적불 내서유탈(열)
이용제사

의월(劓刖)의 형벌을 쓴다면 신하가 없게 되는 곤경(困境)에 처한다.	(-劓刖 困于赤紱)
이런 상황을 벗어나서(說/탈) 서서히 기쁨이 있게 하려면(說/열)	(-乃徐有說)
제사를 지내듯 지극한 정성과 공경으로 천하의 현인(賢人)들을 벼슬로 초치(招致)하여 일하게 해야 한다.	(-利用祭祀)

九五의 군주(君主)는 이용주불(利用朱紱) 즉 이용제사(利用祭祀)하고, 九二의 현인(賢人)은 주불방래(朱紱方來) 즉 이용형사(利用亨祀)한다.

象曰

劓刖 志未得也　　　　　　　　　의월 지미득야

乃徐有說 以中直也　　　　　　　내서유탈 이중직야

利用祭祀 受福也　　　　　　　　이용제사 수복야

“劓刖”로는 뜻한 바를 얻지 못한다.　　　(-劓刖 志未得也)

“乃徐有說”은 중용의 도리를 바르게　　(-乃徐有說 以中直也)
펼쳐서 곤경을 천천히 풀어내기 때문
이다

“利用祭祀”는 현명한 사람들을 벼슬로　　(-利用祭祀 受福也)
초치하여 제사 모시듯 정성으로 공경
하면 복을 받음을 의미한다.

남녀(男女)나 부부(夫婦)처럼 음양(陰陽)의 합(合)은 자연현상(自然現象)이니 자연스럽
게 이루어지고 그러기에 빠르다. 그러나 군신(君臣)이나 붕우(朋友)처럼 양강(陽剛)의

합(合)은 의기투합(意氣投合)할 때만 이루어지고 그러기에 늦는.

의기가 투합하려면 상호의 정성과 공경을 확인하는 과정이 필요하므로 늦는 것이다. 곤괘(困卦)에서 九五와 九二는 모두 양강(陽剛)이다. 군주(君主)가 성의를 다하여 제사 지내듯 공경하는 태도로 현인(賢人)을 구해야만 이를 보고 비로소 현인이 신명(身命)을 바쳐 일 할 마음을 먹고 모인다는 뜻이다.

利用祭祀 乃徐有說

제사 모시듯 정성과 공경을 쓰면 복을 받게 되어서 곤경에서 천천히 풀려날 수 있다.

〈困 上六爻〉

上六

困于葛藟 于臲卼 曰動悔　　　　곤우갈류 우얼올 왈동회

有悔 征 吉　　　　　　　　　　유회 정 길

上六은 멀지 않아 사라질 높은 곳에 있음에도 필히 양(陽)들을 얽어매고자 칡덩굴로 휘감아서 어려움에 빠지고 위태로운 상태에 처해 있으니	(-困于葛藟 于臲卼)
이에 움직임마다 후회가 생긴다.	(-曰動悔)
참으로 뉘우치는 마음으로 고쳐 나아가면 길할 것이다.	(-有悔 征 吉)

*葛=갈. 칡덩굴(葛藟/갈류=칡넝쿨). 거친 베(葛布/갈포).
*藟=루/류. 등나무 덩굴.
*臲=얼. 불안하다.
*卼=올. 위태하다.
*臲卼=얼올. 위태롭고 험준한 곳.
*曰=왈. 가로되. 이에(于/우. 爰/원 등과 같은 뜻.)

象曰

| 困于葛藟 未當也 | 곤우갈류 미당야 |
| 動悔 有悔 吉行也 | 동회 유회 길행야 |

"칡덩굴로 휘감아서 어려움에 빠지는 것"은 마땅하지 않은 처신을 하기 때문이다. (-困于葛藟 未當也)

"動悔 有悔 吉行也/ 동회 유회 길행야"라는 말은 움직임마다 후회가 생기는 상황에서는 (-動悔)

원인을 따져 반성한 후에 물러나 자숙(自肅)하는 것이 좋다는 뜻이다. (-有悔 吉行也)

곤(困)의 上六은 상괘(上卦)인 태(兌-기뻐함)의 몸이다. 그래서 호응(呼應)이 없는데도 열순진(說順進) 즉 기쁜 마음으로 따라 나아간다. 곤(困)의 상황인데도 열순진(說順進)이나 하고 있는가? 안 된다. 유회정길(有悔征吉)해야 한다. 이 말은 곤(困)에 빠져있는데도 기쁜 마음으로 태평히 지내면 안 되니 그러지 말고 반성하는 삶을 사는 것이 아주 중요하다는 뜻이다.

47번 택수곤(澤水困)의 곤경(困境)을 겪으면서 단련(鍛鍊)되면 48번 수풍정(水風井)

의 우물처럼 퍼내어도 마르지 않는 인간의 덕(德)이 길러지는 것이 이치이다.

〈곤(困)괘의 실생활(實生活) 응용(應用)〉

① 곤(困)은 일종의 마음에 든 병이다. 인생(人生) 4대난괘(四大亂卦) 중의 하나로서 마음이 울타리 안에 갇힌 것처럼 생겨서 밖으로 뻗어나가지 못하여 겪게 되는 어려움이다. 그것을 고치려면 주변인물과의 솔직한 대화나 심리치료전문가의 조언 등이 필요하다. 명상(冥想)이나 신앙(信仰), 수도(修道) 등도 도움이 될 것이다.

② 가까이 지내야 할 사람들이 나에게서 점차로 멀어질 때에는 스스로의 마음을 돌아보고 그 울타리를 헐어내도록 힘써야 한다. 마음이 감옥에 갇힌 듯 편협하거나 치우친 상태에서 오랫동안 헤어나지 못하면 친지들과 정신적 갈등이 생기기 마련이고 그것이 심해지면 아내마저도 견디지 못하고 떠날 수 있다.(-六三爻辭/육삼효사)

③ 상처받아서 생긴 마음의 감옥에서 벗어나는 데 힘써야 한다. 그 일은 특히 어렵다. 거기서 벗어나려고 노력해도 완전한 치유에 오랜 시일이 걸리는 경우가 많다.

④ 마음이 곤고(困苦)한 사람과 대화할 때에는 비유(比喩)나 예화(例話) 등을 준비하면 좋다. 감괘(坎卦) 육사(六四)에서 말한 소위(所謂) '납약자유(納約自牖)의 방식= 눈에 뜨이지 않게 슬며시 들창문으로 들여보내는 방법'을 쓰면 거부감을 줄일 수 있다.

水風井 (수풍정)

☵ 坎上 (감상)
☴ 巽下 (손하)

〈卦의 성격(性格) 요약(要約)〉

　내괘(內卦)는 손(☴巽)이고 외괘(外卦)는 감(☵坎)이다. 정(井)은 ①우물, ②시장(市場 -저자), ③가지런하다, ④법(-井法也) 등을 뜻하는 글자이다. 정괘(井卦)의 상(象)은 물 밑에 나무가 있으니 나무 두레박으로 물 긷는 우물을 상징한다.

　우물은 고요히 자리를 지키면서도 마르지 않는 생명력을 지니고 있다. 그러므로 정괘(井卦)는 견고(堅固)하여 변함이 없는 것을 나타내기도 한다. 그러나 우물은 때 때로 수리하고 꾸준히 사용하여 물을 순환시켜야 생명력이 유지된다.

　우물 속에 맛좋은 물이 아무리 풍부해도 거저 마실 수는 없다. 두레박을 준비하 고 그것으로 물을 길어 올리는 수고는 기울여야 물을 마실 수 있다.

　정(井)괘는 우물과 같은 마음가짐으로 끊임없이 베푸는 덕(德)을 상징한다. 만인 (萬人)의 목마름을 해갈(解渴)시킬 우물을 파서 청결(淸潔)을 유지(維持)하고 언제나 개 방(開放)하여 누구나 이용할 수 있도록 하면 천하의 민심(民心)을 얻을 수 있다.

〈괘사(卦辭)와 단사(彖辭), 대상사(大象辭)〉

卦辭:

井 改邑 不改井	정 개읍 불개정
无喪无得 往來井井	무상무득 왕래정정
汔至 亦未繘井 羸其瓶 凶	흘지 역미율정 리기병 흉

(옛날 행정제도가 정전제(井田制)를 기본으로 하던 시대에는 마을마다 그 마을의 중심이 되는 우물(=井)이 있었는데) 행정 편의상 마을을 바꾸거나 집을 이사(移徙)하더라도 파 놓은 우물은 메우지 않고 그대로 두고 갔다. 다른 사람이 쓸 수 있도록 메우지 않은 것이다.

(-井 改邑 不改井)

시대 상황에 따라서 마을의 모습이 바뀌고 오고 가는 사람들이 바뀌어도 그들의 이해득실(利害得失)에 상관없이 마을에 있는 우물은 그대로 우물로 쓰였다. (득실(得失)에 별다른 변함이 없어야 왕래가 반듯하게 지속된다는 뜻이다.)

(-无喪无得 往來井井)

두레박줄을 거의 끌어올렸다 하더라도 완전히 꺼내어서 물을 얻은 것이 아니라면 아직 두레박줄을 드리우지 아니한 것과 다를 바 없다.

(-汔至 亦未繘井)

물을 끌어 올리다가 도중에 두레박을 　　　　　(-贏其瓶 凶)
깨뜨리면 물을 얻지 못한 결과가 되
니 흉하다. (이 또한) 아직 두레박줄을
드리우지 못한 것과 다를 바가 없다.

공부는 쓰기 위하여 하는 것이다. 저서(著書)를 남기거나, 가르침을 펼치거나, 생
활에 응용(應用)하여야 한다. 쓰이지 않는 공부는 공(功)을 이루지 못한 것이며 이는
공부 없음과 같다. 재능(才能)이나 재물(財物)도 쓰이지 않으면 없는 것과 마찬가지
이다.

　거의 다 했을 뿐인 것이나, 아직 시작도 안 한 것이나, 하다가 도중에 망가뜨린
것은 공(功)을 이루지 못한 측면(側面)에서 보면 차이(差異)가 없다.

*井=정. 우물. 옛날 농정(農政)이 정전제(井田制)이던 시대에는 마을의 한가운데에 우물을 두었음.
*邑=읍. 주(周)나라의 행정구역 단위(-4井/정이 1邑/읍). 고을(village). 마을.
*汔=흘. ①거의(almost). (汽=거의 흘). ②물이 마르다.
*繘=율. 두레박 줄.
*贏=리. 엎지르다(-贏其瓶/리기병). 휘감겨 곤란을 당하다(-贏其角/리기각). 여위다. 피로하다.
*瓶=병. ①두레박(-贏其瓶/릭병). ②항아리/단지.
*병세(瓶洗)=꼿꼿이한 꽂.

象曰

巽乎水而上水 井　　　　　손호수이상수 정

井 養而不窮也　　　　　정 양이불궁야

改邑不改井 乃以剛中也　　개읍불개정 내이강중야

汔至亦未繘井 未有功也　　흘지역미율정 미유공야

贏其瓶 是以凶也　　　　　리기병 시이흉야

나무 두레박을 물속에 넣어서 물을 길어 올리는 것이 정(井)괘이다. (-巽乎水而上水 井)

우물은 목마른 자를 기르기 위하여 아무리 길어내어도 궁(窮)함에 이르지 않는다. (우물처럼 무궁하게 국민을 기르려면 나라의 운영자가 능력 있는 현인(賢人)들을 끊임없이 끌어들여야 한다.) (-井 養而不窮也)

고을을 바꾸어도 우물은 바꾸지 않는 것은 강(剛)한 것이 가운데에 있기 때문이다. (사물을 기르는 덕(德)이 항상 심중(心中)에 굳게 터 잡고 있기 때문이다.) (-改邑不改井 乃以剛中也)

"汔至亦未繘井/흘지역미율정"이라 함은 두레박을 끌어 올려 우물 밖에 거의 이르렀을 뿐인 것과 아직 두레박 줄을 드리우지 않은 것은 (목적한 물을 손에 넣지 못한 점에서는) 마찬가지라는 말인데, 아직 소기(所期)의 성과(成果)를 거두지 못한 것을 의미한다. (-汔至亦未繘井 未有功也)

"羸其甁"은 하던 일이 망가진 것이니 그게 바로 흉하다는 것이다. (-羸其甁 是以凶也)

象曰

木上有水 井   목상유수 정

君子以 勞民勸相   군자이 노민권상

나무로 만든 두레박 위에 물이 있는 것이 정(井)이니 (-木上有水 井)

군자는 이를 보고 백성의 노고를 격   (-君子以 勞民勸相)
려하고 서로 돕도록 권장한다.

서로 우물이 되고 두레박이 되어 합심 노력하면 모두가 갈증을 모르고 잘 살 수
있게 된다는 뜻이다.

> *相=상. ①돕다(-莫相予位焉/막상여위언). 인도(引導)하다(-問誰相禮/인도하다).
> ②서로.
> ③정승. 다스리다. 담당자.

소식(蘇軾)은 좋은 것을 얻으려면 상응(相應)하는 노력(勞力)을 해야 한다는 점을
강조하면서 아래와 같이 우물물을 긷는 수고에 이를 비유(比喩)하였다.

至井而未及水 曰 汔至 得水而未出井/지정이미급수 왈 흘지 득수이미출정
亦未繘井 未有功也 嬴其瓶 是以凶也/역미휼정 미유공야 리기병 시이흉야
食者往也 不食者來也 食不食存乎人/식자왕야 불식자래야 식불식존호인
井未嘗有得喪 繘井之爲功/정미상유득상 휼정지위공
嬴瓶之爲凶 在汲者爾/리병지위흉 재급자이

우물에 왔지만, 아직 물을 마시지는 못한 것을 일컬어 거의 이르렀을 뿐이
라고 한다. 우물에서 두레박줄을 꺼내지 않은 것이나 아직 우물에 두레박줄
을 드리우지 않은 것은 같다. 목마름의 해소라는 공(功)을 아직 이루지 못했
다는 점에서는 차이가 없기 때문이다. 두레박을 깨뜨리면 역시 갈증 해소의
공을 못 이루게 되니 그래서 흉하다. 물을 마신 자는 가고 마시지 않은 자는
온다. 마시고 말고는 사람에 달렸다. 우물은 아직 얻고 잃음을 겪은 적이 없

다. (누구에게는 물을 긷도록 허용하고 다른 누구에게는 허용하지 않은 적이 없다.) 득수(得水)하여 목마름을 해소(解消)하는지 아닌지는 목마른 자가 두레박줄을 끌어올리는 수고를 끝까지 잘 하느냐에 달렸을 뿐이다. 두레박이 깨져서 흉하게 되는 것은 우물 탓이 아닌 물 긷는 자에게 달린 것이다.

－〈동파역전(東坡易傳)〉

목마른 사람이 물을 마실 수 있으려면 우물이 있어야 하고, 우물이 있어도 두레박이 필요하고, 우물과 두레박이 있어도 목마른 사람의 끌어올리는 노력이 필요하다는 뜻이다.

〈井 初六爻〉

우물은 위치를 바꾸기 어렵다. 그러므로 우물터의 선정(選定)과 청결관리가 중요하다. 깨끗한 물이 나오는 곳에 터 잡아야 좋은 우물이 될 수 있다. 그리고 계속 써야 좋은 우물로 유지된다. 이에 군자는 거처(居處)의 결정과 주변 관리에 정(井)괘의 지혜를 쓴다.

初六 井泥不食 舊井 无禽	정니불식 구정 무금
우물의 밑바닥이 침전물(沈澱物)로 오염되어 썩었으니 마실 수 없고	(-井泥不食)
오래된 우물이라 낡아서 마실 물을 얻을 수 없다.	(-舊井 无禽)

象曰

井泥不食 下也　　　　　　　정니불식 하야

舊井无禽 時舍也　　　　　　구정무금 시사야

침전물(沈澱物)이 있어서 마시지 못하　　(-井泥不食 下也)
는 것은 아래에 있기 때문이다.

오래된 우물이라 물을 얻을 수 없는　　(-舊井无禽 時舍也)
것은 물이 솟아나던 시절이 지나버렸
기 때문이다.

사람이 처지가 나쁘거나　　　　　　(-井泥不食 下也)

재능관리가 부실하여 도움을 줄 만　　(-舊井无禽)
큼 좋은 것을 내놓을 상황이 못 되면

우물처럼 덕을 베풀고자 해도 남에게　　(-時舍也)
미치지 못하여 결국 버려진다.

사람은 살면서 반드시 그 머무는 곳을 잘 택해야 한다. 사람이 거처할 곳을 잘못 잡거나 혼탁(混濁)하게 살면 처음에는 사람다운 사람이 떠나지만, 나중에는 뜨내기마저 떠난다. 이 점에 대하여 소식(蘇軾)은 아래와 같이 말하였다.

易以其所居爲邪正決矣 然不可必也 惟井爲可必 井未有在潔而不淸
역이기소거위사정결의 연불가필야 유정위가필 정미유재결이불청

處穢而不濁者也 故卽其所居而邪正決矣
처예이불탁자야 고즉기소거이사정결의

孔子曰
공자왈

君子惡居下流 天下之惡皆歸焉 君子所受於天者无幾 養之則日新 不養則日亡
군자오거하류 천하지오개귀언 군자소수어천자무기 양지즉일신 불양즉일망

擇居所以養也
택거소이양야

사물의 변화는 그 머문 곳에 따라서 사악함과 올바름이 결정되지만 반드시 그런 것만은 아니다. 그렇지만 오직 정(井)괘만은 반드시 그 머무는 곳으로 사악함과 올바름을 삼는다. 우물은 깨끗한 곳에 있으면 맑지 않을 수 없고, 더러운 곳에 있으면 탁하지 않을 수 없다. 고로 그 머문 곳에 따라서 사악함과 올바름이 결정된다. 공자는 말하기를 "군자는 하류에 머무는 것을 싫어한다. 천하의 더러운 것이 모두 모여들기 때문이다. 군자가 하늘에서 받은 바에는 간격이 거의 없지만 -받은바 그것을- 배양하면 날마다 새로워지고 배양하지 않으면 날마다 사라진다."라고 하였다. 군자는 우물처럼 그 머무는 곳인 거처선택(居處選擇)을 배양(培養)하는 방법으로 삼는다.

〈井 九二爻〉

九二 井谷 射鮒 甕敝漏　　　　　　정곡 석부 옹폐루

(우물물은 위로 길어 올려서 사람을 기르　　　(-井谷)
는 데 쓰이는 것이 본분인데 그렇지 못하고)
우물의 옆 귀퉁이가 계곡처럼 패어서

그곳으로 졸졸 흐르니 붕어(-初六) 따　　　　(-射鮒)
위를 기를 뿐이다.

이는 물동이가 깨져서 새는 것과 같다.　　　(-甕敝漏)

---

*射=①석. 한 곳에 물을 붓다. 끌어대다(注/주). 쏘아서 명중시키다.
　　②사. 쏘다.
　　③역. 싫어하다.
*鮒=부. 붕어.
*甕 =옹. 옹기두레박. 단지. 독. 물동이.
*敝=폐. 부서지다. 깨어지다. 피폐하다. 버리다. 자기를 낮춤말.
*漏=루. 틈으로 새다(-漏出/누출). 구멍을 뚫다.

象曰 井谷射鮒 无與也　　　　　　　정곡석부 무여야

우물이 골짜기로 흘러 붕어나 적시는
것은 함께 일할 사람이 없기 때문이
다. (위에 호응이 없으니 써주는 사람이 없
는 것이다.)

주역(周易)에서 말하는 정(井)의 도(道)를 깨닫고도 바람직한 환경여건(環境與件)을 만나지 못해서 제대로 된 활동무대로 나아가지 못하고 아래의 시정(市井)으로 내려가서 잡점(雜占)으로 생계용 푼돈 벌이나 꾀한다면 이는 역시 우물이 우물로서의 구실을 못하는 것이다.

〈井 九三爻〉

탁월한 사람인데 사회적 공을 이루지 못하니 안타깝다. 그러나 통분하여 절망하지는 말라. 언젠가 알아주는 이를 만날지도 모른다.

九三

井渫不食 爲我心惻   정설불식 위아심측

可用汲 王明 竝受其福   가용급 왕명 병수기복

우물이 깨끗한데도 마을에 있지 않아서 써주지 않는다면	(-井渫不食)
깨끗한 우물이 쓰이지 못함에 내 마음이 안타깝다.	(-爲我心惻)
물이 깨끗하면-즉 九三의 재능이 충분하면-길어서 쓸 수 있으니	(-可用汲)
왕이 현명하면 등용하여서 함께 그 복을 누릴 것이다.	(-王明 竝受其福)

"井渫不食 爲我心惻"은 나처럼 "깨끗한 우물" 즉 유능하고 훌륭한 사람을 구하려는 이들도 있다는 말이다. "我"는 이 효사(爻辭)를 지은 주공(周公) 자신을 말한다.

*渫=설. 오물 따위를 치다. 제거하다.
*惻=측. 슬퍼하다. 간절한 모양.
*汲=급. 물을 긷다. 끌어들이다. 분주하다.

象曰   정설불식 행 측야
井渫不食 行 惻也   구왕명 수복야
求王明 受福也

우물을 깨끗하게 치웠는데도 마시지   (-井渫不食 行 惻也)
않는다면 길가는 사람들도 아까워할
일이다.
왕이 현명하기를 바라는 것은 복을   (-求王明 受福也)
받기 위해서이다.

깨끗한 우물을 널리 나누어 마실 수 있게 만들려고 노력하는 지혜로운 통치자를 만나면 많은 사람이 복을 누리게 된다는 말이다.

〈井 六四爻〉

六四 井甃 无咎   정추 무구

우물을 벽돌로 둘러쌓으니 허물이
없다.

*甃=추. 벽돌담. 우물 벽을 쌓은 벽돌.

象曰 井甃无咎 修井也   정추무구 수정야

"井甃无咎"는 우물을 잘 닦고 수리한
다는 뜻이다.

　샘의 근원(根源)이 깊어야 우물이 맑고 수량(水量)이 풍부(豊富)할 수 있으며 우물
의 둘레에 벽돌을 잘 쌓아서 불순물(不純物)을 막고 때때로 청소(淸掃) 보존해야 맑
은 물을 오래 쓸 수 있다. 고요하지만 근원이 깊은 우물은 사람이 의지하는 생명력
의 원천이다.

　지속적(持續的)으로 인재(人材)를 배출(輩出)하는 대부분(大部分)의 가문(家門)은 교훈
(教訓)이 깃든 가풍(家風)과 든든한 인맥(人脈)과 지출(支出)을 안정적으로 받쳐주는 가
업(家業)이라는 근원(根源) 깊은 우물을 가지고 있다. 인재를 다수 배출한 가문의 가
훈과 인맥과 가업은 연구해볼 만한 흥미로운 주제(主題)이다.

　옛날 선비(士=初級貴族)계급이 수양(修養)한 삼물육행(三物六行)-〈주례(周禮)〉

　① 육덕(六德)-지(知), 인(仁), 성(聖), 의(義), 충(忠), 화(和-어울림).

　② 육행(六行)-효(孝), 우(友), 목(睦-화목함), 인(嫺=姻/인), 임(任-믿음성), 휼(恤-救恤/구휼).

　③ 육예(六藝)-예(禮), 악(樂), 사(射), 어(御), 서(書), 수(數).

〈井 九五爻〉

九五. 井冽(洌)寒泉食　　　　　정렬한천식

우물물이 맑고 시원하여 그 물을 마
신다.

---

*冽=렬. 몹시 차갑다.
*洌=렬. 물이 맑다.

象曰 寒泉之食 中正也　　　　한천지식 중정야

시릴 정도로 맑고 시원한 샘물을 마　(-寒泉之食)
신다는 것은

九五가 사사로움 없이 시릴 정도로 위　(-中正也)
엄 있게 중정(中正)의 덕(德)을 행한다
는 뜻이다.

　좋은 우물처럼 심성(心性)이 맑고 시원시원한 사람은 위엄(威嚴)이 있으면서도 남
들을 기쁘게 한다.

〈井 上六爻〉

上六. 井收勿幕 有孚 元吉　　　정수물막 유부 원길

우물물을 길은 후에 덮개로 막지 말
고 항상 그대로 두어야 믿음이 있어
크게 길하다.

象曰 元吉 在上 大成也　　　　　원길 재상 대성야

원래 우물물의 길(吉)함은 퍼 올려서　　(-元吉 在上)
위에 있는 것에 있다.
그렇게 되어야 우물로서 크게 이룬　　(-大成也)
것이기 때문이다.

　우물인 이유는 맨 윗부분에 있는 것은 아니지만 우물의 쓰임새에 관한 권한(權
限)은 우물의 맨 윗부분에 달렸다. 만약 그것을 덮어버린다면 아래에 비록 맑고 시
원한 우물물이 있을지라도 위로 끌어올릴 수 없으니 물을 긷고자 하는 이가 얻을
것이 없게 된다. 그러므로 우물의 덮개는 잠가두지 않아야 한다. 누구나 항상 열고
길어 갈 수 있게 해야 크게 길하다.
　주역에서 上爻는 극(極)에 이르러 변화(變化)해야 하는 처지여서 길(吉)하지 않은
것이 보통이다. 그러나 48번 정(井-우물)괘와 50번 정(鼎-솥)괘는 위로 올라와야 비
로소 쓰임을 완수할 수 있기에 정(井-우물)괘의 上六爻와 정(鼎-솥)괘의 上九爻는 모
두 마침내 성공함을 뜻하여서 길(吉)하다.

〈정(井)괘의 실생활(實生活) 응용(應用)〉

① 정(井)의 관리(管理)는 정치(政治)와 닮았다. 공동체 구성원 모두가 합심 노력해야 한다. 정(井)의 관리(管理)를 정치(井治)라고 불러보면 나라를 관리하는 정치(政治)와 닮은 요소가 많다. 거기에 의존하여 대(代)를 이어 살아가야 할 이용자들은 항상 맑고 건강한 물이 꾸준히 흘러나오는지 서로가 둘러보며 살펴야 하고, 그 물을 마시려면 이용자들은 합당한 노력을 기울여야 한다. 물을 직접 길어 올려야 하는 것이다.

② 모든 생명은 물이 있어야 그 존재가 가능하지만 특히 우물물은 사람의 일상생활에 있어서 꼭 필요한 것이다. 오늘날은 수돗물과 수원지를 종래의 우물물과 우물로 볼 수 있다.

③ 우물에 와서 다른 사람의 접근을 막거나 자기들끼리만 이용한 후 우물을 더럽히거나 허물어 버리는 등의 행위로 우물의 장래 이용가능성을 떨어뜨리는 것은 현재의 이익과 사사로운 배부름을 위하여 후대의 부담을 키워서 그들의 발전 가능성을 떨어뜨리고 나라의 미래를 해치는 정치 행태와 차이가 없다. 대대로 맑은 물을 마실 수 있도록 좋은 우물을 지켜내는 일은 모두가 각자의 힘을 기울이는 한편 서로 감시하고 상호 협력하여야만 가능한 일이다.

澤火革 (택화혁)

☱ 兌上 (태상)
☲ 離下 (리하)

〈卦의 성격(性格) 요약(要約)〉

　내괘(內卦)는 리(☲離)이고 외괘(外卦)는 태(☱兌)이다. 혁(革)은 ①새롭게 고치다(-改/개, 更/경). ②가죽(-皮革/피혁) 등을 뜻하는 글자이다. 혁(革)괘는 옛것을 버리고 새것으로 바로잡는 상황을 나타낸다. 낡은 것을 새것으로 바꾸어서 모순(矛盾)과 상극(相剋)을 해결하는 것이 혁(革)이다. 혁(革)에서는 시기선택(時期選擇)이 중요하다. 혁(革)하려면 밝은 지혜(智慧)와 정도(正道)를 지키는 용기(勇氣)도 필요하다.

〈괘사(卦辭)와 단사(彖辭), 대상사(大象辭)〉

　　卦辭: 革 己日 乃孚 元亨 利貞 悔亡　　　혁 이일 내부 원형 이정 회망

　　변혁(變革)은 아무 때나 한다고 신뢰를
　　받는 것이 아니다.

| 변혁은 시기가 무르익은 다음에 해야 | (-革 已日) |
| 한다. [노태준(盧台俊)의 해석] | |

| 사람들에게 믿음을 줄 만큼 정당(正當) | (-革 乃孚) |
| 한 변혁의 지향점을 보여주어야만 | |

| 크게 형통(亨通)하여 이롭고 후회도 사 | (-元亨 利貞 悔亡) |
| 라진다. | |

"이일 내부(已日 乃孚)"는 해석자(解釋者)에 따라 견해가 다르다.

① 혁명은 충분히 시기가 무르익은 때에 해야 성공한다. -노태준(盧台俊) 감수(監修) 〈사서오경(四書五經)-주역(周易)〉

② 혁명의 성공 여부는 초기 단계를 지나봐야 알 수 있다. -정이(程頤). 주희(朱熹). 소식(蘇軾)

③ 왕부지(王夫之)는 ("이일 내부(已日 乃孚)"가 아닌 "사일내부(巳日乃孚)"로 읽고) "혁명은 정오(正午) 무렵인 사시(巳時)의 밝은 태양처럼 믿음을 주어야 한다"라고 보았다.

변혁은 구악(舊惡)을 제거(除去)하고 새로운 질서(秩序)를 세우는 것이다. 구악 제거의 필요성(必要性)에 대한 대중(大衆)의 생각이 무르익은 다음에 행하여야 하고 처음부터 끝까지 정도(正道)를 따라야 사람들의 신뢰를 받을 수 있다.

*革=혁. ①고치다.
　　　②경계하다.
　　　③가죽의 총칭.
*已=이. ①이미. 그치다. 물러나다. 물리치다.
　　　②~일 뿐이다. ~로써(以).

象曰

革 水火相息	혁 수화상식
二女同居 其志不相得 曰 革	이녀동거 기지불상득 왈 혁
已日乃孚 革而信之	이일내부 혁이신지
文明以說 大亨以正 革而當 其悔乃亡	문명이열 대형이정 혁이당 기회내망

天地革而四時成	천지혁이사시성
湯武革命 順乎天而應乎人	탕무혁명 순호천이응호인
革之時大矣哉	혁지시대의재

혁(革)괘는 물과 불이 서로 대항하여 상대방을 꺼지게(滅息/멸식) 하려는 형국(形局)이다. (-革 水火相息)

두 여자가 함께 살면서도 그 뜻이 맞지 않아 서로 싸우기 때문에 혁(革)이라 한다. (-二女同居 其志不相得 曰 革)

시기가 무르익었을 때 해야 신뢰를 받는다는 것은 그래야 변혁을 믿는다는 것이다. (-已日乃孚 革而信之)

밝은 덕(-離)으로 즐거워하도록(-兌) 바꾸면 크게 성장하고 이로우며 바르니 이처럼 변혁이 정당하면 후회가 사라진다. (-文明以說 大亨以正 革而當 其悔乃亡)

천지가 변혁하여 사계절을 이루고 (-天地革而四時成)

탕왕과 무왕이 혁명한 것처럼 하늘에 순응하고 사람에게 호응한다. (-湯武革命 順乎天而 應乎人)

변혁이 필요한 상황에서 변혁하는   (-革之時大矣哉)
것은 그 시대적 의미가 지극히 크다.

象曰

澤中有火 革   택중유화 혁

君子以 治歷明時   군자이 치력명시

연못 가운데에 불이 있는 것이니 물   (-澤中有火 革)
은 불을 끄려 하고, 불은 물을 말리려
고 해서 서로가 상대방을 이겨 변혁
하려는 것이 혁(革)괘의 형상이다.

군자는 이것을 보고 자기 안에서 타   (-君子以)
오르는 불같은 기운으로

천지의 운행을 연구하고 달력을 잘   (-治歷)
다스려서 변혁을 이루니

사람들이 농사짓고 집 짓는 등의 일   (-明時)
할 시기를 잘 지킬 수 있도록 한다.

38번 화택규(火澤睽)괘에서는 둘째 딸 밑에 셋째 딸이 있어서 동거(同居)하다가 서로 뜻이 맞지 않으면 등 돌리고 상대의 뜻에 따르기를 거부할 뿐이다. (二女同居 其志不同行) 49번 택화혁(澤火革)괘에서는 셋째 딸 밑에 둘째 딸이 있어서 동거(同居)의 모습이 상도(常道)에 어긋난다. 그러므로 뜻이 맞지 않으면 서로 싸우게 된다. (二女同居 其志不相得). 싸워서 도리(道理)에 맞는 측이 승리(勝利)하는 것이 혁(革)이다.

*治=치. 사물을 용도에 맞게 다듬어 정리하다.

*治命=치명. 맑은 정신일 때 내린 합리적인 명령. (임종 무렵 아버지의 유언 중 정신이 맑을 때의 것.) 춘추
시대 진(晉)의 위무자(魏武子)라는 사람이 병석에서 자기가 죽으면 첩을 재가시키라고 아들 과(顆)에게 유
언했다가 위독(危篤)해졌을 때 첩을 순사(殉死)시키라고 했으나 아들인 과(顆)는 치명(治命)을 따라서 아
버지의 첩을 재가(再嫁)시켰다.

* 其志不同行(기지부동행)=서로 뜻이 맞지 않아 등 돌리고 따르기를 거부한다.
 其志不相得(기지불상득)=서로 뜻이 맞지 않아 마주보며 승리(勝利)하려고 싸운다.

천지의 운행과 세계의 움직임, 사계절의 흐름 등은 하늘의 일이라 어쩔 수
없지만 계절과 시기에 맞춰서 살아가는 것은 우리 인간이 할 수 있는 일이
다. (歷者天事也 時者人事也/ 역자천사야 시자인사야)

－소식(蘇軾)

〈革 初九爻〉

경솔하게 행동하지 말아야 한다.

初九 鞏用黃牛之革   공용황우지혁

황소 가죽으로 묶어둔 것처럼 의로움
을 굳게 지킨다.

*鞏=공. 가죽으로 단단히 묶다.

象曰 鞏用黃牛 不可以有爲也   공용황우 불가이유위야

"鞏用黃牛"는 경솔하게 행동하지 말
아야 한다는 의미이다.

사심(邪心) 없이 의로운 덕을 닦아 지키며 천명(天命)을 기다리는 것이다.

〈革 六二爻〉

六二 已日 乃革之 征 吉 无咎　　　　이일 내혁지 정 길 무구

충분히 시기가 무르익은 다음에 혁신
으로 나아가면 길하고 허물이 없다.

象曰 已日革之 行有嘉也　　　　이일혁지 행유가야

때가 되어 혁신을 단행하면 나아가는
길에 경사가 있다.

*嘉=가. ①아름답다.
　　　②경사스럽다. 기쁨. 좋음.

〈革 九三爻〉

九三 征 凶 貞厲 革言三就 有孚　　　　정 흉 정려 혁언삼취 유부

맹목적으로 나아가면 흉하고 (-征 凶)

정해진 그대로 지내도 위험하니 (-貞厲)

개혁을 요구하는 여론이 무르익은 뒤 (-革言三就)
에 실행하면

신뢰를 받을 것이다. (-有孚)

*貞=정. ①안정(安定)하다. 정(定)하다.
　　②올곧다(正). 진실한 마음.

象曰 革言三就 又何之矣　　　　　**혁언삼취 우하지의**

개혁을 요구하는 여론이 무르익은 뒤 (-革言三就)
에 개혁을 실행하는 것은

지극히 마땅한 일이기 때문에 그 길 (-又何之矣)
밖에 달리 갈 곳이 없다.

〈革 九四爻〉

변혁(變革)은 상하(上下)의 믿음을 근본(根本)으로 삼는다.

九四 悔亡 有孚 改命 吉　　　　　**회망 유부 개명 길**

후회할 일이 없다. 상하(上下)의 신뢰
를 얻어 천명(天命)을 바꾸는 것이므로
길하다.

혁명(革命), 혁신(革新)은 밝음을 써서(離/리) 기뻐하게 만드는 것이(兌/태) 목적이다. 혁신하는 자(者)인 初九와 九三이 덕(德)이 없이 불(離-火)로 달구기만 하여 혁신하면 혁신 당하는 자인 六二는 떠나고자 한다. 그러나 혁신하는 자인 九四와 九五가 덕이 있어 기쁨(兌-澤)으로 혁신하면 혁신 당하는 자인 上六은 남아서 머물고자 한다.

象曰 改命之吉 信志也	개명지길 신지야
천명(天命)을 바꾸는 것임에도 변고(變故)가 되지 않고 길한 것은	(-改命之吉)
세상 사람들이 그 뜻을 기꺼이 믿어 주기 때문이다.	(-信志也)

〈革 九五爻〉

九五는 변혁의 주재자이다.

九五 大人 虎變 未占 有孚	대인 호변 미점 유부
대인이 호랑이처럼 호방하고 영롱하게 변한다. 점쳐보지 않아도 믿음직하다.	

象曰 大人虎變 其文 炳也	대인호변 기문 병야

대인이 호랑이처럼 변한다는 것은 그
혁신(革新)하는 무늬가 뚜렷하게 밝다
는 뜻이다.

대인(大人)은 겸손(謙遜)하여서 스스로 혁신함에 있어서 호랑이처럼 돌변(突變)한
다. 이는 그의 교양(教養)이 영롱(玲瓏)하게 빛나기 때문이다. 군주(君主)인 대인(大人)
의 호변(虎變)은 신령(神靈)하여 천하의 빛깔을 바꿀 수 있다. 그러나 군주가 아닌 군
자(君子)의 표변(豹變)은 근본의 아름다움을 드러내기는 하지만 신령한 정도에는 이
르지 못한다. 대인인 군주는 혁신의 주도자로서 스스로 혁신하지만, 군자는 혁신
의 대상이 되어서 변혁하는 것이기 때문이다.

*炳=병. ①밝다. 빛나다(-其文 炳也/기문병야).
         ②잡아 쥐다(秉).

〈革 上六爻〉

변혁의 대상자이다.

上六
君子 豹變 小人 革面   군자 표변 소인 혁면
征 凶 居貞 吉   정 흉 거정 길

군자는 표범의 무늬가 변하듯 변하고,   (-君子豹變)
(지도층 인물들이 면목을 고치지만 그 빛깔이
영롱하지는 못한 것을 뜻한다.)

소인도 얼굴을 고쳐 들고 따른다. (서   (-小人革面)
민들도 뜻을 새롭게 고쳐서 혁신한 군주를
따른다.)

변혁을 필요 이상으로 과도하게 밀고   (-征 凶).
나아가면 흉하다. 上六이 감당할 수
없을 정도로 숙청을 강행하면 흉하다
는 뜻이다.

혁신의 와중에서도 바르고 좋은 것은   (-居貞 吉)
그대로 유지시키면 길하다.

象曰

君子豹變 其文 蔚也   군자표변 기문 울야
小人革面 順以從君也   소인혁면 순이종군야

군자가 표범처럼 변한다는 것은 털이   (-君子豹變 其文 蔚也)
뭉친 듯 그 무늬가 밝지는 못하다는
말이다.

소인이 얼굴을 고쳐 든다는 것은 변   (-小人革面 順以從君也)
혁에 순응하여 군주에게 복종한다는
것이다.

대중은 하루아침에 얼굴을 바꾸어 혁신자(革新者)를 따른다.

*蔚=①울(鬱). 초목이 우거진 모양. 풍성하지만 뭉쳐 있는 모양.
　　②위. 무늬가 아름다운 모양. 제비쑥.
*革面=혁면. 임금에게 복종함. 얼굴만 고치고 마음은 아니 고침.

〈혁(革)괘의 실생활(實生活) 응용(應用)〉

① 혁(革)은 기존(旣存)의 낡은 것을 새것으로 바꾸거나 사회의 불비(不備)한 요소를 찾아 채워서 새로운 모습을 만들어내는 일이다.

② 사람을 바꾸지 않는 혁(革) 추구는 말뿐이고, 일종의 속임수이다. 의도적(意圖的)으로 혁(革) 할 수 있는 능력은 사람에게만 있으므로 혁(革)의 출발은 맨 먼저 사람의 교체로 나타난다. 젊은 생각을 가진 사람으로 바꾸어야 새로운 일을 할 수 있다.

③ 불비(不備)한 요소에 대한 혁(革)은 성과를 내기가 비교적 수월하다. 기득권층의 저항이 적기 때문이다.

④ 기득권층을 배제하는 혁(革)의 주요활동은 방침의 변경을 통하여 하는 것이다. 때가 왔음을 알아보는 안목(眼目)과 결단(決斷)하는 용기(勇氣)가 중요한다.

五十

火風鼎 (화풍정)

☲ 離上 (리상)
☴ 巽下 (손하)

〈卦의 성격(性格) 요약(要約)〉

　내괘(內卦)는 손(☴巽)이고 외괘(外卦)는 리(☲離)이다. 정(鼎)은 솥 중에서 다리가 셋이고 귀가 둘 달린 솥을 뜻하는 글자이다.

　중국 하(夏)나라의 우(禹)임금이 구주(九州)의 구리를 모아 만들었다는 아홉 개의 정(鼎)은 제업전승(帝業傳承)의 상징물이고 국가권위의 상징이었다. 세 개의 다리는 견제(牽制)와 균형(均衡), 협력(協力)을 통한 안정(安定) 등을 뜻한다. 왕조시대의 삼정승(三政丞)이나 현대국가의 삼권분립(三權分立) 등도 다리 셋의 이치이다. 혁신한(-革/혁) 뒤에 안정(安定)을 이루는 것(-鼎/정)이 정(鼎)괘의 내용이다. 정(鼎)괘에서 말하는 정(鼎)은 통치자의 지위에 새로이 앉은 사람이 잔치하는 형국(形局), 또는 최고지위에서 올바르게 처신하는 상(象)을 뜻한다. 새로운 통치자가 새 시대를 열고자 할 때 가장 먼저 하는 일이 통치이념(統治理念)의 선포(宣布)와 논공(論功)과 임용(任用)이다. 새 시대의 새 음식을 만들려면 솥 속의 옛것을 비우고 새로운 것으로 솥을 채워야 한다. 솥을 채울 새로운 재료(材料)를 배치(配置)하는 작업(作業)이 바로 임용(任用)이다.

솥을 뒤집어 쓸모없는 것들을 비우되 천하에 완전무결한 것은 없으므로 (-天下無完人/천하무완인) 아직 쓸 만한 소중한 것은 다소의 흠이 있어도 행적(行績)과 출신(出身)을 불문(不問)하고 솥에 남겨두어 새 시대에 따르게 한다. (-責其身不問其所從 論其今不考其素/ 책기신불문기소종 론기금불고기소) 당사자의 능력이 뛰어나기만 하면 그 어머니가 첩실인 것을 군이 허물할 필요가 없고 (-得妾以其子无咎/ 득첩이기자무구) 참으로 뿔이 훌륭하고 털이 붉은 소라면 그 어미가 얼룩소라 하더라도 천제를 올릴 때 제물로 쓰는 데 흠 될 이유가 없다고 보는 것이다. (-苟騂且角 犁牛之子可也/구성차각 리우지자가야)

49번 혁(革)괘가 개명(改命-命/명을 바꿈)에 관한 것이라면 50번 정(鼎)괘는 응명(凝命-命/명을 성취함)에 관한 것이다. 정(鼎)괘에서 잔치의 하이라이트는 잘 이루어진 분배(分配=論功行賞/논공행상)에 있다. 잘 이루어진 논공행상(論功行賞)은 제대로 된 응명(凝命)의 모습이다. 그러므로 분배를 올바르게 수행할만한 현인(賢人)을 평소에 우대하며 옆에 두는 것이다. (-大亨以養聖賢/ 대형이양성현)

*從=종. 지시(指示)에 따른 행적(行績). *素=소. 출신(出身).
*騂=성. 붉은 소. *犁=리. 얼룩 소. 검버섯.

〈괘사(卦辭)와 단사(彖辭), 대상사(大象辭)〉

卦辭: 鼎 元吉 亨	정 원길 형
(화풍정(火風鼎)괘는 불(-離)과 바람(-巽)의 합작(合作)이니) 솥 걸고 잔치하는 형국이다.	(-鼎)

잔치를 잘 치르면 크게 길하여 형통
할 것이다.

（-元吉 亨）

象曰

鼎 象也 以木巽火 亨飪也

정 상야 이목손화 팽임야

聖人 亨 以亨上帝 而大亨 以養聖賢

성인 향 이향상제 이대형 이
양성현

巽而耳目聰明 柔進而上行

손이이목총명 유진이상행

得中而應乎剛 是以元亨

득중이응호강 시이원형

정(鼎)은 세 발 솥의 형상이다.

（-鼎 象也）

나무가 불에 순순히 들어가서 음식을
삶아 익히는 모습이다.

（-以木巽火 亨(烹)飪也）

성인(聖人)이 하늘에 제사 올리는 것과
같은 정성 어린 마음가짐으로

（-以亨上帝）

공동체의 훌륭한 인재를 널리 길러
내니

（-而大亨 以養聖賢）

성인의 하는 일이 형통하다.

（-聖人 亨）

겸손하여서 듣고 보는 것이 총명
하며

（-巽而耳目聰明）

부드럽게 나아가 윗자리에서 행하니

（-柔進而上行）

중심자리(六五)를 얻고 굳센 인재(人才-
九二)와 호응(呼應)하므로

（-得中而應乎剛）

이 때문에 크게 형통(亨通)하다.

（-是以元亨）

*鼎=정. 솥(발이 셋이고 귀가 둘인 존귀함의 상징인 구리 솥)
*亨=①팽(烹). 삶다(-亨飪也/ 팽임야)
　　②향. 드리다(-亨宴/ 향연). (-聖人亨 以亨上帝/ 성인형 이향상제).
　　　(-公用亨于天子/ 공용향우천자)
　　③형. 형통(亨通)하다(-而大亨/ 이대형). (-是以元亨/ 시이원형).
*飪=임. 익히다. 잘 익은 음식.

象曰

木上有火 鼎　　　　　　　목상유화 정

君子以 正位 凝命　　　　　군자이 정위 응명

나무 위에 불이 있는 것이 정(鼎)이다.

군자는 이와 같은 정(鼎)의 바른 이치
를 보고 자리를 바로잡아 앉아서 천
명(天命)을 응집(凝集)한다.

養賢則饔飧牢禮 當極其盛 故曰大亨

양현즉옹손뇌례 당극기성 고왈대형

현인(賢人)을 기르는 일은 그 봉양(奉養)을 성대(盛大)하게 해서 행한다. 봉양

(奉養)을 성대(盛大)하게 하는 것을 옹손뇌례(饔飧牢禮)라고 한다. 그것을 대형

(-大亨)이라고도 한다. 소(牛/우), 돼지(豕/시), 양(羊)을 모두 잡아서 함께 쓰기

때문이다.

- 주희(朱熹) 〈주역본의(周易本義)〉

革命以改命 而鼎所以凝之也 知革而不知鼎

혁명이개명 이정소이응지야 지혁이부지정

則上下之分不明而位不正 大器非器也 大亨非亨也

즉상하지분불명이위부정 대기비기야 대형비형야

取鼎之用而施之天下 謂之大亨 國有聖賢 則君位定而天命固矣

취정지용이시지천하 위지대형 국유성현 즉군위정이천명고의

혁(革)괘의 혁명(革命)은 명을 바꾸는 방법이고 정(鼎)괘의 정립(鼎立)은 명을 성취하는 방법이다. 혁명을 알면서 정립을 모르면 상하분별이 밝지 못하여 그 지위가 올바르지 못하게 된다. 큰 그릇이 큰 게 아니고 크게 자랐다고 성장이 아니다. 정(鼎)의 쓰임을 취하여 천하에 그 큼을 베풀어야 소위 크게 자란 것이다. 나라에 성현(聖賢)이 있으면 군왕(君王)의 지위가 안정되고 천명(天命)이 굳건해진다.

– 소식(蘇軾) 〈동파역전(東坡易傳)〉

〈鼎 初六爻〉

정권교체 후 요직(要職)의 인사(人事)를 단행할 때 사소한 결점은 개의치 말아야 한다. 무조건 모두를 갈아치우려 하지 않는다. 천하에 완전한 사람은 없기 때문이

다. (-天下無完人/천하무완인)

初六

鼎顚趾 利出否   정전지 이출비
得妾以其子 无咎   득첩이기자 무구

솥의 다리를 거꾸로 뒤집어엎어서 나   (-鼎顚趾 利出否)
쁜 것을 내보내니 이롭다.
첩의 자식이더라도 허물이 되지 않   (-得妾以其子 无咎)
는다.

하늘 아래 완전무결한 사람은 없다. (-天下無完人/천하무완인)

象曰

鼎顚趾 未悖也   정전지 미패야
利出否 以從貴也   이출비 이종귀야

(잔치 음식을 준비하려면 예전의 나쁜 것을   (-鼎顚趾 未悖也)
비워야 하므로) 솥의 다리를 뒤집어엎는
것은 이치(理致)에 어긋나지 않는다.
나쁜 것을 내보내어 이롭다는 것은   (-利出否 以從貴也)
그래야 귀한 것이 따를 수 있기 때문
이다.

聖人 責其身 不問其所從 論其今 不考其素

성인 책기신 불문기소종 논기금 불고기소

성인(聖人)은 정(鼎)의 상황에서 묵은 것이라 하더라도 무조건 나쁘다 하지
않고 쓸모 있는 것은 경력(經歷)과 유래(由來)를 불문(不問)하고 쓴다. 다소 흠
이 있어도 역할(役割)을 주어 새 시대(時代)에 따르게 하는 것이다.

- 소식(蘇軾)

*從=종. 과거에 남의 밑에서 한 일.
*素=소. 유래(由來). 개인으로서 어쩔 도리가 없는 출신 성분이나 출신 지역.

〈鼎 九二爻〉

*솥에 음식을 채우는 작업 중에는 정성, 청결 등의 보안관리가 중요하다.

九二

鼎有實	정유실
我仇有疾 不我能卽 吉	아구유질 불아능즉 길

솥에 내용물을 채울 때는	(-鼎有實)

내 짝이라도 질병(疾病)이 있으면   (-我仇有疾)

내 곁에 다가오지 못하게 해야 길하다.   (-不我能卽 吉)

象曰

鼎有實 愼所之也   정유실 신소지야

我仇有疾 終無尤也   아구유질 종무우야

솥에 내용물을 채우는 작업 중인 곳에   (-鼎有實 愼所之也)
는 접근(接近)을 조심해야 한다.

내 짝이라도 병이 있을지 모르니 다   (-我仇有疾 終無尤也)
가오지 못하게 하는 것은 끝내 근심
거리가 없게 하려는 것이다.

시험문제 출제나 사업기획 등도 보안이 필요하다. 아직 미성숙한 어린 사람의
재능을 돈벌이에 쓰고자 하는 유혹도 물리쳐야 할 일이다.

〈鼎 九三爻〉

九三

鼎耳革 其行塞 雉膏 不食	정이혁 기행색 치고 불식
方雨虧悔 終吉	방우휴회 종길

시운(時運)의 흐름이 바뀜에 따라 솥귀의 담당자가 바뀐다. (六五는 솥의 주체로서 솥귀 입장이다. 六五가 입장을 바꾸면 음식 담당자인 九三에게 변화가 있다는 뜻이고 이는 음식준비가 늦어짐을 뜻한다.)　(-鼎耳革)

담당자가 교체되어 음식준비의 진행이 막히게 되고　(-其行塞)

꿩고기 요리를 먹을 수 없다.　(-雉膏 不食)

(현명한 六五와 공손하고 굳센 上九가 앞으로의 음식 담당자에 대한 뜻을 맞추어서) 바야흐로 화합의 비가 내리면 후회가 사라지고 끝내 길할 것이다.　(-方雨虧悔 終吉)

---

*革=①혁. 고치다/고쳐지다(改/개. 更/경).
　　②극. 심하다. 엄하다.
*雉=치. 꿩. 담장.
*膏=고. 살찐 고기. 기름.
*虧=휴. 이지러지다. 손상됨. 그침. 깎임. 줄어들다. 무너지다.
*方雨=방우. 바야흐로 화합의 비가 내리다.
*虧悔=휴회. 후회가 사라지다.

象曰 鼎耳革 失其義也	정이혁 실기의야

솥귀의 담당자가 변하였다는 것은　　　　(-鼎耳革)

솥 안의 음식으로 비유(比喩)되는 종전　　(-失其義也)
(從前)의 의로움이 세(勢)를 잃었다는
뜻이다.

　정(鼎)괘 九三 효에 대한 다른 해석들이 있다.

　① 九三이라는 솥(=음식 담당자)의 역량(力量)에 대하여 六五라는 실권군주(實權君主)
와 上九라는 원로지도층(元老指導層)의 평가가 다르다. 역량에 대한 평가가 사람마
다 다르다는 것은 그 역량이 거의 가득 찼음을 뜻한다. 숙의(熟議) 끝에 六五와 上九
가 화합하여(-方雨) 비를 내려야 후회가 사라지리라.

　② 솥의 손잡이(=周易/주역에 대한 認識態度/인식 태도)가 옛날과 달리 오늘날 바뀜에
따라 세상만물(世上萬物)의 변화이치(變化理致)라는 솥의 역량(=周易原理/주역원리의 소
중함)이 제대로 활용되지 못하고 있다. (-鼎耳革) (그러나) 언젠가는 다시 제대로 인정
받을 날이 올 것이다. (-方雨虧悔 終吉)

　지형상(地形上) 가능성이 무궁(無窮)한 한반도라는 솥에 꿩고기가 많은데도 오늘
날 양측이 대립하여 겪고 있는 불행은 남북의 정권이라는 손잡이(-金鉉/금현과 玉鉉/
옥현)에 방우(方雨)가 없기 때문이다.

〈鼎 九四爻〉

임무(任務)가 역량(力量)에 넘쳐서 감당(勘當)하기 어려우니 얼굴에 땀이 난다.

九四

| 鼎折足 覆公餗 | 정절족 복공속 |
| 其形 渥 凶 | 기형 악 흉 |

솥의 다리가 부러져서 솥 안의 내용   (-鼎折足 覆公餗)
물이 엎질러진다.

그 모습이 젖어서 더럽혀졌으니 흉   (-其形 渥 凶)
하다.

신하 된 자가 무능이나 탐욕 때문에 임무 수행을 하지 못하면 흉하다는 뜻이다.

*覆=①복. 넘어뜨리다(-覆公餗/복공속). 오히려 반대로(-覆出爲惡/복출위악).
    아뢰다(覆啓/복계-회답을 올림).
    ②부. 덮다(覆醬/부장: 자기 저서에 대한 겸칭). 감싸서 숨기다.
*公=공. 임금. 노인이나 연장자 등에 대한 존칭어.
*餗=속. 솥 안에 든 음식(覆公餗/복공속). 죽(粥). 국밥.
*公餗=공속. 윗사람이 솔하(率下)의 풍성을 위하여 아랫사람들에게 쌓아둔 것.
*渥=①악. 땀이나 물에 젖다(其形 渥/기형 악). 은혜나 형벌이 무겁다. 윤이 나다. 붉다.
    ②우. 적시다. 담그다(渥/구.우-오래 담가 부드럽게 하다; 渥麻/구마. 우마).

| 象曰 覆公餗 信如何也 | 복공속 신여하야 |

상하(上下)의 여러 사람이 먹을 음식을
엎질렀으니 진실로 믿을 수 있겠는
가?

*信=신. 진실로. 과연.

言不勝其任也

언불승기임야 - 계사 下/하 5장

孔子曰 德薄而位尊 知小而謀大 力小而任重 鮮不及矣

공자왈 덕박이위존 지소이모대 역소이임중 선불급의

이는 그 임무를 감당하지 못한다는 말이다. 그래서 공자는 말하였다. 덕은 빈약한데 지위는 높고 지혜는 적은데 도모함은 크며 역량(力量)은 적은데 임무(任務)가 무거우면 분명히 미치지 못할 것이라고.

- 정이(程頤) 〈역전(易傳)〉

〈鼎 六五爻〉

六五 鼎黃耳金鉉 利貞　　　　　　　정황이금현 이정

솥의 누런 귀에 금으로 된 손잡이
(九二)가 달려 있다.
음유(陰柔)한 六五가 중심에서 마음을
곧바르게 가지니 길하다.

*鉉=현. 솥귀에 꿰어 들어 올릴 수 있게 만든 손잡이(고리). 三公의 지위.

象曰 鼎黃耳 中以爲實也　　　　　　　정황이 중이위실야

六五를 누런 솥귀라고 한 것은 중심
에서 실제로 중심답게 행동하기 때
문이다.

六五가 조리과정에서 지나친 궁금증이나 참견을 삼가고 설혹 실수가 있더라도
너그러이 참아 넘긴다는 말이다. 九三과 九四를 용납(容納)하며 기다려주어야 길하
다는 뜻이다.

실(實)답다/중심답다는 것은,

가운데 있으면서 높음을 자임(自任)하지 않고 부드럽게 용납(容納)함에 있는
것이다. 그래서 황이(黃耳)라 한다. (-中而不亢 柔而有容 故曰黃耳/중이불항 유이유
용 고왈황이)

- 소식(蘇軾)

六五 효가 위로 上九를 봉양하는 것은 천제(天帝)에게 제사(祭祀)를 올리는 상
(象)이고 아래로 세 양효(陽爻)를 기르는 것은 현인(賢人)을 길러내는 상(象)이
다. (-六五上養上九 亨帝之象 下養三陽 養賢之象/ 육오상양상구 향제지상 하양삼양 양현
지상)

- 왕부지(王夫之) 〈주역내전(周易內傳)〉

〈鼎 上九爻〉

上九 鼎玉鉉 大吉 无不利　　　　　　정옥현 대길 무불리

솥에 옥으로 된 손잡이가 있다. 크게
길해서 이롭지 않음이 없다.

象曰 玉鉉在上 剛柔節也　　　　옥현재상 강유절야

옥으로 된 손잡이가 위에 있으면　　　(-玉鉉在上)
上六의 굳셈과 六五의 부드러움이 조　　(-剛柔節也)
절(調節)되어 절도(節度)에 맞게 되기
때문이다.

　옥현(玉鉉)은 바로 평소에 옹손뇌례(饔飧牢禮)로 봉양해 온 현인(賢人)을 말한다.
六五와 上九는 모두 귀(-耳)라고 부른다. (-九三爻辭/구삼효사에 上九가 귀라고 명시되
어 있음.)

　불 속에 있어도 달구어지지 않는 것이 옥(玉)이다. (-玉 같은 성품의 사람은 분노나 감
정 등으로 과격해지지 않는다.) 쇠라면 달구어져서 못쓰게 될 우려가 있다. (자칫 감정에
빠져 일을 망칠 수도 있다.) 혁명 성공 뒤의 자축잔치라는 정(鼎)의 형국에서 잔치를 주
재하는 六五인 금현(金鉉)은 上九인 옥현(玉鉉-賢人/현인)을 모셔서 조언을 듣는다. 우
리 사회에 옥현(玉鉉-賢人/현인)은 정당의 원로들이나 전임 대통령들이나 종교계 지
도자들일 것이다.

　잔치마당 상석(上席)에 앉아있다가 다 된 음식을 대접 받는 귀(耳)에도 금(金)과 옥
(玉)의 격(格)이 있다. 혁(革) 후의 정(鼎) 마당에서 (혁명성공 후의 논공행상이라는 잔치마
당에서) 옥격(玉格)의 인물에 해당하는 원로층(元老層)이 빈약(貧弱)하다면 그런 잔치
마당은 미래가 불안정하기 쉽다.

〈정(鼎)괘의 실생활(實生活) 응용(應用)〉

① 어려운 일을 할 때에 혼자의 힘으로 모든 것을 하려고 하지 말아야 한다. 힘은 합하고 이익은 나누는 마음자세가 중요하다.

② 논공행상을 곁들인 잔치마당의 주인이 되었다. 공을 세운 사람들을 초대할 때에 완전무결한 사람들만 초대하겠다고 고집하지 않는다. 긴 시간 함께 앉아서 잔치를 즐길 수 있는 자리에는 기승자(奇勝者)를 참석시키지 않는다. 기승자(奇勝者)란 이치를 따르지 않는 기묘한 방법으로 운(運) 좋게 성과를 올린 자를 말한다. 기승(奇勝)으로 공(功)을 세운 자에게는 자리가 아닌 물질(物質)로 포상(褒賞)한다.

③ 기혼자(旣婚者)라면 정(鼎)의 상황에서 새로운 이성(異性)의 등장(登場)을 주의한다.

重雷震 (중뢰진)

☳ 震上 (진상)
☳ 震下 (진하)

〈卦의 성격(性格) 요약(要約)〉

　내괘(內卦)와 외괘(外卦)가 모두 진(☳震)이다. 진(震)은 천둥, 벼락, 움직이다, 성내다, 놀라다 등을 뜻하는 글자이다. 진(震)괘는 만물(萬物)이 천둥소리에 깜짝 놀라듯 발동(發動)하는 상(象)이다. 움직여 분발(奮發)시킴, 스스로의 힘으로 떨쳐 나오도록 함으로써 구제(救濟)함 등의 뜻을 지닌 괘(卦)이다. 천둥은 요란하여 사람을 놀라게 하지만 아무리 요란해도 사람을 해치지는 않는다. 소리는 크지만, 속이 빈 것이 천둥(-震/진)이다. 속이 비었기 때문에 자주 치는 천둥에는 놀라지도 않는다. 뜻밖에 무서운 일을 당했을 때는 천둥을 대하듯 진중(鎭重)하게 처신(處身)함이 좋다. 천둥에 놀라서 제사(祭祀) 도중에 제물(祭物) 담긴 그릇을 떨어뜨리는 것은 심약(心弱)함의 표시(表示)이며 예(禮)를 잃는 처사(處事)이다. 중요(重要)한 일을 담당(擔當)하는 사람은 요란한 천둥소리에도 침착(沈着)한 자세를 잃지 않아야 한다. 보통사람이 놀라 당황(唐惶)할 때에도 태연(泰然)하고 침착(沈着)한 태도(態度)를 보여주어야 하기 때문이다.

　주역(周易)은 읽는 사람의 마음을 평온(平穩)하게 만든다. 낯선 지방이나 외국을 여행하는 도중에 노천카페의 캐노피 아래에서 즐기는 커피 한 잔의 시간처럼 옛 현인(賢人)들의 지혜로운 보살핌 아래에서 편안하게 보호(保護)받는 느낌을 갖게 한다.

〈괘사(卦辭)와 단사(彖辭), 대상사(大象辭)〉

卦辭:

震 亨 震來虩虩 笑言啞啞   진 형 진래혁혁 소언액액

震驚百里 不喪匕鬯   진경백리 불상비창

천둥 쳐서 분발시키면 형통하다.   (-震 亨)

천둥소리에 두려워하며 분발(奮發)한   (-震來虩虩)
다면

웃으며 도란도란 말할 수 있게 된다.   (-笑言啞啞)

천둥으로 진동(震動)시켜서 백 리를 떨   (-震驚百里 不喪匕鬯)
게 함으로써 태평(泰平)한 세상의 기틀
을 세우면 종묘사직(宗廟社稷)을 지키
는 제주(祭主)가 될 수 있다. (천둥으로
진동시키되 자기의 품격과 본분을 잃는 일
은 없어야 한다.)

---

*虩=①혁. 눈이 휘둥그레지다. 거미.
  ②색. 두려워하다. 범이 놀라는 모양.
*虩虩=혁혁. 두려워 떨며 반성함.
*啞=①액. 웃다. 웃음소리.
  ②아. 벙어리(-啞子/아자). (-啞然/아연).
*啞啞=액액. 도란도란 웃으며 말하는 모양.
*匕=비. 숟가락. 비수(匕首=短刀/단도).
*鬯=창. 울창주(-검은 기장에 울금초를 넣어 빚은 술).
*匕鬯=비창. 종묘 제사용 기물(器物)과 향주(香酒).
*不喪匕鬯=불상비창.
 :공경(恭敬)하는 마음이 지극(至極)하도록 진동(震動)시켜서 태평(泰平)한 세상의 기틀을 세우면 종묘사
  직(宗廟社稷)을 지키는 제주(祭主)인 임금이 될 수 있다는 뜻이다.

象曰

震 亨 震來虩虩 恐致福也　　　　　진 형 진래혁혁 공치복야

笑言啞啞 後有則也　　　　　　　　소언액액 후유칙야

震驚百里 驚遠而懼邇也　　　　　　진경백리 경원이구이야

出可以守宗廟社稷 以爲祭主也　　　출가이수종묘사직 이위제주야

천둥 쳐서 스스로를 분발시키면 형통　　　(-震 亨)
하다.

천둥소리에 놀라 스스로 분발한다면　　　(-震來虩虩 恐致福也)
결과적으로 두려움이 복을 가져오는
것이다.

담소하며 즐거워하는 것은 천둥 뒤의　　　(-笑言啞啞 後有則也)
행동지침에 의해서 질서(法度)가 서기
때문이다.

"震驚百里"란 멀리 있는 자를 놀라게
하고 가까이 있는 자를 두렵게 한다
는 의미이다. (-震驚百里 驚遠而懼邇也)

천둥으로 진동(震動)시켜서 백 리를 떨
게 함으로써 태평(泰平)한 세상의 기
틀을 세우면 나아가서 종묘사직(宗廟
社稷)을 지키는 제주(祭主)가 될 수 있
다. (-出可以守宗廟社稷 以爲祭主也)

그래야만 제주(祭主=王/왕)다운 제주(祭
主)가 될 자격(資格)이 있다는 말이다.
(-以爲祭主也)

象曰

洊雷震　　　　　　　　　　　　　　천(전)뢰진

君子以 恐懼脩省　　　　　　　　　군자이 공구수성

천둥이 되풀이하여 오는 것이 진의

괘상(卦象)이다.

군자는 이것을 보고 스스로 두려워하

며 몸을 닦고 허물을 반성한다.

震, 不常用 可試而不可遂/진, 불상용 가시이불가수

호통치는 것은 너무 자주 쓰지 말아야 한다. 가끔 사용하여 효과를 볼 수 있

으나 끝장을 보려 하면 안 된다

-소식(蘇軾)

〈震 初九爻〉

初九 震來虩虩 後笑言啞啞 吉   진래혁혁 후소언액액 길

천둥에 두려워 떨며 반성한다면 후에
웃으며 도란도란 말할 수 있게 되니
길하다.

象曰

震來虩虩 恐致福也   진래혁혁 공치복야

笑言啞啞 後有則也   소언액액 후유칙야

천둥소리에 두려워 떤다는 것은 두려   (-震來虩虩 恐致福也)
움이 복을 가져온다는 뜻이다.

담소하며 즐거워한다는 것은 두려워   (-笑言啞啞 後有則也)
한 뒤에 질서(秩序-法度/법도)가 서기
때문이다.

질서는 初九 효가 정하여 세운다.

하늘에서 치는 천둥은 분위기를 쇄신해야 할 필요성을 느끼게 하는 강렬한 자
극(-호통)과 같다. 천둥 칠 때는 두렵지만 천둥이 지나가면 평소와 다름없이 웃으며
지낼 수 있다. 분위기 쇄신(刷新)용 호통은 자주 쓸 수 있는 수단은 아니다. 분위기
를 쇄신하기로 했으면 후속조치(後續措置)를 해야 한다. 반드시 "다음부터는 이리저
리한다"라는 지침(指針)을 마련해야 한다. 지침을 마련해야만 그에 따라서 근신(謹
愼)하기 때문에 질서(秩序)가 생긴다.

〈震 六二爻〉

분위기 쇄신하려고 호통하는 사람은 불순한 욕심(慾心)을 부리면 안 된다. 놀라서 도망친 사람들이 두고 간 재물에 뜻이 있어서 호통한 것이 아니기 때문이다. 그러므로 도망친 사람들이 돌아와서 보면 모든 물건은 제자리에 그대로 있다.

六二

震來厲 億喪貝 躋于九陵	진래려 억상패 제우구릉
勿逐 七日得	물축 칠일득

천둥처럼 맹렬한 初九의 진동(震動-호통)이 六二에게 매섭게 다가온다.	(-震來厲)
탄식하며 재물을 팽개치고 높은 산으로 피한다.	(-億喪貝 躋于九陵)
(그러나 천둥에 놀라 피하여 근신하면 시간이 지난 후 평상으로 돌아오리니) 팽개쳤던 재물은 쫓아가지 않더라도 머지않아 다시 얻을 수 있게 될 것이다.	(-勿逐 七日得)

*厲=려. 맹렬하다(-不厲而威/불려이위)-〈예기(禮記)〉. 징벌을 받다.
　엄격하다(-溫而厲/온이려)-〈논어(論語)〉.
*億=억. ①탄식하다. 아아~(-億喪貝/억상패)
　　②추측하다. 헤아리다(-不億不信/불억불신)-〈논어(論語)〉
　　③편안하다(-心億則/심억즉)-〈좌씨전(左氏傳)〉
*躋=제. 높은 곳에 오르다. 진보하다.

象曰 震來厲 乘剛也	진래려 승강야

천둥소리의 다가옴이 매섭다는 것은 　　(-震來厲)

六二가 初九라는 강한 기운을 타고 있 　(-乘剛也)

기 때문이다.

　혼란(混亂)의 초기(初期)에는 매서운 분위기 쇄신책(刷新策)이 천지를 진동시키더라

도 그 양기(陽氣)는 점차 삶에 스며있는 각종 음기(陰氣=생활의 欲求/욕구)에 중화(中和)

되어 시간이 지나면 다시 사람들의 마음속에 일상(日常)의 평온(平穩)이 찾아온다.

〈震 六三爻〉

六三 震蘇蘇 震行 无眚 　　　　**진소소 진행 무생**

천둥소리에 안절부절못한다. 　　　　(-震蘇蘇)

천둥에 놀라서 부정(不正)을 떠나 　　(-震行 无眚)

정(正)으로 가면 허물이 없을 것

이다.

*蘇=소. ①기운이 까무러지다.

　　②죽었다가 깨어나다(-死而復生/사이복생).

　　③밴댕이.

*蘇蘇=소소. 안절부절못한다. 어쩔 줄을 모르다.

*眚=생. 허물. 재앙(災殃).

象曰 震蘇蘇 位不當也 　　　　　**진소소 위부당야**

천둥소리에 안절부절못한다는 것은
위치가 적당하지 않기 때문이다. (六三
의 위치(位置)는 중(中)이 아니고 정(正)도 아
닌 곳이다.)

불안한 위치에 있는 자는 분위기 쇄신하고자 야단칠 때 안절부절못한다. 쇄신의
칼이 자기의 실직(失職)으로 이어질까 봐서 두려운 것이다. 이는 六三이 初九라는
천둥과 거리가 떨어져 있어서 친하지 못하기 때문이다. 六三이 안절부절못한다고
한 것은 初九의 위엄(威嚴)에 넘치는 천둥이 六二를 넘어 멀리 六三에게도 미칠 수
있음을 뜻한다.

〈震九四爻〉

과도(過度)하게 위엄(威嚴)을 부리면 그 위엄이 빛을 잃는다.

九四 震 遂泥　　　　　　　　　　**진 수니**

천둥소리로 끝을 보려 하면 진흙탕에
빠진다. (목적을 달성하지 못한다.)

象曰 震遂泥 未光也　　　　　　**진수니 미광야**

천둥이 진흙탕에 빠진다는 것은 그
효과가 빛나지 않는다는 뜻이다.

첫 번째 천둥은 위엄이 있으나 자주 치는 천둥은 사람을 놀라게 하지 못한다. 위엄(威嚴)을 보이되 적당한 선에서 그침을 알지 못하면 그 위엄이 진흙에 빠진다. 잦은 지적(指摘)이나 교훈(敎訓)은 빛을 잃는다는 뜻이다.

〈震 六五爻〉

六五 震 往來厲 億 无喪有事   **진 왕래려 억 무상유사**

천둥이 진동한다고 우왕좌왕하면 위태롭다.   (-震 往來厲)

우왕좌왕하다가 섣부른 헤아림으로   (-億)

해오던 일을 해치는 행동은 없어야 한다.   (-无喪有事)

象曰
震往來厲 危行也   **진왕래려 위행야**
其事在中 大無喪也   **기사재중 대무상야**

천둥이 매섭게 진동할 때에 우왕좌왕하면 위태롭다. (섣부른 행동은 위험하다는 뜻이다.)   (-震往來厲 危行也)

일에 중용을 지키면 크게 잃지 않는다.   (-其事在中 大無喪也)

〈震 上六爻〉

上六

震 索索 視矍矍 征 凶	진 삭삭 시확확 정 흉
震 不于其躬 于其隣 无咎	진 불우기궁 우기린 무구
婚媾 有言	혼구 유언

천둥소리에 놀라 안절부절못하고 불안하게 좌우를 두리번거린다. (-震 索索 視矍矍)

조심하는 것이 좋으며 나아가면 흉하다. (-征 凶)

천둥은 九四가 치는데 그 직접 이유는 나(上六) 때문이 아니고 이웃(六五) 때문이지만 (-震 不于其躬 于其隣)

내가 미리 경계하니 허물이 없다. (-无咎)

내가 미리 조심스럽게 경계하는 것에 대하여 제 잘못은 제쳐두고 남의 잘못만 지적하는 사람(-婚媾/혼구)들이 있을 것이다. (그러므로 上六으로서는 이러한 말에 구애받을 필요는 없다는 뜻이다.) (-婚媾有言)

*索=①삭. 두려워하다. 공허하다. 동아줄을 꼬다.
　　②색. 찾다(-구함).
*索索=삭삭. 두려움에 떨며 안절부절못하다.
*矍=확. 놀라서 두리번거리다.
*矍矍=확확. 놀라움으로 불안하게 두리번거리다.
*躬=궁. 자신의 몸. 몸소.
*婚媾=혼구. 혼인관계(婚姻關係)로 척분(戚分)이 있는 사이. 사돈(査頓).
　-"사돈 남 말 한다."="제 잘못은 제쳐놓고 남의 잘못만 나무란다"
　-"사돈(査頓)의 팔촌(八寸)"="남이나 다름없는 먼 친척"

象曰

| 震索索 中未得也 | 진삭삭 중미득야 |
| 雖凶无咎 畏鄰戒也 | 수흉무구 외린계야 |

천둥소리에 놀라 안절부절못하는 것은 중심인 자리를 얻지 못하였기 때문이다.

(-震索索 中未得也)

비록 흉하지만, 허물이 없는 것은

(-雖凶无咎)

九四가 천둥 치는 까닭이 上六에 있지 않고 이웃인 六五에게 있음에도 上六이 두려워하며 경계하기 때문이다.

(-畏鄰戒也)

*鄰=隣=린. 이웃.

〈진(震)괘의 실생활(實生活) 응용(應用)〉

① 허풍기(虛風氣)가 많은 사람은 어울려 놀기에는 좋지만 사업을 함께하기에는 좋지 않다.

② 자녀와 부하를 너무 자주 나무라지 않는다. 호통이란 두세 번 쓰고 나면 효과(效果)가 사라지는 것이기 때문이다.

③ 뇌성벽력(雷聲霹靂)에도 놀라거나 허둥대지 않고 침착한 사람은 무리를 이끌 자질(資質)이 있는 사람이다.

重山艮 (중산간)

☶ 艮上 (간상)
☶ 艮下 (간하)

〈卦의 성격(性格) 요약(要約)〉

　내괘(內卦)와 외괘(外卦)가 모두 간(☶艮)이다. 간(艮)은 산(山), 그치다, 견고하다, 한정하다 등을 뜻하는 글자이다. 八괘(卦)에서 간(艮)괘는 산(山), 가족 중의 젊은 남자, 동북방(東北方) 등을 상징한다. 시간(時間)으로는 2시~4시 사이의 심야(深夜)를 말한다. 간(艮)괘는 산(山)처럼 머물러 나아가지 않는 것을 상징하는 상(象)이다.

　64괘(卦) 중에서 간(艮)괘는 진(震)괘가 거꾸로 된 모양으로서 괘(卦)의 뜻이 반대이다. 진(震)은 천둥과 움직임을 뜻하는 데 비하여 간(艮)은 움직이지 않는 산, 멈춤을 뜻한다. 멈춤에는 멈춤의 강도(強度)와 타이밍이 중요하므로 냉정(冷靜)한 진퇴판단(進退判斷)과 단호(斷乎)한 용기(勇氣)가 필요(必要)하다.

　간지(艮止) 즉, 멈춤은 단순한 정(靜=고요함)과는 다르다. 멈춤(-止/지)은 동(動)의 멈춤일 수도 있고, 정(靜)의 멈춤일 수도 있다. 동(動)의 멈춤이 정(靜)이고, 정(靜)의 멈춤이 동(動)이다. 근면(勤勉)을 멈추면 나태(懶怠)함이 되고, 나태(懶怠)함을 멈추면 근면(勤勉)함이 된다. 다른 사람을 이끌어감에 있어서는 나의 근면이 오히려 다른 사람의 나태를 부를 수 있다. 그러므로 집단(集團)의 중심인물은 자꾸 따지는 등의 불필요한 언동(言動)을 삼가야 한다. 침묵(沈黙)하다가 가끔 내놓는 말에 위엄(威嚴)과 조리(條理)가 있게 된다.

〈괘사(卦辭)와 단사(彖辭), 대상사(大象辭)〉

卦辭:

艮其背 不獲其身	간기배 불획기신
行其庭 不見其人 无咎	행기정 불견기인 무구

등지고 멈춰서 얼굴(=몸)을 보이려 하지 않고	(-艮其背 不獲其身)
조정(朝廷=뜰)에서 행세(行勢)하고 있음에도 외부 사람을 만나려고 하지 않으니	(-行其庭 不見其人)
이처럼 멈춰야 할 곳에서 멈추면 허물이 없다.	(-无咎)

*艮=간. 한정(限定)함. 한계선에 서서 굳게 멈춤 (-멈추게 함).
*艮其背=간기배. 여러 가지 악덕(惡德), 특히 물욕(物慾)에 등 돌려 굳게 멈춤.
*不獲其身=불획기신. 등 돌리고 있으므로 그 몸을 얻지 못함.
 [시대상황에 따라 동정(動靜)을 택하여 입장(立場)을 견지(堅持)한다는 뜻임.]
*行其庭=행기정. 조정(朝廷=뜰)에서 행세(行勢)하고 있음.

彖曰

艮 止也	간 지야
時止則止 時行則行	시지즉지 시행즉행

動靜不失其時 其道光明　　　　동정부실기시 기도광명

艮其止 止其所也　　　　　　　간기지 지기소야

上下敵應 不相與也　　　　　　상하적응 불상여야

是以 不獲其身行其庭不見其人无咎也　　시이 불획기신행기정불견

　　　　　　　　　　　　　기인　무구야

간은 멈추는 것이다.　　　　　　(-艮 止也)

멈춰야 할 때 멈추고 가야 할 때 가니　(-時止則止 時行則行)

가고 멈추는 것이 때를 잃지 않아서　(-動靜不失其時 其道光明)
그 도리가 크게 빛난다.

멈출 곳에서 멈추는 것은 제대로 된　(-艮其止 止其所也)
자리에서 멈추는 것이다.

上下가 (-陰陽/음양)이 호응(呼應)하는　(-上下敵應 不相與也)
바가 없으니 더불어 정을 통하지 않
고 그치는 것이 (이는 애초부터 사귀지 않
는 것이 아니라 사귀되 어지럽지 않게 되는
것을 뜻한다.)

이렇기에 서로의 얼굴을 보려 하지　(-是以 不獲其身)
않고

조정(朝廷=뜰)에서 행세(行勢)하고 있음　(-行其庭不見其人)
에도 만나려고 하지 않으니

(이처럼 머물러야 할 곳에 머물면 탈 날 일　(-无咎也)
이 없고) 허물 될 것이 없다.

象曰

兼山 艮   겸산 간

君子以 思不出其位   군자이 사불출기위

산이 첩첩이 겹쳐 신령한 산 기운을 모으고 있는 것이 간의 괘상이다.	(-兼山 艮)
군자는 이를 본받아 올바른 마음을 길러서	(-君子以)
자기 직분(職分) 이외의 일을 생각하지 않는다. (직분에서 벗어나는 야심을 품지 않는다는 뜻이다.)	(-思不出其位)

정이(程頤)는 37번 풍화가인(風火家人)괘와 52번 중산간(重山艮)괘를 유교(儒教)의 도의(道義)를 표상(表象)하는 대표적인 괘라고 곡해(曲解)하였다.

풍화가인(風火家人)괘의 "男女內外正位/남녀내외정위"를 "男女-尊卑-內外正位/남녀-존비-내외정위"로 왜곡(歪曲)하여 해석(解釋)하고, 중산간(重山艮)괘의 "艮其止 止其所也/간기지 지기소야"를 군신(君臣)과 부자(父子)가 "각자(各者)의 위치(位置)에 맞게 처신하여(艮/간=止/지) 충성(忠誠)하고 복종(服從)한다"라는 교훈(教訓)을 담은 것이라고 견강부회(牽强附會)하는 해석을 하였다.

나아가 그 해석에 공적(公的) 규범력(規範力)을 부여(賦與)함으로써 남녀불평등과 신분계급을 당연하게 여기는 사회윤리를 만든 폐해(弊害)를 초래(招來)하였다.

〈艮 初六爻〉

물욕(物慾)의 출발단계를 잘 관리해서 멈추면 길하다.

初六 艮其趾 无咎 利永貞　　　　간기지 무구 이영정

걸음을 저지해서 움직이지 않으니 허
물이 없다. 이 입장을 계속 지켜나가
면 이롭다.

*趾=지. ①걸음걸이. 발(복사뼈 이하 부분). 발가락.
　　②끝. 마침(-凡有首有趾 無心無耳者衆/범유수유지 무심무이자중-〈장자(莊子)〉

象曰 艮其趾 未失正也　　　　간기지 미실정야

걸음을 저지해서 움직이지 않았으니
아직 올바른 길을 잃지 않은 것이다.

〈艮 六二爻〉

조금 진행된 일을 멈추는 문제에 대하여 상하의견이 달라서 불편한 상황이다.

六二 艮其腓 不拯其隨 其心不快　　간기비 부증기수 기심불쾌

장딴지가 허리한테 저지(沮止)당해서　　(-艮其腓)
움직이지 못함이니
허리(九三)가 장딴지(六二)의 움직임을　　(-不拯其隨)
도와주지 않고 저지하므로 장딴지는
허리를 따라 멈출 수밖에 없다.

장딴지(六二)는 양(陽)을 따르기는 하   (-其心不快)
지만 천리(天理)와 중정(中正)의 도리
도 지키고 싶은데 간(艮)괘의 허리인
九三은 선악불문(善惡不問)하고 저지하
니 장딴지(六二)의 마음이 불쾌하다.

*腓=비. 장딴지(종아리).
*拯=증. ①들어 올리다(-不拯其隨/부증기수). 구조하다(-건지다).
          ②받다(-用拯馬壯吉/용증마장길-明夷/명이 六二 효사)

用拯馬壯吉/용증마장길에서의 길(吉)은 상처를 면하는 것을 뜻할 뿐이다. (-得免
傷害/득면상해) 어떤 행위를 할 수는 없다. (-非可有爲也/비가유위야)

象曰 不拯其隨 未退聽也   **부증기수 미퇴청야**

"不拯其隨"는 위에 있는 九三이 아래
에 있는 六二의 말을 따라주지 않는다
는 뜻이다.

*退聽=퇴청. 아래의 말을 따름.

⟨艮 九三爻⟩

九三 艮其限 列其夤 厲薰心   **간기한 열기인 여훈심**

급소인 허리에서 저지하여 멈추니 그   (-艮其限)
멈춤이 확고한 모습이다.

몸을 굽히거나 펴지 않으니 등골이   (-列其夤)
찢어질 듯 아프다.

강양(剛陽-九三)이 중도(中道)의 마땅함   (-厲薰心)
을 얻지 못하여서 강경(剛勁)함이 지나
치므로 그 위태로움에 애가 탄다. 닥
쳐올 위험이 마음을 초조(焦燥)하게 만
든다.

---

*限=①한. 급소(急所-艮其限/간기한). 상하(上下)의 연결부(-허리). 한계.
　　②은. 심하다. 매우 급하다(-品限/품은). 못하게 말리다.
*夤=인. ①허리. 허리띠(腰絡/요락). ②脊(려-등골뼈). ③공경하다. 조심하다.
*厲=여 ①심하다. 맹렬하다(-厲風/려풍). 가혹하다. 드날리다.
　　②숫돌. 갈다. 문지르다. 분발하다(-厲行/려행).
*薰=훈. ①불 피우다. 그슬다. 그을다(-연기만 나다.).
　　②향내 나다. 향기. 향초(薰以香自燒/훈이향자소-재주 때문에 재난당함을 비유).
　　③온화하다. 감화(感化)시키다(薰陶/훈도).

象曰 艮其限 危薰心也   **간기한 위훈심야**

허리에서 확실하게 저지하고 있어서
멈춤이 확고하니 그 위태로움에 마음
이 탄다.

발꿈치나 장딴지에서 멈추면 나아가지는 못하지만, 몸을 굴신(屈伸)하는 것은 가
능하다. 그러나 허리운동을 저지하여 몸이 굴신(屈伸)을 못 하면 등골이 타는 듯 아
프게 된다. 일의 중허리 부분에서 멈추는 것은 때늦은 멈춤이다.

추진(推進)하던 일이 재가 되어 날리게 되므로 마음이 타는 것처럼 고통을 느낀다는 뜻이다.

〈艮 六四爻〉

六四 艮其身 无咎　　　　　　　　간기신 무구

멈춰야 할 때 자기의 마음 집인 몸통
을 멈추면 허물이 없다.

六四는 음(陰)으로서 정위(正位)에 있는 고위직(高位職)의 신하(臣下)이지만 군주(君主)인 六五까지 멈추게 할 수 있는 역할(役割)은 못 하고 겨우 자기 한 몸을 멈춰서 스스로의 허물을 면할 뿐이다.

*身=신. ①몸통.
　　②물건의 심(心). 고갱이(=사물의 핵심).

象曰 艮其身 止諸躬也　　　　　　간기신 지제궁야

"艮其身"이라 함은 적극적(積極的)으로
천하(天下)를 멈추게 하지는 못하고 그
저 자기자신(自身)만을 멈추는 것을 의
미한다.

(-艮其身 止諸躬也)

이는 암음(暗陰)한 군주(君主)의 어리석음 때문에 나라가 망(亡)할 때 자결(自決)하는 대신(大臣)의 모습과 같은 처신을 의미한다.

고칠 점이 있는 사람을 고치고자 할 때는 마음을 얻어서 마음을 고쳐야 한다. 손이나 발 등 몸의 일부를 묶어둠으로써 고치려고 해봐야 아무런 소용이 없다. 도박 습관을 고치려고 집안의 화투장을 없애봐야 무슨 효과가 있겠는가? 마음을 아름답게 고쳐야 비로소 그 태도가 아름다워지고 몸도 아름다워진다.

*諸=①저. 어조사. ~에(於/어, 乎/호, 之乎/지호 ~인저(-日居月諸/일거월저).
　　②저. 대명사. 이. 이를(堯舜其猶病諸/요순기유병저)-〈논어(論語)〉
　　③제. 모든(庶/서-여러). 건조 과일. 절인 것(김치).
*躬=궁. ①자신(自身).
　　②몸소. 친히. 스스로 하겠다고 나섬.

〈艮 六五爻〉

말할 때는 적절히 멈추면서 질서 있게 말해야 상대방이 경청(傾聽)한다. 때로는 침묵(沈默)이 상대를 두렵게 만든다.

六五 艮其輔 言有序 悔亡	간기보 언유서 회망
입에서 저절로 나오려는 말을 광대뼈 (=六五)를 저지하여 멈추게 하니	(-艮其輔)
말에 질서가 있어서 후회할 일이 없 어진다.	(-言有序 悔亡)

*輔=보. ①광대뼈(頰骨/협골) (−咸其輔頰舌/함기보협설).
　　②도와서 바로잡다.
*頰=협. 뺨(−頰適/협적−부드러운 얼굴빛)

象曰 艮其輔 以中 正也　　　　간기보 이중 정야

　"艮其輔"라 함은 중용(中庸)의 도(道)로
서 말의 질서(秩序)를 바로잡는다는 뜻
이다.

　입 밖으로 나오려는 말을 멈추어 자제(自制)하는 것이 간(艮=止/지)괘의 덕(德)을 가
장 잘 드러내는 모습이다.

　多言數窮/ 다언삭궁
　말이 많으면 자주 궁지에 몰린다.

　　　　　　　　　　　　　　　　　　　　　　　　　　− 〈노자(老子) 5장(章)〉

　其言之不怍 則爲之也難/기언지부작 즉위지야난

　　　　　　　　　　　　　　　　　　　　　　　−〈논어(論語) 헌문(憲問)〉

　자기가 한 말이 부끄럽지 않도록 행동하기란 어려운 일이다. 부끄럽지 않은 말
이 되려면 ①진심(眞心)에서 나와야 하고 ②자기(自己)의 능력(能力)으로 그 실천(實踐)
을 담보(擔保)할 수 있어야 한다. 진심이라 하더라도 말한 것을 실천할 능력까지 갖
추기란 어려운 일이다. 그러므로 말하기란 참으로 어려운 일이다.

〈艮 上九爻〉

평생 지켜온 멈춤(止)의 도(道)를 만년(晩年)에 잃지 말아야 한다. 上九가 만년에 이르기까지 動靜不失其時(동정부실기시)하여 時止則止 時行則行(시지즉지 시행즉행)하니 길(吉)하다.

上九 敦艮 吉	돈간 길

마음속으로 확고(確固)하게 멈춰서 위
치를 지키니 길하다.

象曰 敦艮之吉 以厚終也	돈간지길 이후종야

"敦艮之吉"이라 함은 지조(志操)를 끝　　(-以厚終也)
까지 지켜서 만년(晩年)을 선(善)하게
장식(裝飾)하는 것을 뜻한다.

〈간(艮)괘의 실생활(實生活) 응용(應用)〉

① 바람직한 활동에 몰입해 본다. 좋지 않은 취미나 불안한 요소를 품은 인간관

계 등에 대한 몰입(沒入)을 멈추려면 새로이 스포츠나 등산, 사회봉사 등 바람직한 활동에 몰입해보는 것이 좋다.

②안 좋은 일을 멈춘다. 간(艮)괘의 멈춤은 경거망동을 삼가고 좋은 상태로 나아가기위하여 안 좋은 일을 멈춘다는 적극적 권장을 내포하는 멈춤이다.

風山漸 (풍산점)

≡ 巽上 (손상)
☶ 艮下 (간하)

〈卦의 성격(性格) 요약(要約)〉

내괘(內卦)는 간(☶艮)이고 외괘(外卦)는 손(≡巽)이다. 점(漸)은 차츰 나아감, 서서히 움직임 등을 뜻하는 글자이다. 점(漸)괘는 차례를 좇아 나아가는 상(象), 착실(着實)한 성장(成長), 산 위의 나무가 자라나는 모양 등을 의미하는 상(象)이다. 여자가 순서(順序)를 밟아 남자에게 나아가는 것을 뜻하기도 한다.

나무는 눈에 보이지 않는 속도로 서서히 자란다. 산은 자기 위에 나무를 키워서 자기를 높인다. 세상일은 대부분 순서(順序)를 따라 올바르게 나아가야 길한 것이다. 남녀(男女)의 결혼(結婚)과 부부(夫婦)의 관계(關係)도 점차(漸次)로 발전(發展)시켜 나아가야 가정(家庭)이 화목(和睦)하고 번영(繁榮)한다. 기러기는 일부일처(一夫一妻)의 새이면서 무리가 질서(秩序) 있게 줄지어서 날아간다. 점(漸)괘는 기러기의 나아가는 모습으로 괘의 내용(內容)을 설명(說明)하였다.

〈괘사(卦辭)와 단사(彖辭), 대상사(大象辭)〉

卦辭: 漸 女歸吉 利貞　　　　　점 여귀길 이정

서서히 나아감(-漸進/점진)은 여자의　　　(-漸 女歸吉)
결혼에 길하며

부정(不貞)하다는 의심이 없어야 이　　　(-利貞)
롭다.

*漸=점. ①차츰 나아가다.
　　　②오래다(-其所由來者漸矣/기소유래자점의).
　　　③물이 스며들다. 번지다. 흘러들다(-東漸於海/동점어해).
*歸=귀. ①시집가다(-婦人謂嫁曰歸/부인위가왈귀)-〈춘추공양전(春秋公羊傳)〉
　　　②돌아가다(-歸家/귀가).
　　　③따르다(-私惠不歸德/사혜불귀덕).

彖曰

漸之進也 女歸 吉也　　　　　점지진야 여귀 길야

進得位 往有功也　　　　　　진득위 왕유공야

進以正 可以正邦也　　　　　진이정 가이정방야

其位 剛得中也　　　　　　　기위 강득중야

止而巽 動不窮也　　　　　　지이손 동불궁야

서서히 나아감(-漸進/점진)은 여자의　　　(-漸之進也 女歸 吉也)
결혼에 길하다.

점진해야 바른 위치를 얻고 나아가서　　　(-進得位 往有功也)
공(功)을 이룰 수 있기 때문이다.

음양(陰陽)이 올바르게 나아가면 나랏
일도 바로잡을 수 있다.

(-進以正 可以正邦也)

군세면서 중심인 九五가 그 위치를 잃
지 않기 때문이다.

(-其位 剛得中也)

편안히 관망(觀望)하며 멈춤과 움직임
을 온순(溫順)하게 진행시켜 나아가니

(-止而巽)

그 움직임에 곤궁(困窮)함을 겪지 않
는다.

(-動不窮也)

象曰

山上有木 漸　　　　　　　　산상유목 점

君子以 居賢德 善俗　　　　군자이 거현덕 선속

산 위에 나무가 있는 것이 점(漸)괘의
상(象)이다.

군자는 이를 본받아 현명(賢明)하게 덕
을 발휘(發揮)하고 풍속(風俗)을 선하게
한다.

　산은 나무를 머물게 하고 키워서 스스로의 높이를 더 높아 보이게 한다. 군자가
인재(人才)를 키우고 벗을 존중(尊重)함은 산과 나무의 관계와 비슷하다.

〈漸 初六爻〉

初六 鴻漸于干 小子厲 有言 无咎　　홍점우간 소자려 유언 무구

큰 기러기(-계절 손님)들이 점차 남쪽	(-鴻漸于干)
지방의 물가에 날아온다.	

어린것들이 물가의 즐거움에 취하	(-小子厲)
여 민첩하게 행동하지 않으면 염려	
스럽다.	

꾸짖는 말들이 있을 수 있으나 성장	(-有言 无咎)
기의 잠시 즐김이니 허물은 아니다.	

*鴻=홍. 큰 기러기. 뛰어나다. 훌륭하다(-鴻名/홍명). 크다(-洪/홍).
*鴻漸之翼=홍점지익. 큰일을 할 수 있는 기량의 비유.
*干=간. ①물가(水湄/수미).
　　　②방패. 막다. 관여하다.

象曰 小子之厲 義无咎也　　　　　　　소자지려 의무구야

어린것들이 행동을 서둘지 않는 것은 염려될 수 있지만 (-小子之厲)
의리(義理)상 허물이 되는 것은 아니다. (-義无咎也)

어렸을 때 재빠르지 못한 것은 성장과정(成長過程)에서 누리는 어린 시절(時節)의
몫이라 볼 수 있다.

〈漸 六二爻〉

六二 鴻漸于磐 飮食衎衎 吉　　　　　홍점우반 음식간간 길

큰 기러기들이 점차로 물가의 너럭바
위에 날아온다. 안정된 장소인 너럭
바위에서 느긋하게 음식을 먹으며 기
꺼워하니 길하다.

象曰 飮食衎衎 不素飽也　　　　　음식간간 불소포야

"飮食衎衎"이라 함은 헛되이 무위도
식(無爲徒食)하는 것을 말하는 것이 아
니다.

뜻을 펼 수 있는 기운(氣運)을 차츰차　　　(-不素飽也)
츰 길러 나가는 것을 뜻한다.

포난생음욕(飽暖生淫欲)의 폐해도 있겠지만 청년기(靑年期)의 안정(安定)된 영양생
활(營養生活)은 앞날을 위한 심신(心身) 가꿈에 큰 도움을 준다.

*素=소. ①공연히(空). 헛되다.
　　　②희다. 근본. 본래.
　　　③무늬가 없는 피륙(-素服/소복)
*飽=포. 배부르다(-飽暖生淫欲 飢寒發善心/포난생음욕 기한발선심)-〈사림광기(事林廣記)〉

〈漸 九三爻〉

九三

鴻漸于陸 夫征 不復　　　　　　홍점우륙 부정 불복

婦孕 不育 凶 利禦寇　　　　　　부잉 불육 흉 이어구

큰 기러기가 점차 넓고 평평한 뭍으　　(-鴻漸于陸)
로 날아올 적에

九三이 욕심에 끌려서 점진(漸進)의 도　　(-夫征 不復)
를 잃고 서둘러 먼저 오니 남편(-九三)
이 집을 나가 돌아오지 않음과 같고

부인(-六四)이 잉태(孕胎)하여도 낳아　　(-婦孕 不育)
기르지 못함과 같다. (점진하지 않고 급
히 다가온 九三과 六四의 관계에서 아이가
생긴 상황을 말한다.)

九三은 사욕(邪慾=敵)을 막고 점진의　　(-凶 利禦寇)
순한 도를 지켜야 이롭다. 아니면 흉
하게 된다.

바른 도리를 지키지 않고 서두르거나 대세의 흐름을 거역하면 결과가 흉하므로
순리대로 나아가 생활기반을 지키는 데 우선순위를 두고 힘써야 한다는 뜻이다.

*陸=육(륙). ①뭍(-陸地). (*陸沈/육침=大隱者/대은자, 뭍에 가라앉다.)

　　　　②높고 평평한 산꼭대기(-鴻漸于陸/홍점우륙). 큰 언덕.

　　　　③한가운데(-中央/중앙). (-陸續/육속: 잇달아 끊이지 않는 모양)

　　　　④껑충껑충 뛰다(-陸梁/육량: 멋대로 날뜀.)

　　　　⑤화목하다(-睦/목). 두텁다(和陸=和睦/화목)

*孕=잉. 임신(-婦孕/부잉).

*寇=구. 도둑. 적(敵). 약탈하다.

象曰

夫征不復 離群 醜也　　　　　　　부정불복 이군 추야

婦孕不育 失其道也　　　　　　　부잉불육 실기도야

利用禦寇 順相保也　　　　　　　이용어구 순상보야

九三이 혼자 급히 나아가려고 떠나서　　(-夫征不復)
돌아오지 않는 것은

사회생활의 순리를 버리는 것이어서　　(-離群 醜也)
추한 짓이다.

六四를 부인(婦人) 삼아 잉태한다면 점　　(-婦孕不育 失其道也)
진의 도를 잃은 관계에서 일어난 것
이어서 제대로 낳아 기르지 못한다.
(九三이 점진의 순한 도를 지키지 못했기 때
문이다.)

六二 효와 어울리며 서로 보호하여 안　　(-利用禦寇 順相保也)
전하도록 하면 이롭다.

〈漸 六四爻〉

六四 鴻漸于木 或得其桷 无咎　　홍점우목 혹득기각 무구

큰 기러기가 나뭇가지에 날아가서
혹시 서까래처럼 옆으로 평평하여
편안한 가지를 얻으면 탈이 없을 것
이다.

(-鴻漸于木)

(-或得其桷 无咎)

　기러기는 부채 발가락이어서 움켜잡기 어려우므로 본래 나뭇가지에 깃들기 어려운 생물이다. 그러므로 혹시 서까래처럼 옆으로 평평하여 편안하게 앉을 수 있는 가지를 얻어야 탈이 없을 것이라는 뜻이다.

*桷=각. 네모진 서까래(-方形椽木/방형연목). *椽=연(전). 서까래(-椽筆/연필).

象曰 或得其桷 順以巽也　　혹득기각 순이손야

"혹시 서까래처럼 옆으로 평평하여
편안한 가지를 얻으면"이라는 말은
큰 기러기가 날아가서 앉은 곳이 공
교롭게도 나뭇가지처럼 지내기 불편
한 곳이어도 순하고 겸손한 성품을
가지고 환경을 (木/목을→桷木/각목으로
바꾸듯이) 변화시켜간다면 간혹 편안
함을 얻을 수 있다는 의미이다.

(-"或得其桷")

(-順以巽也)

순박한 성품과 겸손한 태도는 나쁜 환경에서도 간혹 편안함을 누릴 수 있게 해
준다.

〈漸 九五爻〉

九五

鴻漸于陵 婦三歲 不孕　　　　홍점우릉 부삼세 불잉

終莫之勝 吉　　　　　　　　　종막지승 길

큰 기러기가(九五) 높은 언덕으로 날아　　(-鴻漸于陵)
오른다.

부인이(六二) 삼 년 동안 (九三과 六四에　　(-婦三歲 不孕)
막혀서) 九五의 아이를 가지지 못하지
만

끝내는 六二가 九三과 六四의 가로막　　(-終莫之勝 吉)
음을 이기고 九五의 아이를 가지게 되
니 길하다.

*陵=릉. ①높은 언덕(-鴻漸于陵/홍점우릉). 왕의 무덤.
　　②순서를 뛰어넘다.
　　③깔보다(-在上位 不陵下/재상위 불릉하)-〈예기(禮記)〉.

象曰 終莫之勝 吉 得所願也　　　종막지승 길 득소원야

"終莫之勝吉"은 소원대로 얻는다는
뜻이다.

九三은 六二와 친비(親比)하고 六四는 九五와 친비(親比)하여 九五와 六二가 정응
(正應)하는 관계임에도 불구하고 만나지 못해서 "婦三歲 不孕/부삼세 불잉" 하였지
만, 마침내 九五와 六二가 만나서 잉태하니 소원대로 이룬다는 뜻이다.

〈漸 上九爻〉

上九
鴻漸于逵(陸)　　　　　　　　　홍점우규(륙)
其羽可用爲儀 吉　　　　　　　　기우가용위의 길

큰 기러기가 높은 하늘길로 대열(隊　　(-鴻漸于逵/陸)
列)을 이루어 순차(順次)로 날아간다.
그 날아가는 모습이 의식(儀式)에 써도　(-其羽 可用爲儀 吉)
좋을 만큼 모범적(模範的)이니 길하다.

*逵=규. 한길. -아홉 승(乘)의 수레가 나란히 달릴 수 있는 큰길.
*儀=의. 본보기가 될 만한 행동. 모범.

象曰 其羽可用爲儀 吉 不可亂也　　　기우가용위의 길 불가란야

"其羽可用爲儀 吉"은 남에게 모범이
되어야지 어지러워지면 안 된다는 뜻
이다.

점(漸)괘에는 세 개의 양(陽-上九, 九五, 九三)이 있는데 그들 중에서 九五와 九三은
이웃에 있는 음(陰)과 친하므로 그들에 의해서 어지러워진다. 上九만이 그렇지 않
다. 上九는 호응하는 음(陰)이 없고 가까이하는 음(陰)도 없어서 온화하고 조용하게
점진의 도리를 관철하여 극(極)에 도달할 수 있다.

*儀=의. ①모범. 준칙.
　　　②짝. 배우자(配偶者).
　　　③헤아리다.
　　　④남에게 보내는 물품(-賻儀/부의. 祝儀/축의).
　　　⑤마땅히~해야 할 바.

본받을 만한 어른이 없거나 어른이 있는데도 모시기를 소홀히 하는 가문(家門)은
아직 자리가 덜 잡혔거나, 이미 번창기(繁昌期)가 지난 내리막의 가문이다.

공동체(共同體)에 당면(當面)한 문제(問題)가 있는데 그 문제에 대하여 자문(諮問)할
만한 원로(元老)가 없거나, 원로가 있는데도 자문하는 것을 소홀(疏忽)히 하는 사회
(社會)는 의(儀)가 부실(不實)하여 허약(虛弱)한 사회이다.

결혼(結婚)하지 않거나 결혼하고도 자식(子息) 낳기를 거부(拒否)하는 부부(夫婦)가
늘어나는 최근(最近)의 사회현상은 나의 오늘을 지키려고 점진(漸進)해 나아가는 것
을 멈추기로 마음먹고는 서로가 어깨를 두드려주며 그래도 괜찮다고 위로를 나누
면서 주변에 영향을 키워나가는 모습이어서 생생지위역(生生之謂易)이라는 이치(理
致)에 맞지 않고 가족공동체(家族共同體)의 형성도 포기하는 것으로서 유가적(儒家的)
관점(觀點)에서 보면 천리(天理)에 어긋나고 점진(漸進)에도 반(反)하는 못마땅한 모습

이다.

*생생지위역(生生之謂易): 낳고 또 낳기를 반복(反復)하여 삶의 영생(永生)을 가능하게 하는 것이 바로 역
(易=變化/변화)의 이치이다. –〈계사(繫辭) 상(上) 5장(章)〉

〈점(漸)괘의 실생활(實生活) 응용(應用)〉

① 혼담(婚談)의 진행(進行)은 서두르지 않는다. 주거(住居)를 옮기는 이사(移徙)의 진행(進行)도 마찬가지이다. 서두르지 말고 기본사항(基本事項)을 점검(點檢)하며 점차(漸次)로 나아가는 것이 좋다. 여성(女性)의 혼담(婚談)은 특히 그렇다.

② 서서히 발전해 나아가고 있는 사업체(事業體)의 부문별(部門別) 책임자(責任者)는 내부에서 승진(昇進)을 통하여 기용(起用)하는 것이 좋다.

雷澤歸妹 (뇌택귀매)

☳ 震上 (진상)
☱ 兌下 (태하)

〈卦의 성격(性格) 요약(要約)〉

내괘(內卦)는 태(☱兌)이고 외괘(外卦)는 진(☳震)이다. 귀(歸)는 몸을 의탁하다, 편들다, 따르다, 돌려보내다, 돌아가다, 시집가다 등을 뜻하고 매(妹)는 젊은 여자(-小女/소녀), 손아래 누이에 대한 호칭(呼稱)이다. 귀매(歸妹)는 데릴사위를 들여 젊은 여자가 결혼하는 것을 말한다. 데릴사위는 남자가 여자의 가문(家門)에 들어가서 남편이 되는 경우이다.

귀매(歸妹)괘는 연못(☱兌) 위에 천둥 쳐서(☳震) 수면(水面)에 파문(波紋)이 일어나는 상(象)이고, 장년(壯年)의 남자(-長男/장남)가 갓 소녀(少女)에게 장가드는 모습이며, 움직이는 남자(☳)가 위에 있고 그 밑에 기뻐하는 여자(☱)가 있어서 육체적(肉體的) 결합(結合)의 즐거움을 나누는 상(象)이다.

세속적(世俗的) 이익(利益)을 위하여 젊은 여자와 장년(壯年)의 남자(-長男/장남)가 부부(夫婦)가 되는 것을 상징(象徵)한다. 정열(情熱)에만 흘러 부부(夫婦)의 도(道)를 잃는 것을 경계(警戒)하는 뜻이 있다. 결혼 관계를 오래 지속(持續)시키려면 정신면(精神面)의 충실(充實)에 힘써야 한다.

〈괘사(卦辭)와 단사(彖辭), 대상사(大象辭)〉

卦辭: 歸妹 征 凶 无攸利　　　귀매 정 흉 무유리

남자가 여자의 가문에 귀속(歸屬)되어　　　(-歸妹)
이(利)를 누리고자 결혼하는 상이니

나아가면 흉하다.　　　(-征 凶)

이로울 것이 없다.　　　(-无攸利)

---

*歸=귀. ①시집가다(-婦人謂嫁曰歸/부인위가왈귀-〈공양전(公羊傳)〉).
　　②돌아가다.
　　③편들다(-天下歸仁焉/천하귀인언-〈논어(論語)〉).
*妹=매. ①여동생.
　　②소녀(少女). 젊은 여자.
*歸妹=귀매. ①여자가 데릴사위와 결혼하는 것(-남자가 여자의 가문에 들어간다.)
　　　②신부(新婦)가 가문(家門)의 어린 시녀(侍女)를 데리고 시집가는 것.
　　　-데리고 간 시녀는 나중에 남편의 잉첩(媵妾=副妻/부처)이 됨.
*女歸=여귀. 여자가 남자에게 시집가는 것(-여자가 남자의 가문에 들어간다.)

彖曰

歸妹 天地之大義也　　　귀매 천지지대의야

天地不交而萬物不興　　　천지불교이만물불흥

歸妹 人之終始也　　　귀매 인지종시야

說以動 所歸妹也　　　열이동 소귀매야

征凶 位不當也　　　정흉 위부당야

无攸利 柔乘剛也　　　무유리 유승강야

본래 인류초기(人類初期)의 동굴생활 (洞窟生活)을 할 때는 모계중심(母系中心)이 천지음양(天地陰陽)의 떳떳한 이치(理致)였다.

(-歸妹 天地之大義也)

천지음양(天地陰陽)이 서로 교류하지 않으면 만물이 발흥(發興)할 수 없기 때문이다.

(-天地不交而萬物不興)

그러나 혼인제도가 확립된 주(周)나라 이후의 정주생활(定住生活)에서는 데릴사위로 시작된 올바르지 않은 인생은 그 끝도 올바르지 않게 되었다.

(-歸妹 人之終始也)

조그마한 편익(便益)과 즐거움 때문에 기뻐하며 움직이는 것이 귀매괘의 모습이다.

(-說以動 所歸妹也)

나아가면 흉하다. 나아가는 자리가 마땅한 곳이 아니기 때문이다.

(-征凶 位不當也)

이로움이 없는 이유는 六五와 六三의 음유(陰柔)들이 九四와 九二인 양강(陽剛)들을 올라타고 있기 때문이다.

(-无攸利 柔乘剛也)

유(柔)가 강(剛)을 타고 있다는 것은 떳떳하고 바른 도리(道理)를 따르지 않고 정욕 (情慾)과 기쁨에 빠져 의리(義理)를 버린 것을 뜻한다.

*所=소. ①~ 때문에(이유). ~경우에.
　　②곳(-* 場所/장소). ~바(-* 指事/지사).
　　③거처하다(-君子所其無逸/군자소기무일).

象曰

| 澤上有雷 歸妹 | 택상유뢰 귀매 |
| 君子以 永終知敝 | 군자이 영종지폐 |

연못 위에 천둥 치면 파문이 생기듯 부부관계에 폐단이 생기는 것이 귀매 괘의 상(象)이다.

(-澤上有雷 歸妹)

군자는 이런 영향력의 폐괴(弊壞) 현상 을 보고 깨달음을 얻어 귀매(歸妹)의 삶에서도 영속(永續)시킬 방도(方途)를 찾는 일에 마음을 쓴다.

(-君子以 永終知敝)

자녀(子女)를 가지거나 보람된 일을 함께 해 나가는 등으로 부부 사이에 틈 생길 여지를 막으려는 것도 영속(永續)을 돕는 방법이다.

남녀 사이에 육신(肉身)의 정(情)은 틈이 생기고 멀어질 수 있다. 정이 멀어지고 틈 이 생겼을 때 부부 사이에 자녀(子女)가 있으면 생육(生育)의 정이 틈새를 막고 결혼 관계의 지속(持續)을 가능하게 한다.

사물이 오래되면 반드시 부서지고 무너질 우려가 커진다. 그러므로 부서지고 무 너짐에 대한 대비책을 마련할 필요가 있게 된다.

옛날 계급사회에서는 귀매괘의 상을 보고 정략결혼에서 잉첩(媵妾) 제도로 동족 여인들의 자녀생육(子女生育) 가능성을 높여서 확장(擴張)된 세(勢)의 유지(維持)를 도 모(圖謀)하고 선린관계(善隣關係)의 전승(傳承)을 영구(永久)히 하려고 하였다.

잉첩(媵妾)

고대(古代)의 부족국가(部族國家)나 봉건(封建)국가 등 계급세습(階級世襲)사회에서는 지배계층(支配階層)의 정략결혼(政略結婚)이 흔했는데 신부(新婦)가 시집갈 때 동족(同族)의 나이 어린 여자(女子)를 시녀(侍女)로 딸려 보내는 풍습(風習)이 있었다. 부인(夫人)과 함께 집안에서 주인(主人)의 일상(日常)을 거들다가 나중에 첩실(妾室)이 되니 이 시녀가 바로 제(娣)이고 잉첩(媵妾)이다.

*媵=잉. 시녀. 보내다(-媵妾/잉첩. 媵臣/잉신. 媵母/잉모).
*敝=폐. 해지다(-弊/폐). 부서지다(-甕弊漏/옹폐루). 피폐하다. 지치다. 다하다.

〈歸妹 初九爻〉

初九 歸妹以娣 跛能履 征 吉	귀매이제 파능리 정 길
누이를 결혼시킬 때 시녀를 딸려 보내니	(-歸妹以娣)
누이와 시녀의 모습이 절름발이가 걸어가는 격이다.	(-跛能履)
그런 상황을 운명으로 알고 결혼하는 누이와 시녀가 남편(-君/군)과 여군(女君=正夫人/정부인)을 성심(誠心)으로 섬기며 살아가면 길할 것이다.	(-征 吉)

*以=이. ①~와 함께(-不我以歸/불아이귀). (-歸妹以娣/귀매이제)
　　②~ 때문에. ~에 의하여
*君子 不以言擧人 不以人廢言/군자 불이언거인 불이인폐언-〈논어(論語) 위령공〉
　[언변(言辯)만 보고 사람을 추천(推薦)하지 않고, 외모(外貌)만 보고 훌륭한 말을 소홀(疏忽)히 하지 않음.]
*娣=제. 손아래 동서(-媵妾/잉첩). 여동생.
*跛=파. 절뚝발이. 절뚝거리다.

*妾=첩. [-잉첩(媵妾)=신부(新婦)의 시녀(侍女)로 따라가서 후에 첩이 되는 여자].
*제후(諸侯)와 결혼하는 신부가 동족(同族)의 손아래 여자를 시녀로 데려가서 나중에 함께 주인을 섬기게
    되는 부처(副妻)를 잉첩(媵妾)이라 하였다.

象曰

歸妹以娣 以恒也   귀매이제 이항야

跛能履吉 相承也   파능리길 상승야

누이를 시집보낼 때 시녀를 함께 보   (-歸妹以娣 以恒也)
내는 것은 혼맥(婚脈)의 불변(不變)을
위함이다.

절름발이가 걸을 수 있어서 길하다는   (-跛能履吉 相承也)
것은 서로 뜻이 이어져 있다는 의미
이다.

*恒=①항. 변하지 아니하다. 항상(-不恒其德/불항기덕). 온순하다(-恒民/항민).
    ②긍(亘). 뻗히다. 두루 미치다. 걸치다. 통하다.

〈歸妹 九二爻〉

九二

(歸妹以娣) 眇能視 利幽人之貞

(귀매이제) 묘능시 이유인지정

(누이를 시집보낼 때 시녀를 딸려 보내어 잉   (-眇能視)
첩(媵妾=副妻/부처)이 되게 하니) 그 처지
가 먼 곳을 자세히 보기 어려운 애꾸
눈이 세상을 보는 것과 같다.
불우(不遇)하지만 올바름을 간직하고   (-利幽人之貞)
조용히 지내면 이로울 것이다.

잉첩이 된 시녀는 현명하게 내조하려 해도 그늘에 숨어서 지내야 하는 형편이어
서 자기 몸을 선하게 하고 주변에 약간의 도움을 베풀 수 있을 뿐이다. 그것은 마
치 먼 곳을 자세히 보기 어려운 애꾸눈이 세상을 보는 것과 같지만 숨어서 올바름
을 간직하고 지내는 것이 마땅하며 그래야 이로울 것이라는 뜻이다.

*묘능시(眇能視)는 初爻에 이어서 말한 것이다. 즉 歸妹以娣 眇能視/귀매이제 묘능시이다.
*眇=묘. ①애꾸눈. ②멀다. 작다. 천하다. ③이루다(-眇萬物/묘만물). 오묘하다.
*幽=유. 숨다. 조용하다. 구석.
*幽人=정도(正道)를 간직하고 지키지만 불우(不遇)한 사람.
*利~貞=이~정. 바르기에 마땅히 이롭다.

象曰 利幽人之貞 未變常也   이유인지정 미변상야

"利幽人之貞"이란 "마땅히 숨어서 올   (-未變常也)
바름을 간직하고 지내야 이롭다"라는
말인데 언제나 변함없이 떳떳한 도리
(常道)를 지켜야 한다는 뜻이다.

윗사람이 어여삐 여긴다 하더라도 너무 친압(親狎)하는 것은 상도(常道)를 어지럽
히는 짓이어서 흉하다.

*親狎=친압. 버릇없음. 흉허물없이 너무 친함.

〈歸妹 六三爻〉

六三 歸妹以須 反歸以娣   귀매이수 반귀이제

시집갈 때 데리고 간 시녀가 재지(才   (-歸妹以須)
智)가 있어

정부인(正夫人) 되기를 기다려보지만,   (-反歸以娣)
분수(分數)를 알고 돌아와 부처(副妻)가
된다.

재지(才智)가 있기에 정식(正式)으로 부인이 되기를 기다려보지만 결국 남자가 들어주지 않는다.

시녀가 남편 될 지위에 있는 사람의 애정을 얻어 본처(本妻)가 되려고 하지만 무리다. 재능과 지혜가 있어도 몸을 삼가서 부처(副妻)가 됨이 분수에 합당하다는 뜻이다.

*須=수. ①재지(才智)가 있다(-歸妹以須/귀매이수)
        ②기다리다. 시중들다.
        ③필요하다. 쓰다(-軍須期會爲急/군수기회위급)
        ④수염
        ⑤잠시(-須臾/수유=刹那/찰나=눈 깜짝할 사이).
*軍須期會爲急=군수기회위급:
        군대란 급할 때 쓰기 위하여 두는 것이다. 〈당서(唐書)〉
*反歸=반귀. 제자리로 돌아옴. 남편의 집으로 돌아옴.

象曰 歸妹以須 未當也　　　　　　귀매이수 미당야

시녀(侍女)가 재지(才智)가 있다 하더　　(-歸妹以須)
라도

마땅하지 않은 자리(-陰으로서 三爻位)　　(-未當也)
에 있기 때문에 어쩔 수 없다.

〈歸妹 九四爻〉

九四 歸妹愆期 遲歸有時　　　　　귀매건기 지귀유시

결혼 시기를 놓치니 뒤늦게 데릴사위　　(-歸妹愆期)
로 결혼한다.

결혼에는 때가 있는 법인데 늦었으니　　(-遲歸有時)
데릴사위라는 허물 될 결혼을 하게
된다.

---

*愆=건. ①지나치다. 어기다.
　　②허물(-帝德無愆/제덕무건)-〈서경(書經)〉). ③잃다. ④병(病).

象曰 愆期之志 有待而行也　　　　건기지지 유대이행야

혼기를 늦추게 된 뜻은 결혼할 만한
사람이 나타나기를 기다리기 때문
이다.

〈歸妹 六五爻〉

六五

帝乙歸妹 其君之袂 不如其娣之袂良　　제을귀매 기군지몌 불여기제
　　　　　　　　　　　　　　　　　지몌량

月幾望 吉　　　　　　　　　　　　월기망 길

주(周)의 왕(王) 제을(帝乙)이 데릴사위　　(-帝乙歸妹)
로 결혼할 때

신부(新婦)의 의상(衣裳)이　　　　　　　(-其君之袂)

시녀(侍女)의 의상보다 꾸밈이 덜하다.　　(-不如其娣之袂良)

아직 보름달에 이르지 않은 것처럼　　　　(-月幾望 吉)
그 겸손(謙遜)함이 지극(至極)하므로 길
하다.

*袂=몌. 옷소매.
*月望=월망. 음(陰)이 가득 찬 보름달.
　-앞으로는 기울어질 일만 남았다는 뜻을 내포함.
*月幾望=월기망. 보름달에 가깝지만, 아직 보름달은 되지 않은 상태.

象曰

帝乙歸妹不如其娣之袂良也　　　　제을귀매불여기제지몌량야

其位在中 以貴行也　　　　　　　기위재중 이귀행야

"제을이 결혼할 때 신부(新婦)의 의상　　(-帝乙歸妹不如其娣之袂良也)
(衣裳)이 시녀(侍女)의 의상보다 꾸밈이
덜하다"라는 말은

존귀(尊貴)한 지위(地位)에 있는 중심인   (-其位在中)
물(中心人物)은

외면(外面)의 치장(治粧)보다 내면(內面)   (-以貴行也)
의 고귀(高貴)함으로 행동한다는 의미
이다.

不敢以富貴加於父兄/불감이부귀가어부형

뽐내는 것은 좋지 않다. (-非好感/비호감) 어쩌다 주류에 끼어든 비주류 출신

이나 잉첩이 부귀를 뽐내는 것은 해롭다. (-凶) 특히 부모 형제에게는 감히

자기의 부귀를 뽐내어서는 안 된다. (-悖倫/패륜이다)

– 〈예기(禮記)〉

---

*加=가. 뽐내다.

〈歸妹 上六爻〉

上六

女承筐无實 士刲羊无血   **여승광무실 사규양무혈**

无攸利   **무유리**

여자(女子=新婦)가 폐백 바구니를 받들   (-女承筐无實=无卵子/무난자)
었으나 그 안에 담긴 것이 없고,

신랑(新郞) 될 사내가 찔러도 피가 나 　　(-士刲羊无血=无精子/무정자)
오지 않는 이미 죽은 양(羊)을 선사하
였으니

제사(祭祀) 모실 후손(後孫)을 가지지 　　(-无攸利)
못하기 때문에 이로울 바가 없다.

부인(婦人)이 제사 모실 자식(子息=筐實/광실)을 가지지 못하면 헤어짐을 당했다.

*筐=광. 네모진 대 광주리. 폐백 바구니. 침상. 작은 비녀.
*刲=규. 찔러서 잡다. 죽이다. 베어 가르다. 빼앗아 가지다.
*刲宰=규재. 음식을 요리하다.

象曰 上六无實 承虛筐也　　　　　상육무실 승허광야

上六이 실(實)이 없다는 것은 빈 광주
리를 받든다는 의미이다. (자식을 낳지
못한다는 뜻이다.)

〈귀매(歸妹)괘의 실생활(實生活) 응용(應用)〉

① 옛날 일부다처제(一夫多妻制)의 흔적(痕迹)을 보여주는 괘이며 세속적(世俗的) 이
익을 위하여 결합(結合)하는 정략결혼(政略結婚)의 요소를 지닌 혼인(婚姻) 모습이다.

② 결혼생활을 하다가 정열(情熱)에 치우쳐서 불행에 빠지기 쉬우므로 서로가 정
신면의 충실에 노력해야 한다. 서둘러 두 셋의 자녀를 두거나 마음을 합쳐서 함께
일할 사업을 만드는 것도 좋다.

雷火豐 (뇌화풍)

☳ 震上 (진상)
☲ 離下 (리하)

〈卦의 성격(性格) 요약(要約)〉

　내괘(內卦)는 리(☲離)이고 외괘(外卦)는 진(☳震)이다. 풍(豐)은 풍년. 넉넉하다. 무성하다. 크다. 살찌다. 제기(祭器)의 잔(盞) 받침 등을 뜻한다. 풍(豐)괘는 뇌전개지(雷電皆至)하여 성대광충(盛大光充) 하는 상(象)이다. 번개가 번쩍이고 천둥이 요란한 것처럼 성대(盛大)하고 요란하게 빛을 발하는 모습이다. 형체(形體)와 실질(實質)의 존재인 음(陰)들이 양(陽)들에 실려 득중(得中)하여 있으므로 풍(豐)괘는 천둥과 번갯불이 함께 이르듯이 성대함과 빛남이 가득한 형국을 나타낸다. 풍(豐)괘에는 풍족(豐足)함 속에 깃든 어둠의 요소를 경계하라는 교훈이 담겨 있다. 풍족한 상태는 그에 의해 눈이 가려지는 일종의 암흑상태(暗黑狀態)로 볼 수도 있으므로 풍족할수록 밝은 지혜(☲離)로 행동해 나아가야(☳震) 한다.

　물질(物質)의 풍요(豐饒)는 일종(一種)의 자기완결성(自己完結性)이 있기 때문에 축재(蓄財)가 늘어날수록 재산(財産)의 증식(增殖)과 관련(關聯)이 없는 다른 일들에는 관심(關心)이 없어지기 쉽다.

　물질(物質)의 풍요(豐饒)와 평화(平和)가 계속되면 자칫 인심(人心)이 안이(安易)해지고 규율(規律)과 질서(秩序)가 문란(紊亂)해진다. 대체로 풍요(豐饒)는 그 자체(自體)에 어두운 그림자를 지니고 있다. 사물(事物)은 자기의 그림자를 떨칠 수 없고 지우는 것도 어렵다. 중천(中天)의 태양(太陽) 아래 똑바로 설 때만 겨우 자기 그림자의 어둠을 잠시 누를 수 있을 뿐이다. 그러므로 풍요에 깃든 그림자를 누르려면 끊임없이 밝은 태양 아래에서 똑바로 처신(處身)하도록 힘써야 한다.

〈괘사(卦辭)와 단사(彖辭), 대상사(大象辭)〉

卦辭: 豐 亨 王 假之 勿憂 宜日中	풍 형 왕 격지 물우 의일중
성대한 풍요(豐饒)의 도는 오직 왕다운 왕이 그것을 추구하여야 이룰 수 있다.	(-豐 亨王 假之)
왕다운 왕이 그것을 추구한다면 걱정하지 않아도 마땅히 해가 중천에 뜨듯 이룰 것이다. (태양이 천하를 비추듯이 왕다운 왕이 될 수 있을까를 걱정하라는 뜻이다.)	(-勿憂 宜日中)

해가 중천(中天)에 뜰 것인지 여부(與否)를 걱정하지 말고 중천에 뜬 해가 마땅히 두루 비춰주는지를 우려(憂慮)하여야 한다. 중천의 해는 영원(永遠)한 것이 아니고 머잖아 기울 것이다. 그러므로 중천에 떠올라 있는 그 시절을 놓치지 말고 구석구석 비춰주도록 힘쓰라는 의미이다.

象曰

豊 大也	풍 대야
明以動 故 豊	명이동 고 풍
王假之 尙大也	왕격지 상대야
勿憂宜日中 宜照天下也	물우의일중 의조천하야
日中則昃 月盈則食	일중즉측 월영즉식
天地盈虛 與時消息	천지영허 여시소식
而況於人乎 況於鬼神乎	이황어인호 황어귀신호

풍(豊)은 성대한 것, 큰 것을 뜻한다. (왕(王)은 성대한 모습의 극치(極致)이다.)	(-豊 大也)
밝음으로 움직이기 때문에 성대한 것이다.	(-明以動 故 豊)
사해(四海)를 다스리는 왕자(王者)만이 풍(豊)의 도를 이룰 수 있다.	(-王假之)
왕자(王者)는 큰 것을 숭상하기 때문이다. (성대함을 추구한다 하여 아무나 이룰 수 있는 것은 아니다. 왕자(王者)의 풍모(風貌)가 있어야 이런 경지에 도달할 수 있다.)	(-尙大也)
마땅히 해가 중천에 뜰 것인지를 걱정하지 말고	(-勿憂宜日中)

마땅히 천하를 고루 비춰 줄 수 있는 지를 걱정하여야 한다.	(-宜照天下也)
해는 중천에 다다르면 기울기 시작하고	(-日中則昃)
달은 차면 이지러지기 시작한다.	(-月盈則食)
이처럼 천지의 성쇠(盛衰)도 때에 따라 진퇴(進退)하는데	(-天地盈虛 與時消息)
하물며 사람이나 귀신에 있어서야 더 이를 말이 있겠는가?	(-而況於人乎 況於鬼神乎)

*息=식. 낳다(水火相息). 쉬다(息耕)(息影=閑居).
*消息=소식. 나아가고 물러나는 것-진퇴(進退).
*尙=상. ①숭상하다. 높이 여기다(不尙賢 使民不爭/불상현 사민부쟁)
　　　②부부가 되다. 짝하다(得尙于中行/득상우중행)
　　　③오히려. 그 밖에. 여전히(역시). ~조차도. 분명히(반드시).
　　　④자랑하다. 자만하다(不自尙其功/부자상기공)-〈예기(禮記)〉. 즐기다.
　　　⑤다스리다. 주관하다(-尙兵/상병).

화복길흉(禍福吉凶)은 자라났다 사라지기를 반복하고 서로 기대면서 잠복하여 있으니 풍성함 속에 잠복한 우려와 위태로움을 잊지 말아야 한다. 왕자(王者)의 성대함도 중천의 해나 보름달이 그러하듯 영원(永遠)한 것은 아니니 힘 있을 때 허송세월(虛送歲月)하지 말고 널리 베풀도록 마음을 쓰라는 교훈이다.

　　象曰
　　雷電皆至 豐　　　　　　　뢰전개지 풍
　　君子以 折獄致刑　　　　　군자이 절옥치형

천둥과 번개가 동시에 일어나는 것이 　　　(-雷電皆至 豐)
풍의 괘상(卦象)이다.

군자는 이것을 보고 　　　　　　　　　(-君子以)

밝은 지혜로 소송을 공정하게 판결하 　　(-折獄致刑)
고 형벌을 집행하여 위엄을 세운다.

　형벌(刑罰)에 관한 괘들을 보면 상황(狀況)에 따라 형벌을 다루는 방법이 다르다는
것을 알 수 있다.

21 서합(噬嗑): 利用獄 明罰勅法/이용옥 명벌칙법

일단 가두고 조사하며 처벌법령을 밝혀서 다스린다.

55 풍(豐): 折獄致刑/절옥치형

판결하고 형을 집행한다.

56 여(旅): 明愼用刑而不留獄/명신용형이불유옥

　형벌을 밝고 신중하게 하되 감옥에 가두어두지는 않는다. (여행(旅行) 중이거나 전
투(戰鬪) 중의 군대에서는 즉결처분이 많다.)

*至=지. ①도래(到來)하다(-大功將至/대공장지). 새가 내려 땅에 닿다.
　　　②미치다. 이르다(至於犬馬/지어견마).
　　　③극한(極限). 매우.
*至日=지일. 동지(冬至)와 하지(夏至).
*至人=도를 닦아 지극한 경지에 이른 사람.
*至人無己 神人無功 聖人無名=지인무기 신인무공 성인무명.
　도(道)를 닦아 지극한 경지에 이른 사람은 사(私)가 없고 (-至人無己)

신(神)을 닮은 사람은 공을 자랑하지 않으며 (-神人無功)

성인(聖人)은 평판(評判)을 마음에 두지 않는다. (-聖人無名)

*至賤=지천. 너무 많아서 귀할 것이 없음.

*折= ①절. 결단하다. 판단하다(-折獄致刑/절옥치형). 에누리하다. 꺾다. 찢다.

②제. 천천히 여유 있게 하는 모양(吉事欲其折折爾/길사욕기제제이).

*折柳=절류. 버들가지를 꺾어서 줌. 한(漢)나라 때 장안(長安) 사람들의 송별 풍습.

(버들가지는 아무 땅에나 꽂아두면 잘 산다.

심어두고 자라는 것을 보며 옛정을 잊지 말자는 의미일 것이다.)

*致=치. ①이루다. 이르다(至). 처치하다.

②반납하다(-七十而致政/칠십이치정)-〈예기(禮記)〉. 주다. 되돌리다.

③내던지다(-士見危致命/사견위치명) (-君子以致命遂志/군자이치명수지).

④끌어당기다(-致利除害/치리제해)-〈한서(漢書)〉.

⑤적당하다(-致喪三年/치상삼년)-〈예기(禮記)〉).

〈豊 初九爻〉

初九 遇其配主 雖旬 无咎 往 有尙	**우기배주 수순 무구 왕 유상**
함께 나아가야 할 주인인 九四를 만난다.	(-遇其配主)
균등(均等)한 성격(-剛)이기 때문에	(-雖旬)
부딪치는 일도 있겠으나 탈은 없을 것이다.	(-无咎)
함께 나아가면 가상(嘉尙)한 일이 있을 것이니 공명(功名)을 이루게 될 것이다.	(-往 有尙)

初九도 강(剛)이고 九四도 강(剛)이어서 그 성격이 균등(均等)하다. 그러므로 初九와 九四가 만나면 강건(剛健)한 기운이 풍부하다.

象曰 雖旬无咎 過旬 災也　　　　　　수순무구 과순 재야

같은 성격(陽)끼리 만나더라도 탈은　　　(-雖旬无咎)
없겠지만

균등(均等)함이 지나쳐서 세력다툼이　　(-過旬)
일어나면

재앙(災殃)이 있을 것이다.　　　　　　　(-災也)

　중국 한(漢)나라 건국(建國) 무렵에 유방(劉邦)과 장량(張良)의 관계와 같은 상황이다. 장량은 천하 통일 후 스스로 은거(隱居)하였는데 이는 황제가 자기를 경쟁자로 여겨서 제거(除去)할 우려(憂慮)가 있기 때문에 은거함으로써 과순(過旬)의 재앙을 피한 것이다. 반면에 한신(韓信)은 그대로 권력 주변에서 머뭇거리다가 목숨을 잃었다. 장량은 자기와 유방의 관계를 주역 풍(豊)괘의 初九 효와 九四 효의 상황과 같은 것으로 여기고 "우환(憂患)은 함께하되 안락(安樂)은 함께할 수 없는 사이"로 본 것이다. 현대의 정치사회 현상에서도 그런 관계는 드물지 않을 것이다.

〈豊 六二爻〉

六二

豊其蔀 日中見斗　　　　　　　풍기부 일중견두

往 得疑疾 有孚發若 吉　　　　왕 득의질 유부발약 길

덧문이(-볕 가리개나 장애물이) 많다.	(-豊其蔀)
대낮에도 북두칠성을 볼 수 있을 정도이다.	(-日中見斗)
무턱대고 나아가면 의심과 미움을 받는다.	(-往 得疑疾)
성실함으로 덮인 것을 열면 길하리라.	(-有孚發若 吉)

*蔀=부. 덧문(豊其蔀). 풀로 엮은 볕 가리개. 역법(歷法)의 단위(-일흔여섯 해)
 (*一蔀=일흔여섯 해. *蔀會/부회=76년의 終-起點/종-기점)
*斗=두. 별 이름(-北斗/북두, 南斗/남두). (-日中見斗/일중견두).
*發=발. ①열다(-發京倉/발경회).
        ②펴다(-發於事業/발어사업).
        ③꽃이 피다. 보내다. 일으키다(-仁者以財發身/인자이재발신)-〈대학(大學)〉.
        ④물고기가 뛰다.

象曰 有孚發若 信以發志也　　　　　**유부발약 신이발지야**

"有孚發若", 즉 성실함으로 덮인 것을 연다는 것은 자신(自身)에 대한 믿음이 있어서 남을 자기 뜻대로 감동시킨다는 의미이다.	(-信以發志也)

六二의 윗사람은 六五인데 그는 음암(陰闇)의 군주이다. 섣부르게 다가가 따르면 오히려 의심하고 미워할 수 있다. 의심과 미움의 어둠에서 벗어나 뜻을 펼치려면 진실과 성의로 감동시켜야 한다. 삼국지에서 제갈량이 후주(後主)에게 정성을 다한 출사표(出師表)를 올린 까닭이다.

〈豐 九三爻〉

九三

豐其沛(旆) 日中見沬   풍기패 일중견매

折其右肱 无咎   절기우굉 무구

풀이 ① 패(沛)를 깜깜한 상태로 본 해석: 정이(程頤). 주희(朱熹)

밝음(-九三)을 어둡게 만드는 장막(-上   (-豐其沛(旆)/패)
六)이 있다.

대낮인데도 깜깜하다.   (-日中見沬)

오른팔이(-九四) 꺾인 처지이다.   (-折其右肱)

허물을 돌릴 곳도 없다.   (-无咎)

장막으로 가려져서 덧문(薷)보다도 더 깜깜해진 상태가 패(沛)라고 본다.

풀이 ② 패(沛)를 어스레한 명암잡(明暗雜)의 상태로 본 해석: 소식(蘇軾)

풍요(豐饒)는 명암(明暗)이 섞여 있는   (-豐其沛(旆)
것이어서 그 풍요(豐饒)가 밝게 쓰일지
어둡게 쓰일지 모른다.

드리워진 깃발(上六)이 성대해서 대   (-日中見沬)
낮인데도 명암이 섞여 어스레하다면

그 오른팔을 부러뜨려서 어둡게 쓸   (-折其右肱)
가능성을 막음으로써

허물없게 한다.   (-无咎)

펄럭이는 깃발이 많아서 명암잡(明暗雜)의 어스레한 상태가 패(沛)라고 본다.

象曰

豊其沛(旆) 不可大事也	풍기패 불가대사야
折其右肱 終不可用也	절기우굉 종불가용야

풀이 ①

밝음(=九三)을 가리는 깃발(=上六)이 풍부해서 깜깜하면 큰일은 할 수 없다.	(-豊其沛(旆) 不可大事也)
밝음(=九三)을 도울 오른팔(-賢臣)이 꺾여서	(-折其右肱)
끝내 쓰이지 못한다.	(-終不可用也)

풀이②

풍요(豊饒)는 명암(明暗)이 섞여 있는 것이기에	(-豊其沛(旆)
그 풍요(豊饒)가 밝게 쓰일지 어둡게 쓰일지 모르므로 큰일은 할 수 없다.	(-不可大事也)
(명암이 섞여 있으면 어둡게 쓰일지 모른다는 의심을 풀 수 없으니) 그 오른팔을 부러뜨려서	(-折其右肱)
끝내 어둡게 쓰일 가능성이 없음을 보여서 의심에서 벗어나는 것이다.	(-終不可用也)

자식(子息)이 제대로 감당하지 못할 큰 재산이나 큰 역할을 자식에게 남기지 않
는다. 의식주(衣食住)를 유지할 정도를 넘는 부분은 기부나 별도방법을 통하여 덜어
내어서 자식이 온전한 삶을 살아갈 수 있게 만들어야 한다는 교훈이다.

젊은 여인의 고운 얼굴에 문신(文身)하여 추녀(醜女)로 만들어 강제혼(强制婚)을 면
하고 건강한 사람이 칭병(稱病)하여 불의(不義)의 자리를 피한 사례는 모두 선인(先
人)들이 주역 풍(豊)괘에서 말한 절기우굉(折其右肱)의 지혜를 실천한 것이다.

〈豊 九四爻〉

九四 豊其蔀 日中見斗 遇其夷主 吉　　　풍기부 일중견두 우기이주 길

겹겹의 장막으로 어두워서　　　　　　　(-豊其蔀)

대낮에 북두칠성을 보다가　　　　　　　(-日中見斗)

협력할 동료를 만나니 길하다.　　　　　(-遇其夷主 吉)

장애물이 많아서 앞길이 막막하다가 기질(氣質)이 통하는 동료(初九)를 만나니 좋
다는 의미이다.

> *夷=이. ①동료(-윗사람이 신분이나 나이를 넘어 아랫사람과 교류함). 무리.
> 　　　②오랑캐. 풀을 베다(깎다). 상처(損傷).
> 　　　③평온하다(-夷蕩/이탕). (-我心則夷/아심즉이). 범상하다(보통).
> 　　　④무색(無色)(-視之不見 名曰夷/시지불견 명왈이)-〈노자(老子)〉
> *夷主=이주. 대등(對等)한 상대(相對).

象曰

豐其蔀 位不當也	풍기부 위부당야
日中見斗 幽不明也	일중견두 유불명야
遇其夷主 吉行也	우기이주 길행야

장막(帳幕)이 겹겹이 있는 것은	(-豐其蔀)
九四가 마땅하지 않은 자리에 있기 때문이다.	(-位不當也)
대낮에 북두칠성을 본다는 것은 앞길이 막막하다는 뜻이다.	(-日中見斗 幽不明也)
기질이 통하는 동료(初九)를 만난다는 것은 함께 길한 쪽으로 나아간다는 것이다.	(-遇其夷主 吉行也)

　九四는 양(陽)이 중정(中正)이 아니면서 음위(陰位)에 있고 六五. 上六 등의 가림을 받고 있으니 장애가 많은 것이다.

　九四는 입지(立地)가 나빠서 세상에서 막막하게 지내다가 현명(賢明)한 初九를 만나 도움받는다. 유방(劉邦)이 장량(張良)을 만난 격(格)이다.

*幽=유. 숨다. 조용하다. 구석.
*幽人=정도(正道)를 간직하고 지키나 불우(不遇)한 사람.

〈豐 六五爻〉

六五 來章 有慶譽 吉	래장 유경예 길

현자(賢者-六二)가 와서 밝은 재주로 도
와주니 경사(慶事)와 명예가 있어 길할
것이다.

象曰 六五之吉 有慶也　　　　　　육오지길 유경야

六五의 길함은 경사(慶事)가 있다는 것
이다.

　군주(君主)가 유약(柔弱)하고 어두워도 현자(賢者)를 등용(登用)하면 나라를 잘 다스
리는 복을 누릴 수 있다는 의미이다.

〈豊 上六爻〉

上六

豊其屋 蔀其家　　　　　　풍기옥 부기가

闚其戶 闃其无人　　　　　규기호 격기무인

三歲不覿 凶　　　　　　삼세부적 흉

저택을 크게 짓고 그 장막(-덧문)이 성　　(-豊其屋 蔀其家)
대하다.

그 집안을 문틈으로 엿보니 고요하여 인기척이 없다.   (-闚其戶 闃其无人)

삼 년이 지나도록 오랫동안 오고 가는 사람을 볼 수 없으니 흉하다.   (-三歲不覿 凶)

---

*屋=옥. 집(주거).
*屋烏之愛-옥오지애; 사람을 사랑하면 그 집 지붕 위의 까마귀도 예뻐 보인다.
*闚=규. 엿보다(窺-규). (-闚觀女貞 亦可醜也/규관여정 역가추야). 유인하다.
*闃=격. 고요하다(Quiet). (-虛闃/허격. 텅 비고 고요하다.)
*覿=적. 보다(see). 만나다. 멀리 바라보는 모양(-遠覿/원적).

象曰

豊其屋 天際翔也   풍기옥 천제상야

闚其戶闃其无人 自藏也   규기호격기무인 자장야

저택을 성대하게 짓는다는 것은 하늘 끝까지 날아가는 짓이다. (上六이 지나치게 자기를 키우고 높이는 것이다.)   (-豊其屋 天際翔也)

그 집안을 엿보니 고요하여 인기척이 없다. 그들 스스로 숨기 때문이다.   (-闚其戶闃其无人 自藏也)

---

*際=제. 가장자리. 두 사물이 서로 만나는 지점(天地際也). 마주치다(剛柔際也).
*翔=상. 선회하며 날다(-翔以後集/상이후집). 높이 날다(-翔鵾/상곤). 어정거리다.
*翔鵾仰而不逮(상곤앙이불체):
 높이 나는 봉황은 올려다볼 수 있을 뿐 잡을 수는 없다.
 (*鵾=곤. 댓 닭(鵾鷄/곤계. 봉황의 異稱/이칭.)
*闚=규. 엿보다(窺/규).
*闃=격. 고요하다(Quiet).〉
*藏=장. ①감추다(-義之修而 禮之藏也/의지수이 예지장야)-〈예기(禮記)〉
   ②성채(城砦). 저축(貯蓄). 창고(倉庫).

上六은 자기 집 담을 높여 스스로 숨고 사람들은 上六을 경원(敬遠)하여 멀리한다. 上六을 멀리할 뿐만 아니라 九三처럼 오른팔을 부러뜨리면서까지 上六을 위한 활동을 기피(忌避)한다.

上六은 성대한 저택을 하늘 높이 지은 후 스스로의 밝음이 지극하다고 여기겠지만 성대한 저택은 자기 주변을 밝게 하는 게 아니라 오히려 어둡게 만든다. 上六의 그러한 행위는 어둠 속으로 스스로 빠져드는 어리석은 짓일 뿐이다.

풍(豊)괘에서 上六을 제외(除外)한 모든 효는 구제(救濟)의 길이 있다. 初九는 우기배주(遇其配主)로, 六二와 九三과 九四는 일중(日中)의 근심으로, 六五는 득중(得中)의 허심(虛心)으로 도와줄 사람을 만나지만 上六은 남을 가리고 자기를 가리며 교만(驕慢)하니 구제(救濟)의 길이 없다.

〈풍(豊)괘의 실생활(實生活) 응용(應用)〉

① 바깥세상으로 나와 정오(正午)의 밝은 태양(太陽) 아래 똑바로 서라. 풍요(豐饒)는 매우 밝은 것이기에 그가 드리우는 그림자는 매우 짙고 어둡다. 풍요의 짙은 그림자는 불행(不幸)한 요소를 감추고 있다. 커다란 집 속에 자기 몸을 숨기는 것은 이롭지 못하며 뒤에 흉함이 따른다. 그러므로 실내에서 밖으로 나와 정오의 밝은 태양아래 똑바로 설 때에만 어두운 그림자가 가장 작아진다는 것을 항상 명심(銘心)해야 한다.

② 미남(美男)이나 미녀(美女)도 일종의 외모적(外貌的) 풍요(豐饒)이다. 따라서 밝은 태양아래에서 그것을 누려야 흉함을 피한다. 사고(思考)와 생활(生活)이 밝아야 한다.

五十六

火山旅 (화산여)

☲ 離上 (리상)
☶ 艮下 (간하)

〈卦의 성격(性格) 요약(要約)〉

내괘(內卦)는 간(☶艮)이고 외괘(外卦)는 리(☲離)이다. 여(旅)는 여행자(旅行者), 군대(軍隊-500명 규모), 많은 사람(-旅力), 야생(野生)하다, 가지런히 벌이다, 차례로 세우다(-旅拜; 죽 늘어서서 절함) 등을 뜻하는 글자이다. 여(旅)괘는 산 위의 불처럼 옮겨가며 붙어 움직이니 위이불처(爲而不處) 하는 여행자(旅行者)의 형국(形局)을 나타내는 상(象)이다.

인생(人生)의 참모습은 낯선 곳을 떠도는 여행자(-나그네)를 닮았다고 한다. 관광은 즐겁지만 여행은 다르다. 여행 중의 삶은 본래 불안정하고 괴로운 것이다. 마주치는 사람과 길, 숙소(宿所) 등에 친숙(親熟)한 것은 없고 도처(到處)에 위험(危險)과 겪어야 할 고충(苦衷)이 있다.

그러므로 여행지의 풍습(風習)에 따라 온건(穩健)하게 대처(對處)하며 참고 견뎌야 한다. 여행은 사람을 키우고 단련(鍛鍊)시킨다. 젊은 시절의 여행일수록 더욱 그렇다. 청소년(靑少年) 자녀들의 분위기쇄신이나 태도 변화를 위해서는 가끔 시간을 내어서 식당이나 숙소 등 예약(豫約) 없는 불편한 휴가여행을 함께 경험해봄직 하다. 오늘날의 단체관광 여행은 일종의 놀이일 뿐 참된 의미의 여행이 아니다.

〈괘사(卦辭)와 단사(彖辭), 대상사(大象辭)〉

卦辭: 旅 小亨 旅貞 吉　　　　　　　여 소형 여정 길

여(旅)괘는 모든 일이 조금씩 트이는　　(-旅 小亨)
괘이다.

여행은 마음을 올바르게 가지고 하면　(-旅貞 吉)
길하다. (본래의 모습대로 하는 여행은 할
수록 조금씩 정신을 성장시킨다.)

삶은 하나의 여행길, 앞날을 조금씩 열어가는 것, 마음 바르게 나아가야 길한 것.

彖曰

旅小亨 柔得中乎外而順乎剛　　　여소형 유득중호외이순호강
止以麗乎明　　　　　　　　　　지이려호명
是以小亨旅貞吉也　　　　　　　시이소형여정길야
旅之時義大矣哉　　　　　　　　여지시의대의재

여(旅)괘가 모든 일이 조금씩 트이는　　(-旅小亨)
괘인 이유는

유(柔)한 기운인 六五가 외괘(外卦=上卦/　(-柔得中乎外而順乎剛)
상괘)에서 중위(中位)를 지키고 九四와
上九라는 강효(剛爻)들에 붙어서 순종
하여 밝음으로 멈춰있기 때문이다.

밝은 지혜를 잃지 않아 침착하게 행　(-止以麗乎明)
동을 그치는 것이다.

이런 까닭에 조금씩 트여서 성장하니 　　(-是以小亨旅貞吉也)
여행이 올바르면 길하다.

여(旅)괘의 시기적 의미는 참으로 크다. 　　(-旅之時義大矣哉)

멈춰서 쉴 곳이 편안하지 않다 하더라도 사람의 정신을 성장시키는 밝은 도를 꺼트리지 않는다.

象曰

山上有火 旅　　　　　　　　　　산상유화 여

君子以 明慎用刑 而不留獄　　　　군자이 명신용형 이불유옥

산 위의 불이 옮겨붙으며 타고 있는　　(-山上有火 旅)
모습이 여(旅)의 괘상이다.

군자는 이 괘상을 보고 형벌(刑罰)은　　(-君子以 明慎用刑 而不留獄)
밝고 신중(慎重)하게 처리(處理)하되 옥
사(獄事)를 머뭇거리지는 않는다. (머뭇
거리면 폐단(弊端)이 옮겨가며 번질 우려가
있기 때문이다.)

산 위의 불은 한군데 머물지 않고 이리저리 장소를 옮겨가며 태운다. 태울 것을 찾아 이리저리 옮겨가며 태우기 때문에 불길이 거셀 수는 없다.

지나갈 뿐 머무를 수 없는 여행(旅行) 중에는 처벌(處罰)을 공명(公明)하게 하되 신속(迅速)하게 결단(決斷)할 필요가 있다. 그러므로 전투(戰鬪) 중의 군대(軍隊)에서는 즉결처분(卽決處分)이 많다.

〈旅 初六爻〉

初六 旅瑣瑣 斯其所取災　　　여쇄쇄 사기소취재

여행길에 나서서 사소한 일들에 골몰　　(-旅瑣瑣)
하여 좀스러우면

이것 때문에 재앙이 따른다.　　　　　(-斯其所取災)

*瑣=쇄. 자질구레하다. 부스러기. 비천하다.
*瑣瑣=쇄쇄. 좀스럽다. 도량이 좁다.
*斯=사. ①이. 이에. 곧(-則/즉).
　　②천하다(廝/시). 하인(女廝/여시=계집종).
　　③갈라서 나누다. 떨어져 나가다(不知斯齊國幾千萬里/부지사제국기천만리).
　　④잠깐. 잠시(斯須/사수=須臾/수유).
　　⑤강조의 어조사(*斯學/사학=숭상할 만한 학문. *斯文亂賊/사문난적).

象曰 旅瑣瑣 志窮 災也　　　여쇄쇄 지궁 재야

여행할 때에 좀스러우면 그 뜻이 궁
(窮)한 것이어서 재앙(災殃)이 따른다.

〈旅 六二爻〉

六二 旅卽次 懷其資 得童僕貞　　여즉차 회기자 득동복정

여행길에서 숙소에 든다.　　　　　(-旅卽次)

여비와 다른 도움 되는 것들을 가지   (-懷其資)

고 있고

충실한 하인(初六)도 구했다.   (-得童僕貞)

  여행에서 안전한 숙소(宿所)를 구하고 경비(經費) 등도 넉넉하게 준비(準備)되어 있으며 거들어 줄 사람을 구했는데 그가 충직(忠直)하다면 여행자로서는 최상(最上)의 조건(條件)이다. 이는 내외(內外)의 인심(人心)을 얻은 결과라고 볼 수 있다.

*次=차. ①거처(居處). 처소(處所). 여관(-旅卽次/여즉차).
    ②병영(兵營). (-師左次/사좌차).
    ③나아가지 아니하다(-其行次且/기행차저).
*師左次=사좌차. 군대가 후퇴해서 머무름.
*且=①저. 머뭇거리다. 삼가다. 공경하다. 도마=희생물을 올려놓는 대(臺).
    ②차. 또 한. ~하면서.
*資=자. 비용.
*童僕=동복. 사내아이 종.

象曰 得童僕貞 終无尤也   **득동복정 종무우야**

충직한 하인을 얻는다면 끝내 실패가
없을 것이다.

*尤=우. ①실패. 원망하다(-上不怨天 下不尤人/상불원천 하불우인)-〈중용〉.
    ②더욱(-尤而效之/우이효지). 유달리.
*尤而效之=우이효지. 남의 잘못을 나무라면서 스스로 잘못을 저지름.(-尤而效之 罪又甚焉/우이효지 죄우심언)-〈좌씨전(左氏傳)〉

〈旅 九三爻〉

九三 旅焚其次 喪其童僕貞 厲　　　여분기차 상기동복정 려

나그네가 처소를 불태우면　　　　　　(-旅焚其次)

충직한 하인에게서도 배신당하여 위　　(-喪其童僕貞 厲)
태롭다.

나그네가 경솔하게 처신하는 것은 처소를 불태우는 것과 같은 짓이다. 처소를 불태우면 하인들의 충성심도 잃게 되는 나쁜 상황에 이르게 된다.

신하가 임금에게 간언(諫言)한 것이 받아들여지지 않았다 하여 마음속으로 화를 내며 뒤돌아보지 않고 그 임금을 떠난다면 이는 군자(君子)로서 참되게 물러나는 모습이 아니다. 충심(衷心)으로 간언(諫言)한 것이 아니고 소장부(小丈夫)가 처소를 불태우는 짓을 하는 것과 같다.

나그네 생활을 할 때는 유순(柔順)함과 겸손(謙遜)함이 필요한데 九三은 양(陽)이 강위(剛位)에 있으면서 중정(中正)하지는 못하니 높은 체하면서 지나치게 강(剛)한 상(象)이다. 이는 위에 있는 불(離=火)로 아래에 있는 처소(處所)인 간(艮=山)을 불태우는 격이다. 이러면 처소를 잃어버리고 하인의 믿음도 잃게 되어 위험해진다.

*焚=분. ①불사르다.
　　②넘어지다(-象有齒 以焚其身/상유치 이분기신)-〈좌씨전(左氏傳)〉
*厲=려. ①위태롭다(危/위).
　　②엄하다(嚴/엄). 무겁다(-帶重礜/대중반).
　　③악하다(惡/악).
　　④사납다(虐/학).
　　⑤병들다(病/병).
　　⑥분발하다(勵/려). 분발시키다(勸勉/권면).
　　⑦옷을 걷지 않고 물을 건너다(-以衣涉水/이의섭수).

象曰

旅焚其次 亦以傷矣　　　　　여분기차 역이상의

以旅與下 其義喪也　　　　　이여여하 기의상야

여행 중에 처소를 불태우면 불태운　　(-旅焚其次 亦以傷矣)
자 또한 그로 인해 손상(損傷)을 입게
된다.

나그네로서 하인에게 손상을 입히면　　(-以旅與下 其義喪也)
그들의 의로운 도리를 상하게 만드는
것이다.

〈旅 九四爻〉

九四 旅于處 得其資斧 我心不快　　여우처 득기자부 아심불쾌

나그네가 머물 만한 장소를 얻고　　(-旅于處)

필요한 경비와 도끼(=다소의 권력)도 얻　　(-得其資斧)
었지만

마음은 유쾌하지 않다.　　(-我心不快)

　나그네가 여행지에서 처신을 잘하여 우대받는다. 거처를 얻고 필요한 생활비와
불편요소를 제거할 만한 다소의 권력(도끼)도 얻는다. 그러나 여행의 목적지에 도
달한 것은 아니기에 그 마음은 유쾌할 수가 없다.

　나그네는 땅에 기반을 두지 않은 처지이기에 항상 불안하다. 옛날에 춘추전국시
대의 객경(客卿)들이나 현대에 이민생활인(移民生活人)들의 심리상황(心理狀況)이라고

볼 수 있다.

象曰

旅于處 未得位也　　　　　　　여우처 미득위야

得其資斧 心未快也　　　　　　득기자부 심미쾌야

나그네가 거처할 곳은 얻었으나　　　(-旅于處)

자리 잡고 계속 머물러 살 집을 지닌　(-未得位也)
위치에는 이르지 못한 상태이니

생활비가 있고 생활의 방해요소를 제　(-得其資斧)
거할 도끼가 있어도

마음은 아직 유쾌하지 않다.　　　　(-心未快也)

　"여우처(旅于處)"는 동이족(東夷族)의 어순(語順)이라고 한다. 중국어 문법으로는 처
우여(處于旅)여야 자연스럽다는데 주역(周易)에서 동이족 어순인 여우처(旅于處)로 쓰
인 것은 한자(漢字)를 만든 고대(古代) 은(殷)나라 사람들이 동이족이었기 때문일 것
이다.

〈旅 六五爻〉

六五 射雉一矢亡 終以譽命　　　석치일시망 종이예명

화살 하나로 꿩을 쏘아 명중시키려는　　(-射雉一矢亡)
생각을 잊어버리면
결국 명예와 복록을 얻을 것이다.　　(-終以譽命)

*射=①석. 쏘아 맞히다(쏘아서 명중시킴). ②사. 쏘다. ③역. 싫어하다.
*雉=치. ①꿩. ②담장.
*亡=①망. 잊다(忘/망). 잃다. ②무. 없다(-無/무).

象曰 終以譽命 上逮也　　　종이예명 상체야

결국 명예와 복록을 얻는다는 것은　　(-終以譽命)
위의 上九에도 六五의 덕(德)이 미치게
된다는 뜻이다.

*逮=체. ①다다르다. 미치다. 체포하다.
　　②편안하다(-威儀逮逮/위의체체-풍모가 위엄이 있고 편안하다).

六五는 九四와 上九라는 두 개의 양(陽)의 사이에 걸려있는데 六五가 힘으로 두 양(陽)을 동시에 취할 수는 없지만 덕(德)으로 품을 수는 있다. 힘으로 취하려고 한 다면 그 힘이 물리적으로 미치는 것만 얻을 수 있을 뿐이다. 사효(四爻)를 얻으면 상 효(上爻)를 잃고 상효(上爻)를 얻으면 사효(四爻)를 잃는다. 이는 마치 하나의 화살로 두 마리 꿩을 쏘아 동시에 잡으려는 것과 같은 일이다.

만약 동시에 얻고자 하는 욕심이 없어서 한 화살로 잡을 생각을 잊고 쏜다면 두 양(陽)이 모두 六五의 공(功)을 기릴 것이니 六五는 九四뿐만 아니라 上九도 얻게 될 것이다. 화살 하나 쏘아서 꿩 두 마리를 잡을 생각은 잊어야 한다. -소식(蘇軾)

"射雉一矢亡(석치일시망)"의 해석에 대하여 주희(朱熹)는 치(雉)란 유순(柔順)함과 문명(文明)함을 상징(象徵)하는 것으로 보고 치(雉)를 얻으려고(-射/석) 대가(代價)를 치르는 행위를 일시망(一矢亡)이라고 보았다. (이를테면 나그네가 여행 도중에 베푸는 금일봉의 인정(人情) 같은 것이리라.)

"射雉一矢亡(석치일시망)"의 뜻에 대하여 다른 해석들도 있다. 하나의 화살로 문명(文明)의 도(道)를 정확히 맞추어 목적을 이룬 것을 의미한다거나, 꿩을 명중시켰는데 그 꿩이 화살 맞은 채로 달아나서 화살 하나를 잃었다 하더라도 쏘아 맞힌 활솜씨만은 칭찬할만하다는 의미라는 등의 해석들이다.

〈旅 上九爻〉

上九
鳥焚其巢 旅人 先笑後號咷   조분기소 여인 선소후호도
喪牛于易 凶   상우우이 흉

(나그네(-上九)가 교만하게 높은 곳에 있으   (-鳥焚其巢)
니 겸손하지 못하고 유화하지 못한 것이다.
높은 체하며 교만하니 자기를 보존할 편안
한 곳을 잃는다.) 이는 새의 둥지에 불이
타오르는 것과 같다.
나그네가 처음에는 득의만만하게   (-旅人 先笑後號咷)
웃지만 나중에는 소리쳐 울게 된다.

외지(外地)의 나그네는 중후(重厚)하고 너그러운 소(牛/우=六五)처럼 처신해야 하는데 경솔히(-易) 처신하면 너그럽고 순한 소(-六五)의 품성을 잃은(-喪/상) 것이니 흉하다.

(-喪牛于易 凶)

*巢=소. 보금자리. 나무 위의 거처(-夏則居橧巢/하즉거증소)-〈예기(禮記)〉
*橧=증. 상고시대(上古時代)의 지붕 없는 섶나무 거처. 둥지.
*號=호. ①부르짖다. 외치다.
　　　②부르다. 명령하다(-煥汗其大號/환한기대호).
*咷=도. 울다.
*喪牛于易=상우우이. 경솔하게 처신하여 순함을 잃은 것이다.

象曰

以旅在上 其義焚也　　　　　　　이여재상 기의분야
喪牛于易 終莫之聞也　　　　　　상우우이 종막지문야

나그네로서 맨 윗자리에 있다는 것은 그 의로움이 불타버린 것이다. 새가 자기 둥지(-六五)를 불태운 것처럼 그 의미가 의롭지 않다는 것이다.

(-以旅在上 其義焚也)

경솔하게 함부로(-易/이) 처신하여 너그럽고 순한 소(-牛/우=六五)를 잃는다는 것은

(-喪牛于易)

끝내 六五의 마음을 잃어 그 소식조차 듣지 못하게 된다는 뜻이다.

(-終莫之聞也)

나그네가 여행 중 만나는 사람들에게 높은 체하며 교만(驕慢)을 부리면 누군들 그 후의 안부(安否)나마 교신(交信)하려 하겠는가?

〈여(旅)괘의 실생활(實生活) 응용(應用)〉

① 현대사회의 생활패턴에 따라 살아가다보면 누구나 관계망(關係網)에서 손님인 나그네가 될 수 있다. 여(旅)는 말 그대로 장소를 이동하여 다니는 길손, 즉 나그네를 뜻한다. 오늘날에도 나그네는 많다. 길손님이 아니라 관계손님으로 나그네의 개념이 달라졌을 뿐이다. 오늘날은 직업과 직장을 바꾸며 옮겨 다니는 사회적 관계 맺기의 여행으로 여행의 형태가 변하였기 때문이다.

② 옛날의 여행에는 세 가지 면에서 불편과 불안이 따라다녔다. 첫째는 교통의 불편과 불안이요, 둘째는 숙소의 불편이며, 셋째는 고독이 주는 불안정이다. 이들을 견디고 이겨내며 여행을 하고 나면 사람이 자란 모습을 보이게 된다. 단련되어 성숙한 면모를 지니게 되는 것이다.

③ 오늘날 교통편과 숙소를 예약한 후 무리지어 돌아다니는 관광여행은 말만 여행이지 단련이 없기에 사람을 키우지 못한다. 단지 돈 들여 구경 다니는 놀이의 일종일 뿐이다. 무리 짓지 않고 다니는 여행이라 하더라도 문명사회에는 숙소와 교통편의 애로가 크지 않아서 장소를 이동하며 다니는 고달픈 길손인 여행자는 오늘날 거의 사라졌다. 그러나 사회적 관계망손님인 고달픈 여행자들은 점점 늘어나고

있다. 화산여(火山旅)괘의 괘효사(卦爻辭)에 담긴 내용은 현대의 나그네에게도 소중한 지혜로서 쓰일 수 있다.

손(巽)괘의 상황에서 九五가 내리는
명령은 거듭해서 내려야 한다. (그래야
만 아래에서 그 뜻을 제대로 이해하여 공순
(恭順)하게 따른다.)

(-重巽 以申命)

군센 힘(-剛/강)이 중정(中正)에서 공손
하게 뜻하는 바를 행하니

(-剛 巽乎中正而志行)

부드러운(-柔/유) 初六과 六四가 모
두 유순하게 군센 九五에 순종한다.

(-柔皆順乎剛)

그러므로 괘(卦)의 성질이 산들바람같
이 유약(柔弱)하지만 조금의 성장(成長)
과 형통(亨通)함은 있는 것이다.

(-是以小亨)

나아갈 바가 있고 그 나아감을 올바
르게 지도해 줄 대인(大人)을 만나면
이롭다.

(-利有攸往 利見大人)

*申=신. ①반복하다. 펼치다(-기지개 켜다). 말씀드리다(-아뢰다).
　②원숭이.

象曰

隨風 巽

수풍 손

君子以 申命行事

군자이 신명행사

잇따라 부는 산들바람처럼 뛰어난 지
도자의 뜻에 순순히 순종하는 것이
손(巽)이다.

(-隨風 巽)

군자는 이를 본받아 명령을 반복해서   (-君子以 申命)
설명하여 충분히 이해시킨 뒤에

그 명령을 실행하게 한다.   (-行事)

〈巽 初六爻〉

무력(武力)을 가졌지만 다스림(-政治)에 따르는 것이 군인(軍人)의 본분이다.

初六 進退 利武人之貞   **진퇴 이무인지정**

나아감과 물러남의 처신(處身)을 신중   (-進退)
히 고려하여 적절하게 하는 것이

무인(武人=軍人/군인)의 올바름을 지키   (-利武人之貞)
는 데 있어서 이롭다.

象曰

進退 志疑也   **진퇴 지의야**

利武人之貞 志治也   **이무인지정 지치야**

무인(武人)이 혹은 나아가고 혹은 물러   (-進退 志疑也)
서는 것은 뜻함이 이루어질지에 대하
여 의심이 있기 때문이다.

무인(武人)은 성급히 동조하지 않고 휘   (-利武人之貞)
둘리지도 않아야 올바르고 이로운데

그 이유는 무인(武人)은 다스려지는 데   (-志治也)
뜻을 두어야 하기 때문이다.

무인(武人)이 그 무력(武力)을 틀어쥐고 군왕(君王)이나 주권자(主權者)인 국민(國民)의 뜻에 따르지 않는다면 변란(變亂)이 일어난다. 그러므로 무인(武人)은 다스려지는 데 뜻을 두어야 하고 주권자(主權者)인 국민을 위하여 신명(身命)을 다 바치는 태도를 지녀야 이롭다. 군인(軍人)이 권부(權府)에 드나들거나 그 주변에서 맴도는 것은 불길하다.

〈巽 九二爻〉

복채(卜債)를 내고 신(神)의 뜻을 묻거나(-問) 비용(費用)을 쓰면서 현인(賢人)에게 자문(諮問)하는 것은 삶에 대한 일종의 겸손(謙遜) 표시라고 볼 수 있다.

九二 巽在牀下 用史巫紛若 吉 无咎	손재상하 용사무분약 길 무구
무당의 제상(祭牀) 아래에서 공손한 태도로 무꾸리(-吉凶/길흉 점치기)를 하고 있다.	(-巽在牀下)
무당에게 자주 빌어서 신의 도움을 받는 것은	(-用史巫紛若)
길(吉)해야 겨우 허물이 없게 되는 일이다.	(-吉 无咎)

*牀=상. 침상(-剝牀以足/박상이족). 사물의 바탕.
*史=사. ①인간의 뜻을 신에게 전하는 역할을 수행하는 사람. 문필종사자.
　　　　②역사(歷史).
　　　　③화려하다. 화사하다(-文勝質則史/문승질즉사). -〈논어(論語)〉
*巫=무. 무당(巫堂). 신의 뜻을 인간에게 전하는 역할을 수행하는 사람
*史巫=사무. 인간의 정성과 생각을 신(神)에 전통(傳通)하는 사람(-史/사)과
　　　　신의 뜻을 받아 인간에게 전한 사람(-巫/무).
　　　　-* 신전(神殿)의 무당(巫堂)은 인간의 소망을 신께 아뢰고
　　　　　신의 뜻을 받아 인간에게 전한 사람이다. *-
*史有三長=사유삼장.
　　　　당(唐)나라 유지기(劉知幾)의 말로서 역사를 기록하려면 재(才), 학(學), 식(識)의 세 가지가 뛰
　　　　어나야 한다는 뜻.
*史體=사체. 사서(史書)의 체제(體制=體裁/체재)
*史二體=역사기록의 두 가지 체재(體制-style).
　　　　①기전체(紀傳體).
　　　　②편년체(編年體).
*三大史體=①편년체(編年體)-연대별 기록 방식
　　　　②기전체(紀傳體)-〈사기(史記)〉의 역사서술방식:
　　　　　　　　본기(本記), 열전(列傳), 지(志), 표(表)
　　　　③기사본말체(紀事本末體)-사건의 원인과 결과 중심방식
*紛=분. 많다. 어지럽다. 섞이다(-紛雜/분잡. 紛爭/분쟁).
*紛若=분약. 많음(多). 자주.

象曰 紛若之吉 得中也　　　　　　분약지길 득중야

자주 빌어 신의 도움을 받아서 길(吉)
하다 하는데 그것은 九二가 중정(中正)
에 있기 때문이다.

분약지길(紛若之吉)이라기보다는 九二의 중정지길(中正之吉)이라는 뜻.

　무당을 통하여 신에게 복을 구하는 경우에 신이 복을 내려주는지는 나중의 일이
고 무당이 먼저 복채로 이로움을 누린다. 어수선하고 바쁘게 움직여서 무당에게

복점을 보러 다니거나 도움을 구하러 다니는 것은 허물이 되기 쉽다. 그래서 그 결과가 길(吉)한 것으로 나타난 뒤에야 비로소 허물이 없게 된다. 중(中)의 자리에 있음에도 낮추어 사무(史巫)에게 물어서 행(行)하면 실패한 경우에 그 실패의 탓을 사무(史巫)에게 돌릴 수 있는 이로움은 있다.

인사권자(人事權者)는 적임자를 구할 때 급히 서둘면 안 된다. 그 지위를 이용하여 타인에게 물어본다면(-用史巫/용사무) 인사(人事)의 실수를 줄일 수 있다. 종전(從前)의 친소(親疎)를 떠나서 물어보고 둘러보아 적임자를 찾아야 한다. 그래야만 득중(得中)의 길(吉)함을 제대로 누릴 수 있다는 교훈을 담고 있다.

〈巽 九三爻〉

성질은 강한데 힘이 없고 입지(立地)도 좋지 않다. 그런 상황이면 콧대를 숙이고 공손해야 한다. 찡그리면서 억지로 공손한 것일지라도.

九三 頻巽 吝	빈손 인
찡그리면서 자주 콧대를 꺾으니 아쉬운 마음이다.	(-頻巽 吝)

군세고 높은 체하는 성질로 하괘(下卦)의 맨 위에 있지만 득중(得中)하지 않아 힘이 없는 처지여서 공손해야 할 상황이다.

*頻=빈. ①콧날(-頻巽 吝/빈손 인).
　　　②찡그리다(-頻復 厲无咎/빈복 려무구). 절박하다.
　　　③자주(-여러 차례).

象曰 頻巽之吝 志窮也　　　　　빈손지린 지궁야

콧대를 낮추고 찡그리면서 공손해야
하는 아쉬운 상황이니 뜻이 곤궁한
것이다.

힘이 없어서 콧대를 낮추되 마음은 복종하지 않고 있다. 찡그리면서 기다리는
것이다.

〈巽 六四爻〉

六四는 성질이 온순한 사람이다. 그런데 거칠고 힘 센 사람들이 주변을 둘러싸
고 있을 뿐 도와주는 사람이 없다. 이럴 때는 공손하게 처신해야 뉘우칠 일이 없게
된다.

六四 悔亡 田獲三品　　　　　회망 전획삼품

(어려운 상황에서 공손하게 처신을 잘하여　　　(-悔亡)
서) 후회할 일이 없어진다.

사냥에서 세 가지 용도에 쓸 물건을　　　(-田獲三品)
모두 얻은 것과 같다.

六四는 대신(大臣)의 지위에서 부드럽게 신명(申命)으로 백성의 마음을 얻으니 회망(悔亡) 전획삼품(田獲三品)의 공(功)을 이룬 것이다.

옛날 왕조국가(王朝國家)의 대사(大事)는 제사(祭祀)와 전쟁(戰爭)이었다. 제사용품은 사냥으로 조달하고 전쟁물자는 백성들의 부역(賦役)을 통하여 조달하였다.

*田=전. 사냥하다(畋/전) (-田无禽/전무금). 밭 갈다. (경작하다).
*田文/전문=맹상군(孟嘗君): 전국시대(戰國時代) 제(齊)의 재상(宰相)으로 식객(食客) 삼천(三千)을 두었다 함.)
*三品=삼품. 세 가지 용도에 고루 쓸 사냥물.
　　①종묘 제사에 쓸 육포 제조용.
　　②빈객 접대용
　　③일상의 주방조리용

象曰 田獲三品 有功也	전획삼품 유공야
사냥에서 세 가지 물건을 모두 얻는다는 것은	(-田獲三品)
공손하게 처신하면 공(功)을 이루게 된다는 뜻이다.	(-有功也)

六四는 음유(陰柔)이고 정응(正應)이 없으며 아래와 위의 양강(陽剛) 틈에 끼어있다. 후회하기 쉬운 상황 속에 있는 것이다. 그러나

① 음(陰)이 음위(陰位)에 있으므로 올바르게 공손할 수 있고, ② 상체(上體-上卦/상괘)에 있으므로 하체(下體-下卦/하괘)를 대할 때 겸손할 수 있으며, ③ 상체(上體)의 맨 아래에 있으므로 위의 九五와 上九에 공손하게 처신할 수 있다.

이렇게 공손한 태도로 세상일을 잘 처리한다면 후회할 만한 상황이 오히려 공을 세울 수 있는 상황으로 활용될 수 있다.

〈巽 九五爻〉

九五

貞 吉 悔亡 无不利 无初有終
先庚三日 後庚三日 吉

정 길 회망 무불리 무초유종
선경삼일 후경삼일 길

중정(中正)을 지키면서 공손하면 길하여 후회할 일이 없고 이롭지 않음이 없으니

(-貞 吉 悔亡 无不利)

후회하지 않을까 하는 백성들의 의심 속에 시작하더라도 나중에 이루어내면 백성들도 함께 끝맺음을 누리게 된다. (내내 변함없이 공손하면 마침내 얻는 것이 있게 된다는 뜻이다.)

(-无初有終)

(九五가 주재자(主宰者)로서 무엇을 바꾸고자 하여 변경 명령을 내릴 때는) 명령을 내리기 전 삼일과 후 사흘 동안 잘 살펴서 해야 길하다.

(-先庚三日 後庚三日 吉)

현상 변경을 초래하는 조치는 면밀하게 그 전후 사정과 영향을 살펴야 한다는 뜻이다.

*庚=경. ①바뀌다(-先庚三日 後庚三日/선경삼일 후경삼일).
②길(徑/경=지름길). 나이(-同庚者/동경자).

象曰 九五之吉 位正中也

구오지길 위정중야

九五가 길한 까닭은 바르고 중심인 곳
에 자리 잡고 있기 때문이다.

지혜로운 자는 일의 싹수를 알아볼 수 있지만 어리석은 백성들은 일을 어찌 이
룰지에 대하여 어둡다.

愚者暗於成事 智者見於未萌 民不可與慮始 而可與樂成
우자암어성사 지자견어미맹 민불가여려시 이가여락성

지혜로운 자가 일의 시작부터 어리석은 백성들과 함께 일을 도모하기는 어
렵다. 그러나 더불어 즐겁게 성취할 수는 있다.

- 〈상군서(商君書) 경법편(更法篇)〉

〈巽 上九爻〉

上九 巽在牀下 喪其資斧 貞 凶	손재상하 상기자부 정 흉
上九가 무당의 제상(祭牀) 아래에서 공손한 태도로 무꾸리(-吉凶占/길흉 점치기)를 하고 있으니	(-上九 巽在牀下)
지나치게 공손하여 본연의 결단하는 모습을 잃은 것이다.	(-喪其資斧)
마음이 올바르다 하더라도 흉하다.	(-貞 凶)

겸손(謙遜)의 정도(程度)가 지나쳐서 본연(本然)의 강단(剛斷)을 잃으면 남에게 비열(卑劣)한 모습으로 보여서 재산도 권위도 잃게 된다.

*資=자. 비용. 가지고 있는 것.
*斧=부. ①결단하는 것.
　　　②도끼(-得其資斧/득기자부).
　　　③도끼 모양 무늬(-天子負 斧依/천자부 부의).
*斧依(黼)=부의(의). 붉은 비단에 자루가 없는 도끼 무늬를 수놓은 병풍(黼/의). 천자(天子)가 제후(諸侯)를
　만날 때 등 뒤에 쳤다.

象曰　　　　　　　　　　　　　　　　　　　손재상하 상궁야
巽在牀下 上窮也　　　　　　　　　　　　상기자부 정호 흉야
喪其資斧 正乎 凶也

무당의 제상(祭牀) 아래에서 공손한 태　　(-巽在牀下 上窮也)
도로 무꾸리(-占치기)를 하는 것은 극
(極)에 처한 上九가 뜻이 궁하다는 의
미이다.

본연(本然)의 강단(剛斷) 있는 모습을　　(-喪其資斧)
잃으면

마음이 올바르다 하더라도 흉하다.　　　(-正乎 凶也)

그러므로 자기 삶의 자세를 적극적이고 당당하게 가꾸는 것이 필요하다.

〈손(巽)괘의 실생활(實生活) 응용(應用)〉

① 나그네가 여행지에서 취할 태도는 공손(恭遜)함이다. 그래야 쉽게 받아들여지기 때문이다. 공손함은 바람처럼 보이지 않게 빈 공간에 스며드는 효과가 있다. 외견상 보이게 들어가는 것보다 공손한 태도로 들어가는 것이 세배나 효율이 높다고 한다. 손괘는 바람이 겹쳐서 있으므로 바람의 효과도 겹으로 나타나기 때문일 것이다.

② 공손함에는 소소한 일을 쉽게 이루어내는 힘이 있다. 그러나 큰일을 이루려면 눈에 보이는 뚜렷한 결단(決斷)이 필요하므로 공손함만으로는 이룰 수 없다.

重澤兌 (중택태)

☱ 兌上 (태상)
☱ 兌下 (태하)

〈卦의 성격(性格) 요약(要約)〉

내괘(內卦)와 외괘(外卦)가 모두 태(☱兌)이다. "兌"는 ① 태. 구멍(입, 눈, 귀, 코).-(塞其兌 閉其門/색기태 폐기문)-〈노자(老子)〉, ②열. 기뻐하다. (悅/열, 說/열), ③ 예. 날카롭다 등으로 읽히고, 그런 뜻을 가진 글자이다.

태(☱兌)괘는 두 소녀가 나란히 있으면서 화합(和合)해서 즐거워하는 상(象)이다. 삶의 진정(眞情)한 즐거움은 심신(心身)의 화목(和睦)한 어울림에서 나온다. 그러므로 태(☱兌)괘는 심신을 바르게 가지고 주위와 화목해야 성공하는 삶이 될 것임을 암시(暗示)하고 있는 상(象)이다.

옛사람들은 인생삼락(人生三樂)으로 ① 붕우강습(朋友講習), ② 음양조화(陰陽調和), ③ 솔선수범(率先垂範)을 꼽았다. 그중에서 붕우강습(朋友講習)의 즐거움을 맨 앞에 내세웠다. (-人生第一樂/인생제일락)

붕우강습(朋友講習)은 벗끼리 서로 도와가면서 학식(學識)과 덕(德)을 닦는 것을 말한다. 태(☱兌)괘는 이웃하여 접(接)해 있는 연못(-麗澤/여택)의 모습인데 배움터에서 함께 공부하는 붕우강습(朋友講習)의 모습이 여택(麗澤)의 모습과 닮았다 하여 중택태(☱重澤兌)괘를 여택태(麗澤兌)괘라 부르기도 한다.

〈괘사(卦辭)와 단사(彖辭), 대상사(大象辭)〉

卦辭: 兌 亨 利貞   태 형 이정

태괘는 물과 물이 만나 즐거워하니   (-兌 亨)
성장하는 상이다.

마음을 올바르게 가져야 이롭다.   (-利貞)

---

*兌=①태. 기뻐하다. 교환하다. 통하다(達). 구멍(-穴/혈:입, 눈, 귀, 코 등). 똑바르다.
　②열. 기쁘게 하다(-스스로 기쁘고 남도 기쁘게 하는 언설(言說).
　③예. 날카롭다(兌利/예리=銳利/예리).

입과 귀로 웃으며 대화(對話)함으로써 마음을 통하고 기뻐하는데 입에서 내보내는 말과 귀로 들어오는 말을 잘 살펴야 한다. 감언이설(甘言利說)을 즐기다 보면 인간관계가 망가질 수 있기 때문이다.

彖曰

兌 說也   태 열야

剛中而柔外 說以利貞   강중이유외 열이이정

是以順乎天而應乎人   시이순호천이응호인

說以先民 民忘其勞   열이선민 민망기로

說以犯難 民忘其死   열이범난 민망기사

說之大 民勸矣哉   열지대 민권의재

*勸=권. 힘쓰다. 권하다.
*犯=범. 거스르다. 이기다. 치다. 돌격하다.
*犯難=범난. 모험하다. 어려운 일을 추진하다. 위험에 대처하다.
*說以犯難=열이범난. 앞장서서 거느려 난국(難局)에 대처함.

태는 기쁨을 밖으로 드러내어 기뻐하는 것이다.	(-兌 說也)
강한 기운이 가운데 있고 부드러운 기운이 밖에 있는 외유내강의 모습이니 밖으로는 기뻐하되 속마음은 바르게 가져야 이롭다.	(-剛中而柔外 說以利貞)
이처럼 하늘에 순응(順應)하고 사람을 마음으로 대하는 것이다.	(-是以順乎天而應乎人)
기꺼이 백성들의 앞장에 서니 백성들이 그 수고로움을 잊고	(-說以先民 民忘其勞)
기꺼이 어려운 일에 맞서니 백성들이 목숨을 걸고 그 의로움에 따른다.	(-說以犯難 民忘其死)
기쁨은 위대한 것이로다. 백성들로 하여금 믿고 힘쓰도록 만드는구나.	(-說之大 民勸矣哉)

*以=이. ①~로써(수단, 재료, 이유).
   ②~의하여.~하여, 그리고(而/이) (-聊乘化以歸盡/료승화이귀진)-〈귀거래사〉
   ③~하다(爲/위-동사). 인솔하다(-以其後行/이기후행). 닮다(-似/사).
   ④이미. 벌써(부사) (-秦宮室皆以燒/진궁실개이소)
*而=이. ①접속(-말 이음)
   (順接/순접):~하고 그리하여 (-學而時習之/학이시습지).
                    (-君子遵道而行/군자준도이행)
   (逆接/역접):~이지만 그러나 (-雍也仁而不佞/옹야인이불녕) (*佞/녕;말재주).
                    (-人不知而不慍/인부지이불온) (*慍/온;원망하다).
   (竝列/병렬):~와, 또한 (-謹而信/근이신).

(以後):~하여 비로소, ~한 후에 (-三思而後行/삼사이후행).

(强調): 오직~뿐이다(-而已/이이). (-而已矣/이이의).

(假定):만일~이면 (-而居堯之宮 逼堯之子 是簒也/이거요지궁 핍요지자 시찬야) -〈맹자(孟子)〉

②너: (-余知而無罪也/여지이무죄야)-〈좌씨전(左氏傳)〉

③~와 같다. 그러하다:-如若/여약). 然/연. 곧(-則/즉).

④~로써: (-以/이).

★而=능. 편안하다(-天造草昧 宜建侯而不寧/천조초매 의건후능불녕-둔(屯) 단사(彖辭)).

*宜=의. 마땅하다. 아름답다.

*宜男草=의남초: 원추리 -萱草/훤초의 異稱.

　　[임신부(姙娠婦)가 이 꽃을 차면 아들을 낳는다고 믿었음.]

*草=초. ①처음 시작하다(-天造草昧/천조초매). 거칠다.

　　② 혼란하여 질서가 없다(-草亂无倫序/초란무륜서).

　　③풀. 초원.

象曰

麗澤 兌　　　　　　　　　　　여택 태

君子以 朋友講習　　　　　　군자이 붕우강습

두 연못이 붙어 있는 것이 태(兌)의 괘　　(-麗澤 兌)

상이다. (서로 적셔주니 한쪽의 연못물이

불어나면 다른 쪽 물도 불어난다.)

군자는 이를 본받아서　　　　　　　　(-君子以)

동료와 친구들이 서로 깨우치고 돕는　　(-朋友講習)

다. (벗들과 모여 학문을 닦음으로써 함께

향상한다.)

*麗=려. ①붙다. 부착시키다(草木麗乎土/초목려호토). (日月麗乎天/일월려호천).

　　②걸리다(日月麗乎天/일월려호천).

　　③함께 가다. 짝지어가다.

　　④맑다. 깨끗하다(淸麗之志/청려지지).

　　⑤아름답다. 빛나다(美麗/미려).

先儒謂天下之可說 莫若朋友講習/선유위천하지가열 막약붕우강습
선비는 붕우강습을 삶에서 가장 큰 즐거움으로 여겼다.

"兌"爲欣悅之說 又爲言說之說 而義固相通
"태"위흔열지열 우위언설지설 이의고상통
說者所以自說而說人也
설자소이자열이열인야

"兌/태"는 본래 "희열"의 뜻과 "언설=말"의 뜻을 함께 가지고 있다. 말이란
스스로를 기쁘게 하면서 남도 기쁘게 하는 것이다.

　　　　　　　　　- 왕부지(王夫之)의 〈주역내전(周易內傳)〉-김진근 역(譯)

　1934년 10월 16일 이후 1년 동안 9,600km를 이동하며 싸운 대장정 기간 중,)
모택동 군대는 평균나이 19세의 농민군이었다. 그들은 전투와 행군의 시간을 제
외하고는 나머지 대부분 시간을 배움과 그 배운 것을 다시 다른 농민에게 가르치
는 붕우강습(朋友講習)에 힘썼다. 농민층과 붕우강습(朋友講習)을 함으로써 문맹 퇴치
(文盲退治)와 혁명사기앙양(革命士氣昂揚)의 두 가지 효과를 동시(同時)에 거둔 것이다.

　　中共紅軍 大長征時 農民相對 朋友講習
　　중공홍군 대장정시 농민상대 붕우강습

　재원배(蔡元培)는 사상가, 교육자로서 중국 신문화운동(新文化運動)을 이끌면서 전
통유가(傳統儒家)를 맹공(猛攻)하였다. 그러나 공자(孔子)의 "인(仁)"만은 "제덕완성인
격지명(諸德完成人格之名)"이라면서 긍정적(肯定的)으로 평가하였다.

* 모택동(毛澤東:1893~1976)과 채원배(蔡元培:1868~1940): 모택동(毛澤東)은 젊은 시절 북경대 총장이
었던 채원배(蔡元培)의 눈에 들어 대학도서관 사서로 일하면서 많은 책을 읽었고, 후에 〈新民主主義論/
신민주주의론〉, 〈矛盾論/모순론〉, 〈實踐論/실철론〉 등을 썼다.

〈兌 初九爻〉

시기심(猜忌心) 없이 화목(和睦)하면 서로 즐겁다.

初九 和兌 吉   화태 길

(서로 몸을 낮추어) 화합(和合)하여 즐거
워하니 길하다.

象曰 和兌之吉 行未疑也   화태지길 행미의야

어울려서 기뻐하는 일이 길한 이유는
서로의 행위(行爲)에 대해서 의심(疑心)
이 없기 때문이다.
마치 막내둥이의 재롱이나 애완견이 주는 즐거움과 그 성질이 비슷한 것이다.

〈兌 九二爻〉

어울려 즐거워하되 부화뇌동(附和雷同)하지는 않는다.

九二 孚兌 吉 悔亡   부태 길 회망

굳게 자기의 성실성(誠實性)을 지키면   (-孚兌)
서 즐거워하면
길하고 후회가 없다.   (-吉 悔亡)

　소인(小人)과 어울려야 할 불가피한 상황에서 어울려 즐기되 부화뇌동하지 않는
다는 뜻이다.

象曰 孚兌之吉 信志也   부태지길 신지야

굳건하게 성실성을 지키며 즐거워하
면 길하다는 것은 그 뜻함이 믿을 만
하기 때문이다.

〈兌 六三爻〉

　근본(根本)을 모르는 즐거움이나 굴러들어온 쾌락(快樂)은 흉하다.

六三 來兌 凶   내태 흉

(六三은 그 성질(性質)과 위치(位置)가 중심   (-來兌)
(中心)을 잃었고 음유(陰柔)하여서) 몸을 굽
혀 아랫사람들인 아래의 두 양(陽)을
불러들여서 즐거움을 구하니
흉하다.   (-凶)

象曰 來兌之凶 位不當也   내태지흉 위부당야

불러들인 즐거움에 빠져서 흉한   (-來兌之凶)
것은
그 자리가 마땅하지 않기 때문이다.   (-位不當也)

上諂而下諛 待物之來說而相與說 小人之道也
상첨이하유 대물지래열이상여열 소인지도야

아첨하면서 모인 즐거움에 의지하여 서로 기뻐하는 것은 소인들의 짓거리
이다.

- 왕부지(王夫之)

〈兌 九四爻〉

물질가치(物質價値)와 정신(精神) 가치 사이에서 선택을 번민(煩悶)하는 즐거움.

九四 商兌未寧 介疾 有喜   상태미령 개질 유희

(九四는 중정(中正)한 윗사람인 九五를 받드   (-商兌未寧)
는 즐거움을 취할까, 아래에 인접(隣接)한 음
유(陰柔)의 여인(六三)과 가까이 지내는 즐거
움을 취할까를) 헤아려서 선택(選擇)해야
하니 마음이 편안하지 않다.

불의(不義)와 사도(邪道)를 구분(區分)하   (-介疾)

여 멀리하면(介)

참된 즐거움이 있을 것이다.   (-有喜)

*商=상. ①헤아리다(consider). (-虜必商軍進退/로필상군진퇴-漢書/한서)

　　　②가을(-秋/추). 오행(五行)의 금(金). 방위의 서(西). 나눗셈의 답(答).

　　　③탕왕(湯王)이 하(夏)의 폭군 걸(桀)을 멸하고 세운 나라 이름-뒤에 은(殷).

*虜=로. 포로. 사로잡다.

*虜獲=노획. 적을 사로잡거나 목 벰. (生得曰虜 斬首曰獲/생득왈로 참수왈획).

*桀狗吠堯=걸구폐요. -폭군(暴君)인 걸의 개가 성군(聖君)인 요임금에게 짖는다.

　　　-사육되는 개는 주인의 뜻에 따라 짖고 물어뜯는다는 말이다.

　　　　사람도 상대방의 선악(善惡)에 관계없이 자기 주인에게 충성한다.

　　　-현대의 민주국가에서는 국민이 주인이다.

　　　　모든 공직자는 국민을 위하여 헤아려야 한다는 뜻을 담고 있는 성어(成語)이다.

*介=개. ①구분(區分)하다. 끼우다. 끼다. 중개하다. 돕다. 나누다.

　　　②지조(志操)가 굳다(-不以三公易其介/불이삼공역기개)-〈맹자(孟子)〉

　　　③조개껍질. 갑옷.

　　　④버금, 소소한 것을 셈하는 단위(-介介之士/개개지사).

　　　⑤의지하다(-介人之寵 非勇也/개인지총 비용야)-〈좌씨전左氏傳)〉

*介者不拜=개자불배. -〈예기(禮記)〉 *拜=배. (두 손을 모으고 머리를 숙임).

　　　①중개인(仲介人)은 어느 한 편에 허리를 굽혀 절하지 않는다.

　　　②군복(軍服)을 입은 군인(軍人)은 배례(拜禮)하지 않는다.

*疾=질. 해독(害毒). 질병. 흠(-瑕疵/하자). 버릇(-性癖/성벽).

　　　근심하다(-君子疾 沒世而名不稱焉/군자질 몰세이명불칭언〈논어(論語)〉

　　　빠르다(-疾走/질주). 향하여 달리다(-聖人生於疾學/성인생어질학)-〈여람〉

　　　시샘하다(-嫉/질). (-人之有技 冒疾以惡之/인지유기 모질이오지)-〈서경〉

象曰 九四之喜 有慶也　　　　　　**구사지희 유경야**

九四의 즐거움이란 경사(慶事)가 있다
는 뜻이다.

九四 스스로는 자기를 기쁘게 하는 것들을 병통으로 여기며 근심하고 있는데 세상 사람들은 九四가 간사함에 빠지지 않은 상태를 기뻐하니 이는 밖에서부터 九四에게 오는 즐거움(-慶事/경사)이다.

〈兌 九五爻〉

즐거움에 내재된 폐단(弊端)인 교언영색(巧言令色)에 말려들지 말아야 한다. 양(陽)을 해치는 자인 음(陰=上六)과 화목해지려다가 위험에 빠지지 않도록 조심한다.

九五 孚于剝 有厲	부우박 유려

*剝=박. 벗겨냄. 해침.
*厲=려. ①위태롭다. 힘쓰다. 분발하다.
       ②사납다. 위엄이 있다. 엄격하다.

존위(尊位)의 양(陽)인 九五가 자기를 벗겨내어(-剝/박) 해치려는 음(陰)인 上六을 믿으면	(-九五 孚于剝)
위태로워질 수 있다.	(-有厲)

소인(小人=上六)이 나쁜 마음을 감추고 겉으로만 즐겁게 복종(服從)하는 체하는 것을 모르고 진실한 복종으로 믿어 신뢰하면 위태로워질 수 있으니 상황을 이끌어 가는 지도자는 항상 소인배의 교언영색(巧言令色)을 경계해야 한다는 교훈이다.

象曰 孚于剝 位正當也	부우박 위정당야

양(陽)을 벗겨내어(剝/박) 해치려는   (-孚于剝)
음(陰)을 신뢰할 우려가 있다는 것은

이웃하여서 친밀할 수 있는 九五와 上   (-位正當也)
六의 위치가 바로 그러한 자리이기
때문이다.

說之大者 不在呴呴之恩施於小人也
열지대자 부재구구지은시어소인야

크게 기뻐함이란 소인배들(上六)에게 온화한 말로 은혜롭게 대하는 것에 있
지 않다.

- 왕부지(王夫之)

〈兌 上六爻〉

上六 引兌   **인태**

上六이 기쁨(-歡樂/환락)을 끌어낸다.
(-引兌)

아래의 두 양(陽), 九五와 九四를 끌어당겨서 즐거워하는 것이다.

象曰 上六引兌 未光也   **상육인태 미광야**

上六이 아래 두 양(陽)을 끌어당겨서
즐거워함은 빛나는 처신이라 할 수는
없다.

九五는 왕자(王者)로서 백성에게 대범하고 만족스러워하는 호호(皞皞)의 삶을 주지만 上六은 패자(覇者)처럼 높은 곳에 앉아서 환락(歡樂=驩虞/환우)을 끌어낼 뿐이다. 九五는 백성들이 느끼지 못하는 사이에 백성의 생활을 나날이 개선시킨다. (-民日遷善/민일천선) 그러나 上六은 잠시 백성들의 환호를 끌어내지만 큰 효과를 길게 내지는 못한다.

〈태(兌)괘의 실생활(實生活) 응용(應用)〉

① 연못을 조성할 때 단일로 하지 않고 이웃한 곳에 또 하나의 연못을 만든다. 이웃한 곳에 또 하나의 연못을 만들면 서로 물을 거들어서 아름다운 연꽃을 피울 수 있게 된다. 이들 두 이웃한 연못이 여택(麗澤)이다.

② 여택(麗澤)의 효과와 붕우강습(朋友講習)의 효과는 닮은 데가 있다. 학습과 덕을 닦는 젊은이들이 모여 서로 거들며 힘쓰면 닦음의 효과와 즐거움이 커진다. 옛사람들은 붕우강습(朋友講習)을 삶에서 제일가는 즐거움으로 여겼다고 한다. 오늘날의 젊은이들은 학습에서도 경쟁이 치열해져서 붕우강습(朋友講習)의 즐거움이 옛날 같지 않을 것이다.

風水渙 (풍수환)

☴ 巽上 (손상)
☵ 坎下 (감하)

〈卦의 성격(性格) 요약(要約)〉

　내괘(內卦)는 감(☵坎)이고 외괘(外卦)는 손(☴巽)이다. 환(渙)은 흩어지다. 분산시키다(흩뜨리다). 분위기(雰圍氣)를 쇄신(刷新)하여 새롭게 하다. 물이 출렁이다 등을 뜻하는 글자이다. 좋은 기운이 뿔뿔이 흩어지는 것도 환(渙)이고 흩어지는 분위기(雰圍氣)를 쇄신(刷新)하여 새롭게 만드는 것도 환(渙)이다. 환(渙)괘는 물(☵ 坎/감) 위에 바람(☴ 巽/손)이 있으니 물에 뜬 물건이 흩어지는 상(象)이다. 배가 돛을 달고 물 위를 헤치며 나아가는 모습을 나타내기도 한다. 정치적으로는 정체상태(停滯狀態)를 흔들어서 민심(民心)이 떠나는 것을 막고 크게 새 출발하는 형국(形局)을 상징(象徵)한다. 물 위에 바람이 불면 떠돌던 지푸라기나 가랑잎 등이 바람에 밀려서 물가에 모이고 수면(水面)은 깨끗해진다. 환(渙)괘에는 새 출발을 서두르기보다 민심을 수습(收拾)하여 입지(立地)의 안정(安定)을 도모(圖謀)하는 것이 급선무(急先務)라는 교훈이 담겨 있다.

　환산(渙散)의 시기에는 분위기를 쇄신하기 위하여 큰 사업(事業)을 시작할 필요가 있다. 1980년 5.18 후 집권(執權)한 군부(軍部)는 흩어진 민심을 쇄신(刷新)하고 정권

(政權)을 안정(安定)시키기 위하여 88올림픽 유치(誘致)라는 큰 사업을 추진(推進)하였다.

해방 후 국가적인 큰 사업은 농지개혁, 경제개발계획, 올림픽유치, 공산권과 수교추진, 금융실명제 실시, 남북통일 회담 추진 등이 해당할 것이다. 여야정당이 경쟁하는 대통령 선거나 총선거 국면도 환(渙)괘의 상황이라고 할 수 있다.

〈괘사(卦辭)와 단사(彖辭), 대상사(大象辭)〉

卦辭:

渙 亨 王假有廟	환 형 왕격유묘
利涉大川 利貞	이섭대천 이정

(민심(民心)이 흩어지는 어려운 상황이다.) 이러한 상황이 풀려야 모든 일이 뜻대로 잘 된다.	(-渙 亨)
민심을 쇄신(刷新)하기 위하여 권력의 중심인물인 왕(王)이 종묘(宗廟-顯忠院)에 참배(參拜)하러 간다.	(-王假有廟)
민심을 모으고 모인 민심을 유지하려면 험난하더라도 큰 사업을 일으키는 것이 이롭다.	(-利涉大川)
이러한 큰 사업에 임(臨)하는 태도는 올바른 것이어야 이롭다.	(-利貞)

*渙=환. ①풀리다. 흩어지다. 물이 출렁이다.

   ②어질다(-渙者賢也/환자현야).

*假=①격(格). 다다르다(이르다).

   ②가. 가짜. [-假廝兒/가시아=元代/원대 男裝女兒/남장여아(궁녀나 하인)].

   ③가. 빌리다(借/차). (-祭器不假/제기불가).

   ④가. 아름답다(嘉/가). 교환하다. 여가(餘暇). 휴가(休暇).

   ⑤가. 용서하다(-無所寬假/무소관가)

*亨=①형. 형통하다(-모든 일이 뜻대로 잘 되다-萬事亨通/만사형통).

   ②향(-亨/향). 진헌(進獻). (公用亨于天子/공용향우천자)-대유(大有) 九三 효.

   ③팽(-烹/팽). 삶다.

象曰

渙亨 剛來而不窮　　　　　　　환형 강래이불궁

柔得位乎外而上同　　　　　　유득위호외이상동

王假有廟 王乃在中也　　　　　왕격유묘 왕내재중야

利涉大川 乘木 有功也　　　　이섭대천 승목 유공야

풀림이 뜻대로 잘 되는 까닭은 굳셈(-剛)이 와서 九二에 자리하여 궁(窮)하지 않고	(-渙亨 剛來而不窮)
부드러움이 밖에서 六四의 자리를 얻어서 위에 있는 九五와 친밀하기 때문이다.	(-柔得位乎外而上同)
"王假有廟"란 왕(王)이 종묘에 가서 추모의식(追慕儀式)을 하며 민심수습(民心收拾)의 중심에 서는 것을 뜻한다.	(-王假有廟 王乃在中也)

"利涉大川"은 큰 강을 건너야 이롭다
는 말인데 환산(渙散)을 하려고 배(-舟)
를 탔으면

(-乘木)

큰 강의 물결을 헤치고 건너내는 일에
성공(成功)해야 한다는 뜻이다.

(-有功也)

象曰

風行水上 渙   풍행수상 환
先王 以 亨于帝 立廟   선왕이 향우제 입묘

물 위에 바람이 있는 것이 환의 괘상
이다.

(-風行水上 渙)

선왕이 이를 보고서 흩어지는 민심을
수습하기 위하여

(-先王 以)

하늘에 풍성한 제사를 올리고 선열(先
烈)을 기릴 종묘를 잘 세운다.

(-亨于帝 立廟)

　수면에 바람이 지나가면 물결이 출렁이는 모습이 환(渙)이다. 세상이 혼란하면
민심이 출렁이고 흩어진다.

　충무공 이순신 같은 상징성이 큰 인물을 재조명하고 기념사업을 벌이거나 올림
픽유치 같은 국가적 대사업을 벌여서 성공시키는 것은 혼란한 민심을 수습하는 데
도움이 된다. 5.16 후 박정희 대통령은 충무공숭배, 경제개발계획 추진, 새마을운
동 등으로 흩어진 민심을 환습(渙拾)하였고, 12.12와 5.18을 거치며 부자연스럽게
집권(執權)한 군사정권(軍事政權)은 88올림픽 유치라는 국제적 스포츠잔치를 유치하
여 민심을 수습하고자 힘썼다. 기업체의 각종 단합행사나 캠페인 등도 모두 조직
분위기의 환습(渙拾)에 그 의도가 있는 것이다.

〈渙 初六爻〉

初六 用拯 馬壯 吉　　　　　　**용증 마장 길**

初六은 환산(渙散=흩어짐)이 시작할 무　　(-初六 用拯)
렵에 구원(救援)한다.

구원(救助)하는 데 있어서 협력자(協力　　(-馬壯 吉)
者=九二)가 튼튼하므로 길하다.

*拯=증.①받다(-用拯馬壯吉/용증마장길).
　　②들어 올리다(-不拯其隨/부증기수). 건지다. 구조(救助)하다.

象曰 初六之吉 順也　　　　　**초육지길 순야**

初六 효의 길(吉)함은 강중(剛中)한 협
력자인 九二와 친밀하여 순응하기 때
문이다.

〈渙 九二爻〉

九二 渙 奔其机 悔亡　　　　　**환 분기궤 회망**

흩어질 위기상황에서 기대어 쉴 수
있는 곳을 서둘러 찾으면 후회가 사
라진다.

象曰 渙奔其机 得願也　　　　　　　　**환분기궤 득원야**

흩어질 위기상황에서 기대어 쉴 수　　(-渙奔其机)
있는 곳을 급히 찾음은
소원대로 쉴 곳을 얻음을 의미한다.　　(-得願也)

흩어질 위기에는 서둘러서 지원자를 붙들어야 상호 간에 바라는 바를 이룰 수 있다. 그래서 九二는 初六에게 서둘러 내려가서 初六의 말(-馬/마)이 되어 편안을 구한다.

〈渙 六三爻〉

몸의 사사로운 흐트러짐에 해당하는 언행(言行)과 고정관념(固定觀念) 등을 털어낸다.

六三 渙 其躬 无悔　　　　　　　　**환 기궁 무회**

자기 몸의 사사로움을 흩어버리니　　(-渙 其躬)
후회할 일이 없다.　　　　　　　　　(-无悔)

심신(心身)을 바쳐서 남에게 헌신(獻身)하는 것도 일종의 사사로움을 흩어내는 일이 된다.

*躬=궁. 자신의 몸. 몸소(-躬行/궁행).

象曰 渙其躬 志在外也　　　　　**환기궁 지재외야**

자기 몸의 사사로움을 흩어버리는 것은　　　　　(-渙其躬)

뜻을 밖에 두어 양(陽)인 上九에 응하여 더 넓게 마음을 쓰는 것을 의미한다.　　　　　(-志在外也)

〈渙 六四爻〉

六四

渙 其群 元吉　　　　　**환 기군 원길**

渙 有丘 匪夷所思　　　　　**환 유구 비이소사**

사사로운 추종 집단인 당파를 해산하면　　　　　(-渙 其群)

(대동단결이 가능하게 되므로) 크게 길하다.　　　　　(-元吉)

당파를 흩으니 좋은 사람들이 많이 모여 언덕을 이룬다.　　　　　(-渙 有丘)

(이런 일은) 보통 사람은 생각하지도 못한다.　　　　　(-匪夷所思)

象曰 渙其群元吉 光大也　　　　　　　환기군원길 광대야

"渙其群元吉"은 그 공덕이 크게 빛난
다는 의미이다.

환(渙)괘에서는 六四 효와 九五 효가 서로 필요로 하여 함께 일하므로 그 뜻
도 통틀어서 봐야 한다. 흩어지는 민심을 붙들어 이산(離散)을 막아내어 "元
吉光大/원길광대"한 업적을 이루는 것은 六四 효와 九五 효에 모두 해당하
는 것인데 六四 효에서 말했을 뿐이다.

- 정이(程頤)

〈渙 九五爻〉

九五

渙 汗其大號	환 한기대호
渙 王居 无咎 (-元吉 光大)	환 왕거 무구 (-원길 광대)

흩어질 위기에는-제사. 행사 등의 형(亨)으로 지위를 안정시킨 후	(-渙)
큰 지침(指針)으로 천하를 호령하여 물러섬 없이 확실하게 실천하여야 한다.	(-汗其大號)
환산의 위기를 막아 왕자(王者)의 권위가 안정되면 허물이 없다.	(-渙 王居 无咎)

*汗=한. ①땀이나 임금의 명령처럼 일단 나오면 거두어드릴 수 없는 것.
　　②윤택하다.

象曰 王居无咎 正位也	왕거무구 정위야

"王居无咎"란 九五의 행위가 왕자의
위치에 합당한 것이기 때문이다.

　흩어진 민심을 수습하는 실제의 일은 신하인 六四가 담당하는 것이 보통이다. 그러나 간혹 왕자(王者)인 九五가 직접 문제해결에 나서는 경우라면 그때는 권위(權威)를 가지고 크게 호령(號令)하여 단숨에 해결하는 것이 좋다. 그렇게 하는 모습이 한기대호(汗其大號)이다.

〈渙 上九爻〉

上九 渙 其血去 逖出 无咎   환 기혈거 적출 무구

흩어짐의 위기에 우려되는 유혈을
제거하고 근심에서 벗어나면 허물이
없다.

*逖(惕)=적(척). 멀리하다. 멀다. 근심하다(-血去逖出/혈거척출).
*惕=척. ①근심하다.
　　　②삼가다(-夕惕若/석척약).
　　　③빠르다(-有孚 惕出/유부 척출).

象曰 渙其血 遠害也   환기혈 원해야

유혈의 위기를 흩어버린다는 것은 해
로움을 멀리한다는 뜻이다.

　민심이 흩어지는 위기상황에서 이를 수습함으로써 왕자(王者)의 위치에 앉고자
서로 겨룰 때는 주의할 일이 있다. 승부에서 패하더라도 궁할 것이 없는 자나 끝까
지 겨루어도 이길 수 없는 자와는 겨루는 일을 계속하지 말아야 한다. 궁할 것이
없는 자와는 타협(妥協)하고 이길 수 없는 자로부터는 멀리 피해야 한다.
　명예(名譽)나 신망(信望)은 한번 잃으면 다시 회복(回復)하기 어렵다. 그러나 실세
(實勢)를 잃는 것은 명예(名譽)나 신망(信望)을 잃는 것과는 다르다. 실세(實勢)는 잃었
다가 다시 찾을 수 있고, 기다리는 시간도 그다지 길지 않을 수 있다.

⟨환(渙)괘의 실생활(實生活) 응용(應用)⟩

① 민심이 흔들리고 질서가 혼란하여 걱정과 괴로움이 많은 시기이다. 걱정거리를 흩어서 질서를 회복함으로써 사람들을 괴로움에서 벗어나게 할 필요가 있는 환산(渙散)의 상황이다. 이러한 상황은 작은 일을 하던 사람이 큰일도 할 수 있음을 보여줄 수 있는 가장 좋은 기회이다.

② 새롭고 큰일을 벌여서 사람들의 관심을 끌고 마음을 모은다. 경부고속도로와 경제개발 5개년계획을 발표하고, 새마을 운동을 벌이고, 금융실명제를 도입하고, 하나회를 해체하고, 북방정책을 발표하고, 88올림픽을 유치하고, 직선제와 단임제를 선포하고, 통 크게 반대당과 화해를 하고, 한미 FTA와 제주해군기지 건설을 결단하는 등이 모두 국면의 환산을 위한 큰 결단의 모습들이다.

水澤節 (수택절)

☵ 坎上 (감상)
☱ 兌下 (태하)

〈卦의 성격(性格) 요약(要約)〉

내괘(內卦)는 태(☱兌)이고 외괘(外卦)는 감(☵坎)이다. 절(節)은 절제(節制)와 절약(節約), 법도(法度)와 예절(禮節), 대나무의 마디와 일의 매듭 등을 뜻한다. 절(節)괘는 연못(-澤/택)이 물을 담고 있어서 물이 일정한 곳에 머무르는 상(象)이다. 연못에 물을 모은 후 농사(農事)나 발전(發電) 등 필요할 때에 적절히 쓰는 것을 상징한다. 절(節)괘가 말하는 절(節)은 지통색(知通塞)이다. 즉 나아갈 때와 막힐 때를 알아 제대로 삼가는 것이다.

절(節)괘의 착괘(錯卦)는 56번째 여(旅)괘이다. 생활에서 절(節)괘의 뜻을 잘 살리지 못하면 나그네 상황이 된다는 것을 알게 해준다.

절제가 지나쳐서 인색(吝嗇)할 정도(程度)에 이르면 오히려 손실(損失)이 생기고 절제를 지속(持續)하기도 어렵다.

어린 아이가 행동의 절제를 괴롭게 여긴다면 그대로 방치(放置)하면 안 된다. 자제력(自制力)과 예절의 습득은 사회생활에서 반드시 필요한 것이기 때문이다. 수택절(水澤節)괘에는 호괘(互卦-潛伏狀態/잠복상태인 卦/괘)에 27번 산뢰이(山雷頤)괘가 들어있다. 절제력은 심신을 기를 때 함께 갖추도록 해야 한다는 숨은 교훈이다.

〈괘사(卦辭)와 단사(彖辭), 대상사(大象辭)〉

卦辭: 節 亨 苦節 不可貞　　　　절 형 고절 불가정

절제(節制)하여 한계를 지키면 형통하　　(-節 亨)
니 모든 일이 뜻대로 잘 이루어진다.
(이는 스스로 자제(自制)하고 검약(儉約)하는
것을 말한다.)

다만 고통스럽게 절제하는 것은 올바　　(-苦節 不可貞)
른 절제라고 할 수 없다.

*亨=형. 형통하다(-모든 일이 뜻대로 잘 되다.) (-萬事亨通/만사형통)

彖曰

節亨 剛柔分而剛得中　　　　절형 강유분이강득중

苦節不可貞 其道窮也　　　　고절불가정 기도궁야

說以行險 當位以節 中正以通　　열이행험 당위이절 중정이통

天地節而四時成　　　　천지절이사시성

節以制度 不傷財 不害民　　절이제도 불상재 불해민

절제(節制)하여서 한계(限界)를 지키면　　(-節亨)
형통(亨通)한 것은

굳센(剛) 효와 부드러운(柔) 효가 반씩　　(-剛柔分而剛得中)
나뉘고 굳센 기운이 중심자리(二효, 五
효)를 얻어서 스스로 검약(儉約)하기
때문이다.

인색하고 고통스러운 절제는 좋다고
할 수 없으니 그 도(道)가 궁색(窮塞)한
것이기 때문이다.

（-苦節 不可貞 其道窮也）

기꺼이 험난함을 헤쳐가고 제자리에
서 마땅하게 절제하면 중정(中正)의
도리에 맞는 올바른 행동이라 할 수
있다.

（-說以行險 當位以節 中正以通）

천지(天地)는 남북의 회귀선(回歸線)에서
기울기를 절제하여 사계절이 이룬다.

（-天地節而四時成）

절제를 제도화함으로써 재물을 손
상하지 않고 백성을 해치지 않을 수
있다.

（-節以制度 不傷財 不害民）

象曰

澤上有水 節

택상유수 절

君子以 制數度 議德行

군자이 제수도 의덕행

연못에 수용(受容)된 물을 용도(用途)에
따라 알맞게 쓰도록 하는 것이 절(節)
이다.

（-澤上有水 節）

군자는 이것을 본받아 법도(法度)를 제
정(制定)하고 덕행(德行)을 논의(論議)한
다. (그리하여 모든 백성(百姓)과 사물(事物)
을 절도(節度)있게 만든다.)

（-君子以 制數度 議德行）

---

*數度=수도. 정사(政事)와 관련된 일의 다과(多寡)를 살펴서 법제화(法制化)한다.
*德行=덕행. 마음이 교화되어-(德/덕) 구실을 맡은 사람답게 행동으로 나타낸다(-行).

〈節 初九爻〉

初九 不出戶庭 无咎　　　　　　불출호정 무구

집 안에 있으면서 뜰을 벗어나지 않
으니 허물이 없다.

　初九는 절(節)괘의 맨 아래에 있으니 연못의 바닥에 해당한다. 부실(不實)하면 연
못의 물이 새어 나와 곤란하게 된다. 初九는 양(陽)으로서 연못의 아래라는 자리를
견실(堅實)하게 지켜야 한다. 초기에 굳게 절제하지 않으면 정응(正應)하는 六四가
위에 있어서 그를 향하여 위로　　나아가고자 하는 것을 막기 어렵다. 그러므로 초
기에 절제하도록 경계하는 것이 허물을 막는 길이다.

*戶=호. ①외짝문(-半門曰 戶/ 반문왈 호)-〈설문해자(說文解字)〉
　　　②출입구(-不出戶知天下/불출호지천하) -〈노자(노자)〉
　　　③주민.
*庭=정. 집안의 뜰.
*戶庭=호정. 집안의 마당.
*戶庭出入=호정 출입. 환자나 노인이 겨우 집 마당에 드나듦.

象曰 不出戶庭 知通塞也　　　　　불출호정 지통색야

집 뜰을 벗어나지 않는다는 것은 나
아갈 때와 막힐 때를 알아서 삼가는
것이다.

절제(節制)할 때임을 알아서 집 뜰을 나가지 않지만 의리상(義理上) 꼭 나가야 할 때에는 나간다. 말하자면 경거망동(輕擧妄動)을 삼갈 뿐이지 때의 의로움 여부를 가려서 행동해야 할 때는 행동한다는 것이다. 연인(戀人)과 약속한 곳이라 하여 다리 밑에서 기다리다 홍수에 휩쓸린 미생지신(尾生之信)은 절제의 통색(通塞)을 모른 어리석은 절제이다.

〈節 九二爻〉

九二 不出門庭 凶   불출문정 흉

(소통하기에 좋은 시기가 왔는데도) 대문
을 나서지 않고 집안에만 있으면 흉
하다.

*門=문. ①출입문(-在堂旁曰戶 在區域曰門/ 재당방왈호 재구역왈문)
　　　②집안. 가문. 일가친척.
　　　③사물이 생기는 곳(-乾坤是易之門/건곤시역지문).
　　　④사물의 요소. 들머리.
*門庭若市(-門前成市)=문정약시(-문전성시).
　　: 대문 앞이 시장이 되다(-사람이 많이 찾아오다).
*堂=당. ①집. 터를 돋우어 지은 큰 집.
　　　②당당하다(-容貌堂堂/용모당당). 의젓하다.
　　　③8촌 안쪽의 친족(-堂叔/당숙).
*旁=방. ①옆. 곁. 가깝다.
　　　②곁가지.
　　　③보좌. 기대다(-日月旁/일월방-장자).

象曰 不出門庭凶 失時極也　　　　　불출문정흉 실시극야

소통할 때가 왔는데도 집 문을 나서　　　(-不出門庭凶)
지 않으면 흉하다.

때를 잃어서 결국 (六三처럼) 한탄할 지　　(-失時極也)
경에 이르게 되기 때문이다.

節者事之會也 君子見吉凶之幾 發而中其會 謂之節
절자사지회야 군자견길흉지기 발이중기회 위지절

절제(節制)와 절도(節度)란 적절한 때를 맞추어 할 일을 하는 것이다. 군자는
길흉의 기미를 보고 알맞은 때에 일하는데 이를 일컬어 절(節)이라 한다. 절
부지자(節不知者)가 바로 철부지 즉, 철없는 어리석은 사람이다.

　　　　　　　　　　　　　　　　　　　　　　　- 소식(蘇軾)

〈節 六三爻〉

六三 不節若 則嗟若 无咎　　　　　부절약 즉차약 무구

기필코 절제하겠다는 유혹(誘惑)에　　　(-不節若 則嗟若)
져서 절도(節度)의 한계(限界)를 잃
을 지경에 이르면 오히려 탄식하게
된다.

달리 어디에 허물을 돌릴 수도 없다.　　(-无咎)

*嗟=차. 탄식하다.

象曰 不節之嗟 又誰咎也　　　　부절지차 우수구야

절제를 적절하게 하지 않아 스스로
한탄하니 또 누구를 탓할 수 있으랴.

　기회(機會)를 유혹(誘惑)으로 착각(錯覺)하여 지나치게 절제하면 이는 오히려 절도
(節度)를 잃는 처사가 되니 비탄(悲嘆)과 슬픔에 빠지게 된다. 달리 누구에게 허물을
돌릴 수도 없다. -〈사기(史記) 열전(列傳)〉-백이, 숙제(伯夷 叔齊)의 사례(事例)

〈節 六四爻〉

六四 安節 亨　　　　　　　　안절 형

(初爻로부터 四爻에 이르러 강유(剛柔)가 균
형을 이루어서) 편안하게 절도(節度)를
지키니 모든 일이 뜻대로 된다.

象曰 安節之亨 承上道也　　　안절지형 승상도야

편안하게 절도(節度)를 지키니 모든 일　　(-安節之亨)
이 뜻대로 된다는 것은
위에서 정한 절제의 방침(方針)을 이어　　(-承上道也)
받기 때문이다.

〈節 九五爻〉

九五 甘節 吉 往 有尙　　　감절 길 왕 유상

달갑게 절제를 지키니 길하다.　　(-甘節 吉)

(그러나) 꼭 나서야만 할 때는 나아가　　(-往 有尙).
서 할 일을 해야 영예롭게 된다

*尙=상. ①숭상하다. 높이 여기다.
　　　②부부가 되다/짝하다(-得尙于中行/득상우중행).
　　　③격이 높다(-何謂尙志曰 仁義--)-〈맹자(孟子)〉
　　　④꾸미다(보태다). (-好仁者 無以尙之/호인자 무이상지)
　　　⑤자랑하다(-不自尙其功/부자상기공)

象曰 甘節之吉 居位中也　　　감절지길 거위중야

달갑게 절제를 지키니 길한 것은 九五
가 중정(中正)의 위치에 거처하여 법과
제도를 만들어서 절제하며 통치하기
때문이다.

〈節 上六爻〉

上六 苦節 貞凶 悔亡　　　고절 정흉 회망

괴로워하며 절제하니　　(-苦節)

절제를 고집하면 흉하고　　(-貞 凶)

정이(程頤)의 해석은

뉘우쳐 고치면 흉함이 사라진다   (-悔 亡)

象曰 苦節貞凶 其道窮也   **고절정흉 기도궁야**

괴로워하며 절제하니 그런 절제를 고   (-苦節貞凶)
집하면 흉하다는 것은
절제의 정도가 지나쳐서 곤란한 지경   (-其道窮也)
에 이른다는 뜻이다.

써야 할 때 쓰지 못하니 검소함이 지나쳐서 인색한 것이다. 그런 사람은 앞길이
궁색하게 된다.

〈절(節)괘의 실생활(實生活) 응용(應用)〉

① 절제(節制)와 절도(節度)란 다름 아닌 지통색(知通塞)이다. 철이 드는 것이다. 삶
에서 절제(節制)와 절도(節度)를 잃으면 정처(定處)없이 떠도는 나그네의 삶이 된다.
절괘(節卦)의 착괘(錯卦)가 바로 여괘(旅卦)이다.
② 절제(節制)와 절도(節度)는 어린 시절부터 몸에 익히도록 길러야 한다. 절괘(節
卦)에는 호괘(互卦)로 이괘(頤卦)가 들어 있다.

風澤中孚 (풍택중부)

☰ 巽上 (손상)
☱ 兌下 (태하)

〈卦의 성격(性格) 요약(要約)〉

　내괘(內卦)는 태(☱兌)이고 외괘(外卦)는 손(☴巽)이다. 중부(中孚)의 중(中)은 마음속을 뜻하고, 부(孚)는 믿는 것(-信/신)을 뜻하는 글자이다. 그러므로 중부(中孚)는 마음속으로 믿는다는 의미이다. 진실성(眞實性)에 대한 확신(確信)에서 생기는 신뢰감(信賴感-Reliable)이 중부(中孚)이다. 중부(中孚)괘는 연못 위에 바람(☴巽)이 불어서 연못(☱兌)의 물결이 움직이는 상(象)이다. 위와 아래의 괘가 입을 마주 대고 있는 모습으로서 마음속을 사사로움 없이 텅 비우고 진실하고 믿을 수 있게 애정만을 나타내는 모습이다. 거짓 없이 진실한 믿음으로 결합된 두 사람의 마음 상태를 상징한다. 연못 위에 바람이 불면 물결이 즐겁게 따라 움직이듯이 믿음을 주면 사물이 즐겨 따르며 그 믿는 바를 반드시 행한다. (-有其信者必行/유기신자필행)

　그러므로 사람을 대할 때 진실성으로 감동시키는 것이 무서운 형벌을 가하는 것보다 낫다. 마음을 텅 비운 사람은 사사로움이 없고 망령됨이 없어 모두가 그의 진실함을 믿는다. 사람 사이의 상호 믿음(-中孚/중부)은 사회가 존재할 수 있도록 받쳐주는 기둥이다.

주역(周易)은 우리에게 만물(萬物)이 생멸(生滅)하는 이치(理致)를 드러내어 주고 우리의 삶이 인간본성(人間本性)에 대한 믿음을 기반(基盤)으로 펼쳐진다는 것을 가르친다. 내일은 반드시 온다는 믿음, 맞은편 운전자도 나처럼 중앙선을 지킬 것이라는 상호 간의 믿음, "나는 소중한 사람이다"라는 자신에 대한 믿음, 노력하면 일이 성취되리라는 믿음, 잘 충전된 휴대전화는 반드시 내 손가락의 지시에 응답할 것이라는 믿음 등등,

이처럼 무수히 많은 믿음의 관계망(關係網) 속에서 서로의 힘을 교환(交換)하며 사는 것이 우리의 삶이다. 믿음의 정체(正體)는 마음속의 진실성(眞實性)에 대한 서로의 신뢰이다.

옛날부터 부유(富裕)하고 안락(安樂)한 집안의 자손(子孫)보다 부모가 온갖 노력으로 가난을 이겨내며 키운 집안의 자손에 효자가 더 많다고 한다. 가난한 집안일수록 부모는 자식을 먹이고 입히는 일에 혼신의 힘을 기울이게 된다. 자식은 그러한 부모의 모습을 보고 부모의 자식에 대한 마음 씀을 느끼면서 자란다. 그렇기 때문에 성장한 후에 부모 생각을 더 많이 하게 된다. 부유하고 안락한 환경에서 자란 사람은 상대적으로 부모 생각의 간절함이 덜하다고 한다.

- 〈맹자(孟子) 진심장(盡心章) 상(上)〉

〈괘사(卦辭)와 단사(彖辭), 대상사(大象辭)〉

卦辭: 中孚 豚魚 吉 利涉大川 利貞　　중부 돈어 길 이섭대천 이정

텅 비어서 진실로 믿을 수 있는 마음은   (-中孚)
무지(無知)하고 둔감(鈍感)한 돼지   (-豚魚 吉)
와 물고기마저도 감동시키므로
길하다.

(이렇게 믿음이 성실하면) 큰 강을 건너   (-利涉大川 利貞)
는 위험한 일을 해도 올곧고 이로울
것이다.

*豚=돈. ①새끼돼지. 돼지. 복어(河豚/하돈=鈍/돈).
      ②둑 막는 흙 부대.
*豚魚=돈어. ①돼지와 물고기. ②돌고래의 일종

象曰

中孚 柔在內而剛得中   중부 유재내이강득중

說而巽 孚乃化邦也   열이손 부내화방야

豚魚吉 信及豚魚也   돈어길 신급돈어야

利涉大川 乘木舟虛也   이섭대천 승목주허야

中孚以利貞 乃應乎天也   중부이이정 내응호천야

중부는 부드러움(柔)이 안에 있고 굳   (-中孚 柔在內而剛得中)
셈(剛)이 중위(中位)를 얻었기 때문에

기쁘게(-兌/태) 순종하고(-巽/손) 비운   (-說而巽 孚乃化邦也)
마음과 성의에 대한 믿음이 있어서
온 나라가 감화된다. (군자가 기꺼이 성
실하고 겸손한 태도로 믿음을 주어서 백성
을 교화한다는 뜻.)

"돈어길(豚魚吉)"은 미천한 돼지와 물 속에 숨어 지내는 물고기까지도 믿게 된다는 말이다.

(-豚魚吉 信及豚魚也)

"利涉大川"은 빈 나무배를 타고 강물을 건너는 것처럼 순조롭고 이롭다는 뜻이다.

(-利涉大川 乘木舟虛也)

성실한 믿음으로 일하면 올바르고 이로운 것은 하늘의 뜻에 호응하는 것이기 때문이다.

(-中孚以利貞 乃應乎天也)

象曰

澤上有風 中孚　　　　　　　택상유풍 중부

君子以 議獄 緩死　　　　　　군자이 의옥 완사

연못 위에 조화로운 바람이 불어 연못물을 완만하게 흔들어 움직이도록 하는 것이 중부의 괘상이다.

(-澤上有風 中孚)

군자는 이를 본받아

(-君子以)

옥사(獄事)를 살필 때 자세히 의논하여 조화롭게 판결하고

(-議獄)

사형(死刑)에 해당하는 죄를 감형(減刑)하여 완화(緩和)시킨다.

(-緩死)

중부(中孚)괘의 모습은 六三과 六四가 마음을 비우고(-虛心/허심), 九二와 九五의 양강(陽剛)이 중위(中位)에 버티어 성의(誠意)가 있어서, 믿으며 즐거운 하괘(下卦-☱/태)와 믿으며 따르는 상괘(上卦-☴/손)가 상하(上下)를 이룬 모습이다.

주역(周易)의 괘효사(卦爻辭)에 등장하는 돼지와 관련된 문자(文字)들.

중부괘(中孚卦):

*豚=돈. ①새끼돼지. 돼지. 복어(河豚=魨).

       ②(둑 막는) 흙 부대.

*豚魚=돈어. ①돼지와 물고기.

          ②돌고래의 일종.

구괘(姤卦):

*豕=시. 돼지류의 총칭.

    (姤 初六-羸豕孚蹢躅/구 초육 이시부척촉 : 야윈 돼지가 날뛰다.)

*蹢躅=척촉(배회할 척. 서성거릴 촉). 날뛰다.

豕視=시시. 돼지 눈으로 보다. ----- 불인(不仁)의 관상(觀相).

豕喙=시훼. 돼지 주둥이. ----- 욕심쟁이의 관상(觀相).

*豬=①저. 돼지

    ②차. 암내 난 암돼지.

*猪=저. 멧돼지. 종돈(種豚).

대축괘(大畜卦):

*豶=분. 불깐(-去勢/거세) 수돼지.

    (大畜 六五-豶豕之牙/분시지아 : 거세한 수돼지의 이빨). *-

〈中孚 初九爻〉

初九 虞 吉 有他 不燕   우 길 유타 불연

(六四가 다른 마음을 품으면 정응(正應)하는   (-虞 吉)
初九는 안심할 수 없다. 그러므로) 初九는
六四를 대함에 있어서 오로지 그가 믿
을만한 사람인지를 헤아리고 경계(警
戒)하며 나아가야 길하다.

그렇게 하지 않으면 편안하지 않게   (-有他 不燕)
된다.

六四는 初九와 정응(正應)하며 동시에 九五와도 친밀(親密)한 위치에 있다. 六四가 한 몸에 두 기회(機會)를 가지고 있는 셈이다. 내가 두 기회를 가지고 있는 사람을 상대(相對)할 때는 경계해야 한다. 그러므로 반드시 나에게 호응(呼應)해 주어야 할 자가 그런 위치에 있을 경우에는 그가 흔들리지 않도록 잘 붙들어야 한다.

*虞=우. ①오로지하다(-虞 吉/우 길). 오직 한 곳으로 하다.
  ②염려하다(-虞犯/우범). 근심하다(-悔吝者 憂虞之象也/회린자 우우지상야).
  ③헤아리다. 방비하다.
  ④안심하다. 편안하다.
*虞候=우후. 산림(山林)과 소택(沼澤) 관리인. 척후(斥候).
*燕=연. ①편안하다(-有他 不燕/유타불연).
  ②제비.
  ③잔치하다.

象曰 初九虞吉 志未變也   초구우길 지미변야

初九가 오로지 헤아려보고 경계하면   (-初九虞吉)
편안해서 길하다는 것은
六四의 뜻이 아직 변하기 전에 경계   (-志未變也)
하여 다툼에서 멀어지게 하기 때문
이다.

위치가 불안하거나 안색에 불안정하게 보이는 자는 조심해야 한다. 불안정하면 마음이 변하기 쉽다. 그런 사람의 마음을 잡으려면 그의 마음이 흔들리기 전에 다 가가야 한다.

〈中孚 九二爻〉

九二

鳴鶴在陰 其子和之 명학재음 기자화지

我有好爵 吾與爾靡之 아유호작 오여이미지

어미 학이 보이지 않는 곳에서 별다　　(-鳴鶴在陰 其子和之)
른 뜻 없이 울어도 그 새끼가 화답(和
答)하는구나.

내가 좋은 벼슬에 있으니 너도 나의　　(-我有好爵 吾與爾靡之)
벼슬에 흡족해져서 나와 함께 좋아함
과 같구나.

*爵=작. ①벼슬. 작위를 내리다(-任事然後爵之/임사연후작지). ②술잔.
*爾=이. ①너(汝, 女.). ②이와 같이(是/시, 此/차, 其/기). ③그리하여(而/이).
　　④가깝다(-道在爾/도재이).
*靡=①미. 함께하다(-吾與爾靡之/오여이미지). 쏠리다(기울다). 순응하다.
　　②마. 문지르다(-喜則交脛相靡/희즉교경상마). 흩어지다. *脛=경. 정강이.

象曰 其子和之 中心願也 기자화지 중심원야

어미(=九二)의 울음에 새끼(=初九)가 화　　(-其子和之)
답하는 것은

새끼 사랑이라는 어미의 지극한 성심　　(-中心願也)
에 스스로 호응하기 때문이다.

　내 벼슬에 네가 좋아하는 모습이 어미의 울음에 새끼가 화답하는 것과 같다는
것은 특별한 의도가 없는 움직임일지라도 그 속에 사물 본연(本然)의 성실성(-孚信)

은 나타나기 마련이고 상대방은 그 나타난 바에 민감하게 감응하게 된다는 뜻이다. 성실함에 대한 믿음(-孚信/부신)이 지극하면 서로 감통(感通)하게 된다는 것이다. 나의 버슬함을 너도 좋아하니 나와 너의 믿음이 지극한 것이라는 의미이다.

> 擬之而後言也/의지이후언야
> 뜻 없이 하는 말에도 그 사람의 마음속 성실성과 믿음(孚信)은 담겨서 나타난다. 그러므로 군자는 생각하고 헤아려 본 후에 말을 신중하게 한다.
>
> - 계사 상(上) 8장.

작위(爵位)가 있는 사람에게 다가오는 자들은 마음속에 무언가 구하는 것이 있다. 그러므로 작위(爵位)를 가진 사람은 무언가를 그들과 나누려는 마음이 있어야 한다. 나눔은 조언(助言)이나 기회제공(機會提供)일 수도 있고 단순한 어울림일 수도 있다.

작위(爵位)를 얻기 전에 외부의 은공(恩功)을 입었다면 어떤 형태로든 보답을 표해서 나에게 은공을 베풀었던 사람도 나의 작위(爵位) 얻은 것을 즐거워하게 해야 한다. (或益之 自外來也/혹익지 자외래야)-지괘(之卦)인 42 익(益)괘 六二 상사(象辭)

〈中孚 六三爻〉

六三 得敵 或鼓 或罷 或泣 或歌   득적 혹고 혹파 혹읍 혹가

六三은 음유(陰柔)인데 강(剛)한 삼(三)
효 자리에 있다. 처한 자리가 마땅하
지 않으므로 上九에 가는 도중에 가로
막고 있는 九五를 만난다.

(-六三 得敵)

六三이 上九에 가는 도중에 九五를 만
나면 마음이 흔들려서 혹은 북을 두
드리고 혹은 그만두며 혹은 울고 혹
은 노래 부르게 되는 것이다.

(-或鼓 或罷 或泣 或歌)

마음자리가 당당하지 못하면 해결해야 할 문제가 생겼을 때 스스로를 믿지 못하
고 갈팡질팡하는 모습을 보이게 된다는 뜻이다.

*敵=적. ①맞서야 할 상대(-敵國賓至/적국빈지). (-在禮敵必三讓재례적필삼양). 적.
　　　②갚다(-敵惠敵怨/적혜적원)-〈좌씨전(左氏傳)
*鼓=고. ①북을 치다.
　　　②움직이다(-鼓之舞之/고지무지).
　　　③부추겨 일으키다.
*罷=①파. 그만두다. 덜다. 내치다.
　　②피. 지치다(疲/피).
　　　재능이 변변치 못하다(-君子賢而能容罷/군자현이능용피)-〈순자(荀子)〉

득적(得敵)에서 적(敵)은 누구를 가리키는가?

① 六三이 정응(正應)하는 上九를 믿어 자기 뜻이 上九에 매이는 것을 말한다.
득적(得敵)은 上九를 만나는 것이다. -정이(程頤). 주희(朱熹)의 견해로서 六三이 음
유(陰柔)의 자질로 매어 있으니 上九를 따라 혹고(或鼓) 혹파(或罷) 혹읍(或泣) 혹가
(或歌) 한다.

② 六三이 정응(正應)하는 짝인 上九에 가려면 반드시 九五를 지나가야 하는데
九五는 짝이 없기에 지나가는 六三을 탐내어 그의 적(敵)이 된다. 득적(得敵)은 六三

이 지나가는 도중에서 탐심(貪心) 가진 九五를 만나는 것이다. 소식(蘇軾)의 견해로서 六三이 지나가는 도중에 九五라는 적(敵)을 만나니 적을 얻으면 동요(動搖)하고 동요하면 항상심(恒常心)을 잃기에 혹고(或鼓) 혹파(或罷) 혹읍(或泣) 혹가(或歌) 한다.

象曰 或鼓 或罷 位不當也　　　　　　　**혹고 혹파 위부당야**

혹은 북을 두드리고 혹은 그만둔다
는 것은 처한 위치가 적당하지 않기
때문이다. (六三은 부드러움이 굳셈의 자
리에 있으니 자리가 마땅하지 못하다.)

아무리 군자(君子)라 하더라도 처한 위치가 마땅하지 않으면 중부(中孚)의 당당한 태도를 취하기가 어렵다는 뜻이다.

〈中孚 六四爻〉

믿을 만한 상대방을 올바르게 선택할 줄 알아야 한다.

六四 月幾望 馬匹 亡 无咎　　　　　　**월기망 마필 망 무구**

(六四는 初九와 응(應)하여 짝할 수도 있고　　(-月幾望)
九五와도 가까이에서 친할 수 있으니) 六
四의 선택 가능성 풍부함이 보름달에
가까운 달빛처럼 지극하다.

누구를 버리고 누구를 선택할 것인가? ① 소식(蘇軾)의 해석

아무리 군주인 九五가 여건이 좋더라   (-馬匹 亡 无咎)
도 본래의 짝인 初九를 택해야 허물이
없다.

누구를 버리고 누구를 선택할 것인가? ② 정이(程頤)의 해석

(六四는 대신(大臣)이니) 군주인 九五가   (-馬匹 亡 无咎)
천하를 믿음으로 다스릴 수 있도록
도울 임무가 있다. 그러므로 짝인 初
九를 버리고 九五를 전심전력(全心全
力) 도와야 허물이 없다.

*月幾望 = 월기망. 음력 14일.
*月 望 = 월망. 음력 15일.
*月旣望 = 월기망. 음력 16일.

象曰 馬匹亡 絶類上也   마필망 절류상야

"馬匹亡絶類上也"라는 말은 낮은 수
준의 어울림을 버리고 높은 수준의
어울림으로 향한다는 의미이다.

"馬匹亡/마필망"의 해석에 따라서 "絶類上也/절류상야"의 해석도 다르다.

① 위에 있는 九五를 버리고 初九와 짝한다. -소식(蘇軾)의 견해

六四는 九五와 가깝고 함께 손(巽☴)괘를 이루는 동류(同類)이기는 하지만 아래의
初九와는 정응(正應)하는 짝이다. 그러므로 동류인 九五를 버리고 정응(正應)하는 初
九와 짝한다. 馬匹亡/마필망은 위에 있는 九五를 버리는 것이다.

② 짝인 初九를 버리고 九五를 따른다. -정이(程頤), 주희(朱熹)의 견해

六四는 제자리에 거처하고 初九와 정응(正應)하여 짝을 이룰 수도 있지만 군주인 九五와 친하여 그 성(盛)함이 보름달 직전과 같으므로 九五를 따르고자 짝인 初九를 버린다. 馬匹亡/마필망은 짝인 初九를 버리는 것이다.

③ 六四가 六三의 시기심(猜忌心)을 소멸(消滅)시키는 것이다. -왕부지(王夫之)의 견해

말(馬) 두 마리는 六四와 六三인데 馬匹亡/마필망은 六四가 六三의 시기심(猜忌心)을 소멸(消滅)시켜서 같은 부류들끼리만 어울리는 상태를 끊어내고(-絶類) 六三도 윗사람인 九五와 믿음을 주고받게 한다는 뜻이다.

어느 견해(見解)든 작은 무리 지음을 깨고 큰 신의(信義)를 두텁게 하는 것을 뜻한다고 본다.

*類=류. ①같은 손(巽☴)괘 속의 九五를 뜻한다. -소식(蘇軾)의 견해
②정응(正應)하는 위치에 있는 初九를 뜻한다. -정이(程頤)의 견해
③음(陰)인 六四처럼 음(陰)인 六三을 뜻한다. -왕부지(王夫之)의 견해

〈中孚 九五爻〉

九五 有孚攣如 无咎   유부련여 무구

믿음이 있는 자와 이어져 있다. 허물
이 없다.

강건(剛健)하고 중정(中正)하여 중부(中孚)의 실(實)한 주체로서 아래에 있는 九二
와 덕(德)을 같이한다. 그렇게 해서 믿음이라는 한마음으로 모두가 연결된다는
뜻이다.

*攣=련. ①이어지다. 연관되다.
　　　②손발이 오그라지다. 그리워하다(=戀/련).

象曰 有孚攣如 位正當也　　　　유부연여 위정당야

"믿음이라는 한마음으로 모두가 연결　　　(-有孚攣如)
된다."라는 것은
九五의 위치(位置)가 중정(中正)하여 올　　　(-位正當也)
바른 곳이기 때문이다.

〈中孚 上九爻〉

믿을 바가 아닌 것을 믿으면서 변통(變通)을 모르면 흉하다. 능력과 분수에 넘치
는 자기과신(自己過信)은 진정한 믿음이 아니다. 흉하다.

上九 翰音登于天 貞 凶　　　　한음등우천 정 흉

닭이 하늘에 오르려 하면 설혹 정도
(正道)를 지킨다 하더라도 흉하다. (얻
는 것이 없다).

능력이 따라주지 않는데 무리하게 날아오르려 하면서 드러남을 추구하거나 뛰어나지 못한 음성인데 고운 노래를 부르려 하거나 내용이 빈약한 언사(言辭)로 길게 말하면서 신뢰(信賴)받기를 바라는 사람은 비록 그가 올곧은 사람이라 하더라도 흉하고 뜻하는 바를 얻지 못하며, 요행(僥倖)히 얻는다 하더라도 곧 잃는다는 뜻이다.

*翰=한. ①높이 날다(-翰音登于天/한음등우천).
　　　②깨끗하다. 희다(-白馬翰如/백마한여).
　　　③길다(-鷄曰翰音/계왈한음)-〈예기(禮記)〉
*翰音=한음. 닭.

象曰 翰音登于天 何可長也　　　　　한음등우천 하가장야

닭이 하늘 높이 오르려 하니 어찌 오래도록 날 수 있겠는가?

꿩이나 닭은 날고 또 우는 것들이다. 무릇 모든 날짐승 중에서 날고 또 우는 것들은 그 날아오름(飛翔/비상)이 길지 못한데 꿩과 닭이 바로 이 부류이다.

翰音 飛且鳴者也 凡羽蟲之飛且鳴者
한음 비차명자야 범우충지비차명자
其飛不長 雉雞之類是也
기비부장 치계지류시야

*蟲= ①충. 동물의 총칭(-羽蟲/우충=날짐승). 벌레. 좀먹다.
　　　②동. 무덥다(찌는 듯이 무더운 모양). 그을리다.

〈중부(中孚)괘의 실생활(實生活) 응용(應用)〉

① 믿음을 나타내는 한자어(漢字語)에는 신(信)과 부(孚)가 있다.

② 사람은 마음속을 말로 나타낸다. 듣는 사람은 말한 사람의 마음속에서 나온 말이기에 그 말을 믿는다. 말한 사람의 말이 마음속에서 나온 것이라고 믿는 것이 신(信)이다. 영어로 표현하면 'believable'이라고 할 수 있다.

③ 부(孚)는 믿는 대상이 말의 문제에 그치지 않는다. 그에 기대어도 불안하지 않은 거의 절대적인 신뢰(信賴)의 심리를 뜻한다. 영어로는 'relieable'에 해당한다고 할 수 있다. 알을 품어 부화시킨 후 먹이를 구해서 양육하는 어미 새에 대한 새끼들의 믿음이 바로 부(孚)이다.

④ 부(孚)는 오랜 시간에 걸친 성심성의(誠心誠意)가 상호간에 쌓여야 생긴다. 가난한 집안에서 효자가 나오는 이치가 거기에 있다.

雷山小過 (뇌산소과)

☳ 震上 (진상)
☶ 艮下 (간하)

〈卦의 성격(性格) 요약(要約)〉

내괘(內卦)는 간(☶艮)이고 외괘(外卦)는 진(☳震)이다. 소과(小過)는 작은 것인 음효(陰爻)가 많아서 조금 지나치게 저자세(低姿勢)인 모습을 일컫는 말이다.

소과(小過)괘는 위와 아래의 괘가 서로 등지고 있는 상(象)이다. 대성괘(大成卦)의 두 효씩을 합쳐서 보면 팔괘의 하나의 대감(大坎-大水/대수)괘가 된다. 서로 어긋나거나 등져서 큰 곤란을 겪을 수 있는 상황(-大坎/대감)에 해당한다. 이럴 때는 모든 계획을 얼마간 작게 잡아야 하고 차근차근 작은 일부터 처리한다. 다만, 행공(行恭), 상애(喪哀), 용검(用儉) 등에서는 얼마간 넘치게 행동해도 무방하다. (-行過乎恭 喪過乎哀 用過乎儉/행과호공 상과호애 용과호검)

행동(行動)할 때 소과(小過)의 행동(行動)이란 작은 지나침의 멋을 부리는 것을 말한다. 미치지 못함의 잘못을 피하기 위하여 다소(多少) 넘치게 행동하여 중(中)을 구하는 것이다. 약간 지나친 저자세(低姿勢)나 약간 큰 존중(尊重)과 호의(好意)의 표시는 관계망(關係網) 정비(整備)에 다소 도움이 된다. 갈등관계(葛藤關係)에 있거나 등졌던 자의 경조사(慶弔事)에 다소 큰 경조표시(慶弔表示)를 하는 것도 비슷한 효과를 낼 수 있다.

소과(小過)괘는 대감(大坎(☵))괘이다. 가운데의 三효, 四효가 양(陽)으로서 괘의 주인(主人)이고 아래의 初효, 二효와 위의 五효, 上효는 신하(臣下)들이다. 소인(小人)인 신하들의 힘이 지나치게 세어서 그들에게 둘러싸인 주인은 조마조마하다. 그러니 괘의 모든 효가 조심스럽게 처신하여 흉함을 피하도록 노력해야 하는 상황이다.

〈괘사(卦辭)와 단사(彖辭), 대상사(大象辭)〉

卦辭:

小過 亨 利貞	소과 형 이정
可小事 不可大事	가소사 불가대사
飛鳥遺之音 不宜上 宜下 大吉	비조유지음 불의상 의하 대길

보통보다 일을 다소 넘치게 해야 형통할 때이다. 그래야 상황에 맞아 이롭다. (-小過 亨 利貞)

보통보다 다소 넘치게 함으로써 바름을 추구해야 할 상황이기 때문에 작은 일에서는 가능하나 큰일에서는 불가능하다. (-可小事 不可大事)

새가 지저귀면서 높이 날아오르는 것은 시세(時勢)를 거역하는 것이므로 마땅치 않다. (-飛鳥遺之音 不宜上)

내려와서 자연의 이치에 순응하는 것이 마땅하고 그래야 크게 길하다. (-宜下 大吉)

유(柔-二爻, 五爻)가 중(中)에 있지만, 큰일을 할 힘이 없고 강(剛-三爻, 四爻)은 중(中)을 잃었기에 큰일을 감당할 수 없다.

*過=과. ①보통을 넘다.
　　②지나가다. 떠나다.
　　③실수. 허물.
　　④분수를 잃다(-日月不過而四時不忒/일월불과이사시불특).
*忒=특. 어긋나다.
*小過=소과. ①작은 것(-陰/음)이 너무 많다.
　　②약간 지나치다.

彖曰

小過 小者過而亨也	소과 소자과이형야
過以利貞 與時行也	과이이정 여시행야
柔得中 是以小事吉也	유득중 시이소사길야
剛失位而不中 是以不可大事也	강실위이부중 시이불가대사야
有飛鳥之象焉	유비조지상언 (불과방지물용영정）
飛鳥遺之音不宜上 宜下大吉	비조유지음불의상 의하대길
上逆而下順也	상역이하순야

소과는 보통보다 다소 넘치게 해서 형통한 것이므로	(-小過 小者過而亨也)
다소 넘치되 바르게 해야 이로우므로 시의적절(時宜適切)하게 해야 하는 것이다.	(-過以利貞 與時行也)

유(柔-陰) 효가 중(中)에 있기 때문에 작은 일을 하면 길하지만	(-柔得中 是以小事吉也)
강(剛-陽) 효가 적중(適中)의 지위를 잃었기 때문에 큰일은 감당할 수 없다.	(-剛失位而不中 是以不可大事也)
괘의 모양이 날아가는 새를 닮았으므로 새를 빌어 말하자면	(-有飛鳥之象焉)
높이 날면서 울음소리를 남기고자 하더라도 이는 자연(自然)의 시세(時勢)를 거역하는 것이므로 높이 올라가는 것은 마땅하지 않다.	(-飛鳥遺之音不宜上)
(자연의 이치에 순응해서) 내려오는 것이 마땅하고 크게 길하다.	(-宜下大吉)
오르는 것은 중력(重力)의 이치를 거역(拒逆)하는 것이고 내려오는 것은 순응하는 것이기 때문이다.	(-上逆而下順也)

소식(蘇軾)은 "飛鳥遺之音不宜上宜下大吉"을 옛날 왕조시대의 군주-신하-백성의 관계에 비유하였다. 신하들이 양 날개의 역할을 하는데, 몸체인 군주를 높은 곳으로 데리고 올라가서 나라의 기초구성원인 백성들로부터 멀어지고 고독해지게 만들면 군주(-나라)가 약해진다고 보았다.

조직체의 우두머리가 간부계층의 태만과 비리를 예방하려면 말단 현장 상황을 잘 살펴야 한다. 자주 현장에 내려가서 기초구성원들을 만나는 것이 좋다.

象曰

山上有雷 小過   산상유뢰 소과

君子以 行過乎恭 喪過乎哀 用過乎儉　　　군자이 행과호공 상과호애 용
　　　　　　　　　　　　　　　　　　　　　과호검

산 위에서 천둥 치면 골짜기의 증폭(增幅)으로 그 소리가 다소 과(過)하게 된다.	(-山上有雷 小過)
군자는 이것을 보고	(-君子以)
행동은 다소 지나치게 공손히 하고	(-行過乎恭)
슬픈 일에는 다소 넘치게 애도를 표하며	(-喪過乎哀)
씀씀이를 다소 지나치게 줄여서 검소하게 한다	(-用過乎儉).

　　다소 넘치게 시행(施行)함으로써 의도(意圖)한 수준(水準)에 이르지 못함을 예방(豫防)하고 증폭효과(增幅效果)도 기대(期待)하는 것이다.

*乎=호. ①~는(은). ~니. ~거든
　　　(-行過乎恭 喪過乎哀 用過乎儉/행과호공 상과호애 용과호검).
②~도다(영탄-哉/재와 같음.)
　　　(-中庸之爲德也 其至矣乎/중용지위덕야 기지의호).
③(비교)~보다(-莫大乎尊親/막대호존친)
④~인가(-學而時習之 不亦說乎/학이시습지 불역열호).

〈小過 初六爻〉

넘치는 행동을 해서는 안 되는 상황에서 넘치는 행동을 하면 흉하다.

初六 飛鳥 以凶　　　　　　　　　**비조 이흉**

새가 날개의 욕구대로 날아오르면 흉
하다.

*以=이. ①~ 때문에.
　　②거느리다(-以其後行/이기후행)
　　③~을 써서. ~으로써.

象曰 飛鳥以凶 不可如何也　　　　**비조이흉 불가여하야**

날개가 욕구하는 대로 날아오른 새가　　(-飛鳥以凶)
흉한 것은

욕심이 지나쳐서 경솔한 때문이므로　　(-不可如何也)
달리 어쩔 도리가 없다.

변방국(邊方國)을 중국(中國)의 날개쯤으로 여기는 중국인의 의식(意識)에는 변방국
(邊方國)이 중국(中國)을 옆구리에 끼고 제멋대로 하려는 것은 신하(臣下)가 임금을 옆
구리에 끼고 제멋대로 하려는 것과 같아서 이런 일은 용납할 수 없다고 여기는 심
층심리(深層心理)가 있다.

*不可如何=불가여하. 힘을 쓸 수 없다(어쩔 도리가 없다).

〈小過 六二爻〉

분수(分數)에 넘치는 처신(處身)을 하지 말아야 한다.

六二

過其祖 遇其妣　　　　　　　　　과기조 우기비

不及其君 遇其臣 无咎　　　　　　불급기군 우기신 무구

직접 만나지 않고 전언(傳言)하게 하려고 할아버지를 지나쳐서	(-過其祖)
할머니를 만나는 것처럼	(-遇其妣)
자기의 신분이 군왕을 직접 면담하기에 미치지 못하기 때문에	(-不及其君)
그 신하를 만나는 것은 허물이 아니다.	(-遇其臣 无咎)

*過=과. ①지나가다. 떠나다.
　　②분수를 잃다(-日月不過而四時不忒/일월불과이사시불특).
*妣=비. 할머니. 죽은 어미.

象曰 不及其君 臣不可過也　　　　불급기군 신불가과야

"不及其君"은 신하가 신하로서의 분수를 넘어서면 안 된다는 데 그 속뜻이 있다.

過其祖(과기조)와 不及其君(불급기군)의 차이(差異)

　할아버지를 지나쳐서 할머니에게 이야기하는 것은 편한 분을 상대로 한 것일 뿐이다. 할머니를 만나건 할아버지를 만나건 같은 효과가 있을 뿐 허물이 되지 않는다. 할머니를 만나 이야기하는 것은 할아버지의 노여움을 사지 않는다. 할머니는 예외 없이 할아버지 편이기 때문이다.

　그러나 신하가 위계(位階) 상 신분이 미치지 못하는데도 건너뛰어 군왕을 만나려 하는 것은 허물이 된다. 신하와 군왕의 관계는 할머니와 할아버지의 관계와 다르다. 혈육(血肉)인 조손(祖孫) 간에는 건너뛰는 것이 용인(容忍)되지만 군신(君臣) 간의 상하 위계(上下位階)에서는 건너뛰는 것이 허용되지 않기 때문이다.

〈小過 九三爻〉

　의심(疑心)이 지나치면 흉한 꼴을 겪는다.

九三 弗過防之 從或戕之 凶	불과방지 종혹장지 흉
아랫사람이(-六二) 지나친 행동을 한 것도 아닌데 위에서(-九三) 의심하고 저지하면	(-弗過防之)
때로는 아랫사람에게 죽임을 당할 수도 있으니 흉하다.	(-從或戕之 凶)

*戕=장. 죽이다(-凡自虐其君曰弑 自外曰戕/ 범자학기군왈시 자외왈장).

象曰 從或戕之 凶如何也　　　　　종혹장지 흉여하야

혹시 자기를 추종하던 자에게 죽임을
당한다면 그 흉함을 뭐라 말로 표현
하겠는가.

　소과(小過)괘에서 六二는 힘센 신하지만 중정(中正)하므로 아직 군주에게 불충(不
忠)한 생각이나 지나친 언행(言行)을 한 바가 없다. (-弗過/불과) 그런데도 九三이 六
二를 의심하여 막으면 (-防之/방지) 따르던 六二가 본래 거역의 뜻이 없었는데도 때
로는 군주를 죽이는 것이다 (-從或戕之/종혹장지). 추종자나 부하를 용납하지 못하고
지나치게 의심하면 그들로부터 흉한 꼴을 겪을 수 있다는 교훈이다.

〈小過 九四爻〉

九四

无咎 弗過 遇之 往 厲　　　　무구 불과 우지 왕 려
必戒 勿用永貞　　　　　　　필계 물용영정

(九四는 양(陽)이 음위(陰位)에 있으니 실위　　(-九四 无咎).
(失位)에 있다. 평소라면 실위(失位)여서 허
물이 되겠지만 소과(小過)는 나아감을 자제
해야 할 때이다. 때에 맞추어 위로 나아감을
자제하고 음의 자리에 물러나 있는 셈이므
로) 九四는 허물이 없다

또한 九四의 위치는 初六과 응(應)하고   (-弗過 遇之).
六五와는 이웃하여 친비(親比)하므로
한계를 넘지 않고 지키며 왕래하고
만난다

한계를 지키며 왕래한다는 것은 위   (-往 厲)
태롭지 않도록 조심스럽게 경계하며

위아래의 음(陰)들과 왕래하고 만난다   (-必戒)
는 뜻이다. 반드시 조심해야 할 점은

양(陽)의 올바른 성품을 가지되 함부   (-勿用永貞).
로 사용하지 말고 항상 임기응변(臨機
應變)하여서 변통(變通)하라는 것이다

象曰

弗過遇之 位不當也   **불과우지 위부당야**

往厲必戒 終不可長也   **왕려필계 종불가장야**

"弗過遇之"는 한계를 지키며 (-弗過) 왕   (-位不當也)
래하고 만난다는 (-遇之) 말인데 이는
양(陽)으로 음위(陰位)에 있어서 그 자
리가 마땅하지 않기 때문이다.

"往厲必戒"는 나아감을 어렵게 여기   (-終不可長也)
고 (-往 厲) 반드시 조심해야 한다는 (-必
戒) 말인데 그렇지 않으면 끝내 오래
갈 수 없기 때문이다.

　"위험하다 싶으면 무리하지 말라. 내 생각이 반드시 옳은 것이 아니다. 기필코
대단한 결말을 내겠다는 욕심도 부리지 말아야 한다. 바르지 못한 위치에 있으

니 지나치게 나아가려 말고 주위와 조화(調和)를 이루도록 힘써야 한다"라는 교훈이다.

〈小過 六五爻〉

六五

密雲不雨 自我西郊
公 弋取彼在穴

밀운불우 자아서교
공 익취피재혈

"密雲不雨"는 먹구름에 비가 오지 않는다는 말로서 아직도 나아가는 중이라는 뜻이다. "自我西郊"는 "내가 서쪽 먼 교외에 있는 것과 같다"라는 말이다. 결국, "密雲不雨 自我西郊"는 "기운은 무르익었으나 잘 풀리지 않은 상태이니 풀리려면 더 나아가야 한다"라는 말이다. 다시 말하면 "구름으로 비를 만

(-密雲不雨 自我西郊)

들어서 천하(天下)를 적셔주듯이 공(功)을 세워서 천하에 성과(成果)를 베풀어야 하는데 아직 그렇게 하지 못하고 있으니 앞으로 공을 세우고 성과를 베풀도록 얼마간의 노력을 더 하겠다"-라는 뜻이다.

구름만 짙게 끼고 비는 내리지 않은 것처럼 나라가 어지럽고 민심이 흉흉 해진 상황에서 왕공(王公-公/공)이 해 야 할 일은 서쪽 먼 교외에 있듯이 서 성거리며 지내지만 말고 주살(弋/익) 을 써서 구멍(-굴) 속에 숨어있는 짐승 을 사냥하듯이 전국(全國)을 뒤져서 숨 어 지내는 현인(賢人)을 찾아내어 도움 을 받아내는 것이다.

(-公 弋取彼在穴)

*弋=익. ①주살(=오뉘/화살의 머리를 시위에 끼도록 에어낸 부분에 줄을 맨 화살).
　　②쏘아서 잡다. (射/사는 단지 쏘는 것이요, 弋/익은 쏘아서 잡는 것이다.)
*彼=피. 저, 그. 상대방(=知彼知己/지피지기). 저 사람.
*弋取彼在穴/익취피재혈="숨어 지내는 현인을 찾아내어 그의 도움을 받는다"라는 뜻.

象曰 密雲不雨 已上也　　　　　밀운불우 이상야

빽빽한 구름이 비는 아직 내리지 않 았지만

(-密雲不雨)

이미 너무 올라갔기 때문에 돌이킬 수 없고 얼마간 더 나아가야 한다는 뜻이다.

(-已上也)

　조건이 두루 성숙하였으나 결정적 계기를 기다리고 있을 뿐이다. 굳이 비를 내 리고자 욕심을 부리면 못할 바도 없지만 그 꾀하는 바가 깊기에 기다린다. 두터운 덕으로 나라 안에 숨어 지내는 현인(賢人)들의 마음까지도 얻어서 내부(內部)의 근심 을 모두 없앤 다음에 변혁(變革)하고자 기다리는 상태이다.

은(殷)나라의 말기(末期)에 훗날의 주문왕(周文王)은 당시 서쪽 지방의 세력가였고 신하 중에서 중심인물의 입장에 있었다. 나라가 어지럽고 민심과 신하들의 마음이 흉흉해진 상황에서 은(殷)의 주왕(紂王)이 해야 할 일은 주살(弋/익)을 써서 구멍 (굴) 속에 숨어있는 짐승을 사냥하듯이 숨어 지내는 현인을 찾아내어 도움을 받는 것이었다.

그런데 주(紂)왕은 오히려 충신들을 핍박하여 내치고 죽였다. 결국 주문왕(周文王)에게 민심(民心)이 모이고 주(紂)왕은 문왕(文王)의 아들인 무왕(武王)에게 나라를 빼앗기게 되었다. 은(殷)의 주왕(紂王)이라는 공(公)은 주살(=弋)을 엉뚱하게 써서 나라를 잃은 것이다.

> *已上也=이미 너무 올라갔다. (-其勢不可復下也/기세불가복하야)

〈小過 上六爻〉

찾기가 과하면 이치에서 멀어지고 궁극에는 그것을 잃게 된다.

上六

| 弗遇 過之 飛鳥離之 凶 | 불우 과지 비조리지 흉 |
| 是謂災眚 | 시위재생 |

이치를 어기고 시세에 편승해서 (-弗遇)

지나치게 나아가면 조화를 잃어서 (-過之)

나는 새가 그물에 걸리는 격이 되므 (-飛鳥離之 凶)
로 흉하다.

이를 재앙이라 한다.   (-是謂災眚)

*離=①리. 그물에 걸리다(-鴻則離之/홍즉리지-시경). 그물(羅/라). 울타리.
  ②려. 나란히 하다. 짝하다.
  ③리. 떠나다(-進退無恒非離群/진퇴무항비리군)
  ④리. 이어지다. 들러붙다.
  ⑤리. 밝다. 분명하다(-離也者 明也/리야자 명야)
  ⑥리. 불(-離爲火/리위화).
  ⑦리. 해(-離爲日/리위일).
*眚=생. 허물. 재앙. 괴이하다(-无眚/무생). 눈에 백태가 끼다. 앓다.

象曰 弗遇過之 已亢也   불우과지 이항야

이치에 맞지 않게 (-弗遇) 보통을 넘어   (-過之)
서 움직여 나아가면

결국 너무 넘치는 지경에 이른다.   (-已亢也)

*亢=항. 높이 오르다 (-亢龍有悔/항룡유회). 극진하다 (-可以亢寵가이항총).

적당한 선(線)을 지키는 데 소홀(疏忽)하여 선(線)에서 넘치면 순수(純粹)함을 잃게
되므로 주변(周邊)으로부터 무시(無視)당하게 된다.

가까운 벗이란 서로 찾되 정도(正道)에 넘치지 않게 찾는 사이를 말한다. "弗過遇
之/불과우지"하여 한계를 넘지 않고(-한계를 지키며) 왕래하며 만나는 것이다. "弗遇
過之/불우과지"하지 않아야 한다. 이치를 어기고 지나치게 나아가면 안 된다.

〈소과(小過)괘의 실생활(實生活) 응용(應用)〉

① 약간 지나친 저자세(低姿勢)를 취한다. 좋은 이미지를 주어서 관계망을 고치고 싶어서다.

② 약간 지나친 경조금품(慶弔金品)을 보낸다. 큰 존중을 표해서 도움을 얻거나 흉함을 피하 고 싶어서다. 조폭(組暴)이 아는 검경(檢警)의 경조사에 쓰는 수법이다.

③ 약간 지나친 검소(儉素)함과 절약(節約)의 생활모습을 보여준다. 인간성에 대한 신뢰를 얻거나 주변의 사람들에게 무언(無言)의 가르침을 주고 싶어서다.

六十三

水火旣濟 (수화기제)

☵ 坎上 (감상)
☲ 離下 (리하)

〈卦의 성격(性格) 요약(要約)〉

　내괘(內卦)는 리(☲離)이고 외괘(外卦)는 감(☵坎)이다.

　기제(旣濟)괘는 모든 효가 정위(正位)에 있고 정응(正應)하고 있어서 안정된 상(象)이다. 초(初). 삼(三). 오(五)의 양(陽)효는 양위(陽位)에, 이(二). 사(四). 상(上)의 음(陰)효는 음위 (陰位)에 있고 초(初)효와 사(四)효, 이(二)효와 오(五)효, 삼(三)효와 상(上)효가 서로 정응 (正應)하고 있다.

　기제(旣濟)괘의 모습은 불이 위로 오르고 물은 아래로 내려와서 서로 사귀어 쓰임으로써 천하(天下)의 모든 일이 성사(成事)된 상황(狀況)을 상징(象徵)한다.

　기제(旣濟)괘의 역상(易象)은 안정(安定)과 평화(平和)가 완성(完成)된 상태를 보인다. 그러나 역(易)의 이치(理致)에 완성이란 없다. 역리(易理)는 바로 자연(自然)의 이치(理致)를 말하는 것인데 자연(自然)은 끊임없이 변화　(變化)하므로 완성불변(完成不變)이 있을 수 없다. 그러므로 기제(旣濟)라 하더라도 역리(易理)상 불변(不變)의 완성(完成)은 아니다. 초길종란(初吉終亂)의 변화흐름에서 단지 일시적 성취(成就)를 나타내는 것일 뿐이다. 기제(旣濟)란 잠시(暫時)의 광명상태(光明狀態)에 불과(不過)하다.

성취(成就)는 붕괴(崩壞)의 시작점(始作點)이다. 다 이루어졌으면 그 후에 올 것에 대비(對備)해야 한다. 잠시의 성취감에 취하지 말아야 한다. 그래서 기제(旣濟)괘의 모든 효사(爻辭)는 재난(災難)에 대비(對備)를 권한다.

〈괘사(卦辭)와 단사(彖辭), 대상사(大象辭)〉

卦辭: 旣濟 亨 小 利貞 初吉 終亂　　기제 형 소 이정 초길 종란

만사(萬事)가 형통하여 일이 이미 이루　　(-旣濟)
어진 상태이므로

앞으로 형통할 것은 조금밖에 없다　　(-亨 小).

그나마 바르게 처신해야 이롭게　　(-利貞).
된다

만사형통한 상태는 처음에는 길하지　　(-初吉 終亂)
만, 나중에는 결국 어지러워진다.

*濟-제. ①건너다(-濟河而西/제하이서). 나루터(-濟有深涉/제유탐섭).
　　②구제하다(-道濟天下/도제천하).
　　③쓰다(-曰杵之利萬民以濟/구저지리만민이제).
　　④통하다(-强濟天下/강제천하).
　　⑤이루다(-濟惡者不才/제악자부재)-장재(張載).
　　⑥해결하다(-決濟/결제).
　　⑦많고 성하다(-濟濟多士/제제다사:훌륭한 인재가 많다.)

象曰

既濟亨 小者亨也　　　　　　　　기제형 소자형야

利貞 剛柔正而位當也　　　　　　이정 강유정이위당야

初吉 柔得中也　　　　　　　　　초길 유득중야

終止則亂 其道窮也　　　　　　　종지즉란 기도궁야

기제(既濟)에서 형통은 자잘한 것들의　　(-既濟亨 小者亨也)
형통이다.

올바름을 굳게 지켜서 이로운 것은　　　(-利貞)

강(剛)과 유(柔)가 모두 바르고 적당한　　(-剛柔正而位當也)
위치에 있기 때문이다.

처음에 길한 것은 부드러움이(-柔=六二)　(-初吉 柔得中也)
중도(中道)를 지켰기 때문이다.

이룬 후에 기득권(既得權)에 안주(安　　(-終止則亂)
住)하여 멈추면 끝에는 어지러워진
다.

안주(安住)한다는 것은 처신(處身)이 궁　(-其道窮也)
색(窮塞)해지는 것이기 때문이다.

象曰

水在火上 既濟　　　　　　　　　수재화상 기제

君子以 思患而豫防之　　　　　　군자이 사환이예방지

물이 불 위에 있어 서로 사귀어 그 쓰　(-水在火上 既濟)
임을 다하는 것이 기제의 괘상이다.

(물과 불이 사귀어서 성취함은 옳지만 이미 쓰임을 다하였으면 변화해야 마땅한데) 유(柔)가 강(剛)을 타고 계속 안주(安住)한다면 어지러워진다.] 군자는 이러한 이치를 보고서 (-君子以)

어지러워짐(-患亂/환란)이 올 것을 생각하여 미리 방지(防止)할 대책(對策)을 마련한다. (-思患而豫防之)

- 왕부지(王夫之)

물이 불 위에 있으면서도 서로 기(氣)를 주고받아서 기제(旣濟)의 상태를 이루려면 물의 쏟아짐을 예방하고 불 위에 실어주는 역할을 하는 사물(事物)이 필요하다. 군자는 이 원리를 본받아서 무엇을 실어주는 방식으로 남을 이루어준다. (-載之之道濟也/재지지도제야)

기제자(旣濟者=旣得權者/기득권자)에게는 아직 형통할 것이 조금은 남아 있다. 기득권(旣得權)을 발판삼아서 주변(周邊) 사람에게 직장(職場)이나 일거리 마련 등에 힘써주는 것 같은 경우이다. 그런 형통(亨通)함을 누릴 때는 올바른 처신(處身)을 하는 것이 중요(重要)하다. 조심하지 않으면 처음에는 길(-吉)하지만 나중에는 어지러워지기(-亂/란) 때문이다.

기제상태(旣濟狀態)를 오래 유지(維持)하려면 각별히 노력해야 한다. 기제괘(旣濟卦)의 모든 효사(爻辭)에 경계(警戒)의 뜻이 담긴 이유이다.

〈旣濟 初九爻〉

初九 曳其輪 濡其尾 无咎   예기륜 유기미 무구

수레바퀴를 뒤로 끌어당긴다. 그렇게   (-曳其輪)
해서 냇물을 건너가지 못하게 한다.

여우의 꼬리가 물에 적셔지기 때문에   (-濡其尾 无咎)
나아감을 그치는 것과 같으므로 허물
이 없다.

여우는 물을 건너다가 꼬리가 물에 적실 지경에 이르면 뒤돌아 나온다고 한다.

*曳=예. 끌어당기다. 관성(慣性)에 반(反)하여 뒤로 끌어당김을 뜻한다. (-曳引/예인)
 (曳者欲行而未進之象也/예자욕행이미진지상야-예는 나아감을 막고자 하는 것이다.)
*曳白=예백. 지필(紙筆)을 가지고도 시문(詩文)을 짓지 못하는 것.
*輪=륜. 바퀴.
*濡=유. 젖다. 적시다. 혜택. 소변. 참고 견디다.

象曰 曳其輪 義无咎也   예기륜 의무구야

기제(旣濟)의 초기에 으스대는 졸부(猝   (-曳其輪)
富) 같은 처신을 하지 않도록 수레바
퀴를 뒤로 당김으로써 나아감을 그치
게 해서 위험을 막는 것이므로

의리상 허물이 없다.   (-義无咎也)

〈旣濟 六二爻〉

기제자(旣濟者)는 안정(安定)을 깨려는 불순(不純)한 농간(弄奸)을 경계해야 한다. 그리고 작은 손실(損失)에는 대범(大汎)해야 한다.

六二 婦喪其茀 勿逐 七日 得	부상기불 물축 칠일 득
부인이 머리꾸미개(-비녀 등)를 잃어버렸다.	(-婦喪其茀)
찾으려고 소동(騷動) 벌이지 말라.	(-勿逐)
며칠 기다리면 나타날 것이다.	(-七日 得)

*茀=불. ①머리꾸미개(-婦喪其茀/부상기불)
　　②주살(오뉘에 줄을 매어 쏘는 화살.)
　　③향기가 높다.
　　④풀이 우거져 길을 막다.

象曰 七日得 以中道也	칠일득 이중도야
며칠 동안 기다리면 나타날 것이라는 말은	(-七日得)
너그러운 마음을 잃지 말고 중도(中道)를 지키라는 의미이다.	(-以中道也)

도적(盜賊)이 부부 사이를 하리 놀려고-이간(離間)시키려고-할 때, 그것이 없어지면 남편이 의심하게 될 여인의 비녀나 패물 등을 노리고 훔칠 수 있다. 이럴 때 해당 여인이나 남편은 의연(毅然)하게 처신(處身)하는 것이 좋다.

기제(旣濟)괘는 모든 효가 응(應)하고 있는데 그중에서 六二와 六四는 아래위로 두 양(陽) 효 사이에 끼어있어서 의심받을 만한 위치에 있다. 간혹 욕심내는 자가 있어서 패물이나 비녀 등을 감추어 이간해보려고 노릴 수 있다. 그래서 "勿逐 七日 得/물축 칠일 득"의 처신이 필요하다. 기제자(旣濟者)는 의연(毅然)한 언행(言行)을 할 만큼 마음을 여유(餘裕) 있게 가질 줄 알아야 한다.

*하리 놀다=참소(讒訴)하거나 방해(妨害)하여 둘 사이를 이간(離間)시키다.

〈旣濟 九三爻〉

기제(旣濟)의 군주가 강(剛)을 써서 더 나아가려 할 때는 탐욕(貪慾)이나 분풀이가 아닌 오로지 백성구제(百姓救濟)에 뜻을 두어야 한다. 백성구제만을 뜻 둔다 하더라도 강(剛)을 쓰는 일은 매우 고달프고 오래 걸리기 쉽다.

미제(未濟) 때는 아직 어려움이 해결되지 않아서 상하(上下)가 협심(協心)하고 분발(奮發)하여 따르지만, 기제(旣濟)가 되면 이미 어려움을 벗어난 상태이므로 상하(上下) 간에 원망(怨望)과 의심(疑心)이 생기기 쉽다.

위의 지시에 아래는 원망하기 쉽고, 아래의 행동이 위를 위한 것이라 할지라도 위에서는 평화 교란으로 의심하기 쉽다. 그러므로 기제 상태에서 상하(上下)가 협심(協心)하고 분발(奮發)하게 하려면 아직 국태민안에 미제의 요소가 있음을 알려서 긴장시키는 절차와 과정이 필요하다. 긴 시간의 노력을 기울여서라도 국가적 과제로 합의를 도출해야 하기 때문이다. 그러기에 은(殷)나라 고종(高宗) 같은 성군(聖君)이 오직 백성을 위하여 귀방의 적을 정벌하려 하는 데도 삼 년이라는 적지 않은 기간이 필요하게 된 것이다.

九三

高宗 伐鬼方 三年克之 小人勿用

고종 벌귀방 삼년극지 소인물용

고종이 귀방을 치는 데 삼 년이나 걸려서 이겼다.	(-高宗 伐鬼方 三年克之).
(오로지 백성구제를 위하여 한 정벌일 뿐) 탐욕이나 분풀이 등 소인배의 욕심은 쓰지 않았는데도 그러했다.	(-小人勿用).

象曰 三年克之 憊也　　　　　　　삼년극지 비야

삼 년이 지나서야 이겼다는 것은 피로에 지친 승리였다는 의미이다.

*憊=비. 고달프다. 피곤하다. 병으로 고생하다.

〈旣濟 六四爻〉

六四 濡 有衣袽 終日戒　　　　　유 유의여 종일계

배의 틈새로 물이 스며들어올 경우를 대비하여	(-濡)
갈아입을 옷과 틀어막을 솜뭉치를 준비해 두고	(-有衣袽)

종일토록 경계한다 (-終日戒).

*濡=유. 젖다. 적시다. 혜택. 소변. 참고 견디다.
*袽=여(녀). 해진 옷(-濡 有衣袽/유 유의여). 헝겊. 솜뭉치.

象曰 終日戒 有所疑也 　　　　종일계 유소의야

종일 경계하는 것은 의심할 바가 있
기 때문이다.

기제자(旣濟者)는 궂은일이나 안정(安定)을 저해(沮害)할 소소한 요소들을 꺼린다.
六四는 그런 일에 대비하여 안정된 상태를 지키는 담당자이다. 그러나 하층부의
분위기를 저해하는 근본 원인은 상층부(-旣濟者)의 안일과 교만, 과소비 등에 있다.
기제의 운을 이어가려면 검소와 절제가 필요한 이유이다. 솜뭉치로 틈새를 막는
것은 응급조치일 뿐 영구한 해결책은 아니다. 그러므로 종일토록 경계하라 하였
다. (-終日戒/종일계)

〈旣濟 九五爻〉

공연(空然)히 소만 잡아 대접(待接)한다고 복(福)이 오나? 때를 맞춰야지!

九五
東鄰殺牛(以祭) 不如西隣之禴祭實受其福
동린살우(이제) 불여서린지약제실수기복

동쪽 이웃의 소를 잡아 지내는 성대 (-東鄰殺牛 以祭)
(盛大)한 제사(祭祀)보다

서쪽 이웃의 검소(儉素)한 제사가 실제 (-不如西鄰之禴祭實受其福)
(實際)로 복을 더 받는다.

---

*隣=린. ①이웃.

②이어짐(-與德爲隣/여덕위린).

③같은 부류(-德不孤必有隣/덕불고필유린).

④친근한 사이(-倍其隣者恥乎/배기린자치호-좌씨전).

*禴(약)=약. 하(夏), 은(殷) 때의 봄 제사. 보잘것없는-소박(素朴)한- 제사.

*禴禘=약체. 검소하게 지내는 봄 제사와 여름 제사.

象曰

東鄰殺牛不如西鄰之時也　　　　　동린살우불여서린지시야

實受其福 吉大來也　　　　　　　　실수기복 길대래야

동쪽 이웃의 소 잡는 제사가 서쪽 이 (-東鄰殺牛不如西鄰之時也)
웃의 검소하지만, 때에 맞춘 제사보
다 못하다.

실제로 그 복을 받는다는 것은 길한 (-實受其福 吉大來也)
일이 크게 온다는 뜻이다.

동쪽 지방의 은(殷)나라 주왕(紂王)이 올린 푸짐하지만, 성의 없는 제사보다
서쪽 지방 주문왕(周文王)의 간소하지만, 성의 있는 제사가 더욱 복되었다는
뜻이다.

- 주희(朱熹)

〈既濟 上六爻〉

上六 濡其首 厲   유기수 려

(깊은 곳까지 지나치게 나아가서) 머리까   (-濡其首)
지 물에 적실 지경이니

위태롭다. (기제 상태를 더 이상 유지할 힘   (-厲)
이 없다.)

象曰 濡其首厲 何可久也   유기수려 하가구야

머리까지 적셔서 위태로우니 어찌 오
래 갈 수 있겠는가.

〈기제(既濟)괘의 실생활(實生活) 응용(應用)〉

① 모든 일이 이루어졌고 상황이 안정되었다. 뒷정리에 해당하는 일상의 자잘한
일에도 마음 쓰면서 현상유지에 힘쓴다.

② 성취감에 도취된 채로 지내지 말고, 그동안 도움 준 사람들에 대한 고마움을
잊지 않는다.

③ 부부간의 상호존중에 더욱 노력한다.

火水未濟 (화수미제)

☲ 離上 (리상)
☵ 坎下 (감하)

〈卦의 성격(性格) 요약(要約)〉

내괘(內卦)는 감(☵坎)이고 외괘(外卦)는 리(☲離)이다.

미제(未濟)괘는 모든 효가 부정위(正位)에 있다. 그러나 비록 부정위(正位)에 있지만 모든 효가 응(應)하고 있어서 서로 협력(協力)하는 상(象)이다. 初. 三. 五의 음(陰)효는 양위(陽位)에 있고, 二. 四. 上의 양(陽) 효는 음위(陰位)에 있어서 모든 효가 부정위(正位)에 자리하고 있다. 그러나 初효와 四효, 二효와 五효, 三효와 上효(爻)의 모든 효들이 서로 응(應)한다.

괘상(卦象)이 불(☲離/리)이 물(☵坎/감)의 위에 있는 형국(形局)이어서 미제(未濟)괘라고 한다. 불은 위로 타오르고 물은 아래로 흐르는 성질 때문에 서로 쓸 수가 없기 때문이다.

미제(未濟)괘는 천하(天下)의 모든 일이 혼란(混亂)한 상황(狀況)에 있음을 뜻한다. 그러나 사물(事物)은 유전(流轉)하기 때문에 혼란(混亂)도 영원할 수는 없다 (-未濟/미제) 광명 뒤에는 어둠이 오고 어둠 뒤에는 다시 광명이 온다. 모든 기제(既濟)가 초길종란(初吉終亂)의 일시적 광명상태임을 말하고 있다면 모든 미제(未濟)는 일치협력

(一致協力) 하면 이겨낼 수 있다는 것을 말하고 있다.

인간이 이루기를 바라는 모든 광명한 모습들은 이룬다 해도 일시적인 것이지만 그렇다 하더라도 그것이나마 구현(具現)해보고자 노력하는 것이 우리의 삶이다.

삶은 섬광(閃光)처럼 짧은 기제(旣濟)의 순간을 추구하는 투쟁 속에 펼쳐지는 영원(永遠)한 미제상태(未濟狀態)의 연속(連續)이다. 그러한 삶 속에서 수많은 사항을 주의하고 경계해야 하겠지만 주역에서 얻을 수 있는 마지막 교훈은 "무언가에 취하여 헤매지 말라"라는 것이다. 무엇에 취하면 그에 빠져서 언행(言行)이 정상(正常)을 벗어나기 때문이다. 주역은 이를 술자리에 비유(比喩)하여 만취(滿醉)하여 실수(失手)함을 경계(警戒)하였다. "飮酒濡其首 有孚失是/음주유기수 유부실시-〈未濟 上九爻辭/미제 상구효사〉"이니 "어울려 취하도록 마실 수는 있으나 주사(酒邪) 부리면 믿기 어려운 사람"으로 취급되므로 조심하여야 한다는 것이다.

미제(未濟)는 부제(不濟)가 아니다. 미제(未濟)괘는 미제자(未濟者)의 한계(限界)와 운명(運命)을 읊은 것이 아니라 미제자(未濟　者)가 기제(旣濟)를 향하여 걸어가야 할 과정(過程)을 밝히고 있다.

미제자(未濟者)는 젊고 힘찬 기운이 있어서 신뢰(信賴)할만한 인품(人品)이어야 장래가 유망(有望)하다. 젊고 힘찬 기운이란 올바른 경륜(經綸)을 품고 사물(事物)을 분별(分別)하며 때를 기다리는 것을 가리킨다. (-居方以待機會/거방이대기회) 신중(愼重)하게 기다리되 "지금이 기회(機會)다"라고 생각되는 때가 오면 도전(挑戰)과 모험(冒險)을 과감히 결단(決斷)하고 행동(行動)할 줄 알아야 한다. 미제자(未濟者)의 기다림은 눈앞의 이익(利益)과 안일(安逸)에 연연하지 않고 쉼 없이 조심하며 노력하는 것이다. 전진(前進)할수록 호조(好調)를 보이는 것이 미제자(未濟者)의 앞날이다.

미제(未濟)를 벗는 사람들의 유형(類型)을 보면,

① 인간관계(人間關係)에서 신뢰(信賴)를 받는다.

② 기미(幾微)를 읽어 때를 맞추어 움직인다.

③ 국가(國家)와 공동체(共同體)를 위하여 큰일을 하겠다는 포부(抱負)가 있다.

④ 학식(學識)과 덕망(德望)이 높아 사람들로부터 존경(尊敬)을 받는다.

⑤ 긍정적(肯定的)이고 적극적(積極的)인 자세로 서둘지 않고 꾸준히 노력한다.

〈괘사(卦辭)와 단사(彖辭), 대상사(大象辭)〉

卦辭:

未濟 亨 小狐汔濟 濡其尾 无攸利

미제 형 소호흘제 유기미 무유리

미제는 아직 다 이루지 못하여 경륜 (-未濟 亨)
을 품고 때를 기다림이니 크게 성장
한다.

어린 여우가 날쌔게 건너려다가 한 (-小狐汔濟 濡其尾 无攸利)
걸음을 남긴 채 꼬리를 적시면 이로
울 것이 없다.

---

*狐=호. 여우.
*狐裘=호구. 여우 겨드랑이의 흰털가죽 옷(-貴人/귀인의 옷).
*狐裘蒙戎=호구몽융. 호구의 털이 흐트러진 모양.
　　　　부귀한 기득권자들의 문란으로 나라가 어지러움을 비유함.
*狐埋之而狐搰之 是以無成功=호매지이호골지 시이무성공. (-중국속담)
　-지나치게 의심이 많으면 무슨 일을 이루지 못한다.
*搰=골. 파내다. 들추다. 어지럽게 하다.
*狐死兔泣=호사토읍. 동류의 불행을 슬퍼한다.
*汔=흘. ①날래다(汔/흘). 씩씩한 모양(-壯勇之狀/장용지상). 높다. 머리를 들다.

---

②거의.

③물이 마르다.

*汔濟 濡其尾= 흘제 유기미.

　　　　①날쌔게 건너다가 꼬리를 적시다.

　　　　②거의 건너다가 한 걸음을 남긴 채 꼬리를 적시다.

象曰

未濟亨 柔得中也　　　　　　미제형 유득중야

小狐汔濟 未出中也　　　　　소호흘제 미출중야

濡其尾无攸利 不續終也　　　유기미무유리 불속종야

雖不當位 剛柔應也　　　　　수부당위 강유응야

미제(未濟)가 크게 성장하는 것은 부드　　(-未濟亨 柔得中也)
러운 六五가 중도(中道)를 얻었기 때문
이다.

"어린 여우가 거의 건녔다(汔濟/흘제)"　　(-小狐汔濟 未出中也)
는 아직은 가운데에서 나오지 못했다
는 뜻이다.

꼬리를 적셔서 이로울 바가 없다는　　　(-濡其尾无攸利)
것은

용감한 건넘을 끝까지 계속하지는 못　　(-不續終也)
한다는 말이다.

모든 효(爻)가 정위치를 벗어나서 비　　(-雖不當位)
록 자리가 마땅하지는 않으나

강(剛)과 유(柔)가 서로 호응(呼應)하여　　(-剛柔應也)
협력한다. (그러므로 신중(愼重)하게 일치
협력(一致協力) 하면 건넘을 이룰 수 있다.)

가지지 못한 사람들일수록 상호협조(相互協助)가 중요하다는 뜻이다.

象曰

火在水上 未濟   화재수상 미제

君子以 愼辨物 居方   군자이 신변물 거방

불이 물 위에 있어서 서로 이루어주   (-火在 水上 未濟)
는 위치를 얻지 못한 것이 미제(未濟)
이다.

군자는 이것을 보고   (-君子以)

사물을 신중하게 변별(辨別)하여 적재   (-愼辨物 居方)
적소(適材適所)에 둔다.

*居方=거방. 사물을 적재적소(適材適所)에 두다.

〈未濟 初六爻〉

자신의 재주와 힘을 헤아리지 않고 나아가면 곤란을 겪는다.

初六 濡其尾 吝   유기미 린

(앞을 내다보지 못하고 강을 건너려다가)
꼬리를 적시는 곤경(困境)에 처하여 아
쉬워한다.

象曰 濡其尾 亦不知極也　　　　유기미 역부지극야

그 꼬리를 적셔서 곤경에 처한다는　　(-濡其尾)
것은
역시 그 막다른 지경이 어디일지를　　(-亦不知極也)
모르기 때문이다.

　기제(旣濟)의 初九는 "曳其輪 濡其尾 无咎/ 예기륜 유기미 무구"이다. 물을 건너다
꼬리가 젖으면 후퇴하는데 그렇게 하더라도 허물이 없다. 그러므로 경험 삼아 모
험을 시도해볼 여유가 있다.
　그렇지만 미제(未濟)의 初六은 "濡其尾 吝/유기미 린"이다. 물을 건너다 꼬리가
젖어서 후퇴한 것은 마찬가지인데 그러면 곤경에 처하게 된다. 경험 삼아 꼬리를
적셔보는 따위의 모험을 해볼 여유가 없다.

*極=극. ①한계. 다하다. 막다른 지경.
　　②다다르다.
　　이르다(-誰因誰極/수인수극-누구가 있어 그 말을 이르겠는가) -〈시경(詩經)용풍(鄘風)재치(載
　　馳)〉).

〈未濟 九二爻〉

九二 曳其輪 貞 吉　　　　　　예기륜 정 길

수레바퀴를 뒤로 끌어 나아감을 늦　　(-曳其輪)
춘다.

자중(自重)하니 길하다. (-貞吉)

음유(陰柔)한 군주(-六五)가 미제(未濟)의 어려움 속에 있다. 九二는 유능한 신하로서 六五와 호응하여 그 어려움을 이겨내야 할 위치에 있다. 그러므로 九二는 기세등등(氣勢騰騰)하지 말고 신하(臣下)로서 공손(恭遜)해야 한다. 그리고 실수하면 안 된다. 조급(躁急)하게 서둘지 말고 언행(言行)에 신중(愼重)해야 길하다.

象曰 九二貞吉 中以行正也　　　　**구이정길 중이행정야**

九二가 올곧아서 길한 것은 중도(中道)를 지켜서 올바르게 행동하기 때문이다.

〈未濟 六三爻〉

六三 未濟 征 凶 利涉大川　　　　**미제 정 흉 이섭대천**

아직 일이 성사될 때가 아닌데 무리하게 나아가면 흉하다. (-未濟 征 凶)

큰 강을 건너는 일과 같은 대사업은 충분히 준비한 후에 벌여야 이롭다. (-利涉大川)

미제(未濟)는 부제(不濟)가 아니다. 때를 기다리는 것이다. 장차 큰 어려움을 헤쳐 나아갈 때 한번 쓰려고 힘을 축적하며 기다리는 것이다. 큰 어려움을 해결하면 작은 것들은 저절로 해결된다.

象曰 未濟征凶 位不當也   미제정흉 위부당야

아직 일을 이룰 때가 아닌데 맹진(猛   (-未濟征凶),
進)하면 흉하다는 것은
음(陰)인 六三이 양위(陽位)인 삼효(三   (-位不當也)
爻)에 위치하고 있기 때문이다.

〈未濟 九四爻〉

九四 貞 吉 悔亡 震用伐鬼方   정 길 회망 진용벌귀방
三年 有賞于大國   삼년 유상우대국

올곧게 지조를 관철하면 길하여 후회   (-貞 吉 悔亡)
가 사라진다.
벼락같이 당당하게 움직여 먼 나라를   (-震用伐鬼方)
정벌(征伐)한다.
삼 년 후에는 대국(大國)의 상을 받아   (-三年 有賞于大國)
소국(小國)의 제후(諸侯)가 될 것이다.

*震=①진. 벼락. 심하게 움직이다(-動之極/동지극). 두려워 떨다. 성내다.
　②신. 아이 배다(娠/신).
*鬼=귀. ①멀다(-高宗伐鬼方/고종벌귀방). 지혜롭다.
　　②귀신.

象曰 貞吉悔亡 志行也　　　　　　　정길회망 지행야

올곧으면 길하고 후회할 일이 사라진
다는 것은 뜻한 바를 실행(實行)하기
때문이다.

九四는 대신(大臣)으로서 군주를 떨게 할 만큼 강(剛)한 위엄(威嚴)을 가지고 있다.
만약 그것으로 군주를 떨게 한다면 후회하게 될 것이다. 九四는 그 위엄(威嚴)을 먼
나라인 귀방(鬼方)을 정벌하는 데 써야 한다. 그렇지 않으면 그 위엄으로 달리 좋
은 뜻을 펼칠 곳이 없다. 대신(大臣)으로서 군주에게는 올곧으면서 적에게는 위엄
을 써야 후회가 없어진다. 九四는 양(陽)이 음위(陰位)에 있다. 그의 자질(資質)에 비
추어 바른 자리에 있는 것이 아니다. 바른 자리가 아닌 곳에 있으면서 힘써 바르게
처신하여 후회 없이 되기를 바란다면(-能勉而貞 悔亡) 먼 나라를 정벌하는 등의 일에
양강(陽剛)의 자질을 지극히 발휘하여 나라에 공을 세우는 데 오랫동안 노력하여야
한다(-震用伐鬼方三年).

모름지기 상사(上司)가 경계(警戒)할 만큼 실력(實力)과 위엄을 가진 부하(部下)는 상
사가 그의 경쟁자들을 누를 수 있도록 돕는 데 자기의 실력을 써야 한다. 그렇지
않으면 후회가 온다.

〈未濟 六五爻〉

미제(未濟)와 기제(旣濟)의 구분을 초월(超越)하여 만인(萬人)의 믿음과 추앙(推仰)을
받으려면 학식(學識)과 덕망(德望)을 쌓는 데 성공(成功)하는 길뿐이다.

六五 貞 吉 无悔 君子之光 有孚 吉　　　정 길 무회 군자지광 유부 길

六五는 지조(志操)가 올곧아서 후회할　　(-貞 吉 无悔)
일이 없다.
군자의 덕이 빛나니 여러 사람의 신　　(-君子之光 有孚 吉)
뢰를 받아서 길할 것이다.

九二와 호응하고 이웃한 九四 및 上九와는 친하므로 세 효가 모두 신뢰하기 때문에 六五는 덕(德)이 빛나는 군자이다. 미제자(未濟者)에게는 다른 무엇보다도 신뢰받는다는 것이 가장 중요한 일이다.

象曰 君子之光 其暉吉也　　　군자지광 기휘길야

군자의 덕이 빛나니 그 빛남이 바로
길한 것이다.

*暉=휘. 빛(light).

〈未濟 上九爻〉

上九
有孚于飮酒 无咎　　　유부우음주 무구
濡其首 有孚失是　　　유기수 유부실시

서로 믿으면서-어울려 즐겁게-술을   (-有孚于飮酒 无咎)
마시는 것은 허물이 아니다.

그러나 머리를 적실 정도로 취해서   (-濡其首)
주사(酒邪)를 부릴 정도로 지나치게 마
시는 것은

아무리 믿는 사이에서 벌어지는 일이   (-有孚失是)
라 할지라도 온당하지 못하다.

象曰 飮酒濡首 亦不知節也   **음주유수 역부지절야**

술을 마셔서 머리를 적신다는 것은
역시 절제(節制)를 모른다는 뜻이다.

　믿는 사람들과 술잔을 나누며 기회를 기다리는 것은 허물될 일이 아니지만, 기
회가 왔을 때도 술만 마시고 있다면 어찌 그 기회를 살릴 수 있으랴. 그러니 술 조
심하라는 것이다. 조심하지 않으면 술에 빠져서 기회도 잃고 주사(酒邪) 부리다가
신뢰(信賴)도 잃는다.

　기제(旣濟) 각(各) 효(爻)의 응(應)은 모두 마땅한 자리에서 안주(安住)하며 세속
(世俗)의 득(得)이 있기 때문이고, 미제(未濟) 각(各) 효(爻)의 응(應)은 모두 마땅
하지 않은 자리에 있음에도 신뢰(信賴)를 바탕으로 화합(和合)하기 때문이다.
미제(未濟) 각(各) 효(爻)의 뜻이 기제(旣濟)의 그것들보다 낫다.

　　　　　　　　　　　　　　　　　　　　　　　　- 왕부지(王夫之)

주역(周易) 64괘와 384효의 마지막 훈계(訓戒)는 무언가에 홀린 듯 빠져들면 안 된다는 것이다. 그것을 술에 빗대어 절주(節酒)하라는 것과 주사(酒邪)를 조심하라는 것으로 표현하였다.

〈미제(未濟)괘의 실생활(實生活) 응용(應用)〉

① 두루 균형을 갖춘 힘을 바탕으로 번영을 추구한다. 그러나 내부에 약점이 많다. 그러므로 장점을 키우고 홍보해 나가되 내부의 약점을 노출시키지 않도록 주의한다.

② 취미를 가지되 그것에 몰입하지는 않는다. 무언가에 몰입하면 판단력이 흐려진다.

③ 술자리를 가지되 취하여도 주사(酒邪) 부리지 않는다.

④ 居方以待機會/거방이대기회, 바른 경륜을 품고 신중하되 기회를 만나면 자기 포부를 알 리는 일에 주저하지 않는 젊은이는 장래가 유망하다.

제4부

경문(經文)에 대한
해설서(解說書)인
열 가지 전(傳) = 십익(十翼)

一. 이해(理解)의 편의(便宜)를 위한 간추림

1. 〈주역 경전(周易經傳)의 구성〉

① 경(經)–상경(上經)과 하경(下經)

 -괘상(卦象): 상경(上經) 30괘상. 하경(下經) 34괘상

 -괘사(卦辭): 각각의 괘상에 대한 종합적 해설로서 단사(彖辭)라고도 한다.

 -효사(爻辭): 각각의 효(爻)에 대한 뜻을 설명하고 그의 길흉(吉凶)을 판단한 것이다.

② 전(傳)=십익(十翼)

 경(經)의 뜻을 파악(把握)하도록 도와주는 열 가지 해설서(解說書)로서, 단전(彖傳) 상(上)과 하(下), 상전(象傳) 상(上)과 하(下), 문언전(文言傳), 계사전(繫辭傳) 상(上)과 하(下), 서괘전(序卦傳), 설괘전(說卦傳), 잡괘전(雜卦傳)을 말한다. 원래 공자(孔子)의 저술(著述)로 전해지고 있으나, 실제로는 전국시대(戰國時代) 중기(中期)부터 한(漢)의 초기(初期)에 걸쳐서 여러 사람이 지은 것으로 추정(推定)된다.

십익(十翼) 중에서 단전(彖傳) 상(上)과 하(下), 상전(象傳) 상(上)과 하(下), 문언전(文言傳) 등 다섯 가지는 경문(經文) 각각(各各)의 괘-효사(卦-爻辭) 아래에 분산되어 적혀있다.

2. 〈십익(十翼)의 종류와 내용〉

- 단전(彖傳) 上, 下: 64괘의 각(各) 괘사(卦辭)를 풀이한 책이다. 각 괘사(卦辭)에 뒤이어 "단왈(彖曰)"로 표시된 부분이다. 괘(卦)의 이름과 형태, 괘사(卦辭)의 전반적 내용 등에 관하여 이론적 근거를 제시하며 설명한 것이다.

- 상전(象傳) 上, 下: 각(各) 괘(卦)의 형상(形象)을 기본으로 하여 괘(卦)와 효(爻)의 모양과 위치가 상징(象徵)하는 뜻을 설명하였으며 괘(卦)를 해석한 것을 대상(大象), 효(爻)를 해석한 것을 소상(小象)이라 한다.

대상(大象)의 전반부(前半部)는 괘의 모습을 직관적(直觀的)으로 포착(捕捉)하여 괘명(卦名)의 뜻을 풀이한 것이고, 후반부(後半部)에서는 괘의 모습에 근거(根據)하여 인간의 윤리적(倫理的)인 행동 규범을 제시(提示)하였다.

단전(彖傳)과 상전(象傳)은 언제부턴가 괘사(卦辭)와 효사(爻辭)별로 분할(分割)하여 해당(該當) 괘-효사(卦-爻辭)의 밑에 배치(配置)하였다. 각(各) 괘-효사(卦-爻辭)에 가까이 배치함으로써 그 해석을 돕게 한 것이다. "단왈(彖曰)", 또는 "상왈(象曰)"로 표시된 부분이다.

- 문언전(文言傳): 건괘(乾卦)와 곤괘(坤卦)에만 있다. 주역의 기본사상은 대체로 건(乾)과 곤(坤) 두 괘에 나타나 있기 때문에 이 두 괘를 특별히 자세하게 설명(說明)한

것이 문언전이다. 괘(卦)의 형상(形象)보다는 괘-효사(卦-爻辭)의 의미를 유가(儒家)의 입장에서 규범적(規範的)으로 해석해서 의리역학(義理易學)의 단서(端緒)를 열어놓은 것이다.

"문언(文言)"은 "아름답게 장식(裝飾)하는 말"이라는 뜻이다. 주역의 근본(根本)인 건괘(乾卦)와 곤괘(坤卦)를 특별히 아름답게 꾸민 것이다. 문언전도 건괘와 곤괘의 해당(該當) 괘-효사(卦-爻辭)의 밑에 배치하였다. "문언왈(文言曰)"로 표시된 부분이다.

- 계사전(繫辭傳) 상(上). 하(下): 주역의 경문(經文)인 64괘사(卦辭)와 384효사(爻辭)의 총체적(總體的)인 의미(意味)와 개별적(個別的)인 이용사례(利用事例)를 밝힌 책이다. 공자(孔子)가 지었다고 한다. 계사전은 주역의 심오(深奧)한 사상(思想)과 이론을 종합하고 체계화한 책이다. 단순한 해설(解說)을 넘어서 주역(周易)을 소재 삼아 독자적인 철학을 담고 있다. 주역은 원래 점서(占筮)에 쓰인 책으로 인식(認識)되어 왔으나 계사전에 의해서 단순한 점서서(占筮書)가 아닌 철학서(哲學書)가 되었다. 자연철학(自然哲學)과 실천윤리(實踐倫理)를 제시(提示)하는 유가(儒家)의 경전(經傳)으로 대우(待遇)받게 된 것이다.

- 설괘전(說卦傳): 팔괘(八卦)의 형상(形象)과 팔괘(八卦) 각각(各各)의 음양(陰陽)과 강유(剛柔)라는 기본성격(基本性格) 및 팔괘(八卦)가 상징(象徵)하는 사물(事物) 등을 설명한 책이다.

- 서괘전(序卦傳): 64괘의 배열근거(配列根據)를 밝히면서 괘의 순서에 철학적 의미를 부여한 책이다. 주역은 보통 상편(上篇)과 하편(下篇)의 두 권으로 구분하는데 서괘전(序卦傳)의 순서에 따라 상편(上篇)은 첫 번째인 건(乾)괘로부터 30번째인 리

(離)괘까지이고 하편(下篇)은 31번째인 함(咸)괘로부터 맨 끝인 64번째 미제(未濟)괘까지이다. 맨 끝에 미제(未濟)괘가 있도록 함으로써 만물변화(萬物變化)의 무궁(無窮)함과 삶의 끊임없는 순환적(循環的) 발전(發展)을 상징적(象徵的)으로 표현(表現)하였다.

서괘전을 통하여 볼 수 있는 주역의 사상(思想)은 낳고 낳는 일이 연이어 일어남으로써 만물이 존재한다는 생생정신(-生生精神), 역도(易道)는 돌고 돌며 끊임없이 흐른다는 진리(眞理)의 보편운행(-普遍運行), 사람의 이치는 하늘의 이치와 다르지 않다는 인내천(人乃天)과 천인상응(-天人相應), 상착(相錯)과 반대(反對)가 합(合)하여 하나의 통일(統一)된 전체(全體)를 이룬다는 대립통일(對立統一)의 이치와 상보성원리(相補性原理) 등이다.

64괘의 배열(配列)은 대부분 착괘(錯卦)가 뒤따르고 있거나 종괘(綜卦)가 따르고 있다. 건(乾)괘 다음에 곤(坤)괘, 감(坎)괘 다음에 리(離)괘처럼 음양(陰陽)이 서로 바뀐 것이 착괘(錯卦)에 의한 순서이고 준(屯)괘 다음에 몽(蒙)괘, 수(需)괘 다음에 송(訟)괘, 함(咸)괘 다음에 항(恒)괘 등으로 앞에 있는 괘의 위와 아래를 뒤집어 놓은 것이 종괘(綜卦)에 의한 순서이다.

- 잡괘전(雜卦傳): 건(乾)은 강(剛)하고 곤(坤)은 부드러우며(-乾剛坤柔), 비(比)는 즐겁고 사(師)는 근심스럽다(-比樂師憂) 등으로 괘(卦)의 의미가 서로 반대인 것끼리 두 개씩 모아서 비교(比較)해 봄으로써 괘(卦)의 의미를 바르게 이해(理解)하도록 돕고자 한 책이다.

단전(彖傳)과 상전(象傳), 문언전(文言傳)은 이미《周易 本文 上, 下經》에서 서술(敍述)하였다. 그러므로 계사전을 비롯한 십익(十翼)의 나머지 전(傳)들만 서술한다.

二. 계사전(繫辭傳) 상(上)

　　우리나라를 포함(包含)한 한자문화권(漢字文化圈)의 주요(主要) 철학개념(哲學概念)인 태극(太極), 도(道), 성(性), 인(仁), 명(命), 리(理), 선(善), 의(義), 덕(德) 등은 모두 계사전에서 나온 개념들이다.

　　십익(十翼) 중에서 단전(彖傳), 상전(象傳), 문언전(文言傳) 등이 괘, 효사(卦, 爻辭)를 개별적(個別的)으로 설명한 각론서(各論書)라면 계사전(繫辭傳)은 주역의 자연철학과 실천윤리를 설명(說明)한 총론서(總論書)에 해당(該當)한다.

　　계사전은 주역에 대한 총론서(總論書)에 해당(該當)한다. 계사전을 통하여 주역사상의 철학적 면모를 들여다볼 수 있다. 주희(朱熹)는 계사전의 상편(上篇)과 하편(下篇)을 각각 12장으로 나누어 해설하였다.

계사전(繫辭傳) 상(上) 一 장(章)

　　주역의 기본 이치를 담고 있는 건괘(乾卦)와 곤괘(坤卦)에 대한 설명이다. 건(乾/天)과 곤(坤/地)의 대립과 통일이 우주를 이룬 근본 구성 원리이다. 모든 사상(事象)은 고립이 아닌 관계망 속에서 대립과 상호작용을 통하여 존재한다. 양강(陽剛)과 음유(陰柔)의 부딪침으로 팔괘(八卦)의 변화가 생기고 팔괘(八卦)가 다시 결합하여 64괘(卦)의 변화가 생기니 그 변화의 원리와 내용을 설명한 것이 주역이다.

天尊地卑 乾坤定矣	천존지비 건곤정의
卑高以陳 貴賤位矣	비고이진 귀천위의

動靜有常 剛柔斷矣	동정유상 강유단의
方以類聚 物以群分 吉凶生矣	방이류취 물이군분 길흉생의
在天成象 在地成形 變化見矣	재천성상 재지성형 변화현의
是故 剛柔相摩 八卦相盪	시고 강유상마 팔괘상탕
鼓之以雷霆 潤之以風雨	고지이뢰정 윤지이풍우
日月運行 一寒一暑	일월운행 일한일서
乾道成男 坤道成女	건도성남 곤도성녀
乾知大始 坤作成物	건지대시 곤작성물
乾以易知 坤以簡能	건이이지 곤이간능
易則易知 簡則以從	이즉이지 간즉이종
易知則有親 易從則有功	이지즉유친 이종즉유공
有親則可久 有功則可大	유친즉가구 유공즉가대
可久則賢人之德 可大則賢人之業	가구즉현인지덕 가대즉현인지업
易簡而天下之理得矣	이간이천하지리득의
天下之理得而成位乎其中矣	천하지리득이성위호기중의

하늘은 높아서 존엄하고(尊) 땅은 낮아서 가까우니(卑) 건곤이 정해진다.	(-天尊地卑 乾坤定矣)
낮아서 친근한 것과 높아서 존엄한 것이 배열(配列)되어 있으면 귀천(貴賤)이 생긴다.	(-卑高以陳 貴賤位矣)
물질이 형성되는 움직임-음양(陰陽)의 동정(動靜)-에는 일정한 틀이 있고	(-動靜有常)

형성된 물질의 강(剛)하거나 부드러운 (柔) 성질은 분명히 구별되므로 그것으로 변화를 판단할 수 있다.　(-剛柔斷矣)

지역에 따라서 모여 있는 사물의 개성이 다르고　(-方以類聚)

만물이 무리로 나뉘어 있어서 공존하는 그 상호작용의 잘잘못에 의하여　(-物以群分)

길흉(吉凶)이 생긴다 (吉凶은 爻들의 位置에 따른-應, 比, 承, 乘-關係와 時機 狀況이 만들어낸다.)　(-吉凶生矣).

하늘에는 일월(日月)과 별이라는 천체 (天體)의 작용 현상이 있고　(-在天成象)

땅에는 동식물이 생겨서 살아가는 현상에서 변화가 나타난다.　(-在地成形 變化見矣)

그러므로 강한 것과 부드러운 것이 서로 비비대어 교감하고　(-是故 剛柔相摩)

팔괘의 현상이 서로 흔들어서 (變化는 剛柔가 서로 비비대어 交感하고 事物이 現象을 서로 흔들어서 생긴다.) (-八卦相盪) 변화를 낳는 것이다.

우레로 만물의 힘을 부추겨 돋우고 비바람으로 윤택하게 하며　(-鼓之以雷霆 潤之以風雨)

해와 달이 운행하니 추위와 더위가 나타난다.　(-日月運行 一寒一暑)

건은 남성적인 것을 이루고, 곤은 여성적인 것을 이룬다.　(-乾道成男 坤道成女)

건(乾-宇宙의 作用)은 생명의 시동(始動)　　(-乾知大始)
을 알아서 다스리고

곤(坤-大地의 作用)은 그것을 받아 유형　　(-坤作成物).
(有形)의 물건을 만든다

건(乾-宇宙의 作用)은 쉽게 이해(理解)　　(-乾以易知)
하고

곤(坤-大地의 作用)은 간단(簡單)하고 능　　(-坤以簡能).
숙(能熟)하게 행한다

우주의 작용은 평범하여서 알기 쉽　　(-易則易知 簡則以從)
고, 대지의 작용은 간명하여서 따르
기 쉽다.

쉽게 알면 친하게 되고, 쉽게 따르면　　(-易知則有親 易從則有功)
이루는 것이 있게 된다.

친함이 있으면 오래 갈 수 있고, 공을　　(-有親則可久 有功則可大)
세우면 커질 수 있다.

오래가게 할 수 있음은 현인(賢人)의　　(-可久則賢人之德 可大則賢人之業)
덕이요, 크게 할 수 있음은 현인의 업
적이다.

쉽고 간단하게 천하의 이치대로 하며　　(-易簡而天下之理得矣)

천하의 이치대로 하는 속에서　　(-天下之理得)

삶의 가치실현(價値實現)이라는 인간　　(-而成位乎其中矣)
본연(本然)의 자리를 찾아서 이룬다.

쉽게 알고 간단하게 행하는 건곤(乾坤)의 덕(德)을 체득(體得)하면 앎은 항상 명확(明確)하고, 행동(行動)은 항상 정당(正當)하게 된다. 그러나 순수한 쉬움(易)과 순수한 간단함(簡)을 체득하기는 어려운 일이다.

백거이(白居易)의 부모는 두 아들의 이름을 계사전의 〈易簡/이간〉을 써서 지었다. 큰아들은 거이(居易-易에 居한다-)라 짓고 둘째는 행간(行簡-간략함을 실천한다-)이라 지었다. 백거이(白居易:772~846)의 자(字)는 낙천(樂天)이다. 장한가(長恨歌), 비파행(琵琶行) 등을 지은 중당(中唐)의 시인이다. 居易, 樂天 등 이름이 좋았던 덕택이었는지 그 시절로서는 드물게 안락한 생활을 하며 장수하였다.

*知=지. 다스리다. 나타내다. 알리다. 주장하다.
*尊=①존. 높이가 높다. 소중하게 생각하다. 지위가 높은 사람.
  　　②준. 술통. 좇다. 따르다(遵)---(君尊用之-墨子).
*卑=비. 낮다. 가깝다. 알기 쉽다. 천하다. 업신여기다. 쇠퇴하다.
*方=방. 있는 곳(-神无方). 땅. 비교하다(-子貢方人). 같은 무리. 방법.
*陳=진. 늘어놓다.
*陳蕃下榻=진번하탑. 빈객을 공경하다. [후한의 진번이 특별한 의자 하나를 마련하여 걸어 두었다가 소중
  　　　　　한 벗인 周璆(주구) 또는 徐穉(서치)가 오면 내려서 우대한 고사에서 유래.]
*摩=마. 어루만지다. 문질러 연마하다. 가까이 다가가다. 감추다. 헤아리다.
*摩頂放踵=마정방종. 정수리부터 닳아서 발꿈치까지 이른다.
  　　　　(자기를 돌보지 않고 남을 깊이 사랑함을 이르는 말-墨子兼愛 摩頂放踵--〈孟子〉)
*盪=탕. ①밀다(-八卦相盪). ②깨끗하게 씻다.
*八卦相盪=팔괘상탕. 六十四괘는 八괘가 서로 밀어 오르내리며 위치가 바뀐 것이다.
*鼓=고. ①부추기다(鼓舞). 바람을 넣어 부풀다. ②북을 치다.
*霆=정. ①천둥소리. ②번개. ③떨다. 펄럭이다. ④세차고 빠르다.

계사전(繫辭傳) 상(上) 二 장(章)

역(易)은 천(天), 지(地), 인(人)의 도리(道理)를 나타낸다. 그러므로 평소에 잘 익혀두었다가 일이 있을 때 점쳐서 활용하면 유익하다.

聖人設卦觀象 繫辭焉而明吉凶　　　　성인설괘관상 계사언이명길흉
剛柔相推而生變化　　　　　　　　　　강유상추이생변화

是故 吉凶者 失得之象也

悔吝者 憂虞之象也

變化者 進退之象也

剛柔者 晝夜之象也

六爻之動 三極之道也

是故 君子所居而安者 易之序也

所樂而玩者 爻之辭也

是故 君子居則觀其象而玩其辭

動則觀其變而玩其占

是以自天祐之 吉無不利

是故 吉凶者 失得之象也	시고 길흉자 실득지상야
悔吝者 憂虞之象也	회린자 우우지상야
變化者 進退之象也	변화자 진퇴지상야
剛柔者 晝夜之象也	강유자 주야지상야
六爻之動 三極之道也	육효지동 삼극지도야
是故 君子所居而安者 易之序也	시고 군자소거이안자 역지서야
所樂而玩者 爻之辭也	소락이완자 효지사야
是故 君子居則觀其象而玩其辭	시고 군자거즉관기상이완기사
動則觀其變而玩其占	동즉관기변이완기점
是以自天祐之 吉無不利	시이자천우지 길무불리

성인이 천지 만물의 형상을 살펴서 팔괘와 육십사괘를 만들고 말을 붙여 길흉을 밝혔다.

(-聖人設卦觀象 繫辭焉而明吉凶)

굳센 것과 부드러운 것이 서로 옮겨 가서 변화가 생긴다.

(-剛柔相推而生變化)

그러므로 길흉의 구분이란 잃고 얻는 것의 형상이요

(-是故 吉凶者 失得之象也)

뉘우치고 아쉬워하는 것은 헤아려 근심하는 현상이다.

(-悔吝者 憂虞之象也)

변화한다는 것은 전진하고 후퇴하는 움직임을 뜻하는 것이요

(-變化者 進退之象也)

굳셈과 부드러움은 생명력 넘치게 활동하는 낮과 조용히 쉬는 어두운 밤의 이치를 뜻한다.

(-剛柔者 晝夜之象也)

여섯 효의 움직임은 삼극(三極-天, 地, 人)의 지극한 법칙을 나타내는 것이다.	(-六爻之動 三極之道也)
그러므로 군자가 터 잡아 살면서 편안히 여기는 것은 주역이 마음에 주는 질서이고	(-是故 君子所居而安者 易之序也)
즐기며 음미하는 것은 효의 말이다.	(-所樂而玩者 爻之辭也)
그래서 군자가 평상시에는 괘의 상징적 의미를 생각하며 괘사와 효사의 뜻을 음미하고	(-是故 君子居則觀其象而玩其辭)
일이 생겨서 움직일 때는 점괘를 음미하여 변화를 살핀다.	(-動則觀其變而玩其占)
이리해서 하늘이 도우니 길하여서 이롭지 않음이 없는 것이다.	(-是以自天祐之 吉無不利)

나의 생명(生命)이 낮과 밤의 되풀이처럼 후손(後孫)을 통하여 지속(持續)된다고 보는 것이 동양(東洋)의 생사관(生死觀)이다.

군자는 역(易)의 질서에 안주(安住)하고 역(易)의 효사(爻辭)를 즐기는 사람이다. 일상(日常)에는 역(易)의 상(象)과 사(辭)를 맛보고 행동(行動)을 일으킬 때는 역(易)의 변(變)과 점(占)을 참조(參照)한다. 그렇게 함으로써 하늘의 도움을 받아 길(吉)하게 된다. 만사(萬事)가 순조로워지는 것이다.

---

*剛柔=강유. 낮과 밤. 단단함과 부드러움. 생(生)과 사(死). 양(陽)과 음(陰). 남자와 여자.
*玩其辭=완기사. 스스로 효사의 뜻을 음미(吟味)해보며 즐기는 것.
*慮=우. 근심하다. 헤아리다.
*玩=완. ①희롱. 노리개 삼아 즐기다(-玩人喪德 玩物喪志〈書經〉).
　　　②진기한 물건(-玩好女樂).
　　　③익숙하다(-玩其文也久矣).

*祐=우. 지신(地神)이 돕다.
*吉凶=길흉. 길(吉)은 얻는 것(得)이고 흉(凶)은 잃는 것(失)이다. 길흉(吉凶)은 득실(得失)의 관점(觀點)일
  뿐이다. 선악(善惡)의 가치판단이 아니다. 얻는 것(得)이 반드시 좋거나 성공한 것을 의미하지는 않
  는다. "병을 얻었다."라는 말을 보면 그 뜻을 분명히 알 수 있다.
*悔吝=회린. 회(悔)와 린(吝)은 모두 근심하고 걱정하는 모습이지만 회(悔)는 뉘우치는 것이고, 린(吝)은 아
  쉬워하거나 창피하게 여기거나 부끄러워하는 것이다. 회(悔)는 현재의 상태를 반성하면서 마음속으
  로 근심하는 것이고 린(吝)은 현재의 상태를 창피하게 여기면서 입으로만 걱정하는 것이다.그래서
  회(悔)는 길(吉)로 나아가기 쉽고, 린(吝)은 흉(凶)으로 나아가기 쉽다.
*길흉회린(吉凶悔吝)은 움직임에서 나온다. (-吉凶悔吝者 生乎動者也-繫辭 下 1章) 움직임(-行動)이 없
  으면 길흉회린(吉凶悔吝)도 없다.

계사전(繫辭傳) 상(上) 三 장(章)

괘사(卦辭)와 단사(彖辭), 효사(爻辭)에 담긴 뜻을 파악(把握)할 때 주의(注意)할 점.

彖者 言乎象者也	단자 언호상자야
爻者 言乎變者也	효자 언호변자야
吉凶者 言乎其失得也	길흉자 언호기실득야
悔吝者 言乎其小疵也	회린자 언호기소자야
无咎者 善補過也	무구자 선보과야
是故 列貴賤者 存乎位	시고 열귀천자 존호위
齊小大者 存乎卦	제소대자 존호괘
辯吉凶者 存乎辭	변길흉자 존호사
憂悔吝者 存乎介	우회린자 존호개
震无咎者 存乎悔	진무구자 존호회
是故 卦有小大陰陽 辭有險易	시고 괘유소대음양 사유험이
辭也者 各指其所之	사야자 각지기소지

단(彖)은 괘상(卦象=卦全體)에 대하여 말하는 것이요

(-彖者 言乎象者也)

효(爻)는 음양(陰陽) 변화로 나타나는 기미(幾微)에 따른 움직임을 설명한 것이다.

(-爻者 言乎變者也)

길흉(吉凶)은 얻고 잃음, 즉 성공과 실패를 말하는 것이다.

(吉凶者 言乎其失得也)

후회함(悔)이나 아쉬워함(吝)은 아직 실(失)에는 이르지 않았지만 시위(時位)의 부당(不當)이나 강유(剛柔)에 다소의 흠이 있는 것을 말한다.

(-悔吝者 言乎其小疵也)

"허물이 없다(-无咎)"라는 것은 아직 득(得)에는 이르지 못하였지만 잘못된 것(過誤=흠)을 잘 고쳐서 좋게 만드는 것을 뜻한다.

(-无咎者 善補過也)

(모든 길흉화복(吉凶禍福)은 스스로가 초래(招來)하는 것이다.) 그러므로 주역의 점괘(占卦)에 나오는 단사와 효사를 참고하여 살아가고자 할 때는 다음의 사항들에 유의하여야 한다.

(-是故)

① 귀함과 천함의 서열은 효(爻)의 위치(位置)에 있다.

(-列貴賤者 存乎位)

② 모든 대소(大小)의 괘(卦)들은 현상(現象)을 정돈(整頓)하여 표현(表現)한 것일 뿐이다. 특별히 좋은 괘(卦)와 나쁜 괘(卦)가 결정되어 있는 것은 아니다.

(-齊小大者 存乎卦)

③ 길흉(吉凶)은 그 사람의 생각을 나　　　(-辯吉凶者 存乎辭)
타내는 언어(言語=辭)에 달려 있다. 따
라서 구사(驅使)하는 언어(言語)의 품격
(品格)을 높여야 한다.

④ 뉘우치는 것인지 부끄러워하는 것　　　(-憂悔吝者 存乎介)
인지를 변별(辨別)하는 단서(端緖)는 사
소(些少)한 흠을 대하는 경계점(境界點)
에서의 취하는 개인의 태도에 달려
있다.

⑤ 근심하고 반성하며 움직여 나아간　　　(-震无咎者 存乎悔)
다면 허물이 없게 된다.

(위와 같이) 괘(卦)에는 대소(大小)와 음　　　(-是故 卦有小大陰陽 辭有險易)
양(陰陽)이 있고 괘사(卦辭)와 효사(爻
辭)에는 험난(險難)한 것과 평탄(平坦)한
것이 있어서

각각의 괘사와 효사는 나아가야 할　　　(-辭也者 各指其所之)
곳을 제시(提示)해주고 있다.

　돌덩이를 신전(神殿)에 두면 섬김의 대상이 되고 진창에 두면 디딤돌이 된다. 재
질(才質)이 같아도 인연과 쓰일 때를 얻느냐에 따라서 귀천(貴賤)이 달라진다. 마음
을 귀(貴)한 자리에 두면 그 마음의 소유자도 마음만은 귀하고 편안할 수 있다.

*彖=단. 판단. 단정적인 말.
*疵=①자. 재앙(災殃). 결점(缺點=흠). 사마귀. 阿諂하는 모양. 비방(誹謗)하다.
　　②제. 앓다.
*齊=제. 가지런하다. 같다(-平等). 나누다. 구분하다.
*介=개. 낀 것. 단초(斷礎-瑕疵의 始初). 단위(單位-하나). 개인(個人). 홀로.

계사전(繫辭傳) 상(上) 四 장(章)

역(易)의 원리는 순환적(循環的)인 보편원리(普遍原理)로서 천지(天地)의 이치와 일치한다. 그러므로 역을 따르는 사람은 눈앞의 현상에 일희일비(一喜一悲)하지 않는다.

易與天地準 故 能彌綸天地之道	역여천지준 고 능미륜천지지도
仰以觀於天文 俯以察於地理	앙이관어천문 부이찰어지리
是故 知幽明之故 原始反終	시고 지유명지고 원시반종
故 知死生之說	고 지사생지설
精氣爲物	정기위물
游魂爲變	유혼위변
是故 知鬼神之情狀	시고 지귀신지정상
與天地相似 故 不違	여천지상사 고 불위
知周乎萬物而道濟天下 故 不過	지주호만물이도제천하 고 불과
旁行而不流 樂天知命 故 不憂	방행이불류 락천지명 고 불우
安土 敦乎仁 故 能愛	안토 돈호인 고 능애
範圍天地之化而不過	범위천지지화이불과
曲成萬物而不遺	곡성만물이불유
通乎晝夜之道而知	통호주야지도이지
故 神無方而易无體	고 신무방이역무체

以下/四章 나누어 풀이

역(易)은 천지(天地)를 본받은 것 (-易與天地準)
이다.

그러므로 천지의 법도(法道)를 포괄(包 (-故 能彌綸天地之道)
括)하여 담고 있다. (이 구절에 근거하여
중국의 역대 예언서(豫言書-讖緯書)들이 파
생되었다.)

위로 천체의 현상을 관찰하고 아래로 (-仰以觀於天文 俯以察於地理)
땅 위의 모든 것을 살피고 있다.

그러므로 어둠과 밝음의 까닭을 알 (-是故 知幽明之故 原始反終)
수 있고 사물의 시초를 미루어 종말
을 생각한다.

따라서 죽고 사는 이치에 대하여 알 (-故 知死生之說)
고 설명할 수 있다.

정기(精氣)가-음(陰)과 양(陽)이-엉겨 (-精氣爲物)
서 모인 것이 형체 있는 생물이 되고

변하여 형체 없이 떠도는 것이 혼백 (-游魂爲變)
(魂魄)이다.

그러므로 귀신의 정상을 아는 것 (-是故 知鬼神之情狀)
이다.

이 구절들은 인류가 오랫동안 생각해왔으나 해답을 얻지 못한 세 가지 문제에
대하여 언급한 부분이다.

① 유명(幽明)의 문제=밝게 보이는 세계와 어두워서 보이지 않는 세계에 대한 문제

② 생사(生死)의 문제=생명은 어디서 왔다가 죽어서 어디로 가는가의 문제

③ 귀신(鬼神)의 문제=혼백(魂魄)과 귀신은 있는가의 문제

*準=준. ①모범으로 삼다. 본받다(-易與天地準).

　　②동등하다. 평평하다.

*彌=미. ① 두루 아우르다. 가득 메우다(-彌漫). 꿰매다(-彌縫). 더욱(-仰之彌高).

　　②그치다(辟=미). 쉬다. 거두다.

*綸=①륜. 조리에 맞추어 하나로 묶다(-彌綸天地之道). 통괄하다(-經綸). 낚싯줄.

　　②관. 허리끈. 다시마(海草). 두건.

*道=도. 사람과 사물(事物)을 낳고 움직이게 하는 근본이치(根本理致). 법도(法道).

*俯=부. 구부리다. 숨다.

*游=①유. 돌아다니다. 놀다(遊). 사귀다. 뜨다(헤엄치다).

　　②류. 깃발. 흐름(流) (-必居上游)

*周=주. 골고루 미치다(-知周乎萬物).

*旁=방. ①두루. 널리(-旁求俊彦-준걸과 선비를 널리 구하다.〈書經〉). ②곁. 가까이.

*流=류. ①떠돌다. 방황하다. ②흐르다.

*仁=인. ①어질다. 박애(-博愛之謂仁). ②모든 덕의 총칭.

　　③연민. 동정심. 사람의 마음 ④과실의 씨앗(-杏仁).

*範圍=범위. ①포괄(包括)이나 미륜(彌綸)과 비슷한 뜻이지만 다소 좁은 것.

　　　②모범(模範)이 되는 틀. 테두리.

*曲=곡. ①정성을 다하다(-曲盡). 간절하다.

　　②굽히다. 휘게 하다. 자질구레하다(-曲禮). 곡조(-音曲).

　　③마을(-坊坊曲曲).

* 魂魄=혼백. 魂은 정신을, 魄은 육체를 주관한다고 한다.

(주역의 법칙은) 천지와 닮아서 어긋남이 없다.	(-與天地相似 故 不違)
지혜는 만물에 두루 미치고 그 지혜(-道)가 천하를 구제한다.	(-知周乎萬物而道濟天下)
그러므로 잘못됨이 없다.	(-故 不過)
널리 융통성 있게 행하되(-旁行) 방황하지 않고	(-旁行而不流)

하늘의 이치를 즐거워하며 천명을 알기 때문에 근심하지 않는다. (유가(儒家)의 인생관(人生觀)은 낙관적(樂觀的)인 입장이다.)	(-樂天知命 故 不憂)
중심(中心) 잡힌 편안한 마음으로 어질면서(-仁) 돈후(敦厚)한 삶을 산다.	(-安土 敦乎仁)
그러므로 능히 만물을 사랑할 수 있다.	(-故 能愛)
천지의 모든 조화(造化)를 포괄(包括)하지만 서로 어긋남이 없고	(-範圍天地之化而不過)
형세에 따라 만물을 완전하게 생성시켜서 남김없이 이루어내니	(-曲成萬物而不遺)
주야(晝夜)의 도(道), 즉 음양(陰陽)의 도에 통하여 알게 한다.	(-通乎晝夜之道而知).
그러므로 신묘(神妙)한 작용에는 일정한 방향이나 위치에 얽매임이 없고	(-故 神無方而)
변화(=易)에는 어떠한 본체(本體)나 고정(固定)된 틀이 없다.	(-易无體)

　주역에서 말하는 사물의 신묘한 변화는-"스스로 그러한 자연(自然)"-의 작용이다. 방향성을 고집하지 않는 점에서 진화론(進化論)과 결이 다르고 음양의 환경에 따라 스스로 적응하는 적자생존론(適者生存論)에 가깝다. 역(易)의 자연변화론(自然變化論)은 관념철학(觀念哲學)의 본체론(本體論)과 다르고 인격적 조물주(人格的造物主)의 존재를 상정(想定)하는 유일신(唯一神) 사상과도 다르다. 당연히 예정설(豫定說)을 부인한다. 그것이 "神無方而易无體"에 담긴 주역사상(周易思想)이다.

인(仁)의 뜻은 박애(博愛), 연민(憐憫) 등 다소 막연한 개념용어로 표현되지만 결국, 내가 체험(體驗)을 통하여 알게 된 대상(對象)에 대하여 품게 되는 애틋한 마음과 사랑해주려는 마음이다. 인(仁)은 대상을 편안(便安)하게 해 주는 것으로 표현(表現)된다. 인(仁)은 가장 가까운 부모(父母), 처자식(妻子息) 등 혈육(血肉)에서 출발(出發)하여 벗들, 주변의 여러 인연, 지역민, 국민, 세계인, 동식물 기타 자연 사물 등으로 점차 사랑의 범위를 넓혀가는 마음의 흐름이다. 가까이 있는 혈육과 친지에게 소홀한 사람이 널리 온 국민이나 세계인류를 아끼겠다고 말한다면 이는 겉치레에 가까운 것이다. 믿기 어렵다.

대상의 몸과 마음을 불편하게 하는 것은 인(仁)이 아니며 사랑도 아니다. 사람 사이의 교제에서는 특히 상대방의 마음을 편하게 해 주는 것이 중요하다. 대등한 관계에서 함께 있는 시간이 어쩐지 불편하고 피곤해지는 사람이라면 그와의 인연을 계속하면 해로운 결과를 보게 되는 것이 보통이다. 더구나 연인관계라면 서로 오래도록 사랑하기에는 적합하지 않은 대상이다.

*安土=안토. 중심 잡혀 안정된 마음을 뜻함.
*曲成萬物--曲則全(老子22益謙章)-형세에 따라 굽혀서 뜻을 이룬다. 겸손하면 넉넉해진다. (너무 곧으면 삶이 괴롭게 된다.)

계사전(繫辭傳) 상(上) 五 장(章)

역도(易道), 즉 음양지도(陰陽之道)의 통찰(洞察)과 실현(實現).

一陰一陽之謂道   일음일양지위도
繼之者 善也 成之者 性也 계지자 선야 성지자 성야

仁者見之 謂之仁	인자견지 위지인
知者見之 謂之知	지자견지 위지지
百姓 日用而不知	백성 일용이부지
故 君子之道鮮矣	고 군자지도선의
顯諸仁 藏諸用-(百姓 日用而不知)-	현제인 장제용- (백성 일용이부지)-
鼓萬物而不與聖人同憂	고만물이불여성인동우
聖德大業至矣哉	성덕대업지의재
富有之謂大業	부유지위대업
日新之謂盛德	일신지위성덕
生生之謂易	생생지위역
成象之謂乾	성상지위건
效法之謂坤	효법지위곤
極數知來之謂占	극수지래지위점
通變之謂事	통변지위사
陰陽不測之謂神	음양불측지위신

以下/八章 나누어 풀이

한번 음하면 한번은 양하는 것이 천지자연(天地自然)의 이치(理致)이다.	(一陰一陽之謂道)
(음양의 상호 대립과 변전이 끊임없이 진행되어 나타나는 것이 천지자연이다.) 사람이 음양(陰陽)의 이치(理致)를 계승(繼承)한 것이 선(善)이요	(-繼之者 善也)

음양(陰陽)의 이치(理致)에 따라 품성을 이룬 것이 성(性)이다.	(-成之者 性也)
(사람의 품성은 어느 한쪽으로 기울기 마련인데) 어진 사람은 천지자연(天地自然)의 이치(理致)를 계승한 품성을 보고 "어질다."라고 말하고	(-仁者見之 謂之仁)
지혜로운 사람은 그 계승한 품성을 보고 "지혜(知慧)롭다"라고 말한다.	(-知者見之 謂之知)
인자(仁者)나 지자(知者)가 아닌 일반 대중(大衆)은	(-百姓)
천지자연(天地自然)의 이치(理致)에 따라서 생활하면서도 그것을 깨닫지도 못한다.	(-日用而不知)
그러므로 군자의 참된 도리인 천지자연의 이치를 제대로 깨우쳐 아는 이는 드물다.	(-故 君子之道鮮矣)

하늘의 경우에는 음양(陰陽)의 조절조화(調節調和)가 완전하게 이루어지지만 사람을 비롯한 만물(萬物)의 경우에는 음양의 기운이 우연을 타고 합해진 것이므로 그 조절조화(調節調和)가 불완전하게 이루어지기 쉽다는 뜻이다.

賢者存意仁/知而妄見 遇者日用而不知
현자존의인/지이망견 우자일용이부지

현명하다는 인자(仁者)나 지자(知者)도 그들의 뜻이 한구석에 치우쳐 있으면 천지자연의 전체적인 이치를 잘 알아보지 못한다. 일반 대중은 천지자연의 이치에 따라서 생활하면서도 그 사실을 깨닫지도 못한다. 결국, 천지자연의 이치를 제대로 알아보는 사람은 흔하지 않다.

*繼=계. 계승하다(잇다). 사람으로 존재하는 출발점에서 하늘의 명(命)을 계승한다는 뜻임(-性善說).
*鮮=선. ①드물다(-君子之道鮮矣). 적다(-巧言令色鮮矣仁). 작다.
          ②곱다. 선명하다. 싱싱하다.
*顯=현. ①드러나다.
          ②죽은 父祖의 敬稱(-顯考).
*藏=장. 감추다. 저장하다.
*極=극. 지극히 하다. 있는 대로 다하다. 모든 힘. 한계.
*數=①수. 분별하다. 계산하다. 죄목을 하나하나 들어 꾸짖다(-後世其追數吾過乎).
          ②수. 정세(情勢). 일이 되어가는 형편. 운수. 셈법. 수단.
          ③삭. 자주하다(-多言數窮).
          ④촉. 촘촘하다(-數罟). *罟=고. 그물

천지 음양의 이치는 어짊(仁)으로 훤하게 드러나서 그 공덕(功德)이 만물을 덮는다. (-顯諸仁) 사람들은 그 이치를 매일 쓰면서도 일상생활 가운데 감추어져 있음을 깨닫지 못한다.	(-藏諸用)
천지 음양의 이치는 만물을 키우되 보이지 않게 힘을 미친다.	(-鼓萬物)
만물에 대하여 보편원리(普遍原理)에 따라 차별 없이 작용할 뿐이므로 성인(聖人)이 근심하는 것과 달리 인위적(人爲的)인 지도(指導)는 하지 않는다.	(-不與聖人同憂)
주역(周易)만이 천지 음양의 이치를 온전히 나타내어 실현할 수 있도록 가르쳐주고 있으니 주역의 작용이야말로 성대(盛大)한 덕(德)과 대업(大業)의 극치(極致)가 아니겠는가!	(-聖德大業至矣哉)

풍부(豊富)하게 있도록 하는 것을 큰 사업(事業)이라 하고 (-富有之謂大業)

날로 새롭게 하는 것을 성대한 덕(德) 이라 한다. (-日新之謂盛德)

낳고 또 낳아 그 변화가 무궁한 것을 역(易)이라 하고 (-生生之謂易)

하늘에서 일월성신(日月星辰)의 상(象) 을 이루는 것을 건(乾)이라 하며 (-成象之謂乾)

그것을 본받아 땅에서 산천초목을 육 성하는 것을 곤(坤)이라 한다. (-效法之謂坤)

시초(蓍草)의 수를 끝까지 헤아리듯이 정보(情報)과 기세(氣勢)를 끝까지 분석 (分析)하고

변화의 이치를 깊이 연구하여 미래를 아는 것을 점이라 하고 (-極數知來之謂占)

막힌 것을 뚫어 변화를 이루는 것을 사업(事業)이라고 한다. (-通變之謂事)

음양(陰陽)의 변화로 생성발전(生成發 展)이 불가사의(不可思議)하게 펼쳐지 는 것을 신(神)이라고 한다. (-陰陽不測之謂神)

계사전(繫辭傳) 상(上) 五章은 음양(陰陽)의 변화와 만물의 생성발전(生成發展)은 신묘(神妙)하고 불가사의(不可思議)한 현상(現象)이지만 (-陰陽不測之謂神 주역(周易)은 六十四괘(卦)와 384효(爻)의 부호(符號)를 써서 음양(陰陽)의 변화에 따른 생성발전을 예측(豫測)할 수 있게 그려놓았으니 六十四괘(卦)와 384효(爻)의 뜻을 잘 파악하면 음양의 변화를 헤아릴 수 있고 생성발전의 신묘(神妙)함도 들여다봄으로써 일의 막힌

곳을 뚫어 변화를 이끌 수 있다고 강조한 것이다. (極數知來之謂占 通變之謂事)

*顯=현. 드러나다.
*諸=제. 모든(만물).

계사전(繫辭傳) 상(上) 六 장(章)

음양(陰陽)의 이치(理致)는 천지간(天地間)에 광대(廣大)하게 작용한다.

夫易 廣矣大矣	부역 광의대의
以言乎遠則不禦	이언호원즉불어
以言乎邇則靜而正	이언호이즉정이정
以言乎天地之間則備矣	이언호천지지간즉비의
夫乾 其靜也專 其動也直	부건 기정야전 기동야직
是以大生焉	시이대생언
夫坤 其靜也翕 其動也闢	부곤 기정야흡 기동야벽
是以廣生焉	시이광생언
廣大 配天地 變通 配四時	광대 배천지 변통 배사시
陰陽之義 配日月 易簡之善 配至德	음양지의 배일월 이간지선
	배지덕

무릇 주역의 작용은 넓고도 크다.	(-夫易 廣矣大矣)
멀리 있는 것을 미루어 말하자면 막 힘이 없고	(-以言乎遠則不禦)

가까운 일상의 것을 말하자면 모든
것이 안정(安靜)되어 이치에 바르다.

(-以言乎邇則靜而正)

역의 작용은 천지간(天地間)에 가득 차
서 완비되어 있다.

(-以言乎天地之間則備矣)

무릇 건의 작용은 고요하면 하나로
집중(集中-專一)하고 활동할 때는 바르
고 곧다.

(-夫乾 其靜也專 其動也直)

그러므로 천지 만물을 크게 생성
한다.

(-是以大生焉)

무릇 곤의 작용은 고요하면 기운을
거두어 저장하고 활동하면 기운을 열
어서 펼친다.

(-夫坤 其靜也翕 其動也闢)

그러므로 만물을 넓게 성장시킨다.

(-是以廣生焉)

넓고 크다는 점에서 천지와 같고,
변하여 통한다는 점에서 사계절과
같다.

(-廣大 配天地 變通 配四時)

음양이 베풀고 받아들이는 의로움은
해나 달과 같고

(-陰陽之義 配日月)

쉽고 간단하여 좋다는 점에서는 천지
의 지극한 덕에 합치한다.

(-易簡之善 配至德)

---

*禦=어. 막다. 제지하다.

*邇=이. 가깝다. 가까이하다(-惟王不邇聲色 不殖貨利-서경). 통속적이다(-好察邇言).

*直=직. 행동에 굽힘이 없다.

*翕=흡. ①닫다(闔=합) (-夫坤 其靜也翕). ②화합하다. ③盛하다.

*闢=벽. ①열다. ②거절하지 않는다. ③제거하다(-是以闢耳目之欲-荀子).

*專=전. ①뒤섞이지 않음(-其靜也專). ②오로지 한 곬으로.

계사전(繫辭傳) 상(上) 七 장(章)

지혜로 덕(德)을 높이고 겸손(謙遜)하게 몸을 낮추는 것이 천지도의(天地道義)에 들어가는 길이다.

子曰 易 其至矣乎	자왈 역 기지의호
夫易 聖人所以崇德而廣業也	부역 성인소이숭덕이광업야
知 崇 禮 卑	지 숭 예 비
崇 效天 卑 法地	숭 효천 비 법지
天地設位 而易行乎其中矣	천지설위 이역행호기중의
成性存存 道義之門	성성존존 도의지문

공자는 "역(易)은 최상(最上)의 법도이다"라 하였다. (-子曰 易 其至矣乎)

무릇 역은 성인이 덕(德)을 높이고 사업(事業)을 넓히는 수단(手段)이다. (-夫易 聖人所以崇德而廣業也)

하늘처럼 앎(知)을 높이고 땅처럼 예의 있게 몸을 낮춘다. (-知 崇 禮 卑)

높이는 것은 하늘을 본뜬 것이고 낮추는 것은 땅을 본받은 것이다. (-崇 效天 卑 法地)

하늘과 땅이 제대로 자리를 잡고 있으면 역(易)의 원리는 그 가운데에서 행하여진다. (-天地設位 而易行乎其中矣)

만물이 그 본성을 보전하여 생성되고 존재하는 것이 역도(易道)가 실현되는 문이다. (-成性存存 道義之門)

王夫之는 진퇴(進退)의 시기를 살펴서 항룡(亢龍)의 후회(後悔)를 피하는 정도로는 진정(眞正)한 역도(易道)의 실현(實現)이라고 볼 수 없다고 지적(指摘)하였다. 역(易)의 원리를 진정으로 실현하려면 조그마한 자기영역(自己領域) 속의 좁은 소견(所見)과 안일(安逸)에서 벗어나서 세상을 빛낸 것들을 두루 섭렵(涉獵)하여 견문(見聞)을 넓힌 후에 예절(禮節)과 이치(理致)에 맞는 것들을 간추려내어(-博文約禮) 몸에 익혀서 궁극적으로 하늘의 덕(-天德)에 통달하여야 한다고 말하였다.

계사전(繫辭傳) 상(上) 八 장(章)

언행(言行)은 군자의 추기(樞機=중추가 되는 기관)이므로 지극히 삼가야 한다. 두루 헤아려본 뒤에 말하고(-擬之而後言) 여러모로 생각하여 계획을 세운 뒤에 행동하여야 한다(-議之而後動). 참고할 수 있도록 구체적으로 여러 효사(爻辭)의 해석을 예시(例示)하였다.

聖人 有以見天下之賾　　　　　성인 유이견천하지색

而擬諸其形容 象其物宜 是故謂之象　이의제기형용 상기물의 시고 위지상

聖人 有以見天下之動　　　　성인 유이견천하지동

而觀其會通 以行其典禮　　　이관기회통 이행기전례

繫辭焉 以斷其吉凶 是故謂之爻　계사언 이단기길흉 시고위지효

言天下之至賾 而不可惡也　　언천하지지색 이불가오야

言天下之至動 而不可亂也　　언천하지지동 이불가란야

擬之而後言 議之而後動　　　의지이후언 의지이후동

擬議 以成其變化　　　　　　의의 이성기변화

以下/八章 풀이

성인은 천하의 번잡하고 깊숙한 곳을　(-聖人 有以見天下之賾)
보고서 눈에 보이지 않는 숨은 도리
를 통찰하여

그 사물(事物)의 생긴 모양을 헤아려보　(-而擬諸其形容 象其物宜 是故謂之象)
기에 마땅한 물상(物象)으로 형상화(形
象化)했으니 이를 상(象)이라 한다.

성인은 천하의 움직이는 법칙을 보고서　(-聖人 有以見天下之動)

만물의 모이고 통하는 변화법칙을 탐　(-而觀其會通 以行其典禮)
구하여 전법(典法)과 예의(禮儀)를 행하
였으며

설명하는 말을 붙여서 길흉의 뜻을　(-繫辭焉 以斷其吉凶 是故謂之爻)
판단할 수 있게 드러내었으니 이를
효(爻)라 한다.

(주역(周易)의 괘(卦)와 효(爻)는) 천하의 지　(-言天下之至賾 而不可惡也)
극히 다양하고 심오한 것들을 말해주
고 있어서 싫어할 수가 없는 것이며

천하의 지극한 움직임을 말해주고 있	(-言天下之至動 而不可亂也)
어서 어지럽힐 수가 없다.	

(주역(周易)을 배운 사람은) 비겨본 후에   (-擬之而後言 議之而後動)
말을 하고 여러모로 생각해본 후에
행동하니

비기고 헤아려서 그 말과 행동의 변   (-擬議 以成其變化)
화를 이루어낸다.

---

*賾=색. 잡란(雜亂=잡다하고 떠들썩함) 속에 들어있는 심오(深奧)한 도리.
*典禮=전례. 일정한 의식(儀式). 전법(典法)과 예의(禮儀).
*惡=①오. 싫어하다. 미워하다.
　　②오. 어찌(何). 어디에(-居惡在-〈孟子〉)
　　③악. 악하다.
*擬=의. 헤아리다(-擬之而後言). 비교하다. 흉내 내다(-擬古).
*議=의. 여러모로 생각하다. 의논하다. 계획을 세우다.

사례별(事例別) 해석(解釋)의 예시(例示)

(61中孚 九二)

鳴鶴在陰 其子和之	명학재음 기자화지
我有好爵 吳與爾靡之	아유호작 오여이미지
子曰 君子居其室 出其言 善	자왈 군자거기실 출기언 선
則千里之外應之 況其邇者乎	즉천리지외응지 황기이자호
居其室 出其言 不善	거기실 출기언 불선
則千里之外違之 況其邇者乎	즉천리지외위지 황기이자호
言出乎身 加乎民	언출호신 가호민
行發乎邇 見乎遠	행발호이 현호원

言行 君子之樞機

樞機之發 榮辱之主也

言行 君子之所以動天地也 可不愼乎

언행 군자지추기

추기지발 영욕지주야

언행 군자지소이동천지야

가불신호

(61번째 괘 中孚 九二에서) "어미 학(鶴)이 보이지 않는 곳에서 뜻 없이 울어도 그 새끼가 화답하는구나.	(-鳴鶴在陰 其子和之)
내가 좋은 벼슬자리에 있으니 나의 벼슬을 너도 함께 좋아하자꾸나."라 고 하였다.	(-我有好爵 吾與爾靡之)
공자의 말씀이다.	(-子曰)
군자가 자기 거처(居處)에서 하는 말이 라 하더라도 입 밖으로 나오는 말이 선(善)하면	(-君子居其室 出其言 善)
천리 밖에서도 이에 호응할 것이니 하물며 가까운 곳에 있는 사람이야!	(-則千里之外違之 況其邇者乎)
집안에서 한 말이라 하더라도 입 밖 으로 내는 말이 선하지 못하면	(-居其室 出其言 不善)
천리 밖의 사람들도 그 말을 어길 것 이니 하물며 가까운 곳에 있는 사람 이야!	(-則千里之外違之 況其邇者乎)
말은 자신에게서 나와서 널리 국민들 에게 영향을 미치고	(-言出乎身 加乎民)
행동은 가까운 곳에서 하지만 먼 곳 에서 영향이 드러난다.	(-行發乎邇 見乎遠)

말과 행동은 군자의 중추가 되는 기　　　(-言行 君子之樞機)
관이니 그것으로 영화(榮華)와 오욕(汚
辱)이 정해진다.

군자는 말과 행동으로 천하를 움직이니 언행(言行)을 삼가야 한다는 뜻이다.

〈鳴鶴在陰 其子和之 我有好爵 吾與爾靡之〉의 속뜻은 다음과 같다. 느낌을 지닌
사물은 뜻 없는 소리에도 그 속에 담긴 신실(信實)함에 민감하게 감응한다. 어미 학
이 숲속에서 별다른 뜻 없이 울어도 그 새끼는 어미 학의 신실한 사랑을 느끼기에
그 울음에 감응(感應)하여 화답(和答)하는 것이다. "내가 좋은 벼슬을 가지고 있으니
너도 나와 더불어 즐겁다."라는 것은 그는 어미 학의 새끼처럼 내게서 구하는 바가
있지만 나는 별다른 뜻 없이 우는 어미 학처럼 그에게서 구하는 바가 없는데도 내
가 그를 신실(信實)하게 대하여서 그가 나의 신실(信實)함을 믿기 때문이다. 작위(爵
位)가 있는 사람에게는 무언가를 구하려는 생각을 품은 사람들이 오고 간다. 내가
그들과 더불어 신실한 마음을 나눌 때만 그들은 나의 작위를 함께 즐거워한다. 중
부(中孚=信實한 믿음)는 첫째로 믿음을 준다는 것, 둘째로 어울린다는 것을 뜻한다.
이것이 〈鳴鶴在陰 其子和之 我有好爵 吾與爾靡之〉의 속뜻이다.

*爵=작. ①벼슬. 작위. ②술잔. ③참새.
*爾=이. ①너(汝.女.而 등 상대방을 부르는 말).
　　　②이처럼(是. 此. 其.). ③그리하여(而). ④가깝다(邇).
*靡=①미. 함께하다(-吾與爾靡之). 기울다. 순응하다.
　　②마. 문지르다. 사랑하다(-喜則交頸相靡).
*邇=이. 가깝다.
*樞=①추. 지도리. 근본. 중앙. 대권(大權).
　　②우. 느릅나무.
*樞機=추기. 사물의 요긴한 곳. 중추가 되는 기관.
*見=①현. 나타나다(-情見力屈).
　　②견. 보다(-行其庭 不見其人). 인식되다(-心不在焉 視而不見〈대학〉).

(13同人 九五)

同人 先號咷而後笑	동인 선호도이후소
子曰 君子之道 或出或處或黙或語	자왈 군자지도 혹출혹처혹묵혹어
二人同心 其利斷金	이인동심 기리단금
同心之言 其臭如蘭	동심지언 기취여란

(13번째 괘 同人 九五에서) 사람이 한마음이 되어 어울릴 인물을 찾음에 있어서 (-同人)

"처음에는 방해자가 많아서 큰 소리로 울부짖으며 찾지만, 나중에는 웃는다."라고 하였다. 이 말은 뜻을 함께할 사람을 찾다가 서로 마음에 드는 사람을 만났을 때 웃게 된다는 의미이다. (-先號咷而後笑)

공자가 말하기를 (-子曰)

"군자의 도는 세상에 나아가 벼슬하기도 하고 물러나기도 하며 침묵을 지키기도 하고 말을 하기도 하는데 (-君子之道 或出或處或黙或語)

두 사람의 마음이 같으면 그 예리함이 쇠라도 끊고 (-二人同心 其利斷金)

마음을 같이 한 말은 향기롭기가 난초와 같으니라. (-同心之言 其臭如蘭)"라 하였다.

(28大過 初六)

初六 藉用白茅 无咎	초육 자용백모 무구
子曰 苟錯諸地 而可矣	자왈 구조저지 이가의
藉之用茅 何咎之有 慎之至也	자지용모 하구지유 신지지야
夫茅之爲物 薄 而用 可重也	부모지위물 박 이용 가중야
慎斯術也 以往 其無所失矣	신사술야 이왕 기무소실의

(28번째 괘 大過 初六에서) "제물(祭物) 아래 깔기 위하여 흰 띠(풀)를 사용한다. 허물이 없다."라고 하였다. (-藉用白茅 无咎)

공자의 말이다. (-子曰)

"설령(혹시) 제물을 그냥 땅에 놓아도 괜찮은 것이거늘 (-苟錯諸地 而可矣)

흰 띠를 깔고 놓았으니 무슨 허물이 있겠는가. 그 삼감이 지극한 것이로다. (-藉之用茅 何咎之有 慎之至也)

대개 띠라는 물건은 보잘것없는 것이지만 그래도 귀중하게 쓰일 때가 있다. (-夫茅之爲物 薄 而用 可重也)

이런 방식으로 마음을 삼가며 나아가면 실패하는 일이 없을 것이다. (-慎斯術也 以往 其無所失矣)"

*藉=①자. 깔개. 깔다(-藉用白茅). 흐트러지다(-狼藉).
　　②적. 돕다. 업신여기다. 떠들썩하다(藉藉=籍籍).
*茅=모. 띠 풀(-茅屋). 띠를 베다.
*錯=①조. 그대로 두다. 간직하다. 시행하다(-禮義有所錯)
　　②착. 섞이다. 어긋나다.
*斯=사. 이(사물을 가리키는 대명사/斯術=이 방법). 곧(則-어조사).
*夫=부. ①(발어사) 대개~(-夫天地者萬物之逆旅〈李白〉).
　　②(감탄) 참으로 ~로구나(-逝者如斯夫 不舍晝夜〈論語〉)
　　③남편. 장정(壯丁). 일꾼(-役夫/역부). 병사.
*薄=박. ①엷다(-如履薄氷). 낮다(-年少官薄). 하찮다.
　　②적다(-德薄而位尊)
　　③犯하다(-陰陽相薄)

(15謙 九三)

勞謙 君子有終 吉	노겸 군자유종 길
子曰 勞而不伐 有功而不德 厚之至也	자왈 노이불벌 유공이부덕 후지지야
語以其功下人者也	어이기공하인자야
德言盛 禮言恭	덕언성 예언공
謙也者 致恭 以存其位者也	겸야자 치공 이존기위자야

(15번째 괘 謙 九三에서) "공로와 겸손의 덕이 있는 군자로구나. 끝까지 길하리라."라고 하였다.

공자의 말이다. (-子曰)

"수고하였음에도 그것을 자랑하지 않고 (-勞而不伐)

공(功)이 있어도 그것을 공덕이라고 여기지 않으니 지극히 두터운 태도 이다."	(-有功而不德 厚之至也)
이것은 공이 있으면서도 남에게 자기를 낮추는 것을 뜻한다.	(-語以其功下人者也)
공(功)을 자기의 덕(德)으로 여긴다면 말이 무성(茂盛)해질 것이고	(-德言盛)
예(禮)로 삼는다면 말이 공손해질 것이다.	(-禮言恭)
겸손함이란 공손함으로써 자기의 위치를 보존하는 것이다.	(-謙也者 致恭 以存其位者也)

---

*伐=벌. ①자랑하다(-勞而不伐).
　　②치다(-征伐, 伐罪).
　　③베다(-伐木). (-伐柯=도낏자루를 벰. 진리는 가까운 곳에 있다는 뜻.)
*伐性之斧=벌성지부. 사람의 본성을 어지럽히는 도끼. 女色이나 사행(射倖) 등.
*不德=부덕. 공덕(功德)으로 여기지 않는다.
*德言=덕이 있는 말. *禮言=예의 바른 말.

(1乾 上九)

亢龍 有悔	항룡 유회
子曰 貴而無位 高而無民	자왈 귀이무위 고이무민
賢人 在下位而無輔	현인 재하위이무보
是以動而有悔也	시이동이유회야

(첫 번째 괘 乾 上九에서) "너무 높이 올라가 있는 용이니 후회함이 있으리라"라고 하였다.

(-亢龍 有悔)

공자의 말이다.

"귀한 신분이지만 직위가 없고 높은 지위에 있어도 따르는 백성이 없으며

(-貴而無位 高而無民)

현명한 사람들이 아랫자리에 있어도 보좌해주지 않는다.

(-賢人 在下位而無輔)

그러므로 움직이면 후회하게 된다"라 하였다. 이는 높이 오를수록 겸손하고 근신하여야 한다는 뜻이다.

(-是以動而有悔也)

(60節 初九)

不出戶庭 无咎	불출호정 무구
子曰 亂之所生也 則言語以爲階	자왈 난지소생야 즉언어이위계
君不密則失臣	군불밀즉실신
臣不密則失身	신불밀즉실신
幾事不密則害成	기사불밀즉해성
是以君子愼密而不出也	시이군자신밀이불출야

(60번째 괘 節 初九에서) "집 안에 있으면서 뜰을 벗어나지 않으니 허물이 없다."라고 하였다.

(-不出戶庭 无咎)

공자의 말이다.

어지러움이 생기는 것은 경솔한 말이 실마리가 된다.

(-亂之所生也 則言語以爲階)

임금이 경솔하여 언어(言語)에 무게가 없으면 신하를 잃게 되고

(-君不密則失臣)

신하가 경솔하여 기밀을 발설하면 제 목숨을 잃게 된다.

(-臣不密則失身)

시작한 일의 기밀을 누설하면 그 일에 위험을 초래한다.

(-幾事不密則害成)

그래서 군자는 말을 신중하게 해서 기밀을 지킨다.

(-是以君子愼密而不出也)"

*階=계. 실마리(-夫婚姻禍福之階也〈國語〉)
*幾=기. ①시작하다(-幾事不密)
②조용하다(-事父母幾諫〈論語〉)
③헌걸차다(-幾乎後言〈莊子〉)
④접근하다(-妄辯而幾利〈荀子〉)
⑤낌새. 기미(幾微)
⑥그(語助辭/어조사=語勢를 돕는 조사). (-月幾望)
⑦살피다(-幾聲之上下〈禮記〉)
⑧바라다(-毋幾爲君〈史記〉)
⑨몇. 자주(-幾爲之笑). 어찌(-幾不甚美矣哉)

(40解 六三)

子曰 作易者其知盜乎　　　　자왈 작역자기지도호

易曰 負且乘 致寇至　　　　　역왈 부차승 치구지

負也者 小人之事也　　　　　부야자 소인지사야

乘也者 君子之器也　　　　　승야자 군자지기야

小人而乘君子之器 盜思奪之矣　소인이승군자지기 도사탈지의

上 慢 下 暴 盜思伐之矣

慢藏 誨盜 冶容 誨淫

易曰 負且乘致寇至 盜之招也

상 만 하 폭 도사벌지의

만장 회도 야용 회음

역왈 부차승치구지 도지초야

(40번째 괘 解 六三에서) 공자의 말이다.

"역의 저자는 도둑의 생태를 아는 지
혜를 가졌던가 보다."

(-作易者其知盜乎)

역(易-解 六三)에서도 "등짐을 져야 할
사람이 오만하고 무례하게 수레를 탔
으니 도적을 부르는 것이다."라고 말
하였다.

(-負且乘 致寇至)

등에 짐을 지는 것은 소인의 일이요

(-負也者 小人之事也)

사람이 타는 수레는 군자의 기구
이다.

(-乘也者 君子之器也)

등짐 져야 할 소인이 군자의 기구인
수레를 타면 도적은 이를 빼앗고자
한다.

(-小人而乘君子之器 盜思奪之矣)

(이는 신분상의 위계질서나 역량 상 적재적
소의 질서가 문란해진 것으로서) 윗사람
은 게으르고 등한하여 기강을 세우
지 않고

(-上 慢),

아랫사람은 횡포하여 수레를 마구
타는 등의 허술한 틈이 생긴 것이다.

(-下 暴).

그럴 때 도적은 쳐들어올 것을 생각한
다. (소인배와 간신배들의 무능과 사리사욕이
외부의 침입(侵入)을 부른다는 뜻이다.)

(-盜思伐之矣).

문단속을 소홀히 하는 것은 도적에게   (-慢藏 誨盜)
도적질을 하라고 가르치는 것이요

얼굴에 짙은 화장을 하는 것은 음욕   (-冶容 誨淫)
을 도발하는 것이 된다.

(그러기에) 역(易)에서 "등에 짐을 지고   (-易曰 負且乘致寇至 盜之招也)
수레를 타면 도적을 부르는 것이다"
라고 한 것은 스스로가 도적을 부른
다는 뜻이다.

---

*奪=탈. 빼앗다. 훔치다. 잃다(-勿奪其時〈맹자〉). 없어지다(-精氣奪則虛也).

*慢=만. ①게으르다. ②오만하다. ③모멸하다. ④느슨하다. ⑤거칠다(-其大讓如慢).

*誨=회. 가르치다. 보이다(教示).

*冶=야. 꾸미다(-冶容誨淫). 단련하다(-冶金).

계사전(繫辭傳) 상(上) 九 장(章)

점서(占筮)의 원리와 방법-점괘(占卦)를 해석(解釋)하고 이용하는 자세. 점(占)치는
방법을 알아두되 탐닉(耽溺)하거나 미신(迷信)에 빠지면 좋지 않다. 일상(日常)에서
조언(助言)을 구하는 정도로 가볍게 이용하면 좋을 것이다.

（河出圖 洛出書 聖人則之）   （하출도 락출서 성인칙지）

天一地二天三地四天五地六天七地八天九地十

천일지이천삼지사천오지육천칠지팔천구지십

天數五 地數五 五位相得 而各有合   천수오 지수오 오위상득 이각
유합

天數二十有五 地數三十	천수이십유오 지수삼십
凡天地之數五十有五	범천지지수오십유오
此所以成變化而行鬼神也	차소이성변화이행귀신야
(此河圖之數也)	(차하도지수야)

大衍之數五十 其用 四十有九	대연지수오십 기용 사십유구
分而爲二 以象兩(兩儀象徵)	분이위이 이상양(양의상징)
掛一 以象三(三才象徵)	괘일 이상삼(삼재상징)
揲之以四 以象四時	설지이사 이상사시
	(*揲＝설. 수를 세다)
歸奇於扐 以象閏	귀기어륵 이상윤
五歲再閏 故 再扐而後掛	오세재윤 고 재륵이후괘
乾之策 二百一十有六	건지책 이백일십유육
坤之策 百四十有四	곤지책 백사십유사
凡三百有六十 當期之日	범삼백유육십 당기지일
二篇之策 萬有一千五百二十	이편지책 만유일천오백유이십
當萬物之數也	당만물지수야
是故 四營而成易 十有八變而成卦	시고 사영이성역 십유팔변이 성괘
八卦而小成	팔괘이소성
引而伸之 觸類而長之 天下之能事畢矣	인이신지 촉류이장지 천하지 능사필의
顯道 神德行 是故 可與酬酢 可與祐神矣	현도 신덕행 시고 가여수작 가여우신의

子曰 知變化之道者 其知神之所爲乎   자왈 지변화지도자 기지신지
소위호

九章 원문(原文)의 내용을 그대로 풀어쓰는 대신에 좀 더 편하게 읽을 수 있도록
정리한 내용을 소개한다.

1. 하도(河圖)의 천지지수(天地之數)와 대연지수(大衍之數)를 이용한 점서 (占筮)

복희씨(伏羲)는 하수(河水)에서 나온 용마(龍馬)의 몸에 있던 하도(河圖)에서 힌트를
얻어 팔괘(八卦)의 아이디어를 얻었고, 하(夏)의 우(禹)임금은 낙수(洛水)에서 잡은 거
북 등 껍데기에 적힌 낙서(洛書)를 보고 홍범구주(洪範九疇)의 교훈(敎訓)을 얻었다고
한다.

계사전(繫辭傳) 상권(上卷) 九章에 의하면 一, 三, 五, 七, 九의 다섯 기수(奇數=홀수)
를 천수(天數)라고 한다. 천수(天數)의 합계(合計)는 二十五이다. 二, 四, 六, 八, 十의
다섯 우수(偶數=짝수)를 지수(地數)라 한다. 지수(地數)의 합계는 三十이다.

무릇 천지(天地)의 수를 모두 아우르면 五十五이다. 천지지수(天地之數) 五十五개가
우주 만물의 모든 변화(變化)를 이루는데 그 변화의 신묘(神妙)함이 마치 귀신(鬼神)
과 같다고 한다. (-凡天地之數五十有五 此所以成變化而行鬼神也)

하도(河圖)의 무늬에는 一, 三, 五, 七, 九의 다섯 가지 천수(天數)와 二, 四, 六, 八,
十의 다섯 가지 지수(地數)가 배열(配列)되어 있다.

하도(河圖)의 무늬를 보면 중앙의 5를 축(軸)으로 하여 (5), 1, 3, 7, 9의 천수(天數)
가 시계방향으로 돌며 자리하고 다시 5를 축으로 하여 (5), 2, 4, 6, 8의 지수(地數)
가 시계방향으로 돌며 자리한다. 5를 축으로 두 번 도는 숫자들의 합계는 二十五+

二十五로 총계(總計) 五十이다. 이렇게 하도의 무늬에서 나온 五十을 대연지수(大衍之數)라 한다. 크게 부연(敷衍)하여 사용함으로써 만물의 변화를 읽을 수 있는 숫자라는 뜻이다. 그래서 구체적으로 변화를 알고자 점서(占筮)할 때에 五十개비의 서죽(筮竹)을 쓴다. 실제로 점괘를 구할 때는 50개의 서죽 중에서 한 개는 변화의 근원인 태극으로 삼아 제쳐두고 쓰지 않는다. 태극을 뺀 나머지 49개의 서죽을 조작하여 점괘를 구한다.

계사전(繫辭傳) 상권(上卷) 九章에서는 대연지수(大衍之數)로 점괘(占卦)를 구하는 방법도 간략하게 설명하고 있다. 대연지수(大衍之數)에 대한 논리적(論理的) 당위성(當爲性) 설명은 명료(明瞭)하지 않다. 그러나 대연지수(大衍之數)라는 개념(槪念)은 옛날부터 본서법(本筮法)이라는 신묘(神妙)한 구괘법(求卦法)으로 사용되어왔다.

*본서법(本筮法)=서죽(筮竹)이나 미두(米쿄) 등에 의한 십팔변구괘법(十八變求卦法).

점서(占筮)로 당면상황을 풀어낼 조언(助言)을 구하고자 할 때 구체적으로 해당하는 괘상(卦象)을 찾는 절차 행위가 구괘(求卦)이다. 구괘(求卦)로 얻은 괘효(卦爻)의 의미를 파악하려면 괘효사에 대한 해석이 필요하다. 옛날에는 구괘(求卦)로 얻은 괘상(卦象)을 살펴보고 괘, 효사(卦, 爻辭)의 심오(深奧)한 의미(意味)를 해석(解釋)하여 구체적(具體的) 상황(狀況)에 응용(應用)함으로써 삶에 도움을 받는 것이 주역의 쓸모였고 공부의 목적이었다.

전래(傳來)의 구괘법(求卦法)에는 본서법(本筮法)을 비롯하여 여러 방법이 있다. 구괘법(求卦法)의 소개(紹介)로 계사전(繫辭傳) 상권(上卷) 九章의 설명을 대신(代身)한다.

2. 점서(占筮)의 원리

점서(占筮)는 올바른 결단(決斷)을 위한 조언(助言)을 구하는 것이다.

우주 만물의 변화상황을 64가지 범주(範疇)로 분류한 것이 주역의 64괘상(卦象)이다. 당면(當面)한 상황에 대하여 점서(占筮)로 묻고자 할 때는 미리 그 문제에 대하여 심사숙고(深思熟考)를 거쳐야 한다. 심사숙고해도 의심스러울 때 행동을 결단하기 위한 최종적 수단이 점서이기 때문이다. "점(占)으로써 의심(疑心)을 결단(決斷)하려고 한다. 의심치 않을 바에는 무엇 때문에 점(占)하겠는가?"-〈左氏傳〉

같은 것으로는 두 번 되풀이하여 점(占)하지 않는다. 결단을 위한 최후수단이 역점(易占)이기 때문이다. 최후수단이 두 가지일 수는 없다. "첫 번째 점은 알린다. 재차 하면 모독하는 것이기에 알리지 않는다."-(蒙卦 彖辭)

부정(不正)한 일에 대하여 점쳐서는 안 된다. 역리(易理)는 윤리적(倫理的)인 것이기 때문에 역점(易占)에 의거(依據)한 결단(決斷)도 윤리적인 결단이다. 윤리적 결단이라는 면에서 역점(易占)은 다른 점들과 차이가 있다. 그러므로 역(易)을 가지고 남에게 해가 될 것을 점쳐서는 안 된다. 만약 모반(謀叛)의 의도(意圖)를 품은 자가 점을 쳐서 곤(坤) 六五 효의 "黃裳 元吉/황상원길"이라는 점괘를 얻었다 하더라도 점친 의도가 불순하기 때문에 점괘와는 달리 그 결과는 흉할 것이다. -〈左氏傳〉.

3. 점서(占筮)의 도구(道具)

① 서죽(筮竹) 五十개---五十을 대연수(大衍數)라고 한다.

② 서죽(筮竹) 五十개를 쓰는 이유 〈-시괘전(蓍卦傳)〉

- 연괘(衍卦) 50에서 유래(由來)한 것이라는 설(說): 64괘 중에서 사계절(四季節)을 상징(象徵)하는 12벽괘(辟卦)와 윤달(-閏月)을 상징하는 2괘(-中孚와 小過)를 제(除)하면 50개의 괘가 남는다. 이들 50괘를 대연괘(大衍卦)라고 한다. 사계절(四季節)과 윤달

에 의한 계절(季節)의 영향(影響)을 받아서 변화하는 사물(事物)의 현상(現象)을 묘사(描寫)하는 괘들이라는 뜻이다. 그러므로 변화를 점치기 위한 구괘(求卦)에는 50개의 서죽을 쓰게 된 것이라 한다.

 – 하도(河圖)에서 유래한 것이라는 설: 하도의 주변을 감싼 一과 九, 二와 八, 三과 七, 四와 六의 합계(合計)인 四十에 중앙을 위와 아래에서 감싸고 있는 五와 五까지 합(合)하면 총합(總合)이 五十인데 이들 五十이 천지 변화를 나타내는 숫자라는 것이다. (河圖之數 勒合之於大衍說/ 하도지수 륵합지어대연설)

 ③ 50개의 서죽 중에서 한 개를 제외(除外)하고 49개만 사용하여 점괘(占卦)를 구하는 이유: 제외(除外)시킨 한 개를 태극(太極)의 상징(象徵)이라고 보기도 하고 천수(天數)의 본보기 또는 조짐(兆朕)을 나타내는 것이라고 여기기 때문이다. 〈–시괘전(蓍卦傳)〉

 ④ 미두(米豆–쌀이나 콩), 또는 동전(銅錢)이나 윷가락 등을 쓸 수도 있다.

　　蓍之德 圓而神/시지덕 원이신(繫辭 上 11章)
　　七七 四十九/칠칠 사십구
　　圓而不方 无以半分 无以四破/원이불방 무이반분 무이사파
　　无以六解 无以八劈/무이육해 무이팔벽
　　无以十析 亦无以三分五破/무이십석 역무이삼분오파
　　故 特以是 爲蓍筴之用數也/고 특이시 위시책지용수야

시초의 덕은 원만하고도 신묘하다. 7 곱하기 7은 49이니–49라는 숫자는 원만하여 모나지 않고 절반으로 쪼개어지지 않으며 네 조각으로 나누어지지도 않고 여섯 개로 분해할 수도 없고 여덟 개로 쪼갤 수도 없다. 열 개씩으로 가를 수도 없고 삼분오파(三分五破) 시킬 수도 없다. 그러므로 특별히 이 49개의 시초를 점대로 쓰는 것이다.

4. 점괘(占卦)를 구하는 방법

제一부 도입(導入)에서 이미 소개한 바 있으나 계사전 상(上) 九장(章)의 내용이기에 다시 언급(言及)한다. 주희(朱熹)의 〈서의(筮儀)〉를 따른다.

(1) 본서법(本筮法=十八變法)

계사전(繫辭傳) 상권(上卷) 九章에 본서법(本筮法-十八變法)의 내용이 적혀있다. 점서(占筮)의 효용(效用)은 "疑則怠, 決故勉"에 있다. 도무지 의심스러우면 주저하게 되니 점서(占筮)로 결단하여 힘써 행동한다는 것이다. (계사전 上卷 十一章에 대한 朱子의 해석)

본서법(本筮法)은 유래(由來)가 깊은 정통(正統)의 구괘법(求卦法)이지만 십팔변법(十八變法)이어서 구괘(求卦)의 절차(節次)가 복잡(複雜)하다. 간편(簡便)한 구괘법(求卦法)으로는 동전(銅錢)을 이용하는 척전법(擲錢法)이 있다.

(2) 본서법(本筮法) 요약

① 출입문(出入門)이 남향(南向)인 깨끗한 방(房)의 중앙(中央)에 서죽(筮竹)을 펼칠 상(床)을 놓는다.

② 점치는 자는 먼저 몸과 복장(服裝)을 청결(淸潔)히 하고 북향(北向)하여 서죽(筮竹)을 펼칠 상 앞에 선다. 다른 사람의 의뢰(依賴)를 받아 점칠 때는 의뢰자는 북향(北向)하여 서고 점(占)치는 자는 남서향(南西向)으로 선 다음 의뢰자가 점치고 싶은 일을 의뢰한다. 점치는 자가 그 의뢰를 수락하면 의뢰자는 서향(西向)하여 서고 점치는 자는 북향(北向)하여 선다. 방향을 바꿀 때는 시계반대방향으로 돌아서 선다.

③ 두 손으로 서죽(筮竹) 50개를 합쳐 잡고서 향로(香爐)의 연기(煙氣)를 쐰 후, 다음과 같이 신명(神命)을 고(告)한다.

"언제나 진리인 태서(泰筮)에 비나이다. 언제나 진리인 태서(泰筮)에 비나이다. 지금부터 아무개가-(직업과 이름 밝힘) 무슨 일에 대하여-(구체적으로 말함) 어떻게 해야 할지를 몰라서 그 길흉득실(吉凶得失)과 회린우우(悔吝憂虞)를 신령(神靈)께 묻고자 하나이다. 바라건대, 신의 능력으로 분명하게 알려주시옵소서!"

그렇게 한 다음에 50개의 서죽(筮竹) 중(中)에서 한 개를 오른손으로 빼서 상머리에 있는 서죽보관통(筮竹保管桶)에 넣어 태극(太極)으로 삼는다. 태극(太極)은 만물의 근원이기 때문에 변화의 상(相)에서 제외(除外)하는 것이다.

④ 나머지 49개의 서죽(筮竹)을 무심(無心)하게 두 손으로 나누어 쥔다. 왼손 것을 천책(天策), 오른손 것을 지책(地策)이라 부른다.

⑤ 지책(地策) 중 한 개를 오른손으로 취하여 왼손의 계지(季指=새끼손가락) 사이에 끼운다. 이것을 인책(人策)으로 삼는다.

⑥ 천책(天策)을 4개씩 덜어낸 후 나머지 1~4개를 왼손 약지(藥指=無名指) 사이에 끼운다.

⑦ 지책(地策)을 4개씩 덜어낸 후 나머지 1~4개를 왼손 중지(中指=가운뎃손가락) 사

이에 끼운다.

⑧ 왼 손가락 사이에 끼운 것들을 합친 숫자는 5 또는 9가 되는데 이것이 일변 (一變)이다.

⑨ 일변(一變) 후 나머지 40 또는 44개의 서죽(筮竹)으로 위 ⑤,⑥,⑦의 걸기를 되풀이한다. 왼 손가락 사이의 것들을 합친 숫자는 4 또는 8이 되는데 이것이 이변 (二變)이다.

⑩ 이변(二變) 후 나머지 40 또는 36 또는 32개의 서죽(筮竹)으로 위 ⑤,⑥,⑦의 작업을 되풀이한다. 왼 손가락 사이의 것들을 합친 숫자는 4 또는 8이 되는데 이것이 삼변(三變)이다.

⑪ 일변(一變), 이변(二變), 삼변(三變)하여 얻은 숫자의 합(合)은 25, 21, 17, 13, 중의 하나이다. 이것을 49에서 빼면 나머지 숫자는 24, 28, 32, 36, 중의 하나이다. 그것을 4로 나누면 6, 7, 8, 9, 중의 하나가 된다.

6이면 노음(老陰), 7이면 소양(少陽), 8이면 소음(少陰), 9면 노양(老陽)이다. 이것으로 이번 점괘(占卦)의 초효(初爻)를 얻은 것이다.

⑫ 위의 ④~⑪의 절차를 여섯 번 되풀이하면 하나의 대성괘(大成卦)를 얻게 된다.

⑬ 괘(卦)를 얻었으면 서죽(筮竹)을 서죽보관통(筮竹保管桶)에 넣어 보관(保管)한다.

⑭ 본괘(本卦)와 지괘(之卦)의 괘효사(卦爻辭)를 살펴 길흉(吉, 凶)을 판단한다.

점괘(占卦)를 구할 때는 맨 아래의 효(-初爻)부터 만든다. 만물의 성장은 아래에서 위쪽으로 향하여 이루어지기 때문이다.

얻은 초효(初爻)가 노음(老陰)이거나 노양(老陽)일 때를 일컬어서 변효(變爻)를 얻었다고 한다. 변효(變爻)인 노음(老陰)은 소양(少陽)으로 변해가고, 노양(老陽)은 소음(少陰)으로 변해가는 성질이 강하다.

구괘(求卦)로 얻은 본괘(本卦)의 효(爻)가 노음(老陰)이면 소양(少陽)으로, 노양(老陽)

이면 소음(少陰)으로 변해서 만들어지는 괘(卦)를 지괘(之卦), 또는 변괘(變卦)라 한다.

지괘(之卦)는 본괘(本卦)로 나타난 현재 상황이 장차 어떻게 변하는가를 알려준다.

*季=계. 끝. 막내. 철/시절

(3) 중서법(中筮法)

육변법(六變法)으로서 본서법(本筮法)처럼 인책(人策)을 세운 후 천책(天策)을 8개씩 덜어내고 나머지를 인책(人策) 한 개와 합(合)하여서 효(爻)로 삼는다.

　　1이면　　　　　: 노양(老陽)

　　2, 3, 5이면　　: 소음(少陰)

　　4, 6, 7이면　　: 소양(少陽)

　　8이면　　　　　: 노음(老陰)

여섯 번 되풀이하여 대성괘(大成卦)를 얻는다.

(4) 동전(銅錢)으로 하는 척전법(擲錢法)

① 액면이 같은 동전 세 개를 두 손으로 감싸 상(床) 위에 던진다.

② 한글 액면(額面), 또는 아라비아 숫자(-數字)를 양(陽)으로 하기로 마음을 정하고 양(陽)으로 정한 것이 初爻가 된다.

　　셋 모두 보이면　　: 노양(老陽)

　　두 개가 보이면　　: 소음(少陰)

하나면 　　　　　　: 소양(少陽)

셋 모두 안 보이면 : 노음(老陰)

③ 여섯 번 되풀이하여 대성괘(大成卦)를 얻는다.

(5) 점괘(占卦)의 결과(結果) 판단법(判斷法)

괘사(卦辭)와 효사(爻辭)는 대체로 세 가지 요소(要素)로 구성되어 있음을 유의하여 점괘(占卦)의 괘, 효사(卦, 爻辭)가 지닌 길흉(吉凶)의 의미를 판단한다. 첫째는 卦나 爻가 놓인 상황(狀況)을 설명한 것이고, 둘째는 그 상황에 관한 대처방법(對處方法)을 설명한 것이며, 셋째는 대처한 결과(結果)로 나타나는 길흉(吉凶)을 제시(提示)함으로써 실천(實踐)을 유도(誘導)하는 부분이다.

① 여섯 효(爻)가 모두 불변효(不變爻)이면 본괘(本卦)의 괘상(卦象)과 괘사(卦辭)로 점친다. 다만 건괘(乾卦)는 용구(用九)로, 곤괘(坤卦)는 용육(用六)으로 점친다. 건괘(乾卦)와 곤괘(坤卦)의 괘사(卦辭)는 괘(卦)의 기본성격(基本性格)을 말한 것이므로 점(占)친 상황(狀況)에 대한 점사(占辭)로는 적합하지 않다고 보기 때문이다.

② 하나의 변효(變爻)가 있으면 본괘(本卦)의 변효(變爻) 효사(爻辭)로 점친다. 이때 본괘(本卦)의 해당 효사(爻辭)와 함께 지괘(之卦)의 효사(爻辭)도 살핀다.

③ 두 개의 변효(變爻)가 있으면 본괘(本卦)의 변효(變爻) 효사(爻辭) 중에서 위에 있는 효(爻)의 효사로 점친다. 아래에 있는 효사는 참고(參考)한다. (이 경우에도 지괘(之卦)의 효사(爻辭)들을 함께 살핀다.)

④ 세 개의 변효(變爻)가 있으면 본괘(本卦)와 지괘(之卦)의 괘상(卦象)과 괘사(卦辭)로 점친다. 본괘(本卦)를 중심체(中心體)로 삼고 지괘(之卦)는 응용체(應用體)로 삼는다.

⑤ 네 개의 변효(變爻)가 있으면 지괘(之卦)의 불변효(不變爻) 중에서 아래에 있는

효사(爻辭)로 점친다. 위에 있는 불변효사(不變爻辭)는 참고(參考)삼는다.

⑥ 다섯 개의 변효(變爻)가 있으면 지괘(之卦)의 불변효사(不變爻辭)로 점친다.

⑦ 여섯 개 모두가 변효(變爻)이면 지괘(之卦)의 괘상(卦象)과 괘사(卦辭)로 점친다.

(6) 주역(周易)이 강조하는 도덕성(道德性) - 점(占)과 도덕적(道德的) 수양(修養)

역(易)은 자연(自然)을 본받아 만들어졌고 그렇기 때문에 훌륭하다고 말한다. 역(易)이 지닌 도덕성(道德性)은 자연(自然)에 근거(根據)를 두고 있다. 역(易)을 배우는 것은 인간을 자연의 이치(理致)에 따라 살도록 하는 데 그 목적이 있다. 역서(易書)의 내용(內容)을 지식(知識)으로서 아는 것만으로는 역(易)을 배우는 목적을 이룬 것이라 할 수 없다.

역리(易理)에 맞는 덕행(德行)으로 삶을 개선(改善)시키고자 하는 데 뜻을 두어야 한다. 공자와 같은 성인(聖人)도 나이 五十에 이르러 수년(數年) 동안 역(易)을 공부한 뒤에야 자연의 이치에 따라 큰 허물없이 살 수 있음을 새삼스레 자각(自覺)한 듯하다. (加我數年 五十(卒)以學易 可以無大過矣-論語 述而)

역점(易占)으로 얻은 괘효(卦爻)의 내용이 아무리 길(吉)하다 하더라도 점(占)친 자의 덕(德)과 의도(意圖)가 자연의 이치에 어긋나거나 도덕적으로 옳지 못하다면 그 결과가 길(吉)할 수 없다. 예(例)를 들어 나라와 겨레를 배반하려는 자가 점(占)을 쳐서 곤괘(坤卦) 五爻의 "黃裳 元吉"의 점괘를 얻었다 하더라도 길(吉)할 수 없다. 아무리 길(吉)한 점괘라도 그 사람의 도덕적 정당성이 결여(缺如)되면 오히려 흉(凶)할 수 있다는 것은 주역원리의 높은 윤리성 때문이다.

반면에 건괘(乾卦) 九三爻나 九四爻처럼 아무리 어렵고 위태로운 처지를 말하는 괘효(卦爻)라도 도덕적으로 올바른 태도를 가지고 자기의 행동에 잘못이 없도록 경계하며 끊임없이 반성하고 노력하면 위기를 잘 극복해낼 수 있다.

요컨대 주역(周易)에는 절대적으로 길(吉)하거나 절대적으로 흉(凶)한 것이란 없다. 사욕(私慾)이나 과욕(過慾)을 버려서 공정(公正)하고 순수(純粹)한 마음을 회복(回復)하면 사연의 이치를 알아볼 수 있는 지혜가 생긴다는 것이 주역의 가르침이다. 그래서 주역(周易)을 세심경(洗心經)이라 부르는 것이다.

(7) 주역점(周易占)과 인간(人間)의 무의식세계(無意識世界)

의식세계인 이성(理性)으로 볼 때 인간의 생명은 모두 평등(平等)하며 존엄(尊嚴)하다. 그런데도 내 마음은 부모 형제나 처자식의 생명에 더욱 큰 가치(價値)를 둔다. 우리는 먼 나라 사람들의 불행보다 내 이웃의 불행에 더욱 마음이 무거워진다. 이는 이성(理性)을 넘어선 정서(情緖)의 신비로움 때문이다.

공자가 오며 가며 보아서 낯익은 소는 제물로 희생시키지 말고 본 적 없는 양을 잡아서 제물로 쓰라고 한 이유도 그래서이다. 인간의 정신세계와 정신작용은 신비롭다. 의식작용과는 다르게 작동하는 정서작용이 있고 의식세계를 넘어선 무의식의 세계가 있다.

나이 들어서 주역에 심취하였던 스위스 심리학자 융(Jung, Carl Gustav 1875~1961)은 개인의 정신세계에 영향을 미치는 집단의 역사적 정신세계가 있음을 밝혔다. 그리고 주역점괘를 구할 때 상황에 대한 심사숙고와 무념 무상한 구괘(求卦)의 과정에서 인간의 역사적(歷史的) 유래를 가진 집단무의식(集團無意識)이 너와 나 사이에, 과거와 현재와 미래 사이에, 시간과 공간을 넘나들며 동시에 작용하여 괘상(卦象)을 얻게 한다고 하였다.

*융(Jung, Carl Gustav 1875~1961)="개인의 무의식" 속에 역사적 배경을 가진 "집단무의식"이 존재한다고 주장하였다. 집단무의식을 주장한 점에서 "개인 무의식"만 다룬 프로이트와 다르다. 융은 주역에 심취(心醉)하여 주역을 깊이 공부하였고 주역점도 즐겼다. *-

계사전(繫辭傳) 상(上) 十 장(章)

역(易)에 있는 성인(聖人)의 네 가지 도(道).

易有聖人之道四焉　　　　역유성인지도사언

以言者 尙其辭　　　　　　이언자 상기사

以動者 尙其變　　　　　　이동자 상기변

以制器者 尙其象　　　　　이제기자 상기상

以卜筮者 尙其占　　　　　이복서자 상기점

是以君子將有爲也 將有行也 問焉而以言　시이군자장유위야 장유행
　　　　　　　　　　　　　　　야 문언이이언

其受命也如響 无有遠近幽深 遂知來物　기수명야여향 무유원근유심
　　　　　　　　　　　　　　　수지래물

非天下之至精 其孰能與於此　비천하지지정 기숙능여어차

參伍以變 錯綜其數　　　　참오이변 착종기수

通其變 遂成天地之文　　　통기변 수성천지지문

極其數 遂定天下之象　　　극기수 수정천하지상

非天下之至變 其孰能與於此　비천하지지변 기숙능여어차

易 无思也 无爲也　　　　　역 무사야 무위야

寂然不動 感而遂通天下之故　적연부동 감이수통천하지고

非天下之至神 其孰能與於此　비천하지지신 기숙능여어차

夫易 聖人之所以極深而研幾也　　　부역 성인지소이극심이연기야

唯深也故 能通天下之志　　　유심야고 능통천하지지

唯幾也故 能成天下之務　　　유기야고 능성천하지무

唯神也故 不疾而速 不行而至　　　유신야고 부질이속 불행이지

子曰 易有聖人之道四焉者 此之謂也　　　자왈 역유성인지도사언자 차

지위야

以下/十章 나누어 풀이

역(易)에는 성인의 네 가지 도가 갖추　　　(-易有聖人之道四焉)
어져 있으니

말(言論)로 지도하려는 사람은 역(易)의　　　(-以言者 尙其辭)
사(辭=괘사와 효사)를 중요시(重要視)하고

행동으로 실천하려는 사람은 역의 음　　　(-以動者 尙其變)
양변화(陰陽變化)와 시위(時位)를 중요
시하며

문물제도(文物制度)를 갖추고자 하는　　　(-以制器者 尙其象)
사람은 역의 상(象)을 중요시하고

복서(卜筮)로 길흉을 예견하고자 하　　　(-以卜筮者 尙其占)
는 사람은 역의 점(占)을 중요시한다.

*尙=상. ①높이 여기다(-崇尙). 본보기로 삼아 받들어 모시다.
　　②자만하다(-不自尙其功-〈禮記〉)
　　③짝하다. 부부가 되다(-得尙于中行)
　　④더하다. 보태다(-好仁者 無以尙之-〈論語〉). 꾸미다.
　　⑤오히려. 여전히. 반드시.

그러므로 군자는 심신(心身)을 닦거나 장차 무슨 일을 하고자 할 때 (-是以君子將有爲也 將有行也)

시작하기 전에 역점(易占)을 치고서 괘효사(卦爻辭)에 담긴 이치를 살펴본다. (-問焉而以言)

역은 소리에 응하는 메아리를 닮았다. 멀고 가까움과 얕고 깊음을 구별하지 않고 (-其受命也如響 无有遠近幽深)

묻는 문제에 대하여 미래에 일어날 사태를 예고하여 준다. (-遂知來物)

천하의 변화 이치에 지극히 정통한 것이 아닐진대 어떤 것이 이런 일을 할 수 있겠는가. (-非天下之至精 其孰能與於此)

이리저리 대조하고 이것저것 종합 분석하여 (-參伍以變 錯綜其數)

변화를 예견하는 데 정통하니 천문지리에 밝은 것이며 (-通其變 遂成天地之文)

고도의 정보 분석으로 대책을 마련하여 천하의 모양을 정하는 것이다. (-極其數 遂定天下之象)

천하의 변화 이치에 지극히 정통한 것이기에 능히 이렇게 할 수 있는 것이 아니겠는가. (-非天下之至變 其孰能與於此)

*參=①참. 뒤섞이다. 비교하다. 끼어들다.
　　②삼. 빽빽하다.
*伍=오. ①대오(-隊伍). 대열(-隊列).
　　　②섞이다. 서로 벗하다. 한 동아리.
*參伍=이리저리 비교하고 대조하여 참조하다.

(시초(蓍草)나 서죽(筮竹)을 써서 얻은 점괘 (占卦)인 역(易)에는 아무런 생각이나 의도된 행동이 없다.

(-无思也 无爲也)

아무런 움직임 없이 조용하다가 감응 하면 마침내 천하 사물의 법칙을 비 춰낸다.

(-寂然不動 感而遂通天下之故)

천하에 지극히 신묘한 것이 아니라면 다른 무엇이 어찌 이런 일을 할 수 있 겠는가.

(-非天下之至神 其孰能與於此)

역이란 참으로 성인(聖人)이 천지의 심 오함과 만물의 기미를 살펴내는 방법 이다(所以).

(-夫易 聖人之所以極深而研幾也)

진심으로 심오함을 탐구하기에 천하 의 뜻에 통하고

(-唯深也故 能通天下之志)

진실로 기미를 알기에 천하의 사업을 성취하며

(-唯幾也故 能成天下之務)

진실로 신묘하기에 서둘지 않아도 성 취가 빠르고 움직이지 않아도 목적하 는 바를 이룬다.

(-唯神也故 不疾而速 不行而至)

공자가 말한 "역에 성인의 네 가지 도 가 구비되어 있다"라는 것은 이것을 일컬은 것이다.

(-子曰 易有聖人之道四焉者 此之謂也)

계사전(繫辭傳) 상(上) 十一 장(章)

역(易)의 근원(根源)과 역점(易占)의 효용(效用).

子曰 夫易何爲者也　　　　　　　　　　자왈 부역하위자야

夫易 開物成務 冒天下之道 如斯而已者也　부역 개물성무 모천하지도
　　　　　　　　　　　　　　　　　　　　　여사이이자야

是故 聖人以通天下之志　　　　　　　　시고 성인이통천하지지

以定天下之業 以斷天下之疑　　　　　이정천하지업 이단천하지의

是故 蓍之德 圓而神　　　　　　　　　　시고 시지덕 원이신

卦之德 方以知　　　　　　　　　　　　괘지덕 방이지

六爻之義 易以貢　　　　　　　　　　　육효지의 역이공

聖人 以此洗心 退藏於密　　　　　　　성인 이차세심 퇴장어밀

吉凶 與民同患 神以知來 知以藏往　　길흉 여민동환 신이지래 지이
　　　　　　　　　　　　　　　　　　　장왕

其孰能與於此哉　　　　　　　　　　　기숙능여어차재

古之聰明叡知神武而不殺者夫　　　　고지총명예지신무이불살자부

是以明於天之道而察於民之故　　　　시이명어천지도이찰어민지고

是興神物 以前民用　　　　　　　　　시흥신물 이전민용

聖人 以此齊戒 以神明其德夫　　　　성인 이차제계 이신명기덕부

是故 闔戶 謂之坤 闢戶 謂之乾　　　시고 합호 위지곤 벽호 위지건

一闔一闢 謂之變 往來不窮 謂之通　일합일벽 위지변 왕래불궁 위

지통

見 乃謂之象 形 乃謂之器　　현 내위지상 형 내위지기

制而用之 謂之法　　제이용지 위지법

利用出入 民咸用之 謂之神　　이용출입 민함용지 위지신

是故 易有太極 是生兩儀　　시고 역유태극 시생양의

兩儀生四象 四象生八卦　　양의생사상 사상생팔괘

八卦定吉凶 吉凶 生大業　　팔괘정길흉 길흉 생대업

是故 法象 莫大乎天地 變通 莫大乎四時　　시고 법상 막대호천지 변통
막대호사시

縣象著明 莫大乎日月 崇高莫大乎富貴　　현상저명 막대호일월 숭고막
대호부귀

備物致用 立成器 以爲天下利莫大乎聖人　　비물치용 입성기 이위천하리
막대호성인

探賾索隱 鉤深致遠 以定天下之吉凶　　탐색색은 구심치원 이정천하
지길흉

成天下之亹亹者 莫大乎蓍龜　　성천하지미미자 막대호시귀

是故 天生神物 聖人則之　　시고 천생신물 성인즉지

天地變化 聖人效之　　천지변화 성인효지

天垂象 見吉凶 聖人象之　　천수상 견길흉 성인상지

河出圖 洛出書 聖人則之　　하출도 락출서 성인즉지

易有四象 所以示也　　역유사상 소이시야

繫辭焉 所以告也　　　　　계사언 소이고야

定之以吉凶 所以斷也　　　정지이길흉 소이단야

以下, 十一章을 부분으로 나누어 풀이

공자가 말하였다.　　　　　　　　　　(-子曰)

주역이란 무슨 일을 하기 위한 것인　　(-夫易何爲者也)
가?

무릇 주역은 만물의 뜻을 열고 천하　　(-夫易 開物成務)
의 모든 일을 이루어주는 것이다.

그 도는 천하의 모든 도리를 망라하　　(-冒天下之道 如斯而已者也)
여 천하를 덮는 것이다.

그러므로 성인은　　　　　　　　　　(-是故 聖人)

① 그것으로 세상 사람들의 뜻을 통　　(-以通天下之志)
　 달하게 하고

② 그것으로 천하만사를 결정할 수　　(-以定天下之業)
　 있게 하고

③ 그것으로 천하의 모든 의심을 결　　(-以斷天下之疑)
　 단할 수 있게 해 주었다.

*冒=모. 덮다(-冒天下之道). 무릅쓰다. 범하다.

그러므로 시초(蓍草)-서죽(筮竹)-의　　(-蓍之德)
덕은

원만하고도 변화 무궁하여 신비로운　　(-圓而神)
음양운수(陰陽運數)의 덕이다.

괘를 이루어 놓으면 음양의 법칙이 어떤 사물(事物)의 모서리처럼 반듯하게 나타남으로써 사람이 알 수 있게 된다. (-卦之德 方以知)

六爻의 변화의의(變化意義)는 미래(未來)의 길흉(吉凶)을 예고(豫告)하여 대처(對處)할 지혜(知慧)를 제공(提供)하는 것에 있다. (-六爻之義 易以貢)

성인(聖人)은 이렇게 주역(周易)으로 마음을 씻고 (-聖人 以此洗心)

은밀함 속으로 물러나 덕(德)을 간직하고 (-退藏於密)

길하거나 흉하거나 항상 백성과 더불어 근심을 함께한다. (-吉凶 與民同患)

신묘함으로써 미래를 알고 지혜로움으로써 과거(過去)의 일을 저장(貯藏)하니 (-神以知來 知以藏往)

주역(周易)이 아니면 어떤 것이 이런 일을 할 수 있겠는가. (-其孰能與於此哉)

옛날에 총명(聰明)하고 예지(叡智)가 있는 군왕(君王)의 경우에나 가능했던 것처럼 신묘(神妙)한 역(易)의 법도와 무력(武力)의 덕으로 백성을 위엄 있게 복종시키면서도 형벌(刑罰)과 살상(殺傷)을 쓰지 않고 다스릴 수 있는 자라면 혹시 모를까! (-古之聰明叡知神武而不殺者夫)

*六爻의 변화의의(變化意義)는 미래의 길흉(吉凶)을 예고(豫告)한다는 것에 있다.

*易以貢=역이공. 변화함으로써 길흉을 알려준다.

이처럼 성인(聖人)은 하늘의 도를 밝   (-是以明於天之道而察於民之故)
히고 백성들의 살아가는 모습을 살
폈으니

서죽(筮竹-蓍草)으로 점괘(占卦)를 구할   (-是興神物 以前民用)
수 있는 신비로운 방법을 만들어서
백성들이 쓸 수 있게 하였다.

성인(聖人)은 이렇게 심신(心身)을 깨끗   (-聖人 以此齊戒 以神明其德夫)
이 하고 부정(不淨)한 일을 경계(警戒)
함으로써 그 신령(神靈)한 덕(德)을 밝
힌 것이다.

*是=시. 옳다. –세상에서 가장 옳은(正) 것은 해(日)라는 뜻이다.

*齊=①재. 삼가다. 공손히 하다. (齊戒=齋戒)

　②제. 가지런하다. 조화하다. 음식의 간을 맞추다.

그러므로 역(易)의 이치를 여닫는 문   (-是故)
에 비유한다면

문을 닫는 것을 곤(坤)이라 하고 문을   (-闔戶 謂之坤 闢戶 謂之乾)
여는 것을 건(乾)이라 할 수 있다.

한번 닫혔다 한번 열렸다 하기를 계   (-一闔一闢 謂之變)
속하는 것을 소위 변화라 하고

드나듦에 막힘이 없는 것을 통한다   (-往來不窮 謂之通)
하며

드러난 것을 상(象)이라 하고 형태(形態)가 있는 것을 기물(器物)이라 하며   (-見 乃謂之象 形 乃謂之器)

기물(器物)을 제작(製作)하여 사용하게 하는 것을 규범(規範)이라 하고   (-制而用之 謂之法)

드나드는 씀씀이가 이로워서 백성들이 모두 사용하는 것을 신묘(神妙)하다고 일컫는다.   (-利用出入 民咸用之 謂之神)

*是故=시고. 그러므로.
*闔=합. ①문을 닫다. 나무 문짝(갈대나 대로 된 것은 扉).
　　②何不(어찌 아니하리).
*闢=벽. 열다. 물리치다(-是以闢耳目之欲). 깨우치다.
*咸=①함. 모두. 다(皆). (이것저것 다 휩쓸어서 봉해버린다는 뜻이다.)
　　마음이 같음(咸卦-음양교감의 象).
　　널리 미침(-小賜不咸/소사불함-작게 베풀면 널리 미치지 못한다.)
　　②감. 덜다. 줄이다(減).

그러므로 역(易)의 이치에는 태극(太極)이 있으니   (-是故 易有太極)

이것이 음(陰--)과 양(陽—)이라는 양의(兩儀)를 낳고   (-是生兩儀)

양의(兩儀)는 노양(老陽⚌), 노음(老陰⚏), 소양(少陽⚎), 소음(少陰⚍)의 사상(四象)을 낳고 사상(四象)은 팔괘(八卦)를 낳는다.   (-兩儀生四象 四象生八卦)

팔괘(☰乾, ☱兌, ☲離, ☳震, ☴巽, ☵坎, ☶艮, ☷坤)는 길흉을 정한다.   (-八卦定吉凶)

길흉이 있기 때문에 그것을 보살피는   (吉凶 生大業)
큰 사업이 세상에 생긴다.

그러므로 자연형상(自然形象)중에 천지   (-是故 法象 莫大乎天地)
(天地)보다 큰 것이 없고

변하고 통함에 있어서는 사계절보다   (-變通 莫大乎四時)
큰 것이 없다.

상(象)을 드러낸 채 밝게 빛나는 것 중   (-縣象著明 莫大乎日月)
에 해와 달보다 더 큰 것이 없고

높이 숭배(崇拜)받기로는 부귀(富貴)보   (-崇高莫大乎富貴)
다 더 큰 것이 없다.

물건을 완비하여 쓰게 하고 시설과   (-備物致用 立成器)
기물을 모두 갖추어서

천하를 이롭게 함에 있어서는 성인보   (-以爲天下利莫大乎聖人)
다 더 큰 존재가 없다.

심오(深奧)한 것을 더듬고 은미(隱微)한   (-探賾索隱)
것을 찾아서

깊은 곳에서 끌어내어 먼 곳에까지   (-鉤深致遠)
영향을 미치게 하고

천하의 길흉을 판정하여   (-以定天下之吉凶)

천하 만민이 이에 대처하려고 부지런   (-成天下之亹亹者)
히 노력하게 만드는 것으로는

시초점(蓍草占)과 거북점(-龜卜)보다 더   (-莫大乎蓍龜)
큰 것이 없다.

그러므로 하늘이 신비로운 물건을 낳   (-是故 天生神物 聖人則之)
으니 성인이 이를 본뜨고

천지가 변화하니 성인이 이를 배워   (-天地變化 聖人效之)
정치에 반영시켜 효과를 내며

하늘이 상(象)을 드리워 길흉을 드러   (-天垂象 見吉凶 聖人象之)
내니 성인이 이를 괘효(卦爻)로 형상화
하였다.

하수에서 도(圖)가 나오고 낙수에서   (-河出圖 洛出書 聖人則之)
서(書)가 나오자 성인이 이들을 본보
기 삼은 것이다.

역에 사상(四象)이 있는 것은 보여주기   (-易有四象 所以示也)
위함이요

괘사와 효사를 매어둔 것은 괘와 효
의 내용을 일러주기 위함이다.

(-繫辭焉 所以告也)

길흉을 정한 것은 이것으로 결단하도
록 하기 위한 것이다.

(-定之以吉凶 所以斷也)

계사전(繫辭傳) 상(上) 十二 장(章)

역서(易書)와 성인(聖人)의 마음. 도(道), 기(器), 변(變), 통(通)의 의미

易曰 自天祐之 吉无不利
역왈 자천우지 길무불리

子曰 祐者 助也
자왈 우자 조야

天之所助者順也 人之所助者信也
천지소조자순야 인지소조자
신야

履信思乎順 又以尙賢也
이신사호순 우이상현야

是以自天祐之 吉无不利也
시이자천우지 길무불리야

子曰 書不盡言 言不盡意
자왈 서불진언 언불진의

然則聖人之意 其不可見乎
연즉성인지의 기불가견호

(子曰) 聖人 立象 以盡意
(자왈) 성인 입상 이진의

設卦 以盡情僞
설괘 이진정위

繫辭焉 以盡其言
계사언 이진기언

變而通之 以盡利
변이통지 이진리

鼓之舞之 以盡神
고지무지 이진신

乾坤 其易之縕耶
건곤 기역지온야

乾坤成列 而易立乎其中矣
건곤성열 이역입호기중의

乾坤毀 則无以見易	건곤훼 즉무이견역
易不可見 則乾坤 或其乎息矣	역불가견 즉건곤 혹기호식의
是故 形而上者 謂之道	시고 형이상자 위지도
形而下者 謂之器	형이하자 위지기
化而裁之 謂之變	화이재지 위지변
推而行之 謂之通	추이행지 위지통
擧而措之天下之民 謂之事業	거이조지천하지민 위지사업
是故 夫象 聖人 有以見天下之賾	시고 부상 성인 유이견천하지색
而擬諸其形容 象其物宜	이의제기형용 상기물의
是故謂之象	시고위지상
聖人 有以見天下之動	성인 유이견천하지동
而觀其會通 以行其典禮	이관기회통 이행기전례
繫辭焉 以斷其吉凶	계사언 이단기길흉
是故謂之爻	시고위지효
極天下之賾者 存乎卦	극천하지색자 존호괘
鼓天下之動者 存乎辭	고천하지동자 존호사
化而裁之 存乎變	화이재지 존호변
推而行之 存乎通	추이행지 존호통
神而明之 存乎其人	신이명지 존호기인
黙而成之 不言而信 存乎德行	묵이성지 불언이신 존호덕행

以下, 十二章을 부분으로 나누어 풀이

주역(-大有 上九)에 "하늘이 도우니 길하   (-易曰 自天祐之 吉无不利)
여 순조롭지 않은 것이 없다." 하였다.

공자는 말하였다.   (-子曰)

돕는다는 것은 노력하는 힘에 이롭도   (-祐者 助也)
록 약간의 힘을 보태어주는 것이다.

하늘이 돕는 것은 하늘의 이치에 순   (-天之所助者順也)
응하기 때문이요

사람이 돕는 것은 진실하여 믿음직하   (-人之所助者信也)
기 때문이다.

믿음직한 이유는 생각과 실천이 이치   (-履信思乎順 又以尙賢也)
에 순응하며 또한 어진 사람을 숭상
하기 때문이다.

그러므로 하늘이 도와주니 길하여 이   (-是以自天祐之 吉无不利也)
롭지 않음이 없다.

    속성(速成)시키려고 무리하게 돕는 것은 돕는 것이 아니다. 무리하면 곡식의 고
갱이 뽑아 올리는 짓과 같으니 해롭다. 어진 사람을 숭상한다는 것은 大有卦의 六
五가 自身을 비우고 어진 이(上九)를 받드는 것을 뜻한다.

*祐=우(佑). ①돕다. 천지신명의 도움(-自天祐之).
　　　　②복(福). 행복(幸福).
*助=조. ①돕다. 도움(-得道者多助〈孟子〉)
　　　②이롭다(-非助我者也〈論語〉)

또한, 공자는 말하였다.   (-子曰)

글로는 말을 다 표현할 수 없고 말로   (-書不盡言 言不盡意)
는 사람의 속뜻을 다 표현할 수 없다.

그렇다면 성인의 속뜻을 알아볼 길은 없다는 것인가? (-然則聖人之意 其不可見乎)

(-공자는 말하기를) 그렇지 않다. 주역에서 성인의 뜻을 볼 수 있다. (-子曰)

성인이 역의 상을 정립하여 뜻을 송두리째 표현하고 (-聖人 立象 以盡意)

괘를 베풂으로써 정위(情僞), 즉 진정과 거짓을 다 드러나게 하고 (-設卦 以盡情僞)

괘효사를 붙임으로써 할 말을 다 하고 (-繫辭焉 以盡其言)

변통함의 이로움을 모두 드러내었으며 (-變而通之 以盡利)

격려하고 분발시키는 신묘한 작용을 다 드러내었다. (-鼓之舞之 以盡神)

역상(易象)으로 성인의 속뜻을 모두 드러내어 알아볼 수 있게 하였다는 의미이다. 불교 禪宗의 以心傳心 不立文字를 연상시킨다.

건(乾)과 곤(坤) 두 괘(卦)는 주역(周易)의 내용으로 가득 찬 창고와 같은 것이다. (-乾坤 其易之縕耶!)

건(乾)과 곤(坤)이 펼쳐있으니 주역(周易)이 그 가운데에서 성립되었다. (-乾坤成列 而易立乎其中矣)

건(乾)과 곤(坤)이 허물어지면 주역(周易)의 법칙을 볼 수 없게 될 것이고 (-乾坤毀 則无以見易)

주역(周易)의 법칙을 볼 수 없게 되는 때가 되면 하늘과 땅의 작용도 종식될 것이다. (易不可見 則乾坤 或其乎息矣)

천지가 존재하는 한 주역(周易)의 법칙도 영원히 작용할 것이라는 말이다.

*縕=온. ①창고(-乾坤 其易之縕耶). 깊숙한 곳.
     ②풍부하다(-天地絪縕/천지의 기운이 풍부하다.)
     ③옷 속의 솜. 삼 북데기.
     ④어지럽다(-齊桓之時縕〈法言〉).
*齊桓之時縕〈法言〉=이정표를 정비해서 바로잡아야 할 어지러운 세상.
*桓=환. 푯말. 이정표. 머뭇거리다(-盤桓). 굳세다. 위엄이 있다.
*耶=야. 어조사(=邪). ①(의문) ~일까.
       ②(감탄) ~느냐.
       ③(선택) ~인가 ~인가.
*息=식. ①멎다(-戰攻不息). 그치다(熄). 망하다(-其政息〈禮記〉)`
     ②낳다(-水火相息). 기르다(-有國之君不息牛羊〈荀子〉). 子息. 利子.
     ③쉬다(-無恒安息). 旅館. 휴게소.
     ④숨쉬다. 숨 한번 쉬는 동안(-息耕/식경).
**息耕=식경(면적-논밭의 하루갈이 면적의 六分之一).
  食頃=한 끼 밥을 먹을 만한 시간.

      그러므로 형이상자를 도(道)라 하고   (-是故 形而上者 謂之道)

      형이하자를 기(器)라 한다.   (-形而下者 謂之器)

      가르쳐서 헤아리고 결단하게 하는 것   (-化而裁之 謂之變)
      을 변화시킨다 하고

      음양변화의 법칙을 미루어 행하는 것   (-推而行之 謂之通)
      을 통한다고 하며

      이러한 이치를 써서 천하 만민을 다   (-擧而措之天下之民 謂之事業)
      스리는 것을 사업이라고 한다.

*化=화. 가르치다(-愼謹畏化). 변하다(變則化〈中庸〉). 자라다(百物皆化).
*裁=재. 헤아려서 결단하다. 마르다(옷감이나 재목을 치수에 맞춰 자르다).

그러므로 무릇 상(象)이라고 하는 것은 　　　(-是故 夫象)

성인이 천하의 눈에 보이지 않는 심　　　(-聖人 有以見天下之賾)
오(深奧)한 법칙을 보고

사물의 모양에 빗대어 그 법칙을 마　　　(而擬諸其形容 象其物宜)
땅하게 본 뜬 것이다.

---

*賾=색. 깊숙하다. 심오한 도리(-聖人 有以見天下之賾).
*擬=의. 본뜨다. 흉내 내다(-侈擬於). 헤아리다(-擬之以後言).
*諸=제/저. ①어조사(~는, ~를, ~에서, ~이구나).
　　　　②여러(庶). ③갈무리하다(乾桃, 乾梅나 김치 등).

그래서 이것을 상(象)이라고 한다. 　　　(-是故謂之象)

성인이 천하의 움직임을 보는 안목이　　　(-聖人 有以見天下之動)
있어서

그 모이고 통하는 것을 관찰하여 전　　　(-而觀其會通 以行其典禮)
례(典禮)를 만들어 사용하게 하고

괘사와 효사를 붙여 그 길흉을 판단　　　(-繫辭焉 以斷其吉凶)
하게 하였다.

그러므로 이것을 효라고 한다. 　　　(-是故謂之爻)

---

*爻=효. ①본받다. (爻也者 效此者也) ②변하다. (爻者 言乎變者也)

천하의 심오한 이치를 밝혀서 궁극에　　　(-極天下之賾者 存乎卦)
까지 담아내는 것은 괘(卦)에 있고

온 세상 사람들의 행동을 고무(鼓舞)하　　　(-鼓天下之動者 存乎辭)
는 것은 계사(繫辭)에 있으며

서로 조화(造化)를 이루면서 알맞게 마름질하는 것은 음양의 변화법칙에 있고	(-化而裁之 存乎變)
추진(推進)하고 시행(施行)하여 궁(窮)하지 않게 하는 것은 서로 통(通)하는 데 있다.	(-推而行之 存乎通)
신묘하게 이것을 밝혀내는 것은 그-占을 주재하는-사람의 사람됨에 달려 있고	(-神而明之 存乎其人)
묵묵한 가운데 굳이 말하지 않아도 믿음을 주는 것은-성인다운-덕행에 달려 있다.	(-黙而成之 不言而信 存乎德行)

三. 계사전(繫辭傳) 하(下)

계사전(繫辭傳) 하(下) 一 장(章)

역상(易象)에 담긴 불변(不變)의 원리(原理)

八卦成列 象在其中矣	팔괘성열 상재기중의
因而重之 爻在其中矣	인이중지 효재기중의
剛柔相推 變在其中矣	강유상추 변재기중의
繫辭焉而命之 動在其中矣	계사언이명지 동재기중의
吉凶悔吝者 生乎動者也	길흉회린자 생호동자야
剛柔者 立本者也	강유자 입본자야

變通者 趣時者也	변통자 취(추)시자야
吉凶者 貞勝者也	길흉자 정승자야
天地之道 貞觀者也	천지지도 정관자야
日月之道 貞明者也	일월지도 정명자야
天下之動 貞夫一者也	천하지동 정부일자야
夫乾確然 示人易矣	부건확연 시인이의
夫坤隤然 示人簡矣	부곤퇴연 시인간의
爻也者 效此者也	효야자 효차자야
象也者 像此者也	상야자 상차자야
爻象動乎內 吉凶見乎外	효상동호내 길흉현호외
功業見乎變 聖人之情見乎辭	공업현호변 성인지정현호사
天地之大德曰生 聖人之大寶曰位	천지지대덕왈생 성인지대보왈위
何以守位 曰仁	하이수위 왈인
何以聚人 曰財	하이취인 왈재
理財 正辭 禁民爲非 曰義	이재 정사 금민위비 왈의

以下, 一章을 부분으로 나누어 풀이

팔괘가 완성됨으로써 비로소 상(象)이 부여되었다.	(-八卦成列 象在其中矣)
그것을 중첩(重疊)하니 육십사괘가 되어 효가 그 가운데 있게 되었다.	(-因而重之 爻在其中矣)
굳셈(-剛)과 부드러움(-柔)이 서로 밀어 교체되어가니 변화가 그 가운데 있다.	(-剛柔相推 變在其中矣)

괘와 효에 설명을 붙여 길흉의 이치를 말하니 그 속에 움직임이 들어있다. (-繫辭焉而命之 動在其中矣)

길흉이나 후회와 아쉬워함은 움직임에서 생기는 것이다. (-吉凶悔吝者 生乎動者也)

굳셈(-剛)과 부드러움(-柔)은 근본을 세우는 것이요 (-剛柔者 立本者也)

변하고 통하는 일은 때에 따르는 것이다. (-變通者 趣時者也)

길함과 흉함은 항상 떳떳한 것이 이긴다는 것이다. (사물이 바르고 떳떳하면 길하고 그렇지 못하면 지게 되어서 흉하다.) (-吉凶者 貞勝者也)

천지의 이치는 항상 올바름을 보여주는 것이요 (-天地之道 貞觀者也)

해와 달은 항상 올바름을 밝혀주는 것이다. (-日月之道 貞明者也)

천하는 모름지기 올바르게 움직일 따름이다. (-天下之動 貞夫一者也)

대체로 건(乾-하늘)은 명확하여 사람들에게 쉬움을 보여주고 (-夫乾確然 示人易矣)

곤(坤-땅)은 다툼 없이 편안하여 사람들에게 간단함을 보여준다. (-夫坤隤然 示人簡矣)

효(爻)는 이러한 법칙을 본받은 것이요 (-爻也者 效此者也)

상(象)은 이러한 상태를 형상화한 것이다. (-象也者 像此者也)

효와 상이 내면에서 움직이면 길흉이　　　　(-爻象動乎內 吉凶見乎外)
밖으로 드러난다.

변화에 대처하면 공업(功業)의 성취로　　　　(-功業見乎變)
나타나게 되니

성인의 생각은 괘, 효사를 통하여 사　　　　(-聖人之情見乎辭)
람이 길흉에 대처할 바른길을 드러내
어 주는 데 있다.

천지가 베푼 큰 덕을 생(生-생명)이라　　　　(-天地之大德曰生 聖人之大寶曰位)
하고 성인의 큰 보배를 위(位-지위)라
한다.

무엇으로써 지위를 지키는가? 인(仁)   (-何以守位 曰仁)
으로 지킨다고 한다.

무엇으로 어떻게 해서 사람을 모으는   (-何以聚人 曰財)
가? 재물을 써서 모은다고 한다.

재물을 잘 다스리고 말을 바르게 하   (-理財 正辭 禁民爲非 曰義)
여 백성의 비행(非行)을 막는 것을 의
(義)라고 한다.

　어진 정사(政事)로 여러 사람을 모아서 더불어 나라를 지킨다. 재물을 잘 다스려
민중 생활을 풍족하게 하고 (-理財) 올바른 말로 민중을 잘 교육하여 바른 말을 쓰
는 품성을 길러주며-(正辭) 법을 잘 만들고 지켜서 사회의 여러 악행을 제거하는 것
이(-禁民爲非) 의(義)롭게 생명을 기르는 바른 정치라는 뜻이다.

　인(仁-憐愍/연민, 사랑)은 생명(生命)을 일으키는 근본(根本=바탕)이요, 재(財)는 사람
을 모아서 사회(社會)를 만드는 수단(手段=道具)이다. 의(義)는 말과 재물로 백성의 비
행(非行)을 막는 것이다.

*仁=인. ①애정(애정-憐憫, 사랑)을 남에게 미치는 일. 어질다. 어진 사람.
　　　②씨앗. 열매의 핵심.
　　　③모든 덕(德)의 총칭(總稱).

계사전(繫辭傳) 하(下) 二 장(章)

　역(易)의 괘상(卦象)과 문물제도(文物制度)

古者包犧氏之王天下也　　　　　　고자포희씨지왕천하야

仰則觀象於天 俯則觀法於地	앙즉관상어천 부즉관법어지
觀鳥獸之文 與天地之宜	관조수지문 여천지지의
近取諸身 遠取諸物	근취저신 원취저물
於是 始作八卦	어시 시작팔괘
以通神明之德 以類萬物之情	이통신명지덕 이류만물지정
作結繩而爲網罟 以佃以漁 蓋取諸離	작결승이위망고 이전이어
	개취저리
包犧氏沒 神農氏作	포희씨몰 신농씨작
斲木爲耜 揉木爲耒	착목위사 유목위뢰
耒耨之利 以敎天下 蓋取諸益	뢰누지리 이교천하 개취저익
日中爲市 致天下之民 聚天下之貨	일중위시 치천하지민
	취천하지화
交易而退 各得其所 蓋取諸噬嗑	교역이퇴 각득기소 개취저서합
神農氏沒 黃帝堯舜氏作	신농씨몰 황제요순씨작
通其變 使民不倦	통기변 사민불권
神而化之 使民宜之	신이화지 사민의지
易 窮則變 變則通 通則久	역 궁즉변 변즉통 통즉구
是以自天祐之 吉无不利	시이자천우지 길무불리
黃帝堯舜 垂衣裳而天下治 蓋取諸乾坤	황제요순 수의상이천하치
	개취저건곤
刳木爲舟 剡木爲楫	고목위주 염목위즙
舟楫之利 以濟不通	주즙지리 이제불통
致遠以利天下 蓋取諸渙	치원이리천하 개취저환
服牛乘馬 引重致遠 以利天下 蓋取諸隨	복우승마 인중치원 이리천하

개취저수

重門擊柝 以待暴客 蓋取諸豫	중문격탁 이대폭객 개취저예
斷木爲杵 掘地爲臼	단목위저 굴지위구
臼杵之利 萬民以濟 蓋取諸小過	구저지리 만민이제 개취저소과
弦木爲弧 剡木爲矢	현목위호 염목위시
弧矢之利 以威天下 蓋取諸睽	호시지리 이위천하 개취저규
上古 穴居而野處 後世聖人 易之以宮室	상고 혈거이야처 후세성인
	역지이궁실
上棟下宇 以待風雨 蓋取諸大壯	상동하우 이대풍우 개취저대장
古之葬者 厚衣之以薪 葬之中野	고지장자 후의지이신 장지중야
不封不樹 喪期无數	불봉불수 상기무수
後世聖人 易之以棺槨 蓋取諸大過	후세성인 역지이관곽
	개취저대과
上古 結繩而治 後世聖人 易之以書契	상고 결승이치 후세성인
	역지이서계
百官以治 萬民以察 蓋取諸夬	백관이치 만민이찰 개취저쾌

以下, 二章을 부분으로 나누어 풀이

옛날 포희씨가 천하를 다스릴 때	(-古者包犧氏之王天下也)
위로는 하늘에 있는 일월성신의 상을 관찰하고 아래로는 산천의 지형을 관찰하였으며	(-仰則觀象於天 俯則觀法於地)

새와 짐승(-鳥獸)의 모양과 땅에서 자   (-觀鳥獸之文 與地之宜)
라는 초목(草木)의 상태를 포함하여

가까이로는 자기의 몸과 멀리로는 온   (-近取諸身 遠取諸物)
갖 물건에 이르기까지

모든 것을 관찰하고 종합하여 비로소   (-於是 始作八卦)
팔괘를 만들었다.

이로써 천지의 신묘한 덕을 밝히고   (-以通神明之德 以類萬物之情)
만물의 성질과 활동을 유추(類推)하여
알게 하였다.

---

*包犧=伏犧(伏羲). 중국 전설의 임금. 삼황(복희. 신농. 수인)의 한사람.
*三皇=삼황
　　①천황(天皇)=복희-역(易)의 팔괘를 만들고, 사냥. 어로. 목축을 가르쳤다 함.
　　②지황(地皇)=신농(神農)-역의 육십사괘를 만들고
　　　농사와 제약, 불을 다스리는 법을 가르침-염제(炎帝)라고도 함.
　　③인황(人皇)=수인(燧人)-처음으로 부싯돌을 써서 화식(火食)을 가르쳤다 함.
*五帝=오제-황제(黃帝), 전욱(顓頊), 제곡(帝嚳), 요(堯), 순(舜).
堯鼓納諫 舜木求箴=요고납간 순목구잠　　- 箴=잠. -경계(警戒)의 글 *-
　요임금은 북을 달아 간언(諫言)할 것이 있을 때 두드릴 수 있게 하고
　순임금은 나무에 글을 써놓아서 임금이 조심할 사항을 건의할 수 있게 하였다.
*諸=①저. (어조사)~에서(於).
　　②제. 모든(every).

(포희씨는) 새끼를 꼬아 그물을 만들어   (-作結繩而爲網罟 以佃以漁)
서 사냥과 고기잡이를 하게 하였으니

이는 대체로 30번째 중화리(重火離)괘   (-蓋取諸離)
의 괘상에서 착안한 것이다.

　　두 개의 그물눈을 서로 이어나가면 물건이 그 사이에 걸린다-는 것에서 착안한
것이다.

*繩=①승. 노끈. 먹줄. 법도. 밧줄. 헤아려 바로잡다(-繩祖).
　　②잉. 알배다(孕).
　　③민. 끝없는 모양(-繩繩不可名〈老子〉).
*罟=고. 그물.
*佃=전. 사냥하다(-以佃以漁). 밭을 경작하다.
*蓋=①개. 아마도, 생각건대.
　　②개. 덮다. 뚜껑. 모두(皆).
　　③합. 어찌~하리오(曷/갈). 어찌~하지 않으리오(何不).

　　포희씨가 죽고 신농씨가 일어나서　　　　(-包犧氏沒 神農氏作)

　　나무를 깎아 보습을 만들고 나무를　　　(-斲木爲耜 揉木爲耒)
　　휘어서 쟁기의 자루를 만들어 (쟁기를
　　완성해서)

　　쟁기와 호미 등의 농기구를 이용하도　　(-耒耜之利 以教天下)
　　록 천하 만민을 가르치니

　　이는 대체로 42번째 풍뢰익(風雷益)괘　　(-蓋取諸益)
　　의 괘상에서 착안한 것이다.

　　풍뢰익(風雷益)괘는 하괘(下卦)는 동(動)하고 상괘(上卦)는 입(入)하니 쟁기의 보습이
움직여서 땅속으로 들어가는 형상이다.

*斲=착. 깎다. 나무를 베다. 아로새기다(琢/탁).
*耜=사. 보습(쟁깃날).
*揉=유. ①주무르다. 부드럽게 하다. ②휘다.
*耒=뢰. 쟁기의 자루.
*耨=누(녹). 김매다. 제초하다. 호미. 괭이.

　　한 낮에 시장을 열어 천하의 백성들을　　(-日中爲市 致天下之民 聚天下之貨)
　　모이게 하고 천하의 재화를 모아서

교환하여 가져감으로써 제각각 그 얻   (-交易而退 各得其所)
어야 할 것을 얻게 하였으니

이는 대체로 21번째 화뢰서합(火雷噬   (-蓋取諸噬嗑)
嗑)괘의 괘상에서 착안한 것이다.

상(上)괘는 한 낮의 밝음이고 하(下)괘는 움직임이니 한 낮에 모여들어 서로의 재
화를 교환한다는 의미가 된다.

신농씨가 죽은 뒤 황제, 요, 순 등의   (-神農氏沒 黃帝堯舜氏作)
어진 군주들이 일어나서

그 변화를 통하여 백성을 게으르지   (-通其變 使民不倦)
않게 하고

신묘하게 교화하여 백성의 삶을 마땅   (-神而化之 使民宜之)
하게 하였으니

주역(周易)의 이치는 궁하면 변하고 변   (-易 窮則變 變則通 通則久)
하면 통하고 통하면 오래 간다.

그래서 하늘로부터 도움이 있으니 길   (-是以自天祐之 吉无不利)
하며 이롭지 않음이 없다.

황제와 요순이 복식(服飾)을 정하여 의   (-黃帝堯舜 垂衣裳而天下治)
상(衣裳)을 차려입자 천하가 잘 다스려
졌으니

이는 대체로 1~2번째 건(乾)괘와 곤   (-蓋取諸乾坤)
(坤괘)에서 취한 것이다.

건곤(乾坤)은 변화하되 억지로 작위(作爲)함이 없다. 억지가 없기 때문에 아무런
부자연스러움이 없다.

*倦=권. 게으르다. 태만. 싫증. 피로하다. 쉬다.
*垂=수. ①드리우다. 가장자리. 변경(-坐不垂堂〈史記〉).
      ②거의. 가까움(-垂死病中).

나무를 파내어 배를 만들고 나무를   (-刳木爲舟 剡木爲楫)
다듬어 노를 만드니

배와 노의 이로움으로써 통행하지 못   (-舟楫之利 以濟不通)
하던 곳에 건너가게 되고

먼 곳의 것을 가져올 수 있게 함으로   (-致遠以利天下)
써 천하를 이롭게 하였다.

이는 대체로 59번째 풍수환(風水渙)괘   (-蓋取諸渙)
의 괘상에서 착안한 것이다.

풍수환(風水渙)괘는 나무가 물 위에 있으니 바로 배의 형상이다.

*刳=고. 파내다(-刳木爲舟). 쪼개다.
*剡=①염. 날카롭게 하다(-剡木爲矢). 깎다.
      ②섬. 중국의 縣 이름(-剡紙).
*楫=즙. 배 젓는 노. 숲에 서 있는 나무. 모으다(-陛下躬發聖德 統楫群元〈漢書〉).

소를 길들이고 말을 타고서 무거운   (-服牛乘馬 引重致遠 以利天下)
것을 먼 데까지 끌고 가서 천하를 이
롭게 하니

이는 대체로 17번째 택뢰수(澤雷隨)괘   (-蓋取諸隨)
의 괘상에서 착안한 것이다.

택뢰수(澤雷隨)괘는 아래에서 움직이기 때문에 위에서 기뻐하는 형상이다.

문을 이중으로 만들고 -밤에- 딱딱   (-重門擊柝 以待暴客)
이를 쳐서 난폭한 외부인에 대비하
였으니

이는 대체로 16번째 뇌지예(雷地豫)괘   (-蓋取諸豫)
에서 취한 것이다.

예(豫)는 미리 방비(防備)한다는 뜻이다.

---

*柝=탁. ①딱딱이를 쳐서 경계함. 딱딱이.
　　②열다. 펼치다. 터지다.

나무를 잘라 절굿공이를 만들고 땅을   (-斷木爲杵 掘地爲臼)
파서 절구를 만들어

절구와 절굿공이의 이로움을 씀으로   (-臼杵之利 萬民以濟)
써 만민이 번성하게 하였으니

이는 대체로 62번째 뇌산소과(雷山小   (-蓋取諸小過)
過)괘의 괘상에서 착안한 것이다.

소과(小過)괘는 위에서 움직이고 아래에서 멈추는 형상이니 바로 절구질의 모습
이다.

---

*杵=저. 절굿공이. 방망이. 방패(-血流漂杵〈書經〉).
*臼=구. 절구.
*杵臼交=저구교-귀천을 가리지 않고 사귀는 일.

나무에 시위를 매어 활을 만들고 나   (-弦木爲弧 剡木爲矢)
무를 깎아 화살을 만들어

활과 화살의 이로움으로 천하를 위압 　　(-弧矢之利 以威天下)
(威壓)하니

이는 대체로 38번째 화택규(火澤睽)괘 　　(-蓋取諸睽)
에서 취한 것이다.

규(睽)는 어그러짐이다. 어그러지면 떠나려 하게 된다. 떠남을 막으려면 위엄(威嚴)으로 복종(服從)시켜야 한다. 화택규(火澤睽)괘의 리(離-火)에는 활과 화살을 뜻이 있고, 태(兌-澤)에는 날카롭다, 삶아낸다 등 파괴(破壞)의 뜻이 들어있다. 활과 화살은 규(睽)의 상황에서 떠남을 막고자 만든 도구(道具)들이다.

*弦=현. 활시위.
*弧=호. 활.
*剡=①염. 날카롭다. 창끝. 칼날. 깎다. 삭제하다.
　②섬. 중국의 땅 이름(-剡縣). (剡紙=중국 剡溪 지방의 藤나무로 만든 종이).

상고(上古)시대에는 구멍이나 들에서 　　(-上古 穴居而野處)
거처(居處)하였는데

후세(後世)에 성인(聖人)이 궁실(宮室)로 　　(-後世聖人 易之以宮室)
바꾸어서 살게 하였는데

위에는 대들보를 세우고 아래에는 서 　　(-上棟下宇 以待風雨)
까래 지붕을 놓아서 비바람에 대비하
였다.

이는 대체로 34번째 뇌천대장(雷天大 　　(-蓋取諸大壯)
壯)괘에서 취한 것이다.

대들보와 서까래 지붕을 견고하게 만들어서 비바람을 피할 수 있도록 한 것이다.

옛날의 장례(葬禮)는 시신(屍身)을 섶으 (-古之葬者 厚衣之以薪 葬之中野)
로 두텁게 싸서 들판 가운데 놓아두
었는데

봉분(封墳)을 만들지 않았고 묘에 나무 (-不封不樹 喪期无數)
를 심지도 않았으며 일정한 상기(喪期)
도 없었다.

후세에 성인이 관을 만들어 사용하도 (-後世聖人 易之以棺槨)
록 바꾸었으니

이는 대체로 28번째 택풍대과(澤風大 (-蓋取諸大過)
過)괘에서 취한 것이다.

대과(大過)괘는 죽은 자가 나무로 짠 관 속에 들어가서 즐거워하는 형상으로 볼
수 있다. 그러므로 죽은 자의 장례는 그가 관 속에서도 즐거워할 수 있을 정도로
후(厚)하게 모셔야 하는 대사(大事)로 여기게 되었다.

옛날에는 노끈의 매듭으로 의사(意思) (-上古 結繩而治)
를 표시(表示)하여 다스리던 것을

후세에 성인이 문서로 바꾸어서 (-後世聖人 易之以書契)

모든 관리(官吏)와 만민(萬民)을 이로써 (-百官以治 萬民以察)
다스리고 살폈다.

이는 대체로 43번째 택천쾌(澤天夬)괘   (-蓋取諸夬)
에서 취한 것이다.

택천쾌(澤天夬)괘에는 밝게 결단(決斷)하되 이를 문서(文書)로 한다는 뜻이 들어
있다.

계사전(繫辭傳) 하(下) 三 장(章)

상(象)을 보고 괘사(卦辭-彖辭)와 효사(爻辭)를 읽는다.

是故 易者 象也	시고 역자 상야
象也者 像也	상야자 상야
彖者 材也	단자 재야
爻也者 效天下之動者也	효야자 효천하지동자야
是故 吉凶生而悔吝著也	시고 길흉생이회린저야

그러므로 주역(周易)은 상(象)이다.   (-是故 易者 象也)

상(象)이라는 것은 천지만물(天地萬物)의   (-象也者 像也)
상황(狀況)을 형상화(形象化)한 것이다.

단사(彖辭)는 각(各) 괘의 뜻을 판단(判   (-彖者 材也)
斷)한 재료이다.

효(爻)는 천하(天下)의 움직여 변화(變   (-爻也者 效天下之動者也)
化)하는 모습을 나타낸 것이다.

그러므로 길흉(吉凶)이 생기는 일과 　　(-是故 吉凶生而悔吝著也)
후회하거나 아쉬워하는 마음이 드러
난다.

　형체(形體)로는 나타나 있지 않은 것을 팔괘(八卦)와 육십사괘(六十四卦)를 통하여
구체적(具體的) 형상(形象)으로 나타낸 것이 상(象)이다.
　단사(彖辭)는 괘사(卦辭)를 말한다. 단사(彖辭)는 주(周)의 문왕(文王)이 지었고 단전
(彖傳)은 단사(彖辭)를 해석(解釋)한 것으로서 공자(孔子)가 지었다고 한다.

계사전(繫辭傳) 하(下) 四 장(章)

　양(陽)의 괘(卦)에는 음효(陰爻)가 많고 음(陰)의 괘(卦)에는 양효(陽爻)가 많다.

陽卦多陰 陰卦多陽 其故何也	양괘다음 음괘다양 기고하야
陽卦 奇 陰卦 耦	양괘 기 음괘 우
其德行 何也	기덕행 하야
陽 一君而二民 君子之道也	양 일군이이민 군자지도야
陰 二君而一民 小人之道也	음 이군이일민 소인지도야

양괘에는 음효가 많고 음괘에는 양효　　(-陽卦多陰 陰卦多陽 其故何也)
가 많은 것은 어째서 그러한가?

양괘는 홀수요 음괘는 짝수이기 때문　　(-陽卦 奇 陰卦 耦)
이다.

그 괘의 덕행은 어떠한가?　　　　　　(-其德行 何也)

양괘는 한 군왕에 두 백성이니 군자   (-陽 一君而二民 君子之道也)
의 도이다.

음괘는 두 군왕에 한 백성이니 소인   (-陰 二君而一民 小人之道也)
의 도이다.

*奇=기. ①홀수. 양수(陽數). 나머지(畸).
　　　②기이하다. 몰래. 속임.
*耦=우. ①짝수. 음수(陰數).
　　　②배우자. 상대자.
*德=덕. ①~다움. 품격(品格). 마음을 닦아서 몸에 얻은 것.
　　　절조(節操=依據하여 자기 삶의 原理로 삼는 것).
　　　②혜택. 이익. 능력. 작용. 고맙게 여김.

계사전(繫辭傳) 하(下) 五 장(章)

효사(爻辭)의 함축성(含蓄性).

31번째 함(咸)괘 九四에

易曰 憧憧往來 朋從爾思   역왈 동동왕래 붕종이사

子曰 天下何事何慮   자왈 천하하사하려

天下同歸而殊塗 一致而百慮   천하동귀이수도 일치이백려

天下何事何慮   천하하사하려

日往則月來 月往則日來   일왕즉월래 월왕즉일래

日月相推而明生焉   일월상추이명생언

寒往則暑來 暑往則寒來   한왕즉서래 서왕즉한래

寒暑相推而歲成焉	한서상추이세성언
往者屈也 來者信(伸)也	왕자굴야 래자신(신)야
屈信相感而利生焉	굴신상감이이생언
尺蠖之屈 以求信也	척확지굴 이구신야
龍蛇之蟄 以存身也	용사지칩 이존신야
精義入神 以致用也	정의입신 이치용야
利用安身 以崇德也	이용안신 이숭덕야
過此以往 未之或知也	과차이왕 미지혹지야
窮神知化	궁신지화
德之盛也	덕지성야

역에 이르기를	(-易曰)
"생각이 뒤숭숭한 채로 왕래가 빈번하면 그 벗만이 그대의 생각을 따른다."라고 하였다.	(-憧憧往來 朋從爾思)
공자는 말하였다.	(-子曰)
천하에 무슨 일을 그리 고민할 필요가 있는가?	(-天下何事何慮)
천하에 살아가는 길은 수많은 다른 길이 있으나 돌아갈 곳은 모두 같은 곳이다.	(-天下同歸而殊塗 一致而百慮)
천하 만물에 대하여 쓸데없는 생각을 하며 고민할 필요가 없다.	(-天下何事何慮)
해가 지면 달이 뜨고 달이 지면 해가 뜬다.	(-日往則月來 月往則日來)

해와 달이 서로 교체하여 밝음이 생긴다. (-日月相推而明生焉)

추위가 가면 더위가 오고 더위가 가면 추위가 온다. (-寒往則暑來 暑往則寒來)

추위와 더위가 교체하여 한 해를 이룬다. (-寒暑相推而歲成焉)

가는 것은 굽히는 것이요 오는 것은 펴는 것이다. (-往者屈也 來者信(伸)也)

굽히고 펴는 것이 서로 감응하여 이로움이 생기는 것이다. (-屈信相感而利生焉)

조그마한 자벌레가 몸을 움츠리는 것은 펴려고 하는 것이요 (-尺蠖之屈 以求信也)

용과 뱀이 엎드려 숨는 것은 몸을 보존하려는 때문이다. (-龍蛇之蟄 以存身也)

사물(事物)의 정미(精微)하고 신묘(神妙)한 이치(理致)를 깨닫는다면 (-精義入神)

일상생활에서 잘 써서 모든 작용을 일으킬 수 있고 (-以致用也)

이러한 활용으로 몸을 편안하게 해서 덕성을 높일 수 있다. (-利用安身 以崇德也)

여기에서 더 나아가는 것은 인간의 능력을 넘어서는 것이기에 알아보려 하지 않는다. (-過此以往 未之或知也)

궁극(窮極)의 음양원리(陰陽原理)를 파악(把握)하여

천지화육(天地化育)의 신묘한 작용(作　　　　(-窮神知化)
用)과 한 몸이 되는 수준(水準)에 이르
는 것만이
성대(盛大)한 인간의 덕성(德性)이 도달(到　　(-德之盛也)
達)할 수 있는 한계(限界)라 할 것이다.

　천박한 지혜로 분주히 생각하며 왕래가 잦으면 그 왕래하는 사람 이외의 다른 사람들은 네 생각을 따라주지 않을 것이다. 생각하는 방법은 천차만별이라 하더라도 궁극의 원리는 하나뿐이다. 궁극의 원리를 깨우치면 고민하지 않아도 저절로 이치에 맞는 결론에 도달한다. 지나치게 여러 가지 생각을 하고서 따르면 그 따르는 바가 좁아지게 된다.

　군자는 주역의 원리를 일상생활에서 잘 활용함으로써 자신의 덕(德)을 높이는 일을 생각할 뿐, 주역의 원리로부터 우주(宇宙)가 시작되기 전(前)의 일이나 우주 종말 후(後)의 일 등을 알 수 있으리라고는 생각하지 않는다. 인간으로서는 알 수 없는 영역이기 때문이다.

*憧=동. ①왕래가 빈번하다(-憧憧).
　　　②마음이 정해지지 않다(-憧憧).
　　　③그리워하다(-憧憬).
　　　④무디다. 둔하다(-愚憧而不逮事〈史記〉).
*殊=수. ①다르다(-特殊). 특별하다. 크다.
　　　②죽다. 죽이다.
*塗=도. ①길(途). 길거리.
　　　②진흙. 진창. 더럽히다(-以塗吾身).
*塗不拾遺=도불습유. 태평 세상의 비유.
*尺=척. 僅少. 조금.
*尺二秀才=척이수재. 속(俗)된 수재.
*蠖=확. 자벌레.
*蟄=칩. 숨다. 틀어박히다.(-龍蛇之蟄)

47번째 곤(困)괘 六三에

易曰 困于石 據于蒺藜	역왈 곤우석 거우질려
入于其宮 不見其妻 凶	입우기궁 불견기처 흉
子曰 非所困而困焉 名必辱	자왈 비소곤이곤언 명필욕
非所據而據焉 身必危	비소거이거언 신필위
旣辱且危 死期將至 妻其可得見邪(야)	기욕차위 사기장지 처기가득 견야(邪)

역에 이르기를	(-易曰)
돌(九四)에 눌려 고통을 받고 납가새풀(九二)에 앉아 있는 듯하다.	(-困于石 據于蒺藜)
그 집에 들어가더라도 자기의 아내를 보지 못하니 흉하다.	(-入于其宮 不見其妻 凶)
공자의 말이다.	(-子曰)
자기 분수를 모르기에 겪지 않아도 될 곤란을 겪으니 이름이 반드시 욕될 것이다.	(-非所困而困焉 名必辱)
자기에게 맞지 않는 자리에 앉아 있으니 몸이 반드시 위태로울 것이다.	(-非所據而據焉 身必危)
이미 욕되고 위태로워 파멸의 날(-죽을 날)이 곧 오리니 아내인들 볼 수 있겠는가.	(-旣辱且危 死期將至 妻其可得見邪)

자기 분수를 모르고 맞지 않는 지위에 있거나, 힘에 버거운 일을 추진하는 자는 반드시 진퇴유곡에 빠져 흉사를 겪는다. 파멸 지경에 이르면 아내마저 떠난다는 뜻이다.

40번째 해(解)괘 上六에

易曰 公用射隼于高墉之上 獲之无不利	역왈 공용사준우고용지상 획지무불리
子曰 隼者禽也 弓矢者器也 射之者人也	자왈 준자금야 궁시자기야 사지자인야
君子藏器於身 待時而動	군자장기어신 대시이동
何不利之有	하불리지유
動而不括	동이불괄
是以出而有獲	시이출이유획
語成器而動者也	어성기이동자야

역에 이르기를	(-易曰)
공(公)을 써서 높은 담장 위에 앉아 있는 새매를 쏘아 잡으면 이롭지 않음이 없다 하였다.	(-公用射隼于高墉之上 獲之无不利)
공자의 말이다.	(-子曰)
새매는 날짐승이요, 활과 화살은 기구이고, 쏘는 자는 궁술을 지닌 사람이다.	(-隼者禽也 弓矢者器也 射之者人也)

군자가 용구를 다룰 줄 아는 기예와　　　(-君子藏器於身 待時而動)
힘을 몸에 익혀두었다가 때를 기다려
움직이면

무슨 이롭지 않음이 있겠는가?　　　　(-何不利之有)

움직임에 구속받을 일이 없다.　　　　(-動而不括)

그러므로 나아가면 얻는 것이 있다.　　(-是以出而有獲)

스스로를 쓸모 있는 그릇으로 이룬　　(-語成器而動者也)
다음에 움직이라는 뜻이다.

　공(公)을 쓴다는 것은 공적(公的)인 대의명분(大義名分)을 내세운다. 난국을 풀어내
는 활동을 하기 전에 수양을 통하여 실력을 길러야 한다는 교훈이다.
　준(隼)은 높은 지위에 있으면서 잔인한 성품을 지닌 못된 자들을 상징한다. 맹금
을 활로 쏘아 떨어뜨리려면 궁술(弓術)이 뛰어나야 하듯이 고위직(高位職)의 못된 자
들과 싸워서 이기려면 대의명분과 실력의 있어야 한다.

*隼=준. 맹금(猛禽). 새매(-公用射隼).
*墉=용. 담(垣墉). 벽(-負墉南面〈禮記〉).
*括=괄. 묶다. 다발을 짓다. 망라하다. 窮究하다(헤아리다).

21번째 서합(噬嗑) 初九에

子曰 小人 不恥不仁 不畏不義	자왈 소인 불치불인 불외불의
不見利 不動 不威 不懲	불견리 부동 불위 부징
小懲而大誡 此小人之福也	소징이대계 차소인지복야
易曰 屨校 滅趾 无咎 此之謂也	역왈 구교 멸지 무구 차지위야

공자의 말이다.	(-子曰)
소인은 자기가 인자(仁慈)하지 못함을 부끄러워하지 않고 불의를 두려워하지 않는다.	(-小人 不恥不仁 不畏不義)
이로움이 보이지 않으면 힘쓰려 하지 않고 위력(威力)이 아니면 징계(懲戒)할 수 없다.	(-不見利 不動 不威 不懲)
조그마하게 징계하여 크게 경계심을 가지게 한다면 소인들에게는 복된 일이 된다.	(-小懲而大誡 此小人之福也)
주역에서	(-易曰)
"발에 형구(刑具)를 채워 걷지 못하게 하니 허물이 없다."라고 한 말은 이런 뜻이다.	(-屨校 滅趾 无咎 此之謂也)

*誡=.계. 훈계하다(-小懲而大誡). 스스로 조심하고 삼가다.
*戒(계)는 양손에 창 들고 있음이니, 誡는 억제력을 갖추고 말로 꾸짖는 것을 뜻한다.
*屨=구. 신다(-屨校滅趾). 신(짚신이나 가죽신).
*校=교. ①刑具(-屨校滅趾).
　　②가르치다(-學校). 본받다(效). 교정하다(-校書如掃塵=몇 번 해도 남는다).
　　③빠르다(-釋之則不校〈周禮〉).
　　④효(校). 흩날리다. 풍기다(-五臭所校〈管子〉).
*趾=지. ①발.
　　②마침. 끝(-凡有首有趾 無心無耳者衆〈莊子〉).

21번째 서합(噬嗑) 上九에

善不積 不足以成名	선부적 부족이성명
惡不積 不足以滅身	악부적 부족이멸신
小人 以小善爲无益而弗爲也	소인 이소선위무익이불위야

以小惡爲无傷而不去也   이소악위무상이불거야

故 惡積而不可掩 罪大而不可解   고 악적이불가엄 죄대이불가해

易曰 何校 滅耳 凶   역왈 하교 멸이 흉

선한 일도 많이 쌓이지 않으면 명예를 이룰 수 없고	(-善不積 不足以成名)
악한 일도 많이 행하지 않으면 몸을 망치기까지는 않는다.	(-惡不積 不足以滅身)
소인은 조그마한 선행은 보탬이 되지 않는다 하여 행하지 않고	(-小人 以小善爲无益而弗爲也)
조그마한 악행은 해로울 것이 없다고 생각하여 멈추지 않는다.	(-以小惡爲无傷而不去也)
그래서 악행이 쌓여 가릴 수 없게 되고 죄가 커져서 풀어낼 수 없는 지경에 이른다.	(-故 惡積而不可掩 罪大而不可解)
역에서는 이를 "목에 형구를 채우고 귀를 가리어 들으려 하지 않으니 흉하다."라고 말하였다.	(-易曰 何校 滅耳 凶)

　높은 지위에 오르면 자만에 빠져서 남의 간섭을 싫어하여 대화의 기회가 줄어든다. 대화가 줄어들고 남의 말을 무시하기에 이르면 스스로의 귀를 막는 격이다. 귀를 막아 듣지 못하면 총명을 잃는다. 그러니 흉할 수밖에 없다.

*掩=엄. ①덮다. 가리다. 문을 닫다. 庇護하다.
　　②불시에 치다(掩襲).
　　③함께하다. 일치시키다(-掩有四方〈孔子家語〉).
*何=하. ①메다(-何校滅耳).
　　②(의문사, 감탄사, 反語) 어찌~. 무엇~. 어디~.

12번째 비(否)괘 九五에

子曰 危者 安其位者也	자왈 위자 안기위자야
亡者 保其存者也	망자 보기존자야
亂者 有其治者也	난자 유기치자야
是故 君子安而不忘危	시고 군자안이불망위
存而不忘亡	존이불망망
治而不忘亂	치이불망란
是以身安而國家可保也	시이신안이국가가보야
易曰 其亡其亡 繫于包桑	역왈 기망기망 계우포상

공자의 말이다.	(-子曰)
위태롭다고 여기는 자는 그 자리를 안전하게 지킬 사람이요	(-危者 安其位者也)
멸망을 우려하는 자는 그 생명을 보존할 사람이며	(-亡者 保其存者也)
세상의 혼란을 염려하는 자는 태평한 세상이 되도록 다스릴 수 있는 사람이다.	(-亂者 有其治者也)
그런 까닭에 군자는 편안하여도 위태로움을 잊지 않고	(-是故 君子安而不忘危)
존재할 때 멸망을 잊지 않으며	(-存而不忘亡)
잘 다스려질 때 혼란에 대한 우려를 잊지 않는다.	(-治而不忘亂)
그렇게 하기 때문에 몸이 편안할 수 있고 국가를 보전할 수 있는 것이다.	(-是以身安而國家可保也)

이것이 주역에서 "망하지 않을까 하 (-易曰 其亡其亡 繫于包桑)
는 염려를 되풀이하며 뽕나무밭에 잘
매어둔다."라고 한 말의 뜻이다.

*否=①비. 막히다(否運. 否塞). 나쁘다(-利出否)
　　②부. 아니다. 부정(否定)하다. 거절하다.
*否塞=비색. 불행하게 됨(-平人生心 而賢良否塞矣).
*桑=상. 뽕나무. 뽕나무는 그 뿌리가 서로 얽혀서 총생(叢生)하여 자란다.
*桑年=상년. 나이 四十八세를 뜻함(十字 넷에 八字를 합친 것).
*其亡其亡 繫于包桑=기망기망 계우포상. 바깥세상의 상황에 대한 대응책을 강조한 측면도 있지만 대인
　(大人)의 마음을 다잡는 모습은 이렇게 단단하다는 말이다.

50번째 정(鼎)괘 九四에

子曰 德薄而位尊 知小而謀大 力小而任重　자왈 덕박이위존 지소이모
　　　　　　　　　　　　　　　　　　　대 역소이임중

鮮不及矣　　　　　　　　　　　　　　　선불급의
易曰 鼎折足 覆公餗 其形渥 凶　　　　　역왈 정절족 복공속 기형악 흉
言不勝其任也　　　　　　　　　　　　　언불승기임야

공자의 말이다.　　　　　　　　　　　　(-子曰)
덕(德~다움)이 부족한데 지위는 높고　　(-德薄而位尊)
아는 것은 작은데 큰일을 꾀하며　　　　(-知小而謀大)
능력은 짧은데 책임이 무거우면　　　　(-力小而任重)
화(禍)가 미치지 않는 일이 드물다.　　-(鮮不及矣)
-흔히 앙화(殃禍)가 미친다.
역에서는 이를　　　　　　　　　　　　(-易曰)

"솥의 발이 부러져서 공식연회용 음　　　(-鼎折足 覆公餗 其形渥 凶)
식을 엎지르니 얼굴이 부끄러운 땀으
로 젖어 흉하다."라고 하였다.

그 책임을 감당하지 못한 것을 일컬　　　(-言不勝其任也)
은 것이다.

---

*鮮=선. ①적다. 드물다(-巧言令色 鮮矣仁). 없어지다(-君子之道鮮矣).
　　②맑고 깨끗하다. 보기 좋다. 싱싱하다.
*餗=속. 죽. 솥 안의 음식(-覆公餗). 국밥.
*渥=①악. 젖다(-其形渥). 무거운 형벌. 붉다.
　　②우. 적시다. 담그다(漚).

16번째 예(豫)괘　六二에

　　子曰 知幾其神乎　　　　　　　　자왈 지기기신호

　　君子 上交不諂 下交不瀆　　　　군자 상교불첨 하교불독

　　其知幾乎　　　　　　　　　　　기지기호

　　幾者 動之微 吉(凶)之先見者也　기자 동지미 길(흉)지선현자야

　　君子 見幾而作 不俟終日　　　　군자 견기이작 불사종일

　　易曰 介于石 不終日 貞 吉　　　역왈 개우석 부종일 정 길

　　介于石焉 寧用終日 斷可識矣　　개우석언 영용종일 단가식의

　　君子 知微知彰知柔知剛 萬夫之望　군자 지미지창지유지강 만부
　　　　　　　　　　　　　　　　　지망

공자의 말이다.　　　　　　　　　　　　(-子曰)

기미를 안다는 것은 신비스러운 일　　　(-知幾其神乎)
이다.

군자는 윗사람과 사귀어도 아첨하지 않고 아랫사람과 사귀어도 모독하지 않는다.	(-君子 上交不諂 下交不瀆)
그것이 기미를 아는 것이다.	(-其知幾乎)
기미란 미세한 움직임인데 길흉의 징조가 먼저 나타나는 것이다.	(-幾者 動之微 吉(凶)之先見者也)
군자는 미세한 징조를 보면 당장에 일어난다. 하루라도 기다리지 않는다.	(-君子 見幾而作 不俟終日)
역에서 말하기를	(-易曰)
"기미를 지키는 지조가 돌같이 굳다. 하루해를 다 보내지 않으니 정(貞)하고 길하다."라고 하였다.	(-介于石 不終日 貞 吉)
기미를 지키기가 돌같이 굳으니 어찌 해가 질 때까지 기다리겠는가. 결단함을 알 수 있다.	(-介于石焉 寧用終日 斷可識矣)
군자는 미묘한 것과 드러난 것을 알며 유순한 것과 강한 것을 아니 모두가 우러러본다.	(-君子 知微知彰知柔知剛 萬夫之望)

군자(君子)는 자기 자신을 지탱(支撐)하는 근본(根本)이 굳건히 서 있기 때문에 기미를 읽은 후 자신을 지탱(支撐)하는 근본(根本)에 입각(立脚)하여 돌처럼 고요함을 지키거나 불사종일(不俟終日)의 민첩(敏捷)함으로 대응(對應)한다.

*寧=영(녕). ①(反語) 어찌~하리오. (選擇) 차라리~하다.

②편안하다. 공손하다.

*彰=창. 드러나다. 밝히다(-彰往而察來). 드러내다.

*幾=기. ①기미(幾微). 낌새.

②위태롭다(-維其幾矣). 거의. 접근하다(-妄辨而幾利〈荀子〉).

③조용하다(-事父母幾諫〈논어〉).

④시작하다(-幾事不密)

⑤살피다(-幾聲之上下)

⑥헌걸차다(-幾乎後言)

⑦語勢를 강조하는 助辭(-月幾望).

*幾微=사물의 움직임의 작은 징조.

*諂=첨. 아첨하다(-上交不諂). 부정한 짓을 하다(-貧而無諂〈論語〉).

*瀆=독. 업신여기다(-下交不瀆). 어지럽히다(-再三瀆). 헤아리다(-瀆貨無厭〈左傳〉).

*作=작. ①동작(動作)이 일어나다. 새로 만들다.

②하게 하다.

*俟=사. 기다리다. 기대하다. 떼를 지어 천천히 가다.

*介=개. ①지조가 굳다(-介于石).

②끼이다. 끼우다. 중개하다(-介者不拜〈예기〉).

③나누다. 구획 짓다. 경계.

④갑옷. 조개껍데기.

⑤홀로. 數의 단위.

⑥의지하다(-介人之寵 非勇也〈左氏傳〉).

⑦작다(-介丘). -개구장이?

*貞=정. ①곧다. 바르다(正).

②정하다(定).

③진실한 마음(精誠)(-貞固足以幹事).

④점을 쳐서 알아보다(-以貞來歲之媺惡) (*媺=미. 착하다. good.)

⑤만물성숙의 덕(-乾 元亨利貞).

⑥內卦. (64괘의 아래 3효).

24번째 복(復)괘 初九에

子曰 顏氏之子 其殆庶幾乎	자왈 안씨지자 기태서기호
有不善 未嘗不知 知之 未嘗復行也	유불선 미상부지 지지 미상부행야
易曰 不遠復 无祗悔 元吉	역왈 불원복 무기회 원길

공자의 말이다. (-子曰)

안 씨 집안의 아들 안회(顔回)가 거의 (-顔氏之子 其殆庶幾乎)
복(復)괘 초구(初九) 효가 말하는 도(道)
에 가깝다.

선하지 못한 일이 있으면 일찍이 모 (-有不善 未嘗不知 知之 未嘗復行也)
른 적이 없었고 이를 알면 다시는 행
하지 않았다.

주역에서 이르기를 (-易曰)

"머잖아 되돌아오니 크게 후회하는 (-不遠復 无祇悔 元吉)
일은 없을 것이다. 원래 길하다."라고
하였다.

책에 따라 无祇(기)悔, 또는 无祇(지)悔로 되어 있는데 복(復)괘 初九 효사의 뜻을
이해함에서 큰 차이는 없다.

*殆=태. ①거의. 반드시.
　　②위태하다. 의심하다. 두려워하다.
　　③게을리하다(-思而不學則殆).
*庶=서. ①뭇. 여러(-庶務). 많다. 벼슬 없는 사람. 첩의 자식. 천하다.
　　②바라다(度.慮)
*庶幾=서기. ①가까움(-殆庶幾=거의 ~에 가깝다.)
　　　②바라건대(-庶幾息兵革〈史記〉).
　　　③賢人(-庶幾之才〈論衡〉).
*祇=①기. 크다(-无祇悔: 큰 후회는 없다.).
　　②지. 다만(助辭).
*祗=지. 마치다(適-도달함). (-无祗悔: 후회하는 일에 이르지는 않는다.).

41번째 손(損)괘 六三에

天地絪縕 萬物和醇　　　　　　　**천지인온 만물화순**

男女構精 萬物化生   남녀구정 만물화생

易曰 三人行 則損一人 一人行 則得其友   역왈 삼인행 즉손일인 일인행

                                              즉득기우

言致一也   언치일야

천지의 음양 기운이 크게 화합하여   (-天地絪縕 萬物和醇)
만물을 잡스럽지 않고 순수하게 하고

남성과 여성이 정기를 합하여 만물을   (-男女構精 萬物化生)
생성변화 시킨다.

주역에 이르기를   (-易曰)

"세 사람이 가면 하나를 줄이고 한 사   (-三人行 則損一人 一人行 則得其友)
람이 가면 벗을 얻는다."라고 하였다.

이는 바로 음(陰)과 양(陽) 두 사람의   (-言致一也)
마음이 합치함으로써 새로운 발전이
일어남을 말한 것이다.

*絪縕=氤氳=인온. 천지(天地)의 기운이 화(和)하고 성(盛)한 모양.
　　　두 기운이 교접(交接)하여 움직이는 모양
*醇=순. ①자세하다(-萬物和醇). ②순수하다. ③진한 술.
*醇化=순수하고 후덕하게 교화함. 잡스럽지 않고 순수하게 함.

42번째 익(益) 上九에

　　子曰 君子 安其身以後動   자왈 군자 안기신이후동

　　易其心以後語   이기심이후어

　　定其交以後求   정기교이후구

　　君子修此三者 故 全也   군자수차삼자 고 전야

危以動 則民不與也   위이동 즉민불여야

懼以語 則民不應也   구이어 즉민불응야

无交而求 則民不與也   무교이구 즉민불여야

莫之與 則傷之者至矣   막지여 즉상지자지의

易曰 莫益之 或擊之 立心勿恒 凶 역왈 막익지 혹격지 입심물항 흉

공자의 말이다.   (-子曰)

군자는 기반을 굳혀서 몸을 편안히 (-君子 安其身以後動)
한 뒤에 움직이고

신념이 있어 마음이 화평해진 후에 (-易其心以後語)
말하며

그 사귐이 깊어진 다음에 상대에게 (-定其交以後求)
참여를 구한다.

군자는 이 세 가지를 닦아야 온전해 (-君子修此三者 故 全也)
진다.

몸이 위태로운 상태에서 움직이면 사 (-危以動 則民不與也)
람들이 따라오지 않는다.

마음에 불안을 느끼면서 말하면 사람 (-懼以語 則民不應也)
들이 귀를 기울여 듣지 않는다.

깊은 사귐도 없이 구하면 사람들이 (-无交而求 則民不與也)
참여하지 않는다.

참여하지 않은 결과로 고립되면 해치 (-莫之與 則傷之者至矣)
려는 자가 생긴다.

역에서 한 말이다. 그에게 유익하게 (莫益之)
해주는 것이 없고 그가 필요로 할 때
거들어주지 않으면

그가 나를 공격하게 될지도 모른다.　　　　(或擊之)

마음을 올바르게 세우고 일관되지 않　　　　(立心勿恒 凶)
으면 흉한 것이다.

42번째 익(益)괘 上九의 뜻에 대하여 소식(蘇軾)은 아래와 같이 말하였다.

　　上者獨高之位 下之所疾也 而莫吾敢擊者 畏吾與也
　　상자독고지위 하지소질야 이막오감격자 외오여야
　　莫益則无與矣 故或擊之 孔子曰 "无交而求則民不與 莫之與則傷之者至矣"
　　막익즉무여의 고혹격지 공자왈 "무교이구즉민불여 막지여즉상지자지의"

내가 홀로 높은 곳에 위치함은 아래의 사람들이 싫어하는 바이지만 그들이
감히 나를 공격하지 못하는 것은 내가 그들과 함께하여 도움 될 일이 있을
지 모르기 때문이다. 그런데 이롭게 해주는 것이 없다면 도와주는 것이 없
다는 것이다. 그러면 싫은 것만 남으니 누군가가 공격하게 된다. 공자는 이
런 점에 대하여 말씀하신 것이다.

　　　　　　　　　　　　　　　　　　　　　　　　　　　　- 소식(蘇軾)

　플라톤 〈국가(國家)〉 내용 중에 나오는 참주(僭主) 정치의 폐단(弊端) 끝에 겪을 참
주의 위험이 바로 〈莫益之 或擊之 凶〉이다. 기대할 이로움이 없어지면 지위 높은
사람은 싫고 부담스러운 존재일 뿐이다. 굳이 그를 보호할 이유가 없다고 느끼는
것이 민심(民心)이다.

*懼=구. ①위태롭게 여기다. ②조심하다. ③협박하다.

계사전(繫辭傳) 하(下) 六 장(章)

건곤음양(乾坤陰陽)의 역리(易理)로 설명이 가능한 인간생활(人間生活)의 모습은 요순(堯舜)시대 이후(以後)의 생활일 것이다. 요순 이전(以前)의 상고(上古)시대는 인성(人性)이 순박(淳朴)한 시대였으므로 삶에서 개인의 길흉(吉凶)이나 이익(利益)의 득실(得失)을 셈하지 않았을 것이므로 음양의 변화에 따라 길흉이 변화한다는 역리(易理)로는 설명할 수 없었을 것이다.

子曰 乾坤 其易之門邪	자왈 건곤 기역지문야
乾 陽物也 坤 陰物也	건 양물야 곤 음물야
陰陽合德 而剛柔有體	음양합덕 이강유유체
以體天地之撰	이체천지지찬
以通神明之德	이통신명지덕
其稱名也 雜而不越	기칭명야 잡이불월
於稽其類 其衰世之意耶	어계기류 기쇠세지의야
夫易 彰往而察來	부역 창왕이찰래
而微顯闡幽 (微顯而闡幽)	이미현천유 (미현이천유)
開而當名 辨物正言 斷辭則備矣	개이당명 변물정언 단사즉비의
其稱名也小 其取類也大	기칭명야소 기취류야대
其旨遠 其辭文	기지원 기사문
其言曲而中 其事肆而隱	기언곡이중 기사사이은

因貳 以濟民行 以明失得之報　　　　인이 이제민행 이명실득지부(보)

공자의 말이다.　　　　　　　　　　　　(-子曰)

건곤(乾坤)은 〈주역(周易)〉의 세계로 들　(-乾坤 其易之門邪)
어서는 문(門)이라 할 수이다.

건은 양성적(陽性的)인 것이고 곤은 음　(-乾 陽物也 坤 陰物也)
성적(陰性的)인 것이다.

음양의 덕이 서로 화합(和合)하여 강유　(-陰陽合德 而剛柔有體)
(剛柔)의 형체를 낳으니

주역(周易)의 괘체(卦體)는 천지가 만물　(-以體天地之撰)
(萬物)을 만드는 이치(理致)를 형상화(形
象化)한 것이며

사람들은 주역(周易)의 괘체(卦體)로 만　(-以通神明之德)
물생성의 신명(神明)한 덕(德)을 통달
(通達)할 수 있는 것이다.

그 일컫는 말은 잡다하게 보이지만　　　(-其稱名也 雜而不越)
법칙에서 어그러지지 않는다.

주역의 말들을 종류별로 자세히 살펴　　(-於稽其類 其衰世之意耶)
보면 쇠퇴한 세상에 대한 염려의 뜻
이 헤아려진다.

대체로 주역은 지난 것을 들추어내고　　(-夫易 彰往而察來)
다가오는 것을 예측하니

사물이 미묘하게 싹트는 것을 관찰하　　(-而微顯闡幽 / 微顯而闡幽)
여 그 깊숙한 곳을 열어 결과를 예측
해보는 것이다.

사물의 발전과정을 열어보고 분류하 (-開而當名)
여 알맞게 상징하는 명칭을 붙이고
("開而"를 생략하기도 한다.)

물건을 성질별로 분류하고 분별할 말 (-辨物正言)
을 바르게 결정하여

괘효사를 만들어-길흉판단이 가능하 (-斷辭則備矣)
도록-정언하게 갖추어 두었다.

괘효사에서 일컫는 이름은 상징적인 (-其稱名也小 其取類也大)
작은 것이지만 그것이 포괄하는 범위
는 광대하다.

그 뜻이 함축하는 바는 원대하며 그 (-其旨遠 其辭文)
말이 의미하는 무늬-문채(文彩)-는 변
화가 무한하다.

역의 말은 복잡하게 보이지만 지시하 (-其言曲而中)
는 바는 명쾌하게 들어맞고

괘상으로 표현하는 사물은 제멋대로 (-其事肆而隱).
늘어놓은 것처럼 보이지만 그 함축성
은 깊다.

어찌해야 좋을지 의심스러울 때 길흉 (-因貳)
의 두 가지 사리(事理)를 보여주어서

사람들의 행위를 돕고 (-以濟民行)

실패와 성공을 예견할 수 있도록 밝혀 (-以明失得之報).
서 사람을 올바로 이끌어 나아간다.

　역(易)의 말들은 얼핏 보면 잡다하고 무질서하게 보이지만(-其稱名也 雜而) 음양의
조화 관계라는 하나의 법칙에서 어그러짐이 없다(-不越).

건(乾)과 곤(坤) 두 괘에 대한 공부는 역경(易經)을 이해(理解)하기 위한 첫걸음이다. 건(乾), 곤(坤) 두 괘와 이들의 순차적인 효변(爻變)으로 나타나는 열 가지 괘인 천풍구(天風姤), 천산둔(天山遯), 천지비(天地否), 풍지관(風地觀), 산지박(山地剝), 지뢰복(地雷復), 지택임(地澤臨), 지천태(地天泰), 뇌천대장(雷天大壯), 택천쾌(澤天夬)의 十二 가지 괘를 십이벽(十二辟)괘라 하여 한 해의 열두 달에 대응(對應)시켜 생각하는 등 중요한 괘로 취급하였다. 동지(冬至)를 지뢰복(地雷復)으로 보고 춘분(春分)을 뇌천대장(雷天大壯), 하지(夏至)를 천풍구(天風姤), 추분(秋分)을 풍지관(風地觀)으로 보는 방식이다.

*撰=찬. ①지어내다. 만들다. ②일(-天地之撰). ③갖추어진 것(-異乎二三子者之撰).
*稽=계. ①생각하다. 헤아리다.
    ②견주다(-婦姑不相悅 則反脣而相稽〈漢書〉).
    ③점치다.
*彰=창. ①밝히다. 드러내다(-彰往而察來).
    ②아름다운 무늬.
*闡=천. 닫힌 것을 열다. 밝혀서 분명히 하다(-闡幽).
*肆=사. ①늘어놓다(陳列). ②거리낌 없다. 방자하다. ③드디어. 참으로. 그래서 이제.
*貳=이. ①의심하다(疑). 두 마음.
    ②둘.
    ③배반하다.
*赴=①부. 나아가다(赴).
    ②보. 보답하다. 알리다.
*辟=벽. 임금.

계사전(繫辭傳) 하(下) 七 장(章)

수덕(修德)에 관한 괘(卦)들: 주문왕(周文王)이 유리(羑里)에 있을 때 우환(憂患)에 대처한 덕행(德行) 9卦.

易之興也 其於中古乎	역지흥야 기어중고호
作易者 其有憂患乎	작역자 기유우환호
是故 履 德之基也	시고 이 덕지기야
謙 德之柄也	겸 덕지병야
復 德之本也	복 덕지본야
恒 德之固也	항 덕지고야
損 德之修也	손 덕지수야
益 德之裕也	익 덕지유야
困 德之辨也	곤 덕지변야
井 德之地也	정 덕지지야
巽 德之制也	손 덕지제야
履 和而至	이 화이지
謙 尊而光	겸 존이광
復 小而辨於物	복 소이변어물
恒 雜而不厭	항 잡이불염
損 先難而後易	손 선난이후이
益 長裕而不設	익 장유이불설
困 窮而通	곤 궁이통
井 居其所而遷	정 거기소이천
巽 稱而隱	손 칭이은
履以和行	이이화행
謙以制禮	겸이제례
復以自知	복이자지
恒以一德	항이일덕

損以遠害	손이원해
益以興利	익이흥리
困以寡怨	곤이과원
井以辨義	정이변의
巽以行權	손이행권

以下, 七章을 부분으로 나누어 풀이

주역이 번성한 것은 중고(中古)시대일 것이다.	(-易之興也 其於中古乎)
주역을 지은이는 어떤 복잡한 일이나 걱정이 있었던 것 같다.	(-作易者 其有憂患乎)

　그래서 걱정 끝에 어떠한 복잡한 일이나 걱정거리가 있다 하더라도 덕을 닦음으로써 이들 괴로움을 이겨내라는 뜻으로 덕행(德行) 九卦의 길을 제시한 것이 아닌가 한다.

> *興=①흥. 일어나다. 번성하다.
> 　　②흥. 즐기다. 즐겁게 여기다.
> 　　③흔. 제기에 피를 바르다(釁-흔. 틈/결점/죄/향료/제기에 피를 바름).
> *中古=중고. 은(殷)나라 말기에서 주(周)나라 초기를 뜻한다.

그러므로	(-是故)
履괘는 덕의 터전(-基礎)을 나타내고 있다. (예(禮)를 이행(履行)함으로써 인간관계의 조화(調和)를 도모(圖謀)한다.)	(-履 德之基也)

謙괘는 덕의 손잡이(밑절미)를 나타내고 있다. (겸손하면 존경받고 영예를 얻을 수 있다.)

(-謙 德之柄也)

復괘는 덕의 새 출발(出發)을 나타낸다. (새로이 사물(事物)을 분변(分辨)하여 정심(正心)을 회복(回復)하는 것이다.)

(-復 德之本也)

恒괘는 덕을 굳게 지키는 것을 말한다.

(-恒 德之固也)

損괘는 덕의 수양(修養)을 나타낸다. (나를 덜어내어 상대방에게 보태줌으로써 해악(害惡)을 물리친다.)

(-損 德之修也)

益괘는 덕의 넉넉함을 나타낸다. (그렇게 함으로써 나에게 이로움을 일으키는 것이다.)

(-益 德之裕也)

困괘는 시련(試鍊)을 통한 덕의 변별(辨別)을 나타내고 있다. (곤란(困難) 중에도 덕을 지키며 나아가면 궁지(窮地)에서 벗어날 수 있다.)

(-困 德之辨也)

井괘는 덕의 기지(基地)를 나타낸다. (우물처럼 제자리를 지키면서도 남에게 영향(影響)을 미친다.)

(-井 德之地也)

巽괘는 덕의 적용(適用)에 있어서 그때그때의 이치(理致)에 순응(順應)함을 나타낸다. (임기응변(臨機應變)하여 일에 걸맞으면서도 숨어서 드러나지 않는다.)

(-巽 德之制也)

履괘의 내용을 실천하면 화합함이 지극하게 되고   (-履 和而至)

謙괘의 내용을 실천하면 존귀하면서도 빛나고,   (-謙 尊而光)

復괘의 내용을 실천하면 조그마한 시초(始初)일 때 사물의 길흉(吉凶)을 분변(分辨)하여 정도(正道)에 돌아온다.   (-復 小而辨於物)

恒괘의 내용을 실천하면 잡다(雜多)한 사물과 공존(共存)하면서도 오래도록 정도(正道)를 지킨다.   (-恒 雜而不厭)

損괘의 내용을 실천하면 성냄을 저지하고 욕구를 틀어막으므로 처음에는 곤란을 겪지만 나중에는 순탄(順坦)하게 된다.   (-損 先難而後易)

益괘의 내용을 실천하면 가진 것이 늘어나서 여유롭게 되지만 그 늘어남이 그다지 크지는 않다.   (-益 長裕而不設)

困괘의 내용을 실천하면 곤궁(困窮)하지만 마음은 통(通)하게 되고   (-困 窮而通)

井괘의 내용을 실천하면 제자리에 있으면서도 좋은 영향은 널리 미치게 된다.   (-井 居其所而遷)

異괘의 내용을 실천하면 임기응변하   (-異 稱而隱)
여 일에 걸맞으면서도 숨어서 드러나
지 않는다.

두루 섞여서 함께 살아감을 싫어하지 않는 것이 항덕(恒德)이다. 다문화사회(多文
化社會)가 될수록 포용(包容)의 항덕(恒德)이 더욱 중요해진다.

손익(損益)은 본래 지니고 있던 것의 범위에서 덜어내거나 보태어지는 것이다.
득실(得失)보다는 온건(穩健)하고 완만(緩慢)한 것의 표현이 손익(損益)이다. 무리(無理)
한 이익(利益), 폭리(暴利)는 온당(穩當)한 이익이 아니기에 해롭다.

*長=장. 자라다(-苟得其養 無物不長〈맹자〉).
*設=설. 크다(-益 長裕而不設). 키우다. 베풀다. 늘어놓다.
*遷=천. 좋은 데로 옮겨 감(-君子以見善則遷 有過則改).
*稱=칭. 걸맞다. 저울.

이괘로는 행하는 일을 조화하고   (-履以和行)

겸괘로는 예절을 정하는 기본이 되며   (-謙以制禮)

복괘로는 스스로를 알게 되고   (-復以自知)

항괘로는 덕을 한결같이 하며   (-恒以一德)

손괘로는 해악을 멀리하고   (-損以遠害)

익괘로는 이로움을 일으키며   (-益以興利)

곤괘로는 원망을 적게 하고   (-困以寡怨)

정괘로는 일정한 자리를 지키면서 의   (-井以辨義)
로움을 밝게 분별한다.

손괘로 임기응변하며 덕을 적용하니　　(-巽以行權)
일에 걸맞으면서도 잠기고 숨어 드러
나지 않는다.

---

*寡怨-원망하는 바가 적음.
*바닥부터 겪으면서 성장하면 능력은 오르고 원망은 사라진다.
*辨義-편안한 상태에서 의로움을 봄.

계사전(繫辭傳) 하(下) 八 장(章)

주역을 책으로만 대하면 그 뜻을 멀리까지 이르게 하지 못한다.

易之爲書也 不可遠	역지위서야 불가원
爲道也 屢遷	위도야 루천
變動不居 周流六虛	변동불거 주류육허
上下无常 剛柔相易	상하무상 강유상역
不可爲典要 唯變所適	불가위전요 유변소적
其出入以度 外內 使知懼	기출입이도 외내 사지구
又明於憂患與故	우명어우환여고
无有師保 如臨父母	무유사보 여림부모
初率其辭而揆其方 旣有典常	초솔기사이규기방 기유전상
苟非其人 道不虛行	구비기인 도불허행

주역이 책이 되면-주역을 서책(書冊)으로만 대하면-형체 있는 도구가 될 뿐이므로 그 도(道)가 멀리까지 이를 수 없다.

(-易之爲書也 不可遠)

책은 말한 것을 가리켜 보일 수는 있지만 글귀 밖의 것을 찾기에는 적당하지 않으므로 주역을 서책으로만 대하면 그 뜻을 멀리까지 미치게 할 수 없기 때문이다.

그러나 주역이 도(道)가 되면 -주역을 익혀서 도(道)를 행하면- 옮겨가기를 거듭하니

(-爲道也 屢遷)

한 곳에 고지식하게 얽매이지 않고 움직여서

(-變動不居)

여섯 효의 자리에 두루 쉬지 않고 변천(變遷)한다.

(-周流六虛)

위나 아래에서 상주(常主)하지 않고 강함과 유순함이 서로 바뀌어

(-上下无常 剛柔相易)

어떠한 표준이나 선입견에 얽매이지 않고 오직 적당하게 변화하여 나아갈 뿐이다. 그러므로 책(冊)에 있는 해석(解釋)을 절대불변(絶對不變)인 것으로 삼으면 안 된다.

(-不可爲典要 唯變所適)

주역은 출입(出入)의 법도(法度)에 맞게 하여 안팎의 사람들에게 두려움을 알게 하며

(-其出入以度 外內 使知懼)

또 우환(憂患)과 그 우환의 연유(緣由)를 밝혀준다.	(-又明於憂患與故)
스승의 지도(指導)나 보호자의 보호(保護)가 없어도 역(易)이 가르쳐주고 보호해주므로 마치 부모와 있는 것처럼 역(易)을 신뢰하고 공경하는 마음을 품게 한다.	(-无有師保 如臨父母)
처음에는 역서(易書)의 글귀를 따르면서 방향을 헤아린다.	(-初率其辭而揆其方)
역서(易書)를 읽어서 가르침의 대강을 안 뒤에는 실천인데	(-旣有典常)
본시 참으로 역(易)의 원리(原理)를 체득(體得)한 사람이 아니면	(-苟非其人)
참다운 역도(易道)를 행할 수 없다. 역도(易道)가 아닌 헛된 것을 행하게 된다	(-道不虛行).

정주(程朱=程頤와 朱熹)나 王夫之는 "易之爲書也 不可遠"의 해석을 "〈周易〉 책(冊)을 항상 가까이 두고 괘효사(卦爻辭)를 익혀야지 책(冊)을 멀리하면 안 된다"는 뜻으로 보았다.

變動不居: 역공부(易工夫)는 변화이치(變化理致)의 공부이다. 어느 한 가지에 집착(執着)하여 고집부리지 말아야 한다.

역서(易書)의 글귀는 표준적인 법칙성을 말한 것이어서 대강의 방향을 알려준다. 그러므로 역서를 읽어 표준대로 가면 언행의 잘못은 줄일 수 있다. 그러나 참다운 역도(易道)의 실행은 그 원리(原理)를 깊이 깨달은 후에야 가능하다.

"外內 使知懼": 점술(占術)에 밝은 경초역(京焦易) 계통에서는 이를 "외재괘(外在卦)와 내재괘(內在卦)까지 헤아려 조심하게 하며"의 뜻으로 해석한다. 외재괘와 내재괘는 경방십육괘변법(京房十六卦變法)에서 나오는 여덟 번째와 아홉 번째 변괘(變卦)들이다. 일곱 번째 변괘(變卦)를 유혼괘(遊魂卦)라 부르는데 유혼괘(遊魂卦) 다음에 나오는 여덟 번째와 아홉 번째 변괘들이 외재괘(外在卦)와 내재괘(內在卦)이다. 그러나 외재괘(外在卦)와 내재괘(內在卦) 등으로 부르게 된 자세한 설명은 없으니 십육괘변법(十六卦變法)은 번거롭고 이치를 종잡을 수 없는 언설(言說)에 불과하다.

戒非其人而學其道者 非其人而學其道 則無所不至矣
계비기인이학기도자 비기인이학기도 즉무소부지의

역(易)을 배우기에 마땅한 성품이 아닌 사람이 역도(易道)를 배우는 것은 경계(警戒)할 일이다. 마땅하지 않은 사람이 이것을 배우면 무슨 짓을 할 지 모르기 때문이다.

– 소식(蘇軾)

易之爲書 言得失也 非言禍福也 占義也 非占志也 此 學易者 不可不知也
역지위서 언득실야 비언화복야 점의야 비점지야 차 학역자 불가부지야

주역이라는 책은 득실(得失)을 말한 것이지 화복(禍福)을 말한 것이 아니며 점은 의로움 여부를 묻는 것이지 자기의 뜻함을 점치는 것이 아니다. 주역을 공부하는 사람은 이 점을 꼭 알아두어야 한다.

– 왕부지(王夫之)

계사전(繫辭傳) 하(下) 九 장(章)

역서(易書)의 본질은 시종(始終)을 관련지어서 포착(捕捉)하는 것에 있다.

易之爲書也 原始要終 以爲質也	역지위서야 원시요종 이위질야
六爻相雜 唯其時物也	육효상잡 유기시물야
其初 難知 其上 易知 本末也	기초 난지 기상 이지 본말야
初辭擬之 卒成之終	초사의지 졸성지종
若夫雜物 撰德 辨是與非	약부잡물 선덕 변시여비
則非其中爻 不備	즉비기중효 불비
噫 亦要存亡吉凶 則居可知矣	희 역요존망길흉 즉기가지의
知者觀其彖辭 則思過半矣	지자관기단사 즉사과반의
二與四 同功而異位 其善不同	이여사 동공이이위 기선부동
二多譽 四多懼 近也	이다예 사다구 근야
柔之爲道 不利遠者	유지위도 불리원자
其要无咎 其用柔中也	기요무구 기용유중야
三與五 同功而異位	삼여오 동공이이위
三多凶 五多功 貴賤之等也	삼다흉 오다공 귀천지등야
其柔 危 其剛 勝耶	기유 위 기강 승야

역서(易書)는 사상(事象)의 시초를 찾아서 종말을 살피는 것을 바탕(-卦體)으로 삼고 (-易之爲書也 原始要終 以爲質也)

여섯 효는 서로 섞여서 그 효로 상징되는 사상이 그 시점에서 처한 상태를 나타낸다. (-六爻相雜 唯其時物也)

초효의 뜻은 알기 어렵지만 상효의 뜻은 알기 쉬우니 근본과 말단을 알게 된다. (-其初 難知 其上 易知 本末也)

초효사(初爻辭)는 사상(事象)의 미세한 징조를 실제로 흉내 내어 나타낸 것이고 상효사(上爻辭)는 사상의 마지막 완성상태를 나타낸 것이다. (-初辭擬之 卒成之終)

만일 사물을 뒤섞어 놓고 덕을 갖춘 것과 갖추지 못한 것을 분별해야 한다면 (-若夫雜物 撰德 辨是與非)

가운데 있는 2~5의 효들이 아닌 初爻와 上爻는 분별요소를 갖추고 있지 않다. (-則非其中爻 不備)

아! (역시 中爻가 중요하다) 中爻를 살펴보면 그것의 존망과 길흉을 곧바로 알 수 있다. (-噫 亦要存亡吉凶 則居可知矣)

역의 원리를 터득한 지혜로운 자라면 단사를 살펴보는 것만으로도 과반을 알 수 있다. (-知者觀其彖辭 則思過半矣)

二효와 四효는 함께 음위(陰位)여서 활동의 성질이 같지만 자리가 달라서 그 선(善)함이 다르다. (-二與四 同功而異位 其善不同)

二효는 칭찬이 많고 四효는 두려움이 많은 것은 四효가 군주와 거리가 가깝기 때문이다. (-二多譽 四多懼 近也)

음유(陰柔)한 성질이 행동하기에는 군주와 먼 거리에 있는 것이 불리(不利)하지만 (-柔之爲道 不利遠者)

음유(陰柔)한 二효가 중요결과에서 허물이 없는 것은 내괘(內卦)의 중심에서 중용을 지키기 때문이다. (-其要无咎 其用柔中也)

三효와 五효는 함께 양위(陽位)여서 활동의 성질이 같지만 자리가 달라서 (-三與五 同功而異位)

三효는 흉함이 많고 五효는 공이 많다. 귀천의 등급이 다르기 때문이다. (-三多凶 五多功 貴賤之等也)

三효와 五효의 위치에 유(柔)한 음효(陰爻)가 오면 위태롭고 (-其柔 危)

그곳에 강(剛)한 양효(陽爻)가 오면 이겨내는 것이다. (-其剛 勝耶)

---

*唯=①유. 오직~뿐. ~라 하더라도(-雖와 같은 뜻).
　　②수. 누구(-誰와 同).
*唯隣是卜=유린시복(-살 곳을 정할 때 이웃을 가린다는 말).
*擬=의. ①흉내 내다(-初辭擬之). (*模擬=모의. 실제 것을 흉내 내어 시험해보다).
　　②견주다. 헤아리다(-擬之而後言). (-擬議以成其變化).
*撰=①선(전). 가려내다(選). 선택하다(擇). 잡다(持).
　　②찬. 시문을 짓다(纂)(述). 만들다. 만드는 일(-天地之撰).
*中爻=중효. 初爻와 上爻 사이에 있는 네 개의 爻(二爻~五爻).
*噫=①희. 탄식하다. 탄식하는 소리.
　　②애. 트림하다.
　　③억. 문득

*居=①기. 어조사(-則居可知矣). 곧바로. 생각한 대로 쉽게(居然).
　　②거. 거처. 있다. 차지하다. 살다.
*則居=즉기, 의문을 나타낼 때 씀

계사전(繫辭傳) 하(下) 十 장(章)

역서(易書)는 천(天), 지(地), 인(人)의 모든 법칙(法則)을 담고 있다.

易之爲書也 廣大悉備	역지위서야 광대실비
有天道焉 有人道焉 有地道焉	유천도언 유인도언 유지도언
兼三才而兩之 故六	겸삼재이양지 고육
六者 非他也 三才之道也	육자 비타야 삼재지도야
道有變動 故曰爻	도유변동 고왈효
爻有等 故曰物	효유등 고왈물
物相雜 故曰文	물상잡 고왈문
文不當 故吉凶生焉	문부당 고길흉생언

주역(周易)이라는 책은 내용이 광대하여 모든 것을 갖추고 있다. (-易之爲書也 廣大悉備)

하늘과 사람과 땅에 대한 모든 법칙을 포함하고 있는데 (-有天道焉 有人道焉 有地道焉)

이 세 가지를 포개어 둘로 묶어서 여섯 효(六爻)가 된다. (-兼三才而兩之 故六)

여섯 爻는 다름 아닌 삼재의 도를 나타내고 있는 것이다.	(-六者 非他也 三才之道也)
천, 지, 인의 道는 끊임없이 변동하므로 이를 爻라고 한다.	(-道有變動 故曰爻)
효에는 부류가 있기 때문에 사물이라고 말한다.	(-爻有等 故曰物)
사물이 서로 섞이기 때문에 꾸밈이라고 한다.	(-物相雜 故曰文)
서로 섞이는 중에 어그러짐이 있어서 꾸밈이 마땅하지 않으면 거기에서 길흉이 생긴다.	(-文不當 故吉凶生焉)

六爻는 다름 아닌 삼재(三才=天, 地, 人)의 도(道)를 나타내고 있다. 위쪽의 五효와 上효는 천(天)의 도(道). 가운데 三효와 四효는 인(人)의 도(道). 아래쪽의 初효와 二효는 지(地)의 도(道)를 보여준다. 인간(人間)의 도(-人道)는 천도(天道)와 지도(地道)의 사이에 있다. 그러므로 인간은 항상 천지조화(天地造化)에 경외감(敬畏感)을 품고 모든 조화(造化) 속의 징조(徵兆)를 잘 이용하여 쉼 없이 노력하며 살아가야 하는 존재이다. 인간의 그런 삶에 도움을 주거나 받는 것이 주역을 배우는 사람들의 보람이다.

> *悉=실. 모두. 다 알다. 다 하다(-悉心). 다 갖추다(-悉備).
> *才=재. ①기본. 고유한 바탕(-三才理通)
> ②재능이 있는 사람. 재주.
> *三才=삼재. 하늘(天), 땅(地), 사람(人)
> * 三才之道=삼재지도. 하늘의 道=음(陰).양(陽)
> 땅의 道=굳셈(剛). 부드러움(柔)
> 사람의 道=인(仁). 의(義)

*爻=효. ①주역의 괘를 이루는 여섯 개의 음양 부호(-六爻之動 三極之道也).

②본받다(-爻也者 效此者也).

③변하다(-爻者 言乎變者也).

④흐리게 지우다(淆), (*爻周=爻 모양의 줄을 그어서 글자를 지우는 것.)

*等=등. ①부류(-爻有等). 동아리.

②등급. 구분하다. 차별하다(-以等其功).

③견주다(-等百世之王〈孟子〉).

④-들(다수를 나타냄-吾等. -等等).

⑤같게 하다(-等平). 동일하다(-等高線).

계사전(繫辭傳) 하(下) 十一 장(章)

시작함과 끝마침을 특별히 두려워하고 조심하라.

易之興也 其當殷之末世 周之盛德耶	역지흥야 기당은지말세 주지성덕야
當文王與紂之事邪	당문왕여주지사야
是故 其辭危	시고 기사위
危者 使平 易者 使傾	위자 사평 이자 사경
其道甚大 百物 不廢	기도심대 백물 불폐
懼以終始 其要无咎	구이종시 기요무구
此之謂易之道也	차지위역지도야

주역이 흥한 때는 은(殷)의 국운이 기울고 주(周)의 기운이 성(盛)할 때일 것이다.

(-易之興也 其當殷之末世 周之盛德耶)

주문왕(周文王)이 은(殷)의 폭군(暴君) 주
(紂)에 의하여 핍박받던 때의 일이 아
닌가 한다.

(-當文王與紂之事邪)

그러므로 역(易)의 글귀에 위태로운
국면(局面)을 나타내는 말이 많다.

(-是故 其辭危)

위태롭게 여기는 자는 평안을 얻고
교만하여 쉽게 여기는 자는 기울어지
게 하였다.

(-危者 使平 易者 使傾)

역(易)의 도(道)는 매우 커서 모든 사물
에 존재하는 이유와 바탕을 준다.

(-其道甚大 百物 不廢)

두려워 삼가는 마음을 처음부터 끝까
지 지켜나가면 모든 것을 허물없이
이룬다.

(-懼以終始 其要无咎)

이것을 일컬어 역의 도라고 한다.

(-此之謂易之道也)

人平不語 水平不流/인평불어 수평불류. 사람이 만족하면 굳이 지적하는 말을 하
지 않고 물이 평평하면 흐르려 하지 않는다. 그래서 썩는다.

*耶=①야. 어조사. (의문)~일까? (감탄)~느냐! (선택)~인가~인가(天道是耶非也).
　　②사. 간사하다(邪).
*邪=①야. 어조사. (의문 또는 부정)~일까? ~아닐까? (耶와 同-怨邪非邪).
　　②사. 간사하다. 사사롭다.
　　③여. 나머지(餘-歸邪於終〈史記〉).
　　④서. 완만하다. 느릿하다(徐-其虛其邪〈詩經〉).
*要=요. ①이루다(-成就). 얻다.
　　　②요구하다. 협박하다.
　　　③모으다. 통괄하다.

계사전(繫辭傳) 하(下) 十二 장(章)

역(易)의 괘효사(卦爻辭)에 담긴 길흉(吉凶)과 사람의 언어(言語) 속에 담긴 그 사람
의 마음.

夫乾 天下之至健也 德行 恒易以知險	부건 천하지지건야 덕행 항이이지험
夫坤 天下之至順也 德行 恒簡以知阻	부곤 천하지지순야 덕행 항간이지조
能說諸心 能硏諸侯之慮	능열제심 능연제후지려
定天下之吉凶 成天下之亹亹者	정천하지길흉 성천하지미미자
是故 變化云爲 吉事有祥	시고 변화운위 길사유상
象事知器 占事知來	상사지기 점사지래
天地設位 聖人成能	천지설위 성인성능
人謀鬼謀 百姓與能	인모귀모 백성여능
八卦以象告 爻彖以情言	팔괘이상고 효단이정언
剛柔雜居而吉凶 可見矣	강유잡거이길흉 가견의
變動以利言 吉凶以情遷	변동이리언 길흉이정천
是故 愛惡相攻而吉凶生	시고 애오상공이길흉생
遠近相取而悔吝生	원근상취이회린생
情僞相感而利害生	정위상감이이해생
凡易之情 近而不相得則凶	범역지정 근이불상득즉흉
或害之 悔且吝	혹해지 회차린
將叛者 其辭慙	장반자 기사참

中心疑者 其辭枝	중심의자 기사지
吉人之辭 寡	길인지사 과
躁人之辭 多	조인지사 다
誣善之人 其辭游	무선지인 기사류(유)
失其守者 其辭屈	실기수자 기사굴

以下, 十二章을 부분으로 나누어 풀이

무릇 건이란 천하에 강건함-씩씩함-의 극치이고	(-夫乾 天下之至健也)
험난한 것을 알아서 항상 쉽게 처리할 줄 아는 덕이 있다.	(-德行 恒易以知險)
무릇 곤이란 천하에 유순함의 극치이고	(-夫坤 天下之至順也)
막힌 것을 알아서 항상 간단하게 처리할 줄 아는 덕이 있다.	(-德行 恒簡以知阻)
이러한 이간(易簡)의 덕(德)은 사람들에게 즐거움을 줄 수 있고 생각을 깊게 하도록 만들 수 있으며	(-能說諸心 能研諸侯之慮)
세상의 길흉을 결정하고 세상 사람들을 힘쓰도록 분기(奮起)시킬 수 있다.	(-定天下之吉凶 成天下之亹亹者)
그러므로 변화를 말한다면 길한 일에는 상서로움이 있고	(-是故 變化云爲 吉事有祥)
역상(易象)으로 사물의 세계-문물제도(文物制度)-를 알 수 있으며	(-象事知器)
역점(易占)으로 미래를 알 수 있다.	(-占事知來)

천지가 높고 낮게 자리하여 대립하고 활동하니 성인이 천지의 활동을 법칙으로 만들어서	(-天地設位 聖人成能)
"사람(-人)"도 법칙을 써서 꾀하고 "귀신"도 꾀하니 "백성(百姓)"도 능히 참여하여 꾀하도록 하였다.	(-"人"謀"鬼"謀 "百姓"與能)
팔괘는 상(象)에 의해서 천지의 도를 말해주고	(-八卦以象告)
괘효사(卦爻辭=彖辭와 爻辭)는 사물의 모습에 빗대어서 말해주니	(-爻彖以情言)
강유가 섞여 있기 때문에 길흉을 볼 수 있다.	(-剛柔雜居而吉凶 可見矣)

험난한 것과 막힌 것을 알면 천하에 대비하지 않을 자가 있겠는가?

변화하고 말하며 일하므로 일을 형상하면 기물을 알 수 있고 길하고 상서로워서 점치건대 미래를 알 수 있다.

사람을 뜻하는 "人(인)"은 본래 글자를 만든 殷나라의 主流 族屬이었던 東夷族을 指稱하는 고유명사였으나 점차 지배계급(貴族)을 의미하는 것으로 쓰이다가(-피지배계급은 "백성〈百姓〉") 뒤에는 구별함이 없이 일반 사람을 의미하는 것으로 쓰이게 되었다는 설이 있다.

음양의 교접과 변통은 그때그때의 이익을 타고 움직이는 것을 말하고	(-變動以利言)
길흉은 득실의 실정이 옳은지 그른지에 따라 달라진다.	(-吉凶以情遷)
그러므로 아낌과 미움이 서로 공격하여 길흉이 생기고	(-是故 愛惡相攻而吉凶生)
멀고 가까운 것이 서로 취하여 뉘우침과 아쉬워함이 생긴다.	(-遠近相取而悔吝生)
진정과 거짓이 서로 감정으로 통해서 이로움과 해로움이 생긴다.	(-情僞相感而利害生)
무릇 주역이 깨우쳐주는 진리가 가까이 있음에도 서로 터득하지 못하면 흉하게 된다. (例:天火同人 六二-九五와 九三-九四관계)	(-凡易之情 近而不相得則凶)

혹시 그 진리를 해치면 뉘우치고 아쉬워하게 될 것이다.	(-或害之 悔且吝)
장차 배반하려는 자의 말에서는 책망이나 모욕적인 느낌 등 꺼림칙한 것이 나타나고	(-將叛者 其辭慙)
속마음이 의심스러운 자의 말은 산만하다.	(-中心疑者 其辭枝)
덕이 있어 길한 사람은 말이 적고 (例: 火天大有-"元亨")	(-吉人之辭 寡)
덕이 없어 조급한 사람은 말이 많다. (例: 天雷无妄 卦辭)	(-躁人之辭 多)
선을 악이라고 헐뜯는 자의 말은 논리의 일관성 없이 떠돌고 (例: 震 -上六 爻辭)	(-誣善之人 其辭游)
지킬 바 신념이 없거나 그것을 잃은 자의 말에는 비굴함이 보인다. (例: 夬- 上六爻辭 "无號 終有凶")	(-失其守者 其辭屈)

주역은 건(乾), 곤(坤)의 두 괘(卦)를 근본으로 하여 이루어졌다. 건(乾)괘는 이(易), 즉 씩씩함(-健)과 평이함(-易)을 그 덕(德)으로 하며 곤(坤)괘는 간(簡), 즉 순종함(-順)과 간단함(-簡)을 그 덕(德)으로 한다.

나머지 62개의 괘(卦)는 험난함(-險)과 막힘(-阻)을 드러내고 있는 것들이다. 건(乾), 곤(坤)의 두 괘(卦)는 이들 62괘를 지나면서 이간(易簡)의 도(道)를 발휘한다.

- 왕부지(王夫之)

*叛=반. 배반하다.
*慙=참(愧와 同旨). ①창피를 주다. 모욕하다. 책망하다.
                   ②부끄러워하다. 부끄럽다. 羞恥(수치).
*枝=지. ①흩어지다(-中心疑者其辭枝).
          ②초목의 가지.
          ③버팀목(支柱). *枝梧=지오. 저항하다.
*躁=조. 조급하다. 불안정하다. 떠들다. 난폭하다. 교활하다.
*誣=무. 속이다. 깔보다. 헐뜯다.
*游=①유. 부유(浮游)하다. 떠돌아다니다. 헤엄치다. 놀다.
        ②류. 흐름(流). 깃발(旒/류).
*屈=굴. ①비굴하다.
        ②움츠리다(-尺蠖之屈 以求信也). 구부러지다.
        ③뜻을 얻지 못하다. 억눌러 굽히다.

四. 설괘전(說卦傳)

　설괘전(說卦傳)은 복희(伏羲)가 팔괘(八卦)를 거듭해서 육십사괘(六十四卦)를 만든 이유와 팔괘가 나타내는 사물의 상(象)을 설명하고 있다. 명(明)나라 영락제(永樂帝)의 〈주역전의대전(周易傳義大全)〉에서는 설괘전(說卦傳)을 十一장(章)으로 나누어 해설하였다.

　一장부터 六장까지는 〈주역〉의 구성원리(構成原理)를 설명(說明)한 총론(總論) 부분이고 七장 이후 十一장까지는 팔괘가 상징(象徵)하는 물상(物象)을 열거(列擧)한 세론(細論) 부분이다. 총론 부분은 요약(要約)된 계사전의 성격을 가지고 있고 세론 부분은 경문(經文)을 이해(理解)하는 데 필요하다기보다는 점서(占筮)할 때 쓰기 위한 것들이라고 볼 수 있다.

설괘전(說卦傳) 一 장(章)

昔者聖人之作易也	석자성인지작역야
幽贊於神明而生蓍	유찬어신명이생시
參天兩地而倚數	삼천양지이의수
觀變於陰陽而立卦	관변어음양이입괘
發揮於剛柔而生爻	발휘어강유이생효
和順於道德而理於義	화순어도덕이리어의
窮理盡性以至於命	궁리진성이지어명

옛날에 성인(聖人)이 역(易)을 만들 때 (-昔者聖人之作易也)

그윽한 신명(神明)의 작용(作用)을 깊이 통찰(洞察)하여 사람에게 안내(案內)하려고 시초점(蓍草占)을 만들었다. (-幽贊於神明而生蓍)

하늘의 수(天數/奇數) 셋(1, 3, 5)과 땅의 수(地數/偶數) 둘(2, 4)에 의해서 음양의 수를 정하였다. (-參天兩地而倚數)

음양(陰陽)으로부터 변화(變化)를 관찰(觀察)하여 괘(卦)를 세우고 (-觀變於陰陽而立卦)

굳셈과 부드러움을 발휘(發揮)하여 효(爻)를 만들었으며 (-發揮於剛柔而生爻)

도덕(道德)으로 화순(和順=仁)하게 하여 바른길로 다스리게 하였다. (-和順於道德而理於義)

이치(理致)를 찾아 본성(本性)을 극진(極盡)하게 하여 천명(天命)에 이르게 한 것이다. (-窮理盡性以至於命)

역(易)에서는 세상을 이루는 기본수(基本數)가 1, 2, 3, 4, 5이고 나머지 수들은 파생수(派生數)로 본다.

---

*幽=유. ①그윽하다(-極幽而不隱〈史記〉). 어둠(-知幽明之故).
　　　②조용하다(-長夏江村事事幽〈杜甫〉).
*贊=찬. ①안내하고 설명하다. 돕다(-能贊大事).
　　　②추천하다. 告하다.
　　　③참여하다. 찬성하다. 논평하는 문체.
*著=시. 시초(蓍草). 점대. 서죽(筮竹)
*參=①삼. 셋(3)의 가진 자(-參分天下〈논어〉).
　　　②참. 참여하다. 헤아려 비교하다.
*倚=①의. 의지하다. 치우치다(-中立而不倚). 인연하다(-禍兮福之所倚〈노자〉).
　　　②기. 이상야릇하다. 不具者(장애인).
*爻=효. 교류하다(-爻者交也). 주고받다. 바꾸다.
*理=리. ①다스리다(-政平訟理). 바루다. 처리하다.
　　　②의지하다(-大不理於口〈맹자〉).
　　　③깨닫다.
　　　④도. 길.
*義=의. 바른길을 좇음. 일에 따른 알맞음(-隨事之宜).

설괘전(說卦傳) 二 장(章)

昔者聖人之作易也	석자성인지작역야
將以順性命之理	장이순성명지리
是以	시이
立天之道曰陰與陽	입천지도왈음여양
立地之道曰柔與剛	입지지도왈유여강
立人之道曰仁與義	입인지도왈인여의
兼三才而兩之 故 易 六畫而成卦	겸삼재이양지 고 역 육획이성괘

分陰分陽 迭用柔剛 故 易 六位而成章	분음분양 질용유강 고 역 육 위이성장

옛날에 성인이 주역을 지은 것은	(-昔者聖人之作易也)
장차 사람들을 본성(本性)과 하늘의 명 (=自然의 理法)에 순응(順應)하게 하려는 것이었다.	(-將以順性命之理)
그러므로	(-是以)
하늘의 도(道)를 세워서 음(陰)과 양(陽) 이라 하고	(-立天之道曰陰與陽)
땅의 도(道)를 세워서 부드러움(柔)과 굳셈(剛)이라 하며	(-立地之道曰柔與剛)
사람의 도(道)를 세워서 인(仁)과 의(義) 라 하였다.	(-立人之道曰仁與義)
천(天). 지(地). 인(人) 삼재(三才)를 겸하 여 두 번 하였기 때문에 역(易)은 여섯 획(劃)이 한 괘를 이룬다.	(-兼三才而兩之 故 易 六畫而成卦)
음과 양으로 나뉘어 부드러움과 굳셈 이 번갈아 쓰여서 역은 여섯 자리의 문장을 이룬다.	(-分陰分陽 迭用柔剛 故 易 六位而成 章)

주역은 소인(小人)들의 도모(圖謀)함을 위한 것이 아니다(-易不爲小人謀). 대인(大人) 은 일을 도모함에 있어서 천지(天地)의 명(命)을 받아들이지만 소인(小人)들은 자기 본성(本性)을 떨치지 못해서 명(命)을 받들지 못하기 때문이다.

*畫=①획. 고루 갖추다. 가지런하다. 자획(字畫).
　　②화. 그림. 그림을 그리다.
*迭=질. ①서로 번갈아 들다.
　　②도가 지나치다.
　　③달아나다.
　　④침범하다.

설괘전(說卦傳) 三 장(章)

天地定位 山澤通氣	천지정위 산택통기
雷風相薄 水火不相射 八卦相錯	뢰풍상박 수화불상역 팔괘상착
數往者 順 知來者 逆	수왕자 순 지래자 역
是故 易 逆數也	시고 역 역수야

하늘과 땅이 자리를 정하고 산과 못이 기운을 통하며	(-天地定位 山澤通氣)
우레와 바람이 서로 부딪치고 물과 불이 서로 싫어하지 않아서 팔괘가 서로 섞인다.	(-雷風相薄 水火不相射 八卦相錯)
지나간 것을 헤아리는 것을 순종(順)이라 하고 다가오는 것을 아는 것을 거스름(逆)이라 한다.	(-數往者 順 知來者 逆)
그러므로 역(易)은 지나간 것을 헤아려서 다가올 것을 아는 것이다.	(-是故 易 逆數也)

*薄=박. ①부딪치다. 범하다(-陰陽相薄). 접근하다(-薄而觀之).
②업신여기다. 엷다. 줄이다.
*射=①역. 싫어하다(惡/오).
②석. 쏘아서 맞히다.
③사. 쏘다.
*錯=①착. 섞이다.
②조. 시행하다(-禮義有所錯). 간직하다. 만족해하다(-萬民之生 各有所錯兮).

설괘전(說卦傳) 四 장(章)

팔괘(八卦)가 상징(象徵)하는 괘상(卦象=事物)과 괘덕(卦德)의 내용(內容)에 대한 예시
적(例示的) 설명(說明)이다.

雷以動之 風以散之	뢰이동지 풍이산지
雨以潤之 日以烜之	우이윤지 일이훤지
艮以止之 兌以說之	간이지지 태이열지
乾以君之 坤以藏之	건이군지 곤이장지

우레는 움직이게 하고 바람은 흩어지게 하며	(-雷以動之 風以散之)
비는 윤택하게 적셔주고 햇볕은 건조시킨다.	(-雨以潤之 日以烜之)
간(艮)의 덕(德)은 그치게 하고 태(兌)의 덕은 기쁘게 하며	(-艮以止之 兌以說之)
건(乾)의 덕은 군림하여 통괄하고 곤(坤)의 덕은 머금어 저장한다.	(-乾以君之 坤以藏之)

팔괘(八卦) 중 진(震), 손(巽), 감(坎), 리(離)괘가 상징하는 사물(事物)들인 뢰(雷-우레), 풍(風-바람), 감(坎-雨水/우수), 화(火-불. 해)의 작용을 말한 것이다. 팔괘(八卦) 중 간(艮), 태(兌), 건(乾), 곤(坤)괘가 상징하는 덕(德)인 지(止-그침), 열(說-기쁨), 군림(君臨), 저장(貯藏)의 작용을 말한 것이다.

*煊=훤. 따뜻하다(暖). 마르다(乾).

설괘전(說卦傳) 五 장(章)

옛날부터 점치던 일에 응용된 자료 모음이다.

帝出乎震 齊乎巽	제출호진 제호손
相見乎離 致役乎坤	상견호리 치역호곤
說言乎兌 戰乎乾	열언호태 전호건
勞乎坎 成言乎艮	로호감 성언호간
萬物出乎震 震 東方也	만물출호진 진 동방야
齊乎巽 巽 東南也	제호손 손 동남야
齊也者 言萬物之潔齊也	제야자 언만물지결제야
離也者 明也	리야자 명야
萬物皆相見 南方之卦也	만물개상견 남방지괘야
聖人南面而聽天下 嚮明而治	성인남면이청천하 향명이치
蓋取諸此也	개취제차야
坤也者 地也	곤야자 지야

萬物皆致養焉 故曰致役乎坤

兌 正秋也

萬物之所說也 故曰說言乎兌

戰乎乾 乾 西北之卦也

言陰陽相薄也

坎者 水也

正北方之卦也 勞卦也 萬物之所歸也

故曰勞乎坎

艮 東北之卦也

萬物之所成終而所成始也

故曰成言乎艮

만물개치양언 고왈치역호곤

태 정추야

만물지소열야 고왈열언호태

전호건 건 서북지괘야

언음양상박야

감자 수야

정북방지괘야 로괘야 만물지
소귀야

고왈로호감

간 동북지괘야

만물지-소성종이-소성시야

고왈성언호간

자연 만물의 신묘함-조물주의 작용-은 진(震)에서 시작하여 손(巽)에서 가지런해진다.

(-帝出乎震 齊乎巽)

리(離)에서 드러나 서로 만나고 곤(坤)에서 그 역할을 다 한다.

(-相見乎離 致役乎坤)

태(兌)에서 기뻐하고 건(乾)에서 싸운다.

(-說言乎兌 戰乎乾)

감(坎)에서 힘껏 노력하고 간(艮)에서 성취한다.

(-勞乎坎 成言乎艮)

만물은 진에서 나오는데 진은 동쪽이다.

(-萬物出乎震 震 東方也)

손에서 가지런해지는데 손은 동남쪽이다.

(-齊乎巽 巽 東南也)

가지런히 한다는 것은 만물이 깨끗하 게 정리된다는 말이다. (-齊也者 言萬物之潔齊也)

리(離)는 밝은 것으로서 (-離也者 明也) 만물이 모두 서로 만나보는 것이며 (-萬物皆相見)

방위로는 남쪽을 말하는 괘(卦)이다. (-南方之卦也)

성인(聖人)이 남면(南面)하여 천하의 소리를 듣고 밝은 쪽으로 다스리는 것은 (-聖人南面而聽天下 嚮明而治)

대체로 여기 리(離)괘에서 취한 것이다. (-蓋取諸此也)

곤은 땅이다. (-坤也者 地也)

만물은 모두 여기에서 길러진다. 그 래서 "곤(坤)에서 역할을 이룬다."라고 하였다. (-萬物皆致養焉 故曰致役乎坤)

태는 바로 가을이다. (-兌 正秋也)

(가을은) 만물이 기뻐하는 곳이다. 그 래서 태를 "기뻐하는 것"이라고 말하 였다. (-萬物之所說也 故曰說言乎兌)

건에서 싸운다고 한 것은 건이 서북 쪽을 가리키는 괘로서 (-戰乎乾 乾 西北之卦也)

(서북쪽에서) 음과 양이 서로 접근하여 부딪치기 때문이다. (-言陰陽相薄也)

감은 물이다. (-坎者 水也)

북쪽을 뜻하는 괘이고 쉬는 일 없이 힘써 노력해야 함을 나타내는 괘이며 (-正北方之卦也 勞卦也)

물이 있는 북쪽은 만물이 귀결되는 곳이기 때문에 (-萬物之所歸也)

그래서 감(坎)에서 힘써 노력한다고 　　　(-故曰勞乎坎)
말한다.

간은 동북방의 괘이다. 　　　　　　　(-艮 東北之卦也)

만물이 마침을 이루고 새로이 시작하 　　(-萬物之所成終而所成始也)
는 곳이다.

그러므로 간에서 성취한다고 말한다. 　　(-故曰成言乎艮)

옛날부터 다스리는 사람들은 남면(南面)하여 수하(手下)들을 대하였다.

물은 흘러가면서 쉴 수가 없다. 고여서 쉬면 썩는다.

*帝=제. ①造化의 神(-王用亨于帝). 자연 만물의 신묘함. 하느님.
　　　②임금.
*乎=호. ①~에서. ③~로구나. ⑤~보다.
　　　②~인가. ④~라고 하면. ⑥~이여!
*離는 방위로서는 남쪽임.
*震=진. ①方位로는 東方.
　　　②움직이다(-震驚, 震動). 지진. 救濟하다.
　　　③천둥. 벼락치다.
　　　④두려워하다(-玩則無震). 권위를 떨치다.
　　　⑤빛나는 모양(-震檀/진단-우리나라의 異稱).
*嚮=향. ①향하다(向). ②대접받다(누리다). ③메아리(響). ④권하다(嚮導).
*說=①열. 기뻐하다. (*說言=열언. 뜻이 이루어져서 기뻐한다는 말)
　　　②설. 말하다. 말씀. 의견.
　　　③세. 달래다(-遊說).
　　　④탈. 빼앗다. 제거하다. 풀어 벗기다(-用說桎梏-〈蒙卦 初六〉).
*薄=박. ①부딪치다. 범하다(-陰陽相薄). 접근하다(-薄而觀之).
　　　②업신여기다. 엷다. 줄이다.

설괘전(說卦傳) 六 장(章)

神也者 妙萬物而爲言者也	신야자 묘만물이위언자야
動萬物者莫疾乎雷	동만물자막질호뢰
搖萬物者莫疾乎風	요만물자막질호풍
燥萬物者莫熯乎火	조만물자막한호화
說萬物者莫說乎澤	열만물자막열호택
潤萬物者莫潤乎水	윤만물자막윤호수
終萬物始萬物者莫盛乎艮	종만물시만물자막성호간
故 水火相逮 雷風不相悖 山澤通氣	고 수화상체 뢰풍불상패 산택통기
然後能變化 旣成萬物也	연후능변화 기성만물야

신(神)이란 건곤(乾坤)의 덕(德), 즉 자연(自然)의 작용(作用)이	
만물(萬物)을 낳는 오묘(奧妙)함을 말하는 것이다	(-神也者 妙萬物而爲言者也).
만물을 움직이게 하는 것에 우레보다 빠른 것이 없고	(-動萬物者莫疾乎雷)
만물을 흔들리게 하는 것에 바람보다 빠를 것이 없다.	(-搖萬物者莫疾乎風)
만물을 마르게 하는 것에 뜨거운 불기운보다 더한 것이 없고	(-燥萬物者莫熯乎火)
만물을 기쁘게 하는 것에 연못보다 더한 것이 없다.	(-說萬物者莫說乎澤)

만물을 윤택하게 하는 것에 물이 윤
택하게 하는 것보다 더한 것이 없고

(-潤萬物者莫潤乎水)

만물을 끝맺게 하고 시작하게 하는
것에 간(艮)-산(山). 멈춤(止)-보다 더
성대한 것이 없다.

(-終萬物始萬物者莫盛乎艮)

그러므로 물과 불이 서로 영향을 미
치고 우레와 바람이 서로 호응하고 산
과 연못이 서로 기운을 통한 뒤에야

(-故 水火相逮 雷風不相悖 山澤通氣)

능히 변화할 수 있어서 만물을 성취
시키는 것이다.

(-然後能變化 旣成萬物也)

*搖=요. 흔들다. 흔들리다.
*燥=조. 건조시키다(-燥萬物者). 마른 것(-火就燥).
*熯=①한. 火氣(뜨거운 불기운-莫熯乎火).
　　②한. 말리다(熯 乾也).
　　③연. 공경하다(-我孔熯矣〈시경〉). 불사르다(태우다).
*逮=체. ①영향을 미치다(-恐不逮事也〈禮記〉).
　　　②잡다. 체포하다.
　　　③편안한 모양(-威儀逮逮不可選也〈예기〉).
*悖=①패. 어그러지다(誖). (悖惡, 悖倫).
　　②발. 우쩍(거침없이) 일어나다(勃).

설괘전(說卦傳) 七 장(章)

乾 健也 坤 順也 震 動也 巽 入也

건 건야 곤 순야 진 동야
손 입야

坎 陷也 離 麗也 艮 止也 兌 說也

감 함야 리 려야 간 지야
태 열야

건(乾)은 건장함이고 곤(坤)은 유순함 　　(-乾 健也 坤 順也)
이며

진(震)은 움직임이고 손(巽)은 들어감 　　(-震 動也 巽 入也)
이다.

감(坎)은 빠지는 것이고 리(離)는 붙거 　　(-坎 陷也 離 麗也)
나 걸리는 것이며

간(艮)은 그치는 것이고 태(兌)는 기뻐 　　(-艮 止也 兌 說也)
하는 것이다.

---

*健=건. ①굳세다. 건장하다. 꾸준하다(-天行健 君子以自强不息).
　　　　②어렵게 대하다. 어렵게 여기다.
　　　　③잘. 매우. 몹시(-健忘症).
*麗=려. ①걸리다(羅)(-日月麗乎天).
　　　　②붙다. 부착시키다(-草木麗乎土).
　　　　③아름답다. 깨끗하다.
　　　　④짝지어 가다(-涉患麗禍〈논어〉).
*麗=리. ①꾀꼬리(鸝). ②陣의 이름(魚麗之陣). ③사팔뜨기(麗視).

설괘전(說卦傳) 八 장(章)

乾爲馬 坤爲牛 震爲龍 巽爲鷄　　　건위마 곤위우 진위룡 손위계

坎爲豕 離爲雉 艮爲狗 兌爲羊　　　감위시 리위치 간위구 태위양

건(乾)은 말이고 곤(坤)은 소이며 진(震)
은 용이고 손(巽)은 닭이다.

감(坎)은 돼지이고 리(離)는 꿩이며 간
(艮)은 개이고 태(兌)는 양이다.

설괘전(說卦傳) 九 장(章)

乾爲首 坤爲腹 震爲足 巽爲股　　건위수 곤위복 진위족 손위고

坎爲耳 離爲目 艮爲手 兌爲口　　감위이 리위목 간위수 태위구

건(乾)은 머리이고 곤(坤)은 배이며 진(震)은 발이고 손(巽)은 넓적다리이며 감(坎)은 귀이고 리(離)는 눈이며 간(艮)은 손이고 태(兌)는 입이다.

설괘전(說卦傳) 十 장(章)

乾 天也 故 稱乎父　　　　　　건 천야 고 칭호부

坤 地也 故 稱乎母　　　　　　곤 지야 고 칭호모

震 一索而得男 故 謂之長男　　진 일삭이득남 고 위지장남

巽 一索而得女 故 謂之長女　　손 일삭이득녀 고 위지장녀

坎 再索而得男 故 謂之中男　　감 재삭이득남 고 위지중남

離 再索而得女 故 謂之中女　　리 재삭이득녀 고 위지중녀

艮 三索而得男 故 謂之少男　　간 삼삭이득남 고 위지소남

兌 三索而得女 故 謂之少女　　태 삼삭이득녀 고 위지소녀

건(乾)은 하늘이다. 그러므로 아버지라 부른다.

곤(坤)은 땅이다. 그러므로 어머니라 부른다.

진(震)은 첫 번째로 구하여 남자를 얻
었으므로 장남이라 부른다.

손(巽)은 첫 번째로 구하여 여자를 얻
었으므로 장녀라 부른다.

감(坎)은 두 번째로 구하여 남자를 얻
었으므로 중남이라 부른다.

리(離)는 두 번째로 구하여 여자를 얻
었으므로 중녀라 부른다.

간(艮)은 세 번째로 구하여 남자를 얻
었으므로 소남이라 부른다.

태(兌)는 세 번째로 구하여 여자를 얻
었으므로 소녀라 부른다.

*索=①삭. 찾다. 수효를 세다(-索而得男). 동아줄(-索道). 택하다(-以索牛馬).
　　분산하다(떨어지다-吾離群而索居). 공허하다(-索莫). 두려워하는 모양.
　　②색. 取하다. 求하다. 찾다(-吹毛索疵). 원하다.

설괘전(說卦傳) 十一 장(章)

乾 爲天 爲圜 爲君 爲父 爲玉　　　건 위천 위원 위군 위부 위옥
爲金 爲寒 爲冰 爲大赤 爲良馬　　위금 위한 위빙 위대적 위양마
爲老馬 爲瘠馬 爲駁馬 爲木果　　위노마 위척마 위박마 위목과

건(乾)이 상징하는 것들은 하늘, 둥근
것, 군주, 아버지, 옥(玉),

금, 추위, 얼음, 크게 붉은 것, 좋은 말,

늙은 말, 뼈대가 굵은 건장한 말(-수척
한 말?), 얼룩말, 나무의 열매(과일) 등
이다.

*圜=①원. 하늘(乾爲圜. 圜丘). 둥글다. 널리 통하다.
　　②환. 에워싸다. 두르다.
*瘠=척. ①뼈대가 굵다(-爲瘠馬). 건장한 모양.
　　②여위다(-羸瘠老弱〈史記〉). 파리하다.
　　③메마른 땅. 薄土(-擇瘠土而處之〈國語〉). 薄情하다.
*駁=박. 얼룩말. 잡것이 섞이다. 어긋나다. 논박(論駁)하다. 고집이 세다.

坤 爲地 爲母 爲布 爲釜 爲吝嗇　　　곤 위지 위모 위포 위부 위인색

爲均 爲子母牛 爲大輿 爲文 爲衆 爲柄　위균 위자모우 위대여 위문
　　　　　　　　　　　　　　　　　　위중 위병

其於地也 爲黑　　　　　　　　　　　기어지야 위흑

곤(坤)이 상징하는 것들은 땅, 어머니,
피륙(삼베 등), 가마솥, 인색함,

균등함, 새끼를 가진 어미 소, 큰 수
레, 무늬나 꾸밈, 무리(衆), 손잡이(柄)
가 되고

그것이 땅이라면 검은 색인 것이다.

*布=. 베. 피륙의 총칭. 펼치다(敷). 널리 알리다(布告).
*布穀=포곡. 뻐꾸기(鳲鳩/시구. 郭公-擬聲語).
  (*얼~시구! 시구! 들어간다. 작년에 왔던 각설이~~~의 유래?).
*釜 =부. 가마솥(釜中生魚-생활 곤궁. 釜中魚-머잖아 죽을 운명).
*文=문. 무늬나 꾸밈.
*柄=병. 손잡이. 근본(-德之柄也). 권세. 재료(밑절미).

震 爲雷 爲龍 爲玄黃 爲尃(敷) 爲大塗　　진 위뢰 위룡 위현황 위부 위대도

爲長子 爲決躁 爲蒼莨竹 爲萑葦　　위장자 위결조 위창랑죽 위환위

其於馬也 爲善鳴 爲馵足 爲作足 爲的顙　　기어마야 위선명 위주족 위작족 위적상

其於稼也 爲反生 其究爲健 爲蕃鮮　　기어가야 위반생 기구위건 위번선

진(震)이 상징하는 것들은 우레, 용, 검은 황색(하늘과 땅이 섞인 색), 활짝 펼침(敷=尃), 큰길, 맏아들, 급히 결단해서 나아감, 푸른 대나무, 물 억새와 갈대가 되고

그것이 말(馬)이라면 잘 우는 말, 왼쪽 뒷발이 흰색인 말, 빠른 말, 이마가 흰 털인 말,

곡식이라면 돋아나오는 새싹이며, 궁극에 이르면 굳셈이 되며, 번성하고 싱싱한 것이다.

*塗=도. ①길거리(途). ②진흙. ③더럽히다. 칠하다(塗褙/도배).

*躁=조. 성급하다. 왁자하다. 난폭하다. 교활하다.

*決躁=결조. 결단해서 급히 나아감. 결단하기를 조급히 함.

*蒼=창. 푸른 빛깔(-爲蒼筤竹). 당황한 모양(蒼黃=倉惶).

*筤=랑. ①수크령. ②조(梁/량). ③미치광이.

*萑=①환. 물 억새.
　　②추. 풀이 많다. 益母草. 물에 담그지 않은 모시풀.

*葦=위. ①갈대. ②작은 거룻배. ③풀을 걸어서 짜다(緯).

*馵=주. 왼쪽 뒷발이 흰 말. 무릎 위가 흰 말.

*作足=작족. 말이 두 발을 나란히 올림. 말이 빠르게 달림.

*的=적. ①희다. ②밝다. 똑똑하게 보인다. ③요점. 과녁.

*顙=상. 이마. 조아리다(이마를 땅에 대어 절함). 머리. 뺨.

*稼=가. ①농사. 심다. ②익은 벼이삭. *稼穡=가색(심고 거두는 일).

*反生=반생. 되살아남(回生). 싹이 아래에서 위로 향함.

巽 爲木 爲風 爲長女 爲繩直 爲工　　손 위목 위풍 위장녀 위승직 위공

爲白 爲長 爲高 爲進退 爲不果 爲臭　　위백 위장 위고 위진퇴 위불과 위취

其於人也 爲寡髮 爲廣顙 爲多白眼　　기어인야 위과발 위광상 위다백안

爲近利市三倍 其究爲躁卦　　위근리시삼배 기구위조괘

손(巽)이 상징하는 것들은 나무, 바람, 장녀, 먹줄의 곧음, 직공인(목수 등),

흰 빛깔, 긴 것, 높은 것, 나아가고 물러남(去就), 과감하지 않음. 냄새,

사람에게 있어서는 머리숱이 적은
것, 이마가 넓은 것, 눈에 흰자위가 많
은 것이고

이익을 가까이하여 세 배 남겨 장사
하니 결국에는 조급하여 평안하지 않
은 괘가 된다.

*繩直=승직. 먹줄이 곧음.
*不果=불과(과감하지 않음. 일을 딱 잘라 결정하지 못함).
*廣顙=광상(이마가 넓다).

坎 爲水 爲溝瀆 爲隱伏 爲矯輮 爲弓輪

감 위수 위구독 위은복
위교유 위궁륜

其於人也 爲加憂 爲心病

기어인야 위가우 위심병

爲耳痛 爲血卦 爲赤

위이통 위혈괘 위적

其於馬也 爲美脊 爲亟心

기어마야 위미척 위극심

爲下首 爲薄蹄 爲曳

위하수 위박제 위예

其於輿也 爲多眚 爲通 爲月 爲盜

기어여야 위다생 위통 위월
위도

其於木也 爲堅多心

기어목야 위견다심

감(坎)이 상징하는 것들은 물, 개천과
도랑, 숨어 엎드림, 굽힌 것을 바로잡
음, 활과 수레,

사람에게 있어서는 근심을 더함, 마
음의 병,

귀가 아픔, 피를 나타내는 괘가 되고,
붉은 색이다. 그것이 말(馬)이라면 등
이 아름다운 것이고, 성질이 급한 것
이며,

머리를 아래로 숙인 것이고, 발굽이
닳아서 얇아진 것이며, 질질 끌며 가
는 것이다.

그것이 수레라면 고장이 많은 것이고
(爲多眚), 다른 사람과 함께 쓰는 것이
며(爲通), 군주 아닌 신하의 것이고(爲
月), 소인이나 천인의 것이다(爲盜).

그것이 나무라면 단단하고 껍질이 얇
아서 목심이 많은 것이다.

*溝=구. ①도랑. 하수도. 해자. 골짜기에 흐르는 물.
         ②어리석다(恂).
*瀆=독. ①도랑(-爲溝瀆).
         ②업신여기다(-上交不詔 下交不瀆)
         ③어지럽히다(-再三瀆).
         ④세다, 헤아리다(-瀆貨無厭).
*矯=교. 바루다. 바로잡음. 도지개(뒤틀린 활을 바로잡는 기구).
*輮=유. ①(수레바퀴를 만들기 위하여) 휘어 굽히다(揉). (-坎 爲矯輮).
         ②바퀴의 테. 수레바퀴로 짓밟다.
*脊=척. ①등골뼈. ②條理(사리).
*亟=①극. 빠르다(-經始勿亟〈詩經〉).
      ②기. 자주. 누누이(亟行暴虐〈書經〉).
*亟心=극심(성질이 급함).
*薄蹄=박제(발굽이 닳아서 엷음).
*曳=예. ①질질 끌며 가다(曳杖). ②차질이 생기다. 끌다. 끌리다.
*眚=생. ①잘못. 허물. ②재앙. ③괴이하다(-无眚).

離 爲火 爲日 爲電 爲中女 爲甲冑 爲戈兵

리 위화 위일 위전 위중녀 위갑주 위과병

其於人也 爲大腹 爲乾卦

기어인야 위대복 위건괘

爲鼈 爲蟹 爲蠃 爲蚌 爲龜

위별 위해 위라 위방 위구

其於木也 爲科上槁

기어목야 위과상고

리(離)가 상징하는 것들은 불, 해, 번개, 중녀(中女), 갑옷과 투구, 창과 병장기이고,

사람에게 있어서는 배가 크게 부어오른 것이 되고, 메마른(-旱魃) 괘가 된다.

자라, 게, 소라, 조개, 거북이고,

그것이 나무라면 속이 비어있고 위쪽이 마른 나무이다.

*冑=주. 투구(helmet).
*科=과. ①공허하다(漱/관)(empty). 속이 비었다(-爲科上槁).
    ②구덩이(坎/감). (-不盈科不行〈맹자〉).
    ③과정. 법규의 조문.
*槁=고. 물기가 마르다. 말리다. 위로하다. 소홀히 하다. 짚.
*鼈=별. 자라. *蟹=해. 게. *蠃=라. 소라. *蚌=방. 조개. *龜=구(귀). 거북.

艮 爲山 爲徑路 爲小石 爲門闕 爲果蓏	간 위산 위경로 위소석
	위문궐 위과라
爲閽寺 爲指 爲狗 爲鼠 爲黔喙之屬	위혼시 위지 위구 위서
	위검훼지속
其於木也 爲堅多節	기어목야 위견다절

간(艮)이 상징하는 것들은 산, 지름길
(오솔길), 작은 돌, 대궐의 문, 과일과
풀 열매,

대궐 문지기와 내시, 손가락, 개, 쥐,
부리나 주둥이가 검은 동물 등이다.

나무로 치자면 단단하고 마디가 많은
것이다.

*徑=경. ①지름길. 오솔길. 작은 길(小路). ②건너다(-夜徑澤中).
*徑行=경행(-아무런 꾸밈없이 생각한 그대로 행함).
*蓏=라. 풀 열매.
*閽=혼. 문지기. 내시. 환관(宦官).
*寺=①시(侍). 내시(內侍).
    ②사. 절.
*閽寺=혼시. 대궐의 중문지기와 내시.
*黔=검. 검다. 거무스름하다. 그을다. 검어지다(-黑突不得黔〈韓愈〉).
*喙=훼. ①부리. 돼지주둥이(彖)처럼 내민 입. ②숨. 호흡.

兌 爲澤 爲少女 爲巫　　　　　　태 위택 위소녀 위무

爲口舌 爲毀折 爲附決　　　　　위구설 위훼절 위부결

其於地也 爲剛鹵 爲妾 爲羊　　기어지야 위강로 위첩 위양

태(兌)가 상징하는 것들은 연못, 소녀, 무당이며

남의 구설에 오름, 깨어지고 꺾인 것(-毀損), 절단됨이 된다.

그것이 땅이라면 염분이 많아서 굳어진 것이다. 첩(妾)을 상징하고 양(羊)을 상징한다.

*決=결. ①끊어서 터뜨리다. 헤어지다.
　　　②확정하다.
　　　③시비선악을 구별하다. 나누다.
　　　④반드시. 결단코.
*鹵=로. ①연소금(-天生日 鹵 人生日 鹽〈설문〉).
　　　②거칠다. 鹵掠질하다(-鹵獲物).

五. 서괘전(序卦傳)

　서괘전(序卦傳)은 주문왕(周文王)이 정한 六十四괘의 배열순서(配列順序)가 가진 의미를 설명한 것이다. 공자가 만물의 생성 모습과 인간생활에 연관시켜 지은 것이라고 한다. 서괘전이 역(易)의 이론서로서 가치가 있는가에 대하여는 몇 가지 이견(異見)이 있다. 역의 이론서라고 보기 어려우며 공자(孔子)의 저술도 아니라고 말한 진(晋)의 韓康伯, 정밀하지는 않지만 역리의 잡다한 축적물을 담은 것 중 하나라는

송(宋)의 朱熹(=朱子), 생생유전(生生流轉) 하는 역도(易道)의 보편운행(普遍運行)과 천인상응(天人相應), 대립통일(對立統一) 등 역리(易理)의 핵심을 담은 정밀한 이론서라고 보아야 한다는 高懷民의 견해 등이 있다.

有1天2地然後 萬物生焉	유1천2지연후 만물생언
盈天地之間者唯萬物 故受之以3屯	영천지지간자유만물
	고수지이3준
屯者 盈也 屯者 物之始生也	준자 영야 둔자 물지시생야
物生必蒙 故受之以4蒙	물생필몽 고수지이4몽
蒙者 蒙也 物之稺也	몽자 몽야 물지치야
物稺不可不養也 故受之以5需	물치불가불양야 고수지이5수
需者 飮食之道也	수자 음식지도야
飮食必有訟 故受之以6訟	음식필유송 고수지이6송
訟必有衆起 故受之以7師	송필유중기 고수지이7사
師者 衆也	사자 중야
衆必有所比 故受之以8比	중필유소비 고수지이8비
比者 比也	비자 비야

천지가 있은 뒤에 만물이 생겼다.

천지 사이에 가득 찬 것은 오직 만물 뿐이다. 그러므로 그것을 받는 것이 준(屯)괘이다.

준(屯)은 사물이 많은 것을 뜻하는 한편 사물이 처음 나와 어려움 중에 있음을 뜻한다.

사물이 처음 생기면 반드시 어리다. 그러므로 몽(蒙)괘로 받는다.

몽은 어린 것이다. 사물이 어린 것이다.

사물이 어리면 기르지 않을 수 없다. 그러므로 수(需)괘로 받았다.

수(需)는 먹고 마시는 음식의 도(道)이다.

음식에는 반드시 분쟁으로 송사가 있다. 그러므로 송(訟)괘로 받는다.

분쟁은 반드시 여러 사람이 일어나게 되므로 사(師)괘로 받는다.

사(師)는 무리(衆)를 의미한다.

무리는 반드시 친하게 되므로 비(比)괘로 받는다.

비(比)는 친하게 지내는 것이다.

---

*屯=①준. 어렵다(-屯險). 고난에 시달리다.
　②둔. 진 치다. 언덕.
*穉=치(=稚). 어리다. 어린 벼. 만생종.

比必有所畜 故受之以9小畜　　　비필유소축 고수지이9소축

物畜然後 有禮 故受之以10履　　물축연후 유례 고수지이10리

履而泰然後 安 故受之以11泰　　리이태연후 안 고수지이11태

泰者 通也　　　　　　　　　　태자 통야

物不可以終通 故受之以12否　　물불가이종통 고수지이12비

物不可以終否 故受之以13同人
與人同者 物必歸焉 故受之以14大有

有大者 不可以盈 故受之以15謙
有大以能謙 必豫 故受之以16豫

물불가이종비 고수지이13동인
여인동자 물필귀언 고수지이
14대유
유대자 불가이영 고수지이15겸
유대이능겸 필예 고수지이16예

친하게 지내면 반드시 축적이 있다,
그러므로 소축(小畜)괘로 받는다.

물건이 축적된 뒤에야 예(禮)가 있다.
그러므로 禮를 이행하는 이(履)괘로
받는다.

예를 이행하여 태평해진 뒤에야 편안
하다. 그러므로 태(泰)괘로 받는다.

태(泰)는 통하는 것이다. (두루 알며
상황과 사물을 함께 쓰기를 끊이지 않는
것이다.)

사물은 끝까지 통하여 함께 할 수는
없다. 그러므로 막힘을 뜻하는 비(否)
괘로 받는다.

사물은 끝까지 막힐 수는 없다. 그러
므로 동인(同人)괘로 받는다.

남과 함께 하는 자에게는 사물이 반
드시 돌아온다. 그러므로 대유(大有)괘
로 받는다.

큰 것을 가진 자는 가득 채우려 하면
안 된다. 그러므로 겸(謙)괘로 받는다.

큰 것을 가지고도 능히 겸손하다면
반드시 즐거워하게 된다. 그러므로
예(豫)괘로 받는다.

---

*通=통. ①두루 알다(-聖人以通天下之志).
②함께 쓰다, 통용함(-不通寢席〈禮記〉).
③무궁하다. 끊이지 않다(-往來不窮謂之通).
④두루 화창하다(-四時和爲通正). 원활하다(-血脈欲其通也).
⑤깨닫다. 통달하다(-此不通乎兵者之論〈呂覽〉).
⑥투명하다. 훤히 들여다보이다(-表裏瑩通).
⑦속이 비다(-中通外直).
⑧중개인(-乃誡門下人 不爲通〈史記〉)
⑨풀이. 해석(-風俗通)
⑩사팔눈. 사팔뜨기(-通視).
*否=①비. 막히다(-否塞). 화합하지 못함. 나쁘다(-利出否).
②부. 부정하다. 거절하다.
*人=①남(타인). ②사람. 어떤 사람. ③백성.
*盈=영. ①그릇에 가득 차다. ②많다. ③殘餘. 나머지.
*盈貫=영관(돈꿰미-죄악이 매우 많음을 비유함). *盈尺=영척(-한 자 남짓).
*豫=예. ①마음이 평화롭고 즐겁다(-心中和悅謂之豫).
②기뻐하다(-何問之不豫也〈莊子〉).
③미리 대비하다(-凡事豫則立 不豫則廢〈中庸〉).
④게을리하다(태만). 미적거리다. 꺼리다.

豫必有隨 故受之以17隨

以喜隨人者必有事 故受之以18蠱

蠱者 事也

有事而後 可大 故受之以19臨

物大然後 可觀 故受之以20觀

可觀而後 有所合 故受之以21噬嗑

예필유수 고수지이17수

이희수인자필유사

고수지이18고

고자 사야

유사이후 가대 고수지이19림

물대연후 가관 고수지이20관

가관이후 유소합

嗑者 合也

物不可以苟合而已 故受之以22賁

고수지이21서합

합자 합야

물불가이구합이이

고수지이22비

賁者 飾也

致飾然後 亨則盡矣 故受之以23剝

비자 식야

치식연후 형즉진의

고수지이23박

剝者 剝也 物不可以終盡

剝 窮上反下 故受之以24復

박자 박야 물불가이종진

박 궁상반하 고수지이24복

즐거움에는 반드시 따르는 것이 있다. 그러므로 수(隨)괘로 받는다.

즐거움을 가지고 남을 따르는 자는 반드시 즐기는 일에 빠지므로 고(蠱)괘로 받는다.

고(蠱)란 일이 있는 것이다. ("蠱-즉 일 났다."라는 말은 마음 써서 처리해야 할 문제가 생겨났다는 의미이다.)

일이 있어서 그 일을 처리한 뒤에 클 수 있다. 그러므로 임(臨)괘로 받는다.

임(臨)이란 큰 것이다.

사물은 큰 뒤에야 볼 수 있다. 그러므로 관(觀)괘로 받는다.

볼 수 있을 만한 뒤에야 합할 수 있다. 그러므로 시합(噬嗑)괘로 받는다.

서합(噬嗑)은 합하는 것이다.

사물은 진실로-진솔하게-합하기만
할 수는 없다. 그러므로 비(賁)괘로 받
는다.

비(賁)는 꾸민 것이다.

꾸밈을 지극히 하여서 형통하면 다
이룬 것이다. 그러므로 박(剝)괘로 받
는다.

박(剝)이란 벗기고 박탈하는 것이다.
사물을 끝내 벗겨서 없앨 수는 없다.

벗겨냄이 위에서 궁극에 이르면 아래
로 돌아온다. 그러므로 복(復)괘로 받
는다.

*苟=구. ①진실로(-苟志於仁矣 無惡也〈논어〉).
　　　②다만. 단지. 적어도(-小國之事大國也 苟免於討〈左氏傳〉).
　　　③혹은(-苟錯諸地)
　　　④눈앞의 안전만을 꾀하다. 구차하다(-苟安).
*賁=①비. 꾸미다. 섞이다. 무늬를 이루다(-山下有火賁).
　　　②분. 거대하다. 크다. 큰 북.
　　　③분. 성내다. 끓어오르다. 패배하다(賁軍=敗軍).

復則不忘矣 故受之以25无妄　　복즉불망의 고수지이25무망

有无妄然後 可畜 故受之以26大畜　유무망연후 가축

고수지이26대축

物畜然後 可養 故受之以27頤　　물축연후 가양 고수지이27이

頤者 養也　　　　　　　　　이자 양야

不養則不可動 故受之以28大過

物不可以終過 故受之以29坎

坎者 陷也

陷必有所麗 故受之以30離

離者 麗也

불양즉불가동 고수지이28대과

물불가이종과 고수지이29감

감자 함야

함필유소려 고수지이30리

리자 려야

되돌아오면 정신을 흐리게 하는 사심 (邪心)이 없다. 그러므로 무망(无妄)괘 로 받는다.

망령됨이 없어진 뒤에 크게 축적할 수 있다. 그러므로 대축(大畜)괘로 받 는다.

사물이 축적된 후에야 기를 수 있다. 그러므로 이(頤)괘로 받는다.

이(頤)란 기른다는 말이다.

기르지 않으면 움직일 수 없다 (기르면 움직이게 된다. 계속 길러서 움직이기를 계 속하면 극단에는 지나치게 된다.)

그러므로 대과(大過)괘로 받는다.

사물은 끝내 지나치게 기를 수는 없 다. 그러므로 감(坎)괘로 받는다.

감(坎)은 빠져드는 것이다.

빠지면 반드시 붙을 것이 있어야 한 다. 그러므로 이(離)괘로 받는다.

이(離)는 여(麗), 즉 걸리거나 붙는 것 을 말한다.

이상(以上)은 상경(上經)의 서괘(序卦)이다.

有天地然後 有萬物　　　　　　유천지연후 유만물

有萬物然後 有男女　　　　　　유만물연후 유남녀

有男女然後 有夫婦(31咸)　　　유남녀연후 유부부(31함)

有夫婦然後 有父子　　　　　　유부부연후 유부자

有父子然後 有君臣　　　　　　유부자연후 유군신

有君臣然後 有上下　　　　　　유군신연후 유상하

有上下然後 禮義有所錯　　　　유상하연후 예의유소조

夫婦之道不可以不久也 故受之以32恒　부부지도불가이불구야

　　　　　　　　　　　　　　　고수지이32항

恒者 久也　　　　　　　　　　항자 구야

物不可以久居其所 故受之以33遯　물불가이구거기소

　　　　　　　　　　　　　　　고수지이33둔

遯者 退也　　　　　　　　　　둔자 퇴야

物不可以終遯 故受之以34大壯　물불가이종둔

　　　　　　　　　　　　　　　고수지이34대장

物不可以終壯 故受之以35晉　　물불가이종장 고수지이35진

晉者 進也　　　　　　　　　　진자 진야

進必有所傷 故受之以36明夷　　진필유소상 고수지이36명이

夷者 傷也　　　　　　　　　　이자 상야

傷於外者必反其家 故受之以37家人　상어외자필반기가

　　　　　　　　　　　　　　　고수지이37가인

家道窮必乖 故受之以38睽　　　가도궁필괴 고수지이38규

睽者 乖也   규자 괴야

천지가 있은 뒤에 만물이 있고
만물이 있은 뒤에 남녀가 있다.
남녀가 있은 뒤에 부부가 있고
부부가 있은 뒤에 부자가 있다.
부자가 있은 뒤에 군신이 있고
군신이 있은 뒤에 상하가 있다.
상하가 있은 뒤에 예의가 시행될 수
있다.
부부의 도는 오래 계속되지 않을 수
없다. 그러므로 항(恒)괘로 받는다.
항(恒)이란 오래 가는 것이다.
사물은 한 곳에 오래도록 머물 수 없
다. 그러므로 둔(遯)괘로 받는다.
둔(遯)이란 물러나는 것이다.
사물은 끝내 은둔하고 있을 수만은
없다. 그러므로 대장(大壯)괘로 받는다.
사물은 끝내 왕성할 수만은 없다. 그
러므로 진(晉)괘로 받는다.
진(晉)은 전진하여간다는 말이다.
전진하여가면 반드시 해침으로 상처
를 받는다. 그러므로 명이(明夷)괘로
받는다.

이(夷)는 다친다는 말이다. (명이(明夷)
는 밝음이 다치는 것이다.)

밖에서 다친 사람은 반드시 집으로
돌아온다. 그러므로 가인(家人)괘로 받
는다.

집안을 다스리는 법도가 궁하면 반드
시 등지게 된다. 그러므로 규(睽)괘로
받는다.

규(睽)는 (서로 뜻이 어그러져) 등지는 것
이다.

---

*錯=①조. 시행하다(-禮義有所錯). 간직하다. 베풀다. 만족해하다(-各有所錯兮).
　　②착. 섞이다. 번갈아 들다. 어지러워지다.
*夷=이. ①상처. 손상함(痍).
　　②오랑캐(-東夷) (-守在四夷).
　　③평온하다(-我心則夷). 평평하다. 공평하다(-夷庚).
　　④무리. 동료(-在醜夷不爭〈예기〉)
　　⑤無色(-視之不見 名日夷〈노자〉).
*乖=괴. 어그러지다(-機失而謀乖). (乖愎/괴팍-성질이 까다롭고 별남).

乖必有難 故受之以39蹇

蹇者 難也

物不可以終難 故受之以40解

解者 緩也

緩必有所失 故受之以41損

損而不已 必益 故受之以42益

益而不已 必決 故受之以43夬

夬者 決也

괴필유난 고수지이39건

건자 난야

물불가이종난 고수지이40해

해자 완야

완필유소실 고수지이41손

손이불이 필익 고수지이42익

익이불이 필결 고수지이43쾌

쾌자 결야-(긴 기득권은 쾌를

決必有所遇 故受之以44姤

姤者 遇也

物相遇而後 聚 故受之以45萃

萃者 聚也

聚而上者謂之升 故受之以46升

초래함)

결필유소우 고수지이44구

구자 우야

물상우이후 취 고수지이45췌

췌자 취야

취이상자위지승 수지이46승

등지면 반드시 어려움이 있다. 그러므로 건(蹇)괘로 받는다.

건(蹇)은 어렵다는 것이다.

사물은 끝내 어려울 수는 없다. 그러므로 해(解)괘로 받는다.

해(解)는 풀려서 느긋하게 된다는 말이다.

풀어지면 반드시 잃는 바가 있다. 그러므로 손(損)괘로 받는다.

덜어내어 잃는 일이 계속되면 반드시 보태어짐을 받게 된다. 그러므로 익(益)괘로 받는다.

보탬을 받는 일이 계속되면 반드시 터지게 된다. 그러므로 쾌(夬)괘로 받는다.

쾌(夬)는 끊어서 터뜨리는 것이다.

터뜨려져서 헤어지면 반드시 만나는 바가 있다. 그러므로 구(姤)괘로 받는다.

구(姤)는 만나는 것이다.

사물은 서로 만난 뒤에 모인다. 그러
므로 췌(萃)괘로 받는다.

췌(萃)는 모이는 것이다.

모여서 올리는 것을 승(升)이라 한다.
그러므로 승(升)괘로 받는다.

升而不已 必困 故受之以47困

困乎上者必反下 故受之以48井

井道不可不革 故受之以49革

革物者莫若鼎 故受之以50鼎

主器者莫若長子 故受之以51震

震者 動也

物不可以終動 止之 故受之以52艮

艮者 止也

物不可以終止 故受之以53漸

漸者 進也

進必有所歸 故受之以54歸妹

승이불이 필곤 고수지이47곤

곤호상자필반하 고수지이48정

정도불가불혁 고수지이49혁

혁물자막약정 고수지이50정

주기자막약장자 고수지이51진

진자 동야

물불가이종동 지지
고수지이52간

간자 지야

물불가이종지 고수지이53점

점자 진야

진필유소귀 고수지이54귀매

오르기를 계속하면 반드시 곤경에 빠
진다. 그러므로 곤(困)괘로 받는다.

위에서 곤궁한 자는 반드시 아래로
되돌아온다. 그러므로 정(井)괘로 받
는다.

우물의 도는 더러워지지 않도록 혁신
하지 않을 수 없다. 그러므로 혁(革)괘
로 받는다.

사물을 혁신하는 것은 가마솥만 한 것
이 없다. 그러므로 정(鼎)괘로 받는다.

가마솥이라는 기물을 주관하는 자로
는 맏아들만 한 자가 없으므로 진(震)
괘로 받는다.

진(震)은 움직임을 뜻한다.

사물은 끝내 움직이기만 할 수는 없
다. 그치게 된다. 그러므로 간(艮)괘로
받는다.

간(艮)은 그치는 것이다.

사물은 끝내 그칠 수만은 없다. 그러
므로 점(漸)괘로 받는다.

점(漸)은 나아가는 것이다.

나아가면 반드시 돌아온다. 그러므로
귀매(歸妹)괘로 받는다.

得其所歸者必大 故受之以55豊

豊者 大也

窮大者必失其居 故受之以56旅

旅而无所容 故受之以57巽

巽者 入也

入而後說之 故受之以58兌

兌者 說也

득기소귀자필대 고수지이55풍

풍자 대야

궁대자필실기거 고수지이56여

여이무소용 고수지이57손

손자 입야

입이후열지 고수지이58태

태자 열야

說而後 散之 故受之以59渙

渙者 離야

열이후 산지 고수지이59환

환자 리야

(환은 흩어짐. 떠남이다.)

物不可以終離 故受之以60節

節而信之 故受之以61中孚

有其信者 必行之 故受之以62小過

물불가이종리 고수지이60절

절이신지 고수지이61중부

유기신자 필행지

고수지이62소과

有過物者 必濟(이루어냄)

故受之以63旣濟

物不可窮也 故受之以64未濟

유과물자 필제(이루어냄)

고수지이63기제

물불가궁야 고수지이64미제

그 돌아갈 곳을 얻은 자는 반드시 크
게 된다. 그러므로 풍(豊)괘로 받는다.

풍(豊)이란 성대한 것이다.

성대한 자가 궁해지면 반드시 그 거
처를 잃는다. 그러므로 여(旅)괘로 받
는다.

나그네가 되면 용납되는 곳이 없다.
그러므로 손(巽)괘로 받는다.

손(巽)이란 들어가는 것이다.

들어간 뒤에는 기뻐한다. 그러므로
태(兌)괘로 받는다.

태(兌)란 기뻐하는 것이다.

기뻐한 뒤에는 흩어진다. 그러므로
환(渙)괘로 받는다.

환(渙)은 흩어져 떠나는 것이다.

사물은 끝내 흩어져 떠나기만 할 수는 없다. 그러므로 절(節)괘로 받는다.

절도가 있으면 믿게 된다. 그러므로 중부(中孚)괘로 받는다.

자신하는 마음이 있는 자는 반드시 결행한다. 그러므로 소과(小過)괘로 받는다.

(신뢰가 있다 하여 반드시 결행한다면 지나친 것이다. 신뢰가 있더라도 때에 따라서 결행할 수도 있고 그렇지 않을 수도 있는 것이 군자이다. 신뢰와 결행에 필연성은 없다.)

사물에 지나침이 있으면 반드시 구제해야 한다. 그러므로 기제(旣濟)괘로 받는다.

사물은 궁극에 이를 수가 없다. 그러므로 미제(未濟)괘로 받는다.

이상(以上)은 하경(下經)의 서괘(序卦)이다.

六. 잡괘전(雜卦傳)

잡괘전(雜卦傳)은 서로 반대되는 괘(卦)를 두 개씩 모아서 비교하여 본 것이다. 건(乾)은 강(剛)하고 곤(坤)은 부드러우며(乾剛坤柔) 비(比)는 즐겁고 사(師)는 근심스럽다(比樂師憂) 등의 방식으로 상하(上下)가 도치(倒置)된 종(綜)괘끼리, 또는 음양(陰陽)이 바뀐 착(錯)괘끼리 괘(卦)를 두 개씩 모아서 비교하여 본 것이다.

乾剛坤柔	건강곤유
比樂師憂	비락사우
臨觀之義 或與或求	임관지의 혹여혹구
屯 見而不失其居 蒙 雜而著	준 현이부실기거 몽 잡이저
震 起也 艮 止也	진 기야 간 지야
損益 盛衰之始也	손익 성쇠지시야
大畜 時也 无妄 災也	대축 시야 무망 재야
萃 聚而 升 不來也	췌 취이 승 불래야
謙 輕而 豫 怠也	겸 경이 예 태야
噬嗑 食也 賁 无色也	서합 식야 비 무색야

兌 見而 巽 伏也 (兌 陰外見而 巽 陰內伏也)	태 현이 손 복야
隨无故也 蠱則飭也	수무고야 고즉칙야
剝 爛也 復 反也	박 란야 복 반야
晉 晝也 明夷 誅也	진 주야 명이 주야
井 通而 困 相遇也	정 통이 곤 상우야
咸 速也 恒 久也	함 속야 항 구야

건(乾)괘는 강건하고 곤(坤)괘는 유순하다.	(-乾剛坤柔)
비(比)괘는 즐겁고 사(師)괘는 근심스럽다.	(-比樂師憂)

임(臨)괘와 관(觀)괘의 의로움은 때로 (-臨觀之義 或與或求)
는 내가 가서 상대하고 때로는 그가
와서 내게 구하는 것에 있다.

준(屯)괘는 나타나지만 묻혀 지내며 (-屯 見而不失其居)
그 거처를 잃지 않는 것이고

몽(蒙)괘는 섞여서 지내지만 드러나는 (-蒙 雜而著)
것이다.

진(震)괘는 일어나는 것이고 간(艮)괘 (-震 起也 艮 止也)
는 멈추는 것이다.

손(損)괘와 익(益)괘는 성대함과 쇠퇴 (-損益 盛衰之始也)
함의 시작이다.

대축(大畜)괘는 때가 된 것이고 무망(无 (-大畜 時也 无妄 災也)
妄)괘는 재앙이 있는 것이다. (모아도
좋을 때와 흩어야 좋을 때)

췌(萃)괘는 모이는 것이고 승(升)괘는 (-萃 聚而 升 不來也)
올라가서 내려오지 않는 것이다.

겸(謙)괘는 자기를 가벼이 낮추어 민 (-謙 輕而)
첩함을 드러내고

예(豫)괘는 게을러 일 없음을 즐거이 (-豫 怠也)
여김을 드러내고 있다.

서합(噬嗑)괘는 먹을 것이 아닌 九四 (-噬嗑 食也)
효를 억지로 씹어 먹는 것이고

비(賁)괘는 꾸며서는 안 되는 上九를 (-賁 无色也)
꾸미니 색깔이 올바르지 않다.

태(兌)괘는 부드러움이 밖으로 나타나 　　　　　(-兌 見而 巽 伏也)
보이는 것이고 손(巽)괘는 안에 엎드
려있는 것이다.

수(隨)괘는 初九가 소인배의 편안함을 　　　(-隨 无故也)
쫓을 뿐이라면 사고(事故)는 없겠지만

고(蠱)괘는 잘 다스리라는 것이다. 　　　　　(-蠱則飭也)

박(剝)괘는 너무 익어서 문드러지는 　　　　(-剝 爛也 復 反也)
것(爛)이고 복(復)괘는 되돌아오는 것
이다.

진(晉)괘는 접견이 잦아서 잘나가니 　　　　(-晉 晝也)
낮임을 나타내고

명이(明夷)괘는 득기대수(得其大首)의 　　　(-明夷 誅也)
대상으로 제거될지도 모름을 나타
낸다.

정(井)괘는 그 곳에 머물지만 통하는 　　　(-井 通而)
것이고

곤(困)괘는 무언가 하려 해도 강한 것 　　　(-困 相遇也)
을 만나서 붙잡힌 것이다.

함(咸)괘는 九三과 上六이 밖에서 마음 　　　(-咸 速也)
을 나타내니 빠른 것이고

항(恒)괘는 九四와 初六이 아래에서 은 　　　(-恒 久也)
밀히 응하니 오래 가는 것이다.

　　하나뿐인 양효(陽爻)가 비(比)괘에서는 군주(君主)이므로 사냥감을 놓쳐도 근심이
없지만 사(師)괘에서는 권세(權勢)는 있어도 신하(臣下)이므로 끼어드는 동급자(同級
者)가 있으면 근심된다.

음양(陰.陽)이 점점 자라나되 물러나는 세력을 가벼이 취급하지 않고 받든다. 양(陽)이 음(陰)들을 진동시켜서 공(功)을 이루게 하거나 양(陽)이 음(陰)들을 가로막아서 허물을 적게 하는 것이다.

췌(萃)괘는 九四와 九五의 두 양(陽)이 서로 보호하며 모여 있고 上六이 두 양(陽)을 호위(護衛)하여 종묘(宗廟)에 모여 있게 한다. 승(升)괘는 九三이 九二를 이끌며 나아가고 初六이 이들 두 양(陽)을 밀쳐 주니 이들이 남쪽으로 원정을 떠난다.

겸(謙)괘는 양(陽)이 三爻에서 나아가기 위해서 자기를 가벼이 낮추는 것이다. 그러나 사람들은 겸손한 사람을 쉽게 여겨 존중하지 않는 경향이 있다. 그러므로 군자여야만 유종(有終)의 미(美)를 거둘 수 있다. 예(豫)괘는 즐거움에 빠진 양(陽)이 四爻에 위치하여 물러나 쉬려고 한다. 그러므로 제후(諸侯)를 세우고 군대를 배치해 두어야 이롭다.

서합(噬嗑)괘는 애써서 서합(噬嗑)의 초지(初志)를 관철해 나아가면 이롭고 길(吉)할 것이지만 그 처신이 광대하게 빛나기는 어렵다. 비(賁)괘는 꾸밈이 올바르지 않으므로 색깔의 자연스러운 아름다움이 없다.

군자라면 밖으로 나가 교류하여 공을 세운 후 저녁에야 편히 휴식에 든다(-隨以隨時爲安 象曰 君子以嚮晦入宴息). 따라서 일시적 안락에 취하는 것을 위태롭게 여기며 상황을 잘 관리해야 한다. (蠱以婾安爲危 象曰 君子以振民育德)

정(井)괘는 九五는 위에서 득중(得中)하고 九二는 아래에서 득중(得中)하여 서로 뜻으로 왕래함에 궁색함이 없이 통한다. 곤(困)괘는 부드러운 주식(酒食)과 관복(官服)의 유혹을 즐기다가 곤란한 상황에 빠져들게 된다. 군자는 소인배와 다투게 될 것을 근심하기보다는 그들과 한통속이 되지 않을까를 더 근심한다.

여럿을 섞어서 교육하면 그중에 수재(秀才)는 저절로 드러난다.

*飭=칙. 다스리다. 삼가다. 가르치다.
*爛=란. 너무 익어 문드러지다. 선명하다. 흩어져 사라지다.
*誅=주. 損傷하다. 죽이다. 제거하다.
*通=함께 쓰다. 통용함. *困은 서로 만남이다. (困하면 서로 만나야 한다.)
*婾=①유. 안락하다. 즐기다.
      ②투. 훔치다.
*爛=란. 너무 익어 문드러지다. 선명하다. 흩어져 사라지다.

渙 離也 節 止也	환 리야 절 지야
解 緩也 蹇 難也	해 완야 건 난야
睽 外也 家人 內也	규 외야 가인 내야
否泰 反其類也	비태 반기류야
大壯則止 遯則退也	대장즉지 둔즉퇴야
大有衆也 同人親也	대유중야 동인친야
革 去故也 鼎 取新也	혁 거고야 정 취신야
小過 過也 中孚 信也	소과 과야 중부 신야
豊 多故 親寡 旅也	풍 다고 친과 여야
離 上而 坎 下也	리 상이 감 하야
小畜 寡也 履 不處也	소축 과야 리 불처야
需 不進也 訟 不親也	수 부진야 송 불친야
大過 顚也 姤 遇也 柔遇剛也	대과 전야 구 우야 유우강야
漸 女歸待男行也 頤 養正也	점 여귀대남행야 이 양정야
旣濟 定也 歸妹 女之終也	기제 정야 귀매 여지종야
未濟 男之窮也 夬 決也	미제 남지궁야 쾌 결야
剛決柔也 君子道長 小人道憂也	강결유야 군자도장 소인도우야

환(渙)괘는 떠나보내어 흩어지는 것이고 절(節)괘는 그치게 하여 머무는 것이다.

(-渙 離也 節 止也)

해(解)괘는 완화시킴을 나타내고 건(蹇)괘는 험준하여 고생하는 것이다.

(-解 緩也 蹇 難也)

규(睽)괘는 내부의 다스림이 올바르지 않은데 외부에서 막아보려 하는 것이고 가인(家人)괘는 외부의 침입을 경계하되 내부를 올바르게 다스리는 것이다.

(-睽 外也 家人 內也)

비(否)괘와 태(泰)괘는 그 종류를 반대로 해 놓은 것이다.

(-否泰 反其類也)

대장(大壯)괘는 왕성해서 은둔을 그친 것이고 둔(遯)괘는 음(陰)의 세력이 자라나기에 양(陽)이 물러나는 것이다.

(-大壯則止 遯則退也)

대유(大有)괘는 六五라는 부드러운 군주가 많은 무리를 어루만져야 하는 것이고 동인(同人)괘는 六二라는 현인(賢人)이 굳센 군주와 부끄럽지 않게 친해야 하는 것이다.

(-大有衆也 同人親也)

혁(革)괘는 옛것을 버리는 것이고 정(鼎)괘는 새것을 취하는 것이다.

(-革 去故也 鼎 取新也)

소과(小過)괘는 음(陰)이 밖에 있으면서 권력을 가졌으니 그 성(盛)함이 지나친 것이고 중부(中孚)괘는 그와 달리 음(陰)이 안에 있고 권력도 없으니 믿음이 깊다.

(-小過 過也 中孚 信也)

풍(豊)괘는 九四가 음(陰)들 아래에 밝음이 가려져서 위험과 번거로움이 많은 것이고 여(旅)괘는 九三이 음(陰)들 위에 빌붙어 있어서 친한 사람이 적은 것이다.

(-豊 多故 親寡 旅也)

리(離)괘는 불이니 열기가 올라가고 감(坎)괘는 물이니 적시며 내려간다.

(-離 上而 坎 下也)

소축(小畜)괘는 유일한 음효(陰爻)가 음위(陰位)인 四효 자리에 있으니 나아가고자 하는 뜻이 적어 구름이 비가 되지 않은 것이고

(-寡也)

이(履)괘는 유일한 음(陰) 효가 양위(陽位)인 三효 자리에 있으니 나아가는 데 뜻이 있어 위태롭게 호랑이 꼬리를 밟는다.

(-小畜 寡也 履 不處也)

수(需)괘는 무모한 나아감을 하지 않는 것이고 송(訟)괘는 서로 어긋나 친밀하지 못한 것이다.

(-需 不進也 訟 不親也)

대과(大過)괘는 거꾸로 쓰러지는 것이고 구(姤)괘는 만나는 것이니 부드러움이 강건함을 만나는 것이다.

(-大過 顚也 姤 遇也 柔遇剛也)

점(漸)괘는 여자가 남자를 기다려서 시집가는 것이고 이(頤)괘는 올바름을 기르는 것이다.

(-漸 女歸待男行也 頤 養正也)

기제(旣濟)괘는 안정된 것이고 귀매(歸妹)괘는 여자가 끝마치는 것이다.

(-旣濟 定也 歸妹 女之終也)

미제(未濟)괘는 남자가 궁지에 이른 것   (-未濟 男之窮也 夬 決也)
이고 쾌(夬)괘는 결단하는 것이니

강함이 부드러움을 결단하여 제거하   (-決也 剛決柔也 君子道長 小人道憂也)
는 것이다. 군자의 도는 자라고 소인
의 도는 근심한다.

환(渙)괘는 九二가 득중(得中)하여 막혀서(否) 아쉬웠던 것을 풀어헤치는 것이고
절(節)괘는 九五가 군주(君主)되어 음(陰)들의 교만(驕慢)함을 저지하는 것이다.

해(解)괘는 가운데 네 효가 모두 자리를 잃고 다투는데 初六과 上六이 부드러움
(柔)으로 대하여 다툼을 완화시켜 평정을 찾아주는 것이고 건(蹇)괘는 가운데 네 효
가 모두 제자리에 있어서 어떠한 일이라도 해낼 수는 있지만 부모 때부터 유래된
일이라 初六과 上六의 부드러움(柔)으로 대처할 수밖에 없어서 어렵고 신중하게 해
야 하는 것이다.

풍(豊)괘는 다른 양(陽)들이 이미 내려가 있고 여(旅)괘는 다른 양(陽)들이 이미 올
라가 있다

수(需)괘는 六四가 가로막고 있어서 나아가지 못하니 九五가 기다리는 것이고 송
(訟)괘는 六三이 가로막고 있어서 나아가지 못하니 九二가 송사로 대항한다.

*풍(豊)은 연고(옛친구)가 많고, 나그네는 친한 사람이 적다. 〈程頤〉
 풍(豊)은 밝고 동하니 연고가 많다. (旣明且動 其故多矣) 〈朱熹〉
*풍(豊)은 성대하기 때문에 근심이 많고 여(旅)는 적고 약하기 때문에 서로 친하다. (豊以盛大而多憂 旅以
 寡弱而相親) 〈蘇軾〉
*리(離)는 화(火)이니 염상(炎上)하고 감(坎)은 수(水)이니 윤하(潤下)한다.
*불처(不處)는 나아간다는 뜻이다(不處 行進之義也).
*顚=전. 쓰러지다.
*定=정. 안정. (-기제는 남녀가 안정 상태이고 귀매는 여자의 마침 상태이다.)
*窮=궁. 궁지. 어려움을 겪음.

대과(大過)괘 이하의 맨 마지막 부분은 이제까지 두 괘 사이에 상반되는 뜻으로 맥락을 잡아 온 것과 다르다 소식(蘇軾)의 견해에 따라 다른 괘들처럼 맥락 잡기를 해보면 다음처럼 고칠 수 있다.

대과(大過)괘는 근본(根本)과 말단(末端)이 휘어서 엎어지는 것이고 이(頤)괘는 능력(能力)이나 품성(品性)을 올바르게 기르고 닦는 것이다.	(-大過 顚也 頤 養正也)
구(姤)괘는 만남이니 부드러움이 강건함을 만나는 것이고.	(-遇也 柔遇剛也)
쾌(夬)괘는 결단하는 것이다. 강함이 부드러움을 결단하여 제거하므로 군자의 도는 자라고 소인의 도는 근심한다.	(-姤 遇也 柔遇剛也 夬 決也 剛決柔也 君子道長 小人道憂也)
점(漸)괘는 여자가 남자를 기다려서 시집가는 것이고	(-女歸待男行也)
귀매(歸妹)괘는 여자가 끝마치는 것이다.	(-女之終也)
점(漸)괘는 음(陰)인 六四가 제자리에서 멈춰서 지내니 편안한 것이고 귀매(歸妹)괘는 六三과 六五가 모두 바르지 않은 자리에 있어 불안한데 上六은 제자리라고는 하지만 교만하기 쉬운 맨 윗자리이고 곧 사라질 위치이다. 이런 상황에서 初九와 九二가 왕성하게 음(陰-여자=六三)을 핍박하니 여자가 끝마침을 마주하게 되는 것이다.	(-漸 女歸待男行也 歸妹 女之終也)

기제(旣濟)괘는 안정된 것이고 미제(未   (-旣濟 定也 未濟 男之窮也)

濟)괘는 남자가 궁지에 이른 것이다

*涵養=함양. 능력(能力)이나 품격(品格)을 기르고 닦음.

*품성(品性)은 기르고 닦을 수 있으나(=品格/품격) 품성(稟性)은 타고난 성질이어서 고쳐지지 않는다.
 (=稟性/부성)

여백(餘白)과 생략(省略)에 대한 변명(辨明)

1

책의 행간(行間)이나 문장의 단락(段落) 사이에 여백을 넉넉하게 두었다. 주역에 관한 이런저런 책을 읽다 보면 메모로 붙들어 두고 싶은 내용을 종종 만나게 된다. 다른 책을 읽다가 좋은 내용이 있으면 이 책의 여백에 그것들을 모아 메모해 두면 주역 경전의 폭넓은 이해에 많은 도움이 될 것이다.

2

주역은 사람이 오랜 모여살이를 하면서 드러낸 본성(本性)의 근원과 그것에서 비롯되는 현상(現象)을 경험하면서 배운 교훈이 응축(凝縮)된 지혜서이다. 사물의 본질적 성향(性向)을 직관(直觀)하고 사물의 배치상황을 살펴서 변화 가능성의 정도와 시기를 예측하여 이에 대비하는 것이 가능하도록 가르치는 것이 주역의 내용이다. 주역에 관한 대가(大家)들의 입장은 의리파(義理派)와 상수파(象數派)에 따라 다른데, 전래(傳來)의 상수파에서는 〈주역(周易)〉 책을 하늘의 뜻을 묻는 데 쓰이는 책으로 여기지만 의리파에서는 세심경(洗心經), 경륜서(經綸書) 또는 처세훈을 다룬 책으로 본다.

중국 춘추시대의 공자(孔子) 이래, 후한말 위(魏)의 왕필(王弼)과 송(宋)나라의 정이(程頤-伊川)는 의리역(義理易)의 큰 산(山) 같은 인물들이었고, 전한(前漢)의 경방(京房)과 송(宋)의 소옹(邵雍-康節)은 상수역(象數易)의 대가들이었다. 동파역전(東坡易傳)을 쓴 소식(蘇軾-東坡)과 주역본의(周易本義)를 쓴 주희(朱熹-朱子)는 의리역을 위주(爲主)로 하되 상수역을 배격하지 않고 적절하게 수용(受容)하여 역(易)을 풀이하였다.

　　명말-청초(明末-淸初)에 고염무(顧炎武)와 왕부지(王夫之) 등은 상수역을 비판하여서 의리역에 가까운데 실증(實證)을 중시하는 소위 고증역(考證易)을 주장하였다. 수신(修身)과 실사구시(實事求是)를 강조한 우리의 다산(茶山) 정약용(丁若鏞) 선생은 저서인 주역사전(周易四箋)에서 의리와 상수 및 점서(占筮)를 아우르는 입장에서 추상(抽象), 해사(該事) 등 열여덟 가지의 독역요지(讀易要旨)를 말하였다.

　　상수파와 의리파는 각각 나름의 깊은 역리(易理)에 관한 내용을 가지고 큰 역할을 하였다. 점괘(占卦)를 구하고 그것을 해석하려면 구괘법(求卦法)이라는 상수적 접근이 필요하다. 구체적으로 점(占)하는 상황에서 괘효가 암시하는 내용을 설명할 때 듣는 사람의 관심을 이끄는 쓸모에서도 상수적 설명은 유효(有效)한 역할(役割)을 할 수 있다. 상수역의 술수적(術數的) 내용은 중국의 한(漢)나라 때에 극성하였는데, 괘기설(卦氣說). 십이소식괘(十二消息卦)와 비복(飛伏)-경방십육변(京房十六變). 십간(十干)과 관련된 납갑(納甲) 등등--이해하기 어려운 여러 가지 설(說)이 있고, 송나라 때 소옹과 주희 등이 정리하고 소개한 몇 가지 괘도(卦圖)가 있다.

　　위의 여러 인물과 학설의 주요 내용은 전문적 영역일 뿐만 아니라 이 책을 쓰는 의도(意圖)를 넘는 부분이어서 줄였다. 이 책은 경전(經傳)의 글귀 자체에 좀 더 쉽게 접근할 수 있도록 풀어보겠다는 곳에 뜻이 있기 때문이다. 상수역과 관련이 깊은 여러 가지 괘도(卦圖)들도 논리적으로는 설명이 어려운 것들이어서 모두 소개를 생략하였다.

3

초고(草稿)의 끝 무렵에 오랜 벗인 강원대학교 인문대의 최웅 교수가 한자(漢字)로 일백칠십만여 자-일천사백여 페이지에 이르는 방대한 내용의 〈주역사전(周易辭典)〉-1992년 4월 吉林대학교 출판-을 고맙게도 나에게 보내주어서 그 뒤 작업에 큰 힘이 되었다. 주역사상(周易思想)의 시대별 흐름과 학문적 내력을 간략하게 살핀 머리글(-前言-)을 비롯하여 주역에 관한 거의 모든 용어, 학자, 저술을 수록(收錄)하고 그것을 쉽게 찾아볼 수 있도록 목록과 색인을 둔 책이다.

주역학(周易學)은 실험기초(實驗基礎)를 가지고 출발한 것이 아니므로 천문학이나 다른 자연과학처럼 정밀하게 파악하거나 증거를 들어 설명하려는 것은 한역(漢易)이 그러했듯이 과학역(科學易)의 미신(迷信)에 빠지기 쉽다. 그렇기 때문에 실물(實物)이 존재하지 않는 현재로서는 아무도 규명(糾明)할 수 없는 하도(河圖)나 낙서(洛書) 등의 연구는 급하지도 필요하지도 않다. 주역학을 예측학으로 보는 일부 현상은 반과학적(反科學的)이다. 〈주역(周易)〉은 원래 복서(卜筮) 책으로 나타났기 때문에 후에 철학 서적으로 발전하였지만 복서적 형식을 지니고 있을 뿐인 책이다. 복서라는 것은 본래 미신적인 것으로서 옛날의 지배계층이 다스림을 공고(鞏固)히 하는 데 쓰던 술수(術數)였다. 오늘날 주역의 진정한 학문적 연구목적은 주역이 지니고 있는 철학사상과 품성도야(稟性陶冶) 기능을 높이 받들고 잘 실천하는 것이다. 복서나 어떤 일에 대한 예측에 있는 것이 아니다. 현대사회는 너무나 복잡다단(複雜多端)하므로 64괘(卦)와 384효(爻)만으로는 모두 담아내어 예측하는 일에 참고하게 할 수도 없을 뿐만 아니라 예측이란 것은 원래 다양한 정보나 믿을 수 있는 자료에 의해서만 가능한 일이기 때문이다.

위에 옮겨 적은 내용은 〈주역사전(周易辭典)〉의 전언(前言)에 지적(指摘)되어 있는 것으로서 현대인의 입장에서 주역을 학문으로 바라볼 때 주의해야 할 몇 가지 사항 중의 일부이다.

이 책에서도 〈주역사전(周易辭典)〉을 본받아서 용어와 주요 글귀의 자세한 색인(-Index)을 제시(提示)하고 싶었으나 여러 가지로 힘이 짧아서 작업하지 못하였다.

다만, 주역 경전의 내용이 64괘(卦)와 384효(爻)로 비교적 잘 구분되어 있고, 한자(漢字)로 쓰인 경전을 읽는 데 친숙해질 즈음에는 그 안의 용어와 글귀에도 익숙해져서 한글 또는 한자(漢字)로 정리된 색인의 도움이 없더라도 경전의 해당 부분을 찾아 읽는 데 큰 어려움은 없을 것이다.

– 이상 주역 경전(周易經傳) 통관(通觀)

박남순(朴南淳) ────────────────────────

대전고(1967년 졸업)

서울법대(1971년 졸업)

삼성화재㈜ 민원, 송무, 고액/특수사고 보상지도 담당

✉ 4331-pns@naver.com

주역경전 통관
周易經傳 通觀

초판인쇄 2024년 3월 22일
초판발행 2024년 3월 22일

지은이 청람(晴嵐) 박남순(朴南淳)
펴낸이 채종준
펴낸곳 한국학술정보(주)
주 소 경기도 파주시 회동길 230(문발동)
전 화 031-908-3181(대표)
팩 스 031-908-3189
홈페이지 http://ebook.kstudy.com
E-mail 출판사업부 publish@kstudy.com
등 록 제일산-115호(2000. 6. 19)

ISBN   979-11-7217-164-3 93150